The All-New Complete Job Guide
for the 13-year Old
by Ryu Murakami

新13歳のハローワーク

村上 龍
[絵] はまのゆか

幻冬舎

The All-New Complete Job Guide for the 13-year Old
by Ryu Murakami

はじめに

　旧版の刊行から、7年が経ち、新しい職業が増え、仕事をとりまく社会状況も大きく変わっていることから、改訂版を出すことにしました。しかし、13歳という年齢を中心とした、子どものための職業図鑑であることに変わりはありません。また、旧版の「はじめに」で書いた雇用・職業に関するわたしの考え方も変わっていません。改訂版で大きく変わったのは、「好き」という入り口を、教科別にしたことです。何が好きなのかよくわからないという子どもでも、好きな教科なら気づきやすいかも知れないと考えました。授業ではなく、「休み時間が好き」「放課後が好き」という項目もあります。

　まず、旧版のおさらいもかねて、職業と仕事、働くことについて、基本的なことを考えてみます。

子どもは誰でもいつかは大人になる

　大人はみんな生きていくのが大変そうです。だからずっと子どものままでいられたらどんなにいいだろう、そう思う人は案外多いのではないでしょうか。ただし、当たり前のことですが、大人にならないとできないことも数多くあります。結婚、子どもを持つこと、自由に旅行に行くこと、自由に好きなものを食べたりお酒を飲むこと、などです。子どもはとても不自由です。大人・社会の保護がなければ生きていけません。だから生きていくための必要事項を学んだあとで、子どもは誰でもいつかは大人になります。

子どもと大人はどう違うのか

　子どもと大人のもっとも大きな違いは、社会的に自立できているかどうかです。大人というのは、自分で生活していくことができる人を言います。ですから、靴磨きなどの仕事をして収入を得ている15歳の少年は、年齢に関係なく大人の要素を持っています。また働きもせず学校にも行かず職業訓練もしないで親の家で親に養ってもらっている30代の人間には大人の要素が欠けていると言えるでしょう。自立するためにはいろいろな条件がありますが、もっとも重要なのは、生きるために必要なお金を自分で稼ぐことができるということではないでしょうか。

どうやってお金を稼ぐか

1：仕事とお金

　わたしたちは仕事をしてお金を得ます。その仕事の種類を「職業」と言います。わたしは作家という職業についているわけですが、他にもたくさんの職業があり、大人になるために必要なものです。主婦と呼ばれる女の人たちがいて、社会に出て働いてはいません。ただし、お金を稼いでいない主婦でも、家庭で多くの大切な仕事をしています。夫や家族のために食事を作ったり、子どもの世話をしたり、洗濯や掃除をしたり、買い物をしたり家計簿をつけたり銀行でお金を出し入れしたり事務的な仕事もやります。社会に出て働いていない主婦のことを「専業主婦」と呼んでいます。「主婦」は職業ではなく、ライフコースといって、人生における立場のような、位置や過程や進路を表すことが多いのですが、いずれにしろ、主婦というのは非常に重要で大切な仕事を多く抱えているものです。

2：仕事と好奇心

　大人になるためには仕事をしてお金を得ることが必要だとしたら、いやでいやでしょうがないこと、つまり自分に向いていない仕事よりも、自分に向いている仕事をしたほうがいい、というのが『13歳のハローワーク』旧版の基本姿勢でした。この改訂版でも、その基本姿勢は変わりません。

　向いている仕事は、人それぞれ違います。わたしの職業は作家ですが、誰でも作家に向いているわけではありません。その仕事を続けたり、その仕事をする上で必要な知識や技術や能力を学んだり磨いたりするためには、努力が必要です。これは子どもも大人も同じです。ただし、苦しくてすぐにでも止めたい努力と、それほど苦にならなくて、いくらやっても飽きない努力があります。興味がある本や映画は見ていて楽しいですが、興味のないものを強制されて読んだり見たりしなければいけないのは苦痛です。わたしたちは、自分の好奇心を満たしてくれるものには飽きないし、いくらでも集中できます。いくらでも集中できて、飽きない、というのが、その人に「向いていること」です。

　どんな仕事にも努力が必要で、勉強や訓練をしなければなりません。ただし、向いている仕事の場合には訓練や勉強を続けるのがそれほど苦痛ではない、ということです。だから、向いている仕事をするほうが、向いていない仕事をするより有利です。充実感を得たり、成功する可能性も大きくなるのです。

3：仕事と「好き」

　それでも、自分に「向いている仕事」をしている人は、世の中にそう多くはないようです。わたしは、実は小説を書くことがそれほど好きではありません。辛いとか苦しいと感じるわけではないのですが、決して好きではないのです。小説を書くときは普段よりも脳をたくさん使わないといけないので面倒くさいし、大変だし、疲れます。ただし、確かに「向いている」と思います。それは、絶対に、飽きないからです。また、小説を書いたあとに感じる充実感や達成感は、他では決して味わうことができない特別なものです。

　だから、小説を書くのが好きではないからと言って、ほかの仕事をしようとか、探そうとか、そんなことはまったく思いません。また小説を書くために、誰か専門家に会って話を聞いたり、資料として本を読むのも苦痛ではありません。自分に「向いている仕事」というのは、「好き」という言葉で語れるものではないのかも知れません。いくら努力しても苦痛ではなく、絶対に飽きない、それが「向いている仕事」ではないでしょうか。

　わたしは、13歳のころ、いろいろなことを想像するのが好きでした。他の子が思いもつかないことを考えたり、それを友だちに話して聞かせたりするのが得意でした。また絵を描いたり、本を読むのも好きでした。作文でいろいろな賞を取ったこともありますが、面倒くさいので文章を書くのは「好き」ではありませんでした。小説を書くときには、文章を書くのが好きということよりも、いろいろなことを想像するのが好き、というのがより重要です。文章が書ける人は大勢いますが、他の人が想像もしないことを考えることができる人は、そう多くはないからです。

　13歳のみなさんは、「好き」ということを「入り口」として考えてください。「国語が好き」「理科が好き」「休み時間が好き」というそれぞれの入り口から入って、その向こう側にある職業の図鑑を眺めてみるといいと思います。確かに、現実的には、自分に「向いている仕事」をしている人は少数かも知れません。でもすべての13歳は、「向いている仕事」につく可能性を持っています。学校の勉強ができない子も、自信がなくて内気な子も、友だちがいなくて寂しい子も、家が貧しい子も、大人になるためのぼうだいな時間を持っているからです。その時間が、可能性なのです。だから、自分に「向いている仕事」が必ずあるはずだ、と心のどこかで強く思うようにしてください。

「探す」のではなく「出会う」

「好きなことを探しなさい」「好きなことを見つけなさい」とよく言われます。でも、それではどうやって探せばいいのか、どうすれば見つけることができるのか、教えてくれる人はなかなかいません。それは、13歳にとっての「好きなこと」、大人にとっての「向いている仕事」というのは、探せば見つかるというものではないからです。砂浜で貝を探したり、原っぱでバッタを探したり、花畑で蝶を探すように、探せば見つかるものではないのです。つまりそれは、「探して見つける」ものではなく、「出会う」ものなのです。

「出会う」ために欠かせないのは、好奇心です。数学が苦手な13歳は、授業で先生が黒板に公式を書いているとき、努力しないと黒板に注意を向けることができません。意思の力で、努力して、黒板に注意を向ける必要があるのです。でも、ひそかに好きだと思っている人が近くにいると、別に努力しなくても、自然にその人の顔や仕草や動作に心がひきつけられます。「ん？ これはいったい何だろう」と、わたしたちが注意を向けるときの心の動きには、好奇心が関わっています。わたしたちは、好奇心が刺激されると、努力なしに、自然に心が傾きます。すべては、「ん？ これはいったい何だろう」からはじまるのです。

そして、「出会う」ためには、「どこかに自分が好きなことがきっとあるはずだ」「将来的に、自分に向いている仕事がきっとあるはずだ」と心のどこかで強く思う必要があります。そう思っていなければ、何かに出会って、心が傾いたときに、「これかも知れない」と思うことができないからです。また、ぼんやりと日々を過ごすよりも、いろいろなことに興味を持つほうが、出会う確率は大きくなります。「これかも知れない」と思ったものが、実は勘違いだったり、実際はそれほど好きじゃないことがあとでわかっても、がっかりすることはありません。

たとえば宇宙飛行士に興味を持った13歳は、宇宙のことを知りたいと思うはずです。宇宙に関するいろいろな本を読み、映画やテレビ番組を見ることでしょう。そのうちに、たとえば宇宙エレベーターという未来の乗り物に興味が移るかも知れません。そのあと、宇宙エレベーターの牽引ベルトに使われるカーボンナノチューブという新素材に目を奪われ、やがてナノテクノロジーという先端技術に興味を持つ可能性もあります。何か一つに興味をおぼえると、その背後にあるぼうだいな情報と知識の入り口に立つことができます。つまり「出会う」可能性が大きく広がるのです。

「自分探し」というムダ

「自分探し」という言葉があります。わたしがもっとも嫌いな言葉の一つです。自分探しとは、ある本によると、自分はどういう人間なのか、どういう人間になりたがっているのか、どんなことでハッピーになれるのか、過去から現在に至る自分を振り返り、また未来を描き、自分なりの価値観を見つける、というようなことのようです。ただし、それらの答えは自分の中にあるわけではありません。他人や、興味ある対象との出会いの中でしか見つからないものです。自分はどんな人間に興味があるのか、どんなことに好奇心が向いていて、何をすればハッピーになれるのか、というような問いは、自分を探すのではなく、他者と向き合い、興味ある対象との出会いを通して成立するものです。

20年以上前ですが、わたしはサハラ砂漠を車で旅したことがあります。サハラ砂漠は、気が遠くなるほど広く、砂と砂丘以外何もなくて、車を時速120キロで何時間走らせても、まったく景色が変わりませんでした。まっ暗で何も見えない夜の砂漠を走ったこともありました。そんなとき、人間は自分自身と向かい合います。景色がまったく変わらなくて、周囲に何もないので、自分はいったい何者だろう、自分はいったいどんな人間なんだろう、とつい考えてしまうのですが、そんなことを考えても、答えは見つかりません。自分探しにも、答えなどないと思います。

答えなどないのだから、自分なんか探してもムダです。それよりも、わたしたちが生きているこの社会、広い世界と接し、知ることのほうがはるかに重要です。社会や世界を知るためには、いろいろな方法があります。もっとも知られているのは、読書でしょう。本を読むわけですが、13歳の誰もが読書好きというわけではないと思います。本を読むのが苦痛な13歳もいるでしょう。でも、「興味があること」「好きなこと」と出会いたいと思えば、またすでに出会っていれば、読書はワクワクするものになります。逆に言えば、「興味があること」「好きなこと」がわかっている13歳や、「向いている仕事」を持っている大人は、自分探しなどという言葉にまどわされることがないのです。

職業は人を選ぶ。だが…

人が職業を選ぶのではなく、職業が人を選ぶ、とよく言われます。たとえば、身長が155センチの女性がファッションモデルになるのは無理だというようなことです。ファッションモデルという職業が、身長が高い人を選ぶわけです。近視の人がパイロットやレーサーになるのはまず不可能だし、100メートルを走るのに15秒かかる人

はプロサッカーの選手にはなれないし、楽譜が読めない人がオーケストラ奏者になるのも無理です。芸術や芸能、プロスポーツだけではなく、専門性が高くなればなるほど、その職業につける人は限られます。

　職業が人を選ぶ、というのは事実です。しかし、13歳のあなたは、たとえ身長が155センチで止まってしまっていても、ファッションモデルをあきらめる必要はないのです。ファッションやモードの世界への憧れを捨てることはありません。ファッションモデルへの興味を失わず、ファッションの世界を深く知れば、他にもさまざまな職業があることに気づくはずです。ファッション・カメラマン、ファッションやバッグやアクセサリーのデザイナー、ヘアデザイナー、メイクアップアーティスト、ネイリスト、ファッションショーの演出者、ファッション誌の編集者、ファッション評論家、そういった職業は、身長を問いませんし、ファッション、モードの魅力を存分に味わうことができます。

職業・人と社会・世界をつなぐもの

　職業というのは、単にお金を稼ぐ手段ではありません。その仕事をすることで、生きていくために必要な充実感、人間としての誇り、そして仲間や友人を得ることができます。さらに、仕事を通じて、わたしたちはいろいろな情報、知識、技術、技能を学び、自らを向上させることができて、社会の仕組みや世界で起こっていることを理解することができるのです。たとえて言えば、職業は、その人と社会・世界をつなぐ窓のようなものであり、大切な架け橋のようなものです。

現在の社会をどう見るか

1：雇用環境の悪化

　だから、職業を選ぶということに関しては、自分に「向いているか」どうかだけではなくて、現在の社会に対してどういう考えを持っているのか、社会とどういう風にかかわっていくのか、ということも大切です。社会はつねに変化していて、とくにこの数年、つまりこの本の旧版が出版されてから現在にいたるまでの変化はきわだっています。もっとも大きな変化は、雇用です。つまり仕事を得て働く側と、仕事を与える経営側の関係が、基本的に悪化しています。

　おもに自動車や精密機械、機械部品、電気製品などの輸出によって、日本の経済は成長してきましたが、働く人たちの賃金が上がらず、派遣社員に代表される非正規社

員と呼ばれる、立場の弱い労働者が増えました。正規社員の中にも、きびしいノルマや長い残業を強いられる人が大勢います。ワーキングプア、つまり働く貧困層という言葉が定着するほど、生きていくためのギリギリの賃金で働く若い人が増え続けています。

　しかも、そういった悪い状況にもかかわらず、日本政府は、若者の職業教育や職業訓練に熱心ではなく、ほとんど対策もとられていません。また医療や介護などの現場と、農業、漁業、林業など、一次産業と呼ばれる分野が、深刻な問題を抱えています。医療と介護、一次産業の現状については、本文中に説明がありますので、参照してください。

　この世界的な大不況は、日本社会にどのような変化をもたらすのでしょうか。アメリカや西ヨーロッパに自動車や薄型テレビなどの高額な商品を輸出してお金を稼ぐ、というやり方はもうできないかも知れません。アメリカはリスク商品などの金融でお金を稼いでさかんにお金を使っていたわけですが、それができなくなります。西ヨーロッパは、EUという連合体で成長してきたわけですが、現在イギリス、フランス、ドイツなど主要な国々の経済が弱り切っているので、かつてのような勢いはありません。日本は、国内での経済活動を盛んにする必要がありますが、年金や医療や介護などの社会保障に大勢の人が不安を感じているので、国民はなかなかお金を使おうとしません。

　アメリカと西ヨーロッパを中心とした世界が、中国やインド、ロシアやブラジルといった新しい国々の経済成長によって大きく変化するはずで、日本もその影響を受けます。日本の社会がどう変化するかは誰にもわかりませんが、このあとの10年間、経済が格段によくなることは、まずないと思います。日本政府にはお金の余裕がないので、年金や医療や介護を立て直すことは非常にむずかしく、多くの人が不安を感じながら過ごすという状況が、急によくなることは想像できません。

2：これからの日本社会
　これからの日本社会では、このままでは、今以上に「経済格差」「貧富の差」がひろがるとわたしは心配しています。現在の大不況でも、国民の全員が経済的に苦しくなっているわけではありません。一部の人たちは、何不自由ない生活を送っています。これから、専門的な知識や技術や能力がない人たちは、生きるのがよりむずかしくなるかも知れません。

社会貢献と職業

　社会に対しどういう考えを持つのか、社会とどうかかわっていくのか、ということが職業を選ぶ上で重要になる、と書きました。フェアトレードということを例にあげて、もう少し詳しく説明します。

　現在多くの企業が、途上国の工場で製品を作っています。それは途上国の人のほうが、先進国よりも安く雇えるからです。たとえば日本だと、人を雇うときには、最低でも1時間で600円強のお金を払わなければなりませんが、バングラデシュでは、政府が、最低の賃金を月に約3000円と決めたというニュースがありました。月に3000円ですから、20日間毎日8時間働くとすると、1時間あたりの賃金は約19円です。同じ労働なら、賃金が安いところで作るほうが、企業にとって有利になります。

　バングラデシュのような貧しい国の人々は、安い賃金でも働きます。それを利用して、ギリギリ最低限のお金しか払わず、いつでも好きなときにクビにしたり工場を閉めたりして、できるだけ利益を上げようとする企業が多いのです。それに対して、フェアトレードというのは、利益だけを求めるのではなく、途上国の人々に仕事の機会を与え、公正な賃金を払い、性別で差別せず、安全で健康的な労働条件を守り、環境に配慮し、公正な値段で取引をして公正な賃金を支払い、子どもの権利を守り、信頼と敬意にもとづいた貿易を行う、というような基準を持つ、良心的な運動です。

　サフィア・ミニーさんという女性がいます。インド系のイギリス人で、日本とロンドンを拠点にして、ピープル・ツリーという名前の、フェアトレードのファッションブランドを経営しています。ミニーさんは、若いころ海外を旅行するうちに、先進国の一部の人たちによって途上国の人々が不公正な労働を強いられていることを知ります。ロンドンでは雑誌の編集の仕事をしていましたが、夫の転勤で日本に来てから、フェアトレードに出会い、自ら実践していきます。

　バングラデシュや南米のペルー、アフリカのケニアなどで、地元の人にオリジナルの洋服を生産してもらい、公正な賃金を払って、商品として世界中で売るのです。インドでは、綿花に大量の農薬が使われていましたが、それを何とかして止めさせ、有機栽培のオーガニックコットンを開発しました。またロンドンの有名なデザイナーに依頼して、おしゃれなデザインの洋服を作り、ピープルツリーのファンは増え続けています。ミニーさんは、自分の利益よりも、恵まれない人々の幸福を第一に考えて、ファッションビジネスをやっているわけです。

ただしフェアトレードといってもビジネスには変わりないので、それなりの利益が出ないと、経営は続けられませんし、途上国の人々に仕事をしてもらうこともできなくなります。利益を上げることが最優先、ではないということです。ミニーさんのような経済活動は、これから多くの人の支持を得るだろうと、わたしは思います。フェアトレードは、世界をより良く変える力を持っています。利益を上げてお金を稼いで大きな家に住むよりも、公正な社会・世界の実現のために働きたいという人は、日本にも増えています。

でも、社会貢献的な仕事が、利益だけを考える仕事よりも簡単だということはありません。サフィア・ミニーさんにしても、ロンドンで雑誌編集者をやった経験と、自らのファッションへの興味が、フェアトレードというチャレンジを支えているのです。フェアトレードのような、社会貢献を目的とした仕事・職業でも、それに「向いている人」でなければ、あるいは「向いている人」になろうという努力がなければ、決して実現しないでしょう。

職業と欲望

1：欲しいものを手に入れる

「がんばれ！ クムスン」という韓国のテレビドラマがあります。主人公のクムスンは、若くして結婚しますが、夫が交通事故で亡くなり、子持ちの未亡人となってしまいます。彼女は、幼い子どもを夫の両親に見てもらいながら、大変な思いをして、美容師になるために美容院で見習いで働きます。そしてその美容院の経営者の一人息子で、医師であるジェヒという青年から愛されるようになるのですが、クムスンは最初、結婚の申し出を断ります。

わたしはこれまで欲しいものを手に入れたことがないんです、とクムスンはジェヒに言います。
「周囲から与えられたものだけで、満足して生きてきました。今、やっと生まれてはじめて、欲しいものを手に入れようとしてるんです。それは美容師という職業です。早く一人前の美容師になって、幼い息子を育てなければならないんです。いつまでも義理の両親の世話にはなりたくないんです。だからわたしのことは忘れてください」
　クムスンという若い韓国女性が生まれてはじめて、必死になって手に入れようとした欲しいものとは、美容師という「職業」でした。

2：お金

　欲しいものを手に入れるためには、何が欲しいのかを、自分でわかっている必要があります。ただし、何が欲しいか、自分でわかっている人はそう多くはありません。子どものころは、お菓子やオモチャが欲しいとよく思いますが、お菓子やオモチャはお金さえあれば簡単に買えます。でも子どもはお金を持っていないので、親など大人に買ってもらうわけです。お菓子やオモチャを親に買ってもらうというのは、「与えられる」「与えてもらう」ということで、欲しいものを自分の力で手に入れるということとは違います。

　自分は何が欲しいのか、答えを見つけるのは案外むずかしいものです。多くの人は「お金」と答えるでしょう。確かにお金は生きていく上で重要なもので、いろいろな商品やサービスと交換できるので、好きな音楽やおしゃれな服を買ったり、おいしいものを食べたり、海外に旅行に行ったりすることができます。またお金があると、避けられる不幸があるのは事実です。特に、結婚して家庭を持ち子どもが生まれたとき、また病気になったとき、さらに歳をとって一人になったときなど、お金があると非常に助かります。

　しかし、お金では絶対に買えないものもあります。それは人間どうしの信頼です。どんなにお金があっても、目の前にお金を積み上げても、他人の信頼を買うことはできません。お金をばらまいて友だちや恋人や仲間を作ったとしても、そういった人たちはお金が目当てなので、お金がなくなったとたん、離れていくでしょう。人間と人間の信頼は、家族や友人という大切な関係において、なくてはならないものです。だから、お金を手に入れることを、職業・仕事の最優先の目標にすることは、悪いことではありませんが、家族や友人といった大切な人の信頼を失いやすいのです。お金だけでは信頼という人生でもっとも大事なものを得ることはできません。

3：地位と名声

　手に入れたいものとして、「地位と名声」と答える人も多いと思います。まわりの人から尊敬されたり、ていねいな扱いを受けたり、誰もが知っている有名人になることができたらどんなにいいだろうと、誰でもそう思うのではないでしょうか。まわりから冷たくてひどい扱いを受けるよりも、温かくて優しい扱いを受けたいとみなそう思うはずです。バカにされるよりも尊敬されるほうがいいに決まっています。

　しかし、どうすれば地位と名声を手に入れることができるのでしょうか。世の中には、若くして名声を得て、有名になる人がいます。わたしは作家として24歳で芥川

賞を取り、有名人になりました。でも、賞を取って有名になろうと思ったわけではありません。当時は、小説を書くしか生きていく方法が見つからなかったのです。賞と名声は、小説を書いたあとで、付録のようについてきて、もちろんいいこともありましたが、こんなに若くて有名になってしまってこれから作家としてやっていけるのだろうかという不安を覚えました。その不安から逃れるには、小説を書くしかなくて、少しずつ作家としての自信ができてきました。

　地位と名声を手に入れたいと思うのは、人間として自然なことで、悪いことではありません。そういった欲求や欲望は、わたしたちが何かを成しとげようと努力するのを助けることがあります。しかし、問題は、何によって地位と名声を手に入れるのかということです。それが自分でわかっていない人は、どんなにあがいても地位と名声など得ることはできません。そして、ほとんどすべての人にとって、職業・仕事以外に、地位と名声を得る手段はないのだと思います。確かに、たとえばオリンピックで金メダルを取れば、地位と名声を得ることができますが、そんな人は多くても日本全体で10人程度で、大変な努力が必要で、しかもオリンピックは4年に一度です。

　海外の王室・貴族と結婚した女性も地位と名声を手に入れることができるかも知れません。国内でも、有数の大金持ちや有名人と結婚すると、有名になれる場合があります。ただ、結婚というのは相手がいてはじめて成立するもので、努力すれば実現できるわけではありません。自身の努力で実現できないことを、目標にすることはできないのです。

4：自由

　手に入れたいものとして、自由だと答える人も多いでしょう。自由にはいろいろな意味があります。法律や道徳が許す範囲で自分が思うままにふるまうこと、勝手気ままなこと、他の人間や組織から発言や行動を強制されたり妨害されたりしないこと、自分の意思で発言・行動すること、などです。わたしは、「選べること」が自由だと、個人的にそう思っています。何をしても許されるということではなく、発言や行いや考え方を選ぶことができるということです。

　わたしは、小さいころから早起きが苦手でした。早起きしなくてすむというのも、作家になった大きな理由でした。わたしは自分の家やホテルで原稿を書きます。会社や役所に行くわけではないので、決まった時間に起きる必要はありません。寝たいだけいつまでも寝ていられる、ということが自由なのではなく、起きる時間を自分で選ぶことができるというのが自由なのではないかと思います。

お腹がペコペコでファミリー・レストランに行って、料理のメニューを眺め、さて何を食べようかと考えるのは楽しいものです。メニューに載った料理の中から、カレーライスにするか、エビピラフにするか、ピザにするか、選べるから楽しさを感じるのです。おこづかいをもらってデパートに行き、服を選ぶときに感じる楽しさも同じです。そういうとき、わたしたちは自由を楽しんでいるのです。

　しかし、自由が重苦しく感じられることがあります。経営が苦しくなった会社で、従業員をリストラしなければ倒産する、というとき、経営者は、どの社員に辞めてもらうか、選ばなければなりません。誰に辞めてもらうかを決めるのは経営者で、経営者には辞めさせる人を決める自由があるわけですが、このような自由が楽しいはずがありません。選ぶことが楽しくない、つまり楽しくない自由もあるのです。それでも、わたしたちは毎日、いろいろなことを選びながら、生きています。13歳なら、バスに乗るか、それとも歩くか、熱があるようだけど保健室に行くかどうか、昼休みに試験勉強をするのか、それとも友だちとおしゃべりをするのか、放課後は誰とどんな遊びをするか、何かを選ぶたびに、自由を「使って」いるのです。

　自由な人生とはどういうものでしょうか。たとえば、会社や家に縛られないホームレスの人たちは自由な人生を送っていると言えるでしょうか。自由が、勝手気ままに生きることだとすれば、ホームレスの人たちは自由かも知れません。しかし、自由が、何かを選ぶことだとすると、答えはまったく違ってきます。ホームレスの人たちは、お腹が空いても、どこで何を食べるか選ぶことができません。病気になっても、病院に行くかどうか、行くとしたらどの病院に行くのか、選べません。ホームレスの人たちは、恐ろしく不自由な生活を送っているのです。自由、つまり何かを選ぶというのは、重苦しい場合もありますが、わたしたちが持っているとても大切な権利なのです。

　長い人生で、もっとも重要な選択は何でしょうか。それは、自分はどういう生き方をするのか、どうやって生きていくのか、ということでしょう。どうやって生きていくのか、という問いは、どう社会とかかわっていくか、という問いと同じです。人間は一人では生きられないからです。前に述べたように、わたしたちは、職業によって社会とつながっています。だから、どうやって生きていくのかを選ぶことは、職業を選ぶことと同じなのです。そして、あくまでも選ぶのは職業で、会社ではないことに注意してください。

職業によって手に入るもの

　お金は生きていく上で大切なものですし、地位と名声への欲望も、人間にとって自然なことです。わたしも、お金は欲しいと思います。地位や名声も失いたくないと思っています。歳をとって、体が弱ってきたときに、充分なお金もなく、まわりからの尊敬もなく、軽視されながら生きるのは、辛いものです。そして、お金や地位や名声を手に入れるために、もっとも有効なのは、「自分に向いている職業」です。

　わたしは、お金も地位も名声も手に入れたい欲張りな人間ですが、小説を書いているときは、逆に、お金や地位や名声のことはまったく考えません。小説を書くのは好きではないと前に述べました。確かに好きではないのですが、自分に「向いている」仕事なので、書いていても苦痛を感じることはないし、集中できて、能力を100％使うので、他のことはまったくどうでもよくなるのです。この小説ははたして売れるだろうか、作家としての評判が上がるだろうか、そんなことは本当にどうでもよくなります。「向いている職業」とはそういうものです。仕事や作業に集中できるのです。そして、一つの作品が完成し、その作品に力があって、多くの人を興奮させ喜びを与えることができて、さらに運も味方してくれれば、お金や地位や名声があとからついてくる、そういうことです。

　職業・仕事によって、わたしたちはいろいろなものを手に入れることができます。お金や地位や名声が、あとでついてくることもあります。でも、それだけではありません。わたしたちは職業によって社会とつながっていることを忘れないでください。社会とつながっているという感覚はとても大切です。それは、社会から必要とされている、他人から認められているという感覚を持つことでもあるからです。職業につき働くことで、わたしたちは充実感や達成感、それに友人や仲間を得て、集団や会社や組織に属すことで、自分の居場所を確かめることができます。

　わたしたち人類の祖先は、ずっと長い間、今の類人猿と同じように4本の手足を使って歩行していました。しかし、あるとき2本足で立ち上がりました。どうして2本足での歩行をはじめたのか、実ははっきりとはわかっていません。しかし、2本足で歩行することで、何が起こったかははっきりしています。両手を使えるようになったのです。2本足での歩行を開始したわたしたちの祖先は、自由になった両手で、狩りでしとめた獲物や、採取した果物や穀物などを、家族や仲間たちに「持ち帰る」ことができるようになりました。

　わたしたち人類の大きな特徴の一つは、家族や仲間たちといっしょに食事をすると

いうことです。狩りでしとめた獲物の肉や、果物や穀物を持ち帰った人は、家族や仲間から感謝され、喜びを感じたことでしょう。大切な人たちのために何かをすること、それ自体が喜びだと、現代に生きるわたしたちにも刷り込まれているのです。繰り返しますが、わたしたちは職業によって社会とつながっています。だから、職業を選ぶということは、他人・社会・世界に対して、自分は何がしたいのか、何ができるのか、という問いに、自ら答えることでもあります。

13歳は焦る必要がない

1：28歳という年齢

　この長い序文を読んで、職業について考えることは大変なことだ、自分はだいじょうぶだろうかと不安に思う13歳がいるかも知れません。だいじょうぶです。焦る必要はまったくありません。わたしの知り合いの教育者や経済の専門家は、28歳という年齢を、職業を決める目安としています。教育を受け、社会に出てしばらく時間が経って、だいたい28歳くらいをめどに、自分がどうやって生きていくのか、つまり職業を決めればいい、ということです。28歳で職業を決めたあとは、だいたい35歳くらいまで、その職業に必要な訓練と経験を積むことになります。

　28歳というのは、たとえばプロのサッカー選手や野球選手なら全盛期と呼ばれます。体力、技術、精神力のバランスがもっとも良い状態になるというわけです。28歳を過ぎると、生物学的に体力は少しずつ衰えていきますが、その代わりに経験や知識が増えていきます。28歳という年齢は、若い大人と、成熟した大人の、「中間点」だと言えるかも知れません。13歳は全員、28 − 13 = 15年という長い時間を、自らの資源として持っています。充分な時間です。

2：豊富な時間的資源

　これからの15年、何をするか、それはみなさんの自由です。みなさんが自分で選ぶのです。学校に行く人もいるでしょうし、社会に出て働く人もいるでしょう。職業訓練をする人も、資格を取る人もいると思います。家の都合で、お金がなくて、大学や高校に行くことができない人もいるはずです。それぞれに条件は違いますが、持っている時間は同じです。社会に対し何をしたいのか、何ができるのか、どうやって生きるか、「自分に向いている職業」とはどういうものか、それらをまったく考えることなく、ぼんやりと4年間大学で過ごす人よりも、そのことを真剣に考えながら働く人のほうが有利かも知れません。

まず、「自分に向いている職業」といつか必ず出会う、という強い思いを持ち続けてください。その思いが、好奇心がすり減るのを防いでくれます。いろいろなことに興味を持ち、いろいろなことを試してみる勇気を与えてくれます。

3：仕事をすぐ辞める若者
　最近は、学校を卒業して就職してもすぐに辞めてしまう若者が多いようです。忍耐心がないという大人もいます。しかし、わたしは仕事をすぐに辞める若者が多いのは当然だと思います。派遣やアルバイトなどの非正規社員は悪い条件で働かされることが多いですし、たとえ正規社員になることができても、非常に長い時間の残業をさせられたり、いつリストラされるかわからないという不安があったり、一生安心して働ける職場、職業が少ないからです。忍耐心がないというのは、会社に入れば一生安心して働くことができた昔の人たちの誤解です。昔、高度成長のころは、我慢して会社にいれば、必ず賃金は上がっていきましたが、今はそうではありません。

　ただ、社会に出て働くようになったときに、その仕事・職業が、自分に向いているかどうか、わからない場合が多いのも確かです。ある仕事についたら、とりあえず努力を傾けて働いてみるというのは、案外合理的で、有効な方法ではないかと思います。集中して、努力を傾けてみないと、その仕事・職業が自分に向いているかどうか、わからないことが多いからです。また、努力を傾け、集中しているときには、いろいろな発見があるので、何か重要なことと出会う可能性が大きくなります。

　わたしが、小説を書くのが自分に「向いている」と思ったのも、デビューして数年経ってからでした。ある長編小説を、群馬県の温泉町の外れにある山荘で書いていたのですが、そこは非常に寂しい場所でした。周囲には林以外何もないのです。こんなところに遊びで来ても2日間で飽きるだろう、とそう思いました。しかし、結局わたしは、1ヶ月もその山荘に滞在して、小説を書き続けたのです。小説を書くのは好きではないが、ひょっとしたら自分に向いているのかも知れない、と生まれてはじめて気づいた瞬間でした。その小説が完成したのは、わたしが28歳のときです。28歳のそのときに、わたしは作家として生きていこうと決めたのです。

死なないで、生きのびるために

　現代は、生きにくい時代です。わたしは、今、若者ではなくてよかったと思います。若者は、考え方が柔らかくて、新しい技術やファッションへの対応が得意です。ただ、今は変化が少ない時代なので、その有利さを活かすことがなかなかむずかしいのです。

また、このことはいつの時代でも同じですが、社会の矛盾や不公正を、若者は大人たちから押しつけられます。戦争中は、兵士として戦地に送られ、特攻隊という非常識な自殺攻撃を強制されました。

　前にも述べたように、現在は100年に一度という世界的な不況が続いていて、貧困者が増え、国民の間の経済的格差も大きくなっています。政府や自治体は、何とかしようとしているようですが、行政に期待するだけでは、生きのびていくのはむずかしいのが現実です。現代では仕事を得るため、以前は考えられなかったような高度な能力を要求されることが普通になってきました。科学技術や生産技術の急速な進歩によって、いろいろな仕事の内容が高度で複雑なものになりつつあるからです。習得していなければ最初から就職の道が閉ざされてしまっているという能力や技術は、IT・コンピュータ関連や語学だけではなく、広い範囲に及んでいるのです。

　それでも、すべての子どもや若者は、どうにかして、死なないで、生きのびていく必要があります。だまされないように、好奇心をつぶされないように、いろいろなものに積極的に興味を示して、子どものころは「好きなこと」に、成長したら「自分に向いている職業」に、出会うことができたらと思います。この改訂版が、そのための何らかの参考になれば、著者としてこれほどうれしいことはありません。

旧版 はじめに

　13歳、あるいはその前後の年齢の子どもたちにとって大切なことは、好奇心を失わず、できれば好奇心の対象を探すことです。わたしは中学生の頃、クラスの和を乱すとか、学校の指導に従わないと殴られてばかりいました。教師や大人たちの指示や命令に、単純に従うことが嫌いだったのです。単に従うのではなく、自分で考えてみて、その上で不公平・不合理だと思ったことは、先生にも周囲の大人たちにもそう主張しました。それで、叱られてばかりいました。しかし、自分でものごとを考えるという姿勢のおかげで、教師や大人にだまされることなく、大切な好奇心を失わずにすみました。

　子どもは誰でも好奇心を持っています。好奇心は、大人になって一人で生きていくためのスキル（専門的な技術）や、そのための訓練をする上で、非常に重要になります。大人は、子どもの好奇心を摘まないようにして、さまざまなものを選択肢として子どもに示すだけでいいと思います。簡単ではありませんが、大人に好奇心があって、好奇心を持って生きることがどんなに楽しいことかを子どもに示すことができれば、子どもは自然に好奇心の対象を探すようになります。子どもが、好きな学問やスポーツや技術や職業などをできるだけ早い時期に選ぶことができれば、その子どもにはアドバンテージ（有利性）が生まれます。

　この本は、好奇心を対象別に分けて、その対象の先にあると思われる仕事・職業を紹介しようという目的で作りました。仕事は辛いものだ、みなさんはそう思っていませんか。それは間違いです。たとえばわたしの仕事、それは小説を書くことで、楽ではありませんが、

辛いから止めようと思ったことはありません。止めようと思わないのは、そこに充実感があるからです。小説を書くこと以上に充実感があることは、わたしの人生にはありません。だからわたしは小説を書き続けているのです。

じゃあ誰もが小説を書けばいいのかというと、それも違います。わたしは1日に12時間原稿を書いて、それを何カ月も、何年も続けても平気です。それは、小説を書くことが、わたしにぴったりの仕事だからです。向いていない人は、2時間原稿用紙に向かっただけでイヤになるでしょう。楽ではないが止めようとは思わないし、それを奪われるのは困るというのが、その人に向いた仕事なのだと思います。そして、その人に向いた仕事、その人にぴったりの仕事というのは、誰にでもあるのです。できるだけ多くの子どもたちに、自分に向いた仕事、自分にぴったりの仕事を見つけて欲しいと考えて、この本を作りました。

でもこの本は、こういう仕事につきなさい、こういう仕事がいいんですよ、と指示をしたり、職業を勧めたりするための本ではありません。その人の特性、つまりその人の個性や資質、その人しか持っていないものは、わたしにはわかりません。自分で探すしかないのです。ですから、この本では選択肢だけを示しています。この本をパラパラとめくってもらえばわかりますが、この社会には、非常に多くの仕事・職業があります。しかも、10年前にはなかった新しい職業もたくさんあります。たとえば介護ケアマネージャーやネイルアーティスト、それにインターネットのウェブデザイナーといった仕事は、10年前には存在しないか、少なくとも一般的ではありませんでした。

昔は、子どもが大きくなったらどこかの会社に就職するものだと、ほとんどの人がそう思っていました。昔というのは、貧しかった日本が必死になって欧米に追いつこうとしていたころです。わたしは今51歳ですが、わたしが小さいころ、家の中には電気製品がほとんどありませんでした。家の中にある電気製品は、天井から下がっている電球とラジオだけ、という生活が幼稚園まで続きました。わたしの家だけではなく、日本のほとんどの家庭が貧しかったのです。テレビや電気洗濯機や電気冷蔵庫が誕生して、家に入ってきたのは、わたしが小学生のころです。

そのころ、ほとんどすべての日本人は、貧しさから抜け出るために必死に働き、欧米よりも安く品質のいい製品を大量に作ることで外貨を稼ぎ、働く人は給料を貯金し、その貯めたお金で生活を便利にしてくれる電気製品や自家用車、そして家やアパートを買いました。必死で働き、儲けたお金で必要なものを買う。そうやって、あらゆる商品や製品は爆発的に売れ続け、次々に新しい家やアパートやマンションが建ち、宅地や工業用地が開発され、道路や上下水道や橋やトンネルや港や空港といった社会基盤も整備されていきました。その時代

を高度成長期と言います。

　豊かになることは基本的に良いことです。その証拠に、戦争直後から比べると、高度成長期に、日本では飛躍的に平均寿命が延びました。平均寿命は、おじいさんやおばあさんが長生きするようになるからという理由だけではなく、赤ん坊や幼児の死亡率が下がって、初めて延びるのです。高度成長期以前の日本では、栄養失調や病気で大勢の赤ん坊や幼児が死んでいました。上下水道が整備されていなくて、生活環境も不潔だったので、たとえば夏には蚊が大発生し、たくさんの子どもが日本脳炎という病気で死んでいました。また、健康保険制度がない時代には、医療が受けられない人も大勢いました。

　高度成長は、日本を変えました。今のアフガニスタンやイラクのような状態から出発した日本は、赤ん坊や幼児が簡単には死なない社会を作り上げました。それは簡単なことではありません。確かに犠牲もありました。もっとも大きな犠牲は環境破壊です。工業化を進め、宅地の造成に加えて、たくさんのダムや道路やトンネルを造ったので、美しかった自然が破壊されました。しかし、だからといって、高度成長が全体として間違っていたわけではないと思います。破壊され、汚染された環境は、これから長い時間をかけて修復していかなくてはなりませんが、わたしたちは、高度成長によって、さまざまな豊かさと可能性を手に入れたのです。

　そして、1970年代のどこかで高度成長は終わりました。電気製品や、住宅や家具や自動車が、驚異的に売れ続けた時代が終わったのです。どうしても欲しいものがあり、生活に必要なものが足りなかったから、爆発的な需要があったわけです。今はだいたいすべての家にテレビがあるはずです。日本人全員が先を争ってテレビを買い求めた時代は終わったのです。日本人全員が欲しがる商品は、携帯電話とパソコンが最後ではないかと言われています。そうやって経済の状態が変わると、企業の経営や、雇用のシステムも変わり、社会全体に変化が訪れます。しかも、80年代の終わりには、世界のシステムの根本にあった資本主義と社会主義の対立である冷戦が終わり、またインターネットなどの通信革命が起こって、世界全体に変化の波が押し寄せました。

　テレビや新聞でみなさんも知っているとおり、今の日本は不況です。どうして不況になったのでしょうか。日本経済がダメになったのでしょうか。それは違います。高度成長が終わって、日本社会は大きく変化しました。また冷戦後世界も大きく変わりました。しかし今でも、日本のほとんどのシステムは、高度成長期のままです。つまり内外の変化に対応できていないのです。変化に対応できていないのは、システムだけではありません。人びとの考え方・意識も、どこかで高度成長期を引きずっています。それは日本人と日本社会にとって強烈な

体験で、しかも成功体験なので、その考え方・意識を変えるのは思っているほど簡単ではないのです。

　たとえば、経済の変化の影響で、経営の方法や、雇用の形が劇的に変化しました。高度成長のころは、ほとんどすべての企業が大変な利益を得ることができたので、ある会社に入社した人は、だいたい一生その会社で働くのが常識でした。利益があったのでリストラする必要がないし、商品や製品は爆発的に売れ続けたので、毎年毎年新入社員が必要でした。今は、違います。非常に変化が激しく、企業間の競争も厳しいので、一つの会社で一生勤める、という原則が崩れようとしています。どこか大きな会社に入社できたらもう安心、という時代ではなくなっています。大企業でも、倒産したり、借金を棒引きにしてもらったり、税金を注入してもらったりする会社がたくさんありますから、中小企業はもっと大変です。公務員はどうでしょうか。官庁や役所は国や自治体が経営しているのでだいじょうぶだろう。そう思うのは、間違いです。これからは、借金を返せなくてパンクする自治体が増えます。また国家財政は火の車ですから、いずれ公務員は大量に減らされ、残った人も給料がカットされ退職金ももらえなくなるという時代が来るかも知れません。

　いい大学に行って、いい会社や官庁に入ればそれで安心、という時代が終わろうとしています。それでも、多くの学校の先生や親は、「勉強していい学校に行き、いい会社に入りなさい」と言うと思います。勉強していい学校に行き、いい会社に入っても安心なんかできないのに、どうして多くの教師や親がそういうことを言うのでしょうか。それは、多くの教師や親が、どう生きればいいのかを知らないからです。勉強していい学校に行き、いい会社に入るという生き方がすべてだったので、そのほかの生き方がわからないのです。

　どう生きるか。それはむずかしい問題です。いろいろな考え方があるでしょう。しかし、ここにシンプルで、わかりやすい事実があります。それは、すべての子どもは大人になって、何らかの仕事で生活の糧を得なければならないということです。社会的なケアが必要な重い障害を持つとか、重いハンディがある子どもにしても、必ず何かできることがあるものです。子どもはいつか大人になり、仕事をしなければいけないのです。仕事は、わたしたちに、生活のためのお金と、生きる上で必要な充実感を与えてくれます。お金と充実感、それはひょっとしたら、この世の中でもっとも大事なものかも知れません。子どもがいつかは大人になり、何らかの方法で生活の糧を得なければならないとしたら、できれば嫌いなことをいやいやながらやるよりも、好きで好きでしょうがないことをやるほうがいいに決まっています。

　好きな分野の仕事で生活できればそれにこしたことはないということです。わたしは、この世

の中には2種類の人間・大人しかいないと思います。それは、「偉い人と普通の人」ではないし、「金持ちと貧乏人」でもなく、「悪い人と良い人」でもなくて、「利口な人とバカな人」でもありません。2種類の人間・大人とは、自分の好きな仕事、自分に向いている仕事で生活の糧を得ている人と、そうではない人のことです。そして、自分は何が好きか、自分の適性は何か、自分の才能は何に向いているのか、そういったことを考えるための重要な武器が好奇心です。好奇心を失ってしまうと、世界を知ろうとするエネルギーも一緒に失われます。この本は、今の好奇心を、将来の仕事に結びつけるための、選択肢が紹介してあります。この本を眺めていると、この世の中には実にいろいろな職業・仕事があることがわかると思います。繰り返しますが、自分に向いた仕事は決して辛いものではありませんし、どんな仕事も、それが自分に向いたものであれば案外面白いのです。

『13歳のハローワーク』というタイトルにしたのは、13歳という年齢が大人の世界の入り口にいるからです。ちなみにアメリカでは12歳までは子どもとしてケアされますが、13歳になると逆にベビーシッターなどのアルバイトを始めるようになります。その年代では、現実に向き合うとき、とまどいと不安があるのではないでしょうか。自分はいったいどういう人生を送ることになるのだろうという漠然とした不安と、子どものままでいるほうが楽かもという、とまどいです。実はそういった不安ととまどいは、自由と可能性によって起こります。強い身分制度があった江戸時代、農家に生まれ育った子どもは、農家で働くのだと100％決定されていました。江戸時代の子どもには、将来自分はどんな大人になるのだろうという不安もとまどいもありませんでした。

今は違います。13歳は自由と可能性を持っています。だからどうしても世界が巨大に映ってしまって、不安ととまどいを覚えるのです。わたしは、仕事・職業こそが、現実という巨大な世界の「入り口」なのだと思います。わたしたちは、自分の仕事・職業を通して、世界を見たり、感じたり、考えたり、対処したりすることができるようになるのです。自分の仕事・職業によって世界と接しているということです。さらに、現代は、仕事のあり方や就職の形が変化している過渡期です。たとえば、公務員を続けながらNPOに入って活動している人もいれば、複数の会社で契約社員として働いている人もいます。フリーターとしてアルバイトをしながら、資格を取ったり、海外留学の資金を貯めている人もいます。

この本にある数百の仕事から、あなたの好奇心の対象を探してみてください。あなたの好奇心の対象は、いつか具体的な仕事・職業に結びつき、そしてそれが果てしなく広い世界への「入り口」となることでしょう。

新 13歳のハローワーク ｜ 目次

はじめに ｜ 3
旧版 はじめに ｜ 19

01 国語　「国語」が好き・興味がある ｜ 33

その❶ ｜ 随筆や物語を読む ｜ 34

書店員／評論家／出版業界で働く／編集者／校正者／古本屋

その❷ ｜ 詩や作文など文章を書く ｜ 38

作家／詩人／俳人／ライター／テープリライター／コピーライター／速記者／放送作家／シナリオライター／作詞家／童話作家／歌人／携帯小説家

Essay：小説家の誕生 ｜ 46

その❸ ｜ 詩や文章を朗読する ｜ 48

アナウンサー／キャスター／ラジオパーソナリティー・DJ／テレビ俳優／レポーター／漫才師／落語家／漫談家／腹話術師／お笑いタレント／声優

02 社会　「社会」が好き・興味がある ｜ 55

その❶ ｜ 地図や地球儀を眺める ｜ 56

国土地理院で働く／地図制作者／地図編集者／測量士／古地図研究家／タウン誌発行

その❷ ｜ 日本と世界の歴史を知る ｜ 60

遺跡発掘調査員／骨董屋

その❸ ｜ 世の中がどうなっているか知りたい ｜ 62

ジャーナリスト／司法書士／行政書士／弁理士／海事代理士／新聞記者／公務員［一般行政職］

その❹ ｜ 経済や商売に興味がある ｜ 66

接客・案内……ホテルで働く／仲居／バスガイド／客室乗務員／グランドホステス／イベントコンパニオン／ホスト／ホステス／秘書／家政婦／葬儀社／ブライダルコーディネーター／結婚コンサルタント／経営コンサルタント／広告業界で働く／ペンション経営／鉄道パーサー／ツアープランナー／納棺師／コールセンター・オペレーター／販売……質屋／金券ショップ／コンビニオーナー／弁当屋

Essay：欲望と信用とコミュニケーション ｜ 80

03 数学　「数学」が好き・興味がある｜83

その❶｜計算をする｜84

リテール・バンカー／ホールセール・バンカー／インベストメント・バンカー／アナリスト／ファンドマネージャー／トレーダー／金融商品開発者／コンプライアンス担当者／金融システム担当者／保険セールス／アクチュアリー／ファイナンシャル・プランナー／税理士／公認会計士／ネット株式トレーダー／証券アナリスト／暗号作成者

Essay：金融業界をめざす少年・少女たちへ　山崎元｜94

Essay：お金の流れを監視・記録する仕事｜96

その❷｜図形を考える｜98

機械設計／不動産鑑定士／庭園設計士／建築家／土地家屋調査士

その❸｜命題を証明したり分析したりする｜102

チェスプレイヤー／囲碁棋士／将棋棋士

04 理科　「理科」が好き・興味がある｜105

その❶｜花や植物を観察する・育てる｜106

プラントハンター／グリーンコーディネーター／フラワーデザイナー／フラワーアレンジメントの先生／華道家／盆栽職人／庭師／植木職人／樹木医／グリーンキーパー／植物園職員／ランドスケープアーキテクト／林業／森林官／フラワーショップ／農業／花卉栽培農家／バイオ技術者

その❷｜動物・爬虫類・魚や鳥・虫を観察する・育てる｜116

動物園の飼育係／水族館の飼育係／犬の訓練士／ブリーダー／トリマー／ペットシッター／ハンドラー／盲導犬訓練士／獣医師／動物看護師／競馬調教師／騎手／厩務員／装蹄師／家畜人工授精師／ひな鑑別師／畜産農業／野生動物調査／動物プロダクション／猿の調教師／鵜匠／ハブ捕り職人／マタギ／バスプロ／養蜂家／釣りエサ養殖／養蚕家／クワガタ養殖／珍しい虫の養殖／ミミズによる廃棄物処理／昆虫採取・飼育用品の製作販売／釣り船屋／害虫駆除／アクアリウム・ビバリウム・テラリウム／アニマルセラピスト

Essay：学問は本来面白いものだ　［その1：生物学］｜132

Essay：蜘蛛の糸｜134

その❸｜人の身体・遺伝を考える｜136

医師／看護師／保健師／助産師／薬剤師／理学療法士／作業療法士／視能訓練士／言語聴覚士／歯科医師／歯科衛生士・歯科助手／歯科技工士／診療放射線技師／臨床検査技師／あん摩マッサージ指圧師／鍼灸師／接骨医・柔道整復師／カイロプラクター／医療秘書／MR[医療情報担当者]／移植コーディネーター／義肢装具士／臨床工学技士／医療情報管理者／看護助手／音楽療法士／ナース・プラクティショナー（NP）／専門看護師／登録販売者／医療メディエーター

Essay：バイオは夢のビジネスか | 152

その❹ | 雲や空や川や海を眺める | 162

気象予報士／船員／潜水士／水中カメラマン／水中ビデオカメラマン／スキューバダイビングショップ／スキューバダイビング・インストラクター／養殖業／漁師／海女・海士／川漁師／南極観測隊員／山小屋経営／ガラス屋職人

その❺ | 炎や爆発を見る・実験する | 172

火山学者／消防官／花火師／ロウソク職人／特効屋／発破技士／溶接工／臭気判定士／レアメタル採掘・トレーダー

Essay：火と炎の魅力と魔力 | 177

その❻ | 星・宇宙を見る・憧れる | 178

宇宙飛行士／NASAで働く／天文台で働く／プラネタリウムで働く／占星術師／天文雑誌編集者

Essay：学問は本来面白いものだ　[その2：天文学] | 183

05 音楽　「音楽」が好き・興味がある | 185

その❶ | 歌う | 186

歌手／宝塚歌劇団／劇団四季／音楽タレント／声楽家

その❷ | 聴く | 190

クラブDJ／楽譜出版社で働く／音楽の権利関係に関わる仕事／写譜屋／ローディー／音響エンジニア／レコーディングエンジニア／レコーディングディレクター／レコーディングプロデューサー／マニピュレーター／マスタリングエンジニア／インペグ屋／ステージ美術デザイナー／DTMクリエーター／舞台音響／照明／PA

その❸ | 演奏する | 198

ミュージシャン／クラシック演奏家／オーケストラ団員／コレペティトゥア／指揮者／ピアノ調律師／楽器製作メーカーで働く／管楽器リペアマン／楽器職人／編曲家／楽器の先生／コンサートプロデューサー／舞台監督／能楽三役／文楽の技芸員／作曲家／邦楽家／ゲームサウンドクリエーター

Essay：音楽家の幸福 | 206

06 美術

「美術」が好き・興味がある | 207

その❶ | 絵を描く・ポスターをデザインする・粘土で遊ぶ | 208

画家／イラストレーター／絵本作家／版画家／筆耕／人形作家／刺青師／絵付師／書道家／CGクリエーター／グラフィックデザイナー／エディトリアルデザイナー／装丁家／キャラクターデザイナー／ゲームグラフィックデザイナー／動物カメラマン／風景カメラマン／写真館経営／写真スタジオで働く／プロダクトデザイナー／インダストリアルデザイナー／ウェブデザイナー／プラモデル製造／模型店経営／看板職人／舞台美術／舞台照明／彫刻家／メディアアーティスト／漫画家／アニメーター

Essay：1年に6000時間 | 224

Essay：変化と不変 | 225

その❷ | 美術館で絵や彫刻を見る | 226

美術修復家／キュレーター／美術コーディネーター／ギャラリスト／プリンター／美術造形／学芸員／フレーマー／美術鑑定士

その❸ | きれいなもの・面白いものを集める | 232

宝石鑑定士／オークション会社で働く／アンティークショップ／コイン・切手屋／古着屋／リサイクルショップ

07 技術・家庭科

「技術・家庭科」が好き・興味がある | 237

その❶ | 道具を使っていろいろなものを作る | 238

大工／宮大工／鳶／左官／石工／塗装業／表具師／家具職人／畳職人／インテリアデザイナー／インテリアプランナー／インテリアコーディネーター／エクステリアデザイナー／CMr（コンストラクション・マネージャー）／多能技能工

その❷ | 機械・プラモデル・フィギュアなどを組み立てる・分解する | 244

独立時計師／鍵師／彫金師／エンジニア／プレス工／板金工／電気工事士／アンティーク時計修理・時計修理士

Essay：AI [artificial intelligence：人工知能]と知覚心理学 | 250

Essay：創造性にあふれた仕事　小木曽聡（トヨタ自動車株式会社） | 254

Essay：「どうなっているのか？ なぜそうなるのか？」を考える
　　　　　　　　　　　　　　　　　大塚明彦（トヨタ自動車株式会社） | 256

その❸ | PC（パソコン）を扱う | 258

DTPオペレーター／アフィリエイター

その❹ | 料理・お菓子・ケーキなどを作る | 260

シェフ／日本料理人／そば職人／寿司職人／パン職人／和菓子職人／パティシエ／豆腐職人／醤油職人／味噌職人／塩作り職人／杜氏／ワイナリーで働く／茶道家／コーヒー焙煎の職人／ソムリエ／バーテンダー／フードコーディネーター／フードスタイリスト／料理研究家／ケータリング料理人／屋台料理人／栄養士／管理栄養士／クッキングアドバイザー／カフェオーナー

Essay:ワインに関する仕事にとっての海外修業
内池直人（ワインショップ・プティットメゾン）| 273

Essay:海外修業に至る　上田淳子（料理研究家）| 276

Essay:海外の学校で学ぶ | 278

Essay:「好み」というニーズ | 280

その❺ | きれいな洋服や小物を眺める・自分で作る | 282

ファッションデザイナー／ジュエリーデザイナー／ファッションモデル／靴デザイナー／バッグデザイナー／帽子デザイナー／テキスタイルデザイナー／ソーイングスタッフ／テーラー／和裁士／リフォーマー／アパレルメーカーで働く／美容師／スタイリスト／フォーマルスペシャリスト／着物コンサルタント・着付師／理容師／メイクアップアーティスト／ネイルアーティスト／ファッション・コーディネーター／靴職人／クリーニング師／パタンナー／ランジェリーデザイナー／舞台衣装／調香師／鞄職人

Essay:日本の若者のファッション | 296

08 保健・体育　「保健・体育」が好き・興味がある | 299

その❶ | サッカーなど、試合・練習をする・競技を見る | 300

プロスポーツ選手／スポーツエージェントで働く／スポーツライター／監督・コーチ／スポーツクラブのインストラクター／スポーツのチームや組織で働く／スポーツ用品メーカーで働く／審判員／スポーツカメラマン／プロレスラー／格闘家・武道家

Essay:プロスポーツの広い地平 | 308

その❷ | フォークダンスなど、ダンスをする | 310

バレリーナ／バックダンサー／フラメンコダンサー／ミュージカルダンサー／振付師／レッスンプロ／チアリーダー／日本舞踊家／舞妓・芸者／エアロビック・インストラクター／ストリッパー／幼児リトミック指導員／歌舞伎俳優／狂言師／舞台演出家／サーカス団員／旅芸人／大道芸人／劇団員／マジシャン／舞台俳優／人形使い

Essay:死ぬまで踊り続ける | 322

その❸ | 運動場や校庭、街や野山を走る・歩く | 324

冒険家・探検家／登山家／山岳救助隊員／パークレンジャー／歩荷／ネイチャーガイド／アウトドアスポーツ・インストラクター／スキーインストラクター・スキーパトロール

その❹｜病気や健康について考える｜328

メディカルスタッフ／リフレクソロジスト／アスレティックトレーナー／タラソテラピスト／アロマテラピスト／ヨガインストラクター／ピラティスインストラクター／ホットストーン・セラピスト／エステティシャン

09 外国語　「外国語」が好き・興味がある｜333

その❶｜外国語で外国人と話す｜334

通訳／ツアーコンダクター／外航客船パーサー／取材コーディネーター／トラベルライター／観光庁職員／日本語教師

Essay:語学の達人たち｜339

Essay:ツアコンに未来はあるか｜341

その❷｜外国語の文章・記事・物語などを読む｜342

翻訳家／外国語の言語学者／英字新聞記者／留学コーディネーター／国際会議コーディネーター／通訳ガイド／著作権エージェントで働く

その❸｜外国に憧れる｜346

大使館スタッフ／通関士／国連職員／外交官

10 道徳　道徳の時間、眠くならない｜349

その❶｜意見を言う・議論する｜350

精神科医／臨床心理士／心療内科医／占い師／シャーマン／弁護士／裁判官／検察官／政治家

Essay:司法に関する仕事と司法制度改革｜357

その❷｜何が正しいのか考える・社会の役に立ちたいと思う｜358

福祉……福祉の公的施設で働く／福祉に関わる企業で働く／ソーシャルワーカー・ケースワーカー／ケアワーカー／ホームヘルパー／ガイドヘルパー／医療ソーシャルワーカー／精神医学ソーシャルワーカー／家庭裁判所調査官・保護観察官・法務教官／手話通訳士／いのちの電話相談員／スクールカウンセラー／介護施設スタッフ

教育……小学校教師／中学校・高校教師／保育士／家庭教師／塾講師／予備校講師／大学教授／幼稚園教諭／フリースクールで働く／障がい児の学校教諭／ベビーシッター／キャリアカウンセラー　キャリア・デベロップメント・アドバイザー／養護教諭

安全……警察官／救急救命士／海上保安官／警備員／刑務官／レスキュー隊員／SAT［警察の特殊部隊］／ボディガード

宗教……僧侶／神主／神父・牧師

Essay：フェアトレード
　　　　　サフィア・ミニー（ピープル・ツリー／グローバル・ヴィレッジ）| 375

Essay：NPOという選択肢 | 378

Essay：求められる教師像とは？ | 384

11 休み時間、放課後、学校行事が好き・ほっとする | 387

その❶ | 教室や校庭で友だちとおしゃべりする・携帯電話で話す | 388

ヘッドハンター／テレビショッピング司会・進行役／テレビ業界で働く／テレビプロデューサー／テレビディレクター／ビデオジャーナリスト／リサーチャー／ラジオ業界で働く／ラジオプロデューサー／ラジオディレクター／ゲームプランナー／探偵／便利屋／イベントプランナー／芸能スカウト／ホステス・風俗スカウト／芸能マネージャー

Essay：違和感と警戒心 | 396

その❷ | 図書館で本を読む | 398

司書

その❸ | 映画を見に行く | 400

映画脚本家／映画プロデューサー／映画監督／制作担当／制作助手／映画俳優／スタントマン／俳優担当／キャスティングディレクター／ムービーカメラマン／サウンドマン／ライトマン／美術・美術監督・デザイナー／ヘア＆メイクアップアーティスト／衣装・ワードローブ・コスチュームデザイナー／エディター／音響効果／ネガ編集／記録／殺陣師・アクションスーパーバイザー／特機／シナリオデベロッパー／助監督／操演／現像技師／オプチカル技師／特撮監督／特殊撮影／技術系の助手／ドローイング・SFXイラストレーター／特殊造形：ミニチュア／特殊造形：アニマトロニクス／特殊造形：特殊メイク／CG・CGI／デジタルアニメーション／予告編制作／映画字幕翻訳／映画配給／映画宣伝

Essay：鳥をどけろ、カメラを回せ | 418

Essay：SFXとハリウッド | 420

その❹ | 旅行などで、飛行機や列車や車に乗る | 422

パイロット／ヘリパイロット／レーサー／タクシー運転手／ハイヤー運転手／バス運転手／トラック運転手／宅配便ドライバー／バイク便ライダー／ケーブルカー・ロープウェイ運転係／機関車運転士／電車運転士／カーデザイナー／自動車整備士／スーパーカー専門整備士／レーシングチームのメカニック／二輪自動車整備士／自転車整備士／気球操縦士／航空管制官／航空整備士／マーシャラー／テストドライバー

12 何も好きじゃない、何にも興味がないと、がっかりした子のための特別編 | 435

その❶ | 戦争が好き | 438
　　　軍事評論家／戦場ビデオジャーナリスト／傭兵／アメリカ軍兵士

その❷ | ナイフが好き | 441
　　　ナイフ職人

その❸ | 武器・兵器が好き | 442
　　　武器・兵器評論家／モデルガン製造

その❹ | 何もしない＆寝ているのが好き | 444

その❺ | エッチなことが好き | 445

その❻ | 賭け事や勝負事が好き | 447
　　　ビリヤードプレイヤー／カジノディーラー／為替ディーラー／パチンコ業界で働く／パチプロ／競馬予想師／プロ麻雀士

Special Chapter

1 これからの一次産業 | 451

　農業 | 452
　Essay：日本農業を産業として自立させるために　長谷川久夫（農業法人みずほ）| 458
　Essay：日本のこれからの農業　嶋崎秀樹（有限会社トップリバー）| 462
　Essay：明るい農村 | 464

　漁業 | 468
　Essay：漁業の現状　鈴木敬一（築地魚市場株式会社）| 474
　Essay：漁業の現状　熊井英水（近畿大学水産研究所）| 476

　林業
　Essay：林業の現状　速水亨（速水林業、株式会社森林再生システム）| 478

2 環境 | 481
　Essay：21世紀のビッグビジネス | 482
　　対談：with 坂本龍一 | 492

3 日本の伝統工芸 | 499
　染織／陶芸／漆器／木工芸／竹工芸／和紙／石工／ガラス製品／金工／日本刀・刃物／仏壇・仏具／文房具／和傘・提灯・うちわ・扇子／玩具／人形／楽器／能面・神楽面／神祇調度装束・慶弔用品

4 医療・介護 | 517
　Essay：崖っぷちにある日本の医療　上昌広（東京大学医科学研究所 医師）| 518
　Essay：看護師を目指すみなさんへ　畑中暢代（看護師）・児玉有子（東京大学医科学研究所 看護師 保健師）| 522
　Essay：「慈善事業」と「ビジネス」との間で　武田雅弘（株式会社ベネッセスタイルケア）| 526
　Essay：訪問介護の現状　小田知宏（社会福祉士）| 533

5 IT | 539
　Essay：IT（Information Technology） | 540
　Q&A：ITの現状と可能性　伊藤穰一（クリエイティブコモンズ）| 542
　座談会：Google×村上龍 | 549

おわりに | 561

01 「国語」が好き・興味がある

その❶ 随筆や物語を読む

授業で、教科書に載っている随筆や小説、詩を読むのが好き、というだけではなく、図書室や図書館で読書をするのが好き、というのも含まれる。本なら何でも好き、という場合と、たとえば恋愛ものや、冒険ものだけが好きという場合がある。

書店員

　書店員の仕事は、「客の求めに応じて本を売る」だけではない。書店の大型化と出版物の増加、それに読者の多様化によって、より高い知識と能力を求められるようになった。各売り場ごとに、担当の書店員が、本や雑誌の注文、本の棚入れや平台への配列、イベントの企画、在庫管理などを、決定権を持って行うことが増えた。話題性や客の需要に応じ、出版社や取り次ぎ会社へ本を注文し、選びやすいように配置する。将来性が期待できる作家の本を推薦する「本屋大賞」（2004年開始）は、書店員が培ってきた自立性と影響力の象徴である。本は意外に重いので、仕事はかなりの肉体労働でもある。パートから正社員になる人も多い。必ずしも、本好きである必要はない。客や同僚や取引先とのコミュニケーションが欠かせないので、本が好きという動機だけでは現実とのギャップに悩む場合もある。しかし、書籍・出版・読書に対するリスペクト・敬意は持ってなければならない。そして、本と読書にしかない価値への理解と敬意が深まり、それを何らかの方法で客と共有することができれば、大きな充実感と喜びがある。

評論家

　文学に関しては批評家といわれることもある。代表的なのは「文芸評論家」で、小説や詩を批評したり評論したりして、読者の理解を助けたり文学の質の向上に貢献する。その国が近代化を進めているとき、つまり近代文学が国民に必要とされているときは、評論家は思想やイデオロギーや価値観を作り出すという重要な役目を負うことがある。近代化というのは古いシステムや考え方を、グローバル（世界的・国際的）で新しいものに変えていく過程なので、どうしてもいろいろなところに無理や矛盾が生じる。国民の生活自体はよくなっていくことが多いので、近代化の矛盾は繁栄の陰に隠れがちになり、文学はその隠されたものを物語に織り込んで姿を与えるわけだが、評論家はその作品に込められたテーマを読み解くのである。日本では近代化がほとんど終わり、社会が成熟期に入っているので文学評論は必要ではなくなりつつあるが、それでも文芸評論家と呼ばれる人たちは大勢残っている。ほかに経済評論家、軍事評論家、政治評論家などほとんど無数の種類の評論家がいる。評論家になるには、とりあえずその専門分野の知識が必要だが、その専門分野への強い興味があることが必須の条件となる。

出版業界で働く

　出版業界は主に、書籍や雑誌などを発行する出版社、商品の出荷を管理し、出版社と書店の間を結ぶ取次、一般読者へそれらを販売する書店の3つに分かれている。一部の場合を除き、本は、出版社→取次→書店という経路で読者の手に届く仕組みになっている。出版業界という言葉から多くの人が連想するのは、出版社に勤務する編

集者のことだろうが、それ以外にもこの業界には実にさまざまな職種が存在する。たとえば、出版社には書籍制作のスケジュール管理を主な業務とする人もいるし、取次では本をいかに無駄なく全国に送るかを考える人がいるし、書店にはその書店独自の色を出すために、どんな本をどれくらい仕入れるのかを企画する人がいるという具合だ。文章が好きで、なんとしても本に関わる仕事がしたいという人は、まず、本がどういう工程で作られ、どのようにして自分の手元まで届いているのかを想像してみるといいかもしれない。どの種類の会社にしろ、そこで働くためには正規の試験を受けて入社するか、アルバイトなどをしてコネクションをつくるかというのが普通である。

編集者

　一般的に編集者とは、出版社に勤務して書籍や雑誌を編集する人を指している。編集の仕事は、まずこれなら売れるだろうという企画を立て、その企画を実現させるためには誰にどんな仕事を依頼すればいいのか、そのためにはお金がどれくらいかかるのかを考えることから始まる。そして依頼した文章や写真などを確認して、印刷所に渡し、またその企画が形になる際のデザインや宣伝用コピーのアイデアを練ったり、商品ができ上がったら、それを売るための戦略も考えなければならない。このあたりの仕事内容は、作る本や雑誌の種類によって大きく変わってくる。たとえば、エッセイや小説を編集する文芸書編集者にとって一番大切な仕事は、作家から原稿をもらうことであり、ファッション雑誌の編集者であれば、今どんなスタイルが人気なのかを分析して、どんな切り口で誌面を作るのかを考えることがもっとも重要になってくる。テレビドラマによく登場する「優雅で知的な出版社勤務」というイメージは、長びく出版不況のなか、ほとんどどこにもない。多くの編集者は労働時間の割には少ない給料で、膨大なデスクワークを抱え、休日出社を余儀なくされているというのが現実だ。

また芸能人や有名作家と友だちづき合いができるなどといわれるが、そういう職業の人たちとうまく仕事をするためには、企画力や文章力のほかに特別な神経が必要であるといわれている。

校正者

　雑誌や単行本をつくるときに、原稿を元に組まれた文字校正紙（ゲラ）を、元の原稿と比べながら、誤植また言葉の用法をチェックし、さらに内容のミスを指摘する。技能検定などもあるが、資格は必要ではない。膨大な量の言葉や文章をチェックしていく集中力と体力、原稿内容のチェックのための知識が必要で、疑問が生じた場合はいろいろな種類の辞書、百科事典、またインターネットも活用して、徹底的に言葉と文章と文脈の整合性を追求する。仕事は自宅で行うことが多い。エディタースクールなどで基礎を学ぶ人も多いが、出版社勤務を経て校正の仕事につく人もいる。出版界では地味な存在だが、校正者の知識と技術が単行本と雑誌の信頼を支えている。

古本屋

　古書店では、店主の好みによって置いてある本もさまざまで、それぞれの店によって得意分野や専門分野を持っていることが多い。基本的に本は自力で収集する。古本屋になろうとする人は大抵の場合において本の収集家なので、まずは自分の蔵書を売ることからはじめることが多いようだ。古本屋を営業するには、各都道府県の警察で申請を行い、公安委員会から古物商の許可を受けることが必要。その上で各県の古書組合に加入すれば、目的の本を探しやすく、安く購入することができる。決して収入の多い仕事とはいえないが、探していた本や掘り出し物を見つけたときの喜びは、収集家にとっては何にも代えがたい喜びである。また、最近では全国にチェーン展開するリサイクル店の台頭が目覚ましく、この場合はニーズがあり、回転の速い漫画や文庫本、発刊されてから間もない新古書が商品の中心となる。

こんな職業もある　地図編集者▶P.58　タウン誌発行▶P.59　天文雑誌編集者▶P.182　漫画家▶P.221　日本語教師▶P.338　翻訳家▶P.343　外国語の言語学者▶P.343　著作権エージェントで働く▶P.345　映画監督▶P.402　予告編制作▶P.415

その❷ 詩や作文など文章を書く

詩や作文を書くというのは、自分の頭の中で想像・イメージしたことを、言葉をつなぎ合わせることによって、他の人に伝え、他の人にもわかるようにすることだ。だから、この項目には、想像したりイメージしたりするのが好き、ということも含まれる。

作家

　13歳から「作家になりたいんですが」と相談を受けたら、「作家は人に残された最後の職業で、本当になろうと思えばいつでもなれるので、とりあえず今はほかのことに目を向けたほうがいいですよ」とアドバイスすべきだろう。医師から作家になった人、教師から作家になった人、新聞記者から作家になった人、編集者から作家になった人、官僚から作家になった人、政治家から作家になった人、科学者から作家になった人、経営者から作家になった人、元犯罪者で服役の後で作家になった人、ギャンブラーから作家になった人、風俗嬢から作家になった人など、「作家への道」は作家の数だけバラエティがあるが、作家から政治家になった人がわずかにいるだけで、その逆はほとんどない。つまり作家から医師や教師になる人はほとんどいない。それは、作家が「一度なったらやめられないおいしい仕事」だからではなく、ほかに転身できない「最後の仕事」だからだ。服役囚でも、入院患者でも、死刑囚でも、亡命者でも、犯罪者でも、引きこもりでも、ホームレスでもできる仕事は作家しかない。作家の条件とはただ一つ、社会に対し、あるいは特定の誰かに対し、伝える必要と価値のある情報を持っているかどうかだ。伝える必要と価値のある情報を持っていて、もう残された生き方は作家しかない、そう思ったときに、作家になればいい。

詩人

　昔から詩を書くことで生活していくのはほとんど無理だったが、今は特にむずかしい。基本的に、詩は象徴的なものだ。言葉のシンプルな組み合わせで、普遍的なものを象徴する。その国が近代化される過程には、戦争や内乱や恐慌など、必ず激動期があり、民族や社会に共通した悲しみや喜び、それにある特定の気分が生まれる。優れた詩人は数行の詩句でその喜びや悲しみや気分を表現する。たとえば「雨ニモマケズ、風ニモマケズ」という宮沢賢治の有名な詩句は、当時の多くの人びとの気分を象徴していた。激動期から成熟期に移行すると、多くの人びとが共有できる悲しみや喜びが失われる。今の日本には幼児から老人まで国民すべてが口ずさめるような歌がないが、それは作曲家や作詞家や歌手たちの怠慢ではなく、国民に共通した悲しみや喜びがなくなったからだ。つまり、歌と同じく、詩が求められるのは社会の激動期だと言えるだろう。しかし、表現としての詩がすべて消えたわけではない。全国民的な悲しみや喜びはなくなったが、たとえば10代の女の子だけに「特有の」気分といったものは残っている。そこで、ある特定の世代に詩が求められ、商品価値を持つことがある。ただそれらの多くは若い女性のためのもので、イラストや写真が付き、手軽に読めるものとして流通する。激動期の詩のように、生き方を変えるような衝撃力が求められることはなく、おもに、「あなたは一人じゃない」というような一体感を与えてくれるものが多い。ポップスと同様に、10代の女の子に購買力があるために成立する商品で、

決して歴史に残ることがない。いずれにしろ、詩を書くための教育や訓練というのは基本的に不要だ。詩は、すべての人に開かれた表現で、自分や世界を客観的に観察できる感覚を必要とする。詩を書くことは、たとえば自分の心の傷に向かい合うときなどに効果的だが、そういった個人的な表現と、職業として詩人を目指すことは、まったく別のことだと考えるべきである。

俳人

　5文字、7文字、5文字、計17文字で、季語（季節にふさわしい言葉）を盛り込み、象徴的に世界を表現する。ほとんどの俳人は結社を主宰するか、結社に属している。結社は少人数による句会をもとに組織化された、創作と発表の場。結社は、最大規模のホトトギスをはじめ、全国に800ほどあるといわれている。結社のなかで互いに批評し合って技術を磨き、学んでいく。結社内の人間関係は非常に重要で、良い人間関係・師弟関係に恵まれると俳人は成長する。雑誌の俳句欄の選句や、句会での指導により収入を得ることもできるが、俳句を作るだけで生計を立てていくことはほとんど無理であり、お金のために俳人になる人はいない。旅に出たり、多くの人に出会い、深い人生経験を積んだりして、感性と言葉の感覚を磨くことが重要。また表現に文語を多く使うため、百人一首や古文に触れ、古典になじむことも重要な訓練となる。だが最近では海外にも「HAIKU」は受け入れられていて、俳人という優雅な職業がなくなることはないだろう。

ライター

　日本では1年間に22.7億冊の雑誌が売られている（2009年度出版統計）。そのうちのかなりの部分が活字で成り立っており、そのかなりの部分を書いているのがライターだ。これに単行本や、出版物には分類されない会員向けの印刷物などもある。だから一般に思われているより、フリーランスのライターの数はかなり多い。参入するのが非常に簡単なのもこの職業の特徴。多くの仕事があり、しかも専門性やノウハウをあまり必要としない仕事が多いからで、その意味ではフリーターに似ているかもしれない。実際知り合いが編集者やライターだから、というぐらいの理由で仕事が発生してしまうこともある。そのぶん報酬は低いといわれている。もちろんなかにはその後スキルをアップさせていく人もいる。

テープリライター

　雑誌や新聞、テレビなどの記者やライターがテープに録音したインタビューや、さまざまな会議を録音したテープを聞いて紙面に書き起こす。もしくは要約文をつくる。正しく美しい日本語を、適材適所で使いこなす力が必要だ。たとえば同じ「じじょ」という言葉でも、A新聞社では「次女」と書き、B社では「二女」と書く。その使い分けをするのも能力のひとつだ。書き起こすテープのジャンルはマスコミ、医学会、政界と広い範囲におよぶが、情報公開法の施行以来、行政関係の会議議事録を書き起こす仕事が増えている。フリーランスで仕事先を開拓する人もいるが、一般的には、テープリライター養成学校を卒業後、提携するテープリライト専門会社に所属して仕事が割り振られるのを待つ。自宅でできる作業のため、現在、担い手の多くは主婦である。基本的には歩合制で、テープリライターだけで食べていけるか否かは、各個人の知識量や仕事をこなす速さに左右される。なんといっても、自分の知らなかった世界の新しい情報に触れられるという喜びは大きい。

コピーライター

　商品の広告の「キャッチフレーズ」を考える。コピーは、もともとはその商品のことに詳しい売り主、つまりスポンサーが考えるものだった。だが時代とともにそれは広告代理店に外注されるようになり、広告代理店も制作会社に外注するようになっていった。こうした過程で、広告のコピーをつくることを専門とするコピーライターが生まれていった。フリーランスのイメージが強いが、今でも広告代理店や制作会社に所属するコピーライターのほうが数としては多い。80年代の一時期、何人かのスターコピーライターが出現して、職業として非常にもてはやされたこともあったが、企業の宣伝費の抑制傾向とともにそれも落ち着き、現在では広告制作という共同作業の一端を担う技術職、と位置づけられている。だが宣伝をする限りコピーは必要であり、優秀な人材は常に求められている。すぐコピーを書く仕事を与えられるかどうかはともかく、広告代理店や制作会社に入るなどして、制作の現場を知ることから始めるのが一般的だ。

速記者

　対談や講演などでの発言内容を、速く正確に記号で筆写し、それを元にきちんとした言葉に起こす。専門学校や通信教育で速記記号を学んでから、日本速記協会の技能検定試験に合格すると、プロとして認定され就職にも有利になる。速記会社に就職したり、フリーで働く人が多い。最近は、同席せずに録音テープだけからパソコンで文章化する仕事も増えている。そのため、家庭で仕事をしたい女性にも向いている。国会や地方議会、省庁で働く速記者もいる。裁判でも速記者は必須だが、裁判所での採用はここ数年ない。速記者には集中力と正しい国語力が望まれ、また幅広い知識や専門用語の識別も必要なので、日々の努力がいる。賃金は速記の元になる発言の時間単位で支払われるのが基本。

放送作家

　テレビやラジオの台本を書く仕事という意味でつけられた名称だが、実態はかなり違ってきている。シナリオライターとは似て非なるもの。彼らが仕事をしているのはドラマや報道以外の、主としてバラエティ番組、情報番組。また作家と名がついているが、多くの番組では字を書くのは二の次で、何も書かない人さえいる。何をするのかというと、ディレクターらとともに、番組の中身についてさまざまなアイデアを出すのが仕事だ。バラエティ番組は複数の、多い場合は10人を超える放送作家を抱えている。シナリオライターより番組1本あたりの報酬は少ないが、1週間に10本以上の番組を担当する人さえいる。ただしフリーランスの場合も番組制作会社などに属している場合も、収入が少ないというより、いつ仕事がなくなるかわからない状態と

いっていい。リサーチャーなどテレビと何らかのつながりがある仕事をしたうえで、認められて番組のスタッフになっていくというケースもあるが、売れっ子タレントの高校時代の親友という理由でなれてしまうという世界でもある。テレビより小所帯のラジオ番組の構成から仕事を始める人も多い。

シナリオライター

　映画、テレビドラマ、舞台などの脚本を書く。映画なら映画と決めて、特定の分野でだけ活躍している人もいるが、最初は映画監督を目指していたがテレビの仕事をするようになった人、テレビドラマが話題となり映画に進出する人、などもいる。これらのなかで比較的に職業として成立しやすいテレビドラマのシナリオについていうと、自分の書きたいドラマを書けるということはかなり少なくなってきている。視聴率が重視されるのはもちろんだが、たとえば企画そのものより出演者のスケジュールが優先されるなど、制約は多い。報酬はキャリアと知名度によりかなり差がある。シナリオスクールに通ってプロのシナリオライターの講師に見出されたり、シナリオ募集コンテストで優勝するなどの正統的なデビューもあるが、テレビや映画の制作会社でさまざまな仕事をした後にシナリオを書き始める人のほうが一般的だという。

作詞家

　歌の詞を書く。自作自演の歌手が増えたために、需要は減っているように見えるが、テレビのドラマやアニメやCFのテーマソング、新しい童謡、校歌など、歌そのものの数はむしろ増えているので、その重要性は変わっていないという指摘もある。専門学校があるが、歌詞のフォーマットがあるわけではないので、学校を出ればプロの作詞家になれるということではない。メロディをイメージした詞を書いて、レコード会社や原盤制作を請けおう会社のプロデューサーやディレクターに持ち込むという方法もある。だが、持ち込みで成功する人はきわめて少ない。

童話作家

　どの国にも、おじいさんやおばあさんが孫に語り伝えてきた昔話やおとぎ話がある。それを採集した童話は、古典文化の一種として、絵本、映画やテレビのアニメの原作になってきた。時代とともに新しい童話がつくられ、絵がつけられて出版されている。日本では小川未明の童話雑誌『赤い鳥』（1918〜36年）が新しい童話を提供して以来、多くの作品がつくられてきた。童話作家になるには、子どもに媚びない想像力が必要だ。童話は絵と切り離せないので、物語をつくると同時に絵も描けると有利。近年は児童文学と呼ばれるように、子どもだけでなく、父親や母親が読者対象にもなっている。出版社や各種の団体が童話を公募しているが、出版されるには、児童書専門の出

版社の編集者の理解と支持を受ける必要がある。児童文学の世界最高の賞は、デンマークの国際アンデルセン賞で、日本人では1994年にまどみちおが受賞している。

歌人

　短歌（和歌）をつくる人。短歌を趣味とする人は多いが、専業の歌人は少ない。日本独自の短詩形の短歌は、五七五の上の句に七七の下の句がついた形式で、その三十一文字の音がリズムのよさで人びとに記憶されてきた。古代の『万葉集』から平安時代の『古今和歌集』、鎌倉時代の『新古今和歌集』など、その時代、時代のすぐれた短歌が選者によって編集され、名歌として継承されてきた。そうした短歌集は天皇家の庇護のもとで編纂されたものも多く、今日でも、天皇が新年の「歌会始め」を主催している。歌人として認められるためには、専門誌や新聞・雑誌の「歌壇」に投稿し、そこで「優秀歌」に選ばれ、その実績を積み重ねて、好きな歌人の結社に参加し、歌作をつづけるのが一般的。個人の歌集を自費出版して、評価を世に問う人も多い。

携帯小説家

　携帯電話に発表される小説が「携帯小説」「ケータイ小説」と呼ばれ、そのなかから単行本が出版されたことから、携帯小説家と呼ばれる作家が誕生した。専門の投稿サイトに掲載され、多くアクセスされることが、読者数を表す。書きつづけるなかで、読者からのコメントが寄せられ、作者はそれを参考にストーリーを発展させることもある。携帯電話の小さなブラウザという特性により、独特の表現形式を持つ。文章が短く、改行が少なく、会話が多く、テーマは恋愛や人の死など、シンプルで安易なものが多い。人気の小説が初めて書籍になったのは2002年で、ベストセラーが誕生したことから、大手の出版社も刊行しはじめ、2007年には100点ほどの携帯小説が刊行された。だが、すでにブームは去ったという指摘もある。だがいつの時代でも、新しいメディアから新しい表現が生まれる。今後、さらに進化した携帯端末から新しい文章表現が生まれる可能性もある。携帯小説も「小説」に含まれるので、めざす人は「作家」の項目を参考にして欲しい。

こんな職業もある
評論家▶P.35　放送作家▶P.42　タウン誌発行▶P.59　ジャーナリスト▶P.63　新聞記者▶P.64　絵本作家▶P.209　筆耕▶P.210　書道家▶P.212　漫画家▶P.221　スポーツライター▶P.302　トラベルライター▶P.337　翻訳家▶P.343　英字新聞記者▶P.344　リサーチャー▶P.392　映画脚本家▶P.401　映画監督▶P.402

Essay｜小説家の誕生

text by Ryu Murakami

　故マニュエル・プイグはアルゼンチンで生まれた作家だ。その後亡命して、イタリアやアメリカ合衆国やメキシコに住んだ。ラテンアメリカの作家のなかでは、わたしがもっとも好きな作家である。一度だけ、そのプイグに会ったことがある。ある出版社が主催した講演会だった。乱暴に接したら壊れそうな、繊細で優しそうな人だった。最初にプイグの講演があり、そのあとで通訳を介して対談した。プイグはアルゼンチンのパンパ（大草原）に囲まれた小さな町で生まれ、ハリウッドの映画にあこがれて少年時代を過ごした。やがてイタリアに渡って映画の助監督などをつとめるが、ハリウッド映画へのあこがれが強くて、当時世界の注目を集めていたイタリアンリアリズムにはなじめなかった。そのあとアメリカ合衆国に渡るが、ハリウッドの現実に幻滅を感じ、絶望感を抱いてメキシコに行く。その土地でプイグは小説を書き始めるのだが、講演会では、そのときのことを次のように、静かに語り始めた。

　「わたしには何も残されていませんでした。母国を離れ、イタリアでリアリズムの映画に幻滅し、あれほどあこがれていたハリウッドにも幻滅し、絶望的な気持ちで日々を過ごしていました。しかし、すぐにわかったのですが、イタリアの映画やハリウッドの映画に幻滅したのではなく、わたしは自分自身に対してひどい幻滅を持ったのです。わたしは内省的になり、家にこもりがちになり、いつしか自分自身を嫌ったり責め続けたりすることにも疲れてしまいました。小説を書こうという強い意志があったわけではなく、たまたまペンとノートを手にしたのですが、そのとき、不思議なことが起こりました。まだ何も書かれていないノートの白いページを見ていると、アルゼンチンの故郷の町の、わたしが生まれ育った家の近辺のたたずまいが頭に浮かんできたのです。それは実に不思議な体験でした。わたしが生まれたのはコロニアル風の古い建物でしたが、石造りの洗い場で、女たちが話をしているのが聞こえてきました。それはわたしを育ててくれた祖母や叔母で、耳ではなく心にこだまする彼女たちの話し声を、わたしはペンでノートに書き写していったのです」

　プイグは演壇にいて、わたしは照明を落とした客席にいた。まるで映画が始まるように、記憶が目の前の暗い空間によみがえってきた。プイグの話を聞きながら、わたしは自分が小説を書き始めたときのことを思い出していたのだ。「飛行機の音ではなかった。耳の後ろ側を飛んでいた虫の羽音だった」わたしは処女作の最初の1行をそう書いた。そのころのわたしは美大に通っていて、机のまわりには水彩画用のケント紙が散乱していた。そのケント紙の一枚の表面を、タバコの灰のかけらにしか見えな

い小さな虫が這っているのが目に入った。わたしはその虫をつぶそうとしたが、ふいに、この小さな虫も生きているのだと思って殺すのを止めた。そのあとコーヒーを入れて、タバコを吸いながら、原稿用紙を広げ、ペンを持って、その最初の1行を書いた。2つ目のセンテンスで虫の羽音のことを書いたとき、自分はこの小説を書けるかも知れないと思ったのだった。

　プイグの話は、わたしに記憶を運んできた。どんな作家にも、処女作の最初の1行を書きしるした瞬間というものがある、ということをプイグはわたしに確認させたのである。

written in 2003

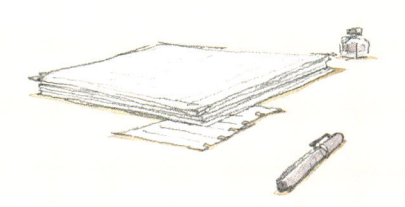

その❸ | # 詩や文章を朗読する

声を出すのは気持ちがいい。教室や廊下や校庭で、むやみやたらに大声を出すと叱られるが、教科書の詩や文章を大声で朗読しても、叱られることはない。声を出すのが好きな子も、この項目に含まれる。

生麦
生米
生たまご

赤パジャマ
青パジャマ
黄パジャマ

すもも
桃も
桃のうち

アナウンサー

　どこまでがアナウンサーの仕事なのかが曖昧になっているが、基本はテレビ番組やラジオ番組で、原稿を読むなど情報を伝える係。やがて人気が出ると、番組の司会をしたり、タレントに近い仕事もするようになる。各局とも一般職とは別に採用をするが、キー局で年に数人、地方局ではゼロのところもあるなど、門は狭い。これだけ門が狭いとアナウンス技術で選抜をするのは到底不可能で、運も容貌も十分関係してくる。ただし放送局や番組の数自体が増えた結果、プロダクションなどから、社員としてではなく、番組単位で司会などに採用されるケースが増えている。

キャスター

　報道番組や情報系番組の司会者のことを指す。実際にどういう人がキャスターになるかはあくまでその番組次第。ニュース番組の場合はアナウンサーがキャスターをつとめることが多いし、娯楽色の強い番組では有名タレントが起用されることもある。お天気番組ならキャスターは気象予報士から選ばれるようになった。いずれにせよ番組のなかで占める役割が大きく、とくに看板番組ともなると放送局の「顔」のような存在になるため、選抜にあたっては人気やキャリア、実力が重視される。番組によってはジャーナリストや元スポーツ選手など、畑違いの分野から選ばれることもある。

ラジオパーソナリティー・DJ

　ラジオ番組には音楽を聴かせることを主体としたものと、トークを中心にしたものがあり、ラジオ局の方針などにもよるが、現在は後者のほうが多い。パーソナリティーとは番組の司会、進行役の出演者の総称。このうち音楽主体の番組のメイン出演者のことをDJということがある。パーソナリティーは、番組内容によって、ラジオ局のアナウンサーがつとめたり、有名タレントを起用したりするが、番組単位で社外の人材と契約することも少なくない。現実にはプロダクションに所属している人が多いが、フリーランスで活躍している人もいる。アナウンスの専門学校出身者が多いのは、最低限の訓練を受けられるとともに、その紹介でオーディションを受けるなどの機会があるから。採否にあたっては声質や発音、滑舌（口の動きのなめらかさ）などを調べるボイスチェックが最初の関門になる。

テレビ俳優

　現実的には俳優の仕事の多くはテレビに依存しているにもかかわらず、「映画俳優」「舞台俳優」といういい方はしても、「テレビ俳優」といういい方はしない。このことはごく限られた番組を除けば、テレビドラマでは素人のなかから俳優を発掘し育てることが、皆無に近いことと関係するかもしれない。主役、準主役クラスで登場する人も、最初に世に出たのは舞台や映画だったり、歌手やモデルとしてデビューしていたりすることが多い。キャスティングの前提として、ある程度の人気や知名度を求められるのだ。一足飛びにドラマに出たいというのなら、ごく一部の番組が実施するオーディションに賭けるしかない。さらに「どんな役でもいいからテレビドラマに出たい」というだけなら、多くの出演者を出している劇団に入るのもいいかもしれない。

レポーター

　テレビなどで、取材の現場からレポートを行う人たちの総称。したがって番組の種類などによって、求められる人材はまったく異なる。高視聴率のバラエティ番組では、そもそもレポーターという以前に有名タレントがつとめることが多いし、ニュース番組では報道部の記者がレポートを行う。ただし放送局やコンテンツの数が増加したこともあって、職業＝レポーターとしかいいようがない出演者が増えたのも事実。一般的には番組単位で契約しており、多くは若い女性だ。レポートの技術を問われることもあるが、カメラ映りなどそのほかの要素で決まることも多い。専門性や地域性をいかして長く活躍する人もいるし、アルバイト感覚の人もいる。番組ごとにオーディションが行われることも多いし、芸能プロダクションの中には随時候補者を募集しているところもある。

漫才師

　コンビでマイクの前に立ち、話術で観客の笑いを誘う。劇場やテレビ番組、街頭での公演など舞台はさまざま。落語とは違い、ここでこの台詞をいえば観客が笑ってくれる、というような定型は存在しない、まったくの自由型。持って生まれた才能で、つねに新しい笑いを切り開いていく。自分たちの考え出した「ネタ」で、人びとを魅了するのは何ものにも代えがたいが、一方、ウケなければ終わりという、芸人のシビアな世界でもある。彼らの多くは芸能プロダクションに所属、あるいは契約を結んでいる。以前は、師匠に弟子入りして修業をつむというスタイルが一般的だったが、現在では、芸能プロダクションが主宰する養成学校を卒業し、専用の劇場に立つなかで人気を博して専属契約を結ぶという場合が増えてきている。また、テレビでお笑いタレントのオーディション番組に参加するなどして、プロダクションの目にとまり、漫才師としてスタートを切るという場合も多い。

落語家

　手ぬぐい1枚、扇子1本を持って高座に上がり、喋り1つで人を笑わせ、ときに泣かす。江戸時代から日本人に愛されてきた伝統芸能だ。古典落語は笑いどころを押さえた客たちに、新作落語は未知の笑いを求める客たちに、それぞれはなし家の個性を織り交ぜて笑いを提供する。師弟関係の強い世界で、弟子入り、修業という期間をへないで落語家になることはほとんどない。前座から二ツ目に昇格し、最終的に真打となる。この過程はほぼ15年が目安といわれる。真打でなければ弟子は取れない。年齢に関係なく、弟子入りの時期で序列が決まっていくから、弟子入りが若ければ若いほど出世の年齢も早く、長く落語家でいられる。しかし、あせって師匠の門をたたく必要もなく、さまざまな社会経験が芸の肥やしになるのも確か。実際、大学の落語研究会出身や、社会人の経験があって第一線で活躍する落語家は何人もいる。大きく江戸前（東京）と上方（大阪）に分かれるが、それぞれ独特の話し方があるので、地方出身の人には努力が必要だ。

漫談家

　舞台で「ひとりで」芸を披露し、観客を笑わせ喜ばせる。芸のスタイルは話芸、ひとりコント、手品から大道芸まで様ざま。寄席よりも、テレビやラジオなどのメディアの比重が大きくなっているが、中高年に圧倒的な人気を持つ綾小路きみまろのように多くの興行で知名度を上げ、DVDを売り上げるという方法もある。意欲的な学習能力と、社会や人物を観察する能力、それに学校教育では得られない独特の知性が必要だ。持って生まれた面白い個性よりも、長い下積みに耐えながら、芸を研究し磨くというミもフタもない努力が重要。師匠に弟子入りして修業するのが一般的だが、異業種から単独で参入する場合もある。綾小路きみまろも最初は司会者志望だった。

腹話術師

　特殊な発声方法（唇を動かさない腹式発声）で話し、聞き手には話し手とは別の人が話しているように思わせる術が腹話術。多くは人形を手にして、その人形と術者が会話をしてみせる。活動の場は、寄席、劇場、イベント、大道芸、テレビなど。台詞やストーリーは自ら考え、人形自体も自分でつくる場合が多い。日本では演芸として活動する場は多くないが、アメリカやヨーロッパではショーとして人気があり、そこで活躍する日本人もいる。腹話術師になるには、教室や講習会で教わるか、腹話術師に個別に師事するか、独学による。腹話術は、従来から警察官や消防職員が交通安全や火災予防などの啓蒙活動で使ってきた。また、ボランティアとして、子供会や高齢者施設で演じられてきた。最近では、医師やセラピストが自閉症の子どもへの問診に用いたり、教師が教育ツールとして授業で用いるなど、いろいろな分野で活用されている。

お笑いタレント

　観客を笑わせる仕事には、コメディアン、漫才、落語などさまざまなものがある。かつてそれらはかなり明確に分かれており、それぞれの人の拠って立つところでもあった。コメディアンは舞台であれ映画であれ喜劇を演じるのが主な仕事だし、漫才師はコンビを組んで数分間の掛け合いの芸を見せるのが仕事だった。その垣根が曖昧になっていったのはテレビの影響が大きい。キャラクターを求められて出演することは増えても、「芸」を見せる番組は減る一方。収入の面でもテレビに依存していない人は少数派だ。落語家が落語家でいられるのはまがりなりにも寄席という場があるからで、それ以外はお笑いタレントと総称されることが多くなった。今も昔も、どうやったらなれるかなどという質問がほとんど無意味な世界だが、かつては師匠に弟子入りをしてその道に入るのが一般的だった。現在はオーディションを目指す人が多く、大手プロダクションの養成コースも定着してきた。もちろんオーディションに合格しても、養成コースを優秀な成績で卒業しても、それで食べていける保証はまったくないのだが。

声優

　アニメ番組への声の出演や、洋画の吹き替え、CMや一般のテレビ番組のナレーションなどを行う。なかには一部の人たちの間で人気となり、CDを出したりコンサートを開いたりするような声優もいるが、一般的には映像に合わせて声で演技をする裏方的な仕事。報酬も特別恵まれているわけではない。現在は専門学校などもあり、そこでコネクションを得るか、オーディションなどを経て、声優専門のプロダクションに所属するケースが多い。

こんな職業もある　ジャーナリスト▶P.63　歌手▶P.187　宝塚歌劇団▶P.187　音楽タレント▶P.188　声楽家▶P.189　狂言師▶P.317　旅芸人▶P.318　劇団員▶P.319　舞台俳優▶P.321　保育士▶P.364　幼稚園教諭▶P.366　映画俳優▶P.403

02 「社会」が好き・興味がある

その❶ 地図や地球儀を眺める

地図や地球儀を眺めるのは楽しいものだ。別に、山脈や海峡や湖や半島や都市を探すわけでもなく、名前を確かめるわけでもなく、ただぼんやりと、たとえばアフリカ大陸やアラビア半島の形を眺めるだけでも面白い。

国土地理院で働く

　大きく測量と地図の分野がある。測量の分野では、GPS（人工衛星から発信されている電波を受信することで位置を測定するシステム）を利用した電子基準点を全国に整備して観測を行い、地殻変動を監視する。また、数十億光年彼方の準星の電波で1万キロ離れた2点間の距離をミリ単位の誤差で測定する測量技術で、地球規模の測量を行うなど。地図の分野では、最新状況を反映させた全国5万分の1、2万5000分の1地形図の作成をはじめ、地勢図や空中写真の作成など。ほかに、古地図のコレクションのセクションもある。日々の仕事は、離島にGPS受信機を設置したり、GPSデータの管理、地震・火山噴火の予知、太平洋プレートの解析研究など。また、山に登って基準点の測量をしたり、地形図作成のために写真測量や海外の地図作成機関との共同研究、南極観測や開発途上国の測量などの国際協力など、多岐にわたる。国土地理院は、国土交通省の特別機関なので、ここで仕事をするには、国家公務員試験に合格し、さらに面接を受けて採用が決まる。例年、十数名しか採用されない狭き門だ。地図を見るのが好きな人、最先端技術に興味のある人、そして、好奇心旺盛で未知の世界をのぞきたいと思っている人には楽しい仕事だ。

地図制作者

　都市計画図や土地利用図、地形分類図、防災図のほか、目的に応じた地図の制作をする。こうした地図は、官公庁や市町村など役所の依頼を受けての仕事がほとんどだという。アナログの地図づくりは、地図にする地域の航空写真を撮影することからはじまる。次に撮影した写真を持って、現地を歩いて調査し、写真にないものがないか確認などをする。その後、図化機といわれる機械を使い、写真と情報を反映した地図を描く。ところにより手作業で修正したりして地図はでき上がる。しかし現在では、地図修正に必要なフィルムが供給打ち切りになったこともあり、パソコンを使用してのデジタルな地図作成が主流になってきている。地図制作者になるには、専門の学校で学ぶことが一番。その後、地図制作会社に就職して働く。

地図編集者

　どの範囲を取り込むのか、どの都市を拡大して紹介するのかなどを考えながら、地図の企画、制作を行う。地図は何代にもわたって作りかえられているものが多いため、定番の商品の中身を時代に合わせて変えていくことがほとんどという。実際に現地をくまなく歩いて地図の経年変化を確認する「実踏調査」という仕事もあるが、この場合フリーで仕事をしている個人に外注することがほとんど。特別な資格は必要ないが、当然地理的な予備知識があるほうが有利で、地図が好きで地図や時刻表などを見て空間をイメージできる人が向いている。ここ数年のカーナビなどの技術革新は目覚ましいが、卓上での打ち合わせなど、紙地図ならではの特性が必要とされる場面は多く存在し、しばらくは安定した需要が見込まれる。

測量士

　道路や橋脚、土地の利用開発、住宅やビルの建築などで、測量計画の作成や測量を行い、基礎データを作る（実際の測量はおもに測量士補が行う）。建築物の完成時に設計どおりかどうかのチェックも行う。空港建設などの大規模なものから農地の測量や個人の土地境界線策定のための測量など、範囲が広い。ほかに、地図作成のための国土地理院の基本測量や、都市計画や市町村の町づくりなどの公共測量もある。測量士になるには大学や専門学校などで測量科目を習得し、実務経験を積むか、国土地理院の測量士試験に合格する必要がある。建設土木業界では不可欠の職業で、22万人ほど（2009年3月現在）の登録があるが、近年は測量技術も進歩して、コンピュータやGPSを利用した測量が一般的で、技量に差があるのが現状。さらに、大規模開発の場合は環境アセスメントに関わるなど、仕事の幅が広がっている。女性も少しずつ増えている。建設会社、土木会社、測量会社などに就職するのが一般的だが、国土地理院に勤めたり、自分で測量事務所を開く人もいる。

古地図研究家

　古地図とは、科学的な測量や図法が成立する前に作られた地図。絵地図や見取り図、鳥瞰図など多くの種類の地図が残っている。こうした古地図を、歴史あるいは地理、博物学、民俗学、比較文化、美学などさまざまな観点から研究する。古地図研究家は大きく2つのタイプに分かれる。ひとつは大学教授や博物館、美術館の学芸員など、古地図を使って自分の専門を研究する人たち。一方は小学校の先生や公務員などまったく違った仕事を持ちながら、趣味で古地図を研究する人たちだ。後者の人たちの場合は、コミュニティーの古地図研究会やセミナーなどに参加して、その地域に関する古地図を調べていくことが多い。歴史や地図が好きなことはもちろん、探究心や調査力なども必要だ。また誰も事実を知らない過去を扱う作業なので、「きっとこうだろう」と想像する能力や推測力がなくてはつとまらない。独特の世界観をもつ古地図の魅力にひかれて、一生のライフワークとする人も多いようだ。

タウン誌発行

　タウン誌とは、ある都市・地方・地域の生活・消費・イベントなどの情報を掲載する小雑誌。有料誌もあるが、広告料だけで運営する無料のフリーペーパーもふえている。編集・刊行は、タウン誌発行のために設立された地方の小出版社が行うことが多い。書店や広告掲載の店舗に置かれたり、無料誌は新聞折り込みやチラシ配布などでも届けられている。飲食店やファッション店、音楽やイベント、ブライダル、求人などの情報がおもな内容である。地方・地域によっては観光情報もあり、旅行客にとって手軽で便利なガイドブックにもなっている。タウン誌で働くためには、出版社と直接交渉するのがもっとも効果的。出版社に人を雇う経済力があり、取材や広告取りの能力が認められれば、採用される。ただし、まずはアルバイトでの採用がほとんどなので、収入はそれほど多くない。

こんな職業もある

海事代理士▶P.64　客室乗務員▶P.69　グランドホステス▶P.70　鉄道パーサー▶P.75　気象予報士▶P.163　南極観測隊員▶P.170　レアメタル採掘・トレーダー▶P.176　天文台で働く▶P.181　登山家▶P.325　冒険家・探検家▶P.325　山岳救助隊員▶P.325　ツアーコンダクター▶P.336　外航客船パーサー▶P.337　トラベルライター▶P.337　観光庁職員▶P.338　国連職員▶P.347　タクシー運転手▶P.424　ハイヤー運転手▶P.425　バス運転手▶P.425　トラック運転手▶P.426　航空管制官▶P.432

その❷ # 日本と世界の歴史を知る

今の世の中は、50年前、100年前、1000年前の日本や世界と、つながっている。「大化の改新」や「ゲルマン民族の大移動」が、もし違う結果になっていたら、日本も世界も今とは違っているだろう。歴史は、単に過去について知ることではなく、過去とつながっている現代を考える学問なのだ。

遺跡発掘調査員

　地中や海底などに埋まっている昔の遺跡や遺物などを埋蔵文化財という。工事中に埋蔵文化財が発見され緊急調査が必要とされるのは全国で毎年1万件近くあり、そのうちの500件ほどで学術調査が行われ、800億円近くの費用が投じられている。考古調査士（埋蔵文化財調査士）は、埋蔵文化財の発掘・調査・記録・保存・活用を行う人材の民間資格。発掘調査は、二度と元の状態に戻すことができないという意味で一種の破壊行為だと言える。したがって発掘調査には高度な知識と技術が求められる。「埋蔵文化財調査士の養成および資格授与のための埋蔵文化財科学実践プログラム」が2007年度に早稲田大学ではじまり、遺跡の発掘調査に従事する人々を、大学に科目等履修生として招き入れ、半年間の考古学専門科目を履修させ、修了者に「考古調査士」の資格を与えるシステムができた。発掘調査に従事しているか、または関心の高い社会人対象のプログラムだが、考古学専攻などの学生・院生も受講可能で、それぞれの実務経験、単位取得の度合いによって、2級、1級、上級の考古調査士の資格認定を申請することができる。埋蔵文化財への敬意と理解は、文化的な先進国としての証しでもある。考古調査士という資格は、埋蔵文化財発掘調査の専門家を育て、採用基準を明確にできるという大きなメリットが期待されている。現在早稲田大学の他に、札幌大学、金沢学院大学、国士舘大学、昭和女子大学、札幌学院大学、札幌国際大学、京都橘大学が「考古調査士資格認定機構」に加盟している。ただし社会人課程があるのは早稲田大学のみ。

骨董屋〔こっとうや〕

　主に日本や中国、韓国などの骨董品を扱う。何よりも大切なのは、年代物の絵画、陶器、家具などを識別できる能力だ。これはにわか勉強では身につかないので、店主から時間をかけて学び、目利きとなる。はじめは店番をすることが多いので、基本的な接客マナーを持っていなければならない。経験を積むと、骨董品を売りに来る客と交渉し、買い取りの値段を決める仕事をまかされる。骨董品には定価がないため、相場値を頭に置いて買い取り価格の交渉ができるかどうかが肝要だ。また、中国、韓国、台湾や地方の旧家や骨董市などに買い付けに行くこともある。骨董屋は家族経営が多いので、一般的にはアルバイトで店に入り、経験を積んでから採用される。また、歩合制で雇われる人もいる。独立して骨董屋を開く場合には古物営業の許可が必要。愛好家が限られた世界のため、よい得意先を持つことが肝心。駆け引きが勝負の世界とはいえ、客の信頼を得ることが何より大切だ。その辺りのさじ加減を楽しめる、精神年齢の高い人向けの仕事といえる。

こんな職業もある
古本屋▶P.37　俳人▶P.40　歌人▶P.44　落語家▶P.52　古地図研究家▶P.59　花火師▶P.174　能楽三役▶P.204　文楽の技芸員▶P.204　版画家▶P.210　書道家▶P.212　美術修復家▶P.227　学芸員▶P.230

その❸ 世の中がどうなっているか知りたい

いったい世の中は、どういう具合に動いているのだろうか。あちこちで工事が行われていて、道路や橋や空港やダムが造られている。それらは非常に大きな規模の工事だが、いったい誰がお金を出しているのだろうか。そのお金はどうやって集められたのか。道路や橋や空港やダムをその場所に造るといったい誰が決めたのか。世の中の仕組みを知ることは、とても重要で、またエキサイティングだ。

ジャーナリスト

　広い意味では報道に携わる人全般を指すこともあるし、狭い意味では報道でもマスコミには所属せずフリーランス的な活動をしている人を指すこともある。海外では非常にステイタスの高い職業だが、それは専門性を持っていると認められているから。政治、経済、軍事、科学、スポーツ、映画などとジャンルはさまざまだが、実績と経験がものをいう。日本のマスコミでは、たとえば新聞記者＝ジャーナリストというふうにイメージしにくいのは、数年で担当部署が変わることが多いために、必ずしもその分野の第一人者が取材の現場に立っているとはいえないからかもしれない。ジャーナリストになる道は二つある。一つは新聞社や出版社、テレビ局などマスコミに入り、そのなかでジャーナリスト志向を持ちつづけること。もう1つは自分の好きな分野の仕事につくなどして実績と経験を積み、それを取材する側に回ることだ。

司法書士

　個人や会社などが、法務局に行う手続きを代行する。たとえば、土地や建物などの不動産を売買したり相続したとき、所有権移転登記手続きを代理で申請を行う。裁判所に提出する訴訟や調停の書類の作成代理、検察庁に提出する書類の作成代理も仕事だ。さらに認定を受けた司法書士は簡易裁判所において訴訟の代理も行うことができる。また判断能力が低下した人の財産管理など行う成年後見人に選任されているのは、親族を除けば司法書士が一番多い。人びとが日々の生活のなかで、法律の知識を必要とする場面に直面したとき、難解な法律をわかりやすくひもとき、最善の策を導きだす、いわば「くらしの中の法律家」である。司法書士になるためには、法務省が実施する司法書士試験に合格し、司法書士会に所属する必要がある。試験は年齢、学歴、性別に関係なく、誰でも受験できる。専門学校や通信教育など、受験に向けての勉強の場はいくつかあるが、司法書士事務所に勤めながら、資格の獲得を目指すのもひとつの手だ。

行政書士

　個人や会社が、官公庁に提出しなければならない書類を代行して作成し、手続きをする。企業を設立するにあたって許可を求める書類をつくったり、飲食店の営業開始の申請書をつくる。また、個人同士や個人と会社が、土地や建物の貸し借りを行うとき、お互いの同意のもとに契約書を作成するような仕事もある。司法書士や弁護士などさまざまな分野とリンクする部分があるので、たとえば行政書士兼司法書士といったような開業の仕方をしている人も多い。知名度は高くないが、今後、ますます必要とされる職業で、事業を起こそうとする人とスタートから関わったり、会社の将来を見越し、今後、必要となってくる行政手続きをアドバイスするなどやりがいのある仕

事だ。人のためになんとか困難を乗り越えようという気持ちを持てる人でなければ続けられない。国家資格を取得し、行政書士会に所属して開業する。専門学校や通信教育で資格取得を目指す人が多い。

弁理士

　発明や創作などは、他人が勝手に真似して金銭を儲けないよう、特許権や実用新案権などの産業財産権によって保護されている。弁理士は、その産業財産権の申請を依頼者に代わって行う。国家資格の弁理士試験に合格しなければならない。法律に携わる仕事だが、発明をきちんと理解し、書面に作成できる力が必要。そのため、理科系の学部を卒業した人が約8割を占める。勤務先は企業の特許部門や特許事務所など。独立する人も多い。発明が生み出す利益は、権利が保護される範囲によって変わってくるので、その範囲を広げることが求められる。また、1分1秒を争って、他人に先んじて特許権を申請しなければならないときもある。発明を生かすも殺すも弁理士次第の世界ともいえる。現代は技術革新のスピードが速く、いったん資格を取ってからも日々の勉強は欠かせない。国際化が進んでいるので、英語の読み書きはできたほうがよい。

海事代理士

　20トン以上の船は、船の所有者など権利関係を明確にする登記を公示しなければならない。この登記の手続きや、船の安全性を確かめる検査の申請などを依頼者に代わって行うのが海事代理士だ。国家資格で、海事代理士試験に合格しなければならない。受験資格に年齢、学歴の制限はなく、合格後は、ほとんどが海事代理士事務所を開く。また、行政書士などと兼業する人もいる。最近は、経済的な理由から、日本の海運会社が外国籍の船舶を使って運航する場合が激増。このため、日本の船籍を持つ船が少なくなり、海事代理士の仕事も減っている。しかし、船が生まれてから死ぬまでを見届け、安全航行を見守る仕事で、海に愛着を持つ人に向いている。

新聞記者

　新聞社に就職すると、研修を受けてから地方支局に5年ほど配属になる。地方支局にいる間に、警察回りから始まり、地方でさまざまな分野の事件を担当することによって、記者の基本を身につけるとともに、自分の進路を明確にする。その後、本人の希望や適性によって、政治部、経済部、国際部、社会部、文化部など専門の部署に配属される。記事は基本的に割り振られた担当分野を一人で書くが、チームで取材をして記事を書く場合もある。どの分野に配属されても、記事を書くためには、丁寧な取材を根気よくすることが必要不可欠。社会部の記者の場合、自分が記事を書くこ

とによって、少しでも悲惨な事件や事故を減らすことができれば、よりよい社会になる手助けができればという思いで、毎日取材を続け記事を書いているという。このように好奇心が強いだけではなく、正義感や責任感、バランス感覚がある人でなくては記者の仕事はつとまらない。情報が必要とされる限り、必要とされる仕事である。

公務員 [一般行政職]

　教師や警官といった専門職ではなく、いわゆるお役所で事務的な仕事をする公務員を一般行政職という。国の官公庁で働く国家公務員と、地方自治体の各機関で働く地方公務員に大別される。国家公務員の採用は3種類の試験に分けて行われている。大卒の幹部候補生を想定した国家公務員Ⅰ種、短大、専門学校卒業生を想定した国家公務員Ⅱ種、高校卒業生を想定した国家公務員Ⅲ種。ただし現実にはⅡ種も大学を卒業して受験する人が多い。Ⅰ種合格者は「キャリア」と呼ばれ、特に法的根拠があるわけではないのに圧倒的なスピードで出世をすることで知られている。地方公務員の採用方法などはそれぞれ自治体によって異なる。国家公務員、地方公務員ともに採用数は減少気味で、特に財政難にあえぐ地方自治体の中には年によってまったく採用をしないところも出てきている。自治体の合併や、地方分権がどこまで進むかなどによって、採用動向や仕事の中身も変わってくるはずだ。

こんな職業もある　経営コンサルタント▶P.73　質屋▶P.78　オークション会社で働く▶P.234　通訳▶P.335　ツアーコンダクター▶P.336　英字新聞記者▶P.344　国連職員▶P.347　外交官▶P.348　弁護士▶P.353　裁判官▶P.354　検察官▶P.354　政治家▶P.355　家庭裁判所調査官・保護監察官・法務教官▶P.361

その❹ 経済や商売に興味がある

たとえば、コンビニで、120円のアイスクリームを買う。100円でも、140円でもなく、どうして120円なのだろうか。コンビニは、1個のアイスクリームを売って、どのくらいの儲けがあるのだろうか。アイスクリームを作った会社はどうだろうか。そういったことを考えるのはとても面白い。

接客・案内［サービスを売る］

　サービスを提供してその対価を得る仕事をサービス業という。サービスの内容は専門的な技能や情報から、ただ客に満足感や楽しさ、心地よさを与えるものまでさまざま。現実にはモノを売るにしても、医療や金融といった分野にしても、客がいることを前提にしている仕事の多くには、サービスを売る要素がある。もちろん個々の仕事によって求められるスキルもまったく異なってくる。どこまでをその対象とするかによっても違ってくるが、総務省の統計によると、サービス業には約1477万人が従事し（2004年）、約152兆円を売り上げている（2003年）。すでに製造業を超える規模となっており、今後も増加すると予想されている。ただしこの中にはクリーニング、理容、美容、冠婚葬祭、ホテル・旅館、自動車などの整備や修理、物品のリース、放送、広告、情報サービス、税理士などの専門サービス業、塾などの教育、社会福祉などが入っている。ほかの章で紹介したものも多いが、それ以外にも次のような仕事がある。

ホテルで働く

　ホテルの仕事は、客室を商品として宿泊利用を管轄する「宿泊部門」、レストラン・バーの運営を管轄する「料飲部門」、婚礼会場などの宴会場を管轄する「宴会部門」、調理を管轄する「調理部門」に分かれる。それぞれの仕事内容は以下の通り。

宿泊部門

　予約課……………　宿泊の予約受注を担当する
　ドアマン（アッシャー）
　　　　　………　ホテルの玄関周り一切を仕切る
　フロント…………　チェックイン、チェックアウトなど宿泊客の対応をする
　コンシェルジュ（ゲストリレーション）
　　　　　………　宿泊客の相談に対応する。移動手段の確保（ハイヤーやバスなどの手配）、チケットの予約、レストランの予約なども担当する
　ベルマン（ベルガール）
　　　　　………　荷物を運んだり、宿泊客を部屋まで案内する
　ハウスキーピング…　客室清掃や洗濯を担当する

料飲部門

　マネージャー……　各レストラン・バーごとに店舗運営の責任を負う

キャプテン………	各テーブルを担当し、利用客との店舗内対応を仕切る
ウェイター（ウェイトレス）	
………	キャプテンの指示のもとに、テーブルに料理を運ぶ
バスボーイ………	食事後の下げもの、テーブルのリセッティングを担当する
スチュワード……	膨大な器材の調達、日々の洗浄、管理を担当する

宴会部門（婚礼を中心とした場合）

婚礼企画…………	婚礼商品の企画立案、告知、販売活動などを担当する
予約課…………	挙式、披露宴の予約受注を担当する
ブライダルコーディネーター	
………	挙式予定者との打ち合わせを担当する（詳細は別項目参照）
宴会サービス ……	挙式、披露宴当日の宴会サービスを担当する

※宴会部門はその需要が土日祝日に集中することから人件費の管理がむずかしく、特に宴会サービスを専門の人材派遣会社へ依託する場合が多い

調理部門

ホットセクション…	焼く、煮る、スープを作るなど、主に温かい料理、メイン料理の仕上げを担当する
コールドセクション（ガルドマンジェ）	
………	オードブル、サラダ、フルーツなどの冷製料理を担当する
ブッチャー………	肉、魚などの下ごしらえを行う
ベーカリー………	パンを焼く
ペストリー………	ケーキを含むデザート製造を行う

　調理部門などの専門職以外は各ホテルで一括採用され、希望と適性によって配属が決まる。ホテルは年中無休で夜間勤務も多いことから健康であることが最低条件。また、さまざまな客層を相手とした接客業であるため、細やかな気配りができることと語学力が必要である。しかしなによりも重要であるのは、客を喜ばせることができて、その姿を見ることを自分の喜びと変えることができるかどうかである。日本のホテルは、副次的な要因が重なって作られたものであったり、何かを誇示するための象徴であったりするものが多く、収益性を重視した高度な事業として計画されたものは少ない。そのため欧米のホテル産業とは別の次元にある未成熟な業界であったが、現在外資系のホテルの参入などにより、日本のホテル業界を取り巻く状況は変わりつつある。

仲居

　旅館やホテルなどの宿泊施設で、客室係として客の世話をする女性。資格は不要。ふつう「たすき掛け勤務」といって、朝の7～10時くらいまでと、午後3時から夜の8時くらいまで勤務し、日中は中休みをとる。固定給を支払うところがほとんどだが、なかには「心付け」で給与を補完したり、少数だが完全歩合の「奉仕料」制のところも残っている。老舗旅館に勤続60年という例もあるが、近年は派遣社員やアルバイト、パートが多い。農閑期に農家の女性が働きに来ているところもあり、女性雇用の場になっている。近くに寮が完備されていることが多く、保育施設を持つところもある。大旅館の場合、ひとりで5、6部屋と宴会を担当するのが一般的で、かなり体力がいる。テレビ番組の影響もあって、仲居に憧れを持つ若い女性が増えている。着物を着られるという理由で就職する人もいるほど。近年、全般的に観光産業は苦戦しているが、客のニーズをつかんだ旅館は盛況で、オンシーズンは多忙を極めている。接客業なので好感が持てる外見と立ち居振る舞い、コミュニケーション力、サービスの技量、柔軟性、機敏性などが求められる。

バスガイド

　観光バスに乗車し観光地の案内や説明を行ったり、車内の雰囲気を盛り上げるため、クイズやゲームなどをして旅の演出をする。また、旅客の休憩中や食事の合間には車内の清掃をしたり、運転者の補助として車を誘導することもある。シーズンによって需要が大きく変わるため、シーズン中のみ経験者を臨時で雇用する会社も多い。歴史や地理の勉強が必要なのはもちろん、日本の習慣や伝統などについての知識も求められる。ほとんどが立ち仕事であり、神経を使う接客業であるため健康であることが不可欠。若い女性が多く、平均勤続年数も短い。

客室乗務員

　航空機での旅客の案内、機内食配付などのサービスと同時に、トラブル発生時の保安要員としての役割を担っている。大学、短大、専門学校などを卒業し、航空会社に勤務しなくてはならないが、身長、視力の制限や高い英語力を応募条件として課す航空会社も多く、狭き門となっている。JAL、ANAの大手2社をはじめ、3年間の契約社員勤務を経て正社員として登用するシステムを取っている

会社がほとんど。客室乗務員は国際的な仕事であり、高い語学力が必要であるが、それ以上に正しい日本語が使えて、きめ細やかなサービスが提供できる人材が求められる。華やかなイメージが強く、人気の高い職業だが、仕事は肉体労働であり腰痛などの職業病になることも多い。

グランドホステス

各空港での発券業務、チェックイン業務、ゲートでの案内誘導など、地上での乗客サービスを担当する。大学、短大、専門学校などを卒業して各航空会社へ入社するのが一般的であるが、航空会社の採用よりも地上職専門会社（大半が航空会社の子会社）の採用が多い。客室乗務員と同じく、3年間の契約社員勤務を経て正社員となるケースがほとんどである。身長、視力の制限はないが、高い英語力が必要で、空港利用者が快適に過ごせるよう心配りができなければならない。また、仕事は変則勤務が多く、からだを使った重労働である。

イベントコンパニオン

商品の発表会や展覧会などで、コスチュームを着て商品や展示物の説明をしたり、資料を配ったりして、イベントに華を添える。まずモデルクラブに所属し、オーディションに合格後、研修を受けてイベントコンパニオンとなる。仕事が多いのは春と秋で、それ以外はほかの仕事を兼ねている場合が多い。その企業の顔となるため、イメージに合った容姿と雰囲気が求められる。若くて健康的であることが絶対条件で、長く続けられる職業ではない。

ホスト

ホストクラブで接客を担当する。女性客の話し相手をしたり、お酒を作ってあげるのが主な仕事だが、客の呼び込みをしたり、店の営業時間外に馴染みの客に対するケアをしたりと、やるべきことは多岐にわたる。新人は先輩ホストのアシスタントから始め、人気が出てきて客からの指名が多くとれれば一人前とみなされる。収入は人気と売り上げに比例するのが一般的で、客からのプレゼントという形で副収入を得ることも多い。容姿端麗であることよりも、客の心の機微を敏感に察知できることが重要。

ホステス

お酒を飲みながら男性客の話し相手をする。銀座の高級クラブからいわゆるキャバクラまでさまざまな店のホステスがいる。指名や、客と一緒に入店する同伴をすれば収入が多くなる歩合制がほとんどで、ごくまれに、年に数千万を稼ぐホステスもいる。容姿がいいだけでナンバーワンのホステスになることは難しい。一人ひとりに合わせ

た接客ができなくてはならない。そのためには、時事のニュースから趣味に至るまで、さまざまな事柄を勉強し、幅広い話題に対応できることも重要である。また、独特の神経の強さが不可欠で、合わない人は肝臓を壊してやめていくらしい。

秘書

　政治家、企業の経営者及び管理職者、各種の専門職者など、高度の管理、専門的な職業につく人を上司とし、その上司がうまく仕事ができるように補佐をする。スケジュールの管理、資料の整理から冠婚葬祭の対応までその仕事は多岐にわたり、素早く臨機応変に物事に対処できることが求められる。また、上司の代理として社外の人と接することも多く、広い社交性と基本的なマナーや言葉遣いは必須である。特別な資格は必要ないが、人柄までもが審査対象となる文部科学省認定の秘書検定があり、毎回多数が検定を受検している。事務の一般職からの登用が多いが、秘書という仕事の専門性はますます評価されてきている。かつて女性秘書は容姿が重要な基準となっていた。現在もその傾向は残っているが、容姿重視から能力重視へとしだいに変化しつつある。だが、同程度の能力なら、整った容姿の人のほうが有利であることには変わりがない。

家政婦

　一般の家庭または寄宿舎などの施設で、炊事、洗濯、掃除、買い物など家事全般をこなす。また、在宅患者や寝たきりのお年寄りの身の回りのお世話や付き添い、病院ヘルパーなど看護補助作業も、家政婦の仕事に含まれる。住み込み、または通勤での勤務が選べ、曜日や時間帯なども、勤務先と相談して決めることができる。家政婦になるためには、家政婦紹介所に登録するのが普通。資格や経験は特に必要とされないが、ないよりはあったほうが、賃金もよくなるし、よい条件の勤務先を選ぶことができる。家政婦に必要なのは、確実に仕事ができ、礼儀正しく、人当たりがいいこと。勤め先の家のプライバシーを漏らさない「口の堅さ」は絶対に必要だ。

葬儀社

祭壇や棺の用意から予算管理に至るまで、葬儀に関わるすべての段取りを行う。葬儀社に就職するのが一般的だが、家族経営を行っているところがとても多く、求人はそれほど多くはない。人の人生の最期を送るという、とても大きな役割を担っており、強い責任感と適切な気配りができることが必要。また、夜間の仕事や労働時間が長時間に及ぶこともあり、体力も必要である。昔からのしきたりが忘れられ、近所付きあいという考えが薄れている現代では、葬儀における葬儀社の役割がますます高まってきている。

ブライダルコーディネーター

結婚を予定しているカップルから、そのブライダルイメージを聞き、式当日までその実現への手助けをする。特に資格はないが、多くの企業が養成講座を開いている。現在、映画やテレビドラマの影響で、女性の人気職業になっており、競争率が高い。まずは、ブライダル企業に就職し、先輩のアシスタントをしながら、ノウハウを習得する。近年多いのが、海外やリゾート地のチャペルでの挙式や披露パーティー。カップルはブライダルマガジンなどでいろいろな情報を持っているので、そのカップルだけの個性的な演出を考案し、予算に見合ったプランをプレゼンテーションする能力が問われる。豊かな想像力と販売意欲が求められる仕事だ。

結婚コンサルタント

　結婚を望んでいる男女に、登録者のなかから互いの希望する条件に近い異性を紹介し、結婚に至るまでを仲介する。コミュニケーションが上手でない人のために、恋愛のカウンセリングを行う場合もある。現代の人間関係事情に合わせて、いわゆる「世話焼きおばさん」になりかわり生まれた職業。大手の結婚相談所に勤めたり、個人で開業をする場合もある。人生経験の豊かさが問われる職業であるためか、若い人は多くはない。収入は歩合制で、どれだけ多くのカップルを成立させることができたかによる。社会情勢がどれだけ変わっても、男女が互いを求めあうという気持ちは人間の本質的な欲求であり、今後も安定した需要が予想される。

経営コンサルタント

　企業や組織などから依頼を受け、問題を調査・分析して原因を追求し、解決策を見つける。多くは、財務・会計、営業・マーケティング、経営戦略、生産効率、組織・人事関連などの分野。企業の顧問になって定期的にアドバイスをする場合、セミナーを開くなどして社員研修を行ったり、売り上げ目標を設定し、達成したときに成功報酬を得る場合もある。大企業がクライアントの場合は大手の経営コンサルタント会社が、中小企業の経営者の場合はフリーや個人事務所が仕事をするのが一般的だ。いずれも、多くの事例を経験していることが強みだが、情報収集のノウハウや分析力、的確な報告書の作成、さらには、クライアントを説得できる表現力なども求められる。特別な資格は必要ないが、中小企業診断士の資格があるとプラスになる。以前は守秘義務という壁に阻まれ、あまり目立つ仕事ではなかったが、近年、IT技術の発展で新たなビジネスモデルが数多く誕生し、グローバル化の時代で新たな競争も生じていることなどから、経営コンサルタントの出番が増えている。

広告業界で働く

　広告業界の会社には、広告に関する業務を総合的に行う広告代理店を中心に、そのうちの特定の分野だけを取り扱う代理店、広告を制作する専門の制作会社などがある。広告代理店における主な仕事には次のようなものがある。

営業

　スポンサーに対してさまざまな企画を提案したり、注文を受けたりする広告代理店の中核業務。たとえば企業がテレビで広告をするような場合でいうと、スポンサー側の窓口となってテレビ局との交渉にあたる。

媒体

テレビ、ラジオ、新聞、雑誌のマス4媒体と呼ばれているものとインターネット広告で、扱い高は大半を占める。それぞれの広告をスポンサーに売る際に、媒体側の窓口となってスポンサーとの交渉にあたる。要は同じ会社の営業とコンビとなり、スポンサー・媒体双方と調整していく。

SP・マーケティング

スポンサーの商品を売るためのさまざまな活動をサポートする。たとえばダイレクトメールをつくって発送したり、店頭でイベントを行ったり、消費者の意識をリサーチする仕事がそれにあたる。

制作

実際に広告を制作する。映像と紙媒体またWebでも異なるがディレクターやデザイナー、コピーライターといった専門職を社内に置いているところもあるが、一部またはすべてを外部の制作会社やスタッフに外注するケースもある。

その他

交通広告や折り込みチラシ、スポーツやコンサートなどの冠イベントなど、企業の広告活動には何らかの形で広告代理店が関与しており、担当している人間がいる。

広告代理店についていうと、大手・中堅を問わず淘汰や合併が相次いでおり、今後も再編が進むと見られている。またこうした総合的な代理店のほか、マーケティングリサーチだけ、PRだけというように、ある特定の仕事に特化した広告会社も多い。就職先として人気の高い業界だが、極端な労働集約型産業だけに、拘束される時間が長いのが特徴。

バブルの時代にはあった、遊ぶのが仕事のようなイメージは過去のものだ。なおほとんどの広告代理店は社員を一括して採用するため、制作を希望しても営業に回されるなんてことはザラにある。それを嫌って最初から制作会社を目指す人もいる。

ペンション経営

主に家族で経営されている小規模な宿泊施設がペンション。宿泊者数も少ないため、それぞれの客にあった家庭的なもてなしをすることができるが、予約を取るための宣伝からベッドメイク、食材の仕入れ、調理まですべてがオーナーの仕事となる。衛生管理者と防火担当責任者の資格取得が必要であるが、講習会に参加することで容易に取得できる。観光、スポーツエリアであり、高速道路網などの交通整備状況が整って

いることが好立地条件として望まれる。それぞれの場所の特性や楽しさを客にどのように伝えることができるかが大事であり、オーナーが、観光、遊び、スポーツなどの案内役を兼ねることが多い。これまでペンション経営は主な客として若年層を対象としてきたが、今後のさらなる高齢化社会を生き残るには、体質の転換を図る必要があるといわれている。

鉄道パーサー

客室乗務員、アテンダントなどの呼び方もある。電車内において、飲食品などの車内販売、社内アナウンス、体調の悪い乗客の保護、緊急事の誘導などのほか、ときには車掌に代わり切符販売も行う。大学か、専門学校の旅客サービス系学科を出て、私鉄、JR関連のサービス会社に就職するのが一般的。JR東日本を例にあげると、新幹線で働く「アテンダント」、首都圏普通線のグリーン車で働く「グリーンアテンダント」のふたつがあり、ともに日本レストランエンタプライズという会社に所属する。アテンダントは社内販売を業務として、アルバイトからスタートする。約1年を目安に、アテンダントリーダー、インストラクター、チーフインストラクターとステップアップしていく。今は、ほとんどが女性だ。常に乗客と接する仕事なので、一人でいるのが好きな人には向かない。

ツアープランナー

パッケージツアーから個人旅行まで、魅力的で多様な旅を企画する。飛行機やホテルの予約手続きはもちろん、客のリクエストと予算に応じ、観光スポットやレストラン、コンサートや演劇などの催し物を組み入れてルートや日程を決め、プランを立てる。ビザの取得、コンサートチケットの手配など、必要な手続きも代行する。旅行会社・代理店に所属している人がほとんど。資格は必要ないが、総合旅行業務取扱管理者、旅程管理主任者（ツアーコンダクター）の資格をもっている人が多い。また、大学や専門学校などで観光ビジネスを学び、さらに語学が得意だと就職に有利だ。現在、個人の旅行が増え、リクエストは多様化している。一般的な知識や語学力に加え、たとえば客船クルーズ、クラシックのコンサート、スポーツ観戦、映画のロケ地巡り、グルメやファッションなど得意分野があると、独自のプランニングができる。ツアー企画は海外だけではなく、国内も非常に重要。とくに最大手のJTBは、国内各地域の魅力を再発見し、新しい観光スポットを独自に企画・販売することに力を入れている。

納棺師

　納棺とは、布団に安置された遺体の髭を剃り、化粧を施し、綿花を鼻に詰めて、時にはドライシャンプーをした後に経帷子（白装束）を着せて棺に納める仕事。衣装は、スーツや着物など希望があれば柔軟に対応する。このように、死者をあの世へ送る「旅支度」をする人を納棺師という。単に、死者を送る準備をするのではなく、悲しみに沈む遺族の気持ちに寄り添って、気持ちをいやし、人間の尊厳を維持するという崇高な仕事でもある。映画『おくりびと』（滝田洋二郎監督、2008年）が第81回アカデミー賞外国語映画賞を受賞したことで、納棺師への理解が深まった。資格は特にない。納棺師になるためには葬儀社に就職するか、納棺専門業者、湯灌（故人をお風呂に入れる）専門業者に就職する必要がある。

コールセンター・オペレーター

　コールセンターと呼ばれる職場で、顧客と電話で応対する仕事。問い合わせ、注文や苦情など、従来は、客からかかってきた電話に対応する「インバウンド」と呼ばれる対応の仕方がおもだったが、近年では客に自分から電話をかける「アウトバウンド」という「働きかけ」の電話応対も増えている。インバウンドには、パソコンなどの操作のテクニカルサポート、商品へのクレーム対応、通販などの注文受け付け、コンサートチケットの予約などの業務がある。アウトバウンドには、携帯電話やクレジットカードの未払い通知・催促や、商品の品質向上のための客からのフィードバック調査、さらに顧客となりそうな人に電話をかけて、金融や不動産などの商品を売り込むという仕事もある。かつては企業が独自にコールセンターを持つことが多かったが、受付時間の延長などの消費者からの要望もあり、近年では専門業者への外部委託が主流となっている。業者に登録をして派遣社員として働く人が多い。商品知識が必要であり、電話での応対なので、高いコミュニケーションスキルが求められる。また企業の内部情報や個人情報を扱うため守秘義務が課される。資格は特に必要ない。注文の度に毎回指名をされる人気者のコールセンター・オペレーターもいる。

販売　[モノを売る]

　一般の消費者にモノを売る仕事を小売という。日本には113万の小売店があり、806万人が働き、その販売額は年間134兆円に達している（2007年調べ）。小売店は「どういうモノを売っているか」という視点からと、「どういう売り方をしているか」という視点からいくつかに分類することができる。前者の視点に立つと、野菜は八百屋、本は本屋、薬は薬局で売っている、という分類の仕方になる。しかし現実にはこ

うした特定の商品を、特に家族経営のような形で売っている店は急速に減っている。代わって増えてきたのがスーパーやコンビニエンスストア、さまざまなチェーン店、ディスカウントストア、ホームセンターなどで、こういう店舗は「どういう売り方をしているか」によって分類するほうがわかりやすい。また最近はカタログやインターネットを使った通販など、無店舗型の小売業も注目を集めている。どういう売り方をするにせよ、モノを売るという仕事がなくなることはない。ただしどういう店で働くかによって仕事の内容や求められるスキルは変わってくる。たとえば組織化が進んだコンビニエンスストアなどではマニュアルが用意されており、入ったばかりのアルバイトでもすぐに働くことができるかもしれない。一方専門店の販売員には商品に関する専門知識が必要だ。

質屋

　客の持ち物を担保として預かり、査定をして、その品物の価値に見合った金額を貸す。期限内に現金と利子が返却されれば品物を返却するが、実際にはそのまま買い取ることも多い。質屋を営業するには各都道府県の公安委員会から質屋の許可を得ることが必要。質屋が扱う質草（質屋に預ける品物）は、戦後はテレビや冷蔵庫といった家電製品が多かったが、近年ではブランド品や貴金属などの小型の高額商品の買い取りがほとんどとなっている。品物の価格を決めるのは質屋であり、商品の価値を見極めることのできる確かな目を持っていることが重要とされる。また、流行にも敏感であることが求められ、売れ筋の商品に関する知識も必要だ。まずは既存の質屋や貴金属などを扱う店で働き、商品に関する知識やノウハウを学んだ後に独立することが多い。

金券ショップ

　飛行機・新幹線のチケットや高速道路の通行券、映画鑑賞券、切手、印紙、百貨店の各種商品券など、さまざまな「金券」を購入・販売する。粗利益が1％から2％という薄利多売の商売なので、売れ筋の商品を大量に仕入れ、素早くさばかなければならない。安定的な仕入れのルートの確保が必須で、たとえば、映画会社やスポンサー企業が観客動員のために取引先などに大量に買ってもらった前売り券を購入するルートなどだ。商品の値段は、枚数と回転率で決まる。売れ行きにスピードがあれば、利益率が低くても商売が成り立つ。期日限定の前売りチケットなどは当日には100円で売られることもあるし、人気のない映画は最初から値引きをする。すべて需要に応じて対処するビジネスである。金券ショップに勤めて、相場感覚を磨くとよい。

コンビニオーナー

　コンビニを開業しオーナーになるのは、自分の土地と建物を持っている場合、それほどむずかしいことではない。セブン-イレブンやローソンなどのコンビニチェーン本社と、「フランチャイズ契約」を結び、出店協力を得る。最低でも300万円ほどが必要で、ほかにアルバイトを雇う資金など、経営を軌道に乗せるまでの出資は少なくない。コンビニを経営する人は、酒店など小売店の元店主や、サラリーマンからの転職者が多い。アルバイトから店長に昇格することは基本的にはない。店長の仕事は、ふつう、早朝、朝食の弁当を買う客でごった返す8時前の出勤からはじまる。深夜に店を任せていたアルバイト店員から報告を受け、売り上げを計算し、コンビニチェーン本社に商品を発注する。数千種類の商品をつねに把握していなければならない。毎日の仕入れの判断が、店の経営を決める。コンビニは全国に約4万2000店舗あり、約6千2百ヶ所の交番と比べても、いかに多いかがわかる。すでに飽和状態で、これ

からは淘汰がはじまるとも言われている。高級店や自然食品の店など、各社生き残りをかけて客層の絞り込みをはかる傾向にある。土地と建物があるからコンビニでもやるか、みたいな発想でお気楽に商売ができる時代はとっくに終わっている。

弁当屋

　弁当は日本独自の食文化であり、炊いた日本の米は冷めてもおいしいという特色を活かして、他の国には見られない多くのバリエーションがある。以前はおもに駅などで「駅弁」として売られていた。また昼食として子どもたちが学校に持っていったり、ビジネスマン・OLがランチに持参したりしていた。ファーストフードやファミレスが存在しない時代、つまり外食産業が未発達のころは、弁当は必需品だった。だが70年代、「ほっかほっか亭」がフランチャイズ店を展開しはじめたころから、弁当は個人の必需品から、ビジネスになっていく。現在、数え切れない数の弁当屋があり、オフィスや個人宅への配達、それにコンビニなどで大量に売られている。最近では、300円を切るような低価格の弁当が路面店あるいはワゴン販売で売られ、採算の合う大都市中心部で流行している。個人経営の弁当屋も増えた。弁当屋をはじめるには、飲食店営業許可証が必要である。お店の図面、水質検査表、食品衛生管理者の手帳、または調理師免許（栄養士免許、医師免許、知事指定講習会修了証書でもよい）の証明書などの書類をそろえて保健所に行き、飲食店の許可申請をする。書類の審査後、保健所の人が実際にお店に来て調査をする。調理場の入り口にドアがあるか、二層シンクがあるか、給湯設備があるかなどの基準をクリアできれば、営業許可証をもらうことができる。手数料は1万6000円。

こんな**職業**もある　書店員▶P.35　古本屋▶P.37　金融業界で働く▶P.85　フラワーショップ▶P.113　登録販売者▶P.150　写真館経営▶P.216　オークション会社で働く▶P.234　古着屋▶P.235　アフィリエイター▶P.259　テレビショッピング司会・進行役▶P.389　映画配給▶P.416　映画宣伝▶P.417

Essay｜欲望と信用とコミュニケーション

text by Ryu Murakami

ダフ屋の快感

　わたしは仕事・商売として何かを売ったことはないが、似たような行為をした経験がある。もう20年近く前、ニューヨークでテニスの取材をしていたころのことだ。マディソン・スクエア・ガーデンで行われていたプロテニスの大会のチケットが、手違いで、数枚余ってしまった。返却はできなかったので、わたしはダフ屋をやることにした。もちろん違法行為だが、貴重なチケットを無駄にするのも惜しい気がしたのだった。会場に集まる人びとに、「チケットありますよ。割安ですよ」と声をかけるのだが、ほとんどの人はすでにチケットを持っているし、怪しまれて、まったく売れなかった。それでもめげずに、何とかがんばっていると、試合開始直前になって、1枚だけ売れた。そのときの独特の快感と興奮は今でもよく憶えている。同時に、何か悪いことをしたような気分になった。ダフ屋が違法行為だから、というわけではなくて、余っていたチケットを売ったという行為そのものに後ろめたさを感じたのだった。

　テニスのチケットはまだ売れ残っていて、わたしは会場付近でのダフ屋の限界に気づき、売り方を変えた。当時、ハンティングワールドというブランドのバッグに人気があって、その店にJALのスチュワーデスが集まっているという情報をつかんだのだった。わたしはハンティングワールドの店に行き、日本人スチュワーデスを見つけて、声をかけ、チケットを売った。半額で売って、逆に感謝されたりして、確か食事をおごったような記憶もある。そのときも、どこか後ろめたい感じがあったが、売ったぞ、という快感と興奮があった。金額の問題ではなかったと思う。何かを売った、という行為そのものが刺激的だったのだ。

モノを売るという行為

　何かを売って利益を得る、という行為は大人だけのもので、子どもの世界にはそういった行為は基本的に存在しない。昔の子どもは、ベーゴマやメンコで勝負して、勝った子は負けた子のベーゴマやメンコを取り上げたりしていたが、それは一種の戦利品であって、売買ではない。チンパンジーやイルカやクジラは人間に劣らない知能を持っていると言われるが、仲間同士で何かを売買したりしない。モノやサービスの売買で利益を上げるというのは、人類のみが行うことで、その歴史は比較的新しい。数百万年続いた少人数編成の狩猟採集社会では、収奪や交換はあったが、商売や交易は一般的ではなかった。原始的な狩猟採集社会では、自分たちが消費する分の食

料・燃料などを手に入れるだけで精一杯だったからだ。

　大規模で組織的な農耕や漁労や放牧が始まり、「余剰生産物・食料」が生まれるようになって、人類の行動様式や考え方が大きく変わった。余剰生産物・食料は、直接農耕や漁労に従事することのない王族や官僚や宗教者や職人、そして軍人たちを養うことを可能にした。そういった大規模な集団はやがて国家を形作るようになり、そのころにはすでに通貨が誕生していて、商売や交易も始まった。最初の商売や交易は当然物々交換だったが、やがて通貨による取引が主流となる。商売・交易の基本にあるのは、欲望とコミュニケーションと信用だ。人びとの、食料・その他の必需品への欲望を、コミュニケーションと信用を利用して、自らの利益に変える。そうやって商売・交易は、人間固有の行為となっていった。

欲望を射止める
　わたしは、テニスのチケットを売って、どうして後ろめたさを感じたのだろうか。それは、不要なチケットだったら、誰かにただでプレゼントすればいいのにどうして売ってしまったのだろうという思いがあったからだ。相手の欲望をコミュニケーションによって充たすだけだったら、売る必要はなかった。確かに、わたしはチケットを売ってお金を得たわけだが、わたしのモチベーションは、お金ではなく、売ることそのものにあったような気がする。それは、他人の欲望を「射止める」というような、根元的な快感と興奮だった。自分が提供するモノやサービスに対し他人が欲望を示し、売買が成立するという瞬間には、無償のボランティア行為で他人に感謝されるのとは違う種類の、根元的な快感と興奮があるのだろう。

　わたしは、人類が商売や交易を発達させてきたのは、それが合理的な行為だという理由だけではないと思う。そこには、人間の欲望が関わる根元的な快感と興奮があるのではないだろうか。もしそれが事実なら、この世の中に、モノとサービスを売るという仕事は決してなくならないことになる。しかし原則的に、子どもの世界には、売買・商売・交易といった概念はない。実際に似たような行為をする子どもはいるかも知れないし、終戦直後の日本や現在のイラクなどでは、モノやサービスを売る子どもがいたが、彼らは年齢的には子どもでも精神は大人なのだ。

営業ナンバーワンの人材とは?
　モノ・サービスを売ることに向いた人、得意な人は確かにいる。なぜかわからないけどあの人が売り場に立つと商品が売れるとか、決して美人ではないけどあの人はいつも店の人気ナンバーワンだとか、これといった理由は見つからないがあいつは営業

の天才だとか、そういう人がモノ・サービスを売る大人の世界にいる。だが、そういう人が子どものころに、何が好きだったかはおそらくわからない。だから、「モノ・サービスを売る」という重要な仕事、また、モノ・サービスを売るためのコツや秘訣やスキルといったものは一様ではなく、扱う商品によって違う。たとえば高級外車と国産大衆車では、その売り込み方が違うのだと聞いたことがある。BMWやメルセデスやジャガーの優秀な営業マンというのは、金持ちの機嫌を取るのが上手なわけではなく、それらの高級外車に乗るときの喜びと充実感を正確に説明できる人らしい。それに対して国産大衆車の優秀な営業マンは、それぞれの車の特性に詳しく、「お得ですよ」という効率性を示すのが上手な人なのだそうだ。

結論：ただ客を待っていてもモノは売れない

　経済の低迷とデフレのせいでモノが以前ほどは売れなくなっているとよく言われる。しかしデフレと不況のせいだけではないという指摘もある。いずれにしろ日本の社会には高度成長時代のような巨大な需要はすでにない。モノを売るということに関して、ただ商品を並べ、客がやってきて買うのを待っていても売れるわけがない、という考え方もある。店頭実演販売やテレビショッピングなどはその典型だろう。その商品がいかに魅力的で、安価であるかを、専門のデモンストレーターやタレントを使って訴える。そしてテレビショッピングのバイヤーたちは実際に売れる商品を探し開発するために多大な努力を払っているのだと聞く。

　モノを売る形や方法は、これからしだいに変わっていくのかもしれない。ただ、最低限共通していることがあるように思う。それは、どうすれば売れるか、と必死で考えるということだろう。わたしの場合、試合会場であるマディソン・スクエア・ガーデンからハンティングワールドの店に場所を移しただけで、テニスのチケットは完売したのである。

written in 2003

03 「数学」が好き・興味がある

その❶ 計算をする

数学で、計算がピッタリ合うと気分がいいものだ。そして、「数字」は言葉と並ぶ人類の偉大な発明である。数字が持つ無限の可能性に気づくこともこの項目に含まれる。

金融業界で働く

●金融業とは？

　金融業というと、銀行でお金を勘定する人というイメージがあるかもしれないが、それは金融業界の中のごく一部の仕事にすぎない。もともと金融とは「お金を融通する」から来た言葉で、お金が余っているところから必要としているところへ貸すという意味だった。しかし現代ではその取引が複雑になっており、その定義だけではあてはまらない分野も増えてきた。そのため、トータルに「社会の中をお金がぐるぐると回っていること」と理解されるようになってきた。

　その中で中心的な働きをしているのが金融機関。銀行、証券会社、保険会社などいろいろな種類があるが、法律によって厳しく定められていたそれぞれの仕事の領域は、時代とともに、近くなったり、重なったりしていて、それぞれ異なる分野に進出したり、その隙間を狙って新しいタイプの金融機関が生まれるなど、変化が激しくなっている。また国際化が進み、外資系金融機関も数多く進出してきている。過度期にある業界だと言える。

　以下に金融機関の種類を示す。

- 銀行（都市銀行、地方銀行、信託銀行など）
- 中小企業関係金融機関（信用金庫、信用組合など）
- 農業関係金融機関（信用農業協同組合、農林中金など）
- ノンバンク、リース業（消費者金融、不動産金融など）
- 保険会社（生命保険、損害保険）
- 証券会社
- 政府系金融機関

　上記以外に、金融の一部の機能に特化した運用会社や調査会社などがあり、インターネットの進歩で、ネット証券会社など、中小の新興会社も増えてきた。

　金融業とはどのような仕事なのか。以下が大まかな流れである。

お金を集める

　一口でいえば営業。ただしその対象は個人から大企業まで、不特定多数から特定少数までと、幅広い。証券のセールスを行うには証券外務員、保険のセールスを行うには保険外交員、などのような資格が必要だ。お金を集めてこなければ金融業は成立しないので、営業は常に必要だしプライオリティも高い。ただし効率化は進み、例えば

外交員が人海戦術で契約をとってきたり、全国津々浦々に支店の窓口を置くようなことはできなくなる。専門的な知識をもっている人とそうでない人の間の仕事内容や収入の差は広がっていくだろう。

お金を運用する

顧客から預かったお金や自社のお金をなるべく有利になるように投資をすること。投資をする対象は、銀行の場合は企業や個人への貸し出しが中心。それ以外の金融機関の場合は株式、債券、為替などだが、さまざまな手法があり、それぞれに専門家がいる。非常に専門性が高く、経済はもちろん、その領域によってさまざまな知識が必要になる。

リサーチをする

投資をする際に必要となるのが、個々の企業の業績やその産業の見込み、あるいは経済全体の動向などといった情報。これらを調査、分析し、機関投資家や個人に提供する。

商品やサービスの開発、研究

銀行へ預金をしたり、株を買ったりする以外にも、金融機関は顧客のニーズにそってさまざまな金融商品を開発している。一般向けのなじみ深いものだと、外貨預金、投資信託、中国ファンド。さらにある金融商品をもとにした金融商品（金融派生商品）などなど、複雑なものも多い。やはり専門的な知識が必要である。

事務・管理

現在金融関係の仕事をしている人はおよそ150万人。その中には上記のような専門職を後方で支える事務職の人も多い。例えばコンビニやネットで取引ができるような時代になってくると、単純に「銀行でお金を勘定する仕事」などは減るが、一方では新しい金融サービスが生まれ、そこに仕事ができていく。

●金融業界の職種

リテール・バンカー

　銀行の仕事で、主に各支店で個人や地元の中小企業客を対象にした小口の営業をリテールと言う。銀行の支店には、預金を集めたり、投資信託などの金融商品を販売したり、個人に住宅ローンを貸し付けたり、地元の企業に融資をしたりするなどさまざまな仕事があり、銀行員の中でもっとも多くの人がこの仕事に従事している。窓口の担当者はテラーと呼ばれ、個人客にとってその銀行の顔となる。古典的な銀行業務だが、時代に合わせて新しい試みもされている。単純な入金や送金などの作業はATMなどで機械化される中で、個人客の主として資産の運用に関する相談にのるファイナンシャル・プランナーのような仕事もあるし、特に富裕層に狙いをしぼったプライベート・バンカーのような専門家も生まれている。

ホールセール・バンカー

　銀行の仕事で、大企業などの法人を対象にした営業をホールセールという。支店でも行われることがあるが、多くは本店が対応する。主な仕事は融資で、一件の金額はリテールよりはるかに大きい。取引先である企業が金融に求めるサービスは多様化、高度化しており、担当する営業マンも十分な信頼関係を築いてこそ、その要求に応えることができる。そうした中で持ち込まれた融資の案件は、審査部門によって適切であるかどうかのチェックを受けた上で、権限を持つ人・部署の決裁を受けて実行される。

インベストメント・バンカー

　広く預金を集め、融資を行うことを基本にする伝統的な銀行業務と異なり、企業などが発行する株式や債券を引き受けて資金を調達したり、M＆A（企業の買収や合併）を仲介したり、株式の上場を手伝ったりすることなどを投資銀行（インベストメント・バンク）業務と言う。証券会社などで、こうした業務に関わるのがインベストメント・バンカーだ。一件の規模が大きく、複雑な金融のノウハウが求められる。

アナリスト

　お金に関する情報産業でもある金融機関の調査部門には、投資などに必要なさまざまな情報の調査や分析、予想を行う専門家がいる。調査の対象は、個別の企業から日本経済、世界経済全体にまで及び、その結果は社内や投資家、あるいは広く一般に向かって伝えられる。個々の企業や業界を対象として分析を行うアナリスト、市場全体を対象に投資戦略を立てるストラテジスト、経済情勢全般を対象とするエコノミストがいる。

ファンドマネージャー

　投資信託や年金など、他人から預かったお金（ファンド）を、株や債券などで運用する運用のプロ。例えば株なら、どんな銘柄をどれだけ組み入れるかを決める。投資信託とは、不特定多数の投資家から集めたお金をひとつにまとめ、ファンドマネージャーなどのプロが運用してその収益を投資家に分配する仕組みや金融商品のことを言い、さまざま種類のものがある。信託銀行、投資信託会社、投資顧問会社、生命保険会社、損害保険会社などで活躍している。

トレーダー

　広義では株式などの金融商品を売買する人のことをさす（個人のデイトレーダーなど）が、職業としては、銀行や証券会社などの金融機関の中で、外国為替、株式、債券、金融派生商品などの売買を自ら行い、収益を上げる仕事のことを言う。ディーラーとも言う。瞬時に数十億円、数百億円を動かすこともあり、金融機関の中では専門職的な仕事といえる。儲かれば多額の成功報酬ボーナスを受け取ることもできるが、失敗すれば大きな損害を与えることになる。

金融商品開発者

　株式や外国為替といった伝統的な金融商品から派生する形で生まれた金融商品を金融派生商品という。もともとは商品の売買をしていた業者が、将来の価格の変動を回避するための手段として開発した保険のようなものだったが、やがてそれ自体を投資の対象とするようになり、現在でもさまざまな新商品が開発されている。開発は複雑な数学とコンピュータを駆使して行われる。かつてはロケット・サイエンティストのような科学者が金融機関に転職して話題になったこともある。

コンプライアンス担当者

　コンプライアンスとは法令順守のこと。経営という観点からも企業にとってその重要性が高まっているが、お金を扱っており、公共性も高く、法律などさまざまな規制の上に成り立っている金融機関ではなおさらだ。支店やセクションごとに担当者を置いたり、それとは別に監査部門を設けたり、さらには外部から専門家を招いたりする金融機関も多い。専門職として各種の届け出、契約のチェックや社員への指導などを行う。

金融システム担当者

　金融機関にとってシステム部門、IT部門の重要性は高まる一方だ。初期のコンピュータ化は事務の省力化や合理化を主な目的としていたが、現在ではインターネット・バンキングなども身近な存在となり、海外ネットワークや24時間体制の構築もIT抜きでは考えられない。安全性も求められる。理科系から金融機関に就職すると、システム部門に配属されることが多くなる。

保険セールス

　顧客に保険商品を販売する。国内の大手生命保険会社には1社で数万人のセールス担当者（セールス・レディが多いのも特徴）がおり、営業の中心になっている。多くは歩合制で、多数の顧客を抱える高額所得者もいる。複雑な保険商品が多くなり、外資系の保険会社など競争相手も増えたため、熱心な訪問だけを武器にしたセールスは難しくなりつつあると言われる。ライフプランナー、ライフデザイナーなどと称して、保険から資産運用まで幅広くコンサルティングを行うセールス担当者を育て、成果をあげている保険会社もある。

アクチュアリー

　保険会社に所属して保険料を設定し、新しい商品プランをつくる。たとえば生命保険の場合、社会の死亡率や事故の発生率を分析して、客の負担になりすぎず、保険会社の運営に適当な料金を導き出す。また信託銀行などに勤務し、企業の実績や収支などを計算して、企業年金を考えるのも主要な役割。単に集めたデータを計算し続ければよいというわけではなく、確率論や統計学を駆使し、これからの社会状況、経済、行政などの流れを鋭く分析することが求められる。今後さらに複雑化するだろう年金問題や保険問題に個人や会社が対応していくため、なくてはならない存在として需要は大きい。現在、日本アクチュアリー会の試験に合格し、正会員になった人をアクチュアリーと呼ぶが、これは国際アクチュアリー会の規格に準じた資格のため、海外を視野に入れた活躍も見込める。大学卒業程度の学力を必要とするのが条件で、資格取得までは最短2年だが、平均8年かかっており、かなりの難関だ。

ファイナンシャル・プランナー

　個人の資産運用や金融に関して総合的なアドバイスを行う。国家検定としてファイナンシャル・プランニング技能士（1〜3級）、民間の資格としてはAFP、CFPという2つがある。現実には、金融機関などに勤務しながらこれらの資格をとり、顧客の相談にのりながら、自社の金融商品を販売するなど、本業に役立てていることも多い。一方には、自営の独立系ファイナンシャル・プランナーもいる。収入は、アドバイスを与える相手からの相談料のほか、セミナーの講師や雑誌への執筆などからなる。公認会計士や税理士、社会保険労務士などがファイナンシャル・プランナーの資格を得て開業しているケースも多い。

●金融業で働くには

　かつては大学の経済学部や法学部を卒業して金融機関に就職するのが唯一の道だったが、今は有名大学の経済学部を出たからといって、それだけでスムーズに金融機関に就職できるとは限らない。利益を上げている中小の新興金融機関、たとえばインターネットで株の売買を行う証券会社などでは、新規の採用はせず、即戦力となる中途採用者だけを入社させたり、退職金制度を廃止したところもある。中途採用、転職が非常に多いのもこの業界の特徴である。能力主義、競争主義が浸透した新しい労働市場が整備されているということだ。

　かつて金融はもっとも安定し、高収入が約束される業界と言われていた。金融機関の採用では学歴が最優先され、終身雇用が当たり前と思われていた。だが外資系などでは、成果主義（仕事の成績に応じて報酬が決まる）を採っているところも多く、成績のよい社員は1000万を超えるボーナスがあるが、成績が悪いとゼロ、さらには解雇されるという金融機関もある。あらゆる職業の中で、金融は環境やITと並んでもっとも変化が激しい分野であり、たとえば、10年後の金融機関の姿を予想することさえ難しい。ただ金融という仕事自体がなくなることはないし、新しい能力、専門的な知識をもつ人材は常に求められている。金融の専門知識や能力獲得に意欲のある人には格好の仕事かも知れない。

税理士

　税務に関する専門家として、税金を納める必要のある個人や企業から依頼を受けて払うべき税金の計算をし、その書類の作成や手続きを代行したり、税金に関する相談に応じる。税理士になるには、税理士試験に合格するか、弁護士、公認会計士の資格取得者で、日本税理士連合会の税理士名簿に登録することが必要。一般企業や会計事務所に勤務する人もいるが、個人や個人の資格のもとにスタッフを集めて事務所で仕事を受けることが多い。現在、7万1500人ほどの有資格者がおり、国家予算が税

徴収によって担われる限り必要とされる職業である。税に関する法律や判例はつねに変化をするものであり、新しい情報や知識を日々収集する必要がある。

公認会計士

　企業が年度毎の決算を公表するときに、事前にそれを監査し、会計が公正であることを保証する。監査は、法的に義務づけられており、企業からの依頼を受けて、企業の経営状態を帳簿などの数字データから読み取り、その企業が合法的な会計をしていることを証明すること。公認会計士になるには、2次にわたる国家試験を突破し、会計士補としての体験実習期間をへて、さらに第3次試験に合格しなければならない。そのため公認会計士試験は司法試験に次ぐ難関とされている。資格取得後は監査法人に勤務するのが一般的であるが、一定期間の勤務後に独立して事務所を開設する人も多い。現在、2万人ほどの有資格者がいるが、地方自治体も法定監査が義務づけられたほか、企業への情報開示を求める株主も増えてきており、需要は増加の傾向にある。

ネット株式トレーダー

　インターネットで株式の売買をする人。ビジネスマン、OL、主婦、学生などのあいだに利用者がふえており、それで生計を立てる人もでてきた。資本主義の経済システムは、会社（株式会社）が株を発行して、その株の売買によって資本を集めるのが基本。会社経営が好調だと、その会社の株を買う人がふえ、株価は上がり、反対だと株価は下がる。過去、株の取引きは、資産家が中心だったが、インターネットの普及により、ネット証券会社が多く設立され、個人の参入が簡単になった。ネット株式を行うためには、まず、ネット証券会社に口座を開く。株価の市況をネットで知り、それを参考に「買い」と「売り」をする。株式取引きは、以前は10株、100株、1000株単位で行われてきたが、ネット証券では1株からの売買が可能。さらに1日の取引きが10万円から20万円以内だと、取引手数料を無料にしているところが多いので、少額でも株を売買できる。こうしたネット株式は、自分の小遣いの範囲で楽しんでいるあいだは無難だが、それを専業にしたり、もうけようとして手を広げると大きな損失をこうむることがある。日本の1990年代の「バブル崩壊」や2008年にアメリカからはじまった「金融危機」などでは、一夜にして株価が暴落して、大損をした株主が多く出た。株式での損失はあくまでも自己責任だから、株に手を出す場合は、用心も必要だ。

証券アナリスト

　証券は、会社やその商品など財産に対する権利・義務のこと。その証券の譲渡（売買）が、経済活動に大きな関わりをもっている。代表的な証券に株券や債券がある。証券アナリストは、銀行、証券会社、生命保険会社などに所属し、証券の売買が有利に行われるよう助言をするスペシャリストのことだ。近年、金融界はますます複雑化、グローバル化し、どんな形で利益が生まれるか予測がむずかしい時代になっており、優秀な証券アナリストは引く手あまた。現在では、一般企業にも、必ずといっていいほどIR（インベスター・リレーションズ＝投資家向け広報）などという投資に特化した部門があり、活躍の場の裾野は広がっている。巨大な資金の運用にたずさわる醍醐味があるが、彼らの動向が一国の経済状況に影響を与える可能性もあるため責任は重大である。日本証券アナリスト協会が民間資格を発行しているが、証券アナリストになるのに特別な資格は必要ない。鋭い市場の洞察力、ファンド商品をつくり上げる企画力などをもとに実績を残していけば、認められる存在になる。

暗号作成者

　暗号は、受信者以外に知られることのないよう、秘密裏に情報を伝えるための特殊なメッセージである。古くからさまざまな方法と目的のために使われてきた。たとえば『ガリア戦記』に、著者であるユリウス・カエサルは、部下あてのメッセージを暗号で送ったという記述を残している。このとき、カエサルが使ったのは換字式暗号と呼ばれるもので、アルファベットの各文字をそれよりも3つ後ろの文字に置き換えて表すというものだ。カエサルの場合もそうだが、これまでの暗号は、とりわけ軍事目的で用いられることが一般的であった。敵に解読されるたびにその手法を洗練していった。史上最高の暗号として恐れられたものに、ドイツの発明家、アルトゥール・シェルビウスがつくり出した暗号機「エニグマ」がある。これは第二次世界大戦中にナチス・ドイツ軍によって用いられた。

　今日、暗号は軍事目的だけではなく、ビジネスの世界で広く必要とされている。これはインターネットの普及による情報化社会の到来のためだ。たとえば電子メールや電子商取引、インターネットショッピングなどでは、情報の保護は不可欠である。そのため、今日の暗号作成者は、一般的に物理学や数学などの極めて高い知識を持ち、コンピュータ科学に関わっている。IT企業のエンジニアや研究者として働きながら、暗号システムやソフトを開発し、特許をとっている人も少なくはない。現在もっとも求められているのは、暗号解読者側が開発している量子コンピュータから情報を守る、量子暗号の完成だ。量子物理学の理論を使用したこのコンピュータと暗号は、暗号の進歩に終止符を打つものといわれている。ただし、双方ともテクノロジー開発の側面だけではなく、市民の自由と国家安全保障をめぐり、実用化は困難だと思われる。

　暗号は今後のビジネスに必須のものであり、高度な技術を持つ暗号作成者の需要は増える一方だ。また誰にも破れない暗号を作るということには、わくわくするような魅力があるものらしい。ただし暗号作成者になるには、数学や量子物理学、コンピュータに関する知識だけではなく、人間としての高い倫理観やバランス感覚を持つことが必要である。

こんな職業もある
測量士 ▶P.58　経営コンサルタント ▶P.73　質屋 ▶P.78　エンジニア ▶P.246
為替ディーラー ▶P.448

Essay｜金融業界をめざす少年・少女達へ

経済評論家　山崎元

金融業の魅力

　金融業とはお金を扱うサービス業のことだ。

　金融を狭い意味に取ると銀行や信用金庫のようなお金を融通する（貸す）行為を指すが、就職対象としては、証券会社、保険会社、それに運用会社なども含めて広く考える方がいいだろう。銀行から証券へ、証券から保険へといった転職をする人が大勢いる。

　金融業は他の幅広い分野の会社や政府、それに個人と関わる。だから、金融業界の中だけのことでなく、他の世界のさまざまな知識や情報と広く接することになる。金融業は、お金を通じて情報をやり取りしているのだと考えることができる。

　たとえば、ある会社とその業界の事をよく知っている銀行Aとよく知らない銀行Bがあった場合、銀行Aはこの会社にお金を貸すことができるか、貸すとしてもどんな条件でなら貸せるのかが判断できる。対して、銀行Bは正しい判断ができない。お金の動きには、必ず情報と情報に対する判断がある。知識や情報を取り込むのが好きな人、勉強を続けられる人が金融業界には向いている。

　金融業は、有望な会社にお金を貸したり投資したりして、その会社の発展を助けることがある。「あの会社は俺が育てたんだ」。これが、ベテランの銀行マンの典型的な自慢話だ。会社や人を見いだして育てるという感覚も金融業の醍醐味だ。

　金融業は「マーケット（市場）」と共にある。金融の仕事に大きく関係する金利も為替レートも株価もマーケットで決まる。金融のマーケットは、たぶん規模も面白さも世界一の巨大なゲームだ。予測は簡単ではないが、簡単でないから夢中になる。マーケットと関わることを仕事にする金融マンは、常にマーケットから新鮮な刺激を受ける。

　少し私の話をしよう。私は、マーケットのゲーム性に惹かれて、大学卒業後、総合商社の財務部に入った。そして、金融マーケットのもっと真ん中で仕事がしたいと思って運用会社に転職した。さらに、生命保険会社、信託銀行、外資系の運用会社、証券会社など広い意味での金融業界で、これまでに12回転職した。その間、いいこともあったし、嫌なこともあったが、マーケットは常に興味の対象だったし、現在の研究対象でもある。マーケットに退屈したことはない。マーケットには勝者と敗者がいるが、マーケットに飽きたという金融マンには会ったことがない。

気をつけるべき事

　金融業は、他人のお金を扱って、自分のお金を稼ぐ職業だ。仕事で扱う他人のお金は大きいことが多い。当たり前のことだが、他人のお金と自分のお金を混同してはいけない。お金そのものでなくても、お金につながる情報を悪用して個人が儲けようとする「インサイダー取引」のような犯罪もある。金融の仕事の現場では、お金に関係する誘惑が多い。

　他人の（会社の）お金はゲームのチップのようなものだと思えばいい。それが、100万円でも、100億円でも、あるいは1兆円でも、びくびくしてはいけない。巨額のお金でも、冷静に正しく扱うことができるのが金融のプロフェッショナルだ。だが、決して、チップを自分のポケットに入れてはいけない。

　金融は他の業界よりも収入のよい業界だ。これは魅力の一つに数えてもいい。巨額のお金が動く場に関わっていて「お金に関する立地条件」がいいことが理由だ。特に、外資系の金融会社の場合、

大学を卒業して2年目で年収何千万円も稼ぐ社員がいるし、キャリアのある社員の場合、億単位の年収になることも少なくない。仮に「気にするな」と言われても、正直なところ、他人の収入は気になる。しかし、より多く稼いでいるから立派な人間だということではさらさらない。どのくらいのお金で満足するか、お金のためにどこまでやるか。仕事の上でのお金の扱い方と、自分で稼ぐお金の二つについて、金融マンは自分自身の「お金の思想」をしっかりと持っていなければならない。お金の思想が確立できないと、せっかくのお金が悩みの種になる。

金融の仕事をする上で一番大切なのは、「リスク」に対する感覚だ。貸したお金が返ってこなくなる可能性、株価や為替レートが想定と反対に動く可能性、契約が履行されない可能性、法律に触れる可能性、評判を損なう可能性など、多くの不都合な可能性に気付いて、これに対処しなければならない。

どんなリスクがあって、それは誰の責任なのか、リスクを負担する場合には幾らの対価が必要なのかを考えて、必要な手続きを全て踏んだ上で、冷静に計算を続ける。リスクを無視したいという誘惑に負けると、本人一人が困るだけでなく、会社が吹き飛ぶような損失を被ることもある。

金融の会社はどこも堅実な印象を与えようとするが、金融ビジネスそのものは見かけほど安定したものではない。「安定」が一番の目的なら金融業界に就職するのは間違いだ。納得できない人は、たとえば、かつての山一證券や日本長期信用銀行について調べてみて欲しい。

金融業界を目指すために

金融業界のどの職種を選ぶとしても、あらかじめ資格や特別な学歴が必要なものはほとんどない。しかし、金融では「世の中全般に関わる情報の処理」が仕事なので、はっきり言って、勉強は出来た方がいい。つまらなく聞こえるかも知れないが、難関大学を優秀な成績で卒業して就職するのが普通のコースだ。特に数学と英語はいくらできても邪魔になることはないし、それ以外の科目についても、勉強を続けることができる性格が金融業に向いている。ついでに言えば、これからは中国語もできると有利だろう。金融の仕事そのものは、入社してからみっちり教え込まれるのが普通だ。

外資系の会社や、運用会社のような専門職を使う会社は、一部に新卒の学生を採用する会社もあるが、中途採用で経験者を採ることが多い。将来会社を移ることがあるかも知れない、ということも頭に入れておこう。特定の会社に勤めているという帰属意識の他に、自分は「金融業界一般」にも勤めているのだという感覚を持つといい。仕事を通じて、金融業界の中で「価値のある人材」になることが、入社10年目くらいまでの中間目標だ。

金融は最終的には人と人との取引だ。金融でも「営業」こそがお金を生む。外資系の金融機関でも、複数の会社から引っ張りだこになり、収入も多い人材は、優良顧客をがっちりと持った営業マンだ。

人に好かれること、人としっかりコミュニケーションを取ることが重要だし、武器にもなる。金融業界を目指すなら、学校を含めた様々な場所でしっかりと人と付き合う経験を持つことが大切だ。冒頭で、金融について、敢えて「サービス業だ」と述べたのはこの点を強調したかったからだ。

プロフィール
山崎 元

1958年北海道生まれ。東京大学卒業後、商社財務部に勤務。その後、主にファンドマネジャーを仕事として、投信、生保、銀行、証券会社など内外の金融機関(外資系4社を含む)へ12回の転職を経て、2005年より楽天証券経済研究所客員研究員。資産運用中心に著書多数。JMM常連寄稿者。テレビのコメンテーターとしても活躍。

Essay｜お金の流れを監視・記録する仕事

text by Ryu Murakami

　会計士や税理士という職業には「他人のお金の計算をする人」というような、地味で、きまじめで、何となく退屈そうなイメージがある。だが、実はそうではない。きまじめではなく悪い人もいる、ということではない。経理や税理の仕事は、お金の流れに関わり、それを注意深く監視し、記録するというものだが、関係者に聞いてみると、実は非常に面白く、興味深いもののようだ。

　お金の流れは何かを物語る。あるプロジェクトについて、その資金を誰が出していて、誰がそれを受け取っているのか、ということがわかると、そのプロジェクトの性格がだいたいわかる。たとえば臓器移植というプロジェクト。緊急を要するので、ドナーから提供された臓器は移植を待つ患者がいる病院までヘリコプターで運ばれることがある。そのヘリコプターの費用は誰が出しているのだろう。ヘリコプターメーカーやパイロットが多く、ヘリによる移送ビジネスが一般的なアメリカなどと違って、日本のヘリ使用料は高価だ。誰がその支払いをしているかで、臓器移植の現状が見えてくることがある。

　もし国がヘリの費用を肩代わりしているとしたら臓器移植は国家プロジェクトだと言える。また手術を行う病院が負担しているのだったら、臓器移植には各病院の熱意と利益が関係していることになる。そして移植を受ける患者が負担しているのだとしたら、臓器移植を受けられるのは基本的にお金持ちなのではないかという推測が可能だ。つまり、経費の流れは重要な情報を含んでいる。お金の流れは利害のやりとりを表しているからだ。

　しかし、どういうわけか日本の社会では、お金の流れから何か情報を得るという考え方が少ない。臓器移植におけるヘリの使用料を誰が払っているのか、テレビのニュースで明らかにされることはない。それはわたしたちがそういったことを知りたいと望んでいないからテレビ局が報じないのだ。有名人のプライバシーや、悲惨な殺人事件の裏事情など、わたしたちが知りたいと思っていることはテレビは繰り返し詳しく報道する。

　なぜ日本の社会ではお金の流れへの興味が少ないのか、そこにはさまざまな原因があるが、このエッセイのテーマとは違うので詳しくは触れない。ただ、明らかなのは、

お金の流れを個人として考える機会が少ないということかも知れない。サラリーマンの源泉徴収はそのよい例だろう。いったん給料をもらってから税金を払うのではなく、最初から税を引かれて給料をもらうというやり方は、実は戦費のための税金を取りやすくしようと戦争中に始まったもので、その制度が今も残っているのだ。いったん自分のポケットに入れたお金を国に持って行かれるのだったら、「いったい何に使うのだろう？」と考えるはずだが、最初から引かれているので、それが本当は自分のお金だったという実感が持てないし、何に使われているのかという興味が失われる。住んでいるマンションの協同補修問題では1円でも安く済まそうとする人が、数兆円の橋の建設に対してまったく注意を払わないというのは本当はおかしなことだ。だが、多くの人は、国のお金に自分のお金が含まれているという実感が持てない。

会計士や税理士、それに広い意味での銀行マンも加えていいのかも知れないが、彼らの仕事はお金の流れに関わっている。お金の流れは、そのすべてが意味を持っていて、重要な情報である。特に企業会計は、監査を含めこれまで内部で処理されることが多かったが、今や投資家や株主のために、そして金融システム全体の健全性のために開かれたものになりつつある。りそな銀行の会計監査法人のように、国家規模の金融問題に決定を下すという重大な役目を背負う場面も出てきた。会計士や税理士、それに銀行マンなど、お金の流れに関わったり、監視して記録したりする仕事は、これからますますその独立性と重要性が増すだろう。

written in 2003

その❷ 図形を考える

図形について研究する「幾何学」は、今から2000年以上も昔、古代オリエントで、ナイル川の氾濫（はんらん）を調べるために、土地の測量をしたときに誕生したと言われる。図形は、世の中の不思議を解き明かす重要なツール（道具）である。

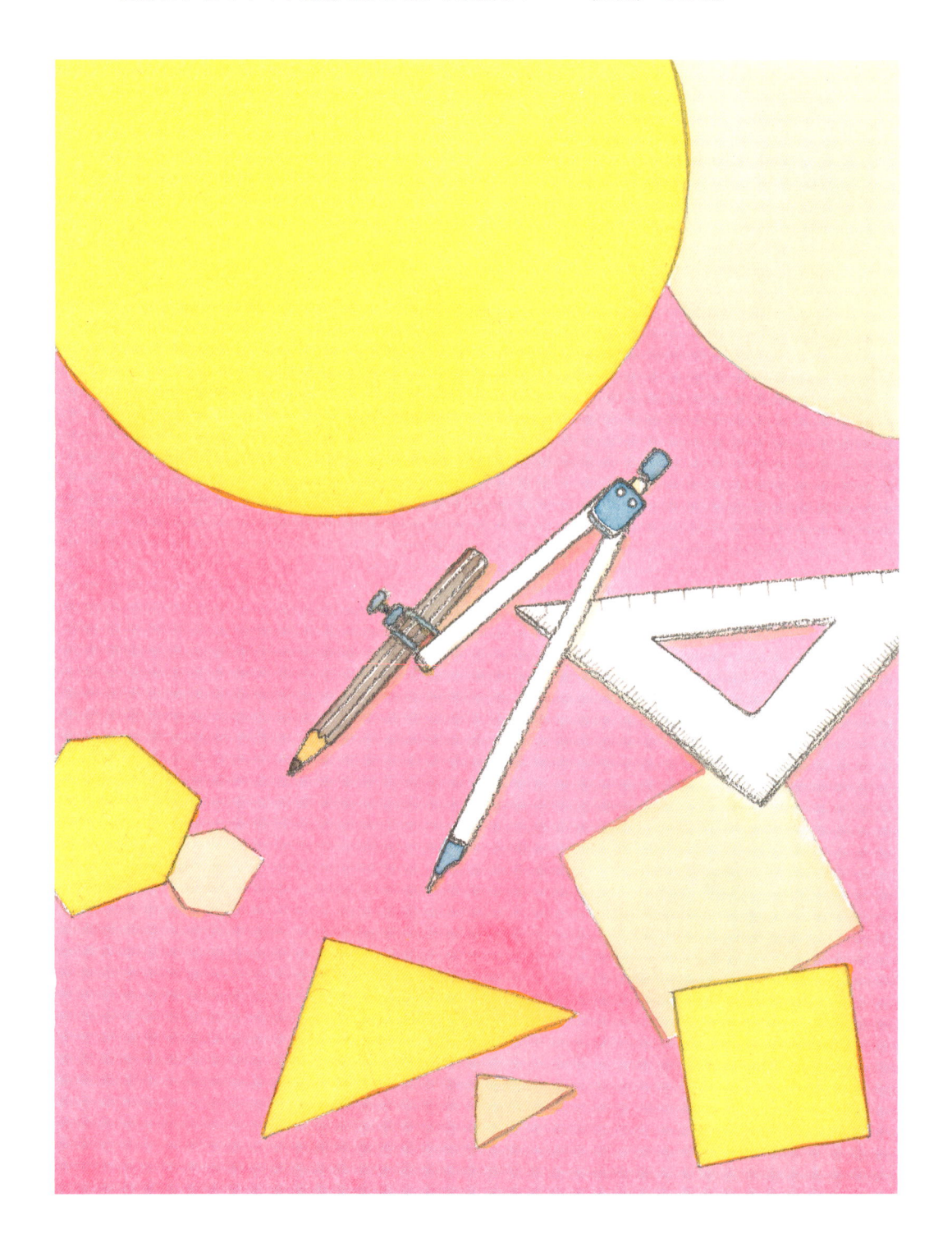

機械設計

　工業製品の完成図（デザイン）に合わせ、その製品のシステムを構築していく技術職。あらゆる工業製品製造工場で必要とされるが、なかでも自動車産業では必須。たとえば新車の開発では、自動車会社が企画・立案し、工業デザイナーが決めたデザインを、既存の部品を加工したり、新しい部品をつくったりして細部にわたって組み合わせ、図面を引く。最終的に生産ラインに載せるまでが仕事。現在、もっとも必要とされているのが、パソコン上で3D（3次元）のCAD（キャド。コンピュータによる設計、製図）を使いこなせる能力。ほとんどの機械設計者は工業系大学の機械工学科を卒業し、その後、機械設計を専門に教える専門学校をへて就職する。運動力学や熱学、材料力学などの豊富な知識が必須。機械いじりが好きであることが基本だが、物事を3次元でとらえる発想が大切だ。紙に描かれた図面を頭のなかで3Dで組み立てる力は大いに役立つ。いくつかの専門団体がCAD利用技術者資格を認定している。

不動産鑑定士

　土地を担保にして金融機関から金を借りるときや、国や都道府県が土地を買収するときに、依頼を受けてその土地の価値を金額で評価する。地元の不動産業者を訪ねて意見を聞いたり、土地の権利関係が記されている登記簿を見たりして、綿密な調査を行い、公平な立場から評価を行うことが求められる。また、不動産の活用方法などについてコンサルティングをすることもある。不動産関係の国家資格では最難関で、3次にわたる試験を突破しなければならない。大学で法律や経済関連の学科を卒業していると有利だが、1次試験から受ければ学歴は関係ない。専門学校に通って勉強する人も多い。合格後は不動産会社や信託銀行、保険会社などに就職する人もいるが、ほとんどは不動産鑑定事務所を設立する。国や県から鑑定業務を依頼されることもあるので、収入が確保しやすいからだ。土地の鑑定は社会的責任の大きい仕事なので、正義感、道徳心の強いことが望ましい。

庭園設計士

　個人宅の日本庭園から、公共の緑地、公園などを設計・施工する。庭園を設計するためには、樹木や草、土や石、水などの知識が不可欠。また、病害虫や農薬、環境に関する知識も求められる。日本では昔から名園が多く造られてきたので、歴史への関心も必要だ。そうした知識をもとに、客のニーズに合った設計を提案し、実際の工事の指揮や監督をするだけでなく、自らも作業にあたる。資格がなくても庭園設計はできるが、ふつうは大学の土木学科や建築学科、専門学校のガーデンデザイン学科などで基礎知識を学び、庭園設計会社や建築会社に就職する場合が多い。そうした実務経験を1〜5年積んで、国家資格の造園技能士（1〜3級）や造園施工管理技師（1、

2級）を取得する人が多い。これらの資格は、公園や緑地の庭園設計や公共施設での緑の管理を担当する場合には必要とされる。これまでは男性中心の仕事だったが、近年のガーデニングブームで、女性の希望者も増えてきている。なかでも、イングリッシュ・ガーデンは人気があり、英国へ留学して庭園設計を学ぶ人も出てきている。

建築家

　建築のプロフェッショナルとして、建築事業の中心的な存在となり、建築物の設計や監理を行う。現在の日本では建築家という職業が明確には認識されていないため、1級建築士の資格を持っていれば、建築家と名乗ることができてしまう。ただし建築家は人の財産を預かる責任ある仕事であるため、建築家という新しい資格を設けようとする動きもある。現状では、設計事務所などで実務を学び、1級建築士の資格を取得後、独立を目指すのが一般的。建設業全体のマーケットは縮小しているものの、都市を総合的なデザインとして見る考え方が広がってきており、新しい需要の拡大が期待できる。建築家には、物事を総合的に見ることのできるバランスのよさが求められる。

土地家屋調査士

　土地の所有者は、建物を建築したとき、建物が滅失したとき、田畑などを造成して宅地に変更するように地目を変更したとき、土地の面積に変更があったときなどは登記をしなければならない。土地家屋調査士はこのような客の依頼により、不動産を登記する際に、必要な土地や家屋を調査、測量し、図面を作成したり、申請の手続きを行う。法務省の行う国家試験に合格し、都道府県の土地家屋調査士会へ所属してはじめて開業できる。現在約1万8000人（2009年10月）の登録がある。土地の測量をしなければならないので、測量士の資格を持っている人も多い。また、不動産の売買で権利所有者が代わる場合の登記は司法書士の仕事なので、司法書士の資格も持っている人もいる。土地の境界に関するトラブルは少なくなく、弁護士とともに解決に携わることもある。

こんな職業もある

測量士▶P.58　遺跡発掘調査員▶P.61　建築家▶P.100　庭師▶P.109　ランドスケープアーキテクト▶P.111　アクアリウム・ビバリウム・テラリウム▶P.130　花火師▶P.174　版画家▶P.210　刺青師▶P.211　美術修復家▶P.227　大工▶P.239　家具職人▶P.241　独立時計師▶P.245　エンジニア▶P.246　パティシエ▶P.263　ファッションデザイナー▶P.283　レーシングチームのメカニック▶P.430

その❸ 命題を証明したり分析したりする

数学は、さまざまなことについて、数字や図形や定理を使って正しいかどうかを、証明することができる。だから数学は、物理学や論理学や哲学など、あらゆる学問の基礎となる。

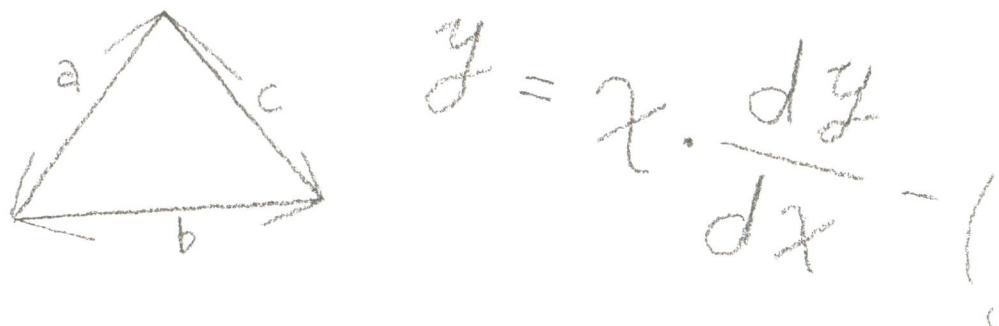

$$x = \sqrt[3]{-\frac{q}{2} + \sqrt{\left(\frac{q}{2}\right)^2 + \left(\frac{p}{3}\right)^3}} + \sqrt[3]{-\frac{q}{2} - \sqrt{\frac{q}{2}}}$$

$$y = x \cdot \frac{dy}{dx}$$

$$R_{\mu\nu} - \frac{1}{2} R g_{\mu\nu} = \frac{8\pi G}{c^4} T_{\mu\nu}$$

チェスプレイヤー

　残念ながら、日本のプロのチェスプレイヤーの実力は、世界のなかで低い。国際チェス連盟（168カ国加盟）所属のプレイヤーのうち、現在、日本最高位である将棋の羽生善治名人でも2781位にランクされるぐらいなのだ。賞金を獲得してチェスだけで食べていける人は、世界のトップ100位くらいまでといわれている。100位以内にいると、国際試合に招待選手として招かれ、交通費、滞在費や滞在期間中の保証金が出て、勝てばさらに賞金も獲得できる。世界のトップクラスだと年収は1億円を超える。日本国内ではチェスの賞金だけで生活しているプロはいない。日本でチェスプレイヤーが育たない背景には、将棋や囲碁の世界に有能な人材が集中してしまうこともある。国際チェス連盟には個人では所属できないため、国際トーナメントに参加するには、日本チェス協会に所属する必要がある。

囲碁棋士 (いごきし)

　プロの囲碁棋士になるのはきびしい。まず、男女とも14歳までに、日本棋院のプロ棋士養成機関の「院生」とならなければならない。地元で、「天才」とか「神童」と呼ばれてきた少年少女が「院生」として研修を重ね、そのなかの上位者十数名のみがプロ試験の受験資格を持ち、満18歳までに合格して、はじめてプロの棋士になることができる。それからも実力次第で、三大タイトル（名人戦、本因坊戦、棋聖戦）や七大タイトル（三大タイトルと十段戦、王座戦、天元戦、碁聖戦）での対局料や賞金で収入を得る。勝って段位が上がっていかなければ、収入も増えない。現在、日本

棋院・関西棋院に所属するプロ棋士は合わせて440名あまり。しかし、プロだからといって対局だけで食べていける人は上位10％くらいで、それ以外の人は、アマチュアに囲碁を教えて収入を得ている。アマチュアからプロ棋士になる道もある。アマチュア大会でトップレベルの実績があり、30歳未満の上位数名がなることができる。

将棋棋士 （しょうぎきし）

　満22歳以下でアマチュアの三段・四段の実力があり、プロの棋士の推薦を受けなければ、プロの棋士にはなれない。というのは、プロ棋士になる養成機関、日本将棋連盟の奨励会への入会資格がそうなっているからだ。奨励会入会時の年齢は小学校高学年が多い。棋士養成機関といっても、月2回の試合日があるだけで、この試合で結果を出して級位を上げ、23歳までにプロの段位で初段、26歳の誕生日までに四段に上がれないと退会となる。プロになれるのは年間4名のみ。これは奨励会に入会した人の2割から3割にあたる。プロの棋士は、現在、161名の現役棋士と43名の引退棋士で、すべて日本将棋連盟に属している。プロ棋士になると、順位戦のC級にランクされ、リーグ戦を闘い、C級、B級、A級と勝ち上がり、A級リーグ戦の優勝者が名人位に挑戦することができる。名人戦のほか竜王戦、王将戦、棋聖戦、王位戦、王座戦、棋王戦があり、七大タイトルと呼ばれ、その対局料や賞金に加えて、連盟からの基本給が収入。ほかに、連盟主催の将棋教室の講師やアマチュアへの指導対局で収入を得ている。そのため、プロと呼ばれる四段以上の人は全員将棋で食べていける。

こんな職業もある
司法書士▶P.63　ネット株式トレーダー▶P.92　暗号作成者▶P.93　宇宙飛行士▶P.179　NASAで働く▶P.180　天文台で働く▶P.181　オークション会社で働く▶P.234　ソムリエ▶P.267　監督・コーチ▶P.302　マジシャン▶P.320　政治家▶P.355

04 「理科」が好き・興味がある

その❶ 花や植物を観察する・育てる

道を歩いていて、きれいな花が咲いていれば、ふと足を止めてしまう。枯れそうな花や植木を見ると、つい水をあげる。この花は何という名前だろうと、図鑑を見て調べる。家の庭や学校の花壇に種を植えて、芽が出るのが待ち遠しい。

プラントハンター ［植物ハンター］

　オレンジやレモンは北西ヨーロッパの貴族にとってあこがれの樹木だった。イタリアやスペインからアルプスを越えて運ばれ、夏の間だけ北西ヨーロッパの貴族の庭を彩った。イギリス人が、ヨーロッパ大陸に派遣され、サクランボやオレンジ、アネモネ、チューリップなどを購入したのが、プラントハンティングの起源だといわれている。そして、19世紀の欧州から、アジアやアフリカや中南米、カリブ海へ珍しい花と木々を求めて旅立った人たちのことをプラントハンターと呼ぶようになった。最初は修道士だったり、または犯罪者だったりしたが、本国の王族や貴族のエキゾチックな要求に応えるべく、はるか未開の地に足を踏み入れ、さまざまな方法で花の種や苗を持ち帰った。やがてプラントハンターは一種の事業となり、組織的に運営されるようになって、植物学者が採集を担当するようになる。そうやって世界各地からイギリスをはじめとする欧州へ持ち込まれた植物は1万種とも10万種ともいわれている。今ではもちろんプラントハンターといわれる仕事・職業は存在しない。しかし、プラントハンターは、「仕事」や「職業」の本質をいろいろな意味で象徴している。あるモノを、原産地から、それを欲しがる人が大勢いるところへ運ぶと利益が生じる。珍しいもの、希少なものを取引すると、莫大な利益を生むことがある。誰もやっていないことをやると利益が大きいが、そのリスクもまた大きい。富と名声を得た少数のプラントハンターの陰には、本国を遠く離れた危険な未開の国で命を落とした大勢のプラントハンターがいたはずだ。ほかの大多数の人と同じことを同じようにやっても大きく成功する可能性は低いということを、プラントハンターという仕事は示している。

グリーンコーディネーター

　観葉植物の知識を持ち、観葉植物を使って、家庭や商業施設、飲食店や小売り店などの店、ホテル、オフィス、イベント会場などを演出するプロフェッショナル。グリーンコーディネーターに必要なものは、観葉植物の種類や栽培・管理方法に関する知識とノウハウをはじめ、インテリアやエクステリアのデザインセンス、植物と照明の関係、エコロジーと環境の知識など。また、顧客にわかりやすくデザイン案を説明

するプレゼンテーション力や、仕入れや搬入といったマネジメント力、重い観葉植物を運べるだけの体力が欠かせない。職場は園芸店やフラワーショップ、植物リース会社、インテリア会社などのほか、フリーで働く人も多い。経験や知識がなくても就職は可能だが、最近ではグリーンコーディネーターの養成コースがある専門学校も登場した。なお、園芸装飾技能士（1〜3級）や、フラワー装飾技能士（1、2級）の資格をとっておくと、有利になる。

フラワーデザイナー

客の要望や場所に合わせて、花をアレンジする。たとえば、結婚式やパーティーなどの花を考えて飾りつける。専門学校で学んだり、花屋などで修業をして、花屋やホテル、結婚式場や専門会社などに就職して働く人が多い。独立する場合は花屋を営むという形が多いが、その場合はもちろん営業力も必要だ。ほかにフラワーコーディネーター、フラワーアーティストなどさまざまな呼び名があるが、実際は呼び名にこだわる人はあまりいない。何よりもつくるものが美しいかどうかということが、その人の評価基準になる。

フラワーアレンジメントの先生

花の生け方やブーケ作りを生徒に教えたり、店舗やレストランなどに花をディスプレイする。現在日本国内で取得できる資格には、日本フラワーデザイナー協会が設けているフラワーデザイナー（1〜3級）や、フラワーデコレーター協会のフラワーデコレーター（1、2級）、中央職業能力開発協会のフラワー装飾技能士（1、2級）などがある。しかしこうした資格がなくても、フラワーアレンジメントの先生にはなれる。たとえば独学でもいいし、花屋に勤めて、アレンジメント技術を覚える方法もある。また、イギリスなど海外のフラワーアレンジメントスクールに短期留学して、本場の技術を修得し、感性を磨くのも手だ。成功するかどうかは、最終的に本人のセンスと技術次第。また人間的な魅力や営業力なども大きく影響するだろう。

華道家

　お花の生け方とともに、礼節を教える華道は「IKEBANA」として、海外でもよく知られている。依頼を受けて花を生ける他に、生徒への『指導』も大切な仕事だ。さまざまな流派があり、おもなものは「池坊」「草月流」「小原流」「古流」など。華道家になるには、いずれかの流派に入門して学ぶことが必要だが、そのコースや名称は異なる。多くは、入門、初伝、中伝、皆伝とステップを上がる。週に１回の稽古で、最短で３〜４年、一般的には10年かかる。華道家として「皆伝」を与えられれば、個人宅でも開講でき国内・海外での指導もできる。しかし、現在は生け花を習う人が減少しており、指導者としての仕事も減りつつある。趣味ではなく、仕事にする場合、相応の覚悟が必要である。

盆栽職人

　マツやサツキなどの木を、植木鉢のなかで、自然に育った木の形に仕立てあげる。枝ぶりなどを整えながら木々を育てるにはとにかく時間がかかるので、何よりも根気が必要。愛好家たちが集まっている日本盆栽協会などが全国で行っている盆栽展を見て、目を養うことも大事だ。盆栽職人になるためには、盆栽園などで親方について修業をするのが一般的。修業期間の収入は非常に少ない。一人前になるまでには、だいたい５〜10年かかる。最近では、海外で人気が高まり、BONSAIは英単語になっている。一人前になれば、海外のBONSAIクラブでの指導やイベントでのデモンストレーションをまかされることもある。国際性と発展性のある仕事だが、見事な盆栽をつくりだす技術と経験によって収入は左右される。

庭師

　庭に関するいろいろな知識を持ち、その地域の気候や土壌、風土にあった庭づくりをし、その後の樹木の手入れなど維持管理をする。とくに個人宅の和風の庭を手がけることが多い。庭師になるために特別な資格や学歴は必要なく、実務を通じて、技術や知識、伝統的な手法などを体得していく（もちろん大学や専門学校で造園を学んでいると、就職にはより有利だ）。造園会社に就職したり、個人の庭師に弟子入りすることが多い。高い木に登ったり、セメントを練ったり、大きな石を動かしたりと、力仕事が多いので体力が必要。また扱うのは客の大切な庭なので、相手の意見を聞いたり、アドバイスをしたり

と、細やかな心配りとコミュニケーションが求められる。庭師に関連する国家資格には造園技能士（1～3級）がある。

植木職人

　草花や樹木を植えたり、移植したり、枝を刈り込んだりする。枝をどう切れば、数年後にはどう伸びるか、ほかの樹木や草花との相性はどうか、そして庭全体のバランスなどを考えながら手入れをしていく。植物を通じて季節の移ろいや自然の営みを感じることができ、仕事のなかでいやされることも多いという。ただし天気に大きく影響されるので、晴れれば遅くまで仕事、雨が続けば収入が減ることは覚悟しなければならない。植木職人に向いていないのは、高所恐怖症の人や虫嫌いの人。また修業時代は、「親方・弟子」「先輩・後輩」の関係が厳しい。最近では茶髪・ピアス可というところも増えてきたが、いまだに角刈りで腹掛けをしてという昔風のスタイルを頑固に続けている親方も多い。頑張って修業をして「マツの剪定ができるようになれば一生食べていける仕事」だという。

樹木医

　天然記念物に指定されているような巨樹、名木、老木から、公園や植物園、街路、個人庭園などの樹木を診断、治療を行う。病んだ樹木の治療に数年かけることも少なくない。樹齢1000年ほどの老木を再生するために、処方箋をつくり、重機を使い、数年かけて移植をするような大がかりな作業の指揮をとる場合もある。今にも死にそうだった老木が見事に再生したときの感激は大きい。いたずらに延命させずに、樹木の最期を見取ることもある。樹木そのものの治療ばかりでなく、植樹のバランスや剪定の仕方、土壌の管理など、周囲の環境への配慮も必要。樹木医は日本緑化センターが商標登録している名前なので、樹木医と名のりたければ同センターの研修を受けて資格を取得する必要がある。ただし研修のための試験は、樹木に関する業務経験が通算して7年以上なくては受けることができない。有資格者は樹木医登録者名簿に登録されており、この名簿が仕事の発注に活用されている。以前は、樹木管理や造園業などの多くは男性が行っていたが、樹木医の資格ができてから女性の進出が増えている。しかし樹木医を専業で行うには、相当の知識と経験が必要である。

グリーンキーパー

　別名「芝生のスペシャリスト」。ゴルフ場やサッカーフィールド、競技場などに敷かれた天然芝のメンテナンスを手がける。スポーツ選手のすばらしいプレイを支える大切な仕事だ。天然芝の維持管理には専門的な知識と技能が必要とされ、日本ではまだまだ専門家の数が少ない。一方で天然芝を使った競技場などは増える一方なので、

経験のあるグリーンキーパーが求められている。グリーンキーパーになるためには、ゴルフ場のコース管理部や芝のメンテナンス会社、造園会社などに就職し、経験を積むことが多い。芝や土壌、細菌、気象に関する知識と同時に、スタッフをまとめていくマネジメント能力もグリーンキーパーとしての欠かせない要素のひとつだ。グリーンキーパーにとってなによりもうれしいことは、自分が精魂込めて手入れをした芝生をほめられることだという。本当に自分が納得のいく芝を育てるのは一生の仕事かもしれない。

植物園職員

　植物園もただたくさんの植物を育てているだけではなく、最近ではそれぞれの特色を売り物にするようになった。バラ、サボテン、ハーブなどの専門の植物園、昆虫や動物などの生態系を見ることができる熱帯植物園や湿地園などさまざまな施設がある。植物園での仕事は、栽培、施設の管理・維持、植物の管理に分かれており、そうした仕事をしたい場合は、緑・花文化の知識認定試験の1、2級程度の基本的な知識を持っていることが必要。ビオトープ管理士や学芸員資格などを持っていると有利になることもある。公立の植物園の場合は、公務員として就職をするため、必ずしも植物園に配属されるとは限らない。また企業が経営している植物園は、花や苗木の販売業務が中心だが、栽培の現場を観光目的に公開しているところも増えている。人材は不足しているが、財政難で就職が厳しいところが多い。学術的知識よりも、植物に対する興味と愛情、野生への理解や観察力、美しいものに素直に感動する心を持っている人が望ましい。

ランドスケープアーキテクト

　歴史的建造物や自然風景を保全したり、広場や街路などをデザイン、設計する。ほとんどが公共工事の仕事。日本ではまだ職業として確立されているわけではないが、環境保全などの意識を示すためにこう名のっている人がいる。職場としては、官公庁の都市整備課や公園緑地課、都市公団、民間の設計事務所や建設会社などがある。官公庁に進んだ場合は保全計画や緑化計画などのプランづくり、民間の場合は実際に図面を引く仕事にたずさわることが多い。大学の造園学科や園芸学科、芸術系の環境デザイン学科などを卒業していると有利だが、特別な資格は必要ない。しかし、実際には、建設部門の技術士の国家資格を取り、建設コンサルタントとして登録する人が多い。技術士の資格は、7年以上の実務経験が必要とされる。樹木や花を利用するランドスケープアーキテクトは一般の建築とちがい、植物が育ってはじめて空間が完成する。植物への愛情も忘れてはならない。

林業

　日本の森林の面積は約2500万ヘクタールで、国土の67％を占めている。数少ない天然資源に関わる林業だが、従事している人は、1960年に44万人、80年に17万人、90年に11万人、2009年には6万人にまで減少した。逆に、50歳以上の高齢者が全就労者中に占める比率は60％に達していて、造林面積や伐採面積も減少し続けている。木材の値段も下がり続け、その代わりに輸入量は増え、自給率は下降の一途をたどっている。日本の林業は重大な危機を迎えているといえるだろう。日本の森林は急な斜面が多く、機械化しにくい。つまり人件費は高くなる。さらに山村には過疎化という問題もある。また、林業の衰退とともに、間伐（木が多すぎると十分な日照が得られないので曲がってしまった木などを間引きする）をしないためにやせ細った森林や、植林されずに放っておかれる森林が増え、問題となっている。そのため、林業人口を確保したい地方自治体のなかには、林業の仕事につきたい人と、林業組合や民間企業を結びつけ、資金援助を行うところも出てきている。未経験者を対象にして林業の体験イベントなども行われるようになった。

　また環境の面からも、水資源をたくわえ、土砂の流出や崩壊を防ぐ「緑のダム」として、森林を保護する動きも起こっている。あるいは、最近のアウトドアブームのなか、野生動物、野鳥、昆虫などの宝庫として、また新鮮な空気を提供する場所として、森林を観光資源ととらえる考え方も生まれている。

　木の住宅の需要も回復しつつあるし、伝統工芸の材料としても日本の森林の再生の必要性がいわれるようになった。バイオマスなど新エネルギーを開発するために実際に森で活動している人も増えつつある。環境への意識やアウトドアのブームとともに、樹木医や森林レンジャーなど森林や樹木と向かい合う仕事への関心は確かに高まっている。しかし、林業の基本は、木を植えて、育てることだ。植えた苗を守るために雑草を刈ったり、間伐などの作業は、非常にハードで、しかも報酬は安い。林業の仕事につくには、各地の森林組合か、都道府県林業労働力確保支援センターに連絡するか、求人誌を見て民間の会社に入るのが一般的である。基本的に、学歴は問われない。

森林官

　全国の国有林の保護管理の最前線である森林事務所に勤務し、自分の足で国有林を歩きパトロールを行い、国有林を守り育てるための調査、管理を行う。森林官は国家公務員であることから、公務員試験に合格し、林野庁か森林管理局に採用されなければならない。日々の手入れだけでなく、5カ年計画で行われる伐採場所を決めるのも森林官の仕事であり、木や森に関してエキスパートであることが要求される。また、

一日の多くの時間を森林のなかで費やすことになるため、体力があることも必須の条件。森林は水を蓄えるなど、人びとの生活にとって大切な役割をはたしており、それを支える森林官の役割も大きなものとなっている。

フラワーショップ ［花屋］

　花屋に憧れる人は多い。だが、花屋はそれほど多くはないし、大規模チェーン店も他の商品に比べると少ない。そういった現状が、花屋経営のむずかしさを表している。たとえどんなに花が好きでも、知識があっても、優れたフラワーアレンジメントの技術を持っていても、花屋を経営するには別の才能と、独自の経験が必要だと言われる。生花は数日間しか鮮度が保たない特別な商品であり、どんな花をどれだけ仕入れていくらで売るかを決めるのがとてもむずかしい。また最近都市部では、卸を通さず産直で仕入れ、ロス率を低くして安く売るおしゃれなフラワーショップが次々に生まれていて、競争が激しくなっている。花屋を開くためには、まず花屋に勤めて経営を学ぶ必要がある。だが人気が高い商売なのでたいてい賃金は安い。また花屋の仕事は店頭に並べたり水切りをしたり、体力を使うし手が荒れる。美しい花は心を癒してくれるが、その商いは決して楽ではなく、モチベーションを試される。つまり「自分がどれだけ花が好きか」を、厳しく試される。だが、アレンジメントをインターネットで売ったり、ブライダル専門にブーケを作って売り込んだり、フリーマーケットで店を出したり、いろいろなチャレンジが可能な魅力あふれる商品であることには変わりがない。

農業

　最近は会社をやめて新規農業者になる人も増え始め、人気の業種となりつつあるが、それなりの覚悟と計画性がなくては成功するのはむずかしい。独立して農業経営者になるには、土地・労働力・資本が必要である。自分がどのような農業をしたいのかがはっきりしていなければ、経営はできないと考えたほうがいい。また地域社会に関わることが多いので、その土地の慣習を理解し参加しようという意識がなくてはならない。農業は経営するほかに、企業形式の農業生産法人に就職するという手もある。経験があまり問われず、働きながら技術を習得することができるため、組織で働くことに抵抗がない人、経営する資金や経験が足りない人にはおすすめである。農業は自然と向き合い、災害に左右されたり、努力だけではままならないことも多いので、とにかく前向きでおおらかな人が向いている。なお農作物をつくっているというだけで、農業を成り立たせるのは難しい状況にある。収穫した農産物を加工し付加価値をつけるなど、多面的な戦略が必要だ。以下、生産物の種類を紹介する。

米

　稲作だけで生計を立てるにはまとまった土地が必要。そのため新規参入はなかなか資金的にも困難だ。また独自の栽培法と販売ルートを開拓することができれば、消費者に直接販売するという形もとることができる。

野菜

　種類によって必要な設備や資金が違う。何をどこで作るのかが大きなポイントになってくる。流行や輸入野菜の動向・出荷のタイミングで価格が変動する。有機農業や薬草などを専門で行っているところもある。ハーブ園やレストランを合わせて経営するなど、多面的な展開も考えやすい。

果樹

　土地や気候などの条件に左右されるところが大きく、ほかの作物への転換も難しい。また苗木が育って収穫できるようになるまで数年はかかる。そのため最低10年の長期的な展望を持って計画を立てる必要がある。収穫できるようになるまではほかの作物を組み合わせて栽培する、兼業、放置されたままの果樹園を借りて経営するなどの手がある。

花卉栽培農家 (かきさいばいのうか)

　花屋などに出荷する花を栽培する。バラやカーネーションなどの切り花、シクラメンやラン、観葉植物などの鉢物、ほかに苗や球根など、さまざまな生産物がある。露地やハウスで生産する。土づくりからはじめ、種まき、水やり、施肥、温度管理、病害虫の防除など、多くの作業がある。日々細やかな管理をしなくてはならず、農閑期以外、基本的に休日はない。花の生育状態と市場を見て出荷時期を決める。花卉栽培は比較的小規模な土地でも生産できるため、新しく農業をはじめようと思う人が取り組みやすい農産品といわれている。各都道府県の新規就農支援センターなどに相談し、土地を手に入れるというケースが多い。農業大学校などで知識や技術を学ぶことは重要だが、その土地の土壌・気候などに大きく左右されるために、何よりも経験が必要となる。その地域の先進農家に技術を教わる人も多い。いずれにしろ経営は簡単ではない。どの土地で、どんな花を、いつ、どのような形で売るのか、という戦略が不可欠である。

バイオ技術者

　生物工学・生命工学・遺伝子工学などの知識と技術、つまりバイオテクノロジーを活かして、実験や研究や開発にたずさわる仕事。本来、生物がもっている力を有効利用し、新しい技術や商品を開発する。実験は地道で単調なものが多く、探求心だけでなく、忍耐力や集中力が必要。また最先端の科学分野なので、英語など外国語を含む、勉強の継続が求められる。バイオ関連の学科がある専門学校や大学・大学院で、生物学、生命工学、遺伝子工学、生化学、微生物学、薬学などを学ぶ必要がある。一般的に、醸造・発酵食品、酒造などでの技術開発、肥料・飼料、種苗など農作物の改良、化学製品、医薬品の研究・開発などを行う企業に研究職として就職する。NPO法人・日本バイオ技術教育学会が認定する「バイオ技術認定試験（初級・中級・上級）」がある。有効ではあるが、必ず研究室に入ることができるという資格ではない。バイオテクノロジーについては、「バイオは夢のビジネスか」を参照のこと。

こんな職業もある　ペンション経営▶P.74　山小屋経営▶P.170　風景カメラマン▶P.215　ワイナリーで働く▶P.266　パークレンジャー▶P.326　ネイチャーガイド▶P.326

その❷ 動物・爬虫類・魚や鳥・虫を観察する・育てる

動物園や水族館に行くのが大好きで、象やライオンやイルカ、それに熱帯魚やクラゲ、オウムや鷹（たか）、トカゲやカエルを観察していると、ドキドキしたりワクワクしたりする。

動物園の飼育係

　動物の世話、繁殖や種の保存などの研究、施設の維持や客に対する配慮まで、動物と人が快適に過ごすことができるようにさまざまな仕事をする。採用基準はそれぞれの動物園によって違うが、獣医、畜産、農業など、動物に関わる学校で勉強することが必要といえる。そうした学校から紹介を受け実習を行い、就職につながるといった場合もある。採用は公務員として採用する公的施設を除き、欠員補充の場合が多い。サルやクマ、鳥類などの専門の動物園もある。就職してから2年以上の経験を積み、飼育技師資格認定試験に合格すると一人前ということになる。飼育係はものをいわない動物の心を読み取り代弁する仕事なので、動物が好きなだけではなく、コミュニケーション能力や広報・教育的な観点、人間に対する愛情がある人が望ましい。

水族館の飼育係

　魚や海獣など担当に分かれ、世話をしたり、ショーのための調教を行う。たとえばアシカの担当は、人の手から食べ物を食べるところから教え、調教を通じて、アシカとの間に上下関係を作り上げる。犬とは違い、人間との信頼関係を本能的に備えていない動物を人に慣れていない状態から調教するため、きちんと怒ることのできない人には調教は難しい。希望者は多いが採用は欠員補充の場合のみといったところが多く、就職は非常に狭き門である。ダイビングや船の免許、専門の学校での勉強は仕事に役に立つが、就職に有利になるわけではない。飼育に関係のない部署から人となりを知られて飼育係に転属されることもあり、人間的な魅力や性格などに重きをおく傾向が強い。最近では、人間に警戒心を持たないイルカと触れ合うセラピーが話題になっていて、イルカのトレーナーが注目を集めるようになった。

犬の訓練士

　ドッグトレーナーともいい、犬の調教を行う。警察犬、麻薬探知犬、盲導犬、身体の不自由な人の手助けをする介助犬、災害救助活動に携わる救助犬、しつけを求められる家庭犬、テレビなどに出演するタレント犬など、扱う犬の種類は多い。必ずしも資格が必要ではないが、ジャパンケンネルクラブなどの資格を持っていたほうが信頼が得られ、仕事がしやすい。警察犬の公認訓練士になるには日本警察犬協会の資格が必要で、その入り口となる三等訓練士の試験を受けるには、警察犬訓練所などで見習訓練士として３〜６年ほどの修業が必要。ほかの訓練士も、このような訓練所で見習期間を経て独立する場合が多い。訓練所を経ないで、私的な養成学校に通って訓練士になることもできる。競技会への出場のための訓練や家庭犬のしつけを依頼する愛犬家が多くなり、需要は増えている。犬が好きなことはもちろんだが、体力に自信があって、忍耐力の強い人でないと、途中で挫折することが少なくない。

ブリーダー

　犬などを計画的に繁殖させ、売る。犬の場合、子犬を生ませる「台メス」を育て、オスはほかから借りてくることが多い。美しく健康な子犬が生まれるように血統や犬の資質などを考えて交配させていく。資格は必要ないが、経験のあるブリーダーのもとで修業を積んでから独立するのが一般的。ただ、広い土地、動物を育てる施設、オスを借りる資金がいるため、若くしての開業は難しい。ブリーダーだけで生活できるほどの収入を得るには、犬の場合、つねに50〜100頭の犬を飼育しなければならず、思ったとおりの子犬が生まれるとは限らず、売れなかった場合は自分で面倒をみるというリスクも負わなければならない。また、動物相手のため、休みのない仕事だ。しかし、客からの喜びの声が届いたときなどは、何にも代えがたい幸福感があるという。

トリマー

　犬や猫の美容師。グルーマーともいう。勤務先はペットショップや動物病院など。動物病院に勤務した場合は、動物看護師の仕事を兼ねることもある。現在は、専門学校で学んだ後、就職するのが一般的。国家資格は設けられていないが、いくつかの民間団体が認定試験を行っている。資格を持っていると、専門学校から就職先への推薦を受ける場合などの目安にはなるが、実際には就職先で資格の有無を問われることはほとんどない。動物が好きな人向きの仕事であることはもちろん、明るさ、礼儀正しさなど接客に必要な要素も欠かせない。収入は多いとはいえないが、経験を積んで技術を身につければ、フリーのトリマーとして活躍したり、独立して店を持つことも可能。近年は、ペット可のマンションやホテルにトリマーを常駐させているところもあり、活躍の場は広がっている。

ペットシッター

　旅行や入院などで飼い主がペットの面倒をみることができないとき、飼い主の家で食事や水をやったり、掃除をするなどの日常の世話をする。ペットホテルとは違い自宅で世話をするので、ペットにストレスがかからず需要は増えている。ペットシッターのフランチャイズに加盟して研修を受け、キャリアを積んで独立するのが一般的。最近急増しているペットシッターの会社に就職したり、そこが主宰する養成所で学ぶなどの道もある。必要な資格はとくにないが、動物好きであることが大前提。ペットたちの生活習慣をよく理解し、愛情を持って世話をすることが大切である。また、飼い主から鍵を預かって留守宅に入ることになるので、信頼される人柄でなければならない。愛玩動物飼養管理士やコンパニオン・ドッグ・トレーナーなどの資格があれば仕事のチャンスも広がるだろう。

ハンドラー

　ドッグショーをカーレース、犬をレーシングカーにたとえるなら、整備とドライバーを兼ねた存在がハンドラーだ。ドッグショーに向けて犬を最高の状態に整え、ショーでは、犬がその犬種の理想の形に見えるように配慮してリードを引く。そのため、犬の健康管理やトリミングなど、総合的な知識と技術が必要とされる。ドッグショーは誰でも参加できるため、特別な資格は必要ない。専門学校に行く、ハンドラーに弟子入りするなどして技術を学ぶこともできるが、趣味で自分の犬をハンドリングしているところを見込まれ、他人の犬を頼まれるようになることもある。現在、ハンドラーを仕事にしている人は日本で100人ほどといわれている。得意とする犬種をある程度しぼったほうがよいという。口コミで仕事が広がっていく世界なので、自分を売り込んでいく積極性が必要だ。

盲導犬訓練士

　盲導犬は国家公安委員会が指定した協会の訓練を受けた犬と決められており、盲導犬訓練士になるには、いずれかの協会に就職して、少なくても3年ほどの研修期間を経て認定を受けなければならない。さらに2年間の研修を積んで盲導犬歩行指導員になって初めて、ユーザーとの共同訓練を行うことができる。訓練は、里親から戻された1歳の子犬からはじめ、半年から1年間で服従訓練と、状況によっては犬が自分で判断する不服従の訓練を繰り返し、路上訓練を行い、犬の適性を決める。次に、ユーザーとの共同訓練を経て、盲導犬に育てあげる。ふつう数頭の犬を担当し、訓練のほかにも食事や水やり、運動、シャンプー、トイレなどの世話、犬舎の掃除のほか、訓練評価や観察報告など、仕事はとぎれることなくあり、ときには、徹夜のこともある。犬への深い愛情はもちろん、厳しさや忍耐力も必要。さらに、ユーザーの社会生活をサポートすることも不可欠だ。ここ数年で盲導犬が社会に認知され、交通機関や施設、店舗などの利用が大幅に広がり、盲導犬を待ち望む視覚障害者が増えたことなどから、訓練士を志す人が増えているが、定期採用はなく、門戸は広くない。ただし、充実感の大きい仕事である。

獣医師

　病気やケガをした動物の治療、予防注射などをする動物専門の医師。牛や馬、豚、ニワトリなどの畜産動物や、犬や猫、小鳥などの小動物の診療にあたる。活躍の場は広く、開業獣医師や都道府県などの職員、農協などの家畜診療所のほかに、動物園や水族館、競馬厩舎、また、大学や製薬会社、ペットフード会社などで試験・研究をする人もいる。獣医師になるには、大学で6年間の獣医学の課程を修めて卒業したうえで、獣医師国家試験に合格し、農林水産省に免許申請手続きを行い、獣医師名簿に

登録され、獣医師免許を得る。大学では牛や豚などを中心に扱うので、ペットを診る獣医師になりたい場合は、まず動物病院に就職するといい。動物好きというのが必要最低条件であるが、言葉で病状や苦痛を訴えることができない動物が相手なので、知識やスキルのほかに動物の気持ちになって診断できる洞察力が不可欠。今後、少子高齢化社会のなかでペットを心のよりどころにする人たちがさらに増えていくと予想され、獣医師はより必要な存在になるだろう。また、品種改良や病気防止などの研究を行う獣医師も社会的に重要な役割を果たしていくだろう。

動物看護師

　動物病院などで獣医師のアシスタントをする。診察や手術の助手のほか、血液や糞尿検査、飼い主へのしつけ指導など仕事の幅は広い。場合によっては受付や会計、院内の清掃なども担当する。以前は中学や高校を卒業した後、直接動物病院に就職し、実践で技術を学んでいくことが多かったが、現在は専門学校で技術を学んだ後、学校の紹介などによって就職するのが一般的だ。資格は必要ないが、いくつかの民間団体が、アニマルヘルス・テクニシャン、ベテリナリー・テクニシャンなどの呼び名で資格を発行している。体力や動物を愛する心はもちろんだが、飼い主に対してペットの病気をわかりやすく説明する力が必要だ。かつては獣医師がひとりで開いている動物病院も少なくなかったが、現在は動物看護師をおいている病院がほとんど。ペットの

高齢化が進む今後、専門知識を持った動物看護師はますます需要が高まると思われる。

競馬調教師

　競走馬の育成、管理を行う。調教師になるには、競馬を主催しているJRA（日本中央競馬会）の競馬学校を出ていなくてはならない。日常的な仕事は、オーナーから預かった競走馬の育成計画を立て、厩務員にその計画に沿った食餌や訓練などを指示し、最良のコンディションでレースに出馬できるようにすること。また、オーナーの要望にかなうような子馬を牧場に探しに行き、預け先の牧場主に対して指導・指示もする。こうした競走馬育成のすべてをこなすので、何よりも馬が好きであることが必要条件。小さなころから面倒をみるので、馬には当然思い入れがあり、うまく育てるために四苦八苦することも調教師にとっては楽しいことだ。競走馬がレースで獲得する賞金が自分の収入につながるので、優勝馬を育てれば高収入になるし、オーナーの信頼を得て調教馬の数も増える。定年退職者の数に合わせて採用が行われ、毎年100人ほどが試験を受けるが、採用は10人程度という狭き門だ。

騎手

　競馬で馬に乗りレースを競う。その技術が勝敗の行方を決定的に左右するため、ファンの注目度も高い。日本の競馬は中央競馬と地方競馬のふたつがあり、騎手の免許はJRA、地方競馬全国協会（NAR）がそれぞれ発行している。免許を取得して騎手になるには、基本的には養成学校に入ることが必要だ。たとえば千葉県にある中央競馬唯一の養成学校は、中学卒業で20歳までという年齢制限や、年齢に応じた厳しい体重制限があり、運動能力なども問われる狭き門だ。全寮制で期間は3年間。卒業後は厩舎に所属し、調教師のもとで働くことになる。レースで騎乗するだけの実力がついたと判断されれば、その厩舎の馬でデビューすることになる。馬主や調教師から騎乗の依頼を受けてレースに出るのが基本で、実力騎手、有名騎手には依頼が集中する。懸賞金の多いレースで多く勝つほど収入も上がるという、実力の世界だ。

厩務員（きゅうむいん）

　競馬調教師の指示を受け、通常ひとりあたり2頭の競走馬の日常全般の世話をする。馬がレースに出るときは一緒に輸送車で出張もする。昔はなりたいと思えばなれる職業であったが、今は志望者も多く、JRAの厩務員になる場合はJRA競馬学校の厩務員課程を卒業しなくてはならない。NRAの厩務員になる場合はとくに資格は必要ないが、ある程度の牧場生活経験などは欠かせない。小さなころから馬の世話をしてきた人、騎乗経験のある人など、馬に深い愛情を持っていなくては仕事を続けることはできない。調教師同様、自分の担当馬が勝てば臨時収入が入る。

装蹄師（そうていし）

　馬の蹄を整え、蹄鉄をつける。それぞれの馬の身体の特徴をつかみ、それぞれに合わせた細かい調整が必要とされる技術職だ。生理学や生物学、運動学などの知識も必要で、蹄鉄の調整で馬のケガや病気の治療をする装蹄療法も習得しなければならない。競馬場や乗馬クラブ、牧場など、馬のいる場所には必ず装蹄師がいる。クラブに所属する、開業して巡回するなど、働き方のスタイルはさまざまだが、装蹄技術ひとつで競技馬の成績が変わるといわれるほど重要な役割を果たしている。日本装蹄師会認定の装蹄師であるかそうでないかの差は大きく、競馬関係では、資格所有者以外は競馬場に入ることすらできない。資格の取得は18歳以上が対象の入校試験に合格後、1年間の講義があり、卒業試験を受ける。馬が相手で非常に体力のいる仕事だが、男女の区別はなく、女性装蹄師も誕生している。また、牧牛の蹄を削る仕事も専門化されていて、同装蹄師会認定の牛削蹄師が、牧場や農家を巡回している。

家畜人工授精師

　遺伝的に優秀なオスから人為的に精子を採取し、これをメスの子宮に入れて優秀な子供を多数出産させる技術を持ち、発情期のメスに、細い注入器を使って人工授精を行う。乳牛（人工授精普及率はほぼ100％）や肉牛（同ほぼ95％）、豚を中心にした家畜で行われている。牛の場合、自然交配では1頭のオスから年間50～100頭の交配が限界だったのが、人工授精によって数百頭から数万頭にまで増大させることが可能になり、なかには、1頭のオスが4万頭以上の父親になった例もある。家畜人工授精師になるには、農林水産大臣が指定する大学で学ぶか、都道府県が行う講習会で必要な課程を修了、試験に合格して、知事の免許を取得する。獣医師はこの免許を受けなくても有資格者。専業の人もいるが、牧畜生産者や農協職員、共済組合の診療所勤務の人などが多い。

ひな鑑別師

　ニワトリを効率よく飼育するために、卵からかえったばかりのヒヨコの性別を見分ける。ヒヨコを手で持った瞬間に生殖器に触れて鑑別するので、手先の敏感な感覚が必要。そのためには早期での教育が欠かせないため、25歳以下で鑑別師養成所に入る。卒業後、孵化場で1～3年間、鑑別研究生として働きながらプロについて学び、農林水産省指導の高等考査の試験を受ける。初生ひな鑑別師の資格取得後、全日本初生雛鑑別協会に登録し仕事をもらう。収入は歩合制で1羽いくらで支払われる完全な能力給。1時間に平均1200羽を鑑定し、時給換算すると4000～5000円になる。現在、新しくひな鑑別師になる場合、職場はアメリカやヨーロッパの孵化場となる。日本人鑑別師の鑑別正確率は99.5％と高いため評価されており、海外に永住して仕事をする人もいる。

畜産農業

　乳牛から牛乳をしぼり、乳製品をつくる酪農と、肉牛、豚、ニワトリなどの飼育、生産を合わせて畜産業という。生産額でいうと米や野菜よりも多く、日本で最大の第一次産業といえる。だが従事者の高齢化と後継者の不足、安い輸入肉の流入、さらに狂牛病の影響などもあり、厳しい時代を迎えている。仕事としてみると、畜産業にはほかの農業にはない特徴がある。ひとつは動物を相手にしていることもあって、毎日かなりの時間をかける必要があり、いわゆる兼業農家という形態をとるのが難しいこと。もうひとつは飼育している農家の数は大幅に減っているが、家畜の数はそう減っておらず、一戸あたりの家畜の数は増加していることだ。一種の家族経営から、企業経営的な傾向を強めているので、企業に就職して畜産に関わることもできる。農業大学校や畜産試験場など、畜産の技術や経営に関する研修を行っているところは各地にある。決して簡単なことではないが、都会に住んでまったく関係のない仕事をしていた人が、一から学んで畜産を始める場合もあるという。また酪農に関していうと、牛乳は、鮮度の問題もあって、100％国産が守られている。

野生動物調査

　野生動物の数や分布、生息環境、食性、繁殖状況などの調査を行う。野生動物の保護管理策を立てるための科学的なデータが求められ、国や自治体からの委託調査が多い。森林に被害を与える野生のシカや農作物を荒らす野生サルの生息調査、また近年急増している外来種動物による被害の実態調査や対策の提案などが増えている。アメリカではワイルド・ライフ・マネジメントとして定着しているが、日本ではまだ就職先が少なく、民間の調査会社や環境省の外郭団体などが活動の場。大学で生態学や獣医学など関連分野を学んでいること、野外調査の経験があること、統計や解析、レポートにまとめる能力などが求められる。また外国語やコンピュータができれば有利だ。野生動物に限らず生物調査の仕事につきたいなら、自然環境研究センターの生物分類技能検定を受けておくとよい。3級、4級は生物好きな一般の人を対象としたものだが、2級は生物調査の専門家が対象（動物、植物、水圏生物の3部門に分かれる）で、1級はよりプロフェッショナル向けの資格だ。

動物プロダクション

　テレビCMやドラマ、広告写真などのメディアに登場するタレント動物のトレーニングやマネジメントをする。たとえば、テレビCMで猫を使いたいという依頼があった場合、猫を要求された演技ができるようにトレーニングし、撮影当日は現場で立ち会って演技をさせる。相手が動物だけに、なかなか思うように演技してくれないことも多いので、おもちゃや食べ物を使ってリラックスさせるなど、プロならではのケアが必要だ。そのためには動物の生態や個性にも精通していなければならない。多くの動物プロダクションは動物を自社で飼育し、健康管理からスケジュール管理、演技指導までトータルで行っているので、エサやりや掃除、雑用などの裏方的な仕事も多い。ひとりで何頭もの動物をかけ持ちすることもあり、体力的にもかなりハードだ。また、依頼先との打ち合わせなど、マネージャーとしての能力も不可欠。資格は必要ないが、動物の身だしなみを整えるトリマー、健康管理ができる動物看護師や愛玩動物飼養管理士などの資格があると有利。

猿の調教師

　ニホンザルに芸を教え、ともに舞台に立ち、芸を披露する。テレビ番組やCMに出演したり、幼稚園や老人ホームなどの福祉施設を訪問し、公演を行うこともある。もちろん猿の日常の世話もするため、住み込みで働くというところも少なくはない。猿に芸を仕込むのは根気のいる作業である。だからこそ、猿が芸をできるようになり舞台で成功すると、非常にうれしいし、練習の成果を出すことができなければ悔しいという。猿回しになるには、特に資格などは必要なく、猿回しのプロダクションなどに就職する。

鵜匠 (うしょう)

　鵜（ウ）という水鳥を用いて、アユを対象とした伝統的な漁を行う。岐阜県が有名で、なかでも長良川の鵜匠は宮内庁式部職の肩書きを持つなど、手厚い保護を受けてきた。しかし、鵜匠という仕事のみで生計を立てることができているのは、鵜飼い漁法を行っている全国13カ所のうち、岐阜県にいる9名だけで、副業を持っている人がほとんど。岐阜県と福岡県杷木町の鵜匠は世襲制であるが、それ以外の地域においては弟子入りをするなどして一般の人が鵜匠になることも不可能ではない。なかには市の職員が鵜匠を行ったり、高校生がアルバイトとして仕事を手伝ったりしているところもある。だが、実際には親が鵜匠であり、幼いころから鵜匠という仕事になれ親しんできた人がなる場合が多い。仕事の性質上需要は限られており、受け皿も多くはないが、日本の伝統を継承するという点においては欠かすことのできない職業である。

ハブ捕り職人

　沖縄や小笠原諸島、奄美大島などに生息する猛毒のハブを捕り、ハブ加工品会社や観光施設、展示施設などに販売する。仕事をするのは夜間で、車や徒歩でハブを探し、捕獲棒でつかまえる。冬や真夏にはハブの活動は活発でなくなるものの、年間を通して捕獲できる。しかし、現在、専業のハブ捕り職人はほとんどいない。近ごろではハブの数も減り、なかなか捕れなくなっているからだ。また、ハブ対マングースの観光ショーが動物愛護団体のクレームにより中止されたため、ハブの需要が激減。ハブの値段もぐっと下がってしまった。現在では普通サイズのハブで、1匹5000円前後といわれている。ハブに噛まれる事故は今でもよく起こっているので、どんなときにも油断しない、用心深さが必要とされるリスキーな仕事だ。

マタギ

　日本の歴史の中で、マタギは特異な存在である。新潟や秋田にはマタギだけで構成されている村もあった。クマやカモシカなどを狩るマタギは15歳くらいから勢子（セコ・獲物を追い立てる役）などをしながら修業を積み、「シカリ（スカリ）」と呼ばれる統率者の指示に従って集団猟を行った。おもな道具はナタとヤリで、冬眠中のクマを狙う独特の猟を考案した。さらに里の言葉とは違う特別な山言葉を使い、厳しい作法とタブーで自分と集団を統制した。狩猟期は冬と春で、毛皮や編笠を被って何日にもわたって山に入り、夏と秋は山菜やキノコを採ったり、熊胆を作ったり薬草から薬を抽出したりしたが、乱獲は行わず、多くのマタギは山への敬意を持って狩猟を行った。つまり自然への畏敬の念を持ち、その結果環境と生態系は保護されていたのである。

　狩猟民には独特の精神生活がある。クマなどの動物の姿をした神がすべての生き物の主であり保護者であって、また人間を助ける大いなる力であるという信仰は、ほとんど全世界の狩猟民に見られる。マタギの世界では、狩人は山の幸運を「しゃち」と呼ぶことがあった。獲物から抜き取った弾丸を再利用して新しい弾丸を作り、それを「しゃち玉」といって珍重する風習もあった。なかなか獲物が捕れない狩人が、幸運が続く腕のいい狩人に「しゃちをつけてもう」というジンクスもあった。「しゃち」は、「幸」に通じるものだといわれている。そのほかにも協同狩猟の獲物の分

配に際していろいろと特殊な慣行があり、また「矢先祝い」「矢ひらき」「毛祝」「血祭」「血祓」などさまざまな祝事や儀礼行事があった。偶然と大自然に運命を左右され、深い山々で生きものと向かい合う狩猟には呪術的・宗教的な要素が関わっていたのだ。マタギが得た毛皮や熊胆は高値で取引されたが、人口の急激な増加や鉄砲の大幅な普及によって山野の野獣が激減したことにより、近年では狩猟では生計を立てることが難しくなった。また、命がけの厳しい仕事であることから後継者不足の問題もあり、現在では職業としてのマタギはほとんど行われておらず、伝統の継承が危ぶまれている。しかし、歴史的に農耕・採集・漁労が中心だった日本社会の中で、マタギは特別な狩猟社会を維持してきた。狩猟社会は、農耕その他の、より複雑なシステムを持つ社会よりも、制度が個人を規制・支配する度合いが少ないという指摘もあり、マタギは独自のロマンチシズムをもってわたしたちの想像力を刺激するのだ。

バスプロ

　ブラックバスという淡水魚を対象としたゲームフィッシングのプロ。大会の規模はさまざまであるが、まずはローカルの大会に出場し、ジャパンバスクラブ（NBC）に登録することが必要となる。現在5000名前後の登録があり、トップレベルの大会出場を巡って競っている。純粋にプロとして生計を立てているのは数十名程度であるが、トーナメントの賞金以外に、各メーカーとのスポンサー契約などの収入により、1億円プレイヤーも存在する。ブラックバスは外来種の問題でニュースなどに取り上げられることも少なくないが、現在バスフィッシングは多くの愛好家を抱えたスポーツとして定着している。

養蜂家 (ようほうか)

　蜜蜂を使ってハチミツを採取する。定置養蜂家と移動養蜂家がいる。移動養蜂家は、春から夏にかけてナタネ、レンゲ、アカシアなどの花を追い求めて、南から北へ蜜蜂を運搬しながらハチミツを集める。日本には5000人ほどの養蜂家がいるが、高齢化にともない移動養蜂家数は少なくなった。養蜂家になるには、養蜂家に弟子入りするか、養蜂場に就職して、蜜蜂の健康管理や蜜を採る作業、巣箱の管理、天敵のスズメバチ対策、冬を越すための保温管理などの技術を学ぶ。独立するには、定置養蜂家なら蜜ができる植物がある敷地の確保や、蜜蜂、巣箱、燻煙器、遠心分離器などの道具も必要だ。伐採や都市化で蜜ができる植物が減少しこの職を離れる人が増え、さらに海外からの安いハチミツの輸入などで押され気味だが、蜜蜂はイチゴやメロンなどのハウス栽培、リンゴ、ナシ、サクランボなどの果樹園でもポリネーター（花粉媒介者）として利用されており、ローヤルゼリーやプロポリスなどの健康食品の素材にも使われている。そして、何より、自然と共に生きる仕事として意義を感じている人が多い。

釣りエサ養殖

　海釣りのエサとしてゴカイやイワムシ、川釣りのエサとしてミミズなどを養殖し、釣具店などに販売する。ゴカイは高級エサとして人気だが、天然物が少なくなり、韓国から輸入されるアオゴカイなどの輸入物が増えている。養殖技術が確立しているイワムシの場合、まず半年ほどかけて干潟で稚虫を飼育、海面に移して１年間ほどかけて成虫に育てる。現在は手掘りで、回収装置の開発などが待たれる。ミミズは多額の投資の必要もなく軽労働で養殖ができ、釣りエサばかりでなく、昆虫などの飼料や土壌改良、生ゴミの有機物処理などにも利用されており、糞土も園芸堆肥や培養土などに利用されている。魚の養殖に興味がある人に向いており、水産大学や水産高校を卒業して、国の水産試験場や水産センター、各道府県の水産栽培研究センターなどに就職し、養殖の基礎知識を学ぶか、民間の養殖場で学ぶことからはじめるのがよい。

養蚕家 (ようさんか)

　蛾（ガ）の幼虫である蚕（カイコ）を卵から飼育し、マユを作らせ、そのマユから生糸を採取する。産地としては長野県や群馬県が特に有名。地域の農協で、必要な蚕と飼育用具を斡旋してもらい、開業をするのが一般的である。数十年前は日本の重要な産業の一つであった養蚕だが、現在日本で使用されている生糸のほとんどはブラジルや中国からの輸入品であり、新規の参入はほとんどなく、就業者の平均年齢が60歳以上と著しい高齢化が進んでいる。養蚕だけの専業は難しいが、春から秋のシーズン中は養蚕を行い、冬は別の作物を収穫することも可能。需要は決して多くはないが、日本産の生糸にこだわる人もいるし、自然素材としての生糸は注目を集めている。

クワガタ養殖

　昆虫には熱心な愛好家が存在し、なかでもオオクワガタは「黒いダイヤ」と呼ばれるなど人気が高い。大きさはもちろんのこと、産地によっても価格は変動し、過去には数百万円で取引された例もある。そのため、趣味の延長からクワガタの養殖を行う人もおり、良質のオスとメスからいかに大きなクワガタを生み出すかを競っている。しかし、その歴史は浅く、市場も小さく、飼育技術の向上などにより価格の下落が激しいこともあり、職業として成立させている人はごく少数で、

多くは別の仕事を兼ねている。飼育の手間やコストを考慮すると、よほど昆虫に対して情熱を燃やせる人でなければできない仕事だ。だが、三度のメシよりクワガタが好き、という人にとってはこれほど魅力的な仕事はないだろう。

珍しい虫の養殖

コオロギ、ミルワームから、果ては巨大なムカデやヤスデ、ゴキブリに至るまで、珍しい虫を養殖して販売する。多くは熱帯魚などの生き餌にすることが目的であるが、より人の飼っていないような生き物を飼いたい、危険な生き物を飼ってみたいという一部のマニアのための需要もごくわずかではあるが存在する。しかしこれらは特殊な設備と飼育技術が必要とされるほか、ごく限られた需要しかないので、新規の参入はなかなか難しいのが現状である。ただ、この仕事をしている人は自身も愛好家であることがほとんどで、趣味と実益を兼ねた仕事といえるかもしれない。

ミミズによる廃棄物処理

食品会社などから出る有機性廃棄物を、ミミズにエサとして与えて処理する。また、繁殖したミミズはキロ単位で販売されるほか、その糞は栄養豊富な肥料として再資源化され、副次的な収入を得る。開業をするにはある程度の土地と、産業廃棄物処理業者の認可が必要。まだ日本ではあまり知られていない新しい職業であるが、アメリカやオーストラリアでは1970年代から試みが行われており、今後環境に優しい廃棄物処理としての需要の増加が期待できる。その容姿から毛嫌いされることの多いミミズだが、痩せた土地を肥沃に復元することのできる益虫である。ミミズに対して愛着を持つことができなければ難しい職業といえる。

昆虫採集・飼育用品の製作販売

捕虫網や飼育ケース、エサなどを専門に製作する会社は全国に数社ある。ほとんどが大量生産用の工場を持っていて、製品をペットショップやホームセンターにおろしている。直接、昆虫と接する機会は少ないが、商品開発部などに配属されればつねに昆虫と関わることになるだろう。また、昆虫関連用品の専門店は、全国でも5、6店と少ない。たとえば、本格的な捕虫網なら東京にある老舗が製造から販売まで独占しているといったような、非常に小さな市場である。職人芸の入り込む余地の少ない業界だが、用品製作の専門職として成り立っているのが標本箱作り職人だ。これも桐箪笥職人などが発注を受けて製作する場合が多いが、岡山などには標本箱のみを作る職人集団がある。また、標本自体を作る職人もいるようだ。標本を扱うショップや博物館など、仕事の需要は意外と多いのだが、現在、担い手が激減している。

釣り船屋

　釣り船屋は全国に約1万5000店。通常、1店が釣り船1〜2隻を所有している。家族経営がほとんどで、たいていの場合船長がひとりで乗船する。安全面については最大の配慮が必要。悪天候のなか、客を喜ばせたいために出航し、遭難するという事故も少なくない。漁師が活動する漁業権区域に入ってはならず、漁業との棲み分けはハッキリしている。ただ、釣り船屋経営者の約8割は漁業協同組合員で、元漁師が引退後、もしくは転職して釣り船をはじめる場合が多い。船を所有していること、都道府県が認可する業務主任者の資格をもっていることが必要で、釣り場を熟知していなければならないこともあり、素人がいきなり開業するのはムリ。まず既存の店に弟子入りをすることになる。跡継ぎを求めている店もあるが、ほとんどが小規模な家族経営なので広く開放されているわけではない。

害虫駆除

　客の依頼により、シロアリ、ゴキブリ、ダニ、毛虫などの害虫の発生源を調査し、駆除を行う。知識と経験の必要な仕事であるため、まずは害虫駆除を行っている企業に就職をするのが一般的。殺虫剤などさまざまな薬品を扱うため、人体を汚染することのないように注意しながら駆除を行わなくてはならない。そのため、自分で仕事をはじめるには、各都道府県が実施する試験に合格し、毒物劇物取扱者の資格をとる必要がある。環境の変化により新しい害虫が発生し、また、虫の苦手な人が多くなっているため、今後さらなる需要の増加が見込まれる。虫を殺す仕事で、肉体労働ではあるが、実際に働いているのは昆虫が好きで生物学や水産学を専攻した人が多い。

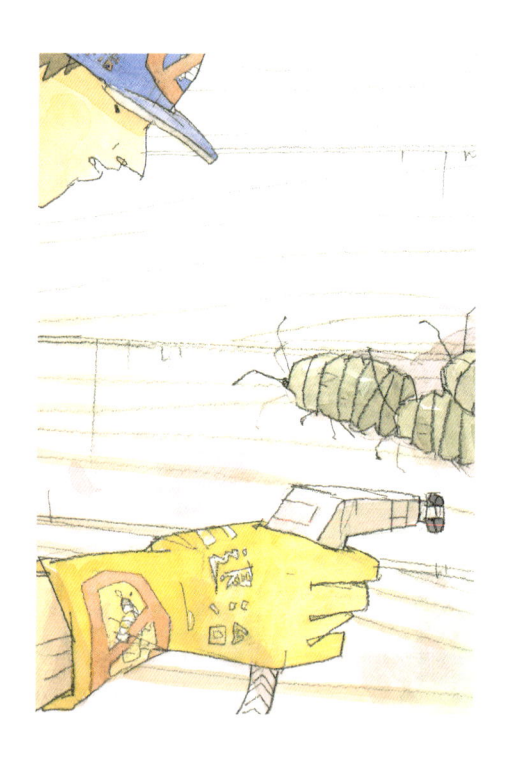

アクアリウム・ビバリウム・テラリウム

　アクアリウムは、もともと水棲動物を飼育するための水槽、それに水族館という2つの意味があった。だが、最近では熱帯魚などの水棲生物を飼う趣味も、アクアリウムと呼ばれるようになった。アクアリウムには長い歴史があり、古代エジプトの壁画

には神聖な魚と言われたオキシリンコスを長方形の池で飼育している様を描いたものが残っているし、宋時代の中国では陶器の壺で金魚を飼う習慣があったという。そして、動物や植物が生きる環境を再現した飼育施設を総称して、ビバリウムという。ビバリウムには、水で満たされているアクアリウム、水がなく陸上環境を再現するテラリウムの2種類がある。さまざまな生物の生息環境をガラスケースの中に再現するという趣味は、全世界に愛好家が多く、テラリウムではおもにトカゲや蛇など爬虫類が飼われ、アクアリウムは熱帯魚が主流であり、水と陸の両方を再現したガラスケースで飼われる生物としては、「熱帯雨林の宝石」と呼ばれるヤドクガエルがもっとも有名である。

　生息環境をガラスケースの中で再現し動植物を育てることを、趣味ではなく仕事とするには、熱帯魚などを飼育し、増やして、販売するブリーダーとなるのが一般的だ。自ら店を持つ場合もあるし、店と契約を結んだり、またはインターネットで直接、販売することもある。ただ飼育への投資や手間がかかるため、副業として行っている人が多い。最近、アクアリウムの「癒し効果」が注目され、オフィスやクリニックの待合室、それに美容室などに展示されることが増えていて、そのディスプレイを仕事とする人もいる。愛好者が増える反面、人気のトカゲやイシガメなど、ワシントン条約で輸出入が制限されている爬虫類を密輸する人があとを絶たず、重大な問題となっている。

アニマルセラピスト

　犬や猫、ウサギ、鳥などを使って、自閉症の子どもや認知症のお年寄り、障害者などのリハビリテーションやリラクゼーションに役立てる。欧米の医療現場ですでに一般的な治療方法として普及しているが、現在日本ではボランティア活動が一般的で、スタッフが犬や猫などを老人ホームや病院に連れて行き、お年寄りや障害者に動物との触れ合いの場を提供し、生きる力や自立心、積極性などを持ってもらうことを目的として活動している。医療上の専門知識は必ずしも必要ないが、対人マナーやボランティアとしての心得は不可欠。専門家が行っているケースワークに参加したり、一定の講習を受ければ活動することができる。ただし、あくまでボランティア活動なので、生計を立てることはできない。職業にしたいと思うのであれば、医師や理学療法士、獣医師、または社会福祉士、介護福祉士などの職業につき、動物介在療法を学んで治療に役立てることになる。

こんな職業もある

バイオ技術者▶P.115　水中カメラマン▶P.166　水中ビデオカメラマン▶P.166　スキューバダイビング・インストラクター▶P.167　養殖業▶P.168　動物カメラマン▶P.215　パークレンジャー▶P.326　ネイチャーガイド▶P.326　特殊造形：アニマトロニクス▶P.413

Essay | 学問は本来面白いものだ　[その1：生物学]

text by Ryu Murakami

　ほとんどの子どもは動物が好きだ。この地球には、本当にさまざまな動物がいる。動物園やテレビや絵本などで、誰でも象やキリンを見たことがあるだろう。だが見飽きることはないと思う。象やキリンは本当に不思議な形をしている。どうして象の鼻やキリンの首はあれほど長いのか。子どもなら誰でも抱く疑問だが、いったい何人の大人が答えられるだろうか。なぜ象の鼻やキリンの首が長いか、その問いに向かい合うのは生物学という学問である。

　生物界は疑問と魅惑に充ちている。わたしたち人間は地球上のすべての生きものを把握しているわけではない。熱帯雨林や深海や砂漠や火山の火口や極地にはわたしたちの知らない世界が残っているし、よく見知っている生きものでも生態や習性がわかっていない種も多い。アフリカのシマウマはどうして家畜にならなかったのか、という有名な疑問がある。シマウマは、からだに黒と白の縞があるが、それ以外は馬やロバにそっくりだ。アフリカのサバンナ地帯にはシマウマの大群がいるが、どうして家畜として飼われなかったのだろうか。

　現代社会では家畜の有用性が薄れてしまっているが、つい数十年前まで家畜は人間にとって非常に重要だった。1532年、スペイン人のピサロはペルーの北でインカ帝国の皇帝アタワルパを捕虜にした。ピサロが率いていたのは168人のならず者部隊で、対するアタワルパは実に8万人の兵士に守られていた。そのときの戦闘で、200人に満たないピサロの部隊は、実に7000人のインカの兵士を倒したと言われている。その主要な原因は、スペイン軍の鉄製の武器と、そして馬だった。記録によると、馬に乗った数十人の騎兵は、一人の犠牲者も出さずに数千人のインディオを倒したという。自分たちの500倍の敵を倒したことになる。

　馬は、恐るべきスピードと耐久力を持ち、高い位置から地面にいる敵を攻撃することができる。馬は軍事情報を伝え、部隊を遠くまで展開するのを可能にし、馬上からの圧倒的な攻撃力を持っていた。馬を持っている軍と、持っていない軍では、戦闘力がまったく違った。馬は、戦争に使われるだけではなく、移送・輸送手段となり、食材にもなり、畑を耕し、その脂は薬品になり、革は衣服や道具の材料として使われた。牛、豚、山羊、羊なども同じような用途がある。犬は外敵の侵入を知らせ、ときには人間と共に戦い、ソリを引いたり、他の家畜を守ったりする。

家畜は非常に有用なものだ。それではなぜシマウマを家畜にできなかったのだろうか。また巨大なからだを持つアフリカ水牛はどうして家畜として飼われなかったのだろうか。草食性で、からだも大きく、肉もたくさん取れるのにどうして象やサイやゴリラは家畜にならなかったのだろう。シマウマだけ、答えを教えよう。シマウマは成長し歳を取るにしたがって、ひどく気が荒くなり、また人に噛みついたら決して離さないという性格を持っている。それがシマウマを家畜にできなかった理由だ。

　なぜシマウマは歳を取ると気が荒くなり、人を噛むようになるのか、おそらくその問いに答えられる人は誰もいない。シマウマのDNAの配列をすべて解明しても、シマウマの脳内物質とその働きがすべて明らかになっても、歳を取ったシマウマがなぜ人を噛むのか、その答えはわからない。わからないということが学問の前提となる。すべてを解明するのが無理でも、その一部だけでも把握して、それを科学的事実として明らかにしようとする。歳を取ったシマウマはなぜ人を噛むのか。そういった謎に挑戦するのは生物学だ。DNA、細胞などの分子レベルでの研究から、特定の動物やその群れを追う生態学まで、生物学の領域は広大である。

　ほとんどの子どもは動物が好きで、ものすごく動物が好きな子どもも大勢いるのに、生物学を学ぼうとするのはその中のごく一部だ。動物が好きな子どもは全員生物学を学んだほうがいいということではない。ただ、動物が好きだという自分の思いを大切にして欲しいと思う。冒険家で、世界的な投資家でもあるジム・ロジャーズは、人生で大事なことを3つ挙げている。死なないこと、楽しむこと、世界を知ること。世界を知るにはいくつか方法があるが、学問はその王道だろう。知識は人生を有利に導き、充実させる。

　生物学は、好奇心旺盛な13歳を、手招きしている。

written in 2003

参考　『銃・病原菌・鉄』上・下　ジャレド・ダイアモンド著　倉骨彰訳　草思社
　　　『ウォーレス現代生物学』上・下　ロバート・A・ウォーレスほか著　石川統ほか訳　東京化学同人

Essay | 蜘蛛の糸

text by Ryu Murakami

　芥川龍之介の有名な短編小説『蜘蛛の糸』のラストシーンで、主人公がぶら下がった蜘蛛の糸は簡単に切れてしまう。芥川は、欲に支配される利己的な人間の「はかなさ」の象徴として蜘蛛の糸を描いた。だが、科学的に見ると、蜘蛛の糸は非常に強いのである。多くの学者、研究機関が新繊維素材として、蜘蛛の糸を研究している。蜘蛛には約4万の種類があり、そのすべてが糸を出す。約半数が網状の巣を作り、残りは非造網性である。腹部にある吐糸管は7種類の絹糸腺につながっていて、それぞれの絹糸腺からアミノ酸組成の異なるタンパク質が分泌される。それらのタンパク質はそれぞれが違う機能を持つ。粘着性のある横糸、命綱の役割の牽引糸などがあるが、中でも物理的性能がもっとも優れているのは、木の枝などから蜘蛛が垂れ下がる際に命綱として自らの身体を支える牽引糸である。

　昆虫によって作られるタンパク質繊維でもっとも有名なのはカイコの絹糸で、繊維の女王と呼ばれているが、紫外線などの光に弱いという弱点を持っている。
　自然界で、カイコと同じように繊維を作る昆虫には、その他にミノムシと蜘蛛がいる。特に蜘蛛の糸は、長時間太陽に当たっても壊れることがない。奈良県医科大学の大崎茂芳氏は、ジョロウグモから牽引糸を採取し、紫外線照射による糸の力学的強度の変化を調べた。その結果、若いジョロウグモの牽引糸は紫外線による劣化が非常に小さいことがわかった。現在オゾン層の破壊が問題になっていて、紫外線に強い繊維素材が求められているが、ジョロウグモの牽引糸はその開発に重要な指針を与えるものとして期待されている。

　また、カナダのバイオベンチャーとアメリカ陸軍の共同研究グループが、蜘蛛の糸の遺伝子をほ乳類の細胞内に組み込み、遺伝子工学的に合成されたタンパク質を原料として溶液中で糸を紡ぎ、天然の蜘蛛の糸とほぼ同じ性能を持った人造繊維の製造に成功した。蜘蛛の糸はスパイダーシルクと呼ばれ、強さと軽さを併せ持った高性能繊維として、世界中の素材科学、材料科学界で注目されてきた。さらにスパイダーシルクは化学合成繊維と違い土中や水中で容易に生分解が可能で、環境保全に優れている。スパイダーシルク（牽引糸）は、強度、伸度、弾性率で資材用ナイロンの性能を上回り、また破れたり切れたりするまで外部圧力を吸収する弾力は、スチール、ガラス、資材用ナイロン、テキスタイル用ナイロン、ケプラー、ノメックス、天然シルクなどを上回ることが実験で証明されている。

スパイダーシルクは、医療、防護、産業用に利用可能で、また生分解性釣り糸、他の素材との複合化などにより、さらに多くの用途が考えられている。人造スパイダーシルクの開発にもっとも力を注いでいるのは、世界に先んじて環境問題に取り組んできたドイツである。チューリンゲン・インスティテュート・フォー・テキスタイル＆プラスティック・リサーチをはじめ、遺伝子工学、生物工学関係の4研究機関が、共同研究プロジェクトチームを作り、スパイダーシルク・プロテインのクローニング遺伝子組み換え、スパイダーシルク・プロテインの生物工学的分離・組成、さらに繊維化試験などに取り組んでいる。

　蜘蛛は、その糸以外も興味深い研究対象になっている。多足歩行動物の代表として、その歩行をいろいろな方法で解析することで歩行ロボットの歩行アルゴリズムの参考として利用しようという動きもある。そういえば、火星の荒れ地などが舞台のSF映画では、蜘蛛によく似た歩行ロボットが登場する。また、蜘蛛の毒を研究しているグループや研究者もいる。芥川龍之介は蜘蛛の科学的特性を知らなかった。知っていたら、『蜘蛛の糸』はまた別のストーリーになっていたかも知れない。

written in 2003

参考
『クモの糸のミステリー　ハイテク機能に学ぶ』　大﨑茂芳著　中央公論新社

「ドイツにおける人造蜘蛛繊維の研究開発」
http://www.jcfa.gr.jp/f3-news/gyokai/021130.html

「多足歩行の歩容解析手法の研究」
http://kiko.mech.kogakuin.ac.jp/

「新繊維素材としての紫外線に強い蜘蛛糸の研究」
http://www.descente.co.jp/ishimoto/20/pdf20/DES22.pdf
［www.descente.co.jp］

その❸ | # 人の身体・遺伝を考える

人間の身体はどうなっているのか。なぜ寒いと風邪を引いてしまうのか。お腹がぺこぺこのときにおにぎりを食べるとどうして元気になるのか。お父さんやお母さんにそっくりの子どもがいるのはなぜか。ずっとそういうことを考えても、飽きない。

医師

　医師は、自分で医院を開業するか、病院や診療所に勤めるか、働き方は大きく2つに分かれる。病院や診療所で、実際に患者に接して、診断し、治療する医師を臨床医と呼び、研究を行う基礎医学者と区別される。医師になるには、医科大学や大学の医学部（6年間）を修了して、医師国家試験を受験し、医師免許を取った後に、2年以上臨床研修医として働くことが義務づけられている。また、研修医制度は、その報酬も含めて変わりつつある。これまで研修医は、書類の整理など、本来医師の仕事ではないことを先輩医師や教授に押しつけられ、ほとんど臨床技術を学ぶことなく、極端に少ない報酬で働かされていた。そのため、ほかの病院の当直医のアルバイトなどをして、経験がないまま緊急治療に立ち会い、医療事故などが起こったことで、研修医制度の改革が迫られた。

　研修医制度を含めて、病院経営への株式会社の参入が検討されるなど、日本の医療現場にも変化が起こっている。将来的に、変化がどのくらい進むのかは不明だが、医学部に入り、医師免許を取りさえすればお金持ちになるというような時代はとっくに終わっている。なかには、たとえば美容形成外科のように、依然として高い利益を生む専門分野もあるが、基本的に、医師という職業は、肉体的にも精神的にも非常に負担の大きい仕事である。人間の生命という、もっとも大切なものに関わり、患者から信頼されることが前提となるからだ。しかし、当然のことだが、負担が大きく、患者とのコミュニケーションが重要なだけに、その充実感も大きい。医療事故の多発などで、日本の医療に対する批判も多く見られる。今の医療制度の中には、時代状況に合わなくなっている部分があるのも確かだ。しかし、決して日本の医療技術や医師が低レベルになってしまったというわけではなく、むしろ、進歩する過渡期にあるのだという理解のほうが正しい。確かな技術を持ち、新しい知識を吸収しようという学習意欲を忘れず、患者と誠実なコミュニケーションをはかる医師は、時代状況の変化などに関係なく、つねに求められているのである。

看護師

　医師が行う診療や治療を補助する。また患者の精神的なケアにあたったり、患者と医療スタッフとのコミュニケーションを図るのも看護師の仕事だ。職場は、病院や医院、診療所、福祉施設、リハビリセンター、あるいは在宅・訪問診療など。看護師になるためには、看護師学校、専門学校、短期大学、大学など看護師養成機関で学び、看護師国家試験に合格しなければならない。なお、都道府県知事が行う試験に合格すると免許が取得できる准看護師資格もあるが、准看護師自体が現在は廃止の方向に向かっている。医療の専門化が進むなかで、看護師の仕事も細かく分かれてきている。

また日進月歩の激しい世界なので、つねに勉強を心がける姿勢も大切だ。夜勤など変則的な勤務スケジュールもあり、心身ともに元気で丈夫な人に向いている。こうしたハードである仕事なため、つねに人材不足なので、就職先に困ることはないだろう。なお、1993年に保健婦助産婦看護婦法が改正され、男性にも門戸が開かれた。2002年には「看護師」と名称も統一された。

保健師

　市町村役場や地域の保健所、保健センターなどに勤め、住民の健康を守り、促進することに努める。相手は、赤ちゃんからお年寄りまであらゆる年齢層にわたっており、それぞれの人の生活や健康状態を聞きながら、適切な措置やアドバイスをしていく。そのため、保健師として働くためには、幅広い知識や視野、あたたかい人間性、しっかりした体力と精神力が欠かせない。以前は「保健婦」という名前で知られていた職業。1993年に保健婦助産婦看護婦法が改正され、男性もこの仕事につけるようになったが、2002年からは「保健師」という名称に統一された。保健師は国家資格のひとつ。受験にあたっては看護師免許（もしくは看護師国家試験受験資格）が必要なので、看護師養成機関で学んだうえ、保健師養成学校で学ぶか、看護師と保健師のカリキュラムをそなえている看護系の4年制大学で学び、試験を受ける。また保健師の資格を取得すると、養護教諭（2級）の資格も申請するだけで取得できる。

助産師

　正常なお産の場合に、医師の監督なしに出産を介助する。お産の経過にリスクがある場合には、産婦人科医の協力を得る。仕事はお産のときだけでなく、妊娠、出産、産後にまで及ぶ。妊娠中には安心なお産ができるようにアドバイスを行い、異常を発見した場合には医療機関に連絡する。陣痛がはじまると、お産の進み具合を見ながら必要な介助をしていく。産婦と赤ちゃんが持つ自然なメカニズムを尊重するため、できるだけ自発的なお産を心がける。そして出産後の母親と赤ちゃんのケアも行っている。助産師になるためには、看護師養成機関で3年間の看護課程を修了し、さらに1年間の助産課程を学んだ上で、助産師国家試験に合格しなければならない。仕事場は、病院や助産院、地域の保健センター、個人営業など。最近では助産師の手で自然分娩したいと願う産婦が増えており、助産師の仕事にも再びスポットがあたっている。

薬剤師

　薬局や病院に勤め、医師の処方箋に従って薬を調剤する。ほかに、血液センター、製薬会社や大学、バイオビジネスの研究所などで働く薬剤師もいる。また、国や都道府県の職員として、産業廃棄物処理施設などの事業の許認可や土壌・水質検査、薬品検査、有害・有毒物質の検査などを行う人もいる。薬剤師になるには、6年生の薬学系大学や大学の薬学部を卒業し、国家試験を受ける。そして、やがては現状よりもさらに医師が診断・治療し、薬剤師が薬を調剤するという医薬分業が進むことが予想される。大規模なチェーン店の薬局が増えたこともあって、今でも薬剤師は不足している。ただ、これからその重要度が増すにしたがって、医療・薬品の情報開示という社会的な圧力もあり、バイオなどを含む新しい薬剤の知識や、医師との連携など、薬剤師の能力と知識が今まで以上に問われることになる。

理学療法士

　病気やケガが原因で、歩く、立つ、座るといったふだんの動作が不自由になったり、身体に痛みを感じる人の治療をし、基本的な運動機能を回復させる。具体的には、マッサージや電気刺激、温熱といった物理的な治療を行いながら、歩行訓練や車いすの訓練も続け、患者のリハビリテーションをサポートしていく。理学療法が必要な患者は、年をとって身体の機能が衰えてきたお年寄りだけでなく、脳溢血や脳卒中の後遺症がある人や、スポーツでケガを負ったアスリートなども含まれる。職場もこれまでの病院だけでなく、リハビリテーションセンターや老人ホーム、在宅医療などにまで広がってきている。理学療法士になるためには、養成課程を持つ専門学校や3年制の短大、4年制の大学を卒業後、国家試験を受験する。高齢化が進む社会で、この仕事への需要はますます増える一方だ。地道で、時間のかかる仕事なので、根気強くなくてはつとまらないかもしれない。

作業療法士

　病院やリハビリテーションセンター、老人センター、福祉施設などで、いろいろな作業を通じて、患者が失った身体の機能と社会適応能力を回復していく。その「作業」とは、日常生活のなかの動きや園芸、陶芸、工芸、手芸など。日常生活では、食事をしたり、歯を磨いたり、掃除をしたりと、知らず知らずのうちに身体のいろいろな機能を使っている。花や木の世話をすることでは、腕だけでなく足腰の筋力がアップするし、粘土をこねて成形していくことで指や手を細かく動かせるようになっていく。患者の状態や目的に応じて作業を選び、精神面をケアしながら、リハビリテーションを進めていくのが作業療法士の役割である。普通の人にとっては簡単な作業でも、患者にはとても困難で、作業を投げ出すことも多い。決してあきらめずに、優しく対応できるなど、根気と優しさも必要な仕事だ。作業療法士になるためには、養成課程を持つ専門学校や短大などで3年間以上学び、国家試験を受ける。ただしこうした学校を志望する人は年々増えており、狭き門となっている。

視能訓練士

　両眼視機能に障害を持つ人に対して、検査や矯正訓練を通じて、機能を回復させていく。回復までには時間がかかり、長期的な展望に立って、患者を励ましながら訓練にあたっていかなければならない。そのため、この仕事は、忍耐強く、目標に向かってコツコツと仕事ができる人に向いている。職場は総合病院や大学病院など。視能訓練士は国家資格であり、受験資格は視能訓練士養成所を卒業していること。あるいは大学で臨床心理や視覚生理学など一定の科目を2年以上学んでいれば、その後1年間養成所で学ぶだけでよい。現在の視能訓練士はおよそ10000名。高齢化が進み、こうした視覚障害を持つ人が増加しているなか、視能訓練士の数は絶対的に足りないとされている。これから将来有望な仕事のひとつだ。なお、現在は90％以上が女性となっている。

言語聴覚士

　聴覚や言語機能の障害を持つ人に対して、検査やリハビリテーションを繰り返しながら、機能回復をうながしていく。「耳がよく聞こえなくて言葉がわからない」「聞こえても発声や発音ができない」「言葉が理解できない」といった障害は先天的なものだけでなく、脳卒中や脳梗塞、耳の病気など後天的な病気が原因となって発病することも多い。患者は話したくても言葉にできない、相手の話すことがわからないという、もどかしさをつねに抱えている。そのため、患者と接するときには、心理学的な知識や技術も必要となる。加えて繊細な心配りや、観察力、記憶力、相手が表現したいことをくみとれる洞察力などが求められる。言語聴覚士は1997年にできた国家資格。

国家試験を受験するためには、全国に69校ある言語聴覚士養成所（3年制ないし4年制）を卒業、あるいは大学で指定科目を履修し卒業するなどの方法がある。活躍の場は病院や、福祉施設、自治体、教育機関などのほか、在宅・訪問診療でリハビリテーションにあたる場合も増えてきている。

歯科医師

さまざまな器具や薬品を使って、虫歯や歯周病の治療や歯列矯正など、歯に関わるすべての医療業務を行う。文部科学大臣に認定された6年制の大学を、正規の歯学課程を修めて卒業したうえで歯科医師国家試験に合格し、厚生労働大臣の免許を受けることが必要。その後、数年間の臨床研修を行い、自分の技術に自信が持てるようになってはじめて歯科医業を行う。近年では、単に歯を治療するだけにとどまらず、より歯を美しく見せたいという需要も増加しているなど、歯科治療を取り巻く環境は変わりつつある。また、その技術は日々進歩しており、つねに学習をしようという意欲が不可欠。現在、歯科医師は飽和状態になりつつあるが、信頼に足る歯科医師は多くはない。確かな技術と知識を持って、患者の気持ちになりながら治療を行えることが、歯科医師として成功する重要な要素である。

歯科衛生士・歯科助手

歯科衛生士は歯科治療において、器材やカルテの管理など歯科医師が診察を行う際の補助をしたり、歯石を取り除くなど虫歯や歯周病にならないための予防処置を行う。また、患者の口の健康を守るための指導も行っている。専門学校、短大で指定された教科を学び、国家試験に合格したのち個人の歯科医院や大学病院、保健所などで働くのが一般的。高齢化が進んでいる最近では、ホームヘルパーの資格を取得し、福祉施設や自宅で寝たきりの生活をしているお年寄りを訪ね、口の中の清掃や義歯の使い方を指導する歯科衛生士も増えている。直接の医療業務をすることはないが、歯科医師が治療を行うにあたってなくてはならない存在であり、需要も少なくない。また、歯科助手も歯科医師の治療補助を行うが、特に資格を持っている必要がない。そのため、歯科助手は歯垢の除去や歯科保健指導など、直接患者の口の中に手を入れる行為はできない。

歯科技工士

　歯科医師の指示に従い、義歯や矯正装置を作成、修理する専門技術者。2～4年間の養成学校を経て、国家試験に合格しなくてはならない。その後、歯科医院、総合病院、歯科技工所などに就職して働く。ほかにも、歯材メーカーで器材の開発や研究をする、養成機関で教えるといった選択肢もあり、歯科技工所を開設してフリーで働くことも可能だ。また日本の歯科技工士教育は世界でもトップクラスで、現地で基礎教育を行う必要がないので、日本人歯科技工士は海外でも重宝されているという。一般的にはまだ十分に認知されている職業とはいえない部分もあるが、これから本格的な高齢化社会に向けて、歯科技工士への需要は確実に増えていくものと思われる。

診療放射線技師

　病院など医療施設で、レントゲンやCTスキャン、MRIなどの医療機器を操作する。医師の指示に従って、治療に必要な患部の映像を撮影する。エックス線などの放射線は、扱い方によっては人体に大きな危険をおよぼすため、専門的な知識と、それに裏付けられた確かな技術が不可欠となる。また最近では医療機器もコンピュータ化が進み、操作法もより複雑に、高度になってきている。新しい技術や医療機器にすぐに対応できるだけの適応力や好奇心、向学心なども必要だ。診療放射線技師になるためには、養成コースをもつ専門学校や大学などを卒業し、国家試験を受験しなければならない。試験に合格した後、診療放射線技師を募集している医療機関に就職するのが一般的だ。

臨床検査技師

　医師の指示に従って、患者の採血を行ったり、生物学的な検査を行う。臨床検査技師が行った一般検査（尿検査、便検査）、血液検査、生化学検査、呼吸機能検査、心電図、心臓超音波、脳波検査などの検査結果をもとに、病気の診断やその後の治療計画がたてられる。職場は病院のほか、臨床検査センターや薬品メーカー、食品メーカー、研究所など。大学（医学部や歯学部）、または臨床検査技師になるための課程を持つ短大（3年）や専門学校を卒業して、国家試験を受ける。こうした短大や専門学校の入学競争率は高く、かなり難しい。ただし、2008年現在、臨床検査技師の資格取得者は約16万7000人と多く、うち、医療機関に従事している人は約6万人で、医療機関に就職先を見つけるのは難しいかもしれない。そのため、最近では細胞検査士や超音波検査士といった、より専門化した認定資格をとって、その分野のスペシャリストを目指す人が増えてきている。

あん摩マッサージ指圧師

　癒しブームのなか、大流行しているマッサージ。そのなかでも国家資格として認定されているのが、あん摩マッサージ指圧師だ。肩こりや腰痛、疲れなど身体の不調を持つ人に対して、あん摩やマッサージ、指圧を行う。あん摩マッサージ指圧師になるためには、国が指定した学校あるいは養成機関で3年以上勉強し、国家試験を受ける。ただしこの試験は学科試験だけなので、合格率も比較的高い。また、試験の科目が重複していることから、はり師ときゅう師の資格もあわせて取る人もいるようだ。あん摩マッサージ指圧師の資格を取得すると、まず治療院などに勤務して、治療経験を積み、その後独立する人が多い。自分の腕や顧客層、立地などの条件によっては、高収入を得ることも。

鍼灸師 (しんきゅうし)

　はり師ときゅう師のことだが、同じ人が施療することがほとんどであるため、鍼灸師と呼ばれる。民間療法として伝承されている東洋医学のひとつで、鍼療法は金属の細い針を経穴（ツボ）に刺して刺激を加え、血液の流れをよくし、筋肉をやわらげたり、神経を鎮めたりする。灸療法は薬草の艾（モグサ）を燃焼させ、その熱気で体調の回復を図る。いずれも施術には国家資格が必要で、専門学校などで3年間授業を受け、東洋療法研修試験財団の行う試験に合格し、鍼灸師として登録する。医療機関に就職するか開業するかで、医療機関では医師の指示のもとで施術する。神経痛、リウマチ、五十肩、腰痛症、頚腕症候群などの慢性疼痛疾患の場合にかぎって、健康保険がきく。西洋医学の体系にはないものの、スポーツ選手が治療に利用することも多く、動物の治療にも利用されるなど、治療法として見直されている。

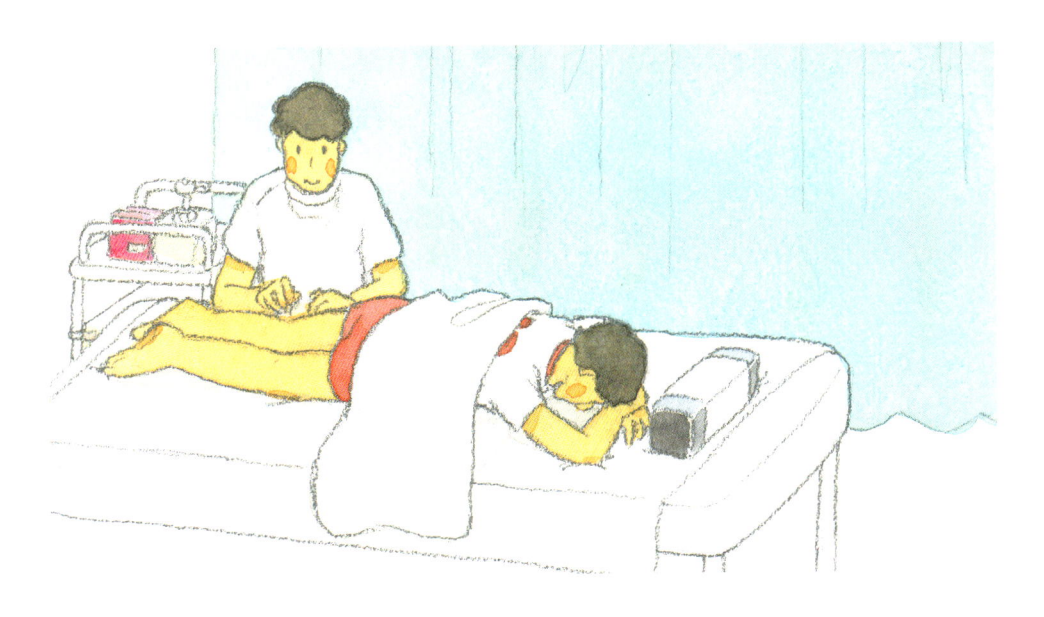

接骨医・柔道整復師

　手だけで、ねんざや打撲、脱臼、骨折などを治療する。「ほねつぎ」と呼ばれる、柔道から生まれた日本独特の治療技術だ。接骨医・柔道整復師になるには、柔道整復師の国家試験にパスすればよい。受験資格は、高校卒業後、指定学校または養成機関で3年以上学んでいること。また、柔道の経験も少しは必要だ。それまでに柔道を習ったことがある人なら問題ないが、未経験者は養成機関などで学ばなければならない。資格取得後は整骨院や病院などに勤務し、経験を積んだうえで独立することも可能だ。また、柔道以外のスポーツでケガをした患者もたくさんいるため、スポーツ全般に関する最低限の知識は必要とされる。より現代的な接骨医・柔道整復師を目指して、スポーツ医学や健康科学などをあわせて学ぶ傾向も強まってきている。

カイロプラクター

　背骨を中心とした骨格の異常を手技によって矯正し、神経の働きを回復することで、健康全般への影響を診断、治療、予防する。1895年にアメリカで創始され、これまでに80カ国以上に広がり、アメリカ、イギリスなど34カ国で法制化されている。カイロプラクティックには世界共通の教育基準があり、国連の世界保健機関（WHO）でも承認されている。日本国内でもWHOの基準を満たすカイロプラクティック教育機関が設立されており、解剖学からカイロテクニックまで、様々な科目を学ぶことができる。卒業後は、スポーツジムや医療福祉関係に就職するか、独立したオフィスを開業する人がほとんどだが、2012年のロンドンオリンピックからは選手村にカイロプラクティック専門のブースが設けられるなど、活躍の場は広がっている。

医療秘書

　会社の社長や管理職の秘書と同じように、上司の書類作成や整理、スケジュール管理、来客対応、電話応答などを担当する。医療事務を含めて、病棟クラーク（病棟秘書）、院長や医局の秘書として働く。秘書としてのスキルだけでなく、医療に関する知識も必要とされるため、医療機関の組織運営、医療関連法規、医学的基礎知識、医療実務実技などを学ぶ必要がある。また状況を適切に判断し、行動できる能力やコミュニケーション力があり、文献や資料の収集・整理もきちんとできる人が求められている。医療秘書の資格としては、医療秘書教育全国協議会による医療秘書技能検定がある。しかし、資格があればすぐになれるというわけではない。

MR ［医薬情報担当者］

　MRとはMedical Representativeの略称。医師に自社の薬の成分や使用方法、効能について説明をする。宣伝できない副効用や認可前の薬の情報など、カタログや医薬書には載っていない薬の情報を伝達する専門職だ。日本では薬の営業もかねるが、欧米ではMRは営業ではなく、医師に医療チームの一員として認識されている。一般的にMRは製薬メーカーで働く。またコントラクトMRという、プロジェクト単位で契約を結ぶ人もいる。就職には特に必要な条件はないが、薬剤師の資格を持っていると薬への理解が早いので役に立つ。MRとして働くには、就職してから半年間の研修を受け、医薬情報担当者教育センターが主催する試験に合格し、MR認定証を取得しなくてはならない。この認定試験では、解剖生理、市販後調査、一般薬理学などの知識が問われる。病気に関わる医師は気分が暗くなっていることも多いので、明るい人が向いている、とあるMRはいっている。医師とつきあうのも仕事のうちで、さまざまな医師に出会い、さまざまなことを学んだり、趣味が増えたりするのが楽しいそうだ。高齢化社会を迎える日本では、薬はさらに販売を伸ばしていく見込みがある。ただし、有効な薬剤をひとつ開発するには、莫大なコストと長い年月が必要といわれている。また、欧米諸国の製薬メーカーは10倍の規模を持つ。このため、製薬業界では研究開発に熱を入れたり、外資メーカーに吸収合併される傾向があり、MRを取り巻く状況は過渡期にあるといえる。

移植コーディネーター

　全国の病院から臓器提供者（ドナー）があらわれたと連絡を受けたときに、移植希望者（レシピエント）に対して説明し、承諾が得られた場合には、医学的検査の手配、移植チームとの連絡、臓器の運搬などの調整を行う。また日常の業務としては、移植希望者の登録受け付け、データの管理、臓器移植のPRなどを受け持つ。移植コーディネーターになるためには、医師、薬剤師、看護師、臨床検査技師などの医療従事者資格を持っていること、あるいは4年制大学を卒業していることが必要。日本臓器移植ネットワークが不定期に行う募集・試験で選ばれる。基礎的な医学知識だけでなく、患者や家族と十分に話し合いができ、いろいろな立場の人たちをまとめられるコーディネート能力が不可欠。現在、日本臓器移植ネットワークに所属するコーディネーターは約20人で、各都道府県の腎バンク、臓器バンク、大学病院に所属する都道府県コーディネーターと連絡をとって活動している。募集人員は少数であり、多数の応募者が殺到するため、非常に狭き門となっているのが現状だ。

義肢装具士

　病気や事故による怪我によって、身体の一部に欠損がある人が、元の手足の形、または働きを補うために使う器具を義肢という。義手と義足の2種類がある。義手には、細かな作業ができるように手先が特別な形をしているものや、本物の手と見分けがつかないように精密に作られているもの、人体の筋力から発生する電気を操作に応用するものなどさまざまな種類があり、日々進歩している。義足では、使用する人の活動の度合いや、必要性に応じていろいろな形式のものがあり、非常に高機能な材料を使ってパラリンピックなどの競技会で走ったり跳躍したりできるものもある。

　また四肢・体幹の機能障害を軽くするために使われる補助器具があり、それを装具という。頭部から足先まで、全身が対象で、歩き方の改善、骨折の治療、スポーツをするときの患部の保護など、非常に多くの種類がある。交通事故でむち打ち症になったときの頸部を固定する器具なども装具に含まれる。義肢や装具を製作し、対象者に適合させるのが義肢装具士であり、国家資格となっている。義肢装具士は、医師の指示のもとに、対象者の装着部位の寸法を測り、ギブスなどで身体の型をとり、義肢・装具を製作したあとも身体に合うまで調整を行う。とくに義肢や装具や杖や車椅子などの機器と、身体が触れ合うインターフェース（ソケット）部分を、対象者の身体に合わせることがむずかしく、プロフェッショナルとしての技術が求められる。

　大学や専門学校を出て義肢装具の製作会社で働くことになる。医療技術が進んで外科手術などで手足を切断する人は減っているが、絶対数が足りないので、就職率はほぼ100％という状態が続いている。スポーツを含め、障害を持つ人の活動は広がっていて、さらに地雷などで手足を失った海外の人々への社会貢献活動も盛んになると予想されるため、義肢装具士の役割はこれからさらに重要になっていくだろう。

　また、義肢・装具の他に、補正具と呼ばれるものがある。事故や潰瘍手術などで指や耳などの部位を失った人のための、本物と見分けがつかないような人工の身体部位だ。シリコンゴムなどで作られ、対象者の症状に合わせてリアルに補正される。他に、乳がんで乳房を失った女性のための人工乳房や人工肛門用装具も、素材と技術の進化に合わせて使いやすく見た目にもきれいなものが次々と開発されている。

　義肢装具学科のある大学・専門学校は以下である。

　　北海道工業大学　　医療工学部・医療福祉工学科・義肢装具学専攻
　　新潟医療福祉大学　　医療技術学部・義肢装具自立支援学科
　　国立障害者リハビリテーションセンター学院　　義肢装具学科
　　早稲田医療技術専門学校　　義肢装具学科
　　西武学園医学技術専門学校　　義肢装具学科
　　神戸医療福祉専門学校三田校　　義肢装具士科

専門学校 日本聴能言語福祉学院　義肢装具学科
熊本総合医療福祉学院　義肢装具学科
北海道ハイテクノロジー専門学校　義肢装具士学科

臨床工学技士

　医療現場ではさまざまな医療機器が使用されるが、それらを専門に扱う技術者が臨床工学技士である。1987年に臨床工学技士法が成立して国家資格となった。医師の指示のもとに、「生命維持管理装置」を操作する。人工呼吸器、人工心肺装置、除細動器、血液透析や血漿交換、心臓カテーテル検査などのほか、ICU（集中治療室）での業務、手術室での立ち会い、体外式ペースメーカーの操作などもある。また機器の保守点検などの安全管理も行う。専門学校や大学で学んだあと、資格試験を受ける。ここ数年の資格取得率は80％前後で、病院・診療所や医療機器メーカーに勤めることが多い。日々、新しい医療機器が開発されることもあり、卒業後も勉強し続ける必要がある。医療施設への配置は義務づけられていないが、コメディカルの充実が求められていることもあり、今後ますます重要な職種となっていくはずだ。

医療情報管理者

　医療情報とは、医療録と呼ばれるカルテの他、院内の診療記録が含まれる。医療情報管理者は、法律上の規定がなく、その位置づけがはっきりとしていないものの、今後のカルテ開示時代に向けて、必要な人材になると思われる。診療情報管理士という民間資格があり、受験資格は日本病院会が設ける診療情報管理通信教育を受講するか、診療情報管理士受験認定指定校にて必須科目を履修することで得ることができる。医療情報管理者のおもな仕事は、カルテの整理、診療情報のデータベース化、情報分析のフィードバックなど。2000年の診療報酬改定で、診療録管理体制加算が新たに設けられ、必ずしも診療情報管理士の資格を持つ必要はないが、専任の診療記録管理者が配置されていることが要件となった。医療情報管理者になるには、大学・短大・専門学校などで、情報学科や医療事務コースを卒業して、各病院の採用試験を受けることになる。

看護助手

　病院や介護施設で看護師のアシスタント業務を行う。医療・看護行為はできない。資格は必要ない。民間資格としてメディカルワーカー、メディカルケアアシスタントがあるが認知度が低いために、看護助手をしながら、ホームヘルパーなどの資格を取る人も多い。仕事は「雑用」がメインで、食事前のお茶を配ったり配膳したり食器を下げたりする食事の介助、掃除やゴミの処理、おむつ交換などの排泄介助、看護師や

医師への連絡・伝達業務などである。看護師不足の現代において、需要は非常に多い。ただし給与は安く、苦しがる患者の背中をさするなどの看護行為もできない。限界を感じ、看護師に進む人も多い。看護助手として働き給料をもらいながら、学費を奨学金として病院に出してもらい、准看護師や正看護師を目指す人もいる。ただしその場合は、看護師になったときに一定期間その病院に「お礼奉公」として勤務する必要がある。

音楽療法士

音楽療法は、楽器を演奏して聴かせるだけではなく、クライアント（療法対象者）とともに音を出し、豊かな時間を共有し、楽器の操作によってリハビリ的・心理的な効果を得るという心理療法のこと。心理学、教育学、社会福祉学などを学ぶ必要があり、音楽大学を出て楽器の演奏ができるだけでは不充分だ。音楽療法士の資格は、自治体認定、日本音楽療法学会認定、全国音楽療法士養成協議会、各学校認定があり、国家資格はない。受験資格を得るには、音楽療法の知識、講習会・学会への参加、臨床経験、研究発表および症例報告を満たしたうえで、書類審査・面接試験を受ける。これとは別に音楽療法士養成コースをもつ認定校の卒業生を対象にした筆記試験がある。また、岐阜県・兵庫県などが、独自の資格認定をしているが、自治体で養成された音楽療法士は、その自治体で活動することを前提とされるので注意が必要。精神力と、心理学を基礎としたさまざまな知識、そして何よりコミュニケーション能力が要求される。じょじょに認められつつあるが、療法として広く確立されているとは言えない。目指す人は、「自分が日本の音楽療法の先駆者となる」というような強い意志を持つことが必要だろう。

ナース・プラクティショナー ［NP］

日本の看護師は、「保健師助産師看護師法」により医療行為が禁じられている。NP（Nurse Practitioner）、ナース・プラクティショナーは、アメリカで誕生した看護師資格で、そのためのトレーニングを積んだ医療行為なら、外科手術を除いて、ほとんどを行うことができる。高度な教育と診断能力を培った看護師で、現在はそのほとんどが修士号を持つ。アメリカでNPが必要とされたおもな理由は、プライマリーケアーにおける医師不足だった。ちなみにプライマリーケアとは、患者が最初にかかる医師のことで、日本では総合医、総合診療医、家庭医などと訳される。欧米では、交通事故で緊急手術が必要な場合などを除き、患者はまずプライマリーケアで診てもらうことが義務づけられている国は多い。

1965年にコロラド大学に最初のNPの講座が生まれた。当初は、小児科の予防医学などが中心だったという。発足当時は、看護協会からは「看護の考え方に合わない。

医師の真似をするべきではない」という批判が、また医師会からは「患者は本当の医師にかかるべき」などという批判があったという。医師不足が深刻になっている日本でも、すでにNP導入の検討がはじまっているが、日本看護協会は当初NP制度の導入に積極的ではなかった。また日本医師会は、2010年2月現在、導入に反対を表明していて、アメリカでの導入初期の動きとほぼ同じ現象が起こっている。

　アメリカでは、時が経つにつれて、NPは医師とほぼ同じレベルの医療を提供できているという研究が発表され、やがて医療現場になくてはならない存在として認められ、定着した。NPと医師との違いは、医療領域だけではなく、その哲学だと言われる。つまり、NPの医療行為は、「患者とその家族に教育を提供する」「患者が自分のケアをできるようにする」「健康を維持し病気を予防する」「安全な暮らしと生活環境を促進する」「医療システムへのアクセス・エントリーを助ける」という、看護学がもとになっている。

　日本では、大分県立看護科学大学大学院ではじめてNP養成講座が開設された。日本外科学会および日本胸部外科学会は、大分県立看護科学大学と大分岡病院が提案している「NP特区」に賛同する声明・医療の分業化促進に関する要望書を、内閣府および厚生労働省に提出した。2009年4月からは国際医療福祉大学や聖路加看護大学においてもNP養成コースが開設された。国際医療福祉大学の場合、慢性期療養者の疾病管理ができる高度実践型の看護師を養成するとして、実務経験5年以上の看護師を対象としている。厚労省は、日本版NP創設に向け、まず「特定看護師」という名称の看護師資格の試行をはじめると表明した。日本看護協会も、日本版NP創設・法制化を求める意見書を、厚労省「チーム医療の推進に関する検討会」に提出した。

　現状では、医師不足が改善する兆しは見えない。そして、コメディカル（看護師、薬剤師、栄養士、理学・作業療法士、医療秘書など医師以外の医療従事者）の充実が必要だという指摘はほとんど各界一致したものとなっている。アメリカには、NPの他にPA（Physicians Assistant）、麻酔看護師、呼吸器ユニット技術者、末梢静脈ライン確保を専門にしているIV（点滴）ナースなど多くのコメディカル職があり、チーム医療を支えている。アメリカの医療システムがすべて優れていて合理的なわけではない。だが、医療が高度化し、平均寿命が延びて慢性疾患が増え患者数も医療費も増え続けている現状では、参考にすべきところも多い。いずれにしろ、コメディカルの充実は今後日本でも実現が図られると思われる。NPは、その象徴とも言える存在である。NPやPAについては、児玉有子さん「看護」の特別エッセイでも触れられているので、参照のこと。

専門看護師

　日本看護協会専門看護師認定試験に合格し、より質の高い看護を提供するための知識や技術を備えているとされるのが専門看護師である。専門看護師の認定は1994年に始まり、2014年1月現在、がん看護、精神看護、地域看護、老人看護、母性看護、小児看護、慢性疾患看護、急性・重症患者看護、感染症看護、家族支援の分野で、約1250名が活動している。看護師は現在140万人いると言われている。専門看護師認定審査の受験資格は、保健師、助産師および看護師のいずれかの免許を有し、看護系大学大学院修士課程修了者で、日本看護系大学協議会が定める所定の単位（総計26）を持っていることが必要となる。実務経験通算5年以上。資格取得後の認定期間は5年で、更新手続きを取る必要がある。日本看護協会が認定する同様な資格に「認定看護師」「認定看護管理者」がある。しかし、当たり前のことだが、いずれもまず看護師にならなければならない。ナイチンゲールの伝記に感動し、看護の世界に憧れる13歳は、とにかくまず看護師を目指して努力してほしい。

登録販売者

　登録販売者とは、おもにコンビニやスーパーマーケットなどで、医薬品リスク区分の第二類および第三類の一般用医薬品を販売する仕事・資格で、2009年の薬事法改正により新しく設けられた。これまで医薬品は薬剤師のいる店でしか販売できなかった。だが、新しい法律では、登録販売者がいればスーパーやコンビニでも一部を販売できるようになった。医薬品は、医師が注射などで使ったり、また薬局で買うためには医師の処方せんを必要とする「医療用医薬品」と、処方せんを必要としない「一般用医薬品」（OTC薬、つまりOver The Counter Drugとも呼ばれる）の2つに、大きく分かれる。さらに、一般用医薬品は、副作用などのリスクの大きさに応じて第一類から第三類まで、3つに分かれている。登録販売者が扱える一般用医薬品は、風邪薬や鎮痛剤などの第二類、ビタミン剤や整腸剤などの第三類のみ。特にリスク管理が必要な第一類の薬（口唇ヘルペス治療薬や第二世代抗ヒスタミン薬、気管支拡張薬など）は、販売することができない。

登録販売者になるには、都道府県が行う試験に合格しなくてはならない。大学薬学部(6年課程、または旧4年制薬学部)を卒業しているものは実務経験免除。大学薬学部(6年課程以外)卒業と高卒(高卒認定含む)では1年の実務経験が必要。薬学部以外の大学卒は、高卒に準ずる。中卒の場合は4年間の薬品販売店での実務経験があれば受験可能。それらと同等以上の知識経験があると都道府県知事が認めた者。年齢制限はない。試験科目は、「医薬品に共通する特性と基本的な知識」「人体の働きと医薬品」「主な医薬品とその作用」「薬事関係法規・制度」「医薬品の適正使用・安全対策」の5項目。70％の正解率が目安だが、当然薬剤師よりもハードルは低い。たとえばコンビニなどで働く場合、登録販売者の資格を持っていると当然給料は高くなる。だが新しい資格なので、給与体系は統一されていない。

医療メディエーター

　医療対話仲介者と訳されるが、資格ではない。メディエーションとは、対話と問題克服のための考え方を体系的に学ぶメソッドであり、医療機関職員であれば医師や看護師だけではなく、誰でも医療メディエーターとして活動ができる。医療事故や、患者と医療者間で意見の対立が起こった場合に、中立的第三者として解決を促す。対話を重視し、情報を整理する専門技法（メディエーション技法）を習得し、患者側、医療者側、双方への理解と共感を持ち、解決策を粘り強く考え、双方に伝える。社団法人日本医療メディエーター協会（2007年3月設立）が認証した養成教育プログラムを受講後、登録申請をすれば院内医療メディエーター認定証が発行される。医療事故や医療過誤だけではなく、モンスターペイシェントなど、医療現場ではこれまでにはなかったトラブルが多くなっている。医療メディエーターは、まだ広く知られているとは言えないが、苦情や事故発生時の院内初期対応として、患者側と医療者側の、不要・不毛な対立を防ぐために考えられた重要な仕事である。

こんな職業もある　バイオ技術者▶P.115　ブリーダー▶P.118　盲導犬訓練士▶P.120　獣医師▶P.120　競馬調教師▶P.122　家畜人工授精師▶P.123　アニマルセラピスト▶P.131　人形作家▶P.211　管理栄養士▶P.271　栄養士▶P.271　メディカルスタッフ▶P.329　リフレクソロジスト▶P.329　精神科医▶P.351　臨床心理士▶P.351　心療内科医▶P.351　医療ソーシャルワーカー▶P.361

Essay｜バイオは夢のビジネスか

text by Ryu Murakami

バイオビジネスの誕生

　バイオビジネスは、バイオ技術を利用した新しいビジネスだ。バイオ技術とは、生物のからだの仕組みとその働きを応用する技術で、20世紀後半、生物を分子レベルで研究する分子細胞生物学が飛躍的に発達したことによって誕生した。電子顕微鏡などの研究器機の進歩と、コンピュータなど解析装置・技術の進歩に助けられ、それまで独立していた遺伝学、生化学、細胞学の成果がお互いにむすびつき、生物の細胞の仕組みや働きが分子レベルでわかるようになった。その中心的なものは細胞内の遺伝子の仕組みと働きの解明で、遺伝子を人工的に複製するクローニングという技術による遺伝子工学が誕生し、さらに細胞工学、胚工学などの新しい分野の技術がそれに続き、かつては想像もできなかったような技術体系となり、バイオは今世紀のテクノロジーの中心となって人類の発展に役立つと期待されている。そしてバイオビジネスとは、その技術体系を利用して利益を生み出そうとする国と企業の活動の総称である。

遺伝子の役割

　細菌からヒトまで、生物は細胞によってできている。たとえば大腸菌はたった1個の細胞だけでできているが、ヒトは約60兆個という非常に多くの細胞で構成されている。細胞の遺伝的な働きは大きく分けて2つある。成長・増殖のためのDNAの複製・増殖、それと細胞を機能させるタンパク質を作るというものだ。DNAの複製・増殖は、おもに細胞が誕生し成長するためのものであり、したがって最大限に成長した細胞では、「タンパク質の合成」がおもな役割になる。

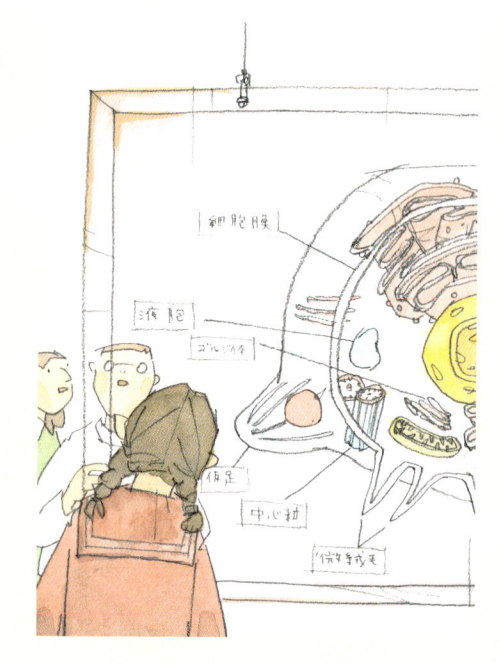

インスリンというホルモン

　たとえばインスリンという有名なホルモンもタンパク質で、血糖値を下げる働きがあり、すい臓内のランゲルハンス島という不思議な名前の細胞で作られる。ランゲ

ハンスというドイツの病理学者が発見し、すい臓内に球形や楕円形をした内分泌細胞群として散在しているために島と呼ばれている。さらに細かく見ていくと、ランゲルハンス島はA細胞、B細胞、D細胞（他にPP細胞がある）に分かれ、インスリンを製造するのはその中のB細胞だけだ。A細胞では、インスリンとは逆に血糖値を上げる作用を持つグルカゴンというホルモンが製造されている。

インスリンは胃や目では作られない

　ところで、ヒトのDNAは、胃の細胞も、肝臓や腎臓や目の細胞でもすべて同じものだ。インスリンはどうしてランゲルハンス島のB細胞だけで作られるのだろうか。どうして腎臓や目では製造されないのだろうか。その疑問は、まさに分子細胞生物学の探究の中心であり、バイオビジネスにおける今後の競争の焦点にもなっている。ランゲルハンス島B細胞ではインスリンというタンパク質の合成を行うスイッチがオンになっていて、他の臓器の細胞ではそれがオフになっている、というのがその疑問に対する答えである。1つの受精卵からすべての器官が作られていく発生の過程では、そのオン・オフの働きはさらに劇的だ。腎臓の細胞では、腎臓の酵素、特殊な膜、ろ過システムを構成するタンパク質の合成を指示するDNAの部分がスイッチ・オンされていて、その他のスイッチはすべてオフ状態になっている。目も同様で、目の機能に必要なタンパク質の合成に関するDNA部分のスイッチだけがオンになっているのだ。

たった4つの文字

　DNAの構成単位である塩基は、たったの4種類しかなく、それぞれA、T、C、Gの文字で表される。地球上のすべての生物のDNAには同じ4種類の塩基がある。例外はない。その4種類の塩基の組み合わせを元にして、タンパク質が合成される。細かく見ると、3個の塩基が1組となって、1個のアミノ酸を指定する。タンパク質合成用のアミノ酸には20の種類がある。タンパク質は数百から数千のアミノ酸で構成される。たった4個しかない塩基だが、それは「アルファベット」のようなものであり、その組み合わせによって作られるアミノ酸は「単語」のようなもので、タンパク質が「文章」にあたる。

DNAの無駄な部分

　バイオビジネスに関して、ヒトゲノムの塩基配列の解読がすべて終わったというニュースは記憶に新しい。ゲノムというのは遺伝情報全体のことで、具体的には細胞の核に含まれる染色体DNAのすべてを指す。塩基数から推測すると、ヒトゲノムは約10億個のアミノ酸を指定し、約100万種類のタンパク質を合成できることになる。

しかしタンパク質を指定できる「遺伝子」と呼ばれているDNA部分はその10分の1であり、残りの9割は、非遺伝子DNAとか、ジャンクDNAと呼ばれている。また、100万種類のタンパク質の合成を指定できる情報がありながら、実際にヒトが合成しているタンパク質は約3万種類に過ぎない。バイオビジネスにとって、ヒトゲノムの塩基配列の解読は到達点であると同時に、出発点でもある。これからの課題は、まずヒトゲノムから遺伝子DNAと非遺伝子DNAを区別し、遺伝子DNAがどのような指示を出し、具体的にどのようなタンパク質を合成しているのか、その機能を究明することにある。だがそれはそれほど簡単ではない。

タンパク質の効率的な使い方

　3万というタンパク質の種類は、ヒトの生命活動の複雑さに比べると予想外に少ないもので、わたしたちのからだはそれらのタンパク質を効率よく使っていると推測される。ある1つの部位または臓器の生命活動には必ずただ1つの特定されたタンパク質が関わっている、という厳密な法則性があれば、その役割や特徴を解明しやすいのだが、そうとは限らない。似たようなことが、わたしたちが日常的に使う言語にも含まれている。たとえば、「かく」という単語は、書く、描く、核、格、各、画、角、覚、閣、隔、確、欠く、掻く、などいろいろな意味をカバーする。「かく」が「書く」という意味だけに対応していれば、おそらく日本語を習得する外国人は助かるだろう。しかし「かく」に複数の意味があることで、それを自然に使う日本人にとっては、言

葉の豊かさと効率性が増していることになる。英語でも同様で、たとえばhaveやtakeという単語がカバーする意味の広さにわたしたち日本人はとまどうが、英語圏の人にとっては非常に便利だ。ヒトの遺伝子DNAとタンパク質も、広い「意味」、すなわち多くの「機能」をカバーしていると考えられる。そのことはわたしたちのからだにとっては効率的で便利だが、その解明は決して容易ではない。

●ビジネスに転用されるバイオ技術の種類

遺伝子診断（医療）

　DNA診断とも言われる。おおまかに3つに分かれる。被験者自身の遺伝子を調べる狭い意味の遺伝子診断と呼ばれるもの。被験者に発生した腫瘍の遺伝子とその変化を調べるもの。そして被験者に感染している可能性のある細菌やウイルスの存在、またタイプを調べるもの。生化学的検査などの進歩により、きわめて少量のDNAでヒトの遺伝子診断が行えるようになった。しかし、その人が持つ遺伝病がわかってしまうことから、情報の公開などに関して、法的・倫理的な対応が必要である。

遺伝子治療（医療）

　遺伝子療法とも言われる。遺伝子治療には、突然変異を起こした遺伝子を補って遺伝病を治療しようというものと、有害な物質を作り出す異常な遺伝子の発現を抑えるものがある。多くの遺伝病について、その原因となっている遺伝子上の欠陥が、クローニングという技術で分析できるようになり、それと置き換える正常な遺伝子も人工的に作れるようになった。基本的な遺伝子治療の方法は確立されつつあり、血友病、癌、肝炎、エイズ、あるいは成人病のような疾患に対して、非常に多くの可能性があると期待されている。しかし、遺伝子の体内への安全な導入や、遺伝子導入部のコントロールの方法など、問題も多く残っている。今のところ、遺伝子治療の臨床への応用は、死に至る危険性もある疾患で、他に安全で有効な治療法のないものに限られている。

クローン技術（おもに畜産）

　クローンには受精卵クローンと体細胞クローンがある。有名なイギリスのドリーは体細胞クローンだ。乳腺の細胞から遺伝子を持つ核だけを取り出し、それを核を除去した他の羊の卵細胞に入れる。そうやって新しく作った卵細胞を代理母である別の羊の子宮に着床させる。つまり体細胞クローンであるドリーには、父親がいなくて、「母親」が3匹いたことになる。乳腺細胞を提供した母羊、卵細胞を提供した母羊、そして子宮を提供した母羊の3匹だ。当然ドリーは乳腺細胞を提供した母羊から遺伝子を受け継いでいる。受精卵クローンは、オスとメスの交配でできた受精後数日の卵を、

細胞分裂で細胞が16〜32個に増えたころに、それぞれの細胞を分割して取り出し、核を取り除いた卵子に移植・細胞融合させ、培養したあとで、代理母の子宮に着床させるというものだ。

　受精卵クローンには父親がいることになるが、この違いは大きい。メスとオスがいる生物はすべて、誕生にあたって両親から遺伝子を半分ずつ受け取る。つまり、わたしたちは自分の遺伝子を丸ごと子孫に伝えているわけではない。新しい生命は、常に遺伝子をリセットしているわけで、それはたとえば新しい環境への適応といったことに有利だ。また遺伝子を丸ごと受け継ぐ体細胞クローンには、核と細胞質が別個であるためにその相互作用に問題が生じるといったリスクもある。

　現在すでに日本でも、牛の受精卵クローン、体細胞クローンが実用化されている。オスとメスを交配して妊娠させるよりも効率的で、おいしい肉の牛や良質のミルクをたくさん出す牛を「大量生産」できると期待されている。ただし現段階で出荷されるのは、受精卵クローンで作られた牛の食肉と牛乳に限られている。カナダ、アメリカ、フランスなどでも同様で、市場に出ているのは受精卵クローン牛だけで、体細胞クローン牛は出荷されていない。ただし、03年4月厚生労働省は、体細胞利用のクローン牛の安全性を認める報告書を出した。03年1月までに国内各地の畜産試験場で生まれた体細胞クローン牛330頭のうち、30％が死産か、生後まもなく死んでいて、病死も17％、生存率は約43％だという報告もある。また日本では、受精卵クローン牛の食肉や加工品などの出荷に関して、「クローン牛」という表示をするかどうかは生産者にまかせられていて、義務化されていない。

再生医療（医療）
　発生の研究の進歩とともに、おもに分子レベルの胚工学から発展した。ES細胞と呼ばれる細胞は、胚という環境に置くと、どんな臓器や組織にも分化する。実験動物だけの成果だと思われていたが、98年にアメリカでヒトのES細胞が作られた。ES細胞に一定のシグナルを与え分化を誘導することにより、将来的には移植用の臓器などをつくることが可能になるかも知れないと期待されているが、ヒトのクローン技術を応用しなければならないのでいくつかの深刻な問題がある。たとえ人工的に培養したものであっても、それがヒトの胚であることには変わりがなく、子宮に戻して育てれば当然人間の赤ん坊として生まれてくる。そういった「生命の源泉」とも言えるヒトの胚を、組織や臓器を作るための「工場」として利用してもいいのかという倫理的な問題がある。また、それは実はクローン人間を作るプロセスと同じで、途中でそれを止めるだけだ。だから誰かがやろうと思ったらヒトのES細胞から簡単にクローン人

間が生まれる。

そういった理由から、現在はES細胞だけではなく、移植を受ける本人の身体から必要な組織の幹細胞（あらゆる組織で器官や組織を修復・維持している特別な細胞。赤血球、リンパ球、白血球などを作る脊髄の造血幹細胞などがその代表）を利用する研究も進んでいる。

組み換えDNA技術（農業・食品）

生体外（試験管などで人工的に、という意味）でDNA分子を結合し、生細胞に導入して複製させる技術で、次のようなことを可能にした。ほとんどすべての生物から特定のDNA断片を単体として分離し、増殖させる。医療・産業用遺伝子産物を宿主生物内で合成する。クローン化したDNAに生体外で突然変異を起こさせ、遺伝子の構造と機能の関連を見る。それらの技術は、除草剤に強い遺伝子や、殺虫性を持つ（その農作物を食べた害虫は死ぬということ）遺伝子を導入された農産物や飼料などにすでに応用されている。

もともと遺伝子組み換え技術の農産物、食品への応用は、食料危機や飢餓の解決のために進められたということになっている。だが、実際は組み換え種子と、それとセットで販売する除草剤などの売上による開発企業の利益が主目的ではないかという指摘がある。遺伝子組み換えの種子は特許で守られていて、農家の自家採種は禁止されている。これまで種子は農家が自分で採種していたが、アメリカやカナダなどの農家では毎年買わなければならなくなった。

現在アメリカで栽培されている遺伝子組み換えの農作物はダイズ、ナタネ、トウモロコシ、ワタ、ジャガイモ、トマト、テンサイ、スクワッシュなど。現在日本で流通が認められている組み換え作物はダイズ、ナタネ、トウモロコシ、ワタ、ジャガイモ、テンサイ。食品としてはダイズ油、コーンオイル、ナタネ油、醤油、マーガリン、豆腐、冷凍ポテト（輸入もの）、コーンスターチなど。豆腐、ポテトチップス、コーンスナックなどはすでに表示対象となったので、メーカーは非組み換え原料に転換している。

なお、遺伝子組み換えの作物の安全性は、「実質的同等性」という基準で審査されている。遺伝子組み換え作物と、普通の作物を、見た目、主要成分、性質などで比較し、ほぼ同等だと判明すれば、もとの作物と安全性が同等とする考え方で、ちなみに日本の厚生労働省の安全性評価指針もそれに準じている。問題点として、長期間食べ続けても安全なのかという検証が行われていないという指摘もある。

遺伝子組み換え作物は、特許によって守られている。遺伝子組み換え作物以外でも、開発・研究費がばく大なバイオビジネスにおいて、特許は開発企業の利益を保証する。し烈な特許取得競争はすでに始まっていて、日本も参入しようとしているが、それに対しても危険性や不合理性を指摘する声が多い。たとえば先住民が守り育ててきた食用、薬用の動植物が世界中に存在するが、巨大資本のバイオ企業がそれらの遺伝情報を買い占めようとしている、というようなことだ。

参考　http://www.yasudasetsuko.com/gmo/faq.htm#1

1塩基多型・SNPs；Single Nucleotide Polymorphism（医薬品）

　人によって、背の高さや肌や髪の毛の色などさまざまな違いがある。個人によってわずかずつDNAの塩基配列が違うからだ。そういった違いは、全ヒトゲノム中に割合にして約1％、数にして約数百万カ所あると推測されている。しかもその細かい違いが比較的多く見られる場所についても、最近少しずつわかってきた。塩基の文字で表すと、A-Tというペアと、G-Cのペアが、1カ所だけ置き換わっているところで、それを指して、SNP（1塩基多型）と呼ぶ。1カ所ではなく、全DNA上にたくさんあるのでSNPsと複数形になる。

　将来的には、そういった個人差に対応できるオーダーメード（個人にあつらえて特別に作ったもの）の薬が開発されると言われるようになった。ある病気にかかりやすい、ある薬はよく効くが、別の薬は効かない、副作用があるなど、個人差に応じた薬を提供できるというものだが、実用化はいつになるかわからないというのが実情のようだ。医薬品関係では、その他にもヒトゲノム情報を応用したゲノム創薬といったアプローチもあるが、現状としては、SNPsの研究を含め、死に至る危険性のある遺伝病などへの対応に限られている。

バイオインフォマティクス；bioinformatics（情報）

　生命情報科学、あるいは、生物情報科学と訳されることもある。ゲノムの塩基配列情報や、タンパク質の構造・機能情報など、コンピュータを駆使して解析する技術のこと。これからはバイオインフォマティクスの差によってバイオビジネスの優劣が決まるというほど重要な分野で、人材は圧倒的に不足している、とよく言われる。だが違う見方もある。バイオインフォマティクスという学問・研究分野が生まれたのは、生物学的な必要に迫られてというより、単に山のようなデータがあったからだと指摘する科学者もいる。

ヒトゲノム解析で有名なアメリカのセレラ・ジェノミクス社は、スーパーコンピュータを何台も連結した解析装置を300台並べてゲノム解読を行った。日本の大学や研究所にはほとんど1台あるかないかというような巨大装置だが、それを300台使ったのだ。そういった装置があれば、当然データが山のようにはき出される。しかもヒトゲノムの解読が終わったからといって、装置を止めたり撤去したりするわけにもいかない。その装置の導入にばく大なコストがかかっているからだ。そうやって装置はどんどんデータをはき出していく。そのデータにどういう意味があるかは別にして、読み取る方法を開発するグループが誕生し、バイオインフォマティックスができたというわけだ。しかもそのデータは、科学者が必要に応じて集めたものではなく、コンピュータがプログラム通りにはき出しているものなので、科学者の直感が働くような種類のものではない。その山ほどのデータをどういう風に処理していくかという決定的な解決策はないし、この数年で開発していく予定だが、今でも装置は稼働し続けているので、さらにデータは溜まっていくことになる。

●バイオビジネスの未来
クローン人間を作るのは合理的か
　その他にも、バイオチップなどビジネスに応用されるバイオ技術はいろいろある。バイオの先進国であるアメリカに比べると日本はバイオベンチャーがまだ未発達で、政府は慌てて産業界と大学間で人材の橋渡しをしようとしたり、予算を組んだり、さまざまな支援策をとっている。そのこと自体は決して間違っているわけではない。だが問題は多い。まず、クローン技術や遺伝子組み換え作物などで、必ず取り上げられる倫理的・法的な対応がある。現状ではいつでもクローン人間が生まれる可能性があるし、遺伝子組み換え作物のリスクは特定されていない。ただクローニングに関する倫理的問題は、合理的かどうかという問いに置き換えるほうがいいと思う。

　クローン人間を作るのはどう考えても合理的ではない。中田英寿選手のクローンを11人作ったら、日本で最強のサッカーチームができるかと言えばそんなことはないからだ。核と細胞質が別個のものなので、両者の相互作用に支障が出る可能性もある。両親から半分ずつ受け継ぐのではなく、遺伝子のセットをすべてコピーして生まれ育つことのリスクもまだわかっていない。そして、ばく大なコストのかかった中田選手のクローンが、赤ん坊のときに転んで足を悪くするというような偶然性を排除できない。要するに、中田選手のクローンを作るよりも、優秀なコーチを雇ったほうが強いチームが生まれる可能性が高いかも知れないのである。

バイオビジネスのリスク

　クローン牛や遺伝子組み換え作物は、食料の供給ということで、クローン人間とは違い、ある程度の合理性がある。だが、たとえば原子力発電と同じで、そのリスクを特定することができないという欠点も抱えている。つまり予想外の事故が起こる可能性を否定できないし、その被害の大きさも測れないということだ。しかし、もちろんバイオビジネスは基本的に生命科学の貴重な成果であり、人類にとっての輝かしい未来を想像させる。そして科学技術の進歩には必ずリスクがあるわけで、リスクがあるからといって科学的な探究を止めるのは合理的ではない。必要なのは、バイオビジネスを妄信しないことだと思う。輝かしい未来が「約束されている」というように信じ込むのは危険だということである。

●結論1：バイオビジネスの課題

　バイオビジネスが抱えるもう一つの重要な問題は、短期間で利益を出すというビジネスの原則が、結果的に生命科学の「基礎研究」を軽視する傾向を生むということだ。この項の最初に書いたように、20世紀後半の分子細胞生物学の驚異的な進歩は、遺伝学、生化学、細胞学など、それまで別々に行われていた研究成果が結びつくことによって可能になった。それらの研究は長い歴史を持っている。科学者・研究者たちは、金儲けのためではなく、「好奇心」を動機にして、疑問と謎に立ち向かってきた。さまざまな現象を科学的探究によって理解しようという好奇心である。金儲けというモチベーションは、当たり前のことだが金儲けが不可能になった時点で消えてしまう。短期的な利益が最優先されるというビジネスの考え方では、たとえばノーベル賞を取った小柴教授のカミオカンデという装置も作られなかったかも知れない。好奇心に支えられた子どもや若者のモチベーションをどうやってふくらませ、持続させて、豊かな生命科学の土壌を作り上げることができるのか、「バイオ立国を目指す」というような空疎な掛け声の陰で問われているのは、そういうことである。

●結論2：バイオビジネスで働くためには？

　バイオビジネスで働くためには、相当の知識とスキルが必要だ。もちろん海外の大学や大学院や研究所で学ぶという選択肢もある。バイオの研究者を増やすため、日本にはポストドクトラルフェローという研究者の1年間の見習い制度ができた。「ポスドク1万人計画」というものもあるが、そういった計画が将来的にバイオ技術の充実につながるかどうかは疑わしい。民間のバイオベンチャー、バイオ企業で働く場合でも、大学の研究所に入る場合でも、求められているのは、農学、医学、薬学、生化学、工学、情報工学などの、幅広くて深い知識とスキルである。民間のバイオベンチャーの中には、農学と医学、薬学と医学、医学と工学などの、複数の知識を持つ若手研究者を求める傾向もあるようだ。

written in 2003

参考　『新しい発生生物学』　木下圭・浅島誠著　講談社
　　　『分子細胞生物学辞典』　村松正実ほか編　東京化学同人

その❹ 雲や空や川や海を眺める

遠足に行って、雲の形が変化していくのを眺めていると気持ちがいい。夕焼けは、毎日違うけど、いつもとてもきれいだ。ものすごい風を起こす台風は、いったいどこで、どうやって生まれるのだろう、そういうことをよく考える。

気象予報士

　気象庁から提供されるさまざまな気象観測データから、独自に天気の予報を行う。1993年の法改正で、民間でも局地の天気予報を提供できるようになったために誕生した職業。天気予報番組や気象解説などで活躍するほか、求められる地点での晴天や荒天を予報し、船の最適航路を予測したり、建設作業時期のアドバイスをしたり、イベントでの弁当・飲料水などの需要を予測したり、活躍の場は広い。国家試験の気象予報士試験に合格し、気象庁に登録することが必要。受験資格は年齢、性別、国籍などの制限がないが、大気の構造や熱力学、気象現象などについての深い理解が求められる。気象衛星、レーダー、アメダス（地域気象観測システム）などのさまざまな観測データを、目的に応じて加工するなどの高度な計算能力も必要になる。資格取得後、民間の気象会社などへ就職するのが一般的だ。

船員

船に乗り込んで海上で働く人たちを総称して船員という。船上での具体的な仕事としては次のようなものがある。

船長
船の最高責任者。

航海士
船の甲板での仕事を任務とする。甲板での責任者である一等航海士、それを補佐する二等航海士などがいる。

機関士
船の機関部での仕事を指揮監督する。責任者である機関長以下、一等機関士、二等機関士などがいる。

通信士
無線などを使って外部と通信したり気象に関する通報を行ったりする。

そのほかの乗組員

航海士や機関士の下で働いたり、事務や厨房の仕事を担当する。

このうち船長、航海士、機関士、通信士などの職員として船に乗り込む場合は、航行するエリアや船の大きさ、推進機関の出力などによって法律で定められた海技士（かいぎし）の資格が必要になる。海技士の資格は「航海」「機関」それぞれ1級から6級まであり、適用の基準は細かく分かれている。たとえば総トン数5000トン以上の遠洋区域の船の船長になるには「航海」1級、一等航海士になるには「航海」2級が必要。出力6000kW以上の近海区域の船の二等機関士になるには「機関」4級が、総トン数20トン以上の沿岸区域の船の船長になるには「機関」6級が必要、といった具合だ。この資格を得る国家試験を受けるためには、資格に応じて乗船履歴があることが必要となる。また商船大学や商船高専、海上技術学校などの養成施設を卒業した者には、試験の一部が免除される。

現実にはこうした学校を卒業し、船舶を保有する企業などに採用されて資格を取る人がほとんどである。さらに船長や航海士には一定の無線従事者の資格が必要になるし、船の種類によってはそのほかの資格が必要になることもある。たとえばタンカーの幹部職員には、危険物等取り扱い責任者の資格が必要になるし、国際航海を行う客船の乗組員は旅客船教育訓練修了者の要件を満たしていなければならない。貿易の拡大とともに成長していった日本の海運だが、外国籍の船が増えたり、外国人の乗組員が増えたりして、もはや大きな雇用の受け皿とはなっていない。ただし日本の船である限り、船長など上級スタッフには日本の資格が必要とされており、一定の需要は常にある。

潜水士

水中での土木作業やサルベージ（沈没船などの引き上げ作業）、海洋開発、環境調査、テレビ撮影など、潜水器具を使ってさまざまな水中作業を行う。これまでもっとも多かったのは港湾建設に関わる仕事だが、国の整備事業が一段落したため減少気味だ。そのため、なかには石油基地建設の仕事を求めて海外に渡る人も出ている。職業としての潜水士になるには、国家資格である潜水士の免許が必要。その上でより専門的な仕事につくには、より実務に即した資格が必要となることも多い。たとえば港湾建設の潜水士なら、港湾潜水技師、ワイヤーを使って水中のものを運ぶには、巻き上げ機運転、船上から潜水士に送る空気を調節するには、送気員の資格が必要、といった具合だ。危険作業が多いことから、高収入を得ることのできた職業であったが、公共工事の減少に伴い、仕事も収入も少なくなりつつあるのが現状である。

水中カメラマン

　雑誌や書籍、広告のための水中写真を撮る。風景、マリンスポーツなど、ほかにも海に関連した写真を撮っていることが多い。写真学校や美術系の大学で写真の技術を学び、カメラマンのアシスタントとして働き修業を積んだ後に独立したり、出版社や広告代理店などに作品を持ち込んで仕事を得るのが一般的。ダイビングと写真の両方の技術を持っていることが必要で、完全な実力主義の世界であり、収入は仕事によってさまざま。しかし、技術やセンスだけでなく、自分を売り込むための営業力がなくてはならない。現在多くの水中カメラマンがいるが、高収入を得ることができているのは一握りだけである。

水中ビデオカメラマン

　テレビ局、または番組制作会社の要請により海、川など水中の撮影を行う。制作会社に所属することが多いが、独立しフリーとなることも。ただし、フリーで仕事をしていくのは厳しいのが現状で、ダイビングショップに勤務するなど副業を持つ場合が多い。スキューバダイビングの上級者のライセンス程度では難しい撮影が多く、危険も少なくない職業である。地上波以外にも、多チャンネル化にともない、需要は増えていくことが予想されるが、要望も多様化し予算も減る傾向にある。その限られた予算のなかでいかにスポンサーの要望に応えることができるかが、成功するための大切な要素となる。

スキューバダイビングショップ

　ダイビング機材の販売やメンテナンス、ダイビングに関する各種ライセンス講習の実施、ダイビングツアーの企画・実施、の3つが主な仕事。ショップに就職して修業をし、その後独立するのが一般的。大学の海洋学部やライセンス取得目的の専門学校などを卒業してから就職する道もあるが、経験がモノをいう世界であるため、ショップで働き経験を重ねて海を知るほうが、将来独立するのには近道。ダイビングの世界的教育指導機関であるPADIやNAUIなどが発行する、海に潜ることのできる認定証「Cカード」があると就職に有利な場合もある。ツアーや講習などで客を引率するため、人を楽しませるサービス精神や安全管理能力が必要。それに加え、体力や根性も要求され、あこがれだけではできない職業といえるだろう。

スキューバダイビング・インストラクター

　客にスキューバダイビングの技術指導や、海中でのガイドを行う。スキューバダイビング・インストラクターの免許が必要であり、潜水技術はもちろん救助技術や危険な魚介類に関する知識も必要とされるが、スキューバダイビング・インストラクターの資格は法的には統一されていないため、指導団体によって取得条件は異なる。インストラクターは都市部のスクールか、ダイビングポイントのある海のダイビングサービス会社か、そのいずれかで働く。オフシーズンは、潜水士の手伝い、定置網のメンテナンス、船底清掃などを副業とすることもある。ダイビングはスーツや機材などにコストがかかる趣味なので、不況時は講習生が減る。また潜水は常に危険を意識しなければならず、経験が浅いダイバーをガイドしながら一日に何度も潜るのは体力を使う。なにより海が好きで海を熟知した人しかできない仕事である。

養殖業

　ハマチやカンパチなどの稚魚やカキやホタテといった貝類やノリなどの海藻類を、商品にできるサイズまで育てる。養殖業は、農業における酪農や畜産と考えるとわかりやすい。仕事内容は「どんな魚をどのような施設で養殖するか」によって違ってくる。これは大きく、プールのような水槽を使う「陸上養殖」と、海のなかにいけすを作る「海上養殖」に分けることができる。作業としては、まず毎日決まった時間に数回、魚にエサを投げ与える。魚が大きくなったら大きめのいけすに移したり、いけすなどの施設の点検と維持、死んでしまう魚も出るので、魚の数を把握するために数えたりといった作業もある。また、できるだけ高く売れる魚を育てるための品質管理や、客の注文に合わせて出荷するといったことから、製造業や流通のセンスも求められる。養殖業は沿岸漁業の漁師が、自分の住む地区の水域の特性にあったものを育てることがほとんど。家族経営のところが多く、すぐに養殖業を独立して始めるのは非常に困難だ。まず会社の形をとっているところに就職して、技術や経営方法について勉強するのが一般的。独立したい場合は、その地域の漁業協同組合に入り、区画漁業権を手に入れることが必要である。それでも飼料や機械の技術革新が進んでいる分野なので、漁業のほかの分野よりも未経験者が参入しやすいという意見もあるようだ。

漁師

　魚介、海藻類などを捕って収入を得る。漁業を大別すると、遠洋、沖合、沿岸の3つに分けられる。

遠洋漁業

　数カ月から1年もの長期にわたって、遠洋のカツオやマグロ、イカなどをそれぞれ専門的に狙って世界中の海を駆け巡る。数百トンから、ときには数千トンの巨大な船に乗船する。ほかの漁業に比べて収入も多いが、長期間家族と離れて暮らさなければならないなどのデメリットもある。人気は高いが求人件数はそれほど多くなく、未経験者が新たに乗船するのは難しい状況。長期の航海になるため、協調性が特に必要とされる。

沖合漁業

　主に日本の200海里水域内において、底引網やまき網でアジ、サバ、イワシなどを狙ったり、カツオ、マグロ、サンマなどを捕る。操業日数は日帰りから数週間と、獲物によってさまざまである。また、資源保護の観点から2カ月程度の休漁期間を設けている漁業協同組合（漁協）もあり、実働日数から考えると収入はそれほど悪くはない。もちろん、長い休漁期間を利用してほかの漁や仕事を行うことも自由である。

沿岸漁業

　周りを海に囲まれた日本で、各地域の独自の発展を遂げた漁業である。日本の漁師と呼ばれる人の大部分がこの沿岸漁業従事者。漁場が近いことから、日帰りの漁が基本。沿岸漁業は地域に密接した漁業で、漁協に加入する必要があるが、一定の実績が必要であったり、その地域に居住する必要があったりと、高いハードルがある。そのためその地域の人間でない人が新たに参入するのは難しい。

海女・海士（あま）

　潜水によって海中の魚介類（アワビ、サザエ、トコブシ、ウニ、ナマコなど）や海藻、真珠を採取する。皮下脂肪が多いといった体質的な理由などから女性が多い仕事だったが、近年はウェットスーツの普及により男性（海士）も増えている。地元の漁業協同組合に入る必要があるため、近辺で育った人間であるか、結婚などでその地域の住人の家族になっていることが必要。1年間程度の見習期間を経て一人前になるといわれている。収入は採取の量やシーズンによって幅がある。そのため男性であれば漁師と兼業、女性であれば主婦である場合がほとんどである。いったん都会で就職をしたが、戻ってきた人などが後継者になっており、人は足りているのが現状である。また、海女をしていた女性は比較的長生きすることが多く、なかには80歳を超えてなお現役で活躍している人もいるという。

川漁師

　ウナギやアユ、青ノリを捕るなど、川の漁で生計を立てている人。魚を捕るには、魚の習性や活動を知るだけでなく、天候や潮のめぐりなど自然の事象に関するさまざまな知識が不可欠。川や魚が好きであるのはもちろん、自然環境全体のことを考えられる人が求められる。また、ときには長い間じっと魚を待つこともあるので、体力に

加え根気も必要だ。基本的に、先輩漁師と一緒に漁に出て、経験を重ねながら一人前になっていくのが一般的で、一人前になるには少なくとも4、5年かかる覚悟がいる。船を使って漁をすることがほとんどであり、小型船舶操縦士免許が必要。環境破壊などの影響により魚が減ってきていることもあって、川漁師だけでは生計を立てることが難しく、農業などと兼業で行う人が多いのが実情だ。そのため、全国的に川漁師の数は減りつつある。

南極観測隊員

南極の昭和基地に越冬滞在して気象などの観測活動を行う。日本は、1957～58年の地球観測年に合わせて南極観測隊を派遣し、57年にオングル島に建設した昭和基地をベースに、オーロラ、宇宙線、気象、地形、氷河などを継続して観測してきている。現在までの派遣は51次に及び、地球環境の破壊を予感させるオゾンホールの発見は、日本の観測隊の成果。観測隊は各省庁が人選する観測グループと設営グループで構成され、毎年60名程度。11月に南極観測船「新しらせ」で出発し、翌年3月に帰国する夏隊が約40名、残りが翌々年3月に帰国する越冬隊。観測グループは気象庁や大学、研究所からの専門研究者で構成され、設営グループは機械、医療、建築、電気、調理などの専門家が企業から派遣される。参加するには、厳しい環境のなかでの活動に耐えうる健康な身体と精神力を持っていることが絶対条件。それぞれの分野のエキスパートであることが必要だが、何よりも重要なのは南極に対する関心と、南極に行きたいという強い意志である。

山小屋経営

多くは登山道の途中に建ち、登山者の休憩や宿泊を目的とする。30年ほど前のブームから時がたち、有用な山小屋は残り、必要のないものは消えているのが現状だ。山小屋はヒュッテともいう。山すその観光地にヒュッテと称するペンションも乱立するが、本来の人命保護の意味合いからはほど遠い。山小屋経営者は山が好きで小屋を建て、住み着いた人がほとんどだが、多くは国有地や国定公園、県の土地であるため、これから新たに小屋を建てるのはほぼ不可能といっていい。基本的には

山小屋を訪ね、雇ってもらい、将来的に小屋を譲ってもらうというのが経営への流れだろう。資質としては、山が好きなことが大前提。動植物に詳しく、山の気候を読む力があれば、登山客には喜ばれる。山で暮らす孤独に耐える精神力も必須だし、何より、人（登山客）の世話を焼くのを苦にしないことが大切だ。人命救助に関わることも多々ある。

ガラス屋職人

　高層ビルの窓ガラスや外壁の清掃を行う職人。空中をブランコに乗って移動しているようにも見えるので、ブランコ職人などとも言われる。ゴンドラに乗って作業をするには特別安全講習を受けなければならない。だが特に資格は必要なく、ビル清掃・メンテナンス会社に就職し、アルバイトや契約社員からスタートする。スクイジーというT型のワイパーのような清掃用具を使いこなせるようになってから、ブランコ作業講習を受ける。3ヵ月程度で基本的な作業ができるようになる。当然だが、高所恐怖症の人は向いていない。大事なのは安全管理ができること。建物の形によっては命綱がはれない場合もある。2年に1回『日本ガラスクリーニング選手権』という大会があり、ガラスを拭く速さと仕上がりを競う。地区予選を勝ち抜いた上位10人が全国大会に出場し日本一が決まる。バランス感覚とある程度の技術が必要なため男性が多いが、女性の職人もいる。雨や風の強い日は作業ができないが、拘束時間の短い短期決戦型の仕事で、プライベートの時間を多く取れるという利点もある。訓練と実益をかね、ガラス屋職人になるプロのクライマーもいる。危険な仕事だが、平均時給は他業種とほとんど変わらない。

こんな職業もある

海事代理士▶P.64　客室乗務員▶P.69　ペンション経営▶P.74　ランドスケープアーキテクト▶P.111　農業▶P.113　鵜匠▶P.125　マタギ▶P.126　バスプロ▶P.127　天文台で働く▶P.181　風景カメラマン▶P.215　塩作り職人▶P.265　ワイナリーで働く▶P.266　冒険家・探検家▶P.325　山岳救助隊員▶P.325　ネイチャーガイド▶P.326　アウトドアスポーツ・インストラクター▶P.326　スキーインストラクター・スキーパトロール▶P.327　シャーマン▶P.352　海上保安官▶P.370　ムービーカメラマン▶P.405　パイロット▶P.423　ヘリパイロット▶P.423　気球操縦士▶P.431

その❺ 炎や爆発を見る・実験する

キャンプに行ったときに、大きなキャンプファイヤーを燃やすのが大好き。授業で、アルコールランプなど実験器具を使い、正しい手順と材料の分量を守り、個体や液体や気体が変化するのを見るとワクワクする。

火山学者

　噴火は、その規模や形などが、火山によって違う。それがどのような種類のものなのか、火山学者でも推測はむずかしい。火山学の基礎は実際の噴火の現場で観測することである。噴火に接する機会は非常に少ないため、生命の危険があることがわかっていても、噴火があれば、リスクを承知で、対象となる火山に向かう。火山学者にとっては、噴火は研究を活かす最大の機会なのである。大学で地質学を学ぶが、気象学など周辺の学問も重要となる。地滑りや水蒸気など、噴火に伴う現象を専門に研究する人もいる。火山学者の観測と予知によって、多くの人命が救われたケースもあるが、危険な観測で命を落とした人もいる。

消防官

　日本の消防組織は、国の機関である消防庁と、地方自治体の消防本部や消防署、さらには消防団からなる。消防団はふだん別の仕事をしている人がいざというときに駆けつけるもので、大半の消防活動は自治体に置かれた消防本部や消防署が行っている。消防活動ですぐ思い浮かぶのが火災の消火と救急車の出動。これ以外には各種の災害対策や救助（レスキュー）、火災・災害予防のための指導や規制、防災のための広報活動などがその主な仕事である。採用は各自治体ごとに行われる。東京消防庁の例でいうと、募集は大学卒業程度を対象としたⅠ類、短大卒程度のⅡ類、高卒程度のⅢ類、さらに法律や建築、電気、化学などの専門知識がある人を対象にした専門系、という4つに分けて行われる。採用試験に合格すると、全員が消防学校に入学する。全寮制。入寮期間は6ヵ月で有給。ここで消防の基礎知識、技術、体力などを身につけるとともに、消防活動を行ううえで必要な国家資格も取得する。消防学校を卒業すると各消防署に配属され、一定の実務経験を積んで「救急の仕事がしたい」「消防車の運転をしたい」などといった希望を出すと、勤務の実績などを考慮されたうえで、今度は専門の研修を受けることになる。専門家を養成する研修は、化学、医学、外国語、ヘリコプターの操縦など、全部で80種類以上あるという。

花火師

　花火を製造し、それを打ち上げる。通常は冬期に花火製造を行い、夏期に花火大会の準備、打ち上げを行う。花火製造会社に勤めるのが一般的であるが、中小企業であったり、家業として営んでいる会社が多く、一般から公募されることはまれである。花火製造にはいくつもの工程があり、すべて手作業の職人技。プロとして花火を打ち上げるには、日本煙火協会が発行する資格が必要。これは花火製造会社に勤めている者だけが取得できる。多量の火薬を扱う危険作業であることから、常に緊張感を持って仕事を行わなくてはならない。

ロウソク職人

　伝統的手法により一本一本ロウソクを手作りする。仏事のための白いロウソクや朱ロウソク、茶事で使用する数寄屋ロウソク、ほかにも絵ロウソクや巨大ロウソクなどを作る人もいる。ロウソク職人になるには職人に弟子入りして学ぶ。売り物になるものを作れるようになるまで3年、一人前になるのには早くても10年はかかるという。代々の家業を継いでロウソク職人になる人が多い。これは修業期間中は、売り物にできるものができない以上賃金を支払えないからである。また技術を習得しても、代々の家でない限りは取引先の保証がないため、職人の後継者にならなくては食べていくことは難しい。忍耐の必要な職業であるが、その反面で、伝統を守るという面白さを味わうことができる。

特効屋

　テレビ、映画、イベントの視覚効果などの特殊効果を担当する。仕掛け花火や、プロレスでレスラーの登場に合わせ花火をあげるなど、タイミングを必要とするものを手がけるだけでなく、テレビ、映画の撮影などで風、雪、雨などの自然現象を作りだすことも。特殊火薬効果など火を扱う者は、煙火従事者の資格が必要。その資格は煙火を扱う会社に所属する者しか取得できないため、特殊効果を業務とする会社に勤めなければならない。

発破技士

　建物や道路を造るため、あるいは採石のために、ダイナマイトなどの火薬を使って山などを切り開いていく。仕事の性質上、火薬に関する知識や取り扱い方法を熟知していなければならない。発破技士の資格を得るためには、安全衛生技術センターが実施している試験に合格することが必要。発破作業の経験が豊富で、難しい現場でも適切な処理ができるベテラン発破技士は貴重な存在であり、報酬も高い。

溶接工

　金属を溶かして接合させる溶接の技術者。工場や鉄骨を組む建設現場、造船所など職場は工業関係全般にある。溶接工は不自然な姿勢で作業をするため、健康なからだを持っていることが何より必要とされる。指示通りの溶接を行うための最低限の技術は、若い人は1年で習得可能といわれるが、図面から必要な作業を判断することのできる一人前の溶接工になるには3年は必要。日本溶接協会などで資格試験を行っており、大企業などでは資格保有者を求めている傾向にあるが、中小企業などは腕が立てば資格があるかは不問で雇うところも多い。つまり資格は仕事を得る必要条件でも保証になるものでもないということだ。溶接工という響きには「衰退業」というイメージもある。これは溶接作業の大半をロボットが担当しているという見解のせいだろう。しかし実際には、判断力を持ち細かい作業ができる、人間でなくてはできないデリケートな溶接がまだまだ多い。そういった状況は、おそらくどれほど科学技術が進歩しても変わらないだろう。そのため溶接の技術があれば一生食いっぱぐれがない、という時代は確かに終わったが、溶接工がその役割を終えることはない。

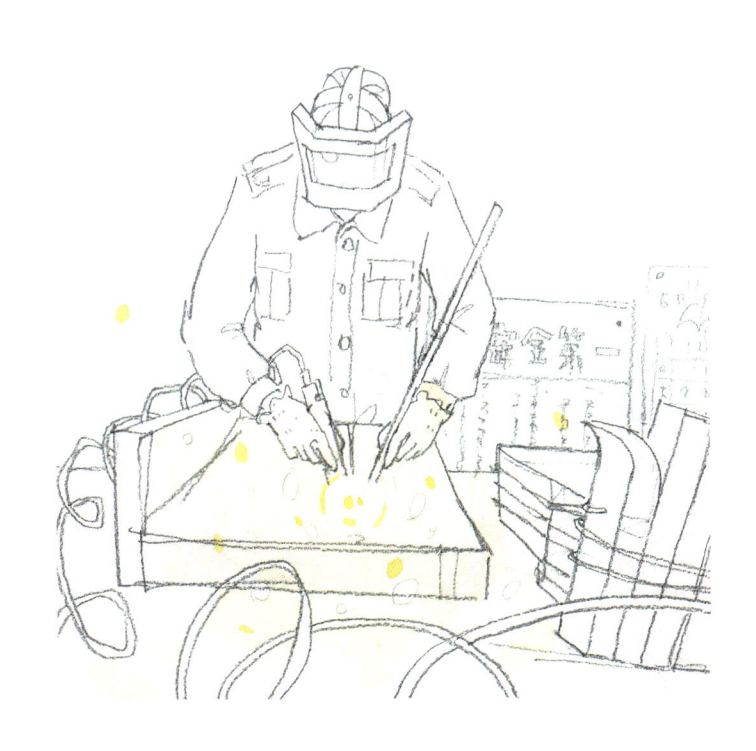

臭気判定士

　悪臭防止法に基づいて設けられた国家資格であり、悪臭の原因、実態を調査、測定する仕事である。2009年3月現在の資格取得者は3100人。社団法人「におい・かおり環境協会」によって行われる資格試験と嗅覚検査に合格して資格を得る。住民から行政へ悪臭の苦情が寄せられた現場などで調査にあたる。においを採取して、一般のパネラーにかいでもらった結果をデータ化する仕事なので、特に鋭い嗅覚が必要ということはなく、測定技術やにおいに関する知識のほうが重要になる。以前は工場や家畜のにおいへの苦情が多かったが、最近は焼き肉店やケーキ店まで苦情の対象になっており、活動する機会は増えた。個人で活動している例はほとんどなく、臭気測定のコンサルタント会社、脱臭装置開発メーカー、臭気測定器開発メーカーなどに就職している場合が多い。

レアメタル採掘・トレーダー

　レアメタル（希少金属）とは、ニッケル、プラチナなど約30種類の金属。銅や金などのベースメタルを採掘する過程で副産物として採掘されることも多い。携帯電話やデジタルカメラなど、ありとあらゆるハイテク機器に使われ、需要が急増している。レアメタルについては、貿易を行う総合商社に加え、専門商社もある。レアメタルトレーダーの場合、鉱物や地質学の知識よりも、経済の知識や商売のための交渉力、また数ヵ国語を話す語学力、それに埋蔵地が辺境にあって、治安が悪いことも多いために国際情勢に対する情報網、場合によっては危険を察知する能力なども必要とされる。近年では携帯電話やデジタルカメラ、パソコンなどの産業廃棄物に含まれるレアメタルを抽出することが可能になり、それらは「都市鉱山」と呼ばれ注目されている。日本の「都市鉱山」には全世界埋蔵量の1割を超える金属が存在していると言われるが、抽出コストがかかるために、産業化は簡単ではないようだ。

こんな職業もある　鍼灸師▶P.143　彫金師▶P.246　プレス工▶P.247　板金工▶P.248　シェフ▶P.261　パン職人▶P.262　ジュエリーデザイナー▶P.283　マジシャン▶P.320　機関車運転士▶P.427　気球操縦士▶P.431

Essay｜火と炎の魅力と魔力

text by Ryu Murakami

　原始時代の人類にとって、火は貴重な道具となり、文明の第一歩を築く基盤となった。それは人類が得た最初のエネルギーであり、食料を調理し、土器を作り、鉄を加工し、危険な動物を遠ざけ、凍死をふせいでくれて、夜の闇に人工の視界を作り出して想像力を刺激した。火を作り出し、コントロールできたことで、人類の可能性は飛躍的に高まったのだ。そのころの記憶がどこかに眠っているせいなのか、わたしたちは火や炎を見ると安心したり興奮したりする。花火を見て、美しさを感じたり、興奮したりするのは人間だけで、猫や犬は怖がる。

　だが、火や炎はエネルギーなので、制御できない場合には事故や災害となる。火事や爆発事故や火山の噴火はわたしたちに大きな被害をもたらす。「火と炎と煙が好き」という項目に消防士を入れたのは、ジョークではなくて、火と炎と煙の魔力と危険性を消防士たちは知り尽くしているのではないかと思ったからだ。つまり火と炎と煙への深い理解と畏敬の念がないと、消防士はつとまらないのではないだろうか。火と炎と煙を嫌悪するだけでは火事や災害には立ち向かえないだろう。

　火と炎と煙と消防士の関係は、人間と職業の関係の一面を象徴している。つまり火と炎と煙が好きという人間が放火魔になるわけではないということだ。好き、という感情は曖昧で複雑である。消防士の仕事は火を消すことだが、大規模な山火事や石油コンビナートの火災などでは、延焼をふせぐために、単に火を消すのではなく、草や木を除去したり、爆風で火を吹き飛ばしたりすることがある。つまり火と炎と煙をコントロールするわけだ。放火魔は火と炎と煙をコントロールしようとするわけではない。破壊的な火と炎と煙に自分自身を同化させ、ゆがんだ快感を得ようとする。つまり火と炎と煙が持つエネルギーに依存しているということになる。

　好きという感情は、まず好きになった対象をよく知りたいと思う。そしてやがてコントロールしたいと思うようになる。火と炎のように、それ自体がエネルギーであるようなものを好きになった場合、もっとよく知りたいと思う人は、エネルギーの研究者や技術者や火山学者になるかも知れないし、コントロールしたいと思う人は消防士に興味を持つかも知れない。火と炎と煙が好きな放火魔というのは実は存在しない。何か大きなエネルギーを持つものに依存する人は、自分の欲望に向かい合うことから逃げているだけで、別に火と炎と煙ではなくても、依存できるものなら何でもいいのだと思う。

written in 2003

その❻ | # 星・宇宙を見る・憧れる

星がまたたくのを眺めていると、心が安まる。天体望遠鏡で何時間も夜空を観察しても飽きない。スペースシャトルや宇宙ステーションに乗ることができるのなら、どんなに訓練が厳しくても、絶対に乗りたい。

宇宙飛行士

　現在、JAXA（宇宙航空研究開発機構）に所属する日本人の宇宙飛行士は8名（09年現在）。スペースシャトルの運用、国際宇宙ステーションの組立て、宇宙空間における実験や観測などの仕事をする。2009年、日本を含む15カ国からなる国際宇宙ステーション（ISS）内に、日本実験棟「きぼう」が完成したことにより、2009年12月からは、野口聡一さんが日本人として2人目となる宇宙での長期間滞在中である。日本の宇宙飛行士は、在籍する飛行士の人数が足りない場合のみ、不定期に募集される。1人の飛行士を育てるのに莫大な費用がかかる。次回の募集は未定。前回の応募条件は、理系の大学を卒業し、研究や設計、開発の仕事を3年以上経験した英語の堪能な人、となっているが、受験資格や試験内容は時代によって毎回多少変わる。ちなみに、アメリカ・NASAの宇宙飛行士になるためには、アメリカの市民権・国籍が必要。

NASAで働く

　NASAとはアメリカ航空宇宙局のこと。世界の宇宙開発の中心で、設立は1958年。同じ年にNASAは人工衛星エクスプローラー1号を打ち上げている。ワシントンの本部のほか、ケネディ宇宙センター、ジョンソン宇宙センターなど、国内に10のセンターがある。職員数はおよそ2万人。それ以外に契約の職員15万人が働いている。NASAといえば宇宙飛行士を思い浮かべるが、その数は100人。それ以外にも多くの人が、宇宙計画を中心に、さまざまな研究・開発を行っている。基本的に正規の職員はアメリカの公務員。だが日本人にもNASAで働くチャンスはある。ひとつは契約の研究者として招聘されるケース。数は少ないが、日本の大学で航空宇宙学を学んだ後、アメリカに留学、研究者としてNASAで活躍している人もいる。もうひとつは日本の宇宙開発機関に所属し、そこから派遣されるケースだ。NASAはさまざまな分野で各国の宇宙開発機関と協力関係にある。冷戦の終了と予算の制限のなかで、宇宙開発は国際分業体制の時代に入ったといっていい。「国際宇宙ステーション」などはその最たるものだ。日本の宇宙開発機関である宇宙航空研究開発機構には、NASAとの間に主なものだけで10以上の協力プロジェクトがある。これらに関わる研究者、開発者にはNASAで働くチャンスも十分にある。なお宇宙航空研究開発機構は、毎年数十人の新卒採用を行っているほか、宇宙工学や理論物理などさまざまな分野の専門家も随時採用している。

天文台で働く

　国立天文台をはじめとした天文台で、赤外線や電波などさまざまな波長を使って天体を観測するとともに、その結果を解析して性質や成り立ちを調べる。そのほか、天体の位置を精密に測ったり、大型計算機を用いて宇宙の姿を理論的に解き明かす研究を行っている。国立天文台にはおよそ常勤300人の職員がおり、そのうち半数近くが天文学の研究活動に従事する教授、準教授、助手である研究者。残りが、観測機器の設計、運用など国立天文台の研究開発すべての技術的な部分を担当する技術職員と、施設の管理や広報などを担当する事務職員である。研究者になるには、修士号か博士号を取得していることが必要で、基本的には公募による採用。技術職員、事務職員は公務員であるため、公務員試験を通過した後、国立天文台への就職を希望した者のなかから選抜される。また、全国には県や市町村が運営している天文台がおよそ300カ所ある。しかし、多くの自治体は、天文に関する社会教育や普及活動の一環という認識で、研究として成り立つ程度の設備を持つ天文台は、数カ所のみ。仕事内容や採用状況はそれぞれの自治体によって決められている。数学や英語の勉強を欠かさず、天文に関する興味と、研究への意欲を持ち続けることが大切である。

プラネタリウムで働く

　科学館や博物館のプラネタリウムで、宇宙や天体についての解説をする。プラネタリアンと呼ばれている。館内で放映する番組の制作も仕事のひとつ。天文界での旬の話題をどう収集して知らせるかも、プラネタリアンの腕の見せ所である。星の知識をわかりやすく、楽しく伝えるのが役割なので、自分が体験した感動や喜びを持ち続けることも大切だ。日々、進歩するプラネタリウム機材をメンテナンスする技術も、持っているにこしたことはない。各館によって採用はさまざまで、公立か民間かによっても違うが、資格はいらない。ただ、学芸員資格を条件にあげる館もあるので、持っていると有利といえる。ときおり、天文雑誌や学会誌に人員募集の広告が載るが、ひとりの枠に数十人が応募する。現実には、プラネタリアンが知人のつてで欠員を補充するのがほとんどなので、天文ファンの間で人脈を築いておく努力も必要だろう。

占星術師

　太陽、月、また太陽系にある8個の惑星の位置を調べ、客の運勢などを読み取る。西洋占星術、インド占星術、東洋占星術などさまざまな流派がある。自分の事務所を持っている人や、街角・デパートのフロアなどで占う人、最近では電話やインターネットを利用しての占いも増えてきているなど、働き方はさまざま。雑誌やテレビなどマスコミに登場する有名占星術師もいる。占星術師になるためには、まず自分の専門にしたい占星術を決め独学で勉強するか、占いの教室や講座に通ったり、気に入っ

た先生に弟子入りするほか、海外の通信教育やコースを利用するなどの方法がある。日本語で書かれた文献はまだまだ少なく、特に西洋占星術の場合は本格的な文献は英語で書かれたものがほとんどで、英語を理解できることが必要。また、いうまでもないが、天文学の知識は不可欠である。

天文雑誌編集者

　天文や星を主題に扱う雑誌の内容を企画、取材し、まとめあげる。天文雑誌編集者として活躍するには、天文の世界を広く知っており、そこからいかにして読者の興味を引く企画を立てられるかが大切。そのため、天文学に関する詳しい知識や編集経験よりも、望遠鏡を操作できる、天文学同好会に在籍していたなど、実際の経験が役立つことが多い。また、星を観察したり、イベントなどが行われる場所は人里離れた暗くて空気の澄んでいる場所が多い。「寒くて、暗くて、不便な場所でも、平気なこと」も天文雑誌編集者に必要な資質のひとつである。

こんな職業もある　ペンション経営▶P.74　気象予報士▶P.163　南極観測隊員▶P.170　山小屋経営▶P.170　冒険家・探検家▶P.325　映画監督▶P.402　ドローイング・SFXイラストレーター▶P.412

Essay | 学問は本来面白いものだ　[その2:天文学]

text by Ryu Murakami

　昔から、天体・宇宙はわたしたちを魅了してきた。それは燦然と輝く太陽や、夜の星や広大な宇宙が、わたしたちの想像力を刺激してきたからだ。宇宙は、魅惑的な謎であり続け、それは基本的には今も変わらない。天文学は古くより学問として存在していた。たとえば世界最古の星表・星図は、紀元前147年にギリシャの観測天文学者、ヒッパルコスにより作られた。彼がこの時用いた技法は現代でも用いられている。また古代の人々は、天体と神話を結びつけて考えていた。彼らが天文観測や信仰のために造り出した建造物は、遺跡として今日まで残っている。

　こうした古代の天文学のイメージは、現代の天文学よりも広く知られており、天文学者というと、望遠鏡で星を眺めている人を思い浮かべるかも知れない。しかし現代の天文学は、夜の空を望遠鏡で眺めるだけではない。宇宙がどのように誕生し、天体や銀河を形成し、生命を作り出したのか、という宇宙の進化と歴史を解明する学問になりつつあり、宇宙論（コスモロジー）と呼ばれている。今から20年くらい前までは、宇宙の始まりを考える場合、物理学の助けを借りて、「こうやって宇宙は誕生したはずだ」という予言的な理論しかなかった。

　しかし今は、電波望遠鏡や、人工衛星、コンピュータなど、先端テクノロジーの発達により、理論を実証データと照らし合わせ、目に見えるものとして解明できる時代がやってきた。たとえばアメリカの理論物理学者ガモフは、1946年に宇宙は火の玉から始まったと予言した。しかしあくまでも予言めいた理論でしかなかった。しかし先端技術で得られたさまざまな観測データと照らし合わせると、見事に理論と一致することが証明されつつある。電子顕微鏡などの科学機器やコンピュータなどの進歩で、生物学が分子レベルで飛躍的な発展をしたことに似ている。

　これまで宇宙論という分野はデータによる実証ができず、理論が主で、たとえば定年退職した名誉教授などが研究することが多かった。しかし今は違う。今、多くの意欲的な若い研究者が宇宙の進化に取り組んでいる。今では、30万年前の宇宙の姿を電波望遠鏡を用いて撮影することができる。理論が実際に検証できる時代がやってきたのだ。さらに、初期の宇宙はガスに被われているため不透明で、電波望遠鏡でも見ることができないが、重力波というものを使えば、創成期の宇宙を写真に撮れるのではないかと言われている。生命体がどうやって生まれたのか、という謎の答えも見つかるかも知れない。

日本では、国立天文台と大学の研究機関の連携によって宇宙の進化の解明が行われている。大学ではどちらかというと理論の研究者が多い。コンピュータでシミュレーションをして、星が生まれ、銀河が形成される過程を探るといったような研究が主に行われている。国立天文台では、たとえばハワイにある「すばる望遠鏡」などを用いて、データを得るための観測が主に行われている。理論と観測が結びついて、宇宙の謎が解かれようとしているのだ。2003年にも「すばる望遠鏡」を利用した発見は数多くある。たとえば、わずか1カ月ほどの間に、地球から128億光年の彼方にある銀河を見つけ、また木星、土星に新しく18個の衛星を確認している。そのほかにも、宇宙誕生の解明に関わる発見がいくつもある。星と宇宙へのあこがれと興味を持つ13歳にとって、すばらしい時代ではないだろうか。

written in 2003

05 「音楽」が好き・興味がある

その❶ 歌う

音楽の授業が待ち遠しくてしょうがない。もっときれいな声で、正確な音程で歌いたい。合唱や輪唱も楽しい。歌は、悲しいことやいやなこと、寂しさを忘れさせてくれる。

歌手

人類史の中で、歌手とダンサーはもっとも古い職業の1つかもしれない。わたしたちは、楽しいときやうれしいとき、あるいは悲しいときや寂しいときに、思わず歌を口ずさむことがある。歌はもっとも根元的な感情の表現で、プロの歌手は、演歌、歌謡曲、ジャズ、ラテン、ロックといったジャンルを問わず、わたしたちをその声と歌唱力で、いやしたり、勇気づけたりする。歌唱力は学校で訓練すれば上達するが、声は、まさしく天性のもので、誰もが歌手になれるわけではない。自ら望んで歌手になる人よりも、周囲がそのすばらしい声に気づいて、歌手になることをすすめることが多い。もちろん音楽的な素養も大切だが、多くの人を魅了する天性の声を持っているかどうかのほうが重要である。

宝塚歌劇団

未婚の女性だけで演じる歌劇団で、団員には「男役」と「娘役」がいる。専用劇場の宝塚大劇場（兵庫県宝塚市）と東京宝塚劇場（東京都千代田区）での本公演を中心に活動し、全国に大勢の熱烈なファンを持つ。舞台に出演するのは宝塚音楽学校の生徒と卒業生だけで、花、月、雪、星、宙という5つの組と、他のどの組の公演にも参加できる「専科」に分かれている。公演に外部の俳優が出演することはないし、生徒・団員が外部の舞台や映画などに出演することもほとんどない。ただし、トップスターが退団後に舞台や映画、テレビなどで活躍するケースは多い。宝塚音楽学校の定員は約40名。試験は面接と声楽・バレエの実技など。倍率は常に約20倍前後で合格は非常にむずかしく「東の東大、西の宝塚」などと言われる。応募資格は「容姿端麗で宝塚歌劇団の舞台人に適する者」「この春に中学を卒業する人から高校在学中＆高校を卒業する人」となっている。予科、本科それぞれ1年の音楽学校を卒業すると、歌劇団に入団となる。入団直後は「研究科1年」、その後は研究科2～7年となり、研究科8年目から年俸制のタレント契約となる。構成員は未婚の女性だけという世界にも類のない歌劇団だが、役者・歌手・ダンサーが公演だけで食べていける劇団は、この「宝塚歌劇団」と、「劇団四季」以外、日本には存在しない。

劇団四季

劇団四季にはいわゆる「スター俳優」がいない。主要なキャストには熱烈なファンがついているが、公演の集客を左右するような役者・ダンサー・歌手はいない。そして、その意味は大きい。スターに依存しない経営ができるからだ。スター俳優をテレビや映画やCFに「貸して」劇団の運営費用に充てる必要もない。劇団四季は、公演だけで、役者・舞台スタッフ、営業・宣伝など運営経費のすべてをまかなっていて、常設の専門シアターや、企業とのタイアップ、地元自治体との協力体制など、合理的な経営をしてビジネスとしても成功している。

スターは作らないが、劇団員の演技・歌・ダンスなどのレベルの高さは、圧倒的だ。また劇団の運営は合理的で優良企業そのものだが、浅利慶太氏が確立した舞台演出はきわめてオーソドックスなものだ。所属俳優は約700人。全員が演技、歌、ダンスの正統的な訓練を受けているプロの集団だ。オーディションによる劇団員の採用があるが、海外のバレエ団で訓練を積んだ人や、芸大で声楽を勉強した人など、そのレベルは非常に高く、倍率は1000倍とも言われる。オーディションで落ちても、可能性が認められれば研究生となって無料でさまざまなレッスンが受けられる。

　オーディションは不定期で、ヴォーカル部門、ダンス部門、演技部門に分かれる。芸能プロダクションや他の劇団に所属しながら、四季の舞台に立つ出演契約もある。ヴォーカル部門は、クラシックとポピュラーに分かれ、音大卒業者、声楽・オペラ界で活躍するクラシック系の歌手はもちろん、ジャズやポップス、ロックなどジャンルは問わず実力のある歌手が募集される。ダンス部門は、クラシックバレエが基本だが、モダンやコンテンポラリー、ジャズなどさまざまなジャンルのダンサーが応募する。演技部門は、新劇系に限らず、小劇場系劇団の出身者やフリーで舞台中心に出演している経験豊富な俳優が募集される。劇団四季では、ミュージカルだけではなく、歌やダンスのない伝統的な台詞劇であるストレートプレイも上演するので、演技力のある役者が必要とされる。晴れて劇団員となっても激しい競争があり、主役級の役者も、常に下からの挑戦を受けることになる。徹底した実力主義なので、新人が主役を勝ち取ることもある。年齢、性別、国籍は問われない。中国、韓国、欧米などの外国籍を持つ俳優も活躍している。ヴォーカル部門とダンス部門では、研究生となる研究所コースも募集されているが、こちらも合格は簡単ではない。劇団員への報酬は一般的な給料制ではなく、出演する舞台とその役柄によって出演契約を結ぶ一種の成果主義年俸制であり、ステージに立つ回数が多い主役級の役者では1000万円以上の収入がある人がいる。オーディション情報は劇団四季のホームページを見ること。

音楽タレント

　人生の一時期だけポップミュージックシーンで活動する人のこと。アイドルを含む。クラシック音楽家やスタジオミュージシャンや歌手には演奏能力や歌唱能力が求められるが、音楽タレントに求められるのは、まったく別の才能だ。その才能を説明するのはむずかしい。極端なことをいうと、日本のポップミュージックシーンでは、音痴でもデビューできて、ヒットすることもあるし、曲が書けなくても、顔が悪くても、身長が低くてスタイルが悪くて、性格が最悪でも、成功し、スターになれる場合もある。もちろん、歌がうまくて、顔がよくて、背が高くスタイルがよくて、性格もよいのだったらそれに越したことはないが、それだけでデビューできたり、スターになれるとは限らない。成功する基準が曖昧で、挑戦するにはリスクが高い仕事。

デビューする方法としては、オーディション、持ち込み、ライブで発掘される、などがある。持ち込みの99％はボツになる。声と曲とルックスが判断基準であり、演奏はそんなに重視されない。だが演奏が非常にうまければスタジオミュージシャンに転向できる可能性もある。運よく音楽タレントとして発掘されても、売れなければ、仕事はなくなる。デビューして、２年後ないし３年後に、生き延びるか、やめることになるか、プロダクションから判断が下る。その基準は、レコードの売り上げやライブ動員数。つまり人気があって、プロダクションやレコード会社に利益が出たかどうかで決まる。音楽タレントに必要なのは、音楽的才能のほかに、若者としての、ある種の輝きのようなものだ。「何が何でもスターになってやる」というハングリー精神、「小さいころから異常に人気があった」というような生まれながらのスター性、他人には真似のできない自分だけの世界を表現・パフォーマンスする独自性、などが「輝き」を生む。ほかにやることがないからバンドでもやるか、というような中途半端な動機で音楽タレントを目指しても絶対に成功しない。

声楽家

　クラシックの歌曲やオペラを歌う。ソロ歌手として独立できる人はごくわずかで、オペラ団体や合唱団に所属するのが一般的。しかし、そもそも声楽家として生計を立てている人は非常に少ない。ソロ歌手への意欲のある人は、アルバイトを続けながらコンクールに出場し、賞を狙う。海外で個人レッスンを受け、海外のコンクールで受賞したりして、若くして声楽家としてデビューする人もいるが、それは特例中の特例。一般的には海外や国内の音楽大学の声楽科で学ぶ。声楽家の多くは、小さいころから先生について、発声の基礎やピアノなど音楽的教育を受けている。声楽家として自立するのはきわめてむずかしく、都市部に住んでいて、家計に余裕がある家の子どもがどうしても有利になる。

こんな職業もある　声優▶P.54　ホステス▶P.70　ミュージカルダンサー▶P.312　チアリーダー▶P.313　舞妓・芸者▶P.315　旅芸人▶P.318　劇団員▶P.319　舞台俳優▶P.321

その❷ | 聴く

有名だからとか、他の人がいいと言うからではなく、自分で見つけた好きな作曲家と好きな曲がある。なぜだか理由はわからないけど、ピアノ曲を聞いていて、気がついたら涙があふれてきたこともある。音楽が持つ力についてもっと知りたいと思う。

クラブDJ

店や客の雰囲気を読んで選曲をし、スムーズに曲をつないでいく。ハウス、ヒップホップ、トランス、レゲエなどさまざまなジャンルがあり、そのジャンルだけに精通している人もいれば、すべてのジャンルをカバーするオールジャンルのDJもいる。ほとんどがフリー契約。仕事上、どうしても新譜のレコードを次から次へと買い込む必要があるため、有名なDJでも俗にいう「レコードを回す」だけで食べていける人は一人もおらず、自分で曲を作ってCDを出したり、映像を作ったり、モデルをするなど別の仕事を持っている。

楽譜出版社で働く

どのような楽譜を出版するのかについて企画を立て、曲に著作権がついている場合には手続きをし、楽譜の編集作業を行う。また、販売を行う営業担当者もいる。編集の場合、著作権法についての専門的な知識は、入社後に身につければよい。基本的に必要なのは、譜面を読む力だ。とくにクラシックを専門に扱っている出版社の場合、楽典についての歴史的知識も求められるため、音楽大学を卒業しているとよい。ポップスや歌謡曲の場合は、そこまでの知識を必要としないが、音楽が好きで楽器の演奏経験があるほうが望ましい。最近は無断で楽譜をコピーしたり、コードなどをホームページ上からダウンロードする場合も多く、楽譜の発行部数は伸び悩んでいる。

音楽の権利関係に関わる仕事

音楽をビジネスとしてとらえたとき、権利関係を管理する仕事は欠かせない。権利関係のなかで基本となるのが作曲家、作詞家が持つ著作権で、彼らに代わってこの著作権を管理する会社を音楽出版社という。出版社という名がついているのは、音楽ビジネスにおける最初のマスメディアである楽譜を出版していた名残で、実際に出版活動を行っているところはごく一部。その後音楽はレコードとして録音・複製されるようになり、また映画、テレビ、カラオケなどさまざまな使われ方をするようになって、音楽出版社の仕事も多岐にわたるようになった。一般的に曲が使用されると、使用者→日本音楽著作権協会→音楽出版社→作者、という流れでお金が支払われる。著作

権を管理する一方、音楽出版社はその曲がたくさん使われるように宣伝をしたり、その曲を使ってCDを作るというような仕事をすることもある。すでに音楽のネット配信は主流となりつつある。新しいメディアができるたびに、音楽出版社をはじめ権利関係に関するビジネスもそれに対応して変化してきた。法務や外国との交渉能力など、専門知識がある人材は常に求められている。

写譜屋（しゃふや）

クラシックのスコア（指揮者が使う楽譜）や、編曲家が書いたスコアから、各楽器のパート譜を書き出す。クラシックのスコアや編曲家が書くスコアには、各楽器の楽譜が一緒に並べて書いてあるので、それを、楽器ごとに、別の楽譜に書き出す。最近は、楽譜ではなくデジタル音源の国際規格であるMIDIで編曲され、デジタルデータを渡されることも多いので、写譜屋はMIDIにも通じていなければならない。楽譜を書く能力はもちろんだが、音楽理論や楽器についての基礎知識は不可欠。音楽大学の学生が、アルバイトで写譜をやり、そのなかで、特にきれいな楽譜を書ける人が、卒業後もプロとして写譜の仕事を続けるというケースが多い。地味な仕事だが、きれいに写譜された楽譜は、まさに音楽を支える記号である。

ローディー［ミュージシャンアシスタント］

「坊や」とも呼ばれる。ミュージシャンが使う楽器の手配と管理、楽器のセッティングなどを行う。ミュージシャンやその事務所に雇われているケース（坊や）と、楽器レンタル会社に所属しているケース（ローディー）がある。つまり、坊やは、プロのミュージシャンを目指す若者が、あこがれのミュージシャンのもとでの下働きをするということ。しかし担当する楽器の専門的な知識は不可欠。坊ややローディーから始めて、死ぬほど演奏練習をするとか、誰よりも楽器に詳しくなるとか、努力しだいでは、ミュージシャンになったり、優秀な楽器レンタル専門家になることもある。運転免許証は不可欠。

音響エンジニア

　同じ楽器を演奏しても、その音は場所によって違った音色で届く。音の響き、つまり音響は、音楽の一部であり、すべての音楽は音響技術に支えられている。音響エンジニアは、音の響きに関して、さまざまな工学的な仕事を受け持つ。以前は、音響機器メーカーなどに勤めて、おもにアンプやスピーカーなどの再生装置の設計や開発にあたっていたが、コンサート会場の増加や、騒音問題などの影響で、仕事の範囲が広がっている。コンサートホールやライブハウス、スタジオなどの音響設計はもちろん、建物・部屋の防音や遮音、防振、空調の消音などの施工・管理、あるいは音響測定、音響システム設計、音響コンサルタントなど。大学や専門学校などで、音響工学を学ぶことが必要。また電子・電気回路、オーディオ技術の知識のほかに、最近では、コンピュータが音響技術の核になっているため、コンピュータの技術と知識の習得も不可欠になっている。音響機器メーカー、音響設計会社、建築設計施工会社、放送局、スタジオ、映像スタジオなどさまざまな職場があるが、音に対する鋭くて優秀な感覚を持っていることが条件となる。

レコーディングエンジニア［レコーディングミキサー］

　マルチトラックで録音した複数の楽器の演奏を、バランスを考えながら、1つの音楽にまとめる。たとえば64チャンネルのマルチトラックレコーディングでは、64種類の音・演奏を1本のテープに録音することができる。レコーディングでは、たとえばまずドラムスやベースなどのリズムセクションを録音し、次に管楽器を入れて、さらに弦楽器を入れ、コーラスを入れて、カラオケを作り、最後に歌手が歌を入れる。レコーディングエンジニアは、それらのすべての過程で、音のエンジニアリング（音とそのバランスを整えること）を行い、またディレクターや各ミュージシャンがイメージする音色を作って、最終的にマスターテープを作る。専門的な音楽の知識と、録音機器の知識はもちろんだが、音のバランス感覚、音感、いろいろな音楽体験なども必要である。音楽大学や専門学校を出て、レコード会社や原盤制作会社、それにスタジオなどに所属して、助手からスタートするのが一般的だが、なかにはミュージシャン出身のレコーディングエンジニアもいる。フリーも多い。今では多くの専門学校にレコーディングエンジニアの養成コースがあるが、プロデューサー、ディレクターと同じように、学校を卒業しても、プロのレコーディングエンジニアになれるとは限らない。

レコーディングディレクター

　楽曲の選定から、編曲家や参加ミュージシャンの選定など、録音する音楽コンテンツに関する方向性を決める。楽譜やスコアを読めて、各楽器の特質を把握できるなど、音楽的な専門知識はもちろん必要だが、歌手やミュージシャンとの信頼を築くコミュ

ニケーションスキルを持ち、より多くの良質な音楽を聴いていないとできない仕事である。音楽大学や専門学校などで教育を受け、学生のころから音楽業界でアルバイトなどをして、自分の能力をアピールし、人的ネットワークを作るのも重要。レコード会社や原盤制作会社などに所属するのが一般的だが、優秀なフリーのディレクターも多い。ディレクターを養成する専門学校もあるが、プロデューサーと同じで、学校を出たからといってディレクターになれるとは限らない。

レコーディングプロデューサー

　録音に限らず、制作費の管理や、CDジャケットのデザイン・印刷、宣伝など、レコーディングの企画から販売まで、すべてのビジネスをプロデュースする。最近では、ネット配信の圧縮デジタル音楽を手軽に購入する新しい視聴スタイルが定着し、それに対応する必要が生まれている。レコード会社や原盤制作を請けおう会社に所属していることが多い。音楽に関する専門知識に加えて、歌手やミュージシャンの能力を把握できて、コミュニケーションスキルがあり、音楽ビジネスに関するあらゆる知識が必要である。最近では、レコーディングプロデューサーを養成する専門学校もあるが、人的なネットワークの広さと経験の深さ、つまり、コネがあるとか、顔がきくというのが、何よりも重要な職種である。ちなみに、昔は、音楽業界といえば、おもにレコード会社と、歌手や音楽タレントやミュージシャンを抱えるプロダクションの2つを指していた。特にレコーディングに関しては、レコード会社がスタジオを所有し、レコード会社の社員が、レコーディングディレクターやレコーディングエンジニア（ミキ

サー）の仕事をしていた。しかし、CD制作の数が増えるにつれて、原盤制作の会社やインペグ屋などが生まれ、レコーディングの仕事は、しだいに専門化され、専門業者や専門家が請け負うようになった。しかし、もともとは1つの業界だったわけで、重要なのはあくまでも、コネがあるとか、顔がきく、ということである点には変わりはない。専門学校で勉強をしても、レコーディングプロデューサーとして成功するのは非常にむずかしい。

マニピュレーター ［プログラマー］

　コンピュータに情報を打ち込んで音楽を作ったり、シンセサイザーやサンプラーなどの電子機器を使って、編曲家やミュージシャンやディレクターがイメージする音を作る。編曲家やキーボード奏者がマニピュレーターを兼ねることもある。コンピュータ技術よりも、電子音の組み合わせでどんな音を作れるかという、独特の音楽的な感覚が必要。音楽的な専門教育だけではなくて、モニターに表示される波形で音をイメージできるような、音響工学の知識もあったほうが有利である。CD制作費を安く上げるために、またデジタル音楽全盛時代にあって、その需要は増える傾向にある。専門学校もあるが、学校を卒業しても、プロのマニピュレーターになれるとは限らない。

マスタリングエンジニア

　録音された音楽を、CDプレス仕様にまとめる。曲順や曲間、それぞれの音量を決め、トラックIDを入れ、音楽用CDとして成立するための規格（REDBOOKと呼ばれている）に沿って、必要なコードを入れる。そうして作られた"PQ ENCODE MASTER"と呼ばれるマスターテープでなければ、音楽CDとしてプレスすることができない。マスタリングエンジニアには、音楽の専門知識に加えて、ちょっとした音のゆがみも聞き逃さない優れた聴覚が必要。音楽や録音技術を教える専門学校を出て、レコード会社や原盤制作の会社に勤め、助手から始めるのが一般的だが、フリーで働く人もいる。

インペグ屋

　INSPECTORの略。レコーディングやライブで、ディレクターやプロデューサーの要望に応じて、スケジュールや報酬の管理を含めて、演奏ミュージシャンを斡旋・コーディネートする。多くのミュージシャンとのネットワークがあることや、レコード会社や原盤制作会社とのコネクションが必要なので、元ミュージシャンや元レコード会社ディレクター、元マネージャーなど、音楽業界出身者がほとんど。日本のポップミュージックが盛んになるにつれて、誕生したビジネスだが、音楽業界のリストラ、CD制作費の圧縮の影響を受けて、現在は数が減りつつある。

ステージ美術デザイナー

　コンサート内容に合わせて、舞台監督と相談しながら、ステージセットのデザインをする。ライブコンサートに限らず、オペラ、演劇、ファッションショー、レビュー、テーマパークのイベント、見本市などの会場デザインなど、カバーする仕事の範囲は広い。会場設営会社、舞台美術関係会社に所属する人と、フリーがいる。美術およびデザインに関する基礎知識、照明効果に関する知識、コミュニケーションスキルに加えて、コンピュータで3D（3次元）のデザイン図を描けると有利である。大学や専門学校で、美術やデザインを勉強し、関係会社にアルバイトで入って、プロを目指すのが一般的。

DTM［Desktop Music］クリエーター

　CDや楽譜から、コンピュータでMIDI規格のデータを作る。おもに携帯電話の着信メロディや通信カラオケ用データとして使われるが、インターネットのホームページなどに使われることもある。音楽が好きで、楽譜の読み書きができるなど音楽の専門的な知識があり、コンピュータを使いこなせれば基本的に誰でもできる仕事で、アルバイトでMIDIデータを作りながら高い報酬を得ている人もいる。しかし、着メロやカラオケの需要は数年後に一巡して終わってしまうので、将来的には、音楽とコンピュータ両方の、より高度な知識と技術を持つ人だけが生き残るという指摘もある。

舞台音響

　ミュージカル、商業演劇から小さな劇団の舞台まで、いわゆる「お芝居」の音響を担当する。たとえば、雨の音や雷の音を作ったり、実際に録音したりして、シーンに応じてタイミングよく流す。大きな会場などでは、マイクを用いて俳優の声も担当する。本番だけでなく、稽古のときからつきっきりで仕事をする。現在は、出来あいの音源がCDライブラリとして販売されているため、それらを用いるケースも多い。音響関連の会社に属する人が多いが、フリーで活動する人もいる。ただフリーにしても自分で音響会社を設立するといったケースが多い。

照明

　コンサートの内容、曲目などに合わせて、舞台監督と相談しながら、照明プランを作り、照明機材のセッティングと操作を行う。照明専門会社やコンサート制作会社に所属する人と、フリーがいる。ライブコンサートに限らず、オペラ、演劇、ファッションショー、レビュー、テーマパークのイベントなど、カバーする仕事の範囲は広い。光と影および色の明るさと強さに関する感覚、コミュニケーションスキル、電気的な知識、体力などが必要。舞台照明のカリキュラムがある専門学校もあるが、照明会社

でアルバイトをしながら、経験を積んでプロになるのが一般的。日本照明家協会が行う技能検定制度があるが、現場ではほとんど役に立たない。ただし、公共の施設の照明管理責任者になる場合は、その資格取得が条件となることがある。

PA［音響］

　舞台監督や出演者と相談して、コンサートの、聴衆に向けた音響を整える。出演者が自分の声や演奏を聴けるようにステージ上の音を整えるのは、モニターPAと呼ばれる。音響機材の搬入、セッティング、整音操作、撤去までがPAの仕事である。ライブコンサートに限らず、オペラ、演劇、ファッションショー、レビュー、テーマパークのイベントなど、カバーする仕事の範囲は広い。コミュニケーションスキル、音感、優れた聴力、体力などに加えて、複雑なワイヤリング（電気楽器やマイクやアンプなどの配線）を行うので電気的な知識も必要で、搬入・撤去のために運転免許は不可欠。専門学校にはPAになるためのカリキュラムがあるが、音響会社でアルバイトをしながら、経験を積んでプロになるケースが多い。国家技能検定として、舞台機構調整技能士検定・舞台音響調整作業技能検定があるが、この資格は現場ではほとんど役に立たない。ただし、公共の施設などで働く場合には、この資格取得が条件となることがある。

こんな職業もある　テープリライター▶P.41　作詞家▶P.43　舞台監督▶P.203　バックダンサー▶P.311　フラメンコダンサー▶P.312　ミュージカルダンサー▶P.312　ラジオ業界で働く▶P.392

その❸ 演奏する

友だちと合奏して、いろいろな楽器で、一つの曲を形づくっていくのがとても気持ちがいい。いい音色で、100年以上昔の作曲家の指示である楽譜を、間違えないように演奏できたときは、奇跡のような喜びがある。楽譜に描かれている音符と音符の間には、無限の自由があるような気がする。

ミュージシャン

　ポップミュージックのソロ歌手やバンドが、レコーディングやライブコンサートをするときに、伴奏する。作曲や編曲をすることもある。楽譜が読めることが最低条件で、高い演奏能力が求められる。フリーで仕事をする人もいれば、「インペグ」と呼ばれるミュージシャン斡旋業者に登録しているケースもある。鍵盤楽器・弦楽器・管楽器奏者は、音楽大学などで専門教育を受けるのが一般的。エレクトリックギターやベースなどの電気楽器、パーカッションなどは、必ずしも専門教育の必要はないが、たとえばラテンパーカッションなどでは海外の本場で演奏経験があるとか、有名ミュージシャンと一緒にバンドを組んでいたとか、音楽的な知識や体験が豊富だとか、成功するためにはそういった付加価値が求められる。どの楽器も競争はかなり激しいので、卓越した演奏能力と同時に、コミュニケーション能力も重要で、良い人的ネットワークを持っているほうが有利である。

クラシック演奏家

　クラシック音楽のソリストで、独奏曲や協奏曲などの作品を、コンサートでソロで演奏したり、スタジオで録音したりする。代表的なのは、ピアノとバイオリン、チェロ、それにフルートやクラリネット、オーボエなど。ほかの弦楽器や管楽器、打楽器などは独奏曲や協奏曲の作品が少ないので、ソリストとなるのはむずかしい。小さいときから基礎を学び、音楽大学などで専門教育を受ける。海外で訓練や経験を重ねる場合も多い。ソリストとして認められるのは非常にむずかしい。コンクールなどで賞を取ったり、有名なオーケストラと共演を重ねたりして、名声と地位を確立する必要がある。

オーケストラ団員

　交響楽団に所属するクラシック演奏家のこと。ただし、交響楽団はそれほど多くの楽団員を募集しているわけではなく、たとえ音楽大学を出ても、交響楽団に入るのは簡単ではない。たとえば東京芸術大学の音楽科の、約400人の卒業生のうち、交響楽団に入るのは数名だといわれている。後は学校の音楽教師になったり、アルバイトをしたり家族の援助を受けながら、演奏家としての活動を続ける。だが、「食えない」からといって、クラシックを演奏する喜びと充実感が失われるわけではないし、クラシック音楽の厳しい訓練による達成感は、常に新しい才能を呼び寄せる。

コレペティトゥア

　オペラの練習時にピアノの伴奏を行うが（公演時にはオーケストラによる演奏が一般的）、その役割は伴奏だけでなく、オペラ歌手の教師役となり、歌い方や演劇の指導までを行う。音楽大学のピアノ科もしくは伴奏科を卒業し、オペラ団体に所属しな

がら修業を積むことが多く、指揮者が兼ねることもある。日本ではそれほど認知されていない職業であり、需要も多くはないため、コレペティトゥアとして生計を立てることができているのは一握り。ピアノの技術があることは絶対条件であるが、加えてオペラに精通しており、歌手の気持ちになってピアノを弾くことができなくてはならない。なによりもオペラが好きで、オペラ制作に貢献したいという気持ちが重要である。

指揮者

　管弦楽団や交響楽団を指揮する。音楽大学の指揮科で学ぶか、海外で個人教授を受ける。あるいは作曲を学んだ後に指揮者になるケースもある。指揮者を職業としている人は、日本中で10人にも満たないかもしれない。日本の交響楽団が外国人の有名な指揮者を招待してコンサートをすることも多いからだ。ひょっとしたら、総理大臣になるより、指揮者として成功するほうがむずかしいかもしれない。音楽と楽器に対する深い理解と敬意、作曲家の意図とアイデアに対する卓越した想像力、そして演奏家たちの才能を引き出すコミュニケーションスキルとカリスマ性、プロデューサーとしてオーケストラを率いる忍耐力と指導力、すべてを備えていなければ指揮者にはなれない。音楽を愛する人にとって、フルオーケストラの指揮は、永遠のあこがれである。

ピアノ調律師

　すべての楽器には調律が必要だ。楽器の保全と管理を含め、その楽器がもっともよい音で鳴るように楽器を調整しなくてはならない。ほとんどの楽器は演奏者自身によって調律されるが、複雑で微妙な構造と機能を持つピアノには、調律を専門にするプロがいて、調律師と呼ばれる。調律師の仕事は、基本的な音程を作る文字通りの「調律」のほかに、もっともよい状態で音を発生させるための整備をする「整調」、さらに演奏者のイメージ通りのデリケートな音色を作る「整音」の3つがある。また最近では、防音について相談に乗ったり、温度・湿度の管理についてもピアノ使用者にアドバイスをすることもある。ピアノメーカーなどに付属する調律師養成機関や、調律科のある音楽大学、専門学校で学ぶか、あるいは高校を出てすぐに修理メンテナンス部門を持つピアノ販売会社などに入り修業する。音に関する感覚が優れていて、音楽が好きで、できれば指が1オクターブの鍵盤に届くことが望ましい。一人前になるには数年かかるが、自分が調律したピアノがすばらしい音を奏でるのは無上の喜びであるらしい。

楽器製作メーカーで働く

　大手の楽器メーカーの場合、楽器製作は完全な分業だ。ピアノの鍵盤なら鍵盤だけを、機械を用いて製作することになる。職人的な世界とはまったく違っている。専門的な知識は就職後に身につけるため、とくに音楽の専門学校を卒業する必要はない。就職試験では専門知識よりも、将来、製作チームをまとめるためのリーダーシップがあるかを見られるようだ。しかし、実際の製作は海外で行っている場合もあり、全体的に採用は減っている。メーカーには企画部門、デザイン部門、設計部門などもあり、デザイン部門は美術大学や専門学校でデザインを学んだ人、コンピュータ時代なので、設計部門は工学部の大学院などで電子系の知識やソフトウェア技術を学んだ人が採用される傾向がある。自分がどの部門に進みたいのか、はっきりさせることが必要だ。また個人でバイオリンやチェロなどを趣味的に製作する人も増えている。

管楽器リペアマン

　管楽器の修理を行う。木管楽器、金管楽器の専門工房で働いたり、メーカーや楽器店に就職して技術を身につけ、その後独立する人もいる。この職業につくには、音響学的な知識と音色を聞き分け判断できる耳を持っていることが求められる。専門の学校もあり、フランスに留学する人もいるが、学歴などよりも、技術を持っているかどうかが重要視される。客を満足させた経験を積み重ね、管楽器技術者は一人前になっていく。なりたい人は多いということだが、現状でも腕の良い技術者はなかなか少ないという声もある。

楽器職人

　新作の楽器を製作し、そのかたわら修理や調律なども行うのが一般的。バイオリンの場合はオーケストラをメンテナンスの得意先に持つこともある。メインで製作している楽器に近い楽器も作る人もいる（バイオリンとビオラ、ギターとウクレレなど）。職人になるには、工房などに弟子入りするか、専門の学校で学ぶ。弟子入りにはすでにある程度の知識や技術を持っていることが望まれる場合もある。販売本数が多い有名な職人を先生にするほうが、独立してから先生の名前ではくがつくこともあり、後々有利になるといえる。ただし熱意と根気がなければ弟子入りはできない。また海外の学校に留学することもメリットがある。たとえばバイオリンの場合、イタリアのクレモナに専門学校がある。1本の楽器をすべて自分で作る自信がついたら、あるいは先生に一人前として認められて独立する。いずれにせよ技術の習得には時間がかかる。製作した楽器は、小売店や専門誌などに持ち込み、市場を開拓する。出荷本数を多くしたい場合は、日本の楽器販売は小売店や卸しに持ち込む。職人製作の楽器はメーカー製のものに比べ高い値段がつく。13歳はまず演奏家としてチャレンジすることを考えるべきだが、その楽器が好きで好きでたまらないが、演奏家になることを諦める場合には、困難な道ではあるが、ぜひおすすめしたい職業である。

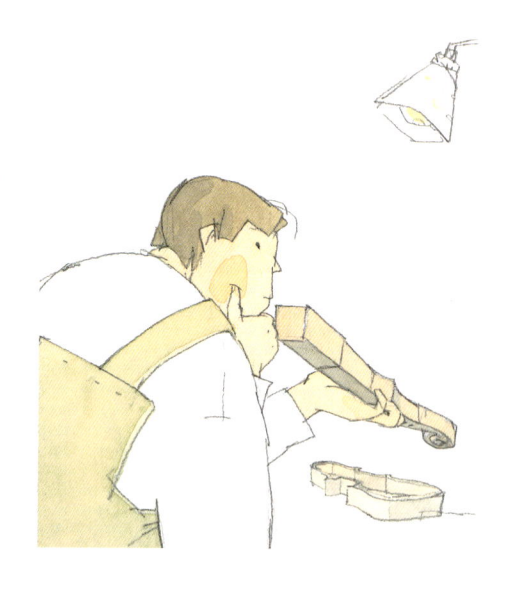

編曲家

　編曲とは、演奏楽器の編成を考えたり、各演奏楽器のパートの譜面を書いたり、作曲家が作ったメロディにハーモニーやリズムを加えたり、さまざまな音楽的な装飾を加えたりすること。レコーディング、CF、映画、テレビドラマやドキュメンタリーそのほかの番組のテーマソング、舞台やミュージカルなど、編曲にはさまざまな仕事の分野がある。また一般に販売される楽譜、市民オーケストラやマーチングバンドなどの編曲をする人もいる。音楽理論、楽譜を書く能力は不可欠なので、音楽大学や専門学校で専門教育を受ける必要がある。特に、最近は、コンピュータを使って作曲家が編曲までやることが増えているので、編曲専門のプロとしてやっていくためには、卓越した音楽的知識と編曲の技術を持っていなくてはならない。

楽器の先生

　初心者からプロ志望者までを対象に、楽器の演奏や音楽理論を教える。ピアノやバイオリンなどの教室、音楽関係の大学や専門学校、楽器店や楽器メーカーのギターやベースやキーボードやパーカッションの教室などで教える。フリーでやっている人も多い。鍵盤楽器、弦楽器、管楽器などは、音楽大学や専門学校などで、専門教育を受けるのが不可欠。特に地方では、卒業大学のランクが生徒集めに影響する。演奏家を目指して活動を続けていた人が、途中から指導者の道を選ぶケースが多い。

コンサートプロデューサー

　歌手やミュージシャン、オーケストラなどの、ライブコンサート全体を管理し、準備から終了までのすべての責任を負う。コンサートの規模、内容、時期、場所などを考え、予算を出し、概要を決めることから始めて、舞台監督を選び、監督とともに音響、照明の業者・スタッフを決めて、コンサート実施に向けて準備を進める。コンサート制作会社に下働きのアルバイトとして入り、経験を積み上げ、才能が認められてプロデューサーになるというケースがもっとも多い。専門学校にもカリキュラムがあるが、コンサートプロデューサーになるためには、音楽の知識のほかに、何よりも、並はずれたコミュニケーションスキルと交渉力が不可欠である。海外のアーティストを扱う場合は語学も必要となる。

舞台監督

　コンサートの現場の進行を統括する。リハーサルから本番までのスケジュールを管理し、PA（音響）や照明に指示を与えて、ミュージシャンや歌手や楽団にとって良い環境を整え、あらゆるトラブルを想定して、それに対処する。コンサート制作会社に所属するのが一般的だが、フリーもいる。ライブコンサートに限らず、オペラ、演劇、ファッションショー、レビュー、テーマパークのイベントなど、カバーする仕事の範囲は広い。演劇やオペラなどで、演出家がいる場合は、その指示に従う。英語だと、舞台監督はSTAGE MANAGERで、DIRECTORは演出家を指す。スタッフを統率する指導力と忍耐力、それにコミュニケーションスキル、トラブルに対処する冷静な判断力、音響、照明、特殊効果、美術などに関する専門知識が不可欠。できるだけ若いうちにコンサート制作の業界に入って、経験を積んでおく必要がある。舞台監督のカリキュラムがある専門学校もある。

能楽三役［ワキ方・囃子方・狂言方］

　伝統芸能伝承者養成所で、ワキ、シテ謡、笛、小鼓、大鼓、太鼓、狂言などを学ぶ。応募要項、研修後の就業などは、歌舞伎・文楽などとほぼ同じだが、応募資格は中学卒業後24歳までとなっている。歌舞伎、文楽にも共通することだが、やる気と才能が何よりも問われる世界である。だが、伝統芸能は、歴史の淘汰に耐えてきたもので、たとえば海外では日本独自の芸として紹介される。アイデンティティがしっかりしているわけで、グローバリズム・ボーダーレスの時代だからこそ、海外の物まねではない伝統芸がこの先さらに注目されることも十分考えられる。つまり、所作や発声などの訓練をしっかり積んでいる伝統芸能出身者が、テレビや映画や演劇で大活躍する時代がもう一度来るかもしれない。若い歌舞伎俳優がテレビドラマの主役になったり、能楽の若いスターがジャンルを超えた人気を得たり、すでにその兆候はある。

文楽の技芸員［大夫・三味線・人形遣い］

　日本伝統の人形劇である文楽に関しては、1972年に伝統芸能伝承者養成所でコースが開設された。現在第23期生が研修を修了し、大夫11名、三味線10名、人形遣い20名がプロになっている。その数は文楽技芸員全体の51％にあたる。研修する科目は、義太夫、三味線（太棹）、人形遣い実技、日本舞踊、胡弓、謡曲、箏曲、狂言、作法、講義、見学などで、応募資格は中学卒業以上23歳までの男子となっている。募集人員は明記されていなくて、若干名ということ。国立文楽劇場で、2年おきの1月から3月に一般公募し、4月上旬に簡単な実技試験と面接および健康診断を経て、研修開始後6カ月以内に適性を審査し、正式に合否を決定し、専攻（大夫・三味線・人形遣い）を決める。

作曲家

　テレビドラマやドキュメンタリー、映画のテーマソング、CFの音楽、またテレビゲームの音楽や、歌手に曲を作る。音楽理論の知識や理解が必要なので、音楽大学や専門学校などで専門の教育を受けることが必要。特にテレビゲームの音楽では、コンピュータを使って作曲した後で、MIDIという国際規格のデジタルデータとして納品できる能力が求められる。最近では、テレビゲーム以外でもコンピュータによる作曲が増えている。ただし、当然のことだが、コンピュータの技術と作曲の才能とは別なので、コンピュータが得意だからといって作曲家になれるわけではない。また、レコード会社や原盤制作会社（CD制作を請け負う会社）、それにプロダクションなどのプロデューサーやディレクターのなかには、音楽大学を出て、専門的な知識を持つ人が増えている。彼らが作曲をするケースも増えていて、プロとして作曲だけを行う人は減っているようだ。だが、インターネットやデジタル放送など、新しいメディアの影

響もあって、優秀な作曲家の需要がなくなることはない。

邦楽家

　琴、三味線、鼓、尺八など日本の伝統楽器を演奏する。プロになるために必要なのは、意欲、才能、それに加えて先生・師匠に恵まれること。できるだけ小さいころから、できればよい先生・師匠について稽古をすることが何よりも重要。東京芸術大学の邦楽科を出て、あるいは先生や師匠に認められて、または日本芸術文化振興会の養成所を出て、プロになれたとしても、日本舞踊の伴奏によく使われる長唄（三味線）を除いては、公演や出演で生活していくのはむずかしく、ほとんどの邦楽家は弟子をとって教えることで生計を立てる。ただ、邦楽のファンは意外に多く、またお金持ちが道楽にしていることも多いので、本物のプロになるとおいしいものを食べたり、歌舞伎や相撲を見たりというふうに日本的で優雅な生活を送る人も多い。

ゲームサウンドクリエーター

　コンピューター・ゲームのBGM、効果音を制作する仕事。大まかに分けて、作曲の仕事とプログラミングの仕事のふたつがある。以前よりゲーム機の性能が飛躍的に進歩しているため、使える音の数もふえ、作曲の自由度は高くなっている。それでも、コンピューター上で鳴る音の肌合いを熟知し、場面場面で効果的な音、メロディーを選択していかなければならない。専門色の強い仕事である。純粋に音楽が好きで、音楽大学を出て、クラシック音楽の作曲もできて、楽器も上手に弾けて、という人が活躍できる仕事ではあるが、むしろ、コンピューターが出す音そのものに興味がある人が向いているかもしれない。俗に言うピコピコサウンドはあまり聴かれなくなったが、音楽のジャンルでも「テクノ」や「エレクトロニカ」、「ポストロック」など人工の音と、音の加工に情熱を注ぐジャンルがある。そういう不思議な音に惹かれてやまないというような人が、ゲームサウンドの可能性を広げていく役割を果たすことができるだろう。

こんな職業もある　音楽タレント▶P.188　舞妓・芸者▶P.315　旅芸人▶P.318　サーカス団員▶P.318

Essay｜音楽家の幸福

text by Ryu Murakami

　坂本龍一と知り合ってもうずいぶん長い時間が経つが、彼が実際に音楽を「作っている」ところに居合わせたのはたった一度しかない。作曲というのは基本的に一人でピアノその他楽器の前で行うものだからだ。数年前に「TOKYO DECADENCE」という有料アダルトウェブサイトを一緒に作ったとき、アニメーションに付ける音楽を坂本に作ってもらった。わたしが選んだ音楽はタンゴだった。夏の午後だったが、「今、スタジオでタンゴを作っているので聞きに来る？」というメールをもらって、教えられたスタジオに出かけた。

　スタジオに入るとき、音楽家が曲を作るところに立ち会うのだと思って緊張した。スタジオに入っていくと、坂本は、やあ、といつもとまったく同じ雰囲気で迎えてくれた。わたしはコーヒーを飲みながら、坂本がシンセサイザーでタンゴを作る過程に立ち会った。まずリズムセクションの音を作り、それからメロディを入れて、そのあとでベースやバンドネオンの音を足していった。そうやってタンゴを作る間、坂本はとても楽しそうだった。「ピアソラだったら、こうやるかな」などと笑いながら、実際にピアソラのようなフレーズを弾き、次の瞬間に、それはアストラ・ピアソラではなく坂本龍一のメロディになっていった。そのとき、非常にうらやましかったのを覚えている。もちろん坂本だって、追いつめられて曲を作るときがあるだろう。だが、小説家はこんなに「プレイ」の感覚で仕事をすることができないな、そう思ったのだった。おそらくこのエッセイを見ても、坂本はタンゴを作るときにわたしが一緒に居たということを覚えていないと思う。忘れやすいからではなくて、タンゴを作っていたとき、非常に楽しくて充実していたからだ。

　普段の坂本龍一はほとんど音楽の話をしないし、ああこの人は音楽家だなと思わせるところもない。音楽の話をするのはうんざりだと言うのを何度か聞いたことがある。それに坂本は日常的に音楽を聴かないらしい。いつもいつもウォークマンで音楽を聴いている人がいるけどぼくにはそういう人がわからない、みたいなことをいつか言ったことがあって、龍はどう？　と聞かれたので、そう言えば車を運転しているときに聴くくらいでほとんどぼくも聴かないな、と答えた。音楽を聴くときはある程度集中しなければいけないので、いつもいつも音楽に囲まれているというのは考えられない。ジョギングしながらウォークマンで音楽を聴く、みたいなことはとても無理だ。坂本龍一を見ている限り、音楽家というのはいつも音楽に囲まれ常に音楽を聴いている人、ではない。

written in 2003

06

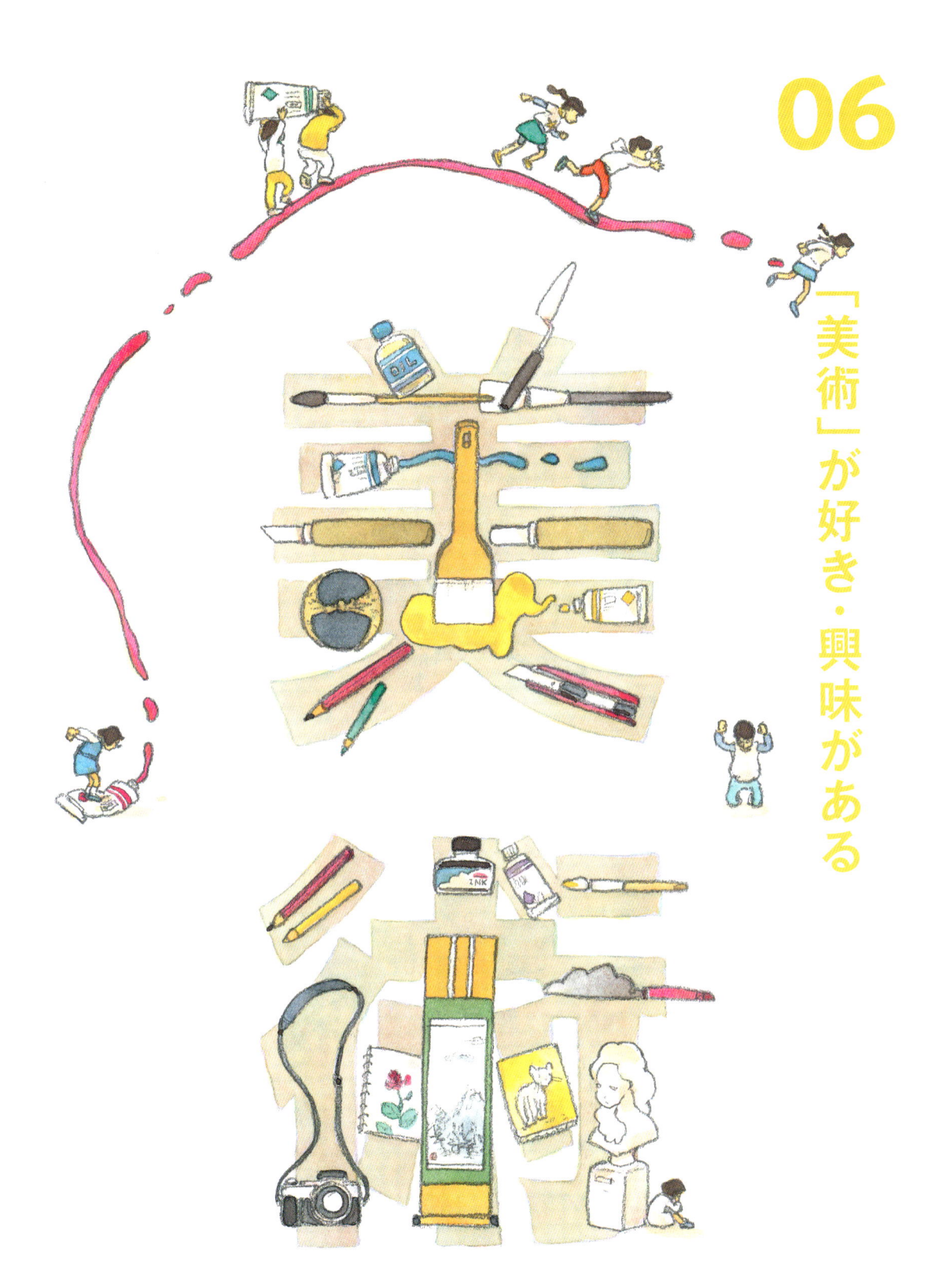

「美術」が好き・興味がある

その❶ 絵を描く・ポスターを デザインする・粘土で遊ぶ

まっ白な画用紙に、線を描き、色を塗って、人物や風景、それに静物などを浮かび上がらせるのは、まさに誰にも干渉されない「自分の世界」を作りだすことだ。ポスターを作って、誰かがそれを見て何かが伝わったのがわかるとうれしくなる。粘土がただのかたまりから、何かの形になっていくのを実感すると、世界とかかわっているような良い気分になる。

画家

　油絵、水彩画、日本画などを描く。技法などによってさらに細かい絵画の種類がある。美術系の大学や、専門学校に行って、基礎のデッサンから学ぶのが一般的だが、学校を出たからといって画家として認められるわけではない。学校や美術教育とは無縁の画家の作品が脚光を浴びることはしばしばある。日本には画壇というものがあり、絵の団体の公募展に応募し、何度か入選すると、とりあえず画壇に入ることができる。しかし、絵画というアートの本質と、画壇とは何の関係もない。画家にとって、もっとも大切なことは、絵を描き続けることである。学校の美術教師や絵画教室の先生などをしながら、あるいはほかに美術とは関係のない仕事を持ったり、アルバイトをしながら、親や恋人の支援を受けながら、何でもいいから、とにかく描き続けることだ。絵が売れても、売れなくても、絵画表現の意欲と喜びとともに、何年も何十年も絵を描き続けることができれば、その人は画家である。

イラストレーター

　雑誌の表紙、挿し絵、書籍のカバーのイラストを描いたり、また、広告のイラストを描く。出版社や広告代理店の依頼により仕事を受ける。必ずしも専門学校や美術系の大学に行く必要はないが、学校で基礎的な技術を学んだり、先生や同級生から刺激を受けたり、そこでの人間関係がのちの仕事に役立ったりと、メリットも多い。まず、出版社の装丁室や、本を作る装丁家、本や雑誌をデザインするアートディレクターに電話し、作品のファイルを持ち込み自作を売り込むところからイラストレーターの道は始まる。独自のイラストが認められて評判になると注文も増え、やがて人気イラストレーターとなっていく。イラスト料は、出版社などは安く、広告の仕事は高いのが一般的だ。仕事は主に家でやることが多く、集中力を持続させなければならない孤独な作業だが、街で自分のイラストを使ったポスターを見たりすると、その前を何度も行ったり来たりしながら無上の喜びを噛みしめることもあるそうだ。

絵本作家

　おもに子どもを対象として、絵を通して物語を伝える。最近では大人の読者も増えている。絵と文章の両方を表現する人もいれば、絵と文章が別の場合もある。子どもたちに楽しさと元気を与える仕事で、男性作家も少なくないが、とりわけ女性に人気が高い。絵本作家になるには、作品を出版社の編集部に持ち込むのが一般的。文学の

芥川賞や直木賞のような新人の登竜門となる賞はないが、企業が後援するアマチュア向けの賞やコンテストはかなりあり、それらに応募するのもひとつの手。ただし、受賞しても必ずしも絵本作家として独立できる保証はない。絵本は長く売れ続けることが多く、新刊本も、2009年は1700冊あまりが出版されており、市場はしっかりある。少子化の時代を迎えて、子どもに手をかける親が増えることも予想され、よい絵本を求める傾向が強まるだろう。ボローニア・ブックフェアのように世界的なブックフェアもあり、国際的な領域を持っている。

版画家

　エッチング、ドライポイント、シルクスクリーン、木版、石版・リトグラフなど、版画で表現するアーティストのこと。美術系の大学や専門学校の出身者が多いが、大学を出たからといって、版画家になれるわけではない。学校に入るのが有利なのは、大学の教授、先輩、友人との交流があり、たとえば画廊とのコネクションが生まれたりするからだ。画廊のコネクションは確かに大切だが、魅力のない版画に画廊が興味を示すことはない。そんなことより優先すべきなのは、当たり前のことだが、感覚と技術を磨き、質の高い作品を作ることである。美術館が公募する賞に応募するのもプロになる1つの方法ではある。受賞すると画廊・画商に注目され、個展などを勧められることもある。しかし、版画表現だけで食べていける人はほんの一握りで、版画教室を開いたり、小・中・高の美術教師や美術系の大学や専門学校で教える人のほうがはるかに多い。絵画が「表現」であるのに対し、さまざまな機械を使う版画には「作業」という側面もある。浮世絵などは、作者と刷り師が分かれていたが、シルクスクリーンなどを除いて、現代の版画家は「刷り」を自分で行う場合が多い。

筆耕 (ひっこう)

　依頼者の代理で筆やペンを使って、招待状の宛名や贈り物ののしなどを書く。基本的にすべてが細字。癖がなく、読みやすい字で丁寧に美しく書くことが求められる世界で、専門技術の習得が必要だ。まずは筆耕書道をしっかりと教えてくれる先生を見

つけること。技術の習得には少なくとも2年はかかるといわれる。民間で認定試験を行っているところもあるが、資格は必ずしも必要ではない。仕事先はホテルやデパート、葬儀関係、筆耕会社など。しかし実情は筆耕専門の社員を雇っているところはほとんどなく、アルバイトとして働くことが多い。筆耕だけで生活するのは困難で、書道家やほかの職業と兼業する人が多い。技術を身につければ副業として一生できる仕事だ。

人形作家

　伝統的な日本人形や西洋人形、芸術的な創作人形まで、人形の種類はさまざま。プラスチックなどで大量生産される人形もある。伝統的な日本人形の場合、工房に入ったり、名の知れた人形師の許に弟子入りし、実地で技術を学ぶ。ひな人形や節句人形の場合は、小さな工房で、顔の造作を作る人、衣装を作る人、小物類を作る人など別々の人の手になることが多い。一人前になるのは並大抵ではなく、10年ほどかかる場合もある。創作人形作家の場合は決まったルートはほとんどない。有名作家に弟子入りする人もいるが、カルチャーセンターなどで学ぶ人もいれば、独学の人もいる。どんな人形を作りたいかによって、習得する技術もさまざまだ。作品はギャラリーなどでの展示販売が多く、人間関係で客が増えていく。

刺青師 (いれずみし)

　腕などにハートやドクロを彫るという小さいものから、背中一面に彫る唐獅子牡丹のような大きな図柄まで、刺青といっても多様だ。刺青は一度入れると基本的に一生消えないため、彫る前に客と綿密な打ち合わせを行い、下絵作りや針作りなどの下準備に入る。肌にじかに針を刺すので、もっとも気をつかうのが衛生面。針は医療用の滅菌機で完全に滅菌し、使用後は捨てる。刺青師になるには、基本的には弟子入りが必要。はじめは雑用をこなし、その後、師匠の仕事を手伝いながら、針作り、下準備、片付けなどを覚え、彫りも師匠の技を見て学んでいく。はじめは自分や弟子仲間のからだで練習を重ねていくことが多い。実際に刺青師として彫れるようになるには、1～3年かかるという。刺青には手彫りとマシーン彫りがあり、その両方を組み合わせて仕事をすることが多い。マシーンは誰でも入手できるので、独学で始める人もいるが、衛生面のみならず、針の組み方や深さ、角度など独学ではわからないことが多いので、やはり弟子入りして学ぶべきだろう。

絵付師

　チャイナペインティング、すなわち陶磁器に意匠をほどこす絵付師のこと。絵心はもちろん、必要とされるデザインを正確に描き表していく技術が要求される。日本では窯元に入るか、大手の食器メーカーに就職する道があるが、食器メーカーでは近年、印刷による大量生産が主流になってきていて、需要が多いとはいえない。フリーランスで働くとなると、絵付けだけでは生計が成り立たないので、ほとんどは窯を持ち陶芸作家として身を立てている。資格よりも経験がものをいう世界だが、各都道府県の職業能力開発協会が実施する国家検定陶磁器製造・絵付け作業もある。絵を描く仕事だから、美術大学や美術専門学校を卒業している絵付師もいる。全国に数カ所、公立の窯業専門学校があり、たとえば有田焼きの地元、佐賀の有田にある、有田窯業大学校絵付科の卒業者は、80％ほどが地元の窯元を中心に職についている。

書道家

　書道家として生きるには、師匠につき、古典から筆の運び方や文字のなり立ちを学び、書を展覧会に出展しながら、所属する流派のなかで地位を築いていく。ただ、著名な師匠につくのは簡単ではなく、まずは身近に基本をしっかり教えてくれる先生を見つけ、そこで実力をつけてから、師匠のもとに作品を持ち込むなどして認めてもらうことだ。プロの書道家として立っていける人は限られており、大学の書道学科を卒業して教員免許を取り、中学や高校の書道科教師として生計を立てる人、教室を開いて書道を教える人も多い。文部科学省が後援する日本書写技能検定協会が行っている毛筆書写技能検定の1級を取得すると、教えるときに役立つ。ほかに、筆耕を並行して行う人もいる。いずれにせよ、基本を押さえた上で、自分の書を組み立てていく力が必要とされる。

CGクリエーター

　CG（コンピュータグラフィックス）を使って、画像やイラスト、動画などを作り出す。どこにでもCGが使われている今、CGクリエーターの活躍の場は、映画やテレビ、テレビゲーム、CD-ROM、ウェブサイト、デザイン、イラスト、アニメーションのほか、建築、機械設計、工芸デザイン、科学研究のシミュレーションなど幅広い。大学や専門学校でデザインまたはCGデザインコースを専攻し、卒業後、映像関連や出版関連の制作プロダクション、広告代理店、テレビ局などに勤務するのが一般的。忙しいときには、何日も徹夜作業が続くので、体力と持続力、集中力が必要。CGを使いこなす技術力と同様に、発想力も不可欠だ。またつくりたいものを追求していくと、デザインだけでなくプログラミングまで手がけるようになることもあるとか。関連資格としてはCGクリエイター検定。3級は初心者レベル、2級は1年ほどの経験者、1級が取れればプロ並みと認められる。

グラフィックデザイナー

　ポスターや商品のパッケージ、書籍、看板など、商品の宣伝・販売に関わり、かつ平面的なもののデザインをする。最近は、メディアの多様化にともなってウェブやCMなどのデザインを含む場合もある。書籍ならエディトリアルデザイナー、ウェブならウェブデザイナーと専門化して呼ぶことも多い。基本的には、商品の意図をくみ取り、それに沿いつつも美しく機能的にまとめあげる。企業のロゴなどのCIを手がける場合、会社の方向性や事業展開にも関わっていくことになり、きちんと意思疎通を図れる能力が必要。専門的な知識は、工芸高校、工業高校、専門学校、美術系の大学などで学ぶ。また、パソコンを使ったデザインが多く、マルチメディア関連の知識は必須だ。就職先は広告代理店や企業の広告宣伝部、デザイン事務所など。アシスタントからはじめ、10年ほどで独立する人が多い。また、数人のデザイナーをまとめるアートディレクターになる人もいる。多様なジャンルがある世界なので、どの方向に進みたいかを考えておくとよい。

エディトリアルデザイナー

　表紙、目次、本文、グラビア写真といった、雑誌や書籍のレイアウトを行う。専門学校や美術大学でデザインについて学んだ後にデザイン事務所で働くことが多いが、必ずしもそういうケースばかりではない。また、実務経験を積んだ後に独立をする人も多い。雑誌、書籍の内容を正確に解釈し、どのように本という体裁に仕上げるかが腕の見せ所となる。デザイナーは人気商売でもあり、デザインができるだけでなく、クライアントとのコミュニケーション能力や一般常識などの総合的な能力が必要とされる。技術はもちろんのこと、感性を磨き続けることが重要であり、ふだんから自分なりの美意識を持って映画や本などに接することが大切である。

装丁家［ブックデザイナー］

　タイトルを付けたカバーに始まり、本文の印刷された本文紙、そしてそれを綴じる表紙など、一冊の本の造形をデザインする。小説やエッセイ集、また企画本の内容を理解し、読者層を想定しながら仕事に取り組む。装丁家になるには、デザインの基礎を美術系の学校で学び、すでに活躍している装丁家のもとにアシスタントとして入ったり、雑誌・書籍などのエディトリアル系のデザイン事務所で働くのが第一歩である。働きながら紙や印刷に関する知識を深めていき、仕事をまかされていくなかでやがて独立を目指すことが一般的だ。出版不況のため、発注先である出版社はデザイン料のコストを削減するために、社内の装丁室でデザインをすることが多くなってきている。ただしその一方で、本が商品であることをふまえた上で良質なデザインをする装丁家には各出版社から仕事が殺到している。

キャラクターデザイナー

　アニメ、ゲーム、映画、広告、商品パッケージなどで、登場人物や動物などのキャラクターをデザインする仕事。アニメ制作会社、ゲーム制作会社、デザイン事務所、広告代理店などに所属する。人気の漫画家、アニメ作家などを別にすれば、ただ「かわいいから」というような理由で採用されることはまずあり得ない。アニメならストーリー、商品なら商品コンセプトをもとにしてキャラクターは作られる。それぞれの現場でデザインや作画などの仕事をしながら、技術や表現力を磨いていく中で、キャラクターを任されるようになる。美術大学のデザイン科やデザイン専門学校に通うのも有効。キャラクターデザインについて専門的な教育を行うコースを設けている学校もある。

ゲームグラフィックデザイナー

　ゲームの登場人物や背景など、ゲームに使用されるありとあらゆる画面を制作する。普通、ゲームの企画に沿ってデッサンし、そこから立体のモデルをつくり出すことが多い。そのため、確かなデッサン力と、パソコンを使って描く技術が必要になる。ゲームグラフィックは、ゲーム機の性能によって使える色数が限られるなどの制約があるが、そのなかで美しいものをつくり出すために試行錯誤を繰り返す。また、グラフィックを動かすプログラマーとの共同作業になるた

め、プログラミングに対する基礎的な知識があるとよい。美術系の大学や専門学校で基礎を学び、作品をゲーム制作会社などへ持って行き就職活動を行う。ゲーム制作会社で経験を積んだ後、独立する人も多い。

動物カメラマン

　いろいろな動物や鳥類、昆虫の生態を撮影する。海中の生物を専門にする海洋カメラマンもいる。撮影場所は世界各地に広がっている。近年、野生での自然な生態写真の比重が高まり、そのため、大自然のなかで野営生活をしながら、撮影することが多くなった。動物に気づかれないように、カモフラージュの装置のなかでにひそみ、何日も辛抱づよくシャッターチャンスを待つこともあるので、根気がいる。センサーやIT機器を使って、出現した動物を感知し自動的に撮影する方法も発達してきた。こうした器材の用意、交通・滞在費、現地でのガイド採用などかなりの費用がかかるので、その資金調達に苦労する。テレビでのネイチャー番組がふえ、スチール写真よりもビデオ撮影をメインにすることが多くなった。大自然のなかでの撮影なので、危険な目に会うことも少なくない。アラスカでシロクマ撮影をしていたベテランカメラマンが死亡したり、雪山の雪崩で遭難したカメラマンもいる。マラリアなど風土病にかからないような周到な準備も必要。写真専門学校で写真の基礎を学ぶことよりも、登山部や探検部などのクラブ活動に参加して、自然のなかでの生活術を身につけることのほうが有効。活動する動物カメラマンの助手になって、その下働きをしながら、撮影テクニックを習得することも有益だ。

風景カメラマン

　世界の自然を撮影する写真家。山を専門にする山岳写真家や花や植物を専門にする植物写真家などが一般的。山岳写真では、重い器材を背負って雪山や岩場なども移動するので、登山家と同じような体力と技術が必要とされる。雪山の絶景を撮ろうとするときなどは、吹雪の山中で何日もテント生活をすることもある。また、飛行機をチャーターして上空から撮影することもある。植物写真で、たとえば桜の風景を撮影するときには、桜前線とともに日本列島を南から北へ1カ月にわたって移動しながら、撮影することもある。写真は天気次第なので、根気が必要。こうした風景カメラマンになるには、写真専門学校で基礎を学び、独力でジャンルを開拓するか、活動しているカメラマンの助手になって、ノウハウを学ぶ。世の中で認められるようになるまでには長い歳月がいる。また、器材や取材経費の工面など、経済的な苦労も多い。収入は、雑誌、ポスター、カレンダーなどに写真が使用されることで得る。そのために、写真エージェンシーに写真を委託しておくことが多い。最近は、テレビでの環境番組がふえ、スチールだけでなくビデオ撮影を同時にする人も多い。また、写真をインターネットのホームページで展覧し、注文を待つ方法もふえている。

写真館経営

　写真撮影の設備を持ち、婚礼、お宮参り、七五三、成人式、見合い写真などさまざまな記念写真を撮影する。またパスポート用などの証明写真撮影、持ち込まれたネガの現像なども行う。特に資格は必要ないが、写真撮影の知識と技術、経験は必要。撮影スタジオ、撮影機材、背景バック、撮影用の衣装などのセッティングなど設備投資にお金がかかるため、家業の写真館を継ぐ人が大半だ。プリクラやデジカメの普及で、写真館で記念写真を撮影する人は少なくなってきており、経営はなかなか大変。そのため、最近では撮影した写真から年賀状や案内状、シールなどを作成したり、出張撮影、ペットの記念撮影、小物撮影、撮影時のメイクサービス、ネガの修整やパンフレット印刷まで行うなど、総合的なサービスを行っている。写真の技術は年々向上し、新しい製品やサービスもどんどん登場している。それに対応するために、勉強したり、新たな設備投資も欠かせない。

写真スタジオで働く

　レンタルラボ、フォトスペースと呼ばれる写真スタジオで、客のニーズにあわせて必要な機材や設備をセッティングするなど、接客サービスにあたる。写真撮影だけでなく、ビデオやフィルム撮影もできるスタジオもある。資格や学歴はとくに必要ないが、カメラが好きなことと、カメラや撮影に関する知識は最低限必要。専門学校の写真専攻などを卒業していると有利だ。また、客にはプロのカメラマンだけでなく、用意された機材の使用方法がわからないアマチュアカメラマンも少なくないため、笑顔で丁寧にフォローできる接客態度が求められる。カメラの知識を深めたい、一流のカメラマンの仕事に間近で接して、そのセンスを学びたいと考える人には絶好の仕事場だ。

プロダクトデザイナー

　プロダクトつまり「製作物」をデザインする仕事。建築物以外のモノをすべてデザインする。したがって、本来的な意味では、インダストリアルデザイナー（工業デザイナー）も当然この中に含まれる。だが近年になって、自動車、飛行機、家電製品、業務用機器、光学機器、医療機器などをデザインするインダストリアルデザイナーに対して、家具や食器、文具や雑貨、パッケージなどのデザイナーを、プロダクトデザイナーと呼ぶ傾向がある。とくに最近は、雑貨・文房具・パッケージなど、生活のまわりにあるモノをデザインする仕事が、女性を中心に人気がある。「かわいい」がキーワードで、人気商品も多く生まれている。だが、「かわいい」製品のデザインをするためには、デザインの基本を学び、「考え抜く」才能が必要であり、仕事は「かわいさ」とは無縁のシビアなものだ。大学のデザイン科、デザイン系の専門学校で学んだあと、

各メーカーのデザイン部門、デザイン事務所、広告代理店に就職するのが一般的だが、実務の経験が問われ、即戦力が求められる分野でもあるので、小さなデザイン事務所でまず仕事を覚えようとする人も多い。

インダストリアルデザイナー

　ボールペンから飛行機まで、あらゆる工業製品を企画し、設計する。一般的に大量生産が可能なものが対象。デザイン的に優れているだけでなく、機能的で、かつ安全面もクリアするものを設計しなければならない。特別な資格は必要ないが、工業デザインの学科がある大学や専門学校、高等専門学校や工業高校で知識や技術を学ぶとよい。就職先は製造メーカーの商品開発部、それに数は少ないが個人事務所もある。商品を製作するエンジニアと一体となって作業をし、商品化にあたっては、企業の経営陣にデザインをわかりやすく説明しなければならない。デザインセンスはもちろんだが、人とうまく接することも求められる。自分のデザインしたものが、実際に使用されているのを見たときが一番の喜びという。

ウェブデザイナー

　インターネット上のハイパーテキストをwww（World Wide Web）といい、そこにページを設定するのがホームページ（HP）。世界中のだれでもがアクセスできるので、世界中の会社や団体が広告のため、あるいは情報を公開するために、HPをもっている。個人でも、自分自身をPRするためにもつ人がいる。そのHPを作成する人が、HPデザイナーで、Webデザイナーともいう。HPを制作するには、その作成ソフトを使えば、そうむずかしくないが、HP作成を仕事にしようと思うと、センスと独創性が求められる。クライアントの要望を丁寧に聞き、その要望を文字、写真、イラスト、音楽などを駆使してデザインするが、クライアントの要求を満足させても、一般の人がアクセスしてくれなければ、効果がない。何度もアクセスしたくなるような独創的な工夫がいる。そのためには、新鮮な情報やニュースをいちはやく載せる（載せるように設定する）ことも必要だ。HPデザイナーになるには、Webデザインの専門学校に通い、その専門の会社に入って、いろいろなデザインを手がけるのがよい。独立して個人で

も仕事はできるが、若い才能がたくさん流入してくるので、競争はきびしい。また2007年より国家資格としてウェブデザイン技能検定が始まった。

プラモデル製造

　プラモデルはメーカーでは工場に発注して大量生産を行っている。ここに就職した場合は、プラモデルをつくっているという実感を味わうには、企画や設計の部門に配属されることだ。そうすると自社で充実させたい模型や新たに切り開きたいジャンルの商品を企画し、ときに図面を引くことができる。また、発売されているキットを塗装もしてリアルに完成させる、モデラー（フィニッシャー）という職業もある。多くは客から注文を受けるか、モデラー作品の販売店の専属になる。作者として有名になれば、高収入が期待できる。模型専門誌と契約し、ライターを兼任する場合もある。ほかに、クラシック・カーの天才といわれる英国人、ジェラルド・ウイングローブのように、素材加工から完成まですべてを自分で行うモデルビルダーもいる。

模型店経営

　模型遊びは、以前は男の子なら誰もが一度は通る道だったが、むしろ完成品として売られるフィギュアに人気がうつり、多くの模型店はアニメや映画のキャラクター・フィギュアも取り扱うようになった。ただし、個々のパーツを丹念に組み合わせ、塗装する楽しみは変わりがないものであるし、腕を磨いた人たちの完成品の質は高く、大量生産のフィギュアに勝る。プラモデル全般を売る店と、1種類だけ、たとえば飛行機のみを扱う店がある。製造・販売のメーカーに勤め、業界の内情を知った上で独立する人が多い。店頭に客の目を引く完成模型を飾っている店は人気なので、やはり技術は持っているといい。また、模型づくりは個人作業の趣味なので、店主も無口でとっつきにくい傾向があるが、子どもを相手にすることの多い客商売なので、明るく社交性のある人が好まれるようだ。

看板職人

　昔、看板と言えば、映画看板と銭湯の富士山の絵がその代表だった。しかし今や、ありとあらゆる場所にいろいろな看板がある。家を出て駅まで歩く間に、いったいどれだけの看板があるだろうか。カフェの店名を記した照明入りの看板、銀行の建物の側面にある銀行名とマークの入った縦長の看板、選挙の候補者の看板、個人宅の表札も看板の一種だし、公園の案内図、パチンコ屋やゲームセンターの電飾入りの看板、中古車センターや美容院のメタリックな看板、駅の構内に入ると広告など看板だらけだ。看板の素材・材料も、昔ながらの紙や木から、アルミやアクリルパネル、LEDにいたるまで進歩し、多様化している。

そして現代では、看板の絵も文字もパソコンを使って作られる。だが、看板面が、文字：余白＝３：７のバランスを保つという原則は手描きの時代と変わっていないという。そのバランスを頭と腕に叩き込んでいなければ、いくらパソコンできれいに作ってもプロの仕事とはならない。つまり長年手描きで修行を積んだ看板職人は、筆がパソコンに変わっただけで、レイアウト感覚が優れているというわけだ。また看板職人は、漫画やイラストなど、絵も描けなければならない。素材集の写真や絵をパソコンでそのまま看板に仕上げてしまうと、どこにでもあるつまらないものになってしまう。顧客の店舗にフィットしたオリジナル素材を描くことでプロの看板へと仕上がる。小さな会社が大半なので、学歴よりも実務経験が問われる。看板製作会社に就職し、親方や先輩の弟子になって仕事を覚えるわけだが、デザイナーの場合、Illustrator、Photoshop、DreamweaverなどAdobeのソフトを使えると有利なので、デザイン系の専門学校などで習得しておくと役に立つ。

舞台美術

　劇場で演じられる劇やショーの舞台装置、衣装を、演出家の意向を汲んでデザインし、その制作の指揮をとる。装置だけをデザインする舞台装置家や衣装だけをデザインする舞台衣装家などもいる。多くはフリーで活躍しているが、舞台制作会社に所属

している人もいる。劇団や劇場から依頼されて仕事をするので、演出家やプロデューサーに才能を認めてもらわなければならない。そのためには、まず劇団に所属したり、制作会社に入社したり、舞台美術家に弟子入りしたりして腕をみがく。舞台のイメージをすばやくスケッチしてデザインし、それを模型としてつくる技術が必要となるため、美術系の大学や専門学校を出た人が多い。日ごろ、多くの舞台公演を見て、先輩たちの仕事を見ておくことも必要。そのなかから、自分の個性的な舞台美術を考案することが求められている。

舞台照明

　舞台公演やテレビ番組で、照明による演出効果を手掛ける。たとえば、「情熱的なシーンだから、赤いライトと黄色いライトを交錯させる」といったことから、「青いライトで主人公の沈んだ心理を描写」などといったことまで、照明によってドラマチックな効果を演出する。手動で行う場合もあるが、大きな公演では、コンピュータであらかじめセッティングしておくことが多くなっている。ライトやフィルターの種類が増え、無数の組み合わせが可能なので、表現としても高度なものが要求されている。昔は劇団付きや劇場付きの照明スタッフが多かったが、最近では、照明専門の会社に所属するか、フリーで活動している人が多い。照明はきわめてデリケートなので、天性の才能とモチベーションの強さが成功につながる。

彫刻家

　石、木材、ブロンズや鉄などの金属、石膏などで彫刻をつくり、販売する。彫刻家への明確な道筋はないが、経験のある彫刻家に弟子入りしたり、美術大学の彫刻科に入って技術を学ぶ人が多い。彫刻に先駆けて必要になるのは、確かなデッサン力。はじめる時期が早ければ早いほどよく、若いうちから人物や動物、静物などをデッサンして力をつけるとよい。しかし、彫刻は材料費もかかるし、広いスペースがないと作品が制作できないから、彫刻家として生計を立てるのは並大抵ではない。美術の教師や講師を兼業している人が多い。買い手の多くは自治体や企業などで、公園や庭園、路上、ビルの入り口など屋外に置かれることが多くなっている。モニュメントとして、様式も幾何学的な立体の造形が増えている。美術展などで受賞すると制作依頼が増える。世界で活躍する日本人彫刻家も目立つ。

メディアアーティスト

　メディアアート(media art)は、作品に新技術を利用する芸術の総称的な用語。テキストや映像や音、それにパフォーマンスなどに、コンピュータ技術を応用し、組み合わせる。メディアアーティストの定義は確立していない。またその表現形式やカテゴ

リーも多岐にわたる。メディアアーティストになる人の経歴も、美術家や音楽家、映像作家、パフォーマーと呼ばれる身体を使った芸術家、CG作家、アニメ作家などさまざまであり、こうすればなれるという方法や手段が確立されているわけではない。だがメディアアートは、間違いなく最先端の表現ジャンルの一つであり、教育・鑑賞用メディアとして、また企業や自治体のモニュメントとして、さらに玩具や遊戯設備として、商業化されることも多い。コンピュータ技術のレベルが比較的高く、繊細な表現が得意な日本の若いメディアアーティストの中には、海外で高い評価を得る人がいる。日本にとって可能性の高い分野である。しかし、メディアアートや他の商業芸術作品を展示、資料収集、保管、調査研究することを目的として政府により設立されようとした「国立メディア芸術総合センター」は、「国営漫画喫茶」「アニメの殿堂」などと揶揄され、計画は撤回された。

漫画家

　マンガには、少年マンガ、青年マンガ、少女マンガ、20代以上の女性向けのコミック誌といった主要なもののほかにも、さまざまなジャンルがある。売れっ子漫画家は、雑誌もしくは出版社と契約を結び専属料をもらう、他社の編集者から声をかけられて、さまざまな雑誌で複数の連載を持つなどの可能性が与えられている。ただしそこまで到達することは、もちろん滅多にないことだ。漫画家としてデビューをするには、各雑誌が設けている、新人賞を受賞しなくてはいけない。編集部へ原稿を持ち込む、漫画家のアシスタントになるという方法でも、実力によっては編集者が担当につくが、それは新人賞を取る指導をしてもらう、ということ。以前は連載している漫画家の原稿が入らなかったときに、編集部にある持ち込み原稿を掲載し、デビューさせるということもあったが、現在はそういったことはほとんどない。新人賞を受賞することが、

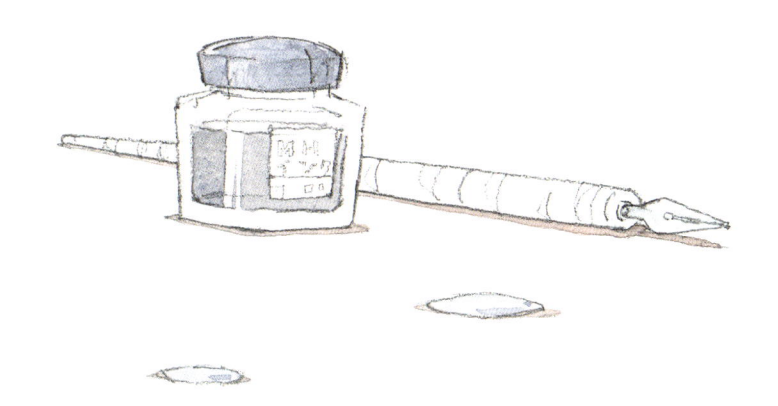

漫画家になる唯一の第一歩と考えたほうがいい。

　少年マンガ、青年マンガなど男性向けのコミック誌では、新人賞への応募数が非常に多いため、応募者のなかから才能を感じる人を、編集者が探して育てるということは、ほとんど不可能。成功している漫画家の大半が、16〜20歳くらいの間にプロを真剣に目指しているということもあり、25歳を過ぎてもデビューできなければ、限界と考えられる場合もある。少女マンガの場合は、漫画家を育成しようという傾向が強い。多くの雑誌が、毎月ランクに分かれている賞を設けていて、低いレベルの受賞者であっても、編集者に育ててもらえる可能性がある。また、マンガスクールといった研修などもある。いきなり賞を受賞してデビューする人より、何年も編集者に指導を受け、何度も投稿したすえにデビューを果たす人のほうが多いそうだ。もちろん、デビューをしてからの道のりも、決してなだらかなものではない。デビューはしたが、描く場所や題材を見つけられず、投稿からやり直すといった人もいる。少年マンガの場合では、読者アンケートの結果が重視され、読者に人気がなければ、早急に連載を打ち切られることもある。好きな雑誌で自分の好きなマンガを描くことが、漫画家として成功したといえる状態だが、それには絵や物語の技術のみならず、読者の傾向や自分のマンガを客観的に分析・理解していることも必要である。

アニメーター

　テレビで放映されているアニメのほとんどでは1秒間に24枚の絵が必要となる。アニメーターの仕事は、これらの絵を描くことだ。一緒くたにされているが、アニメーターには、ラフを描く「原画マン」と、ラフをきれいに描き直し、少しずつポーズを

変えた絵を描き動いて見えるようにする「動画マン」がいる。これらがいわゆるアニメーターの仕事だ。もっとも大事なものはさまざまな角度からいろいろなものを描くことができるデッサン力。そのため学校で学ぶならアニメの専門学校より美術系の大学などデッサン力を身につけられるところのほうが良いともいわれている。1日に10時間から15時間くらい働くこともざらにあり、徹夜も多いなど労働条件は厳しい。相変わらず、日本のアニメ作品は世界に輸出されているが、その中の約7割は東京で作られている。そのため世界に通用するアニメーターを目指すなら東京で働いたほうがよいということになる。フリーランスとして作品ごとに契約を結び仕事をするか、作画の会社やアニメ制作会社に契約社員として所属している場合が多い。最初からフリーになるのはまず無理で、現場で訓練を積んでからでないと独立はできない。

> **こんな職業もある**
> 地図制作者▶P.57　フラワーデザイナー▶P.108　美術修復家▶P.227　インテリアデザイナー▶P.241　パティシエ▶P.263　ファッションデザイナー▶P.283　ジュエリーデザイナー▶P.283　靴デザイナー▶P.284　バッグデザイナー▶P.284　帽子デザイナー▶P.285　美容師▶P.289　ネイルアーティスト▶P.292　ランジェリーデザイナー▶P.294　舞台衣装▶P.294　ゲームプランナー▶P.393　美術・美術監督・デザイナー▶P.406

Essay | 1年に6000時間

text by Ryu Murakami

　初めてはまのさんに会ったとき、彼女は19歳で、まだ学生だった。大阪で行われたわたしの講演を聴きに来て、講演会終了後に、可愛い包みをわたしにプレゼントしてくれた。すぐには包みを解かず、何が入っているのかを確かめたのはホテルの部屋に帰ってからだった。なかには、当時まだ学生だったはまのさんの作品の絵はがきが入っていた。

　そのころわたしは『あの金で何が買えたか』という絵本を準備していて、画家を探していた。有名な人はたくさん仕事を抱えていて忙しいので、できれば新人に描いてもらいたいと思っていたところだった。絵はがきには動物が描かれていた。わたしは、この人なら描けるだろう、と思って、はまのゆかという名前だけを頼りに連絡先を探し出し、『あの金で何が買えたか』の絵を依頼しようとした。実際に絵を描き始めたとき、はまのさんは20歳だった。当然、20歳の無名の学生に絵をまかせていいのかという疑問がスタッフから出たが、歳なんか関係ないとわたしは言った。彼女なら描けるという意見と、いや無理じゃないかという意見とあって、結局はわたしの判断ではまのさんに依頼することが決まった。そのときわたしがスタッフに言ったのは、おれだって23歳で無名の学生のときに『限りなく透明に近いブルー』を書いたんだから、ということだった。自分もやったんだから彼女だってやるだろうと思った。問題は、できるかできないかではない。やるかやらないかだ。

　『あの金で何が買えたか』はタイトなスケジュールで進められていて、当時はまのさんはこたつに入ったまま1日に16時間以上絵を描き続け、眠くなったらそのまま寝て、目が覚めるとまた描き始めるという生活を2カ月以上続けたらしい。はまのさんと会うとき、彼女はいつもスケッチブックを持っている。ハウステンボスで行われたキューバのイベントに来たときも、はまのさんをふと見るとキューバ人の女性歌手をスケッチしていた。あるとき、同席していた編集者が、はまのさんは村上さんに発見されて幸運だったね、と言ったことがある。それは違う、とわたしは反論した。わたしに絵はがきを手渡して、それをわたしがちゃんと見ても、これはダメだと思ったら仕事を依頼したりしない。運ではないのだ。今回もはまのさんはタイトなスケジュールのなか、絵筆を持ちすぎて指を腫らしながら、たくさんの絵を描いた。1年は8760時間だが、はまのさんはたぶん6000時間くらい絵を描いたりスケッチを描いたりしているのではないだろうか。

written in 2003

Essay | 変化と不変

text by Ryu Murakami

　鈴木成一の装幀に初めて接したのは10年以上前だ。わたしはそのころある出版社の装幀デザインの賞の審査員をやっていた。鈴木成一がデザインしていた本はカール・マルクスの著作『共産主義者宣言』だった。たぶん90年代半ばだったと思うのだが、ソ連が崩壊し、ベルリンの壁もとうに崩れ去っていた。だが鈴木氏がデザインした『共産主義者宣言』の表紙は、この本に書かれてあることがまだ無意味になってしまったわけではない、ということを物語っていた。すごくエッジが利いた装丁だった。

　結局鈴木氏はそのとき『共産主義者宣言』ともう一冊の本のデザインで賞を取った。そのとき、別に賞を取ったからというわけではなく、この装幀家と一緒に仕事をしたいと思い、すぐにわたしは新作の装幀を氏に依頼したのだった。それ以来、これまでわたしはいったい何冊の本のデザインを頼んだのだろうか。文庫本も含めるとたぶん20冊を優に超えるだろう。装幀を依頼するようになってすでに10年以上が経っているが、彼のデザインは決してエッジが鈍くなることがない。氏の仕事はいつもギリギリになって上がってくるのだが、いつもわたしは新鮮な気持ちで自分の本の表紙を眺める。だが、いつも新鮮だというのはどういうことだろうか。わたしたちは誰かの仕事がいつも不変だからいつも新鮮だと感じるのだろうか。それとも常に変化しているからだろうか。

　鈴木氏の場合は、常に変わらないものと、必ず変化する部分の両方がある。不変なのは、どこかで実験的なことを試すという姿勢と、安定を目指さないという態度だ。実験的なことを試すという姿勢が変わらずにあるわけだから、必然的に装幀デザインは毎回「どこかがこれまでと違うぞ」というものになるわけである。装幀を依頼するときは、わたしがCGを渡してレイアウトとタイトルのフォントを考えてもらう場合もあるし、装画を含めたすべてをまかせることもある。どちらの場合も、これこそ鈴木成一のテイストだと一目でわかるようなデザインが送られてくる。それで、奇妙というか、不思議というか、わたしはまだ鈴木成一と会ったことがない。一度だけ電話で話したことがあるが、実際にお目にかかったことがない。どんな顔で、どんな雰囲気の人か、まったく知らないまま仕事をしてきた。もちろんいつか会うことになるのだろうが、それでもわたしとしては鈴木成一との仕事に不満を持ったことはない。

written in 2003

その❷ 美術館で絵や彫刻を見る

美術展や展覧会を見に行って、ある一つの絵や彫刻にひきつけられて、思わず立ち止まってしまうことがある。心のいちばん深い部分を、そっと優しく撫でられたり、揺すぶられたり、あるときは突き刺されたりするような気がすることもある。そんな絵や彫刻は、ずっと覚えていて、記憶から消えない。

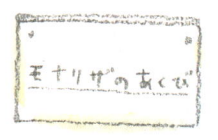

モナリザのあくび

美術修復家

　伝統的な日本画、なかでも仏画や障壁画のような作品は、作品とともにその素材や技法が今日に伝えられ、繰り返し修理が行われてきた。国宝や重要文化財の修復の場合、国宝修理装こう師連盟に加盟している認定技術者が、その作業にあたる。2003年から民間資格を制定、140人ほどが認定を受けている。代々、家業を受け継いだ人がほとんどだ。美術修復は歴史的文物ばかりでなく、自然災害や事故などで損傷を受けた美術品をも対象にしており、数からいえばこちらのほうが圧倒的に多い。それぞれの専門家に弟子入りするか、美術大学の保存修復課程などで学ぶ。東京芸術大学の場合、大学院に文化財保存学専攻の研究分野（保存修復学＝日本画・油画・彫刻・工芸・建造物、保存科学、システム保存学）があり、4年生大学の卒業者に受験資格がある。絵を描くのと絵を修復する技術はまったく違い、絵を描くのが好きだからという理由で絵の修復の道に進んで失敗する例が少なくない。修復は、地道な職人的要素が必要だったり、先達に学ぶ謙虚さもいる。薬品の知識や最先端技術が必要なこともある。そして何よりも、経験を積まなければならない。

キュレーター

　展覧会の企画が主な仕事だが、開催までのすべてを取り仕切ることも。大きく分けると、美術館や博物館に学芸員として所属する場合とフリーランスの2通りがある（学芸員は資格職）。フリーの場合も、まずは展覧会やイベントの企画会社や企業の文化事業部などで経験を積むのが一般的。芸術に関する知識だけではなく、美術品を借りる交渉をしたりフリーの場合は主催する企業や美術館に企画を持ち込むので、語学力や企画力なども必要とされる。また作家を説得したり企画の資金を調達するときに、交渉能力を求められる。今までの美術館では作品の記録・管理、教育普及面の仕事など、ありとあらゆることがキュレーターの仕事だったが、90年代以降に計画された美術館では、欧米型の分業化が進んでいるようだ。

美術コーディネーター

　展覧会やイベントの企画で、主催者の目的やテーマに応じて、出典作品や出席者などを選択・調整し、予算やスケジュールなど実務面全体を担当する。職業というより役割なので、資格は必要ないが、学芸員資格や海外の美術館、博物館でキュレーター（学芸専門職）の研修を受けておくと仕事の分野が広がる。フリーランスで催事ごとに契約して働くことが多い。大きな催事は、実績やネームバリューによって依頼されることが多いので、アシスタントとして経験を積んで、各ジャンルで知識や顔を広くしておくことも大切。海外との交流が増えているので、交渉ができる程度の英語力は必要。また調整役でもあるので、細かい気配りが必要であり、作家やキュレーターなどから困難な要求が出ることもあるため、パワーと根性がある人が好まれる。

ギャラリスト

　一般的にギャラリストと呼ばれるのは、画廊、ギャラリーなどを経営し、芸術作品を売っている人。作品販売を中心に行っている人は、アートディーラーと呼ばれることもある。作品輸送、広報、設置、接客、営業とすべてを取り仕切り展覧会を行うことも。ギャラリストになるには、既存のギャラリーで経験を積むのが一般的。一般募集はほとんどなく、コネや飛び込みが多い。無名の芸術家を発掘し世にうまく売り出すといったことも仕事のひとつであるため、芸術を商品として評価する確かな目と、行動力や情報収集能力がなくてはならない。また海外のマーケットとやり取りすることもあるので、英語力も必要。ビジネスとしては成り立たせるのが難しい側面もあり、経済面の成功より、作家との付き合いや芸術文化に貢献していることによって満たされるギャラリストも少なくはない。

プリンター

　芸術家の指示に従って、リトグラフ、シルクスクリーンなどの版画を刷る。美術系大学で版画を学んだり、工房に弟子入りしてこの仕事につく人が一般的。アーティストと適切なやりとりが必要で、また紙の選択やインクの調合の微細な違いが作品に反映されるので、この仕事には精神面・作業面ともに繊細さが求められる。また画材や手法に対する研究や技術を保つ努力も必要である。作業は肉体労働であり、シンナーなどからだに有害な物質を取り扱うので、体力があることももちろん大事。一時期のブームが去り版画があまり売れなくなったこともあって、現在は工房自体が縮小の傾向にある。

美術造形

　彫刻家がつくった像の型をとって、溶かしたブロンズ（青銅）を流し込んで作品にする。ひとつの作品をつくるのに、作家のデザインを型に起こす原型、ブロンズを流し込む鋳造など、工程ごとにさまざま職人が携わることもある。美術作品だけではなく、最近は合成樹脂を使って工芸品や機械部品の製作を請け負うこともある。美術学校や工芸学校で技術を習得してから、工房で修業をするのが一般的。一人前になるには10年ほどかかり、得意先を確保してから独立する。技術の高い人には海外から仕事の依頼が舞い込むこともあり、職人としての誇りを持って仕事をしている人が多い。

学芸員

　博物館や美術館などで働く専門職。資料や作品の収集・保存、調査・研究、展示・公開などを担当する。館の解説パンフレットや企画展の図録作成なども取り仕切る。最近は、資料整理でデジタルアーカイブ化が進んでいるので、パソコンの技術も求められる。学芸員になるには、大学で博物館学の学芸員課程を学び、認定試験を受けるか、短大卒業後、博物館などで学芸員補として3年以上働き、個々の博物館や美術館の採用試験を受ける。その際、考古学や民俗学、美術史、歴史学、地学、生物学といった専門的な知識も求められることが多い。ふだんからできるだけ多くの博物館や美術館、史跡、イベントなどに足を運んで視野を広げておくことが望まれる。ただし、学芸員の職場はそれほど多くない。特に公立博物館、美術館は経費節約を迫られているため、新たな学芸員を募集するところが少ないのが現状だ。

フレーマー

　絵や写真を入れる額縁を作る職人。額縁製作を作品として仕事をするアーティストもいるが、額縁製作・販売の会社に就職するのが普通だ。決められた型を作り続ける技術と根気強さもさることながら、特別注文を受けた額縁のデザインを正確に再現することもできなければならない。また額縁は、絵を引き立てると同時に室内に飾られるものだから、絵画や建築への造詣の深さがものをいう仕事でもある。たとえば顧客の家の建築様式や室内の様子、カーテンの色などを聞き、その場に合った額縁の種類を決める。また最近は、飾る絵をアドバイスするコーディネーター的な役割を求められるようになった。額縁製作のメッカ、愛知県に本部を持つ全国額縁組合連合会は、会員に向けてのみではあるが、フレーマーとしての資質を養う通信教育を行っている。

美術鑑定士

　絵画、書、陶磁器、骨董などの真贋、価値を見分ける。鑑定書を発行することもある。美術館や画廊、古美術商などで働くことになるが、画廊や古美術商などの場合は、価値を時代の相場に合った価格にはじきだす能力も必要になってくる。美術鑑定士として専門的に学ぶ学校はなく、一般的にはほかの鑑定士のもとで修業をし、審美眼を養う場合が多い。資格は必要ない。経験と信頼がものをいうため、一生を通じての勉強が必要になる。また、特定の分野で一流と認められるようになると、裁判所から「国選鑑定人」を依頼される場合がある。裁判所が差し押さえた物の評価額を出したり、詐欺事件で使用されたものの真贋を見極める仕事だ。

こんな職業もある　評論家▶P.35　ツアープランナー▶P.75　漫画家▶P.221　アンティークショップ▶P.234

その❸ | **きれいなもの・面白いものを集める**

自分がいいなと感じたもの、つまり自分だけの宝物をコツコツと集めて、それらを並べ、じっと眺めていると、心が落ちつく。コレクションを誰かに見てもらって、いいね、と言ってもらうともっとうれしい。

宝石鑑定士

　宝石の等級を決め、鑑定書を作成する。ダイヤモンドの質を決める4C（キャラット＝重量、カラー＝色、クラリティ＝透明度、カット＝研磨状態）などを基準にして、対象となる宝石がどの程度のものかを判断する。主な仕事場は、宝石販売店、ジュエリーメーカー、デパート、宝石鑑定機関、質屋、輸入代理店など。またフリーで宝石の買い付けをする人もいる。現時点の日本では、宝石鑑定に関する国家資格や認定制度は設けられていない。宝石店などに勤めながら、鑑定眼を磨いていく方法もあるが、きちんとした宝石鑑定士の資格授与および教育を行っている海外で勉強するのも手だ。たとえばアメリカのGIA-GG（Gemological Institute of America - Graduate Gemologist＝米国宝石学会宝石学修了者）は、世界各国でも通用する資格。GIA-GGを取得するためには、アメリカに留学するか、GIA日本校で学ぶこともできる。

オークション会社で働く

　絵画や版画、工芸品、宝石などを売りたい人と買いたい人を結ぶのがオークション。オークション会社がほぼ定期的に主催し、公開の場で競売による落札という方法がとられる。オークション会社は落札価格の10％ほどの手数料を得る。欧米では、サザビーズやクリスティーズといった老舗が知られているが、日本にも十数社の会社がある。資格はなく、オークション会社に就職して働く。日本で最大のシンワアートオークションの場合、基本的には４年制大学卒業が採用条件で、美学、芸術学専攻、学芸員の資格を持っていると有利になることもあるが、人物本位の選考だという。その人物像は、柔軟で大胆なチャレンジ精神を持ち、プロとしての自覚と自信、向上心を持ち、接客態度のよい人。実地で美術品の知識を学び、モノを見る目を養うことが必要で、相場を見て予想価格を提示し、顧客と交渉するのも仕事。扱う商品の幅が広いので、大半の人は限定された分野でのエキスパートになることを志す。不況の時代で倒産する画商も目につくなかにあって、オークション市場は業績向上を目指している。

アンティークショップ

　アンティークショップとは西洋の骨董品を扱う店のこと。アンティークは作られて100年以上たつものをいうのに対し、100年に満たない骨董品をビンテージといい、近年、人気がある。個人経営の店が多く、はじめはアルバイトとして入るのが一般的だ。接客業に必要なマナーが重視される。ヨーロッパやアメリカに商品を買い付けに行く機会も多いので、その国の言語を話せたり、文化を知っているとチャンスが増える。経験を積むと、買い取りをまかされる。その後は独立する人も多い。独立には古物営業の許可が必要だが、講習を受けるだけで取得できる。一般の販売と比べて、商品の歴史的背景まで説明できる知識力、客に安心感をあたえる誠実さが大切だ。

コイン・切手屋

　趣味コレクションの代表格である切手やコインを買い取り・販売する。古い新しいにかかわらず、希少価値が高いものを中心に扱う。基本的には自分の店を持って店頭で売買するが、定期的に古物専門の市場へ仕入れに行ったり、デパートの催し会場や骨董市などに店を構えることなどもある。ここ数年は、インターネットによる通信販売が主流になりつつある。以前は店に弟子入りして学んだ後に独立することが多かったが、最近は独学で勉強して開店し、その後経験を積んでいく人が多い。しかし、古物を扱う場合は年代やコンディションによってかなり価値が異なるので、最初のうちは失敗して損をすることもしばしば。価値を見極める確かな目を養うまでには３、４年かかる覚悟が必要だろう。資格は特にないが、警察で古物営業の許可証をもらうことが前提条件。需要は以前に比べ減ってきており、商売として大儲けすることは難し

いが、切手やコインが好きであれば、好きなものに囲まれて自由気ままに商売できる楽しさがある。

古着屋

　国内外から古着を買い付け、ボタンの修繕や洗濯、アイロンがけなどを施し、値段をつけ、再度、商品として売る。大手の古着店に入社するという手もあるが、ほとんどはアルバイトなどを雇って数人のスタッフで経営している。買い付けの知識、商品選びのコツなどを学び、独立する方法もある。なかにはフリーマーケットで実際に売ってみて、あまりにもよく売れるため、それで店を開いたという人もいる。売れる商品を見抜く目や商才が必要。もっとも大事なのは、買い付けで、順調にいっている人はたいてい、独自の買い付けルートを持っているという。

リサイクルショップ

　古美術商、古書店、中古車店などと同じ「古物商」に含まれる。使用された衣類や生活雑貨、電気製品などを買い取り、再び店頭に並べる。開業に当たっては、都道府県公安委員会から、「古物営業法」に基づく許可を得なければならない。エコに関心が高まる時代にあって、「中古」に抵抗感が薄れたことに加えて、経済不況で安価なものを求める人が増え、業界は活気づいている。いいものを安く買い付け、買い手が欲しくなる価格をつけるのが商売の基本。買う場合も売る場合も定価がないだけに、商品の価値を判断し、価格を決める目が必要となる。買い付けた商品を修理したり、装飾を施したりすることで、価値を上げることもできる。最初はリサイクルショップに勤めて、中古市場や個人相手の買い付けの方法を学んでいき、売買のバランス感覚を磨いていく。

こんな職業もある　骨董屋▶P.61　質屋▶P.78　金券ショップ▶P.78　南極観測隊員▶P.170　模型店経営▶P.218　ギャラリスト▶P.229　学芸員▶P.230　美術鑑定士▶P.231　調香師▶P.295　古本屋▶P.37　探偵▶P.394　司書▶P.399

6　「美術」が好き・興味がある／その❸　きれいなもの・面白いものを集める

07 「技術・家庭科」が好き・興味がある

技術家庭科

その❶ 道具を使っていろいろなものを作る

まず、ものを作る道具を見ているだけで飽きない。金属の棒や板を万力で固定して、やすりやサンドペーパーをかけ、きれいに磨き、それがきらきらと輝くだけでうれしくなる。

大工

　差金（さしがね＝曲尺）、墨壺と墨さし、鉋（かんな）、鑿（のみ）、鋸（のこぎり）などの七つ道具を使い、木造建築の施工を行う。長い伝統を持った職業であるが、建設機械やITの発達によるCAD設計図面など、大工の仕事は急速に変化を遂げている。求められる建築もバリアフリーや耐震構造、断熱材の使用、シックハウスの回避など、ライフスタイルや環境の変化による影響を受けている。建設会社や工務店に就職するか、親方と呼ばれる大工の棟梁に弟子入りをするのが一般的で、一人前になるには建築大工技能士の国家資格が必要。近年はハウスメーカーによる住居が増えているが、実際の施工は大工の手によるところが多く、新建材や新技術も学ばざるを得ないのが現状だ。ただ、手刻みのホゾ加工などの基本技法は、技術の差によって仕上がりに大きく差が出るため、高い技術を持った大工は重宝され、それに見合った収入が得られる。また、近年では自然の風合いを持った木材が再評価されており、在来工法の木造建築の人気も高く、増改築の需要も増えている。住を担う重要な職業で、今後も一定の需要が見込まれる。

宮大工

　神社仏閣などの木造建築を専門にしている大工。神社仏閣は1点物なので、宮大工の仕事は同じものを造ることはない。また文化財の解体修理や修復を行うこともあり、数百年先まで残る歴史的な構造物に関わる仕事である。そのため、宮大工には特に高度な技術が必要とされるだけでなく、考古学や地質、土壌まで幅広い知識が必要となる。宮大工は徒弟制度で、師匠と共に生活をしながら技術や知識、そして宮大工として必要な勘を受け継いでいく。その仕事の性質上、急激な需要の増減は考えにくいが、伝統的な技術を後世に伝える重要な役割を担っている。

鳶 （とび）

　ビルの建設現場などの高いところで足場や鉄骨を組み立てたり、機械を取り付けたりする。高所での作業となるため、集中力とバランス感覚が大事であり、当然ながら高所恐怖症の人には向かない。危険と隣り合わせである反面、建設作業員のなかでも

花形であり、収入も人気も高い。体力勝負の職業であるが、2級建築士など、本人の努力次第で取得可能な資格もあり、スキルアップも図ることができる。近年、建設事業が少なくなっていることにともない仕事は減少気味であるものの、「建設は鳶にはじまり鳶に終わる」と言われるように、建設業界になくてはならない職業である。

左官

　土、砂、藁、石灰などのさまざまな材料と水を用いて、壁や土間を作る職人。材料の進歩とともに仕事の内容も多様化している。職業訓練校で学び、工務店などに勤めるのが一般的だが、小規模な事業所が多く、家族経営のところも多い。壁の仕上がりは職人の腕によるところが大きいが、高い技術を持った職人は少なくなりつつあるのが現状である。また最近では、有害な物質を含まず、室内の温度と湿度を適度に保つことのできる左官仕上げの塗り壁が、自然で健康的であると見直されてきている。

石工 (いしく)

　石材の切り出し、裁断、加工など、石材に関した工事一式を行い、墓石、灯籠や土木建築工事用の石材などを製作する。専門学校で学んでから石材店に勤めるのが一般的。世襲制ではないが、家族経営の石材店が多く、家業を継いで石工となる場合が多い。作業の現場にコンピュータが導入され、多くの作業が機械化されており、伝統的な技法で手作りの味わいを出せる職人は減ってきているが、ノミと槌を使っての繊細な作業や、石の目を読む作業など、まだまだ職人の技術と経験に拠るところは少なくない。

塗装業

　塗装には、建築塗装、木工塗装、金属塗装、噴霧塗装などさまざまな種類がある。もともとはペンキ職人のことを指したが、現在の塗装は単に色を塗るだけのものではなくなってきている。抗菌、脱臭、防水などの新しい観点でのハイテク塗装の登場により、高い技術を持った人が必要となってきている。専門学校などで技術を学んでから塗装会社に就職するか、塗装会社に勤務しながら技術を身につけるのが一般的である。塗装会社は小規模な会社が多いことから、熟練すると独立する人が多い。

表具師

　紙、布、糊を材料に、ふすま、障子、屏風、巻物、掛物などを制作する。繊細な素材を使った複雑な作業であり、高度な技術と経験が要求される。また、貴重な美術品を手がけることも多く、美術に関する幅広い知識も不可欠である。表具師になるには、15、16歳から表具屋に弟子入りをして、7年ほど修業をした後、暖簾分けをしてもら

うのが一般的だが、高校、大学を卒業して表具屋に就職する人も多い。文化財の修理などを行う表具屋は東京と京都に集中していて需要も少ないが、ふすまや障子の優れた機能やデザインは新たな注目を浴びている。長い歴史を持つ職業であり、伝統を守るという高い意識と心構えが必要なのはいうまでもない。

家具職人

主にナラ、ヒノキなどの自然木で、テーブルや椅子などの家具を製作し販売する。人によってさまざまだが、職業訓練校で木工について学んだ後、家具メーカーに就職したり、工房で修業を積みながら独立を目指すことが多い。現在、家具職人は人気職種の1つであり、目指す人が増加しているが、受け入れ先はそれほど多くはない。また、収入の大部分は道具や材料の購入に回さなくてはならないので、家具を作ることによって生計を立てることができているのは、数百人程度である。しかし、近年インテリアや上質な家具にこだわる人が増えており、今後手作りの家具に対する需要は増加していくことが見込まれる。家具職人はいい家具を作ることと同時に、客がどのような家具を求めているのかを正確に把握できなくてはならない。

畳職人

い草や藁を用いて畳を製造したり、修理をする職人。近年はさまざまな材質の畳が登場し、機械で製造することが多くなっているため、昔ながらの技術を持った職人は貴重な存在になりつつある。徒弟制度があったのは昔の話で、現在は畳製造を行っている会社に就職するか、職業訓練校で技術を学ぶのが一般的。一人前になれば独立することもできるが、10年以上の経験が必要といわれている。畳全体の需要は減りつつあるが、健康素材としての畳の人気は依然として高い。また、後継者が不足している業界であるため、就職先は少なくない。繊細な手作業が多いので、手先が器用であることが望まれる。

インテリアデザイナー

住宅、オフィスから飛行機、自動車まで、あらゆる室内空間と、家具、カーテン、照明などのインテリ用品をデザインする。インテリアデザイナーは建築家の仕事の一部が専門化されたもの。大学や専門学校でデザインについて学んだ後、家具メーカーや建築会社などで実務経験を積むのが一般的。特別な資格は必要ないが、一人前のインテリアデザイナーになるには、幅広い知識と経験が必要であるため、少なくとも10年はかかるといわれている。インテリアに高いデザイン性を求める人が増えているため、インテリアデザイナーに対しての需要も高まっていくものと思われる。

インテリアプランナー

　依頼主にインテリアの企画を提案し、それにもとづいた設計図や仕様書を作成し、その工事の監理までを行う。具体的には、依頼主の要望を把握し、的確なアドバイスを行いながら、安全性なども考慮して、柱や壁、天井の位置を決め、材質の選定やインテリアの配置などの内装プランを、設計図面に描き起こしていく。工事現場で監理もするので、建築に関する知識も求められる。個人の住宅やマンション、店舗、事務所などを手がける。またモデルルームの企画プロデュースをすることもある。仕事の多くは、都市でいかに快適な空間をつくり上げるかが求められる。インテリアプランナー資格（5年間で登録更新）もプラスになるが、2級建築士の資格があるとさらに仕事がしやすくなる。建築事務所や設計事務所、住宅メーカー、内装・リフォーム会社などで仕事をしている人が多い。近年はリフォームを望む人が増えていて、生活環境に高感度な女性の進出が増えている。

インテリアコーディネーター

　客の要望に沿って住宅、店舗やオフィスなどの室内で使う家具、壁や床などのインテリア計画を立て、インテリア商品選択のアドバイスを行う。民間資格があり、現在5万人を超える認定者がいる。インテリア関連商品に関する深い知識が必要とされると同時に、相手の立場に立って、住む人のライフスタイルや価値観を把握することが重要で、主婦やOLなど女性の進出が目立つ職業でもある。住宅会社や百貨店、インテリアメーカーなどで勤務するのが一般的だが、独立してフリーとして活躍する人もいる。今後、リフォーム市場の拡大が見込まれるため、インテリアコーディネーターの需要はさらに大きくなることが予想される。

エクステリアデザイナー

　建物の外観に関わるデザインをする。たとえば塀や門、玄関までのアプローチ、カーポート、フェンスといった、建物の外周にまつわるデザインを手掛けていく。客や設計・施工担当者のイメージからラフデザインを描き起こし、さまざまな素材・既製品を組み合わせ、ときにはハンドメイドもして、具体的な形にまとめていく。エクステリアのリフォームも請け負っており、需要は増えている。和風、洋風に対応でき、国内外のエクステリアの流行に敏感な感性が求められる。専門学校のエクステリア技術科などで学ぶのが一般的。就職先としては、住宅メーカー、エクステリアメーカー、設計事務所などがある。独立してフリーランスで活躍することも可能だ。

CMr（コンストラクション・マネージャー）

　建設プロジェクトにおいて、工期の遅れや予算オーバーなどを防ぐため、工事の発注者・受注者以外の、専門的な知識を持った第三者が、スケジュール、コスト、品質などを管理・監督することをCM（コンストラクション・マネジメント）という。そういった業務の専門家が、CMr（コンストラクション・マネージャー）だ。CMの発祥はアメリカだが、近年日本でもコストの透明化や、費用対効果を求める声が高まっていることもあり、首都圏などではすでに定着しつつある。CMrは、企画、設計、発注、工事、引き渡しの各段階において、発注者の代理人となって、受注設計者、施工者との連携を図る。プロとしての知識と豊かな経験が求められるのはもちろんのこと、利害関係者に対する調整能力が必要となる。建築設計事務所やゼネコンなどで実務経験を積んで、コンストラクション・マネジメントを専門に行う会社に入って働くのが一般的。資格は特に必要ないが、日本コンストラクション・マネジメント協会が2005年に設立した認定コンストラクション・マネージャー資格を取得していることが一つの指標となる。2009年現在この資格を持つ人は500人ほどだが、07年に国土交通省が建設業界にコンストラクション・マネージャーの利用を推奨したことにより、企業間の認知は高まっている。

多能技能工［大工］

　これまで建設や建築において、型枠大工、鳶、鉄筋工、重機作業などの複数の作業は分業で行われていた。それらのいくつかを一人でこなす職人を「多能技能工」と言う。単能工が作業を行っている現場では、営業や施工管理以外、工事は外注するのが一般的だが、多能技能工がいる現場では作業が効率的になり、大工からメンテナンスまでの全ての工程を自社社員が行う「内製化」というシステムで工事を進めることができる。全ての作業を自社で行うことができれば、職人同士が密接に連携を取ることで情報を共有し、業務を効率化できるため、客の新しいリクエストにもすぐに応えることができて工期を短くすることも可能だ。多能技能工は、建設業界ではまだ主流ではない。多能技能工を育てることに力を入れている建設会社に就職し、一から技術を身につける必用がある。最近では大学卒や大学院卒など高学歴の若者が、やりがいを求めて多能技能工を目指すことも多い。

こんな職業もある

骨董屋▶P.61　遺跡発掘調査員▶P.61　ペンション経営▶P.74　庭園設計士▶P.99　機械設計▶P.99　フラワーデザイナー▶P.108　フラワーアレンジメントの先生▶P.108　華道家▶P.109　庭師▶P.109　ランドスケープアーキテクト▶P.111　フラワーショップ▶P.113　装蹄師▶P.123　義肢装具士▶P.146　プラモデル製造▶P.218　彫刻家▶P.220　アンティークショップ▶P.234　板金工▶P.248

その❷ 機械・プラモデル・フィギュアなどを組み立てる・分解する

その機械がどうやって動いているのか、ずっと考えても飽きない。時計を分解してみて、一つ一つの部品の形が美しいと思う。プラモデルやフィギュアの、表からは見えないところまできれいに色を塗ることができると、他では得られない満足がある。

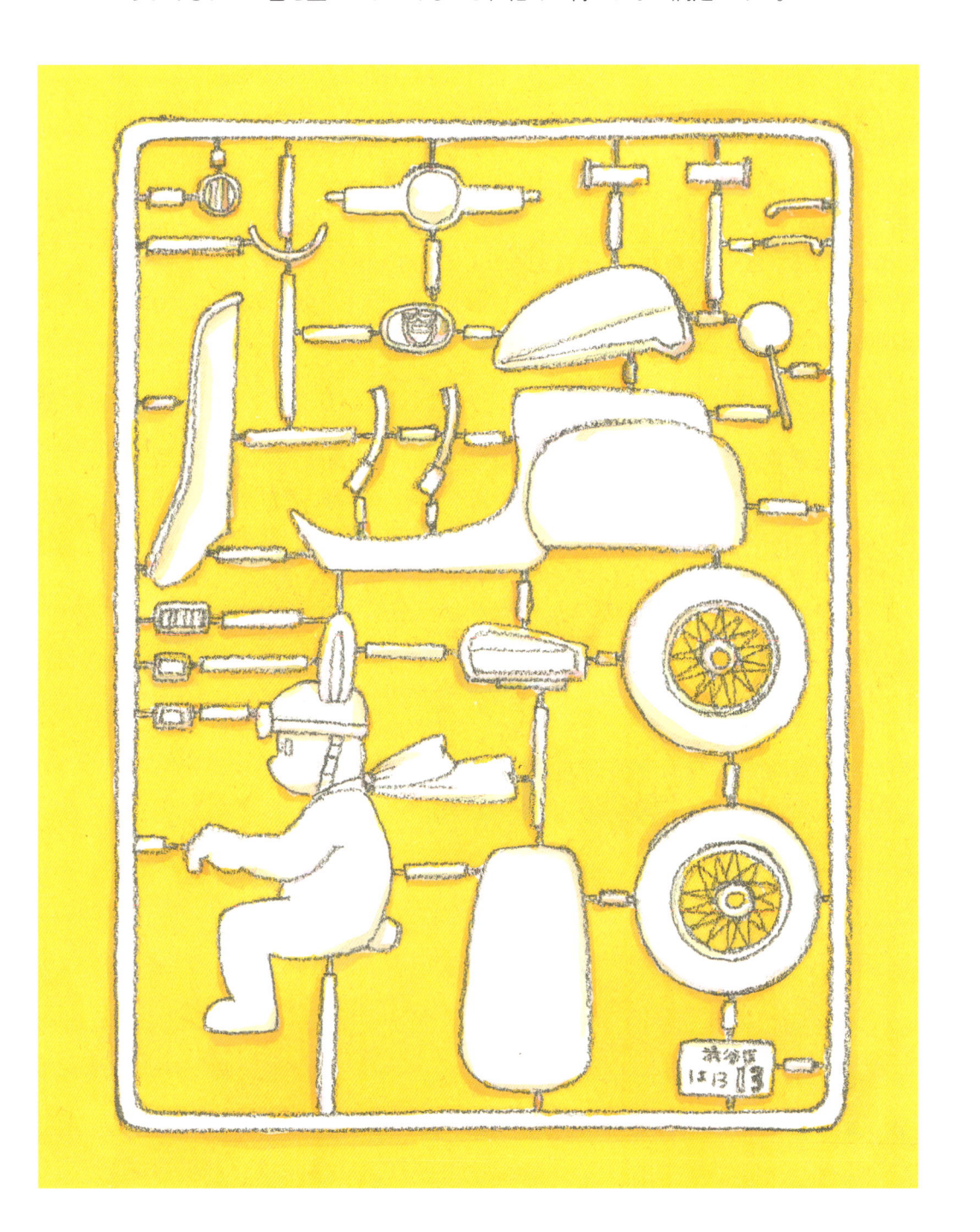

独立時計師

　企業などに所属せず、クォーツを使わない時計製作や修理の高度な技術を持つ職人。チームを組んで時計製作をする人や細かな部品からすべて自作する人まで、その形態はさまざまだ。日本の時計師は時計メーカーに就職している人が多い。これは独立して時計製作を行うには、相当な年数の修業が必要であるということの表れである。日本にも専門教育を受けられる学校はあるが、最高峰の独立時計師を目指す人は、時計業界がサポートしているスイスの学校で学ぶのがおすすめである。現在、独立時計師として活躍している人の時計は、時を刻む道具としての機能面のみならず、見た目も芸術品といえるものであり、非常に高価な値段で取引されている。修理ができるシンプルな作りの時計がベストとする人、自分にしか作り得ない芸術作品として時計を作る人などさまざまだが、いずれの時計師にも時計に対する深い愛情と哲学がある。

鍵師

　車や金庫、家などの鍵を紛失した客のもとに出張し、鍵を開けたり、新しい鍵を作る。出張料と技術料が収入の柱。客の必要性から24時間営業もめずらしくない。最近増えているのは、ピッキング被害の増大により、安全性の高いシリンダーへの交換、補助錠の設置の仕事。一人前の鍵師になるには、鍵屋で働いたり、養成機関に通って技術を身につける。当然のことながら、手先が器用な人が向いている。公的なライセンスはないが、日本鍵師協会が実施している鍵師技能検定試験という民間資格がある。「鍵師」とか「錠前師」は日本鍵師協会の商標登録だが、この資格を持っていなくとも仕事はできる。たとえば、日本鍵師協会が行っている養成機関で7日間、基礎を学び、後は現場で経験を積むと、半年から1年で一人前になるといわれている。その後、独立開業し、ひとりもしくは夫婦で経営している場合が多い。開業の際には警察への届け出・許可は必要ないが、挨拶に行くのが普通。警察からも仕事の依頼があったり、開錠の仕事をしている際に警察に誤解されないためである。

彫金師

　金属を使って、アクセサリーや小物、建築物の装飾などを作る職人であり、アーティスト。シルバーを使った彫金が最近の主流だが、鏨（たがね）を使って模様を掘り出す日本伝統工芸としての彫金もある。美術・芸術系の専門学校や美大には彫金を専攻するコースがあり、歴史から技術、デザイン、マーケティングなどを総合的に学ぶことができる。あるいは学校ではなく、カルチャーセンターや彫金教室で学んだり、独学することも可能だ。ある程度の技術を身につけたら、彫金工房の採用試験を受けたり、先生のアシスタントとなる、あるいは独立開業する。またそのほかの職場として宝石店や美術館に勤める場合もある。独立を志すなら、コンテストなどに応募し、賞をもらうなど、一般的な評価を得るのがもっとも手っ取り早いだろう。

エンジニア

　モノを作る技術者、技師。自動車のエンジンを例にとると、石油エネルギー燃焼の原理に基づいて、いろいろな材料を使い、いろいろな部品を組み合わせ、実験を繰り返して動力源になるエンジンを組み立てる。それだけではない。もし自動車が「エンジンで走る機械」のままでいたら、日本の自動車産業がここまで発展することはなかった。コストや安全性、快適性を求めてさまざまな技術が生み出され、改良されて現在の形になった。さらに、環境問題から、「ガソリン以外の動力で動く自動車」が求められ、最近は、電気や水素をエネルギー源にするエンジン開発の技術を生み出しているのもエンジニア。製造業による「モノづくり」で経済大国になった日本では、1960年代から80年代にかけて、エンジニアの存在は、経済を発達させ、社会を豊か

にする原動力だった。機械、化学、金属など、あらゆる分野において、新しい技術から新しい製品が作り出され、大量生産、大量供給の体制を作り上げてきた。しかし、近年、エンジニアをめぐる環境が変わってきた。大量生産の時代が変化し、市場や客の声を素早く製品に反映させる能力、企業や国という枠を超えて協力し合える能力、ITに関する能力などが必要とされる時代になった。理工系の大学で興味のある技術分野と出会い、技術系の企業や研究機関に就職するのが今でも主流だが、ハイテク企業のなかには、まったく異なる業種から人材を求めるところも出てきている。また、一定の経験を積んだうえで技術士の国家資格をとり、技術コンサルタントとして独立する人も多い。

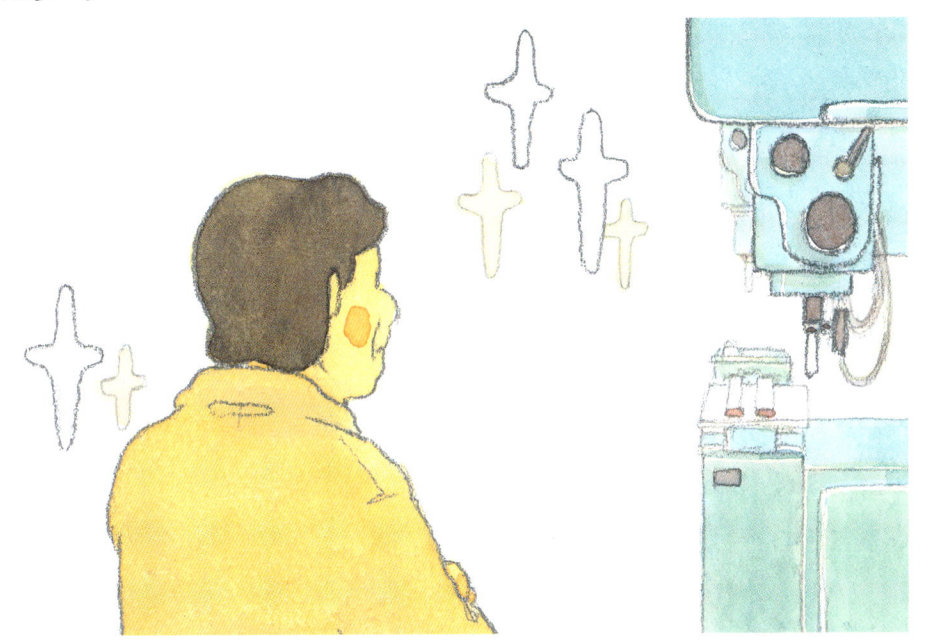

プレス工

プレス機器を使って、金属板などを加工・成型する。大きなものでは自動車のドアや屋根、小さなものではカメラの部品などを作る。自動車産業、電気・通信機器産業などいろいろな産業を支えている仕事だ。会社や工場によって規模が大きく違い、収入の差も激しい。しかし一般的に従業者数30人以下という小規模な工場や会社が多いのが特徴だ。手や指をケガする（ひどいときには指を失う）といった事故も少なくないので、慎重でコツコツと仕事に向き合えるまじめな性格のほうがよい。また仕事がマンネリ化しやすいので、自分で独自の目標を定めて、仕事にやりがいを求められる姿勢も重要だ。もしプレス工としてレベルアップしたいなら、プレス機械作業主任者という国家資格を取るとよい。プレス機械作業主任者は、プレス機器を管理し、安全を確保し、万一異常が発生した場合に適切に対応することが求められる。実務経験

が5年以上あれば受験できる。18時間の講習受講後、修了試験を受けるだけで、合格率はほぼ100%。この資格を持っている人は40〜50代以上が大半なので、若いうちに取っておけばより役立つだろう。

板金工

薄い金属板を加工する仕事で、自動車の板金をつくる板金工や、工業板金、屋根や外壁、雨どいなどの工事・リフォームを手がける建築板金工などがある。板金工になるために必要な資格や能力は特に定められていない。以前は、学校卒業後、板金工見習として勤めながら、技術や知識を取得していくのが一般的だったが、最近では板金工養成のための職業訓練校や高等技術専門校などに通う場合が多い。たとえば建築板金工の場合、何種類もの工具やはさみを自由自在に使いこなし、思い通りのものを作り上げることに喜びを感じるそうだ。基本的な技術を覚えれば、一生の仕事にできるが、板金店を自営したいと考えるなら、営業や経営などもきちんと学んでおいたほうがいい。関連する資格に建築板金技能士（1、2級）がある。

電気工事士

電気工事士は、職業ではなく国家資格。電気工事の資格は、他にも電気工事施工管理技士や認定電気工事従事者、電気主任技術者があるが、電気工事士はもっとも一般的で、広く知られている。ビルやマンション、家の建築の電気の配線から、変電設備の設置、空調設備の取りつけなどを行う。仕事に直結した資格である。おもに電力会社や電気工事会社、または工場などの設備課で働く。電気工事士の資格には、第一種、第二種の免許があり、ビルなどの本格的な電気工事をするには、第一種を取得しておく必要がある。財団法人である電気技術者試験センターが年に1回、筆記と実技の試験を行っている。第一種は、試験に合格したあと、免許を取るためには3年ないし5年の実務経験が必要。大学もしくは高等専門学校の電気工学課程の卒業者ならば3年間、そうでない場合は5年間、電気工事の実務を経験してはじめて免許が交付される。第二種は、電気工学などの学科のある大学や専門学校では、無試験で取得できるところがある。それほど高い給料がもらえるわけではないが、電気工事がなくなることはないので、不況にも強い資格として人気が高い。また最近では、テレビの地上デジタル化や有料衛星放送の普及で、テレビ・AV機器の設置にも電気工事が必要になることが多く、街の電気屋さんでも、電気工事士の免許を取得する人が増えている。

アンティーク時計修理・時計修理士

　時計修理士は、腕時計のバンド交換や電池交換、高級時計のオーバーホールにいたるありとあらゆる作業を行う。近年では環境問題意識の高まりにより、電池を破棄するクォーツ時計は減る傾向にあるが、太陽電池を使用した時計や、標準電波を受信して誤差を自動修正する電波時計など、新しい技術が取り入れられているため、修理の技術だけでなく電子工学の知識も求められる。時計修理士は開業免許を必要としない。職人の技術力はそれぞれだが、職業能力開発協会が実施している「時計修理技能士」資格は、時計修理士として一定レベルの技術を保証するため保持者が多い。独学で勉強をするか、専門学校に通って学科（時計、時計修理法、機械要素、材料など）と実技（時計の修理、工数見積り）を学び、時計修理技能検定試験を受ける。数は少ないが、古くなった高級時計、またアンティーク時計を専門に修理するプロもいる。そういったプロはオリジナルの時計を作ることもある。ほとんどが小さな会社だが、社員や弟子を募集している場合もあるので、興味がある人はネットで検索して、問い合わせてみるといいだろう。動かなくなった古い時計のゼンマイが回り出し、再び時を刻みはじめるようになったとき、生きものを再生したような満足感がある、そういうことを話す修理士もいる。

こんな職業もある
機械設計▶P.99　歯科技工士▶P.142　宇宙飛行士▶P.179　NASAで働く▶P.180　楽器職人▶P.202　人形作家▶P.211　ゲームグラフィックデザイナー▶P.214　プラモデル製造▶P.218　舞台美術▶P.219　美術修復家▶P.227　美術造形▶P.229　フレーマー▶P.231　靴職人▶P.293　映画監督▶P.402　美術・美術監督・デザイナー▶P.406　特殊造形：ミニチュア▶P.413　パイロット▶P.423　ヘリパイロット▶P.423　レーサー▶P.424　カーデザイナー▶P.428　自転車整備士▶P.429　自動車整備士▶P.429　スーパーカー専門整備士▶P.429　レーシングチームのメカニック▶P.430　二輪自動車整備士▶P.430　航空整備士▶P.433

Essay | AI[artificial intelligence：人工知能]と知覚心理学

text by Ryu Murakami

コンピュータと脳はどちらが優秀か

　コンピュータの進化にともなって、脳とコンピュータはどう違うのかといった問題が出てきた。コンピュータに心はあるのか、コンピュータは意識を持つようになるのか。そういった問題を投げかけているのは、おもにAIを研究・開発している人たちだ。彼らは情報科学と認知科学と脳科学が重なり合うところから貴重な発見を発信している。結論から言えば、人間の脳とコンピュータがどう違うのかということはまだ完全には解明されていない。脳とコンピュータの違いはいろいろとわかっているし、わたしがごく普通のノートパソコンを使うときにもその違いの一部はうかがい知ることができる。たとえば、コンピュータ自身は小説を書けないのである。小説を書くというような特別なことではなくても、たとえば簡単な企画書や手紙も書けないし、3歳の幼児が描くような簡単な絵も描けない。今のコンピュータに可能なのは、小説や企画書や手紙を書くツールを提供するだけだ。

　それでは今のコンピュータはバカなのかというと、決してそんなことはない。クロック周波数2GHzのCPU（中央演算装置）は1秒間に20億回の命令を実行する。演算というか、計算能力では人間はコンピュータにはるかに及ばない。それでは脳とコンピュータの、それぞれの「部品」の規模はどうだろう。Intel Pentium4のCPUを構成するトランジスタの数は約5500万個。それに比べて、人間の脳には約1000億のニューロンと呼ばれる神経細胞がある。そしてその一つひとつがシナプスと呼ばれる部分で他の数千のニューロンと連結されている。脳はその膨大な数の神経細胞の結合によって複雑な働きを見せるわけだが、実はその「演算スピード」はそれほど速いわけではない。ニューロンは基本的に化学信号と電気信号で情報を伝達するが、その反応は1秒間に約100回ほどで、コンピュータより遅い。だが脳は、たとえば知覚と反応というプロセスなどで、コンピュータよりはるかに優れた働きを見せる。

あるロボットの悩み

　以下は、AIの限界を示す一つのエピソードである。ある科学者が人工知能を持つロボット1号を製作し、自宅から横断歩道を渡って道路の向かいにあるコンビニでアイスクリームを買って戻って来るという実験を行った。横断歩道では、信号が赤だったら止まり、青だったら渡る。しかし、信号が青でも、信号無視の車やトラックが走ってきたら安全のために止まる。そういうふうに高度なプログラムを組み込んだ。1号は無事にコンビニでアイスクリームを買い、戻ろうとしたが、そのときたまたま横断

歩道付近で、子どもがラジコンのおもちゃの自動車で遊んでいた。1号は、ラジコン自動車がずっと走り回っていたので、命令通り、信号が青でも横断歩道を渡らなかった。やがてアイスクリームは完全に溶けてしまった。

　製作者はプログラムが不完全だったと反省した。信号が青の場合、小さな車だったら、横断歩道を渡ってもかまわないというプログラムを加えた。再度コンビニに向かった1号は、横断歩道の手前で止まり、また動かなくなった。1号は、そこら辺を走っている車のサイズをすべて計算し始めたのだった。車の大きさを計算して、それが非常に小さいもので、しかも信号が青のときにしか横断歩道を渡ってはいけないというプログラムだったので、1号にとってはやむを得ない判断だった。そしてやはり1号はアイスクリームを買ってくることができなかった。

ロボットはサッカーがへたくそ
　ロボット1号を悩ませたのは、AIの研究において「フレーム（枠）」問題と呼ばれている。コンピュータは、頑固というか、かたくなで、融通がきかない。当面無視していいことと無視してはいけないことの区別が付かない。人間だったら、たとえ幼児でも、ラジコンのおもちゃの車が走ってきたからといって、信号が青の横断歩道を渡るのを止めたりしない。わたしたちはラジコンのおもちゃの自動車が危険ではないと知っている。だがコンピュータはかたくなにプログラムされた命令に従うのでそういうことがわからない。では人間の脳は、どうやってラジコンのおもちゃの自動車が危険ではないと判断するのだろうか。おもちゃの自動車のサイズに関する情報が脳に送られて、脳の「中枢」が危険ではないと判断し、道路を渡ってもいいとからだに命令するのだろうか。アフォーダンスという認知心理学では、入力されたすべての信号・情報が脳の中枢で処理され、反応するための命令が中枢から出力されるという知覚モデルに疑問をなげかける。わたしたちは、外界・環境からの信号と「交渉」しながら、そのつど柔軟に対応しているというのだ。

　サッカー選手がドリブルを始め、ゴール前の相手選手3人を抜き去り、ゴールキーパーの動きの逆をついて、見事にシュートを決めた、そういうシーンを想像して欲しい。選手はすべてを瞬時に判断する。味方の選手がどこにいるのか、相手選手はどう動くか、パスとドリブルとシュートという選択肢からどれを選ぶか。そしてゴールマウスが見えた瞬間にシュートを選択し、右足のインフロントで蹴ろうとするが、ゴールキーパーが左に跳ぼうとしているのがわかったので、右足のアウトにかけてシュートを打った。おそらく一連の動きは、選手がドリブルを始めてから3秒ほどの間に起こる。最後キーパーの動きを感じてキックの種類をとっさに変えるという判断は、0.0

数秒という「瞬間」のうちに実行された。そんな短い時間で、信号と情報が脳に送られ、中枢が命令を出して、それがまたからだに伝えられて筋肉が反応するといったプロセスを実行するのは不可能だ。選手は、とっさに「周囲の環境に」反応したわけだが、それはたとえば燃えてるストーブに触れてしまって、とっさに手を離すような反応とも別のものだ。なぜなら選手はゴールキーパーの動きを見て、自ら「判断」をしたあとで、シュートを打ったからである。

新しい人工知能ロボット「クリーチャー」

ディープブルーというコンピュータがチェスの世界チャンピオンに勝ったというニュースがあった。AIの輝かしい成果として記憶に新しい。しかしチェスの駒の動きなどをすべてプログラムして推論するのはコンピュータにとってもともと得意分野だった。チェスのルールという限定されたフレームのなかではコンピュータは充分にその能力を発揮する。そしてAIの研究者たちは「フレーム問題」を乗り越えるためにさまざまな試みを始めた。その代表は、80年代に開発された「クリーチャー」と呼ばれる火星探査用ロボットだ。それまでの伝統的なAIは、感覚や動作のための周辺機構と、推論する中枢を、別個のものとして「知性」を設計し、作動時にそれらが統合されるという考え方で作られていた。

だが、クリーチャーの「知性」は、最初からいくつかの「知覚と行為の系統」が独立して別個に用意され、「層」と呼ばれる一つの系統を知性の単位としていた。たとえば「障害物を避ける層」「環境内で目標を探す層」「目標を回収する層」などに分かれ、それぞれが独立しつつ共役することで複雑な作業を可能にしたのである。興味深いのは、そういった成果がアフォーダンスという知覚心理学の理論にもとづいて開発されたわけではないということだ。つまりAIという世界で、アフォーダンス理論が新たに再発見されたということになる。火星という未知の世界ではあらかじめ環境をプログラムできないという制約が、クリーチャーという画期的なロボットの開発につながった。現代ではさらに複雑なAIを備えたロボットが開発されている。

結論：情報・認知・脳科学の融合

いずれにしろ、AIにはSF的な要素があって、わたしたちの想像力を刺激する。しかし、AIの進歩でコンピュータが意識を持つかもしれないとか、いつまでも生き続けて死なないペットロボットができるとか、100メートルを3秒で走れる人型ロボットが作れるかとか、そういったことよりもはるかに重要なことがあるのだと思う。それは、AIやロボットの研究によって、人間の脳やからだの働きが解明されていくことだ。AIの研究開発にはさまざまな分野の研究者や科学者が集まって、いくつもの領域に

またがる先端の知識が交換されている。おもなものは情報科学と認知科学と脳科学だが、その成果は今後いろいろな分野に多大な影響をもたらすはずである。

written in 2003

参考 『アフォーダンス・新しい認知の理論』 佐々木正人　岩波書店
　　　『脳とコンピュータはどう違うか』 茂木健一郎・田谷文彦共著　講談社

Essay｜創造性にあふれた仕事

トヨタ自動車株式会社　チーフエンジニア　小木曽聡（おぎそさとし）

1. どうすればエンジニアになれるのか

　エンジニアにとって、興味や好奇心をもつことがとても重要です。私の場合は、まず身近にある日用品や機械に興味をもち始めました。「どんなしくみで動いているのだろう？」と。その結果、しくみを理解するのに関係がありそうな数学や理科に意識が高まり、自然と理数系が好きな子どもになっていきました。単に勉強としてエンジニアに関連しそうな科目を学ぶのではなく、常に身近なものと関連づけながら興味を持って学んでいくことが大切だと思います。

　エンジニアといってもさまざまな種類がありますので、自分の最も興味がもてそうなモノ（製品だけではなく最近はコンピューターシミュレーションに代表されるような解析技術も重要なエンジニアリング）を選び、将来自分がその分野で活躍することをイメージしながら、自分の日々の生活に結び付けてみてはどうでしょうか。そうすると自然と自分の興味のある分野を選ぶようになり、これからの学生生活で選択していく方向がはっきりしてくると思います。さらに、社会人としてとりくみたいエンジニア像がだんだんと具体化していけば、より積極的にエンジニアを目指す意識を強く持てることになります。

　自分は、はじめ家の中にある機械に興味をもったのち、高校時代に身近で一番大きな機械である自動車を強く意識するようになりました。そして大学時代には、機械工学を専攻するとともに自動車部に入部して、学問とユーザーの両面で自動車製品に接していきました。これは、自動車会社に入社後エンジニアになって活動するのにとても役に立ったと振り返っています。

2. エンジニアにとってもっとも大切なことは何か

　少し多くなりますが、私がエンジニアとして大切にしていることを4つ紹介します。

　1つ目は、「原理原則で考えながら、何でも自分でやってみること」です。新たな技術開発をする場合に、現在までの技術を鵜呑みにせず自分なりに理解したうえで、自分自身で苦労しながら実際に手足を動かして次のことを考えていくことがとても大切です。またその時には、中学・高校で学ぶ数学・物理・化学といった基礎的な知識が、とても役に立ちます。

　2つ目は、「応用力」です。別の言い方をすれば「考え方の柔軟性」です。実際にプロのエンジニアとして幅広く活躍するには、単なる学問や理論だけでは限界があります。実践の中では、さまざまな応用や時として工学的なセンスだけではなく創造力を組み合わせることが必要だったり、理論と少々ちがっていても実現象に即したアレンジが大切な場合があったりします。

　3つ目は、「目的意識を強くもつこと」。難しいことにチャレンジすること自体が目的になりがちですが、最初に目標・目的（この活動は何の役に立つのか？）を明確にしておくこと大切です。私は、プリウスをはじめとした次世代型のクルマの開発を担当してきていますが、将来の状況やニーズを予測したうえで、「お客さまに最も喜んでいただけるクルマを作ること」を強く意識しながらエンジニアリングをするように心がけています。

4つ目はどんな職業にも共通すると思いますが、「情熱」です。エンジニアの仕事をしていると、理論だけでは答えにたどり着かなかったり、理想と現実のギャップの壁にぶつかったり、多くの人々とチームワークで仕事を進めていかなければならなかったり、時には失敗や挫折を繰り返すこともあります。そんなときにも、「情熱」をもって自主的に前を向いて進んでいくことが大切です。

3. エンジニアに憧れる13歳たちになにかアドバイス

私が「エンジニア」という仕事についてから25年が過ぎようとしていますが、現在でもそのエンジニア業にとても楽しく熱中しています。正直に言って、趣味と仕事の境目がわからないような幸せな状態です。

なぜそのような状態になったのかと振り返ってみると、よい仕事と仲間に恵まれたこともちろん一因ですが、やはり「エンジニア」という仕事の魅力がそこにあるのではないかと考えています。エンジニア＝「＊＊工学」「＋＋科学」と狭くとらえずに、創造性のある仕事と考えて取り組むと大変奥の深い面白い職業です。

私は入社したばかりの若い頃は、部品の設計者として「自分の力を活かして少しでも優れた部品を作り出すこと」を目標に働いていました。初めて設計した部品、自動車のなかのたった一つの部品でしたが、それが実際に売られるクルマに搭載されたときの喜びを今でも覚えています。最近では、チーフエンジニアと呼ばれるプロジェクトのリーダーとしてクルマ全体の企画を練り上げ、将来の世の中・ユーザーに喜んでもらえるクルマ開発に日々励むことが、何よりも楽しい毎日の仕事となっています。

難しくとっつきにくそうに思われがちなエンジニア業ですが、「より優れた技術で今までに無いものを生み出して、何かの役に立って誰かに喜んでもらう」ことを実現する、創造性にあふれた仕事です。

みなさんは、「会社のなかでは自分のやりたいことができないのでは」とあきらめていませんか？「楽しく働くなんて都合が良すぎる」と思っていませんか？　もちろん社会で働くにはいろいろなルールや制約はありますが、はじめからあきらめてはいけないと思います。私自身は、あきらめずに少しでも幅広い仕事を続けようとエンジニア業を続けた結果、さまざまな幅広い仕事を楽しくやりつづけることが出来ました。皆さんも是非、トライしてみてください。

プロフィール
小木曽聡

1983年トヨタ自動車株式会社入社。プリウス開発メンバーとしては最古参で、1代目から3代目プリウスまで全てに関わった。現在はハイブリッド車、プラグインハイブリッド車、電気自動車、燃料電池車両の企画・開発に携わっている。

Essay|「どうなっているのか？ なぜそうなるのか？」を考える

トヨタ自動車株式会社　チーフエンジニア　大塚明彦

1. どうすればエンジニアになれるのか

　多くの企業では、技術系の職種としてエンジニア（技術者）とテクニシャン（技能者）が存在し、入社時の採用形態でその職種が決定されます。エンジニアとはその知識・創造力を生かして新たな物（製品・技術）を開発する職種で、テクニシャンはその技を物造りに生かす職種です。よってまずはエンジニアとして入社することが大切です。もちろん入社後に、その実績によって職種を変える事も不可能ではありませんが、かなりの努力と時間を必要としますので効率的なキャリア形成とは言えません。

　エンジニアになるための一番の近道は、高専・大学で理系に進んだ上で、専攻した技術系科目をしっかり学び基本的な知識や技術を習得し、企業に必要とされるレベルになることだと思います。もちろん理系に進むべきか否かは、物を創造するという地道だけれどもクリエイティブな仕事が好きか、という観点で判断すべきだと思います。極力エネルギーを使わず、効率的にお金儲けをしたいと考えている人には不向きな職業だと思います。

　またエンジニアが活躍できる製品・技術領域は非常に広大なので、この時期に自分が将来どういう分野のエンジニアとして働きたいのかしっかり考えることも重要です。豊富な経験やノウハウが大切な職種なので、自身の携わる製品（技術）への情熱が薄れても、簡単には分野を超えて職種は変えられないと思います。

2. エンジニアにとってもっとも大切なことは何か

　エンジニアとして仕事を遂行する上で必要な心構えと能力について話をします。

　最も大切なことは、自分が創る製品（技術）を好きであるということです。好きであれば開発途中で遭遇する困難な課題にも積極的に立ち向かっていく情熱が生まれます。また簡単に妥協することも減り、製品の完成度が向上し、より魅力ある製品になると思います。すなわち自分が興味を持って取り組める製品（技術）に携わることが最も大切なのです。

　また製品（技術）を使っていただくお客様へ想いをはせることも非常に大切です。エンジニアは仕事の性格上、恒常的にお客様と接することが少なく、ややもすると研究・開発過程において自身の興味や満足を優先しがちですが、絶えずお客様目線で製品を考えるようにすれば、大きく方向・方針を誤ることはありません。もちろんエンジニアとしては、あふれる類似品の中に埋没しないような独創性を製品に付与すべく、人と違う視点での考察や試行を積極的に実行していくべきだと思います。

　その他、会社からは製品を通じて社会への貢献そして企業利益に結びつく結果が求められるので、お客様や社会が必要とする製品をタイムリーかつ効率よく開発しなければなりません。そのためには専門知識のみならず、効率的開発の観点から研究・開発過程におけるマネジメント能力や、様々

な技術分野の幅広い知識によって製品の総合バランス（性能、コスト、生産性、汎用性等）を最適化できる能力、論理的思考に基づき課題の本質を見極める能力、的確な中長期ビジョンを策定するための周辺環境に対するアンテナの高さや情報分析能力も問われます。

3. エンジニアに憧れる13歳たちにアドバイス

　エンジニアという職種に限ったことではありませんが、自分を取り巻く物や環境や現象に絶えず興味を持ち、「どうなっているのか？　なぜそうなるのか？」ということを絶えず考える癖をつけることが大切だと思います。とことん突き詰めていけば物事の本質が見えてきます。そこから次に「自分だったらこうするのに」という具合に自身の創造的発想へ広げていければなお良いでしょう。

　また全ての製品・技術は一人では完結できないことを理解して、他人の意見に積極的に耳を傾け相手の真意を理解しようとする姿勢を身につけてほしいと思います。その過程において正確かつ迅速な理解能力と協調性が養われてきます。もちろん自分の主張をいかに正確に他人に伝えることができるかという能力も重要です。そのためには言葉として発する前にまず伝えたいことを頭の中で整理し、なぜどういう理由でそう考えたのかを自問自答してみることです。その過程で段々と辻褄が合わないところが明確になり、それを修正していくことにより説得力のある発言につながります。

　また近年、ひとつの製品はグローバルレベルでの技術・部品で構成されるケースが多いと感じます。よってコミュニケーションに費やす時間を極力減らすべく、英語能力をできるだけ高めておくべきだと思います。

プロフィール
大塚 明彦

1986年トヨタ自動車株式会社入社。実験部門、欧州技術拠点駐在を経て、現在、製品企画部門にてプリウスを担当。モットーは「仕事も遊びも精一杯！」。
※製品企画…車両の商品コンセプト・企画作り、搭載システム検討、パッケージレイアウト計画、試作車評価をはじめとする開発進行全般を指す。

その❸ | PC（パソコン）を扱う

パソコンを触っているのが好きで、技術・家庭科の授業だけでは物足りない。パソコンは、きちんと入力できたときだけ、きちんとした反応をしてくれる。こちらが間違っていると、どんなに頼んでも言うことを聞いてくれないが、そういうところが気に入っている。

DTPオペレーター

　DTPとはデスクトップ・パブリッシングの略。出版を中心とした印刷物の制作過程で、エディトリアル・デザイナーがつくったデザインを、その指定通りにコンピューター上のデータにして、印刷するだけの印刷用フィルムの状態にする仕事。デザイナーの指定にそって正確に、迅速に作業をする技術が求められる専門職で、印刷会社や大手の出版社などでは常時、求人をしている。ただ、近年、ほとんどのデザイナーがパソコンを使って作業する時代になったため、デザイナーがDTPオペレーターの役割までをやってしまうケースもふえている。場合によっては、編集者が行うこともある。DTPに関しては、出版業と印刷業の境界があいまいになっているが、出版は出版、印刷は印刷で別の業界なので、どちらに興味があるかによって、就職先も違ってくる。ちなみに、デザイナーになりたいのであれば、DTPオペレーターになったからといって、それがデザイナーへの第一歩となるようなことは一切ない。

アフィリエイター

　自分のホームページ、ブログ、メールマガジンなどに、企業の広告バナーかURLを置いて、興味を持った閲覧者がクリックしたり、商品を購入したりすることで、一定の「手数料」を稼ぐ。インターネット特有の広告手段でアフィリエイトと言い、それを行う人をアフィリエイターと呼ぶ。たとえば自分の海外旅行記をブログで発表している人が、旅行代理店の特定商品へのリンクを張るというような手法だ。アフィリエイターになるには、広告を出したい企業と広告を載せたいサイトの仲立ちを専門としているAPS（アフィリエイトサービスプロバイダ）と呼ばれる企業に登録をすればよい。誰にでも手軽にはじめることができて費用もかからない。だが、よほど人気のあるブログかサイトを持っていないと、ほとんど収入にはならない。月に1万円以上の収入を得ているアフィリエイターは、全体の1割以下。しかし、月に100万円以上を稼ぐスーパーアフィリエイターと呼ばれる人も、ごく一部ではあるが存在する。

こんな職業もある　広告業界で働く▶P.73　コールセンター・オペレーター▶P.76　ネット株式トレーダー▶P.92　機械設計▶P.99　庭園設計士▶P.99　バイオ技術者▶P.115　医療秘書▶P.144　医療情報管理者▶P.147　宇宙飛行士▶P.179　NASAで働く▶P.180　DTMクリエーター▶P.196　イラストレーター▶P.209　CGクリエーター▶P.213　グラフィックデザイナー▶P.213　ゲームグラフィックデザイナー▶P.214　メディアアーティスト▶P.220　オークション会社で働く▶P.234　エクステリアデザイナー▶P.242　エンジニア▶P.246　トラベルライター▶P.337　ゲームプランナー▶P.393

その❹ 料理・お菓子・ケーキなどを作る

料理やお菓子、それにケーキなどを、作るのも楽しいが、好きな人に食べてもらって、おいしいと言ってもらえるのは、もっとうれしい。食事は単に生きる上での栄養をとるものではないと思う。おいしい食事は、人を幸せにする力がある。

シェフ

　西洋料理のコック長のこと。シェフになるには、10代のうちからレストランの厨房で働くことが一番だ。調理師専門学校を卒業し、学校の紹介で勤務することもあるが、これぞと思うレストランに募集の有無を確認するのがよい。修業時代の給与は少ないのが一般的だが、独立し自分の店を持つオーナーシェフになれば、店の売り上げによって収入も多くなる。料理の腕はもちろんだが、その日の気候や客の好みにあわせた味加減をするなどの細かい気配りも必要。味がよく、店の雰囲気や気遣いがしっかりした店なら、客がついてくる。計画的にやっていけば、若くしてオーナーシェフになることも可能だ。また、最近はシェフを目指す女性も増えている。海外のレストランで働きたい場合でも、まず日本で基礎を学んでおかなければ雇ってもらえないだろう。

日本料理人

　日本料理は四季の恵みを大切に、独特の美意識を持つ。素材の持ち味を生かして、鮮度にこだわり、器を選んで盛りつけに工夫を凝らす。このあたりが目でも食べる料理といわれる理由だ。そのすべてをできてこそ、一流の料理人といわれる。本膳料理、懐石料理、普茶料理、郷土料理、家庭料理と種類も多く、調理法もさまざま。包丁などの調理器具も多彩で学ぶことは際限がなく、奥が深い。調理師免許が必要で、調理師専門学校などの調理師養成施設を卒業すれば、無試験で取得できる。また、2年以上の調理業務を経た後、試験に合格しても取得できる。今は専門学校を卒業して、学校が紹介する料理屋に勤めることが多い。まずは下働きからで、どの料理分野でも、一人前になるには少なくても10年はかかるといわれている。早朝から仕入れに行き、仕込みをして、夜遅くまで調理場で働くことにもなる。和食ブームは衰えをみせず、定着してきた感があり、一流の料理人になると、雑誌やテレビに登場することもある。

そば職人

　そばを碾き、そば粉をこね、のし棒を使って生地を伸ばし、包丁で裁断する。体力もいるが、そば粉と小麦粉の割合や、気候や粉の状態によって水加減を調整するなど、経験による微妙なカンが必要だ。老舗では、粉に触れさせてもらうまで5年、さらにそれから5年ほどかかって一人前になるという。そば打ちのほか、かえし（つゆ）の作り方や、テンプラの揚げ方など、覚えることは多い。機械を使ってそばを打ったり、購入したそばをゆでて出す店もあるが、その場合もやはり技術の習得は欠かせない。普通、老舗のそば屋に弟子入りして修業し、のれんを分けてもらい独立することが多い。また、最近はそば打ちを教えるスクールやそば道場があり、リタイア組や脱サラ組に人気がある。味はもちろんだが、そば打ちをパフォーマンス的に見せたり、女性ひとりでも入りやすいそば屋をつくったり、創意工夫で可能性は広がる。

寿司職人

　カウンターで寿司をにぎる職人の仕事の4割は客との会話だといわれる。だから、人間や会話が好きでなくてはつとまらない。にぎりの技術だけではなく、仕入れや営業、経理など総合的な能力も求められる。店ではなく職人に固定客がつくのが一般的なので、店の理解を得て独立したほうがよい。年下の店主に従うことに抵抗を感じる年輩の人や、効率よく高い給料を得たい人は、より高給で接客技術を要求されない回転寿司で働くことが多い。勤めた店や個人で差があるが、一人前になるには最低10年はかかる。修業が厳しい世界だが、ほかの料理にはないエンターテインメント性があり、好奇心が強い人にはおすすめ。また伝統的な技術を重視しながらも、時代変化に応じて、新しいネタや外国の発想を採り入れることにも偏見がない世界でもある。

パン職人

　パン職人の仕事はとてもハードで、朝は早く、ほとんどが力仕事と立ち仕事。パンとパン作りが好きでなければ続けるのはむずかしいだろう。種類によって原料の配分や製造方法が異なるパンについてのさまざまな知識はもちろん、流行をいち早く察知

し、自らの感性で新しいパンを考案するオリジナリティーも求められる。製パンの知識と技術を習得するためには、すぐにでもパン屋に勤めて修業するか、専門学校で1、2年の勉強をしてからパン屋に勤める。体力的にはきついがパン屋に勤めながら、夜間専門学校で学ぶ方法もある。修業先のパン屋選びは大事だ。規模が大きいパン屋ならば就業環境はしっかりしているだろう。しかし、規模が大きいほど、仕事が部署ごとに分担されるので、全体の仕事の流れがつかみにくい。独立してパン屋を開きたいならば、長時間労働も覚悟の上で、中・小規模の店へ飛び込むのもいいだろう。

和菓子職人

　長い歴史と伝統のあるものから、創作和菓子といった新しいものまで、数えきれないほどさまざまな種類の和菓子を、腕によりをかけてつくっていく。蒸す・焼く・練るといった技術はもちろん、美しい色や形にまとめあげていく感性・創造性を磨き続ける姿勢が求められる。専門学校で、製菓器具・設備の使い方をはじめ、デコレーション技術、連切をはじめとした和菓子独特の技術を学び、和菓子店などで修業を積むか、和菓子メーカーに就職するのが一般的。菓子製造技能士や製菓衛生師の国家資格を取得すれば、メーカーなどの就職に有利に働くだろう。一人前になるまで10年はかかるといわれる厳しい世界。職人として成功するには、手先が器用なことにこしたことはないが、それよりも大事なことは、和菓子を食べて味や形をよく知ること。もちろん和菓子が好きで愛着を持っていることが不可欠だ。

パティシエ

　パティシエはフランス語で、ケーキ職人や菓子職人のこと。日本でも、ケーキ、パイ、チョコレート、ビスケット、ムース、アイスクリームなど、さまざまな洋菓子を専門に作る洋菓子職人のことをパティシエと呼び、近年女性の進出が目立っている。材料をまぜるときの手順や温度、調理時間など、洋菓子の種類ごとに細かなコツがあり、それを正確に理解して、どんなときでも同じ品質のものをつくれるだけの技量が必要。同時に、デコレーションのセンスや常に新しい店や洋菓子を研究する好奇心、オリジナルの洋菓子を編み出す創造力も求められる。食品全般の知識や、洋菓子それぞれの

背景にある食文化に対する造詣も必要だ。調理師専門学校の製菓部門で学んだ後、洋菓子店やホテル・レストランのパティスリー部門などで修業するのが一般的。店のパティスリーシェフを目指す、独立してパティスリーを開くなどの道がある。必須ではないが、和・洋の実技試験がある菓子製造技能士を取得すると、菓子の世界の知識と技術を深めるのに役立つだろう。

豆腐職人

　一晩水に浸けた大豆を機械でつぶし、液体状になった大豆をゆで、布で漉す。できた豆乳に、にがりなどの凝固剤を入れて固める。固まってきた豆腐を型に入れ、木綿豆腐なら重石をして水分を抜いていき、切り分ける。こうして1ケースからほぼ50丁の豆腐ができる。豆腐は日持ちがしないため、かつて豆腐屋は町に2、3軒はあったものだったが、今や大手メーカーの豆腐がスーパーに並び、昔ながらの町の豆腐屋は激減している。ラッパを鳴らし自転車で売り歩く豆腐屋も、はるか昔に姿を消した。代々世襲されてきた職業なので、豆腐職人になりたいと思ったら、豆腐屋で働いて技術を学ぶことだ。関西、とくに京都では手広く営業している豆腐屋もあり、社員として弟子を受け入れているところもある。朝3時ごろから湯気に囲まれ、仕上げでは冷水のなかで作業をする厳しい仕事だが、近年は健康食品として注目を浴びており、品質にこだわる百貨店や大型スーパー、創作豆腐料理の飲食店などから需要があり、新しい道も開けている。

醤油職人

　蒸した大豆と種麹を混ぜてもろみをつくり、醗酵させてからしぼると醤油のでき上がりだ。スーパーに並ぶ醤油は大手メーカーのものがほとんどだが、中小の蔵元も全国に1500社ほどあり、土地の味が今も残っている。大手メーカーでの製造は機械化されているから、醤油職人になりたいのなら、蔵元に就職するのがよい。ただ、小さな蔵元でも、醤油づくりの過程は機械化が進んでいて、まったく昔ながらの手作業というわけではない。醤油の消費量は全体に減ってはいるものの、つゆやだしなどの加工品は伸びている。調味料ばかりでなく醤油を使ったチャーシューなどの商品を開発

するなど、工夫を凝らしている蔵元も多い。今までの醤油にとらわれない新しい発想が求められている。また、大学の農学部などを卒業後、大手メーカーの研究室に入り、醤油の研究にたずさわる道もある。

味噌職人

　味噌は調味料としての歴史も古く、米、麦、豆を原料に各地域ならではの味噌がつくられ、郷土料理には欠かせない。かつての農村では、どこの家庭でも自前の味噌をつくっていたものだった。味噌は、水に浸けた大豆を煮てつぶし、麹と塩を加え、仕込んで熟成させてつくる。どううまく熟成させるかが腕の見せ所である。天然醸造の手づくり味噌はデパートや専門店で販売されているほか、通信販売の人気商品になっている。大手のメーカーではほとんどの過程が機械化されていて、製造管理が主な仕事になるので、職人的に仕事をしたいのなら、小さな蔵元で働くことになる。もっとも気を使うのは麹づくりで、醗酵する40時間ほどは、温度や湿度調整などのため、ほとんど寝ずの番をする。力仕事が多いので男性の職人が多いが、麹づくりには若い女性も進出している。蔵元の数は年々減少しているが、それでも小規模ながら全国に1000社ほどあり、若手後継者の養成に力を入れている地域も少なくはない。また、大学の農学部を卒業した後、大手味噌メーカーの研究室に入る道も味噌づくりに関わるひとつの方法だ。

塩作り職人

　1997年に塩の専売法が廃止され、誰でも自由に塩の製造・販売ができるようになった。健康ブームで塩にこだわりを持つ人が増え、ブランド数は全国で2000ほど。なかでも注目を浴びているのが、海水を天日にさらしたり、煮詰めたりして作った天然塩で、沖縄から北海道までの各地で特色のある塩が作られている。現在、天然塩作りに携わっている人の経歴はさまざまで、多くは、各地の製塩所を回って伝統的な塩作りの方法をいくつか学んだ後に、心に決めた場所で自分の塩作りをはじめている。塩作りには、海がきれいで、近くに住宅や工場がない場所を見つけることが必須。また土地や施設などをそろえる資金が必要だ。地域の新しい産業としてバックアップしているところもある。天然塩は価格が高いものの、百貨店やスーパー、通信販売などさまざまな販売ルートがある。また、塩アイスやキャンディーなど、塩を使った加工食品を開発する製塩所もある。今後も工夫次第で可能性が広がる職業だ。

杜氏（とうじ）

　杜氏は日本酒造りに携わる蔵人（くらびと）と呼ばれる技能集団の長。原料の扱いから熟成にいたるまですべての工程の管理を行う。人員の管理まで行う場合もある。酒造メーカーや蔵元に就職したり、季節労働者として雇われるのが一般的。日本酒は気温の低い冬に造られるため、冬場に集中的に作業を行い、夏場は酒造り以外の部門にまわったり、農業などをすることが多い。酒造りは厳しい作業であり、後継者不足に悩む蔵元も少なくないが、コンピュータの導入などにより、職場環境は改善されつつある。杜氏を目指そうとしている13歳は、ほとんどが身近で杜氏という仕事に接する機会のある人かもしれないが、大人になって日本酒の味を知ってから酒造りに興味を持つ人も少なくはなく、遅くもない。ただし、酒が好きなことと酒の味がわかることはまったく別の問題であり、必ずしも杜氏は酒呑みであるとも限らない。よい酒を造るには、理屈では計算できないことも多い。本を読んだり音楽を聴いたり、感性を磨くことも重要な要素である。

ワイナリーで働く

　日本におけるワイン造りは、明治政府が殖産興業政策の一環として、ブドウ栽培・ワイン醸造を振興したことにより始まった。しかし日本の食生活に本格ワインが受け入れられるようになったのは、1970年の万国博覧会以降のこと。海外旅行や食生活の欧米化が一般的になるにつれて、日本人はワインに馴染んでいった。国産メーカーの積極的なワイン造りへの参加や広告宣伝活動の展開があって、近年にはブームと呼ばれるような時期もあった。全国各地にワイナリーがあり、地場ワインが生産されている。しかし世界のワインのほぼ40％は、イタリアとフランスで生産されているのが現状であり、日本のワイン生産量はフランスの約2％。ブドウ栽培面積も段違いであるし、何より歴史と経験がまったく違う。日本にも優れたワイナリーはもちろんあるが、まだまだ輸入ワインとは知名度も販売量も比較にならない。ワインを造ることに興味がある人は、あまり一般公募はしていないようだが、ワイナリーに弟子入りして修業するといいだろう。大学の醸造学科で学ぶことも

有益だ。ほかにも、フランスをはじめとした海外の学校やワイナリーなどで、本場の技術を学ぶ人もいる。

茶道家

　茶道の流派には、裏千家系、表千家系、武者小路千家流のほか、奈良流、利休流、藪内流、肥後古流、織部流など数多くある。茶道は家元制度で成り立っている。茶道家は、流派に入門し、十数段階ある許状と呼ばれる免状を順次取得して道を究めていく。家元はこの許状を発行する権限を持っており、弟子から支払われる免状料が最大の収入源になる。多くの場合、免状料は免状を取り次ぐ教授者である家元にだけ知らされ、弟子には伏せられているため、謝礼名目で支払われる額は多額になるともいわれている。裏千家の場合、許状のほかに資格制度を設けている。初級から中級、上級（助講師）、講師、専任講師、助教授とあり、上級のなかの許状「引次」を取得すると、教授者になれる。入門からほぼ週に１回のペースで稽古を続けて、早い人で３年ほどで「引次」を取得できるという。全国に茶道を学んでいる人は、子どもたちを含め100万人とも200万人ともいわれるが、実態はわからない。裏千家では、茶道家の育成を目的とした淡交会を組織していて、現在会員数は20万人、ほぼこれに匹敵する教授者がいると思われる。

コーヒー焙煎の職人

　おなじみのコーヒー色の豆は、青白い生豆をロースターにかけて煎ってできたもの。この焙煎（ばいせん）によって、コーヒーの命ともいえる風味と香りが生まれる。焙煎工房の職人は、豆の状態や気候条件などからロースターの温度を決め、焙煎していく。外側も内側も均一になるように煎るのが、職人の技。良質のコーヒー豆を仕入れるのも大事な仕事で、ブラジルなどの産地に出かけ、直接仕入れをする人もいる。大手のコーヒーメーカーは、商社を通して輸入した豆を工場の機械で焙煎しているので、職人的世界はない。コーヒー焙煎職人は専門でやっている人もいるが、多くがコーヒー豆販売店や喫茶店を経営している。好みを聞きながら客に豆をすすめ、自ら入れたコーヒーで客をもてなすという、職人でありながら社交性も求められる仕事だ。まずは、コーヒー関連の仕事についてから、焙煎の道に進むのがいい。

ソムリエ

　ホテルやレストランなどで、ワインの購入や保管管理、料理とワインの組み合わせのサービスなど、ワインに関する一切の業務を担当する。直接、産地に出向いて買い付けをする場合もある。プロのソムリエを名乗るには、日本ソムリエ協会の呼称資格認定試験に合格しなくてはならない。国家資格になっているフランスと違って、ワイ

ン文化の浅い日本では、ソムリエが厚生労働省により職業として認められたのが2000年。2009年現在、資格保有者は1万4000人あまり。大きなホテルのレストラン部門には複数のソムリエがいる。上からチーフソムリエ、アシスタントチーフソムリエ、シニアソムリエ、ソムリエと職階が設けられてもいる。チーフソムリエになれば責任も大きいが、それに見合った収入と名誉も得られる。レストランの仕事のなかでも、客の好みにあった料理とワインを選ぶサービスは大きな位置を占めていて、リーズナブルなワインバーや気さくなイタリア料理店にも、ソムリエの存在は欠かせなくなっている。ワイン文化の定着で、これからソムリエの活躍の場はますます増えていくだろう。

バーテンダー

カウンターをはさみ、注文に応じて、客の前でカクテルなどの飲み物を作る。いかに客をもてなすかが、バーテンダーの腕の見せどころ。したがって世界の酒やカクテルなどの知識だけでなく、一般教養や客の嗜好を想像する力が必要とされる。バーテンダーになるには、歴史と信用のあるバーで見習として働くのがいい。容姿はあまり関係なく、むしろ人をひきつける魅力が必要とされる。ソムリエや調理師の資格もあるにこしたことはない。バーテンダーは自分で道を切り開いていく職業で、努力すれば自分の店を持つことも可能。馴染み客のツケも多いので、経営の才覚も必要とされる。資格はないが、技能のレベルアップを図るために、日本バーテンダー協会が「全国バーテンダー技能競技大会」を開いている。

フードコーディネーター

テレビや雑誌などで紹介される料理のメニューを考えることから、食材の仕込み、セッティングなどを担当する。テレビや映画、広告などの食事シーンの演出も手がける。見るおいしさを伝えることが多いので、センスやテクニックも必要。食のコーディネートのほかにも、食関連の雑誌や単行本の企画を立てたり、レストランやホテルに就職して新メニューを考えたり、食品メーカーに就職して商品開発に携わったりと、

その職域は広がっている。専門学校などに通って勉強することもできるが、プロのアシスタントをしたり、関連の仕事をしながら実力を身につけることもできる。日本フードコーディネーター協会の認定資格があるとプラスになることもある。ここ数年、安全な食品や健康に対する関心が高まっていることもあり、今後もフードコーディネーターの活躍の場は広がっていくことだろう。

フードスタイリスト

雑誌の料理ページや料理本、テレビの料理番組などで、料理がおいしそうに見えるようにテーブル周りや背景の演出をする。具体的にはイメージに合う食器類やクロス、小物や花などを準備してテーブルセッティングする。さらに、ビールの泡や料理の湯気を作りだしたり、料理の素材そのものにも工夫を凝らす。スタジオ内で働くことが多いが、戸外やイベントなどでディスプレイする場合もある。フードスタイリングのコースがある料理専門学校やスクールなどで学んだ後、プロのアシスタントとして働きはじめる人が多い。料理雑誌の編集者、インテリアやファッションのスタイリストから転身する人もいる。センスがものをいう世界で、鮮度のいい感性を持った人が求められる。

料理研究家

新しい料理メニューの開発や料理のアドバイスをしたり、料理学校や料理教室の先生、料理雑誌や料理本などでの執筆、テレビの料理番組への出演などを行う。日本料理、フレンチ、イタリアン、中国料理などの分野で、それぞれ伝統料理、郷土料理、家庭料理を専門にする人もいるが、1つ以上の分野の料理を作る人のほうが多い。大学、短大、専門学校などで栄養学や調理について学んだ後、料理研究家のアシスタントになる人が多いが、栄養士や料理担当の編集者、家庭の主婦から転身する人も少なくない。最近は健康に関わる料理の仕事が増えているので、管理栄養士・栄養士の資格をとっておくと役に立つ。女性の憧れの仕事になっており、女性の進出が目立つ仕事だ。希望する人が多いので、専門の分野を持つこと、独自の視点を持つことが大事。料理現場を歩いて体験を重ね、食文化全般への造詣を養うことも必要だ。

ケータリング料理人

個人宅など少人数の集まりから大きなパーティー、各種レセプションや宴会、映画撮影現場の食事など、その場に出張して料理をする料理人。予算、人数、場所、内容などにあわせ、和、洋、中、エスニック、菓子、軽食、弁当、パーティーメニューなど、客の希望に臨機応変に対応して料理を用意する。器や花などでの雰囲気づくりも考え、テーブルセッティングまでを請け負う。高級レストランのシェフが出張する高級ケー

タリングや、ガラスのネタケースを設置して板前がネタを握る寿司屋のケータリングまで、パターンはさまざま。料理から片付けまでプロにおまかせする、こうしたケータリング料理の需要は今後も高まると見られる。まずは料理人を目指し、調理師専門学校で学び、専門の料理分野のホテルやレストランで修業する。調理師免許を取得しても、たとえば日本料理ならば、雑用係からスタートし、「盛り付け」「焼き場」などランクをあげ、「板前」と呼ばれるまでは最低でも4、5年の長い修業が必要。その後、ケータリングを行うレストランや、ケータリングサービス代理店の加盟店となっているレストランに、料理人として就職するほか、フリーで働く道もある。

屋台料理人

　ラーメンやおでん、焼き鳥などを、リヤカーなどの引き車に簡素な小屋を載せた屋台で、調理して客に食べさせる。「ちょっと留まって、販売して、時間が来たらまた動く」のが移動飲食店の定義。椅子はともかく、テーブルは本来認められないので、見つかったら指導を受ける。リヤカー式の屋台は、給排水などの衛生問題や交通の邪魔、近所迷惑などの問題でかつてのような賑わいはないが、今でも都市の繁華街で夜に見かける。博多では路地裏に何十もの屋台が軒を連ねて、観光名所にもなっている。営業許可は都道府県で違う。たとえば東京都の場合、積極的に許可はしない前提だが、昔からの伝統はなくせないという理由で、申請を出せば許可（各保健所）され、1台で1種類の料理に限って5年間の営業ができる。食品衛生責任者の資格が必要。車を改造してカレーやエスニック料理、クレープを食べさせる屋台は、生もの以外の料理であれば許可される。博多のように、現在の1代限り、譲渡は許されないところもある。東京都の場合、引き車の屋台は若干減っているものの、丸の内などのオフィス街や代官山などのおしゃれな若者の多い街で、コーヒーやエスニック料理などを専門とする車の屋台が、少しだが増えている。客と適度な距離を持って仕事をすることが大切。長時間、ひとりですべてをやることが多いので、体力もいる。

栄養士

　学校や病院などで給食の栄養管理と栄養指導を担当する。児童や入院患者の状態に合わせて、必要カロリー、栄養素などを考慮して、1日1日の献立を決めるのが主な仕事。そのほか、養護施設や養護老人ホームなど福祉施設で働く人もいる。1回に100食以上の集団給食を行う施設では、栄養士を置くことが求められている。栄養士は法律にもとづいた資格で、大学の家政学科、生活科学科や栄養専門学校など栄養士養成施設を卒業すると、取得できる。すべて昼間部のみで、夜間部や通信教育はない。今日、肥満や糖尿病などの生活習慣病の増加で、栄養指導に求められる知識や技能は高度化・専門化してきている。そのため、より複雑で困難な栄養指導にあたる管理栄養士の制度がある。

管理栄養士

　高度で複雑な栄養管理・栄養指導にあたる栄養士。病気療養者の症状に応じた栄養指導、また、個人の身体状況、栄養状態に応じた栄養指導などが仕事。病院や学校など、1回に300食以上の集団給食をする施設では、その場で働く栄養士のうちひとりが管理栄養士であることが求められている。また、栄養士・調理師養成施設で教えるには、この資格が必要。国家資格で、まず栄養士の資格を持ち、栄養士として2年以上の実務経験を積むか、あるいは、大学や専門学校で管理栄養士養成課程を修了して、厚生労働省が年1回実施する国家試験を受ける。肥満、糖尿病、高脂血症、高血圧症など生活習慣病や食物アレルギー、拒食症などが増えているので、栄養カウンセリングに基づいた個人への栄養指導が求められている。医療機関では、チーム医療の一員として欠かせない存在となっている。また、老人介護の急速な増加により仕事の領域はますます広がっている。

クッキングアドバイザー

　料理人ではなく営業職の一種。おもに調理器具メーカーや食品メーカーに所属し、製品の販売促進を目的として、調理法のアドバイスやレシピ紹介を通じて、製品の情報提供をする。おもに食品売り場やイベント会場で実演販売を行うが、家庭やサークルなどを訪問することもある。メーカー主催の料理教室、一般の料理講習会などで講師を務めたり、PR用のハンドブックを編集する場合もある。製品を使った人からの意見や苦情、問い合わせなどに対応し、消費者と会社のパイプの役割も果たす。近年はフリーランスで仕事をする人も多い。商品の販売が本来の目的だが、企業のイメージアップ戦略の一環でもある。特別な資格は必要ないが、調理の専門学校などで基礎を身につけ、調理師や栄養士の資格を持っている人もいる。主婦の経験、知恵が生かせる仕事でもある。中にはテレビや雑誌などで活躍する人もいるが、ごく少数。実演

販売で的確に商品をアピールするためには、コミュニケーションスキルと商品知識が不可欠。

カフェオーナー

　喫茶店経営者、コーヒー屋のオヤジ、いろいろな呼び名とイメージがあるが、「カフェオーナー」という名称には独特の「手作り感」がある。オリジナルのカフェを開業するには、まず、コーヒーや紅茶、あるいはハーブティーなどの知識を持ち、パン・ケーキ・お菓子類や、サンドイッチなどのライトミール（軽食）を用意しなければならない。もちろん、資金が要るので資金計画も必要だ。食関係の事業なので、所定の養成講習会を受けて食品衛生責任者の資格を取得し、保健所への営業許可申請の届け出をする。調理師学校の喫茶部門やスクールのカフェオーナー養成コースのほか、通信講座などで学んでからはじめるのがこれまでの常識だが、独学で紅茶やハーブティーの知識を深め、手作りのパンやお菓子を焼いて、大手チェーン店が進出していない住宅街の一角で、おしゃれなカフェを開き、地域住民の憩いの場として成功している人もいる。リタイアしたビジネスマンや主婦の副業のようなイメージもあるが、地域や地方の商店街再生の一環として、若い人たちが事業として取り組む場合もある。

> **こんな職業もある**　ホテルで働く▶P.67　仲居▶P.69　家政婦▶P.71　ペンション経営▶P.74　弁当屋▶P.79　山小屋経営▶P.170

Essay｜ワインに関する仕事にとっての海外修業

ワインショップ・プティットメゾン　オーナー　内池直人

1. ワイン研究者（ライターや醸造学者）、販売者（生産・輸入・卸・小売）、ソムリエ（レストラン関係）にとって海外修業は必須か

　結論から言えば、ワインを仕事にする人にとって、海外で修業をする経験は、とてもとても有益です。ただし日本で仕事をする場合、海外修業を経験していなくても立派にプロとして仕事をされている人も多くいるので、海外に行かなければ仕事が出来ないわけではありません。

　ワインにおける「修業」には、大学や専門機関（狭義の留学）、生産地での栽培醸造、レストランや販売店での実地労働など様々な分野があります。

　ワインが他の飲料と違うところは、品質の7割以上が畑から生まれてくる、といわれていることです。ワインは、世界中の産地から生まれるものですし、極端な例では、小道ひとつ隔てただけでも味わいに変化が生まれ、実際に価格が何倍にもなったりするところがあります。その微妙な土地の変化や気候を直接知る上でも、現地に直接行って、畑の土に触れる事が大切になります。修業としての長期的な滞在と留学だけでなく、プロになって日本で働いていても短期的な訪問を繰り返すことによって、常に生産現地の最新情報を頭の中で更新していく作業が大切なのです。

　もちろん現在は個々のワイナリーがホームページを充実させ、生産者がブログを書き、グーグル・アースで世界各生産地にある畑の微妙な傾斜まで、瞬時に自宅のPCで閲覧できる、という以前とは比較にならないほどの情報を得ることが出来るようになりました。日本にいるだけでも、さまざまなことを知ることが出来るのも事実です。最近はワインスクールを始めとして、日本でも手軽にワインの基礎を学ぶことが出来、専門誌や書籍も充実しています。僕が勉強を始めた頃の、ほとんど何もない状況とは、全く違うと思います。

　でも、「百聞は一見に如かず」です。ワインを仕事にする上で、チャンスがあるのなら、ぜひ本場海外の生産国で勉強をすべきです。データ的な情報収集能力を日本で高めた上で、さらに現地で修業をすれば、素晴らしい生きた知識が身に付くと思います。

2. 海外修業を考える際に、もっとも大切なことは何か

　もはや海外に行った、ということだけで評価される時代ではありません。海外での生活体験が自分自身を高めることになるのも、その地で何かを一生懸命集中して勉強するからで、素晴らしい人との出会いやチャンスも、そうした中から生まれます。

　気軽に行けるようになったとはいえ、まず日本で事前の準備をしっかりとすることは、失敗しない留学の第一歩です。学校で資格を得るのか、ワイナリーで栽培やワイン造りを実習するのか、本場のレストランで働くことなのか、など明確な目的を持って出発し、修得したと自覚できる知識や技術を身につけて帰ってこられるように計画すると良いでしょう。

　現地でも1年間とか2年間を3ヵ月毎ぐらいの単位で時間を考えて、他人に頼らず自分自身で修得状況を確認・判断する能力が求められます。

　親元を離れての一人暮らしになるので、自由が多くなり、様々な誘惑もあるかも知れません。目標達成への強い意志と、達成評価も含めた自己管理が一番大切だと思います。

　僕の場合、大学を卒業して3年間一般企業で働いた後に、留学生となりました。このパターンは、自分にとってもとても良いことでした。社会経験や責任感がついていたということと、学生にとって有り余る時間を、大切に過ごす気持ちができ、有意義な学生生活に戻れました。中学生の皆さんには20代後半、というのが想像できないかも知れませんが、知識を吸収して発展させる時にとても良い年代です。その20代後半になる前に基礎的な能力と、自分に厳しくなれる力を学校生活などの中でどれだけ蓄えられるかが、中学生にとって大切だと思います。

3. ワインおよびソムリエに憧れ、海外修業に興味を持つ13歳たちにアドバイスを

　ワインを知るためには、世界の地形、気候、ブドウ品種、造り方等の他に、歴史、文化、料理を知り、五感と表現力を鍛えることが大切です。

　ワイン関係全ての職業に共通して必要になる技術は、テイスティング（試飲・利き酒）です。随分と楽しそうに思えるかも知れませんが、どんなに高級なものを試飲する時でも、口に含んで確認が出来たら吐き出し、コメントをまとめる地道な作業の積み重ねです。

　未成年の皆さんがワインのプロを目指すのであれば、今お酒を飲むことは出来ませんが、例えば花の香りをかいだり、食事の時に味わいをしっかりと理論的にとらえて表現する訓練は、とても重要です。音楽家になることと同じように、実は香りや味を判断する専門家になるために、幼い時代から感覚の練習と経験を積むことは大切なことです。自分勝手にではなく、他の人が味わってみても、同じように理解できる的確な言葉で表現し、ノートやブログなどに記録をつけていくと、将来のワイン専門家への基礎になります。また、販売者やソムリエになるには、知識だけではなく他人に対するサービスの心遣いが大切です。日本的な上下関係で威張ったりへつらったりするのではなく、知らない相手への敬意を持って親しく接する西洋的なサービスは、僕がフランスで直接受けることができた有意義な経験でした。ワインの表現は言葉でするものだし、外国のお客様や現地の生産家たちと話をする機会も多いので、生きた語学力が必要です。カリフォルニアであれば英語ですが、ヨーロッパであればフランス語かイタリア語が必要になります。修得は大変ですが、一定以上修得すれば、仕事がとても楽しくなり広がりをみせます。

そして20歳になった時に、実際にいくつかのワインを味わってみてください。特別に高価な必要はなく、ただし大量生産品ではないものを。その時に美味しいと感じて興味がわけば、ワインのプロとしての明るい未来が拓けてくるでしょう。

プロフィール
内池直人

1986年 慶應義塾大学法学部政治学科卒業後キリンビール株式会社入社
89年 同社退職後フランスに１年間ワイン留学
90年 帰国後明治２年創業の家業である酒類卸業（横須賀市）に５代目として経営参画
97年 インターネット上でのワイン専門販売を開始
98年 構造不況により酒類卸業から撤退　インターネット通販専業となる
2004年 東京都世田谷区にワインショップ『カーヴ・ド・プティットメゾン』を開業
現在、ネット通販と実店舗販売の両面からファイン・ワイン販売を展開中

Essay | 海外修業に至る

料理研究家　上田淳子

　私はもともと料理好きな子どもでした。両親は共働きだったので中学生の頃から台所に立つ機会も多く、料理のテキストをお小遣いで買ってきては作ることが日頃の楽しみでした。
　高校卒業後、大学の家政科に進みましたが、その間に趣味だった料理を仕事にしたいと思うようになり、卒業後に調理師学校に入り直してフランス料理を学びました。料理人としては遅い出発です。働き始めて当時一番強く思ったのは、趣味で料理を作るのと働いて人さまからお金をいただくことは全然違うということ。そのことを目の当たりにすると共に、日々の努力で調理技術を磨けば磨くほど、「フランス料理って何？」という素朴な疑問が自分の中で大きくなったのも事実。答えを求めて、20代半ばでスイス、フランスへ3年間の海外修業に出ました。

1. 料理研究家、シェフ、パティシエにとって海外修業は必須か

　必須かどうかはわかりませんが私自身は海外修業に行って良かったと思っています。
　たとえばエスカルゴ（日本人にはなじみが薄い食材ですよね）。どう調理してどういう料理と組み合わせてということは調理師学校でも教えてくれますが、なぜフランスでここまで愛されているのだろう、実のところフランス人は、日々の生活の中でどんな風に食べているのだろうということは、当時、先輩に聞いても書物で調べても、納得のいく答にたどり着くことはできませんでした。そして、それを知らないままフランス料理を作ることに私は違和感を覚え、「もっと知りたい！　ホンモノに触れたい！」という気持ちがだんだん高まり、これはどうしてもと、海外修業を決心しました。
　料理、お菓子作りを志す中で私が考える必須とは、場所よりも「ホンモノに触れる」ということであり、学びたい、習得したい物（本物）がある所で修業することこそが大切なのではないかと思います。
　異国での暮らしは想像以上に大変でしたが、それ以上に出会う楽しみ、触れる喜びを知りました。海外修業で身につけた知識、技術は今なお私にとって、大きな自信の源です。
　ネット社会となり情報は秒単位で手元に届きます。世界の食材も日本にどんどん輸入されてきています。でも、人の目を通して入ってくる情報や長い道のりを経て届く食材は、時には真実とは程遠いことも。その料理や食材が生まれ、作り続けられているところで、実際見て、触れて感じ取ることこそが大事なのであり、自分の知識や技術を増やすことに繋がるのだと思います。
　ただ単にフランス料理「のようなもの」を作るのではなく、材料に愛情を込め、おいしいと感動できる料理を作るには、技術にプラスして食と向き合い当の食文化に浸り、それらを自分のものにすることが大切なのではないでしょうか。

2. 海外修業を考える際にもっとも大切なことは何か

　私が修業していたのはバブル経済華やかなりし時代でした。今と同様、多くの日本人が、料理、ファッション、語学……等、それぞれの分野を学ぶために、フランスで生活をしていました。寝る間も惜しんで勉強にいそしんでいた人もいましたが、本来の目的を忘れて遊びの誘惑に流されてし

まったり、お金を稼ぐためだけのアルバイトに精を出す人にも何人も出会いました。

　当たり前のことですが、せっかく海外に身を置いているのだから、学ぶべきことはどん欲に吸収するべきだと思います。そのためにも「将来どんなことをしたいのか。そのために海外で何を学ぶべきなのか」と言う目的意識を常に持ち続けることが大切です。例えば、様々な料理や食材を学びたいのか、最高峰の料理人の弟子となりその精神を受け継ぎ、技術向上を図りたいのか、温故知新、その地に伝わる昔ながらの料理や調理方法を知り、身につけたいのかなど。高い志を持った上で出かけていただきたいと思います。

　また逆説的な言い方になりますが、海外修業に出る前には日本に帰って来る日のことを考えておくことも大切と思います。「なんとなく外国で働き、いつか日本に帰って」ではなく、修業前にある程度「期間や学びたいこと」をしっかり考えておくことが、より濃密な時間を送ることにも繋がります。もちろん、修業する中で方向性が変わったり、より深く学びたいという思いが強くなって、予定が変更になることもあるでしょう。でも常に「何のために、ここに来たのか？　なぜ苦しい中ここで修業しているのか？　それはここで何かを身につけたいからだ」ということを忘れずに、日々を送っていただきたいと思います。

3. 料理＆お菓子作りに憧れ、海外修業に興味を持つ13歳たちにアドバイスを

　どんなに好きな仕事でも、壁にぶち当たらず努力もしないで楽々暮らしていくなんて残念ながらあり得ない話です。でも好きな仕事だからこそ、その壁だってきっと乗り越えられることも覚えておいてください。今あなたが持っている「料理が好き、お菓子が好き」という気持ちをぜひ大切に持ち続けてください。

　海外修業もそうです。行った方がいいだろうな、と思いながら行かない言い訳はいくらでも考え出せます。「語学をしっかり学んでから」「じっくり修業するためにしっかりお金を貯めてから」先送りしていたら、いつまでたっても実現はおぼつきません。もちろん準備は大切です。でもそれよりも、「思う」気持ちの方がもっと大切です。語学が不十分なら現地で暮らしながら本当に必死で勉強すればいいし、お金が乏しいのなら、安い屋根裏部屋で暮らす覚悟をすればいいだけのこと。多くの知識と技術を得るためには多少の代償は、覚悟してください。でもその気持ちを持って努力し、壁を越えられればその先に、あなたが希望する未来は待っていますし、次に壁が立ちはだかった時も必ず乗り越える方法を見つけられるはずです。

　今後仕事は、生きていくために、40年以上続けなければならないでしょう。今まで皆さんが生きてきた時間の何倍もの長さです。その間には、本人の努力では解決できないような困難（天災とか不況とか）が立ちはだかることも。そんなときになによりも「好きという気持ち」、そして修業で培った「確実な技術」と「続ける自信」があれば道は開けるはず。おいしいものを食べるということは人間の幸せの根源です。是非その思いを持ち続け、誇れる料理やお菓子を世の中に提供できるステキな大人になってください。

プロフィール

上田淳子

短大家政科卒業後、調理師学校に入学。同校職員を経て渡欧。スイス、フランスのレストラン、シャルキュトリーなどで3年間修業。帰国後、料理人、パティシエを経て現在料理研究家。子どもの「食」についての活動も行う。

Essay ｜ 海外の学校で学ぶ

text by Ryu Murakami

　海外の学校に注目が集まっているが、当然かもしれない。分野によっては海外の教育のほうがはるかに高度で最新の知識を得られる場合がある。また、海外で学び、語学を習得して、その気になればいつでも海外で生きていけるという人が、結局は日本国内でも充実して有利に生きるのではないか、というようなコンセンサス・共通認識ができつつあるからだ。その傾向は、はっきりとした優劣の基準がある技術系、表現、スポーツなどで特に顕著だ。フィレンツェで革細工を学んでそれなりの評価を受けている職人は日本に戻っても比較的簡単に仕事を得ることができるかもしれない。フランスで学びそれなりの実績を持つソムリエは、国内のレストランへの就職にそれほど苦労しないだろう。

　海外で勉強し、訓練を受けるというのは、とりあえず経済的に余裕がある人に限られる。たとえばサッカーなどで、所属クラブの推薦を受け、資金も出してもらって、期間限定で欧州や南米のクラブの練習に参加するというようなケースがあるが、それは特殊な例である。海外に目を向けると、実にさまざまな学校がある。だが、イタリアで家具作りを学びたいのですが、どの学校がいいでしょうか？　と聞かれても、それはわからない。そもそも、いい学校とはどんな学校だろうか。日本でもっともいい学校とはどんな学校なのだろう。当然それは東京大学でしょう、という声が聞こえてきそうだが、本当にそうだろうか。たとえば金融マンを目指す高校生にとっても、あるいは環境NPOや歌手やプロレスラーを目指す高校生にとっても、東京大学は最高の大学だろうか。

　いい学校の定義とは何だろう。優れた先生がそろっていることだろうか。それとも施設が充実していることだろうか。歴史があって、出身者で成功している人が多く、知名度が高いことだろうか。授業料が高いのがいい学校だろうか、それとも安いのがいい学校だろうか。たとえばロシアのサンクトペテルブルクのバレエ学校に行きさえすれば、熊川哲也のようにプリンシパルで踊れるようになるのだろうか。トリノのユベントスの練習に参加すれば誰でも中田英寿のように将来セリエAでプレーできるようになるのだろうか。ジュリアード音楽院を卒業すれば誰でもソリストとして活躍できるのだろうか。

　いい学校、という言い方には、「いい学校に入っていい会社に入りさえすれば一生安泰」という古い日本社会の刷り込みの影響がある。海外の学校といってもいろいろ

あるけどどこに行けばいいんでしょうか？　という質問には最初から勘違いがある。何を訓練するのか、何を学ぶのか、という選択と決意のほうが先だからだ。海外の学校に目を向けるのは、勉強や訓練の対象を決めたあとのほうがいい。そしてどんな学校が向いているのかは、個人の特性や性格によって左右される。厳格でアカデミックな授業が向いている人もいるし、開放的で家族的な雰囲気で才能が伸びる人もいる。

　しかし、何をやりたいかは決まっていないけど、とにかく海外に出て、海外で勉強したいし、訓練を受けたい、と思っている13歳、若者はしだいに増えつつあるように見える。海外で活躍する人に刺激を受けたり、日本社会の閉塞性に耐えられなかったり、とにかく親から離れないと自分はダメになると思ったり、そういう子どもや若い人が増えているようだ。そういう人たちに対しては、「自分でそう思うのだったら、はっきりした目的がないままとりあえず海外に行くのもいいでしょう。でもリスクはありますよ」というアドバイスしかできない。リスクというのは、海外で暮らすストレスに耐えられず、何も成果がないまま、日本人同士でつるんで遊んだだけなので語学も身につかず、ただ歳だけ取って帰国する、というようなネガティブな可能性のことだ。目的がないまま海外に出ることが悪いことなのではなくて、デザインや細工物が好きだから銀細工を勉強しにイタリアに行きたいという子のほうが、リスクが少なく有利だということである。

　ただ、13歳には海外で学ぶという選択肢があるのだということを知って欲しい。念のために言っておくが、海外で学ぶことは日本を捨てることではない。人生をより有利に、より充実して生きるための、戦略の一つなのである。

written in 2003

Essay |「好み」というニーズ

text by Ryu Murakami

　イタリアの都市部には中華料理屋があり、ミラノやローマには日本料理屋がある。だが、現地のイタリア人は中華や和食にはほとんど興味を示さない。大都市のホテルにフレンチレストランがないのはイタリアだけだ。フィリピンで『地獄の黙示録』という作品を撮っていた映画監督のF・コッポラは、イタリア人料理チームを同行させていた。コッポラはイタリア系アメリカ人だが、加えて撮影監督のヴィットリオ・ストラーロ以下、撮影クルーにもイタリア人が多かったからだ。自動車レースF1のイタリアのチームも、イタリア料理のコックを同行させる。イタリア人は世界中どこへ行ってもイタリア料理を食べようとする。

　イタリア人は、料理に関して非常に保守的で、さらに地域性にこだわる。ミラノを中心としたイタリア北部は生ハムの産地で、クラテッロという豚のお尻の肉で作った有名なハムがある。だがローマなどに行くと、誰もクラテッロを知らない。レストランやマーケットにクラテッロを置いていないだけではなく、クラテッロというハムがあることさえ知らないのだ。ローマ近辺には、冬になるとプンタレッレという野菜が出回る。セロリとネギとキュウリを合わせたような味の、香りの強い野菜で、アンチョビのソースで食べる。だが、ミラノのレストランには、絶対にプンタレッレはない。置いていないどころか、イタリア北部の人はプンタレッレという名前も、その存在も知らない。イタリア料理の本質は家庭料理で、家庭の数だけ料理の種類があるとよく言われる。要するにイタリア人は、生まれ育った家や町の料理を好み、ほかの料理や食品・食材にはほとんど興味がないのである。

　日本人はどうだろうか。アウトドアライフを紹介するテレビの番組や、カントリーライフにあこがれて退職後に田舎に移り住んだ人の雑誌紹介記事などでは、どういうわけか必ず、手作りの「新鮮な野菜をふんだんに使ったポトフ」が紹介される。ポトフというのは、肉と野菜を煮込んだフランスの田舎料理だが、まるで日本ではポトフがなければカントリーライフとは言わないという決まりでもあるかのようだ。ポトフと並ぶ定番は、「焼きたてのパン」だ。しかも自宅の庭にパンを焼くかまどがあれば、さらに話題と共感を呼ぶことができる。最近国内線の機内で見たアウトドアライフの紹介番組では、川辺にキャンプを張って、携帯用のパン焼き窯で、バナナブレッドを作っていた。わたしが子どものころのキャンプでは、飯ごうでご飯を炊いて、おかずはカレーか豚汁と決まっていたが、いまどきそんなメニューではテレビや雑誌に出ることは不可能だ。それでは日本人は日本料理が嫌いなのかというと、決してそんなこ

とはない。海外に行って、まず寿司屋を探すという人はけっこう多いし、海外で活躍している日本人が日本に戻る理由として、「おいしいそばと寿司が食べたいから」というのがもっとも多いらしい。わたしは、添加物がいっさい入っていない信州の味噌を宅配業者に届けてもらっている。かなり高い味噌なので、どういう人が買うのか宅配業者に質問すると、その答えはシンプルだった。「味噌好き」の人が買うのだそうだ。

　ビジネスというのは結局「何かを売る」ということで、その際もっとも重要になるのは、「ニーズはあるか」ということだ。料理・食品・食材ビジネスでもその原則は変わらない。また、今の日本社会は、いろいろな意味で過渡期にあるが、料理・食品・食材ビジネスでもそれは同じだ。何よりも、食材・食品を巡る流通が大きく変わった。これまで、たとえば農産品だと、地域や地方の農協、仲卸、卸という流通の経路があった。農家は、農協を通して生産物を売るしか方法がなかった。だが宅配便とインターネットの進歩・普及によって、流通は劇的に変化してしまった。産地から消費者という直接の経路が生まれたし、商社だけではなく、警備会社や衣料品会社などさまざまな会社が食材・食品販売に参入している。コストがかかっても安全面などで付加価値の高い食材・食品を作ってきた生産者にとって有利な状況だと言えるだろう。

　今は、まだ健康ブームが続いているので、安全な食材・食品、健康に配慮した料理などに人気が集まっているが、食品が安全なのは当たり前という時代になると、食をビジネスにする人にとっては、日本人の、あるいはその地域の人びとの「好み」が重要な要素になるだろう。アウトドア&カントリーライフでは「ポトフ」だが、意外なほど「味噌好き」も多いし、海外での仕事をあきらめ、おいしいそばと寿司を求めて帰国する人も大勢いる。本物のにがりを使った高級豆腐も人気があるし、1斤何千円もする酵母パンがヒット商品となることもある。ターゲットとする人びとの、食に対する好みを正確にシミュレーションすること、しかも安全と健康に気を配ること、それがこれから食のビジネスで成功するための条件となる。

written in 2003

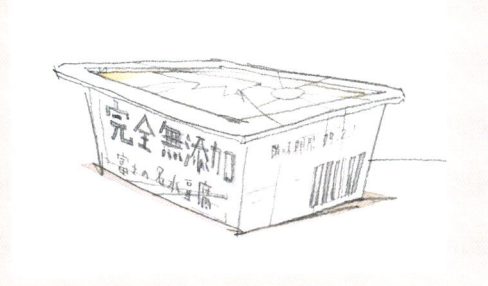

その❺ きれいな洋服や小物を眺める・自分で作る

ココ・シャネルは、ファッションで女性の社会進出を象徴した。服は、寒さを防ぐだけのものではない。その人がどういう価値観を持っているかを示したり、どのくらいお金を持っているかを示す場合もある。

ファッションデザイナー

　主に洋服をデザインする。レディース、メンズ、子供服、ジーンズ、スポーツ、インナーウェアなどに分かれ、企業内デザイナーとオートクチュールデザイナーがいる。1年に4回行われる発表会に向けて、デザイナーはマーチャンダイザーやパタンナーなどのスタッフと念入りに打ち合わせをしながら、準備にあたる。早い場合には1年前からスタートするため、時代を先駆けるセンスや分析力、予測力が必要不可欠だ。また多くのスタッフとの共同作業が多いので、コミュニケーション力も不可欠。もちろん独創性や表現力も重要。メーカーのファッションデザイナーになるためには、大学や専門学校で服飾・デザインを学び、アパレルメーカーなどに就職する。海外の専門学校に留学をしたり、インターネットを利用して販売を行ったり、独自のインディーズブランドを設立する人もいる。ファッションデザイナーに憧れる人は多いが、競争が激しく、就職にあたっても採用は少ないのが現実。デザイナーの登竜門と呼ばれるコンテストで受賞するなど、学生時代から積極的に動くと道が開けることがある。

ジュエリーデザイナー

　指輪、ブレスレット、イヤリングなど、おもにアクセサリーのデザインを手がける。まず、宝石デザイン学校で基本を習得するのが一般的。美術系の大学を出た人でも、卒業後こうした学校に入ることが多い。その後、宝石加工会社に就職し、働きながらデパート、宝石店、ホテルの催事など、その売り場に応じたデザインを学び、技術とセンスを磨く。経験を積んでからフリーになり、デパートの宝飾部などと契約し、客のリクエストに応じた宝石のデザインを行う人もいる。その場合の収入は、デザイン料とそのほかに「加工料」としてデザイン料の3倍ほどの金額を得る。完成品に客が満足することが、この上ない喜びだが、綿密に打ち合わせしても、デザイン画だけでは完成品をイメージさせることがむずかしく、返品されることもある。きわめて細かい作業の連続なので、おおざっぱな性格の人は向いていない。また、宝石は贅沢品の代表であるため、利益は常に景気に左右される。現在は、不況の影響で宝石加工会社などの求人は非常に少なくなっている。また、イタリアなどの宝石専門学校に海外留学をする人も増えているが、ただヨーロッパの人たちと日本人では、体格、肌の色、ファッション、アクセサリーの好みなどが違うため、海外で習得した技術やセンスがそのまま日本に応用できるわけではない。

ファッションモデル

　ファッションショーをはじめ、CMや雑誌などで服を着こなし、ブランドや雑誌のイメージを表現する。ファッションモデルとして仕事を得るためには、モデルエージェンシーに登録しなければならない。街でスカウトされるのを待つか、オーディション

を受ける、あるいはプロフィールをつくってモデルエージェンシーに自分から売り込んでもよい。ただし、ファッションショーのモデルになるためには、身長が170センチ以上あることが第一条件だ。ウォーキングや写真の撮られ方、表情、視線などのモデルとしての基礎は、新人時代にモデルスクールに通って身につける。仕事に必要とされるプロポーションを保つために、常にダイエット生活を続けられるぐらいの強い意志と自己管理力が必要。また体力や忍耐力も要求される。収入は歩合制が多く、知名度が高ければランクが上がり、ギャラもアップする。成功すればスーパーモデルや、女優に転身することもできる。

靴デザイナー

　洋服やバッグと並んで、シーズンごとの流行がはっきりしている靴。外反母趾や扁平足、膝などへの影響など、最近では足と健康の関連に焦点が当てられている。そのためファッショナブルで見栄えのいいだけの靴よりも、はきやすく、長い時間歩いても疲れず、足やからだ全体への負担が少ない靴に人気が集まってきている。これからの靴デザイナーは、人間の足の構造や働き、骨格など人間工学的な知識も持つべきだろう。靴デザイナーになるためには、デザイン系の大学や専門学校などを卒業後、靴メーカーやアパレルメーカーに就職して、企業内デザイナーになるのが一般的。靴デザイナーを志望する人は多く、その人気を受けて、アパレルメーカーでも独自の靴をデザイン・発売するところが増えてきているという。経験を積んで、フリーの靴デザイナーとして活躍することも可能だ。

バッグデザイナー

　ブランド名を持つファッションメーカーは企画問屋と呼ばれる。バッグデザイナーは、その企画問屋に所属して、機能的で美しいバッグをデザインする。フリーのデザイナーも多く、そのなかには自分でブランドを作る人もいる。しかしほとんどの場合は、企画問屋から製作個数に応じたデザイン料・ロイヤリティーを受け取ったり、年間製作個数の契約を結ぶことによって、報酬を得ている。ブランドイメージや、デザイナー個人の美意識を形にして、それが受け入れられれば人気商品となる。製作技術

は服飾関係の専門学校で学ぶことができるが、製作コストという制約のなかで経験を積むことで、プロとしてのスキルを磨く。

帽子デザイナー

　帽子の素材を選択し、形や色をデザインする。ときには実際の製作まで手がける。帽子メーカーや帽子ブティック、一つ一つの帽子を手作りする個人経営のアトリエのほか、洋服からアクセサリー、帽子、靴まで総合的にプロデュースするアパレルメーカーでも、帽子デザイナーを採用している。またフリーランスで企業と契約して、デザインを提供するデザイナーもいる。帽子デザイナーになるためには、製帽のノウハウを知っていなければならない。専門学校や製帽教室で、製帽の基礎を身につけるのがもっとも近道だろう。またファッション全般に関する知識や鋭いアンテナ、センスも求められる。最近ではまた帽子に人気が集まってきており、新鮮な才能を持つ帽子デザイナーの登場が待たれている。

テキスタイルデザイナー

　テキスタイル（生地）の織り方や染め方、色や柄などをデザインする。木綿やウール、ポリエステル、ナイロン、アクリルなど多くの素材を扱う。こうしたテキスタイルは洋服だけでなく、スカーフや帽子、カーテン、じゅうたんなどまで幅広く使われる。仕事の内容は、産地を検討しながら素材を選び、サンプルを作り、修正を繰り返しながら、最終的な生地を完成させていく。ときにはデザイナーと一緒に素材を共同開発していくこともある。一般的には、糸選び、プリント染色デザイン、生地デザインなど専門が分かれている。テキスタイルデザイナーには専門的な知識が重要。そのため、デザイン系の学校でテキスタイルや染色、デザインを学び、卒業後、アパレルメーカーや繊維メーカーなどに勤務する人が多い。一見地味そうだが、オリジナルな素材の開発など、やりがいがある仕事だ。

ソーイングスタッフ

　洋服やバッグ、アクセサリーなど、布地を使った商品の縫製を手がけるスペシャリスト。スキルの熟練度によって、洋服の襟や袖などのパーツを縫う担当になったり、コレクションや展示会に出すサンプルのソーイングを任されたり、オートクチュールの仕事を担当するなど、仕事のレベルが変わってくる。大学や短期大学、専門学校などで服飾関連のコースを卒業し、アパレルメーカーや繊維メーカー、洋服店、個人経営のアトリエやブティックに勤める。あるいはこうした企業や店から仕事をもらい、自宅で仕事をする場合もある。細かい仕事を確実にこなせる能力と、どんな仕事でもむらなく丁寧に仕上げるための精神力が必要な仕事だ。チクチクと針を動かしてもの

を作り上げるのが好きな人に向いている。

テーラー［注文紳士服製造］

　客の要望に応じて服地を選び、デザインを決定し、採寸し、オーダーメイドで紳士服をつくる。紳士服の仕立ては婦人服や子供服よりもむずかしいとされ、パターンを作り、生地を裁断し、仮縫い、縫製するための高い技術が要求される。テーラーになるためには、服飾系の専門学校や大学などを卒業し、高級紳士服メーカー、テーラー店などで経験を積む。また公立の職業技術専門校の洋服科でもベーシックな技術を身につけることはできる。しかし最近では大量生産で安く販売している紳士服が広く流通しており、テーラーの仕事は少なくなっているのが現実。

和裁士（わさいし）

　1反の反物から、長着（一重・袷）や襦袢、羽織、袴、道行き、浴衣、帯などさまざまな和装品を仕立てる。デパートや呉服店、アンティーク呉服店、知人などからの依頼を受けて、自宅で作業をする。また和裁教室を開くことも可能。年齢にかかわらず、長く続けられる仕事だが、地味で細かい仕事が苦にならず、丁寧かつ納得のいく仕事ができる人に向いている。1反100万円もする反物を扱うことも珍しくはない。反物を汚さないよう、仕立て間違えないよう、かなり気を使う。和裁を習うなら専門学校やスクール、和裁教室に通うのが近道。自分の能力を見極めるには、和裁技能検定（1〜3級）や和裁検定（1〜4級）、大手着物学校の認定資格などを受けてみるといいだろう。

リフォーマー

　古着をリフォームして、流行のファッションに変身させるほか、スカートのウエストやヒップを大きくしたり詰めたり、丈を上下するなど寸法直し、かぎ裂きなど布地の破れた部分をつくろう。大人服を子供服に直したり、紳士服を女性ものにしたり、二度と着ないだろうウエディングドレスを違うものに仕立てたりする。いろいろなリ

フォームパターンに対応できるかが、リフォーマーの腕の見せ所となる。リフォーマーになるルートはさまざまで、特に服飾系の学校を卒業していなくても、洋裁が得意で、センスがよければなれる場合もある。主な仕事場は、リフォームショップやアパレルメーカー、百貨店、クリーニング店など。個人で請け負って、仕事をしている人も多い。リサイクルが根付きつつある今、注目の仕事のひとつだ。

アパレルメーカーで働く

アパレルメーカーには、洋服やアクセサリー、靴や帽子、素材となるテキスタイルをつくり出す「デザイン・制作部門」、デザイナーと連携をとりながら商品を売るための戦略をたてる「企画・管理部門」、でき上がった商品を消費者に販売する「販売部門」がある。それぞれの仕事内容は以下の通り。

●デザイン・制作部門

- デザイナー ……流行や消費動向、ブランドイメージなどをもとに、洋服やアクセサリー、テキスタイルなどをデザインする
- パタンナー ……デザイナーが描いたデザイン画を型紙（パターン）にする
- マーカー ………パタンナーが作ったマスターパターンをもとに、布地に型をいれる
- グレーダー ……各サイズ別の型紙をつくる
- カッター ………型紙にそって、布を裁断する
- ソーイングスタッフ
  ………布を縫製して、立体的な作品を縫い上げる
- ヒューマンエンジニア
  ………スポーツウェア、下着などをデザインする場合、人間工学的な観点からの考慮を加える

●企画・管理部門

- マーチャンダイザー
  ………企画からデザイン、生産、販売まで全体を把握し、商品の品揃えをする
- ディストリビューター
  ………バイヤーやマーチャンダイザーが集めてきた商品を各店舗に配分する
- ビジュアルマーチャンダイザー
  ………わかりやすく、見やすく、選びやすく、美しくかつ印象的に、商

　　　　　　　品のディスプレイやプレゼンテーションを考える
・セールスマネージャー
　　　　　………制作した商品を販売するために、営業活動をする
・プロダクトマネージャー
　　　　　………商品の品質を維持しながら、原価・行程の管理を行い、より効
　　　　　　　率的な手順を考える
・マーケティングディレクター
　　　　　………マーケットや消費者の動向を調査・分析し、自社の戦略に反映
　　　　　　　する

● **販売部門**
・ファッションアドバイザー
　　　　　………店舗で、接客および商品の販売を行う
・ショップマスター／ショップマネージャー
　　　　　………店長。各店舗の経営責任者
・バイヤー　………買い付け・商品仕入れを担当する
・セールスインストラクター
　　　　　………社員や販売員の教育・指導を担当する
・ストアプランナー
　　　　　………ブランドや店の個性にあった店舗づくり、サービス、ディスプ
　　　　　　　レイを考慮する
・プレス　…………雑誌やテレビなどマスコミに商品をPRし、商品の貸し出しなど
　　　　　　　を行う

　一見とても華やかに見えるアパレル業界だが、実は毎日の仕事はとても地味なものだ。また好況・不況の風を直接受ける業界でもあり、最近では中国や韓国からの輸入増加によって打撃を受けている。まずこうした厳しい現実を頭においておきたい。アパレルの仕事の基本は、衣服を着る人への思いやりと衣服への愛情。そのうえで、オリジナルな創造性、自分のアイデアを現実のものにできる知識と技術、構成力がある人材が求められる。またいろいろな職種のスタッフが共同で作業を行うため、コミュニケーション力や協調性、豊富な人脈、プレゼンテーション力、積極的な行動力なども必要だ。またファッションも国際化の時代。海外留学でファッションを学んだり、海外や外資系のアパレルメーカーで働く人も少なくない。英語やフランス語、イタリア語など、語学力を磨いておくと、いずれ武器になる。

美容師

　客の希望に応じて、自然で美しい、また流行にあった髪型をつくりだす。ヘアカット、パーマ、スタイリング、カラーリングのほかに、メイクや着付け、ネイルケア、全身美容なども手がける。美容師は国家資格。美容師専門学校（2年間、通信制の場合は3年間）卒業後、理容師美容師試験研修センターが行う国家試験を受験し、合格すると免許証がもらえる。専門学校では基礎的な技術と知識のほか、日本髪の結い方や着物の着付けなどもマスターする。免許取得後は、ヘアサロンや美容室に就職するほか、映画会社や結婚式場、テレビ局などでヘアメイクを担当することもある。経験を積み、指名客をたくさん獲得して、フリーの美容師として活躍する人も。華やかそうだが、修業時代は何カ月もシャンプー担当だったり、閉店後に練習をしたりと、かなり大変。本当にこの仕事が好きでないとまず続かないという。理容師から美容師に転職する人はいるが、その逆はほとんどいないそうだ。また特殊な髪型の専門店もある。たとえば、社交ダンスの選手に需要が高いパーマを専門で行う美容院があるそうだ。

スタイリスト

　雑誌やテレビ、CM、ポスター、映画などの撮影のために、洋服や靴、小物、アクセサリーなどをコーディネートする。担当者と打ち合わせをして、その企画内容にあった商品を用意する。アパレルメーカーの広報やショップから商品を借り、撮影時には値札をとったり、アイロンがけをしたり、靴が汚れないように裏にガムテープをはるなど、細かい雑用もたくさんある。ファッションセンスやトレンドに対する感度はもちろん、人脈の豊富さや気が利くこと、フットワークの良さ、そして洋服やアクセサリー、靴などが詰まった大きなカバンを3、4個も抱えて移動できる腕力や体力も必要だ。専門学校のスタイリスト科などを卒業してスタイリストになる以外に、スタイリスト事務所に就職して経験を積んだり、アシスタントとして現場でスタイリングを覚えていってもよい。また食品、インテリア、雑貨など、ファッション以外の分野にも専門のスタイリストがいる。

フォーマルスペシャリスト

　結婚式やお葬式などのフォーマルな場で、どんなものを着ればよいのか、どうふるまえばよいのか、冠婚葬祭に関わるアドバイスをする。フォーマルスペシャリストは日本フォーマル協会が認定する資格で、この資格を得るためには、同協会が行っている講習を受け、テストに合格すればよい。資格には、レベル別にブロンズ（認定者は約1万7000人）、シルバー（同約3500人）、ゴールドライセンス（同約3000人）が設けられており、フォーマルウェアのルールやマナー、最新のファッション傾向、売り場のディスプレイ、日米のフォーマルウェア、フォーマルウェアの歴史などを学ぶ。職場は、デパートや専門店のフォーマルウェア売り場や、服飾関連企業、フォーマルグッズを扱う企業、貸衣装店、美容関係、ホテルや結婚式場など。

着物コンサルタント・着付師

　成人式や結婚式、お葬式、子どものお宮参り、七五三、お茶会、パーティーなどで、ひとりでは着物を着られない人に着つけてあげる。着物には複雑な約束事がたくさんある。単に着付けるだけでなく、こうしたシチュエーションやシーズンにはこんな着物がふさわしいとアドバイスしたり、個性や好みにあった着物と帯、小物のコーディネートをするなど、着物に関する全般的なコンサルタントも手がける。有名になると、雑誌などで着物をコーディネートしたり、テレビや舞台などでタレントに着付けをする人もいる。着付けを教えてくれる専門学校やスクールも多いが、自分の祖母や母から習った技術とセンスをいかして働くことも可能。また七五三など、着付けのニーズが多いシーズンだけ、美容院や結婚式場と契約して、お手伝いをする副職として仕事をしている人もいる。

理容師

　理容師は主にヘアカットやシャンプー、パーマ、顔そり、マッサージなどの技術を行う。さらにヘアカラー、エステ、ネイル、メイクなど理容の業務範囲は広がっており、各方面で活躍する理容師が増えている。女性理容師も少なくない。また理容業界では、髪の健康管理のスペシャリストとして「ヘア・カウンセラー」、介護の要素も取り入れた「ケア理容師」等の資格制度も整えている。早くから高齢化社会を視野に入れた取り組みを始めているようだ。理容師は国家資格なので、免許を取得しなければならない。理容師専門学校（2年間・通信教育は3年間）卒業後、（財）理容師美容師試験研修センターが行う国家試験（筆記および実技）を受験し、合格すると厚生労働大臣の免許証がもらえる。免許を取得したら、理容店で働くことになるが、定年がないので現役期間が長く、一生の仕事として考えられる。世界的に理容師の数は減少しているという声もあるが、日本には理容・美容の枠を越えて活躍する若い理容師もいる

ようだ。隔年ごとに開催されるヘアワールド（世界理容美容技術選手権大会）では、若い理容師で編成される「日本理容代表チーム」が、常に上位3位以内に入っている。日本の理容師は、今後も、その優れた技術力と感性を生かして"世界の檜舞台"で活躍することが期待されている。

メイクアップアーティスト

　モデルやタレント、俳優のメイクを手がけるのがメイクアップアーティスト。活躍の場はテレビや映画、雑誌、CM、ファッションショー、コンサート、演劇などで、業界ではよく「メイクさん」と親しみを込めて呼ばれる。化粧品や肌などの知識に加えて、求められるイメージにそったメイクができる応用力や、長時間かかる仕事に持ちこたえられる体力もいる。メイクアップアーティストになるためには、専門学校や短期大学にあるメイクアップアーティストコースで学び、美容専門プロダクションやメイクアップ専門会社などに所属する。経験を積んでからは、フリーとして活躍する人も多い。また、化粧品メーカーや結婚式場、美容室などでメイクを担当したり、ビューティーカウンセラーをするケースもある。最近ではヘアやネイルまで総合的に手がける人も増えてきており、美容師の資格があるとより有利だ。ちょっと変わったところでは、特殊メイクを専門とするメイクアップアーティストもいる。

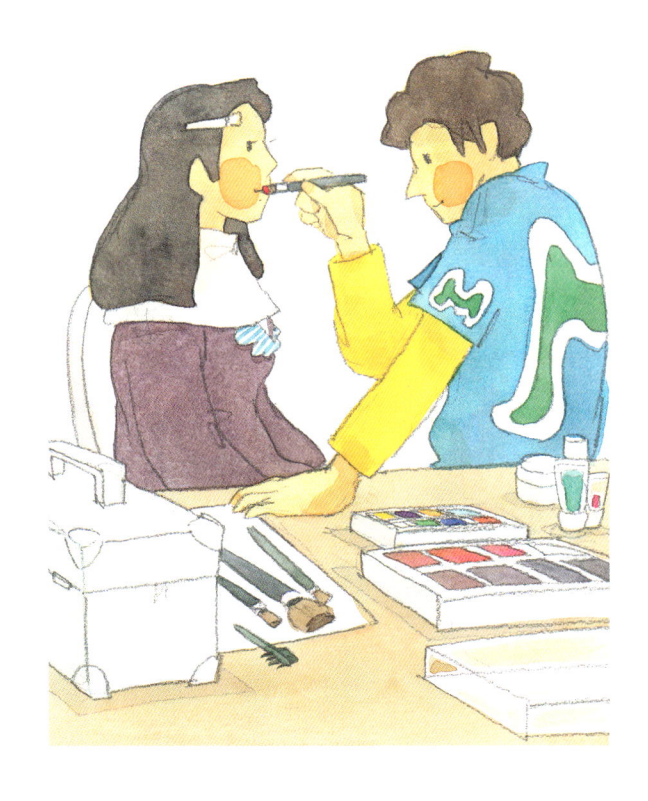

ネイルアーティスト

　爪をマッサージし、やすりで形を整え、欠けている部分をリペアして、マニキュアを塗り、人工爪やネイルアクセサリーをつけたり、絵を描いたりして美しくデザインする。圧倒的に女性が多い。客のヘアスタイルやファッションなどに合わせたデザインを考え、きれいに塗っていくため、手先が器用なことやファッション感覚に優れているほうがよい。また2枚爪などのトラブルを改善したり、爪の形を矯正したり、日常的なネイルケアのアドバイスも仕事のうちだ。日本でもネイルアーティストの専門学校が誕生しており、学校やスクール、講習会などネイルアートを学ぶ場はたくさんある。また本場アメリカで資格を獲得してもよいだろう。技術とセンスを磨き、エステサロンやネイルサロン、美容室などで働く。センスが認められれば、芸能人や有名人の専属ネイルアーティストになることも夢ではない。

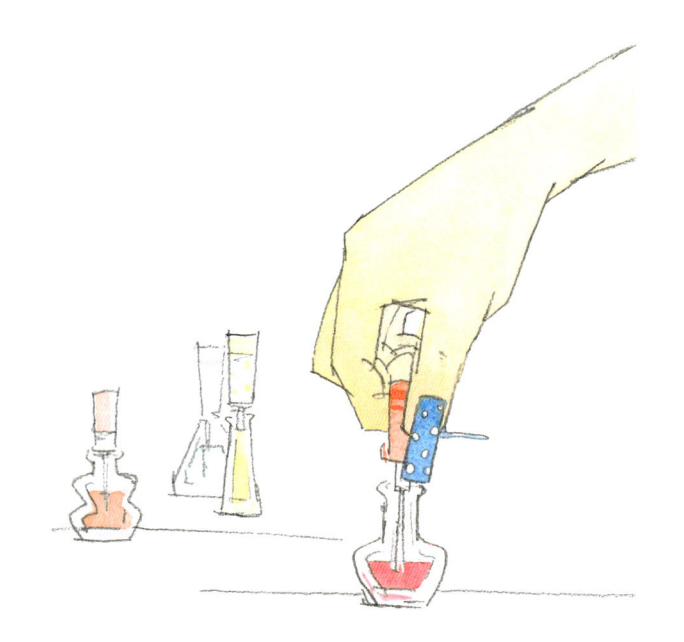

ファッション・コーディネーター

　ファッション・コーディネーターと呼ばれる仕事には2種類ある。1つはアパレル企業とアパレル小売りで、市場とファッション傾向を予測するプロ、もう1つはアパレル店で客に着こなしのアドバイスをする販売員だ。ここでは、より高度な仕事を行うアパレル小売りのプロフェッショナル・コーディネーターについて記す。ファッション・コーディネーターは、まずシーズンごとの品揃えのテーマを決め、バイヤーにアドバイスし、テーマを売り場全体で共有するために販売促進担当や販売担当へのプレゼンを行う。さらにテーマに沿ったディスプレイがなされているかなどもチェックし、マーチャンダイジング（商品化計画）と売り場の最良のコーディネーションを

はかる。ファッションの知識はもちろん、商品管理、マーチャンダイジング、ディスプレイデザイン、販促など、小売りに関するさまざまな分野の知識が不可欠となる。ファッション系の専門学校や服飾専攻科がある大学を出て、服づくりの全般、ファッションの基礎、カラーコーディネートなどの知識を身につけることになるが、経営や流通や商品管理についても勉強する必要があり、客観的な分析力と、社会情勢までを含む予測能力、さらに他分野との円滑な連携のためのコミュニケーションスキルも必須となる。会社によって、マーチャンダイジングプランニングやマーケット情報担当など、いろいろな名称があるが仕事の内容は同じ。

靴職人

顧客からの注文に応じて靴をつくる。機能美も兼ね備えたオーダーメイドの靴は高価だが、近年、人気となっている。オーダーメイドの靴職人になるには、まず、素材や工具の知識、製図、デザイン、専用ミシンによる縫製など、製靴の全工程をこなせる技術が必要。足の構造や骨格の知識も必要だ。そのためには、専門学校などで基礎から学ばなくてはならない。専門学校のほか、手づくり靴教室、シューフィッター養成機関、訓練校、工房など、学べる場所はけっこう多い。靴職人のもとへ弟子入りして修業を積む方法もある。経験を積んで実力をつければ、独立して自分の工房を持って活動することも可能だ。評価は、できあがった靴がどれだけ顧客に満足感を与えるかにかかっている。本場のイギリスやイタリアで成功している人もいる。

クリーニング師

ワイシャツやスーツ、毛皮などの洗濯やアイロンがけ、衣類の染み抜きや補修をする。着物やカーペット、布団などを扱うところもある。近年は、各店で受けつけた洗濯物を大型の専門工場でクリーニングするシステムがふえている。このような専門工場では分業化が進んでおり、担当ごとに作業が異なる。機械化も進んでいるが、手作業でしかできない部分もある。クリーニング屋を開業するには、「クリーニング師」免許保持者が1人以上いなければならない。この資格は各都道府県知事の行う試験に合格し、免許の申請をし、クリーニング師原簿に登録されて、取得が認められる。試験は、公衆衛生・衛生法規・洗濯物の処理に関する知識の学科試験に、洗濯物のアイロン仕上げ、繊維選別、薬品鑑別の実地試験がある。受験者のほとんどは、クリーニング店やクリーニング工場に勤めているか、クリーニングの専門学校に通って技術を学んだ人だ。東京都の場合、試験の合格率は例年60〜80％。資格取得後は、3年を超えない期間ごとに、都道府県の指定した研修を受講しなければならない。

パタンナー

　ファッションデザイナーのイメージしたデザイン画をもとに型紙を引くことを専門とする人で、工場に出すための衣服の設計図をつくり、デザイナーと縫製工場の橋渡しをする。デザイナーをアシストする役割だと思われがちだが、パターン作成から生地のカットの仕方、縫製指示、サンプルどおりにつくられているかどうかのチェックなど、服づくりの総責任者的な役割をはたす。パタンナーのよし悪しで商品の完成度が大きく変わるため、責任のある仕事となっている。パタンナーになりたいと思ったら、衣料関係の学部のある大学やパターンコースがある専門学校で学び、アパレルメーカーにパタンナーとして就職するのが一般的。ふつう、入社試験には実技試験がある。キャリアを積めばチーフパタンナーへの道が開ける。

ランジェリーデザイナー

　下着のデザイナー。アウターのデザインを兼ねる場合もある。限られた素材を使い、アウターよりも表現面積が狭い中、身体と接触するために何よりもフィット感が求められる。とくにブラジャーでは、ワイヤー、ストラップ、パッド、テープなど多くのパーツが必要とされ、そのすべての素材・加工・生産工程の知識が必要とされる。これまで下着は日用品だったが、最近ではファッションアイテムとして定着したことにより、素材や縫製に対する高いスキルを持ちファッション性を強く意識した新進デザイナーが現れるようになった。服飾関連の大学や専門学校でデザインを学び、ランジェリーを製造・販売するアパレルメーカーに就職するのが一般的だが、中には独立して独自のブランドを持つデザイナー＆ディレクターもいる。

舞台衣装

　舞台演劇やテレビドラマ、映画などに使われる衣装をそろえる。大手の衣装会社がいくつかあるので、その社員になるのが一般的だ。普段の仕事は衣装会社から劇団やテレビ局に衣装係として派遣され、劇団やテレビ局に常備してある衣装で対応することが多い。また、オペラであれば、カルメン用や椿姫用とジャンル分けをして衣装のストックを持っている会社もある。時代考証などの知識は大切で、スーツ1つをとっても、このボタンはこの年代にはおかしいとチェックする能力も必要とされる。ときには芸能人や映画監督、または衣装デザイナーに信頼され、その専属になる場合もある。大手の衣装会社には衣装製作部門もあるが、基本的には、製作は下請け業者に発注する。舞台や番組にスケジュールを合わせる忙しい仕事だが、自分たちの用意した衣装が舞台の上で活躍する姿を見る喜びが、この仕事を支えている。

調香師（ちょうこうし）

　花や草、動物の分泌物などから抽出した香りをブレンドし、オリジナルな香りの香水やオーデコロンをつくり出していく。パフューマーとも呼ばれる。調香の専門コースが設けられている美容系の専門学校も数多くある。こうした専門学校や調香のスクールなどで知識と技術を習得し、化粧品メーカーなどに就職するケースがほとんどだ。調香師になるために資格は特に必要とされないが、就職にあたっては化学系や薬学系の大学を卒業していると有利だといわれる。しかし、最終的には嗅覚の良さが勝負。およそ6000種類あるといわれる香りを嗅ぎ分けることができなければつとまらない仕事だ。また香りには流行があるため、そうした変化に敏感であることも必要だ。最近では香水や化粧品以外に香りのついた日用品がどんどん登場してきており、よい鼻を持った調香師のニーズは高まっていくと思われる。ちなみに食品の香りをつくるスペシャリストはフレーバリストと呼ばれている。

鞄職人

　日本の鞄製造業界は、VuittonやGucciに代表される海外の有名ブランド品と、中国産などの低価格品との間で苦戦している。だが、ブランドに左右されず、本当にいい鞄を求める消費者の要望に応える形で、日本人職人が熟練の手作業で作る高品質の鞄の人気が高まってきた。鞄職人になるには、工房でベテラン職人の作業の指導を受けながら、裁断や目打ちといった作業を一から習得する。一人前になるまでに長い時間がかかる。工房に属さず、個人で活動をする鞄職人もいるが、その場合は製作・修理技術だけでなく、材料の仕入れ・商品の販売ルートを開拓しなければならない。お祖母さんからお母さんがゆずり受けた鞄の修理を、その孫の女性が依頼してくることもあり、「ものを大切に長く使う」という意識の高まりとともに、全国から多くの感謝の手紙が舞い込む鞄職人もいるという。

こんな職業もある　ブライダルコーディネーター▶P.72　フラワーデザイナー▶P.108　トリマー▶P.119　宝石鑑定士▶P.233　古着屋▶P.235　衣装・ワードローブ・コスチュームデザイナー▶P.407

Essay｜日本の若者のファッション

text by Ryu Murakami

　わたしの小説のフランス語版の翻訳家（アルジェリア生まれのフランス女性）と、12歳のその娘と東京で食事をしたときのことだ。1999年の秋だった。約束の時間に少し遅れてきた翻訳家は、どうしても娘が行ってみたいと言うので渋谷に行っていたら遅くなってしまって、と弁解した。どうして渋谷に行きたかったのかと聞くと、ガングロと呼ばれる女の子をどうしても見てみたかったという答えが、娘のほうから返ってきた。フランスのある雑誌の東京特集で、顔を真っ黒に日焼けさせてパンダみたいなメイクをした女の子たちを見て、すごくかっこいいと思い、日本に行ったら渋谷に行ってそういう女の子たちを実際に見るのだと決めていたらしい。彼女はガングロという呼称も知っていた。ガングロの女の子たちのことをどう思った？　とわたしは聞いた。かっこよかった。フランス人の12歳の女の子は答えた。

「彼女たちは大人の社会に反抗しているんでしょう？　反抗的でとてもかっこよかった」

　衣服はもともと単に寒さをしのぐためのものだが、ある条件が整ったときに、「ファッション」となって重要なコミュニケーションの手段となる。より高級感のある言葉として「モード」があるが、いずれも語源はフランス語だ。19世紀末のパリは非常に治安が悪く、当局は、犯罪の巣窟だった薄暗い路地を改修して道路を整備し、街灯の数を増やし、公園を作り、そしてショッピングのためのアーケード（両側に商店が並ぶ屋根付きの街路）を作り、当時の手工業者に、衣服やバッグ、装身具を売るスペースを与えた。そうやって整備されたショッピングアーケードは、産業革命後に生まれた新しい中流階級の憩いの場となり、多くのデザイナーが技術とセンスを競い、そのあとフランスの重要な資源となったファッションブランドの基礎が築かれることになった。

　わたしたちはファッションで自己を主張したり、自分が属す集団を示したりする。つまり、ファッションはコミュニケーションの手段の一つになっている。ファッションやモードという言葉は、衣服という意味に加えて、様式や流行、流儀といったニュアンスを持っているわけだが、対応する日本語はない。そのことは、日本の社会で、コミュニケーションの手段としてのファッションの歴史が浅いことを示している。江戸時代の農民や、終戦直後の焼け野原でバラックを建てて住んでいた人に必要だったのは、寒さをしのぐための「衣服」で、ファッションではなかった。僧侶とか軍人とか料理人とか、ユニフォームがその人の職業を表すことはあるが、基本的には、一般

の人が衣服でコミュニケーションを始めるようになるのは、その社会が近代化を終えて、豊かになってからだ。つまり社会が豊かになると、衣服は単に寒さをしのいだり、制服として機能するだけではなく、コミュニケーションの手段という性格を持つようになる。

　女子高生の援助交際をモチーフにした『ラブ&ポップ』という小説を書いたとき、何人かの女子高生に取材した。ルーズソックスをはいた彼女たちはとても洗練されていたが、まだ自分たちの言葉を持っていなかった。つまり何をしたいかということを自身で把握していなかった。一人日焼けしている子がいて、どうして日焼けサロンに通うのかと聞いたら、日焼けしてると強く見えるから、と答えた。『ラブ&ポップ』は96年の作品だが、当時の日焼けサロン好きの女の子たちがガングロの前身だったのだろうか。ガングロはもちろんのこと、女子高生のルーズソックスに対してもほとんどの日本の大人たちは嫌悪を示した。フランスの少女はガングロを大人の社会への反抗の印だと理解していたが、当時のガングロの少女たちにそういった自覚があったかどうか、わたしにはわからない。

　当時の、援助交際をする女子高生に対するメディアの論調はその大半が「なげかわしい」というものであり、また一部には、彼女たちに新しい可能性があるのではというような指摘もあった。わたしは、そのどちらにも違和感を持った。市場価値のある自分の資源を売ってブランド品を買うという、日本の大人の真似をしているのだとわたしは考えたのだった。日本社会のおもな資源は高品質で安価な大量生産品で、それを売って得た金で日本の大人たちが買ってきたものは、マスターズゴルフやウインブルドンテニスの放映権だったり、ブロードウェー作品だったり、ルノワールの絵だった。ブランド品だったわけだ。女子高生の資源は身体だが、彼女たちはやはりそれを売ってブランド品を買うのが好きだった。両者はとてもよく似ていると思ったのだ。その考えは今も変わらない。

　ただ、ルーズソックスというファッションには興味を引かれた。勘違いしないで欲しいが、ルーズソックスに「魅了された」わけではない。ルーズソックスは、明らかに女子高生のコミュニケーションツールで、しかもそれは欧米の真似ではなかった。明治の鹿鳴館時代のドレスから60年代末のミニスカートまで、日本の女性は欧米のファッションの真似をしてきた。忠実になぞっていたと言ってもいい。だがルーズソックスは、それが機能的か、美しいかは別にして、少なくとも欧米の真似ではなかった。

現在、日本の社会でもファッションは重要なコミュニケーションの手段になった。格差を伴って多様化した社会を、大きな流行のないファッションが象徴しているし、没落階層である「普通のサラリーマン」や「オヤジ」的なファッションは、社会的に毛嫌いされるようになった。考えてみれば当然のことかも知れないが、日本社会の過渡期を象徴したルーズソックスもガングロも、ミニスカートのような世界的な波及力を持つことはできなかった。特にガングロはあっという間に消滅し、すぐに話題にも上らなくなった。だが、欧米の真似ではなかったルーズソックス、大人の社会との連続性を断ち切りたかったガングロたち、それらはいつか形を変えて、日本の若者のオリジナルファッションとして再び姿を現すような気がする。

written in 2003

08 「保健・体育」が好き・興味がある

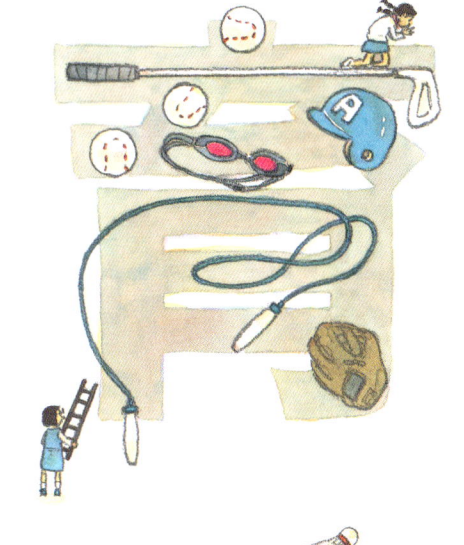

その❶ サッカーなど、試合・練習を
する・競技を見る

国語や数学の授業中、早く体育の時間にならないかなと思う。身体を動かし、汗をかくととにかく気持ちがいい。プロ野球やJリーグの試合を見ていると、興奮して時間を忘れる。

プロスポーツ選手

「どうやったらなれるか」などというマニュアルはあまり意味がないので、どういったプロがいるのかだけを記す。ただし「プロ」という概念が種目によって違うことには注意が必要。野球やサッカーのように、所属するチームから報酬を得られる人をプロという場合もあるし、最低基準としてプロの資格を設けている種目もある。

- サッカー ………… プロの数は約1000人。Jリーグのチームによるスカウト及びテスト。契約により基本給、出場給、特別給を得る。
- ゴルフ …………… プロテスト合格者は約2200人。ただし試合の賞金だけで暮らせるのはごく一部。多くは企業と契約したり、レッスンプロなどほかの仕事もしている。
- 野球 ……………… セ・パ球団で約800人。プロ野球球団によるスカウト及びドラフト。契約金プラス年俸制。
- テニス …………… プロ登録者は約300人。試合の賞金だけで暮らせるのはごく一部。
- プロレス＆格闘技
  ………… 約100人。各団体へ入門し、そこから報酬を得る。大会の賞金なども。
- ボクシング ……… プロテスト合格者は約2800人。ただしファイトマネーだけで生活できるのはごく一部。
- 大相撲 …………… 約700人。部屋へ入門し、そこから番付を上がっていく。十両以上は相撲協会からの給料制。それ以外に賞金や懸賞金も。
- モータースポーツ
  ………… 出場できるレースのカテゴリーによる資格はあるが、プロとしての資格は特にない。所属するチームから報酬を得ることが多く、レース活動で生活ができるのは2輪、4輪合わせて20～40人。
- 競馬 ……………… 約900人。中央競馬の騎手になるには競馬学校に入学、在学中に免許を取得。地方競馬の場合は試験を受ける。収入は出走ごとの騎乗手当、賞金、厩舎に所属する場合はそこからの契約料からなる。
- 競輪 ……………… 約3000人。日本競輪学校に入学、選手資格試験を受ける。賞金及び出場手当が出る。
- 競艇 ……………… 約1500人。やまと競艇学校に入学、卒業後登録試験を受ける。賞金及び出走手当が出る。
- ボウリング ……… 日本プロボウリング協会会員数1121名。賞金のほか、レッスン指導料や企業との契約金を得る。

上記以外の多くの種目では、これまでは企業が支える実業団というシステムをとってきた。実業団の選手は、主としてスポーツをすることで企業から報酬を得ているという意味ではプロだが、立場的にはアマチュアであるとされた。だが世界的にプロとアマを分ける意味がなくなってきたこと、日本企業の体力が衰えて実業団から手を引くところが増えてきたこと、などから、こうしたシステムは崩壊の危機に瀕している。まだごくわずかだが、陸上や水泳といった、かつてはアマチュアリズムの牙城といわれた種目からも、プロ宣言をするトップ選手が現れている。

スポーツエージェントで働く

　スポーツ選手やチーム、場合によっては特定のスポーツ組織全体に代わって、さまざまな契約やマネジメント、プロモーションなどを行う。いち早くスポーツビジネスが確立されたアメリカで生まれた仕事で、プロスポーツ界に大きな影響力を持っている。日本では、代表的なプロスポーツである野球が長らく代理人の関与を制限してきたこともあり、職業としての認知度は低かった。だが野球やサッカーの選手の海外移籍が活発になるとともに、その存在がクローズアップされるようになった。サッカーのFIFA公認代理人のように、資格が必要な場合もあるし、弁護士が兼ねることもある。対象とする競技によっても違うが、法律の知識はもちろん、外国語や経営や宣伝など、さまざまな能力が求められる。日本の場合、小規模な企業という形態をとっているところが多いが、上記のようなスキルを持つ人たちを中心に採用も行っている。

スポーツライター

　主として新聞や雑誌に、フリーランスの立場でスポーツに関するレポートを書く。スポーツを報じる媒体としてテレビ、ラジオ、新聞、雑誌などがあり、これまではアナウンサーや記者がそれを担ってきた。また評論などでは、元選手が起用されることが多かった。だが最近はスポーツファンが増え、メディアの数も増えてきたことから、より専門的な知識を持つ書き手が増えてきている。新聞社や出版社である程度経験を積んでからフリーランスのスポーツライターとなるケースが多い。

監督・コーチ

　競技によって異なるが、プロの選手を育てたり、プロの選手やチームを指導する監督やコーチは、やはりその競技の経験者、それもプロやそれと同等のキャリアがある元選手が圧倒的に多い。もちろん現役時代の経験の蓄積があるからだが、人脈がものをいう点も見逃せない。もうひとつ、職業として監督、コーチが成立しているのは学校だ。本職は教師でも、その学校のスポーツへの力の入れ方によっては、こちらのほうが主となる。学校によっては専門のコーチを学外から招くこともある。この場合は

指導実績が求められる。サッカーのように、アマチュアからプロまで段階的にコーチの資格制度を設けたり、テニスのように、コーチのプロを資格として設けている種目もある。

スポーツクラブのインストラクター

　現在全国におよそ2000のスポーツクラブがあり、それ以外にも公的機関や企業内のスポーツ施設がある。そこで会員などのためにトレーニング方法を教えたり、トレーニングのメニューを作ったりする。健康運動指導士、運動指導担当者といった資格があるが、必ずしもそれがないとなれないというわけではないし、資格があっても仕事があるとは限らない。各スポーツクラブが独自に採用を決めるが、派遣会社に登録してそこから派遣される、というケースもある。また多くのスポーツクラブがエアロビクスと水泳に比重を置いており、専門のインストラクターを置いている場合も。

たとえば複数のスポーツクラブにまたがりエアロビクスを教えて回るインストラクターなどもいる。そのほかに、リバーアクティビティ、スキー、スノーボード、ダイビング、乗馬、ヨットなどは、それぞれの施設にその種目専門のインストラクターを置いている。それぞれ種目ごとに日本体育協会や民間の競技団体がインストラクターの資格を設けている。

スポーツのチームや組織で働く

　プロ野球や初期のＪリーグでさえ、それぞれのチームには実質的な親会社があり、チーム運営の主導権もその会社に握られている場合が多かった。親会社から出向してくる職員も多く、「選手はプロだがチーム運営はアマチュア」などといわれたものだ。企業に所属する実業団ならなおさらだ。だがＪリーグのチームが親会社と距離を置こうとしているように、今後は組織として独立する方向に向かうのは間違いない。その際、メジャースポーツの人気チームは営利企業として、それ以外はNPO的な組織になっていくと予想される。職員の仕事はチームや選手の管理のほか、営業、宣伝など幅広い。メディカルスタッフや通訳など専門的な仕事もある。採用数自体は少ないが、スタッフを公募するチームも現れている。

スポーツ用品メーカーで働く

　スポーツ用品メーカーで、スポーツを支えるさまざまな用具を開発、販売する。用具にはトップクラスの選手を特別にサポートするためのものから、一般ユーザー向けの汎用品、ウエアなどファッション性の高いものまであるが、技術的にも宣伝という意味でも両者は密接な関係にある。人体に関する最新テクノロジー、デザイン、スポーツイベントを通じた営業など、スポーツに密接する専門的な仕事が数多くある。大手メーカーは公募しているが、やはりスポーツに愛着があり、専門知識のある人が有利。

審判員

　現在スポーツの審判でフルタイムの仕事として成立しているのはプロ野球、相撲、一部の格闘技、そして競馬や競輪で判定に関わる仕事、など。プロ野球の場合、セ・パ両リーグがそれぞれ不定期で募集している。それ以外の多くのスポーツでは基本的には無給に近く、大きな大会などになると必要に応じて日当が支払われるという形をとる。ただしルールについての知識はもちろん、経験や技術、体力が必要な役割なので、統括する協会が資格制度を設けている種目が多い。たとえばサッカーの場合、公認審判には1～4級と女子1級があり、1級審判の中からJリーグの審判や国際試合の審判を行う国際審判が選ばれる。国際的にはサッカーをはじめ人気プロスポーツの審判はプロ化の方向にある。

スポーツカメラマン

　新聞社、通信社、出版社、写真エージェントなどに所属するカメラマンとフリーランスのカメラマンがいる。ただしとくにフリーランスの場合などは、仕事として対象となるスポーツが、サッカー、テニス、自動車レースなど、ある程度人気のあるものに限られる。かつて動きの激しいスポーツは、もっとも撮影技術が必要なジャンルのひとつといわれたが、カメラやフィルムの性能が向上し、あまりその面での差が出なくなった。それでも競技によっては試合でのシャッターチャンスが非常に限られており、経験やそのスポーツへの知識は欠かせない。また海外での取材も多いため、外国語が話せることは非常に有利になる。スポーツカメラマンになるには、新聞社など、採用を行っている会社に入る場合や、カメラマンのアシスタントとして働き始める場合がある。

プロレスラー

　力道山やジャイアント馬場、アントニオ猪木はもうリングにはいない。ヒーローが去り、プロレスが大衆娯楽だった時代は終わった。代わって、格闘技系の闘いが人気を博しているが、プロレスとは本質的に違う。プロレスの本質は誰が強いかだけにあるのではない。観衆を魅了し驚嘆させるために、肉体を鍛え、技をあみだし、試合ごとにライバル関係や遺恨関係をつくり、リングで壮大なショーを展開する。プロレスラーは体ひとつの世界だが、中学校卒業以上という条件を設ける団体が多い。現在、数十を数える団体があり、前座からメインを張る者まで多くのレスラーが競技しているが、その下にも多くの若手が控えている。ケガがつきもので下積みで終わる人も多い。アマチュアレスリング経験者が目指す傾向が強いが、大相撲や柔道などスポーツ全般から転向者が増えている。厳しい修業のあとデビューになるが、移動と練習と試合を繰り返すタフな職業である。1970年代半ばに登場した女子プロレスも同様にタフな職業だが、男子にはない軽やかさと華やかさで観客を沸かせる。

格闘家・武道家

　一口に格闘技といっても、国や民族によってスタイルはさまざま。日本の伝統的なものだけでも柔道、空手、剣道、合気道、古武道のほか数え切れないほどある。さらに、ロシアのサンボやタイのムエタイ、韓国のテコンドーなど。ボクシングやレスリングもその範疇だ。職業としての形もさまざまで、道場を開いて広く弟子をつのる者、ファイターとして観客の前に立ち、ファイトマネーで生きる者、実業団に所属する者、また、師範となり各国、各地に伝導に赴く者もいる。多くの格闘技は国家間、民族間の戦闘のなかで護身、勝利のために生まれたものだが、日本の武道は勝負のみにこだわらず、人間形成の手段として長く国民に愛されてきた。その高い精神性が共感を呼び、世界各地で、大人から子どもまで入門を希望する人も少なくない。現在、さまざまな格闘技、武道が日本国内で学べる。まずは興味のある道場の門を叩くことだ。強くなりたいからでもいいし、護身術のためでもいい。格闘技・武道を学ぶなかで、将来像が描けるようになる。職業としたいなら、入門は若ければ若いほうがいい。

こんな職業もある　バレリーナ▶P.311　フラメンコダンサー▶P.312　チアリーダー▶P.313　エアロビック・インストラクター▶P.315　幼児リトミック指導員▶P.315　サーカス団員▶P.318　スキーインストラクター・スキーパトロール▶P.327　レスキュー隊員▶P.372　SAT▶P.372　スタントマン▶P.404　殺陣師・アクションスーパーバイザー▶P.409　レーサー▶P.424

Essay｜プロスポーツの広い地平

text by Ikuo Nabeta

　スポーツが好きな子ども、スポーツが得意な子どもが「将来スポーツ選手になりたい」と思うのは自然なこと。だがもちろん職業としてスポーツをするプロになるのは簡単なことではない。日本のスポーツ人口はおよそ1000万人（日本体育協会）だが、このうちプロは1万人ちょっとと言われている。競技だけで生活できている選手はさらに少ない。

　難しいだけでなく、スポーツには他の職業とは異なる事情がある。多くの種目で、選手の体力的な面での能力は20代、30代のときにピークを迎える。他の仕事なら、まだこれから、という年齢だ。専門的なトレーニングを積んだり、プロとなるための競争が始まるのはその前から、つまり10代からということになる。

　現実的に、高校に入ってからサッカーを始めた少年がJリーグの選手になることはほとんどあり得ない。サッカーの場合、10代前半の時点から日本代表メンバーが選ばれることからも分かるように、かなり低年齢のうちからある種の選抜が行われている。Jリーグのチームのジュニア組織は、優秀な小学生を吸収している。これは日本だけのことではなく、本場のヨーロッパではさらに徹底したエリート教育を施している国やクラブは多い。テニスや体操などもそうだが、特別な技術を要する種目では、特に若い（幼い）時期の技術の習得がものをいう。

　若いうちからそのスポーツを始め、才能があり、指導者などに恵まれた環境の中でひたすら練習を積み、大きな怪我をしないなどのある種の運もある――そんなフィジカルのエリートたちが、厳しい競争、選抜を経てプロのスポーツ選手になっていく。逆にいえば大半のスポーツ選手にとって、10代後半は「プロへの道を諦める」時期でもある。Jリーグのチームもジュニア・ユース（中学生を対象にしたカテゴリー）になるとセレクションを実施し、ごく一部の選手の「強化」と、「普及」のためのサッカーを、明確に分けるようになる。

　だがたとえある時点で諦めることになったとしても、10代のうちにひとつのスポーツに打ち込むことにはメリットもあるし、選択肢を増やすことにもつながる。いわゆる「スポーツの効用」のようなことにはここでは触れない。ただ選手でなくてもスポーツに関わるチャンスが増えているし、その一部は職業として成立するようになり、さらには新たな人材が求められているからだ。

ビジネスとしてスポーツを見ると、その市場はまだ過渡期にあると言えそうだ。ただたとえば創設されて10年になるＪリーグを見ていても、その周辺には様々な仕事が生まれていることが分かる。それはチーム経営、運営、スタジアム管理、専門医療、宣伝、グッズ、ファッション、報道関係など、様々な分野にまたがっている。Ｊリーグは「見るスポーツ」だが、もう一方には「するスポーツ」もある。日本に1000万人のスポーツ人口があるとはいえ、こと成人に関しては、日ごろスポーツに親しんでいる人の割合は、欧米に比べるとまだかなり低い。環境が整っていないというのが最大の理由だが、高齢化やそれにともなう医療費の増加といった問題もあって、改善すべきだという声は強まっている。

　もしスポーツをする人が増えれば、そこにもまた新たな市場と仕事が生まれる。
　こうした仕事には、個人でできるものもあるし、企業が参入するケースもある。地方自治体やＮＰＯの果たす役割もあるだろう。また職業として成立するものもあるし、ある種ボランティア的な参加の仕方もある。好きなスポーツに関わっていく方法は様々だ。

written in 2003

その❷ フォークダンスなど、ダンスをする

フォークダンスなどのステップをきちんと覚えて、間違わずに踊ることができたら心が軽くなる。踊っているときは、いやなことを忘れる。クラシックバレエやジャズダンス、ブレイクダンスや、それにエアロビクスなど、プロの動きを見るのも楽しい。

バレリーナ

　クラシックバレエで舞台に立つために、多くはバレエ団の団員になるが、フリーとして踊る場合もある。基本的に団員になるオーディションは誰でも受けられるが、系列のバレエ教室からしか受け付けていないところもある。有名なバレエ団のオーディションは、各バレエ教室のトップがずらりと集まり、ただならぬ緊張感が漂うという。少なくとも10歳になる前には教室に入っていないと、プロになるのはむずかしい。厳しいレッスンを繰り返し基本姿勢をマスターし、さらに高度なテクニックや表現力を習得していく。また、技術だけではなく、体重などの身体管理がきちんとできることも必要だ。レッスン料や舞台衣装など、かかるお金の割にプロになってからの収入は多いとはいえない。しかし、最近ではヨーロッパのバレエ団に入団し、世界的に認められる日本人バレリーナも誕生し、活躍の場が広がっている。

バックダンサー

　ミュージシャンなどの後ろで踊り、ステージを盛り上げる。曲によってありとあらゆるスタイルのダンスがあり、最近は、音楽の流行にともなって、ストリート系のダンサーに活躍の場が多いようだ。コマーシャルなど一度限りの仕事の場合はオーディションが多いが、コンサートなど長丁場の場合、振付師からの推薦で選ばれることが多い。最近はチームで契約する場合もある。専業にしている人は少なく、ミュージカルダンサーやダンススタジオの講師、あるいはテーマパークなどでダンサーをしている人がほとんど。また、振付師が同時にバックダンサーをすることもある。バックダンサーとして活躍した後に振付師になる人もいる。はじめはオーディションを受けて人脈をつくり、そこから仕事を広げていくとよい。さまざまな曲に対応できる柔軟さと、ミュージシャンを引き立てるダンスが求められる。

フラメンコダンサー

　フラメンコとは、200年ほど前にスペイン南部のアンダルシア地方で生まれた民族音楽舞踏。歌とギターと踊りで、悲しみや苦しみ、喜びや快楽などを表現するが、フラメンコの原点は差別されて迫害されたジプシーたちの叫びだといわれている。日本にも数多くの愛好家がいるが、フラメンコを踊るだけで生活することは難しく、ほとんどのフラメンコダンサーは教室などを開いて生徒に教えている。特に必要な資格はないが、本場スペインで踊りを学んで来る人が多いようだ。また、踊りだけでなく、歌とギターに関する知識も必要とされる。フラメンコダンサーとして成功するには、何よりもフラメンコが好きで、いかに人を引き付けることのできる踊りを踊ることができるかどうかがもっとも大切な要素である。

ミュージカルダンサー

　ミュージカルは踊りと歌、演技でつくられる。そのミュージカルで純粋なダンサーとして公演に参加する場合、仕事は主役たちの周囲で多人数で踊ることになる。歌や台詞も担当する場合は「ミュージカル俳優」と呼ばれることが多いが、実際の境界はあいまいだ。ミュージカルのダンスは、ヒップホップ的な要素からジャズダンス、民族舞踊など、舞台によってさまざまなダンスの要素を取り入れてつくられていく。基本がしっかりしているのはもちろんのこと、幅広い表現力が必要。オーディションに合格し、公演ごとに契約するのがほとんどで、ダンス教室の講師やバックダンサーなどと兼業する人も多い。近ごろは、歌、演技ともに学べるミュージカル専門のコースを設けている専門学校も多い。

振付師

　ダンスの振りを考え、ダンサーを指導する。バレエからミュージカル、テレビの歌番組、CMまで、ダンスのあるところにはほとんどすべて振付師が存在する。かつてダンサーだった人が多く、現役のダンサーが同時に振付師として活躍する場合もある。何より独創性が求められ、さまざまなジャンルのダンスを吸収する柔軟性も必要。それに人に教えるという立場のため、コミュニケーション能力もいる。ダンサーとして培った人脈がものをいう世界だが、CMや音楽のビデオクリップなど、振付師の仕事は広がっており、需要がある。

レッスンプロ

　社交ダンスの教室を開いたり、教室に所属するなどして、ダンスを教える。資格が必要で、日本ボールルームダンス連盟と全日本ダンス協会連合会の2つの団体のいずれかの試験に合格しなければならない。資格試験は実技と筆記があり、18歳以上であれば誰でも受けることができる。ダンス教室で学び、1年ほどの準備をするのが一般的だ。ほかに、地方自治体の地域インストラクターの制度もある。なかには、競技ダンスでプロとして活躍している人も少なくない。いま、日本には社交ダンス教室が少なくとも1500以上ある。ダンス人口も多いので、レッスンプロになる人も多く、過剰傾向にあるともいわれている。しかし、社交ダンスを習う人は女性が多いため、優秀な男性教師なら引く手あまただ。

チアリーダー

　かけ声やダンス、アクロバティックな動きなどで、スポーツ選手を応援する。同時にチアリーディングはスポーツ競技でもあって、チームを組んで競技会に出場、技や美しさを競い合う。チアリーダーを専業としている人は、世界を見渡してもほとんどいない。アメリカのNFLチーム専属のチアリーダーが世界の頂点だが、そこでさえ、ほとんどの人がほかの職業を持っている。ちなみに、日本でプロのチアリーディングチームがあるのは、現在のところサッカーチームとバスケットボールチームを持つ新潟のアルビレックスとコンサドーレ札幌だけで、このチームからNFLに入った人もいる。年に一度オーディションが行われ、多くの応募者が集まる。高校・大学でチアリーダーをしていればプラスになるが、未経験者の採用もある。肉体の鍛錬と表現力が必要だ。

日本舞踊家 (にほんぶようか)

　舞踊家として舞台に立つほか、弟子を取り、日本舞踊を教える。教えるためには、師範の免状を取得しなければならない。現在日本には西川流、藤間流、花柳流など伝統的な流派があり、そこから分かれた新しい流派はおよそ120にものぼる。関西を中心にした舞踊は上方舞と呼ばれ、京都には舞妓が習う京舞がある。それぞれが免状を出しているが、師範の立場になるには少なくとも10年以上かかるといわれる。また、小学校に上がる前から稽古を受けていないと大成するのはむずかしいともいう。自宅の舞台で教えることが多く、舞台をつくれるだけの広い家が必要になってくる。子どものころから日舞を習い、所作を身につけるということは、最近少なくなってきた。全体的に生徒は減少傾向だが、成人になってから改めて日舞を習いたいという人が増えてきている。

舞妓・芸者

　お茶屋や料亭のお座敷で、客にお酌をしながら、会話と、踊りや三味線、唄などの芸でもてなすのが舞妓や芸者（または芸妓）。舞妓は15歳から20歳ぐらいまでで、20歳以上は芸者になる。舞妓になるなら15～18歳までで、未婚の女子に限られる。義務教育を終えて、お茶屋や置屋にツテのある人に紹介してもらったり、あるいは、各花街の組合事務所や歌舞会などに連絡をとり、紹介してもらう。なお中学校に通いながら修業することも可能だ。紹介先には保護者とともに面接に出向き、それぞれのOKが出たら、置屋に住み込み、仕込みと呼ばれる修業を始める。仕込みの期間は通常半年から1年間。お稽古以外の時間はほとんど女将さんや先輩のお手伝いに費やされる。想像以上にハードな仕事なので、身体が丈夫なことは必要不可欠だ。

エアロビック・インストラクター

　エアロビックダンスは、有酸素運動を取り入れたダンスとして、1970年代にアメリカで誕生した。ダンスを踊ることが美容と健康につながるという手軽さと、そのファッション性から世界中に広まり、日本でも若い女性だけに限らず幅広い年齢層に親しまれている。エアロビック・インストラクターになるには、働きたいスポーツクラブの募集に応募し、オーディションに合格することが必要。特に必要とされる資格などはないが、いくつかのエアロビック・インストラクターの民間資格があり、それを取得していると有利である。また、それまでのエアロビックの経験が重視されることが多い。ダンスが好きなことはもちろんのこと、身体や健康に関心がある人が向いている。体育大学・短大の体育学科出身者も多い。

ストリッパー

　パリやラスベガスのトップクラスのレビューダンサー、ストリップダンサーは高い尊敬を受けている。日本では、常設のストリップ劇場や温泉地の舞台などでショーを行う。最近では、大勢の追っかけがいる若い売れっ子ストリッパーがいるらしい。ダンスのレベルも向上しているそうだ。ストリッパーになるためには、現役や元ストリッパーを訪ねていって弟子にしてもらう。アダルトビデオ女優からストリッパーに転身するという方法もあるようだが、ダンスとは関係ないし、リスクが大きく、勧められない。

幼児リトミック指導員

　リトミックとは、ギリシャ語でリズムという意味。スイスの音楽家が生み出した音楽指導法のひとつで、音楽を使いながら、子どものリズム感や集中力、創造力などを養っていく。欧米では盛んに行われており、日本でも徐々に広まってきた。日本では

リトミック関連の公的な資格はまだないが、リトミック指導員を養成する学校やカルチャーセンターのコースはたくさんある。なかには1、2年コースの本格的なものもあり、そこでは幼児発達心理学やリトミック理論、リトミックの基礎から実践までを学習できる。またこうした学校で認定資格を取得すれば、仕事を紹介してもらえるなど特典も少なくない。リトミック指導員の職場はリトミック教室、カルチャーセンターなどがメインだが、独立して開業することもできる。結婚しても、子どもができても続けられるのも魅力だ。子ども好きな人のほか、音楽やバレエ、ダンスなどを習っていた人なら、そうした経験がいかせる仕事だ。

歌舞伎俳優

歌舞伎という、非常に閉鎖的な伝統芸能の世界で、一般の人がプロを目指そうとすると、日本芸術文化振興会が主宰し、国立劇場に付属する伝統芸能伝承者養成所で、芸を学ぶしか今のところ方法がない。歌舞伎界の外から「引き立て」られて、スーパースターになった例として玉三郎がいるが、彼のようなケースはおそらく30年か、50年に1人だろう。養成所での研修は、全日制の2年間で、歌舞伎実技、立廻り・とんぼ、化粧・衣装・かつら、日本舞踊、義太夫、長唄・三味線、鳴物、箏曲、発音・発声、作法などを学ぶ。養成所の応募資格は中学卒業以上23歳までの男子となっている。募集人員は明記されていなくて、若干名ということ。国立劇場で、2年おきの1月から3月に一般公募し、4月上旬に簡単な実技試験と面接および健康診断を経て、研修開始後6カ月以内に適性を審査し、正式に合否を決定する。研修を終えると、日本俳優協会に入会し、伝統歌舞伎保存会あずかりとなって、舞台出演をすることになるが、もちろん台詞もない端役である。1年

後、保存会の斡旋により幹部俳優に入門することになるが、部屋子と呼ばれるその他大勢から、名題というその上のクラスになるのは約25％で、たとえ名題になっても大きな役がもらえることはほとんどない。幼児のころから芸をたたき込まれる歌舞伎界の子どもたちに比べると稽古の質にも量にも差があるのでしょうがないことかもしれない。また梨園と呼ばれる世襲制の世界には独特の雰囲気があって、そのムードは芸にいかされるので、養成所出身の歌舞伎俳優はますます不利になる。しかし例外があって、猿之助のスーパー歌舞伎だけは周囲の俳優に養成所出身者を集めている。だが、それも古手の養成所出身者が多くなって、後進の参入がむずかしくなっていると聞く。

狂言師

約600年の歴史を持つ伝統芸能。能とは兄弟のような関係にあり、一緒に演じられることが多いが、近年、狂言単独での開催も増えている。能が荘厳な舞いと謡によって粛々と行われるのに対し、狂言は、台詞回しと軽快な身振りで、笑いを観衆に伝える。2009年現在、136人の狂言師がいて、大蔵流と和泉流の2派がある。流派によって、同じ曲でも演じ方が違うし、共演する能楽師たちも違う。世襲制度が色濃く残る世界だが、一般にも門戸が開かれていないわけではない。基本的には狂言師一門の門を叩き、弟子入りを志願するしか方法はないが、なかには30歳を超えてから弟子入りする人もいる。カルチャースクール的な教室を開いている一門もある。ただ、狂言師の家に生まれ、幼児のころから稽古に励んできた者との差は大きい。

舞台演出家

戯曲やミュージカルなど、創造力を駆使してどのような舞台を演出するかに全精力を費やす。自分の立てた演出プランに沿って俳優に演技指導し、美術や照明、音響などのスタッフと協力して、イメージした舞台をつくりあげていく。映画でいえば監督にあたる。舞台演出家の協会日本演出者協会には約580人ほどが在籍、海外で活躍する人もいる。劇団に入団して俳優としてスタート、その後演出家の道に進んだ蜷川幸雄や、俳優、振付師を経て欧米に留学し演出家になった宮本亜門など、演出家になる道はさまざまある。フリーで活動する人、劇団に所属している人もいるが、自ら劇団を主宰している人が多い。演出家になるには、まず好きな演出家のもとで演出助手として学ぶことが多いが、この時期は大した収入が期待できない。演出家養成セミナーの講習を受けたり、演劇ワークショップに参加したり、演出家育成インターンシップの研修生として現場で学ぶなどの方法もある。いずれにしても、才能がなければできない仕事だが、演劇好きにとってはたまらない魅力があり、人気は高い。

サーカス団員

　花形は空中ブランコ、人気者はピエロ。団員には誰でもなれるが、一芸に秀でるのは楽ではない。サーカスは各地を移動しながら公演する。その際に、接客係や簡単な照明などのアルバイトを募集する。そのアルバイトのなかで、ステージに立ちたいという人が、公演終了後の夜に練習を重ね、芸を覚えてステージに立っていく。体育系学校に求人広告を出し、新体操経験者などを募集することもある。自分の興味のある芸を学ぶのが一般的だが、1つの芸を覚えるのに最低3年はかかるといわれている。すべての芸ができる人は基本的にはいない。それぞれが、オートバイホール（バイクで丸いホールの中をぐるぐる走る）、綱渡り、一輪車を使った芸、動物を使った芸（猛獣使い）などを先輩について覚えていく。給料はサーカス団から支給される。団員の男女比は半分半分。運動神経よりも、サーカスへの強い情熱、絶対にステージに立ちたいという気持ちが大事とされる。ただ移動生活や共同生活に拒否反応のある人は向いていない。

旅芸人

　日本各地を旅し、芸を見せて身を立てる芸能者。演劇や大道芸などさまざまな種類があるが、巡業する大衆演劇を「旅役者」とか「旅の一座」という。基本的に拠点を持たず、九州、関西、関東などと全国を回り、1カ所に1、2カ月単位で滞在し、各地の芝居小屋や公共施設などで公演する。内容は新劇や歌舞伎を中心とした演劇が多い。舞台上の華やかさにくらべて地道な生活を送る人たちが大半を占めるが、なかにはテレビに出演するようなスターもいる。基本的には役者の子どもや親類、懇意の観客の子どもを団員とするが、一座に入りたいという強い希望を持てば、門戸は閉じられてはいない。実際、からだが不自由で役者にはなれないが、熱意を認められ裏方として働いている人もいるし、とにかく情熱と根気、それさえあれば学歴など余計なものはいっさいいらないと、ある座長は語る。

大道芸人

　路上や公園、歩行者天国などで、特別な芸を見せて、観客の投げ銭で収入を得る。戦後直後までは、南京玉すだれや猿回しなどの曲芸、ガマの油売り、バナナのたたき売りなどの口上売りがさかんに行われていたが、近年は路上風俗の規制が強化され、多くの自治体では禁止されている。ただし、2002年に東京都は「ヘブンアーティスト」の資格制度を開始し、審査を通過した大道芸人が都内の公園や都営地下鉄の駅構内などで活動、投げ銭をもらうことも認められている。ジャグリングやパントマイム、中国雑技などのパフォーマンス部門と、南米音楽やオカリナなどの音楽部門あわせて328組が資格を取得している。静岡県や横浜市では、年に数回、大道芸大会を開催している。プロの大道芸人に弟子入りして技を磨くのが一般的だが、大道芸塾などで学ぶ道もある。ただ大道芸だけで生計を立てられるのは一部の人で、多くの芸人はアルバイトをしながらというのが実状だ。

劇団員

　さまざまな演劇の劇団に所属する人のこと。おもに俳優だが、照明や美術、大道具や切符切りなど裏方もいる。劇団四季のようなメジャーな劇団に所属している人は「私は劇団員です」とは自己紹介せずに、「劇団四季です」と名乗ることだろう。大正時代から昭和初期には劇団員と呼ばれる職業はインテリの代名詞だった。劇団に属しているというだけで、当時の治安警察ににらまれることもあった。その前は、劇団員は近代の象徴だった時期もある。江戸時代には、旅回りの芝居の一座とか、歌舞伎の一門だけがあって、近代演劇の「劇団」はなかったからだ。

　60年代後半のカウンターカルチャー（反体制文化）花盛りの時期には、アングラ劇団というものが生まれたりしたが、その後、劇団そのものも、劇団員という呼び名も、しだいにマイナーなものになっていく。先鋭的で実験的な小規模の演劇というのは、基本的に近代化途上・激動期の社会のもので、成熟期においては不要となる。成熟期の演劇は、より洗練され、商業的なものにならざるを得ない。現代社会は、先鋭的な演劇を基本的に必要としていない。だが、劇団の数は異様なほど多いし、劇団員になろうという若者は後を絶たない。

　それは、今の日本のような過渡期の社会では、「何をすればいいのかわからない」若者が多く発生し、充実感のある仕事を探すのが簡単ではないからだ。その演劇の質にかかわらず、仲間たちとともに稽古に汗を流しながら、1つの公演をやり遂げれば、とりあえずの充実感があるだろう。だがほとんどの場合、外部からの批判がなく、金銭がからむ興行的なリスクもないために、文化祭や学園祭やお祭りなどをやり終えたときの充実感と大して変わりがない。現代の劇団員のなかには、単に無意味な苦労をしているだけなのに、それを充実感だと思い違いしている若者も少なくない。商業主

義とはまったく無縁の劇団に入るのは簡単で、電話をして、「そちらの劇団に入りたいんですが」といえばそれでOKという場合もある。ただ、劇団からの報酬はない。しかし、実は、劇団員のリスクは報酬がもらえないことではない。アルバイトをしながら劇団員を続ける若者が負うリスクとは、現実の社会で生きていくための、知識やスキルや人的ネットワークを得ることが非常にむずかしいということだ。閉鎖的な集団における自己満足には、警戒が必要である。

マジシャン

　トランプ、コイン、ロープなどの小道具を使ってマジックの実演をする。好きなマジシャンを見つけ、弟子入りをしてアシスタントから始めるのが一般的であるが、ごく一部の一流マジシャンを除いては弟子を取っている人は少なく、本人の熱意がもっとも重要視される。現在、マジシャンとして生計を立てているのは300人程度。いくつかのプロダクションに所属し依頼を取るのが一般的であり、合間にメーカーの実演販売などをする者も多い。収入はピンキリだが、1回の公演が数百万円という高所得者もいる。覚えたマジックを行うには師匠や考案者の許可が必要であり、マジシャンとして成功するには手先が器用で技術に長けているだけでなく、自分でオリジナルのマジックを考案するアイデアを持っていることがもっとも重要である。

舞台俳優

　舞台俳優とは、演劇やミュージカルなどの舞台に立ち、そこで何らかの報酬を受けとっている人のこと。劇団に所属していても、報酬がない場合は、舞台俳優ではなく、劇団員と呼ぶ。ただし、これはあくまでもこの本のなかでの区分けで、社会的に確立されたものではない。舞台で歌ったり、踊ったり、演技をして、報酬をもらうということは、その人がプロだということだ。また、俳優たちに報酬を出せる劇団は、商業的にも確立されているプロの集団だといえる。現在、日本には、数え切れないほどの劇団がある。そのなかで、公演で利益を出している劇団は数えるほどしかない。スポンサーを見つけたり、劇団をサポートする会員を募ったり、また自治体から支援を受けたりして、何とか演劇活動を続けているのが実情だ。そういう状況において、公演を行って、役者・俳優に、報酬を出すことができる劇団に、新規に加入するのは非常にむずかしい。研修所や専門学校で、あるいは独学で、基礎を学び、厳しいオーディションに合格して劇団に入り、さらに劇団のなかでの競争に勝って、実際に舞台に立ち、報酬を得ることのできる人のことを、ここでは「舞台俳優」と定義したい。

人形使い

　人形劇の人形を操る。人形の操り方には、人形の上から糸を用いて操るマリオネットと、人形の下から手を入れて操る「差し上げ使い」がある。ピノッキオはマリオネットで、日本の古典芸能、文楽は1つの人形を2、3人で操る「差し上げ使い」。人形劇団で研修生として学び、人形使いとなっていくのが一般的。研修生のときには、入所金や授業料を納めて学ぶという場合が多い。人形を操るだけの人もいれば、人形のデザインや製作も兼ねる人もいる。活躍の場は劇団の主催する公演が大半だが、『ひょっこりひょうたん島』などテレビの人形劇番組の仕事を依頼される劇団やフリーもいる。また、子どもに人気があるので、学校回りをすることも多い。人形使いだけでは生計を立てられず、ほかにアルバイトをしながら続ける人もいる。手先が器用であるに越したことはないが、感性や想像力、何よりも人形劇に対する情熱が求められる。

こんな職業もある　宝塚歌劇団▶P.187　劇団四季▶P.187　小学校教師▶P.363　保育士▶P.364　幼稚園教諭▶P.366　ホステス▶P.70

Essay｜死ぬまで踊り続ける

text by Ryu Murakami

　アナ・ルイーサに初めて会ったのは、91年冬のハバナだった。アナはダンサーで、振付師で、ダンス教師でもあり、キューバ国立民族舞踏団に所属し、わたしの映画『KYOKO』のダンスシーンの振付と主演女優のダンスレッスンを担当した。アナはキューバ女性のいいところと悪いところを全部持っていた。彼女のレッスンは厳しかったが、冗談が好きで、おいしいものには目がなくて、性格は開放的だが、絶対に自分の意見を曲げることがなく、強引で、わがままで、甘えん坊で、口げんかや言い争いでは誰にも負けなかった。論理で相手を負かすわけではなく、アナは絶対に折れないので、相手が折れるしかないのだ。そしてアナは、ダンサーとしてまぎれもなく天才だった。

　キューバの国民はほとんど全員がダンサーといってもいいが、アナのダンスは群を抜いていた。わたしが会ったころは40代になったばかりで、すでにかなり太っていたが、それでもたとえばマンボを踊るときにはまるでゴムマリが弾むようだった。まったく体重を感じさせなかった。アナのダンスを見ているだけで、わたしは気分が明るくなり、楽しくなり、生きていく希望のようなものが湧いてきた。プリセツカヤやヌレエフやフレッド・アステアなど、すぐれたダンサーはみなとても軽やかだ。地球の重力から自由な感じがする。天才的なダンサーのダンスを見ると、わたしはいつもピーターパンとティンカーベルを思い出す。ダンサーの動きが軽やかで美しいというだけで、わたしたちはいやされ、救われるのだ。

　アナ・ルイーサは喘息の持病を持っていた。旧ソ連崩壊の直後の90年代前半は、キューバがもっとも苦しかった時期だ。市場より高く砂糖キビを買い上げていたソ連が崩壊して、外貨が入ってこなくなった。ガソリンも食糧も不足し、医薬品も足りなかった。わたしはキューバに行くたびに、アナに頼まれて、吸入式の喘息の薬を買っていった。アナは、レッスンのときに喘息の発作を起こすことがあり、そのたびにわたしが買ってやった吸入式の薬を吸い込み、発作が落ち着くと、また踊り始めた。吸入式の喘息薬は心臓に負担をかける。薬を吸入したあとは踊らないほうがいいとわたしは注意したが、いつもアナは首を振った。あんたはわたしのことなんかよりあんたの女優のダンスを心配しなさい、そう言って、高らかに笑って、すぐにまた踊り始めるのだった。マンボやチャチャチャは非常に動きの激しい踊りなので、わたしは心配だったが、アナはまるでゴムマリが弾むように踊るので、見ているとこちらの気分が高揚してきて、いつの間にか喘息のことを忘れてしまうのだった。

映画『KYOKO』の主演女優は途中で2度変わって、結局高岡早紀がすばらしい演技とダンスで演じたのだが、アナのダンスレッスンは足かけ4年におよび、ムラカミはこの映画を本当に完成させる気があるのか？　とわたしはいつもからかわれていた。95年、映画は完成した。その年の12月、キューバ国際映画祭がハバナで催されて、『KYOKO』が特別招待作として上映された。ミュージシャンなど多くの友人たちが集まってきたが、わたしはアナ・ルイーサを中央のもっともよい席に案内し、一緒に『KYOKO』を見た。終わってから、アナは、わたしに抱きついてきて、あんたはもう一生映画を完成するつもりがないんだと思ってたけど本当に作っちゃったのね、と言って頬にキスしてくれた。女優のダンスはどうだった？　と聞くと、キューバの香りがするダンスになってた、と言ってわたしを喜ばせ、そのあとで、誰があの女優をレッスンしたかわかってるわよね、とからだを揺すって大笑いした。

　96年の夏、映画『KYOKO』が日本で封切られているころ、キューバからファクスが届いた。アナ・ルイーサが心臓発作で亡くなったという知らせだった。アナはレッスン中にまた喘息の発作を起こし、薬を吸入して一時持ち直し、そのあとにまた踊り始めて、再度倒れ、そのまま救急車で病院に運ばれる途中で息を引き取ったらしい。わたしは悲しかったが、アナが踊っているときに倒れたと知って、少し心がなぐさめられた。アナは本当に踊るのが好きだったのだ。少しお酒を飲んで、おいしいものを食べると、自然にからだがリズムを刻み始め、そのあと音楽が鳴り出すと、うっとりした表情で完璧なダンスを踊った。わたしはそのダンスを見ているだけで幸福な気分になった。わたしの部屋には、アナのレッスンのビデオが500本以上あるが、そのあとまだ一度も見ていない。ただ、目を閉じれば、アナのマンボとチャチャチャがよみがえってくる。わたしはアナの軽やかで優雅で美しいステップを思い出す。そして、この世の中にはダンサーとして生まれてくる人がいる、と思うのである。

written in 2003

その❸ 　**運動場や校庭、街や野山を走る・歩く**

広い場所や、好きな通り、見晴らしのいいところを、歩いたり、黙々と走ると、風景や世界と仲良くなれるような気がする。どこかに行く用事があるわけではなく、ただひたすら歩いたり走ったりするとき、新しい風景を発見できたような、すがすがしい気分になる。

冒険家・探検家

　日本人で冒険家というと、まず浮かぶのが植村直己の名だろうか。彼は世界初の5大陸山岳の最高峰登頂者である。犬ぞりを使い、単独での北極点初到達にも成功。その後、初のグリーンランド縦断を成し遂げたが、冬のマッキンリー登頂後、帰路で消息を絶ち、帰らぬ人となった。類いまれな探求心とチャレンジ精神が、冒険家という職業を成り立たせる。「人類初」とか「前人未踏」という行動に、さまざまな企業やマスメディアからのスポンサードを受けられるが、多くの場合、冒険費用をどう工面するかという課題と戦うことになる。事実、植村直己ですら、冒険の手記を売り、つましい生活を送ったといわれている。冒険家や探検家のなかには大学の山岳部や冒険部に入部して、鍛練を重ね経験を積んだ人もいる。冒険の行く手は海底であるかもしれないし、宇宙であるかもしれない。未知の世界は、まだ、そここに広がっている。

登山家

　世界一高い山に登りたいという志もあるだろうし、険しい岩壁に足跡を残したい、または、とにかく多くの山に登りたいと、登山家の目的はさまざまだ。ただ、登山だけを仕事にするのは、登山家の評価が確立されている海外とは違い、日本では難しい。現実的には、スポーツ用品販売会社とアドバイザー契約を結ぶとか、登山のインストラクターとして生計を立てている場合が多い。なかには、登山家として名をはせ、テレビ局などをスポンサーにつけて次々と険しい山に挑むという場合もあるが、まれだ。体験を執筆しても、その本がすぐに売れるという世界でもない。「観客のいないスポーツ」と評されるように、孤独との戦いもある。趣味の域を脱して、プロの登山家になるには相当の覚悟がいる。

山岳救助隊員

　険しい山岳をパトロールし、遭難者が出たときは救出にあたる。遭難者を背負って山を降りたり、ヘリコプターを使うこともある。全国には山岳救助の民間組織も多く存在するが、ほとんどは山岳に関係する職業につく人びとのボランティア組織だ。山岳救助を専門職にしたい場合、まず考えられるのは警察官になること。険しい山岳を持つ県では、県警に山岳救助隊を組織している場合が多い。実際、山岳救助隊をこころざして警察官を希望する若者も少なくない。日々、訓練を続け、山の地形や天候の変化に関する特殊な知識と判断力、そして体力が必要。山岳会などの集会に出席して、講習を行うことも仕事。とにかく「人命を救いたい」という情熱が必要だ。また、航空会社のなかには、山岳救助用にヘリを飛ばす部門を設けている会社もあるので、そういう職につくのもひとつの手だ。

パークレンジャー

　環境省が全国11カ所に設置している国立公園・野生生物事務所に所属し、国立公園内で行われる開発に対して事業者に指導を行ったり、自然や環境を保護をするための調査や企画を行う。正式名称を国立公園管理官といい、環境省の自然保護局で働く技術系の国家公務員であるため、人事院の行う国家公務員試験に合格することが必要で、現在の数は200名程度。通常2、3年で異動があり、北は北海道から南は沖縄まで、どこの国立公園に配属になるかはまったくわからない。パークレンジャーは国立公園の自然を守るのになくてはならない存在であり、環境に対する強い関心と、高い志が必要とされる。

歩荷 (ぼっか)

　山小屋に食料などの物資を運んだり、山を越えて荷物を運ぶ。「背負子（しょいこ）」という木や金具でできた独特の道具を使って、荷物を背負う。1kgで400円といったように重さによって報酬が決まっているが、山小屋ごとに異なる。大学の山岳部の学生たちがアルバイトでやったり、登山家がトレーニングを兼ねて、お金を貯めるためにするといった場合が多い。働く場合は山小屋とアルバイトの契約を結ぶのが一般的。体力があって身体が丈夫でないとなかなかできない。

ネイチャーガイド

　日本各地の山や海などのアウトドアフィールドで、ツアー客がその土地の自然を深く知り、体感するための手伝いをする。それぞれの場所によって呼び方はさまざまであるが、たとえば屋久島ではエコツアーガイドと呼ばれ、少人数のトレッキングなどに同行し、ツアー客の安全を確保しながら自然や環境についての説明を行っている。ガイドのレベルは民宿などで従業員がサービスとして行う見習程度のアルバイトから、島のすべてを知り尽くしたプロフェッショナルまでさまざま。そのため、最近ではガイドの資格制度や認定制度を設ける動きも出てきている。一流のガイドとなるためにはその場所の自然を愛し、熟知し、またそれを人に伝えたいという強い気持ちが何よりも大事である。

アウトドアスポーツ・インストラクター

　アウトドアといっても種類は多い。代表的なものに、ロッククライミングやマウンテンバイク、カヌーやラフティングなどがある。インストラクターの資格はさまざまな団体や協会が発行しているが、統一的なものはほとんどない。たとえば人工のクライミング施設を使った競技で、壁面にルートを設定する「ルートセッター」などは、国際的な大会でインストラクターを公認している。インストラクターの多くはアウト

ドア関連のショップ、たとえばカヌー体験のツアーを組む会社などに所属し、体験希望者に指導を行い、ツアーのリーダーをつとめる。また、スポーツ用品メーカーに勤めていることも多い。現在、注目されているのは「自然体験活動インストラクター」で、山や林間、海、川でキャンプやトレッキングを行うためのノウハウを、専門学校やツアー・ショップで指導する。これには、自然体験活動推進協議会（CONE）が、資格を発行している。

スキーインストラクター・スキーパトロール

　スキースクールを開校しているスキー場で、技術や心得を教える。リゾートホテルに所属する場合もある。近年はスノーボードやクロスカントリー、山岳スキーのツアーなどのスクールもあり、それらの知識・技術も求められる。常勤と非常勤があり、常勤の場合はスキー場運営スタッフの一員として、ゲレンデのパトロール、イベント運営の手伝いなども担当する。非常勤の場合は繁忙期だけアルバイト的に行う。いずれもスキー場が閉鎖されるオフシーズンは、仕事はなくなる。スキーインストラクターの資格を発行する団体は代表的なものに、日本最大のスキー関連団体「全日本スキー連盟（SAJ）」、教師の育成を専門とする「日本職業スキー教師協会（SIA）」がある。たとえばSAJの資格は準指導員なら20歳以上、指導員は23歳以上で取得できる。準指導員になるには、その前年度までに同じSAJの技能検定で1級を取る必要などがある。実際のインストラクター募集でも1級以上が条件とされることが多い。スキーパトロールのほうは、SAJで、さらに「救急法一般講習認定証」と、SAJ公認スキーパトロール養成講習を受け、会長の推薦が必要となる。ただ、インストラクターもパトロールも、地元で農業をやったり民宿を経営するかたわら、副業として冬季だけアルバイトという形の人が多い。

こんな職業もある
俳人▶P.40　地図制作者▶P.57　タウン誌発行▶P.59　遺跡発掘調査員▶P.61　ペンション経営▶P.74　樹木医▶P.110　グリーンキーパー▶P.110　林業▶P.112　森林官▶P.112　野生動物調査▶P.124　ハブ捕り職人▶P.126　マタギ▶P.126　南極観測隊員▶P.170　山小屋経営▶P.170　火山学者▶P.173　レアメタル採掘・トレーダー▶P.176　風景カメラマン▶P.215　海上保安官▶P.370　レスキュー隊員▶P.372

その❹ | # 病気や健康について考える

気分が悪くなった友だちがいたら、放っておけない。具合が悪そうなホームレスの人を見ると心が痛む。アフリカなどの飢えた子どもたちを救うために、自分に何かできることはないか、考えることがある。

メディカルスタッフ

　スポーツ選手の健康管理を中心にトレーニングにたずさわる。事故やけがを防止し、選手、コーチ、そして医師との間の橋渡しをする。チームに所属したり契約を結んだりすることが多いが、野球やサッカーなどの一流選手個人につくこともある。またトレーナー派遣会社に所属する人もいる。その競技やトレーニングをする個人の体質などによって健康管理の方法も異なるので、専門知識とともにコミュニケーション能力が求められる。体育系大学や専門学校出身者が多いが、医療とも関係してくるため、理学療法士、鍼灸マッサージ師、柔道整復師などの資格を持つ人も多い。またスポーツによって起きた負傷の治療を専門的に行う医師をスポーツドクターという。スポーツ整形外科やスポーツクリニックなどで医療に従事するが、プロのチームなどに帯同することもある。食生活を中心に、選手らの健康管理を手伝う栄養士なども含めて、チームの一員として選手をサポートする。

リフレクソロジスト

　リフレクソロジーは、リフレックス（反射）とオロジー（学あるいは論）を合わせた造語で、反射療法と呼ばれる。身体の各部分に反応する足裏の反射作用を利用した療法で、独特な手と指の動きで足裏の反射区を刺激し、ストレスや肩こり、冷え性、肌荒れなどの不調を解消しようとするもの。この療法を行うのがリフレクソロジストだが、本来の足裏をさわって血液やリンパ液の流れをよくする施術ができるだけでなく、事前にきちんとしたカウンセリングを行い、的確なアドバイスをして、トータルな健康管理ができなくてはならない。リフレクソロジストになるにはスクールに通って、理論、解剖生理学、栄養学などを学び、身体の臓器・器官と足裏の反射区の関連性を知るトレーニングを重ね、技術を習得する。エステティックやアロマセラピーのサロンを中心に求人があり、みずからサロンを開業したり、出張療法というやり方もある。基本的に時間単位での料金設定となっているが、キャリアなどによって収入はさまざまだ。

アスレティックトレーナー

　スポーツの現場で選手の健康管理、ゲガの予防、負傷時の応急処置、体力トレーニング、コンディショニング、リハビリの補助などを行う。アメリカなどスポーツの地位が確立されている国では専門職として定着している。近年、日本でも、プロスポーツのチームや実業団、スポーツに力を入れる学校のほか、スポーツジムなどで、一般のスポーツ愛好者やリハビリ中の人へ1パーソナルトレーニングを行うトレーナーも増えてきた。日本体育協会が公認するアスレティックトレーナーの資格は、定められた大学や専門学校を卒業した上で検定試験に合格すると取得できる。医療に関する知

識は必須で、「柔道整復士」もしくは「鍼灸師」の資格をもって、それを本職にしているトレーナーもいる。また理学療法士など、リハビリに関わる資格をもっていることも役に立つ。

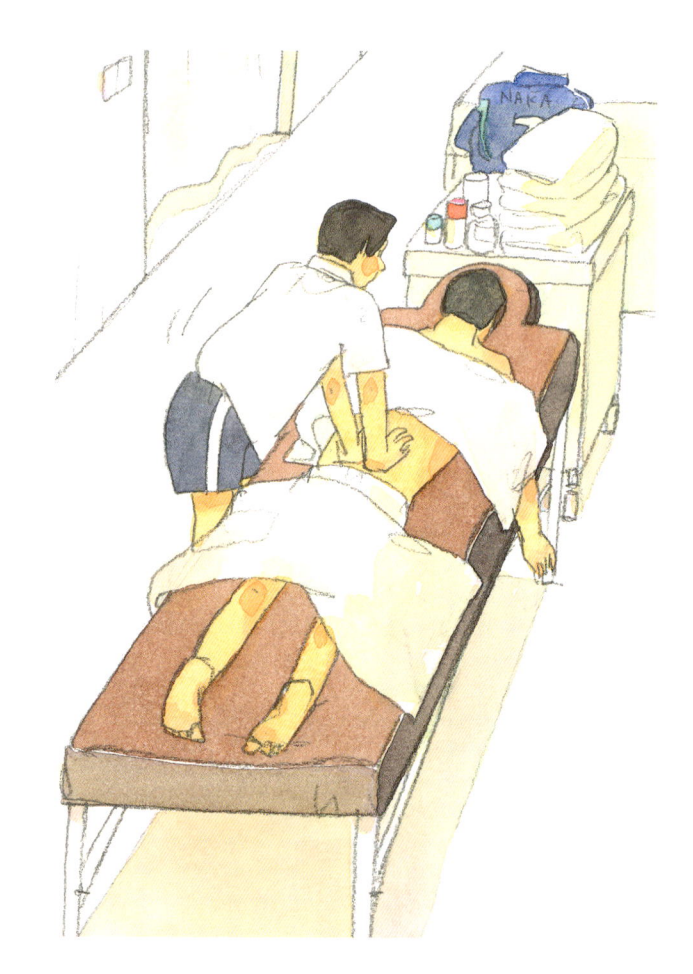

タラソテラピスト

　タラソテラピーとは、ギリシャ語で海を表す「タラサ」とフランス語のセラピーからなる造語で、海洋療法のこと。19世紀半ばすぎからフランスで普及し、20世紀半ばに自然医学が再評価され、注目を浴びた。近年、日本でも人気となっている。海辺の自然な環境のなかで、海水をはじめ、海洋性気候や海藻・海泥などの海洋資源を利用して、心身を癒しリフレッシュさせる療法。本来は治療やリハビリテーションに利用されていたが、近年ではストレスの解消や美容、生活習慣病の予防、ダイエット、スポーツ選手のコンディショニングなど、幅広い目的で利用されている。セラピスト養成学校で学び、セミナーに参加するなどして技術を習得し、おもにホテルのスパや療養施設でスタッフとして働く。

アロマテラピスト

　アロマテラピーとは、花や木などの植物由来の芳香成分（精油）を用い、その香り効果により疲労やストレスからくる心身の不調を改善し、リフレッシュさせるセラピー（治療）。熱湯を入れたティーカップなどに精油を数滴加え、立ち上る蒸気を吸入したり、アロマポットやアロマキャンドルなどを使って、部屋に香りを満たしたり、湯船に精油を落としての入浴や手浴・足浴など。ほかに、マッサージオイル（トリートメントオイル）を使って、身体をマッサージしながら皮膚を通して有効成分を身体に浸透させる方法も人気がある。アロマテラピストになるには、養成学校で学び、社団法人「日本アロマ環境協会」などの民間資格を取得するのが一般的。イギリスのIFA（The International Federation of Aromatherapists）など海外の研修施設でトレーニングを積み、アロマテラピーの普及に力を尽くす人もいる。

ヨガインストラクター

　ヨガはもともと古代インド発祥の修行法。現代社会で人気となっているヨガは、いわゆる健康ヨガで、アスレティックの要素が強い。健康志向のアメリカでの流行が影響したものと考えられている。ヨガインストラクターになるのに公的な資格はない。独自の認定資格を設けているスクールや団体のインストラクター養成コースで学ぶことになる。スタジオなどで、いいと思ったインストラクターにどこの養成コース出身かを聞くのも有効。ポーズのバリエーション、呼吸法、ヨガの歴史のほか、解剖生理学や栄養学、さらにプログラムのつくり方、指導法などを学ぶ。認定書を取得したら、オーディションを受けて、そのヨガスタジオのインストラクターとなることが多い。ほかに、スポーツクラブ、カルチャースクールなども仕事場になる。オーディション、就職情報は『フィットネスジャーナル』などの雑誌に載っているので参考にすること。

ピラティスインストラクター

　ピラティスとは、身体のコア（体幹部）にアプローチし、内面を鍛えることで、骨盤のゆがみや猫背などを正常な状態へと導くエクササイズ。身体に余計な負担をかけずにコアの筋肉を整えることができるのが特徴。ヨガに似ているようで、ピラティスは胸式呼吸で、つねに身体を動かしている、また、瞑想などのスピリチュアルな動きがないなどのちがいがある。ピラティススタジオなどで教えているインストラクターの多くは、何らかの指導者資格を取得しており、まずは資格を取得することが必要だ。資格は、ピラティスの認定団体が設けた養成コースで解剖学や生理学などの知識を学び、エクササイズの実習を経て、試験に合格すると得られる。各団体によって教育システムがちがい、教える内容にも各々特色がある。現在、国内でインストラクターの養成コースを設けているのは、おもにピラティススタジオ、スポーツクラブ、専門学校など。

ホットストーン・セラピスト

　石を暖め背中や胸などに置き、血液や体液の流れを活発にさせる、ホットストーンセラピーと呼ばれる療法を行う。玄武岩と呼ばれる、マグマが固まった石が用いられることが多く、その石で全身のツボを押すと、遠赤外線などの影響で、単なる指圧以上の効果があると言われる。代謝が高まる上、高いリラクゼーション効果があるため、癒しを求める若い女性からの人気が特に高い。もともとアメリカのネイティブアメリカンの伝統的な民間療法と言われているが、暖めた石は東洋でも、お灸の代用として利用されてきた歴史がある。医療ではないので、エステやホットストーンセラピー専門のサロンで行われることが多く、それをサービスにするホテルもある。各地にホットストーン・セラピストを養成するためのスクールがあり、ストーンセラピーについての知識や東洋医学についてなどの学科と、実際の実技を教えている。セラピストになるのに特別な資格は必要ないので、独学でもできないことはないが、スクールでは技術だけでなく、開業の仕方やサロン運営のノウハウなども学ぶことができる上、就職先などを斡旋してもらえることも多い。女性のお客が多く、力があまりなくても行うことができるので、セラピストも女性が多い。

エステティシャン

　皮膚のトリートメントや脱毛、痩身、ネイルケア、メイクアップなど、髪以外の全身美容のプロフェッショナル。客の目的や年齢、体質、性格などにあったエステティックを行う。皮膚や化粧品に関する知識や技術は、つねにステップアップしていく必要がある。また癒しを求めて来る顧客も多く、悩みや愚痴を聞くことも少なくない。エステティシャンになるためには、専門学校に通ったり、通信教育を受けることが一般的。就職先にはエステサロン、美容室、ホテル、化粧品メーカー、スポーツジムなどがあるほか、独立してサロンを自営してもよい。日本では公的な資格はまだなく、認定資格に日本エステティック協会の認定エステティシャンがある。欧米では認知度やステイタスが高い資格が各種設けられており、こうした資格を取得できるエステティックの専門学校や大学も数多く存在する。

こんな職業もある　コールセンター・オペレーター▶P.76　保険セールス▶P.89　バイオ技術者▶P.115　アニマルセラピスト▶P.131　医師▶P.137　看護師▶P.137　保健師▶P.138　助産師▶P.138　臭気判定士▶P.176　栄養士▶P.271　管理栄養士▶P.271　ケアワーカー▶P.360　ガイドヘルパー▶P.360　医療ソーシャルワーカー▶P.361　精神医学ソーシャルワーカー▶P.361　いのちの電話相談員▶P.362　養護教諭▶P.368　救急救命士▶P.370　レスキュー隊員▶P.372

09 「外国語」が好き・興味がある

その❶ | ## 外国語で外国人と話す

街で外国人と会ったときに、英語の授業で覚えた単語や構文を使って、話をしてみたいと思う。そして、コミュニケーションできたとき、わけがわからずうれしくなる。

通訳

　異なる言語を話す人々の橋渡しをする。外国語から日本語、日本語から外国語、もしくは外国語からほかの外国語にすばやく翻訳して、両者の円滑なコミュニケーションを手助けする。企業視察や商談、講演会、国際会議、テレビのニュース番組などが主な活躍の場。語学力はもちろんのこと、日本語のボキャブラリーや表現力、相手国の歴史や文化的背景、政治・経済・芸能・スポーツなどの幅広い知識や見識が求められる。聞きながら翻訳して話す同時通訳や、メモしながら聞いてまとまったところで訳す逐次通訳など場合によって通訳の方法はさまざまだが、いずれの場合も話し手の伝えたいことを的確に捉え、一番よい表現で聞き手に伝えることが重要だ。日本で活躍している通訳者の大多数は、通訳者養成学校を経てプロの通訳になっている。また、海外での留学経験を生かし、日本に帰国後、通訳エージェントに登録して実績を積んでいく人も。ライセンスは必要ないが、通訳能力を証明することのできる資格を取っておくと有利だろう。

ツアーコンダクター

　団体ツアーの始まりから終わりまで旅行客の世話をし、ツアーの全行程を運営し、旅行客が満足するように努める。旅行代理店に勤務する場合と、ツアーコンダクター専門の派遣会社に登録する場合がある。大手旅行代理店だと、営業、手配、添乗と分野が分かれ、旅行に同行する添乗を受け持つのがツアーコンダクター。ほとんどの代理店では手配から添乗まですべてに関わっている。海外添乗の場合、一般旅程管理主任者の資格がなくてはならない。1週間ほどの研修だが、内容はかなりハード。また、空港やホテルでの不慮の事態に対応できる英語の能力も問われる。派遣の場合、収入は日当制で、経験に応じて日当は上がっていく。旅行中、客の病気や盗難事故などのトラブルも少なくなく、人見知りせず臨機応変に対応ができる能力を持ち、どこにいても明るい性格の人が好ましい。

外航客船パーサー

　外国へと航海する大型客船は海上ホテルのようなもの。パーサーは、ホテルの職業にたとえると、客の希望に対応するコンシェルジュ的な役割を果たすフロントパーサー、経理・事務を担当するサードパーサー、そして支配人の役割を果たすサービスの責任者であるチーフパーサーがいる。船に滞在する時間は航海によって異なるが、基本的に年の3分の1を海上で過ごす。パーサーになるには特に必要な資格などはない。ただし会社によっては、4年制の大学を卒業していることを条件にしているところもある。船や海や旅行が好きな人には絶好の仕事であるが、サービス業なので人に接することが苦手な人にはまったく向いていない。また航海は長期にわたることもあるので、客だけではなく同僚に対しても思いやりを持てる人が求められる。なお外国人客に接することもあるため、客に対する窓口となるフロントパーサーになるには、ある程度の英語力も必要だ。

取材コーディネーター

　海外や国内などで、テレビ・雑誌取材やCM撮影をアレンジする。撮影場所や取材対象の選択、現地のスタッフや機材の手配などから、撮影期間や制作費などの交渉までを行う。また、海外では通訳を行う人もいる。とにかく、撮影スタッフが短時間でスムーズに撮影できるように準備を整えることが仕事。その国の言葉が話せたり、豊富な人脈を持っていることが必要。決まった道はないが、自分が仕事をしたい国にある日本人向け旅行代理店に入り、そこから人脈をつくる方法もある。また、日本にいたことのある外国人が自国に戻ってはじめることも多い。僻地などでの取材の場合、1カ月ほど前に現場に入ることもある。当然、肉体的疲労やハプニングはつきもので、肉体的、精神的にタフであることが最低条件だ。最近では、きめ細やかなサービスと情報力を生かし、観光客のために旅行代理店を開くコーディネーターもいる。また、旅行代理店でチケットやホテルの手配をしたり、客に旅行プランの提案をする社員を、旅行コーディネーターと呼ぶこともある。

トラベルライター

　旅行記や海外の情報を執筆する。トラベルライターになるには、ほかの分野のライターと変わりなく、出版社などに人脈を持つ、あるいは一度編集者になることが早道だという。もちろん文章力が必要な仕事だが、そのほかに、海外で不自由しない程度の語学力、そしてインターネットや電話あるいは現地での取材などでも、情報収集能力が問われる。ほかにも、出版社への営業能力などプラスアルファの能力がなければ、旅行記事だけで食べていくのはむずかしい。誰も知らない情報を自分で紹介することが喜びだというトラベルライター、現在活躍している人は何よりも旅が好きな人がほとんどだそうだ。

観光庁職員

　観光庁とは、外国政府や地域の観光を担当する省庁であり、日本にはいろいろな国・地域の観光庁日本支部が設けられている。仕事の内容は、その国や地域、州の魅力をPRし、日本からの観光客を増やすことだ。テレビや雑誌、イベントなどによって、観光PR、広告、マーケティングなどを行い、ときには自分の顔と名前を出してインタビューに応じることもある。観光庁の職員になるためには、その国や地域が好きで、言語が堪能なこと、現地の習慣や文化を知っていることが最低条件。一般的に大学・大学院を卒業した人が多く、その国での海外生活や留学経験のある人も多い。また日本人に対して効果的にPRするためには、相手国の文化だけでなく、日本の文化や社会性などもよく知っておく必要がある。求人は非常に少ない。欠員ができたときに、「Japan Times」など英字新聞やオフィシャルホームページなどで告知されるが、紹介による場合もある。

日本語教師

　日本語を外国語として学ぶ人にわかりやすく教える。仕事の場は国内の場合も国外のこともあり、働く国や施設によって、必要な資格も違ってくる。国内の大学や国の教育機関では、日本語教育の博士号か修士号を応募資格としている場合が多く、民間の日本語学校では、日本国際教育協会が行う日本語教育能力検定試験に合格するか、専門学校の長期養成講座の履修を要件にしている場合が多い。海外の大学や国際機関では、現地の教員免許が必要な場合が多く、現地の大学などへ留学しなければならない。また、青年海外協力隊でも途上国などに日本語教師を派遣していて、2009年秋の募集では119人中28人が合格している。

こんな職業もある
キャスター▶P.49　ジャーナリスト▶P.63　ホテルで働く▶P.67　客室乗務員▶P.69　グランドホステス▶P.70　ツアープランナー▶P.75　宇宙飛行士▶P.179　NASAで働く▶P.180　声楽家▶P.189　アンティークショップ▶P.234　プロスポーツ選手▶P.301　英字新聞記者▶P.344　通訳ガイド▶P.345　大使館スタッフ▶P.347　国連職員▶P.347　外交官▶P.348　映画字幕翻訳▶P.416　パイロット▶P.423　航空管制官▶P.432　傭兵▶P.439　アメリカ軍兵士▶P.440

Essay｜語学の達人たち

text by Ryu Murakami

　外国語が得意な人に何か特徴はあるのだろうか。おそらくアルゼンチン訛りのスペイン語だったら日本人のなかでもっとも上手いのではないかとか、フランス語だったらこの人はベスト5に入るだろうとか、英語だったら戸田奈津子さんとか、わたしは外国語の達人と呼べる人を何人か知っている。アルゼンチン訛りのスペイン語を完璧に話すのは、わたしの友人のカメラマンの近藤篤という男だ。フランス人がその人のフランス語を電話で聞いたら絶対にフランス人だと思ってしまうフランス語の達人は、N自動車に勤めるO氏である。近藤は上智のインスパニア語学科を出てアルゼンチンにしばらく住んでいた。O氏はお父さんの仕事の関係で幼稚園のときにフランスに在住していた。

　幼稚園くらいの年ごろにその国にしばらく住むというのは言語をマスターするとき非常に有利らしい。たとえば4歳から6歳まで外国に住んで、その国の言語を話していた子どもは、日本に帰国してその言語を話さなくなってたとえ忘れてしまっても、再学習をするとすぐに話せるようになる。何よりも発音が違うそうだ。その言語に特有の発音を耳が憶えているからである。ただし、幼稚園のときにフランスに住んでいた人はたくさんいるかもしれないが、全員がO氏のように恐ろしく上手なフランス語を話すわけではない。O氏はN自動車に入社後、しばらくパリ支店にいた。フランス語を使う機会があったわけで、その点では有利だったのかもしれない。近藤篤にしても、欧州や中南米のサッカーを取材するカメラマンとして旅が多いので、実際にスペイン語を話す機会も多く、その点では有利だ。

　しかし2人は、それぞれのスペイン語やフランス語ほどではないが、英語も上手い。2人がスペイン語やフランス語を話すのを横で聞いていると、この世には生まれつき外国語に強い人がいるのだと思う。Jというアイルランド系イギリス人の友人は、母国語の英語の他に、フランス語と日本語とスペイン語を話す。彼の上のお兄さんはロシア語とギリシャ語と中国語を話し、下のお兄さんはトルコ語とアラビア語とヒンドゥー語を、お父さんはポーランド語とドイツ語とオランダ語とデンマーク語とフィンランド語を話すそうで、家族が集まればだいたいどこの国の人とでも話せるのだと言っていた。

　外国語をいくつかマスターしている人は、歳に似合わず若く見えることがある。昔、パリ・ダカールというラリーを取材したとき、ニジェールの鉱山で、通訳として働い

ているKさんという人にお世話になった。Kさんは日本人だが、その昔フランス人相手にキングスイングリッシュを教えていたという天才的な外国語使いで、若いころにヨーロッパから中東までメルセデスを運転していってそのままそのメルセデスを売るというようなちょっとやばいアルバイトをしていた関係で、アラビア語も話せた。わたしは、話していて、Kさんのことを30代の前半だろうと思っていたのだが、なんと実際の年齢は50歳を超えていた。そのほかにも、外国で必死でその国の言葉をマスターして、姿が一気に10歳近く若くなった人を数人知っている。外国語をマスターすると容姿が若返る場合があるのはどうしてだろうか。

わたしの個人的意見だが、閉鎖的な場所で、同じような考え方・価値観の人間だけに囲まれて暮らしていると早く老けるのではないかと思う。ずっと郷里にいて市役所とか保険会社に勤めているわたしの同級生たちは一様に歳より老けて見える。外国に住むとか、外国人に囲まれて暮らすというのは、日本の田舎で閉鎖的に暮らすことの対極にある。脳は常に刺激されるし、ファッションにも気をつかわなくてはならないし、異なった考え方や文化にも慣れなくてはいけない。それに、確かに疲れるが、違う言語でコミュニケートできたときの喜びは何ものにも代えがたい。

『KYOKO』という映画をアメリカ東海岸とキューバで撮ったとき、外国人の撮影クルーと一緒に仕事をして心身ともに毎日クタクタに疲れたが、コミュニケーションというのはそれが成立しただけで充実感と快感があるのだと知った。こちらの考えやアイデアが相手にちゃんと伝わる、そのことに充実感があった。海外で外国人相手にやっと意思や思いが通じたときの喜びと解放感は誰でも経験があるのではないだろうか。当然のことだが、自然に覚えてしまう幼児や子ども以外、語学は本当に少しずつしか進歩しない。中田英寿選手のマネージャーは、イタリア人とイタリア語でケンカしたときに、自分もイタリア語が上手くなったんだなと自覚したそうだ。つまり語学の向上にはさまざまな段階があって、その段階を通過するたびに、外国人とのコミュニケーションにおいて、まるで自分が生まれ変わったかのような喜びと充実感と達成感を覚えるのだと思う。それが、語学の達人を若く見せている原因ではないだろうか。

written in 2003

Essay | ツアコンに未来はあるか

text by Ryu Murakami

　まだまだ日本では海外旅行といえば団体旅行が主流だが、今後はどうだろうか。海外旅行が特別なものではなくなって、ロンドン・パリ8日間、というような昔風の典型的な団体旅行企画がしだいに売れなくなっているらしい。旅行会社のパンフレットや広告を見ても、イギリスならテディベアの故郷を訪ねるとか、フランスなら3つ星レストランのディナー付きとか、イタリアならルネッサンスの美術を訪ねるとか、中国なら上海で東洋医学の治療をしたり太極拳を学んだりとか、いろいろな細かい個人のニーズに応えるものが多くなっている。グァムやサイパンやハワイなどの一般的なリゾートでも、ゴルフやサーフィンをはじめ、各種エステやマッサージなど健康・美容をセールスポイントにした企画が増えている。とにかくどこでもいいから海外に行ってみたい、というツーリストは確実に減っているのだ。

　ただ、たとえばテディベアを見に行く旅だと、最低催行人数が2人とか4人になってしまう。旅行会社としては、客の細かなニーズに合わせるために、少人数の企画をたくさん用意しなければいけなくなってきている。もちろん、ロンドン・パリ8日間という昔ながらの団体旅行がなくなってしまうことはないだろうが、減っているのは確かだ。2人だとすでに団体旅行ではなく、個人パッキング旅行ということになる。当然、ツアーコンダクターと呼ばれる添乗員は同行しない。また添乗員は派遣会社から随時派遣されるシステムになっていて、専門の添乗員を社員として抱えている旅行会社は現在ほとんどない。2人のグループ旅行に添乗員をつければ企画は赤字になってしまう。添乗員・ツアコンの需要はしだいに減りつつある。

　さらに、海外旅行経験のある旅行者が増えるにしたがって、「空港やホテルのチェックインができて、英語が少し話せる」程度では添乗員・ツアコンとして充分ではなくなってきた。たとえばイタリアルネッサンスの美術を訪ねる旅や、イングリッシュガーデンを巡る旅など、それなりの専門的な知識が必要となる。これからのツアコンはどんな知識を持っているかを問われる。ただ、人びとの興味は移ろいやすいし、今後趣味や興味の幅がさらに多様化することが予想される。だから、たとえばイタリア美術やガーデニングに特化した知識さえあれば売れっ子のツアコンとして歓迎されるという保証があるわけでもない。「海外旅行が好きだからツアコンになろう」というような、のどかで安易な時代はとっくの昔に終わっている。

written in 2003

その❷ 外国語の文章・記事・物語などを読む

辞書で知らない単語を調べながら、英語など外国語の文章の意味がつかめたとき、他ではなかなか得られない満足感がある。同じような意味のことでも、外国語の場合には、違う言い方をすることがあるのだと知って、世界の広さを感じる。

翻訳家 (ほんやくか)

　外国の文学作品を日本で出版するために翻訳する外国文学翻訳、ビジネス用の文書や、企画書、マニュアルなどを翻訳する実務翻訳、映画やテレビ番組、雑誌、歌詞などを翻訳するメディア翻訳など、ジャンルは幅広い。日本には翻訳科のある大学はないので、多くの人が専門の語学学校で技術を学び、その後、翻訳会社に勤めたり、フリーで仕事をすることになる。特別な資格は必要ないが、英語と中国語に関しては日本翻訳協会が翻訳技能認定試験を行っていて、実力の目安になる。外国語の能力はもちろんのこと、日本語の文章力が必要。また、実務翻訳の場合は専門知識もあるとよい。外国文学の場合、出版社から直接仕事がくることが多く、専門学校の講師に紹介してもらったり、名のある翻訳家の下で仕事をし、まずは人脈を築くことになる。外国文学の出版では原作者と同じくらい大きな存在で、やりがいのある仕事だ。実務翻訳の場合、翻訳会社に登録し、そこから仕事を回してもらうことが多い。しかし、はじめから翻訳の仕事だけで食べていける人は少なく、専業にしようと思ったら、数年は仕事がなくても生活できるだけの蓄えが必要という。

外国語の言語学者

　誤解されがちなことだが、言語学と語学はまったくの別物。言語学は言葉を理論として科学的に研究する学問で、語学は言葉をあやつる技能である。言語学者だからといって、必ずしも語学堪能であるわけではなく、むしろ外国語は論文や発表のための英語程度という言語学者のほうが一般的だという。ただし外国語を研究する言語学者は、実際にその言語が使われている地域を訪れて調査することもあるため、自分の研究する外国語は、コミュニケーションに不自由しない程度にはあやつることができなくてはならないだろう。言語学の研究対象は主に人間の言語だが、場合によっては動物の言語なども含む。流行り言葉や方言なども研究対象である。言語学者は、正確なデータを収集し、分析する。言語学者になるには、大学の文学部や外国語学科に入り、大学院に進んで研究を続け、研究者になるのが一般的だ。また日常から話している言葉に対する、冷静な観察眼が必要とされる。世界には何千という言語があり、いまだに体系的にとらえられていない言語も多くある。未知の世界に分け入る面白さを味わえる分野だ。

英字新聞記者

　在日外国人の情報源として、また英語を学習したい日本人の教材としても読まれている英字新聞。取材や原稿を書くなどの作業は日本語の新聞記者と変わらないが、スタッフに外国人がおり、また日本語の本紙がある場合は、その記事を英訳することが主な仕事である。このほか外国通信社の記事の転載もする。英語の能力は会話よりも文章力が重視される。また記事を書く際には、外国人にとって理解しやすい視点をとるように配慮するそうだ。英字新聞の記者は日本語新聞とは違って、一般公募ではなく、新聞社に履歴書や問い合わせの手紙・メールを出して、欠員が出たときに新聞社から連絡し面接をするのが一般的。

留学コーディネーター

　客にカウンセリングをして、その要望を総合的に把握した上で、その人に合った留学を提案し、学校や航空券、滞在先などの手配をする。留学斡旋会社に就職して働くのが99％でフリーの人はいないも同然。最初の相談から帰国後の就職まで、留学のすべてを世話をする会社がある一方で、大きな会社ではカウンセリングと手配業務の担当者が分かれていたり、会社によって仕事内容が違うこともある。留学経験があると客の相談にのるときに役に立ち、就職にも有利だが必須条件ではない。サービス業なので、むしろ客の要望をうまく聞き出す話術などが重視される面もある。ただし現地の手配を自分でしなければならないこともあるので、ある程度の英語力は必要とされる。なお留学経験者が、ほかの人にも自分と同じ素晴らしい体験を、という思いを持ってこの職業を志望することが多いそうだ。

国際会議コーディネーター

　世界の首脳がそろうような会議からワールドカップ、学会やシンポジウムなど、さまざまな国際的なイベントの、企画から日程や場所の調整、プログラム内容から当日の設営までをセッティングする。海外からの参加者に対応できるレベルの語学力はもちろん必要。主催者側の考えを理解する能力や、どんな事態にも対応できる瞬発力と度胸が求められる。国際会議コーディネーターは、専門の会社に就職して働く人がほとんど。会社によっては得意分野によって活動するかたちをとっているところもある。

通訳ガイド

　日本を訪れる外国人観光客に付き添って日本の名所などを案内し、外国語を使って日本の文化や歴史について説明するなど、旅行上のさまざまな世話をする。単に語学力が優秀なだけではダメで、日本の文化、歴史、地理、さらには産業や政治、経済など、幅広い知識と教養が必要。一緒に名所を歩き回るなどツアーコンダクター的な要素が強くハードな仕事だが、来日する外国人に日本を紹介してよい印象を持ってもらうことで国際親善に貢献するという、やりがいのある仕事だ。この仕事につくためには、国土交通大臣の実施する通訳案内業試験にパスしたうえで、都道府県知事から通訳案内業免許証の交付を受けることが必要。最終合格率は低くかなりの難関であるため、独学ではなく専門学校などで勉強してから試験を受ける人が多い。免許取得後は、旅行代理店と契約を結んだり、旅行会社に就職するなどの道があるが、現在、通訳ガイドのほとんどは日本観光通訳協会などに登録して仕事を斡旋してもらい、フリーランスとして働いている。英語をはじめドイツ語、ロシア語など、現在通訳案内業には9カ国語あるが、ここ数年、アジアからの観光客の増加にともない中国語や朝鮮語などの需要が高まっている。

著作権エージェントで働く

　日本の出版社が外国の書籍の翻訳出版をする場合に、その翻訳権を獲得する必要がある。著作権を持つ外国の著者、出版社と日本の出版社の仲立ちをするのが、著作権エージェント。翻訳書のトビラ裏には、Japanese translation rights arranged through ○○○○ Agency（日本語翻訳権は○○○○エージェンシーを通じて獲得）と記載されているが、そのエージェンシーと呼ばれる会社に所属して活動することが多い。翻訳書の印税の一部を手数料としてとり、それが会社の収入となるので、ベストセラーを手がければ、それだけ収入が増えることになる。これまでは外国書の日本語翻訳が圧倒的に多かったが、近年は日本の書籍からの翻訳も増えてきている。契約のためのビジネス英語能力は必須だが、より大きく活躍するためには、外国の書籍をいちはやく読み、売れそうな本を探し、出版社に売り込む能力も必要だ。

こんな職業もある　出版業界で働く▶P.35　編集者▶P.36　ジャーナリスト▶P.63　宇宙飛行士▶P.179　NASAで働く▶P.180　取材コーディネーター▶P.337　トラベルライター▶P.337

その❸ 外国に憧れる

今自分が住んでいるところの「外」、つまり海の向こうには、自分が知らない世界がある。想像もできない景色、考えたこともない料理やファッション、とても不思議なお祭りや奇妙な形の建物などがある。いつか必ずそれらを実際に見に行く、ひそかにそう心に決めると勇気が湧いてくる。

大使館スタッフ

　日本にある外国の大使館や領事館では、母国から派遣された外交官だけではなく、日本でスタッフを採用している。事務職として、秘書、査証審査発給、文化広報、秘書、翻訳・通訳などの仕事に就く。また電話オペレーターやドライバーなども現地スタッフだ。料理人として雇われる場合もある。即戦力となるキャリアのある人が採用される。もちろん語学力は必要。その国の公用語はもちろん、英語力も問われる。基本的に、欠員の補充や新しいポジションができたときに採用される。『ジャパンタイムズ』の求人欄や大使館のホームページなどの求人情報をチェックして、応募することになる。

通関士

　通関士は、国家資格。輸出入品に関して、輸出入者に代わって、その手続き（通関手続き）を代理で行えるのは通関業者で、通関士はそれら一連の手続きを請け負い、処理をする。通関手続き、通関書類の作成、税関に関する手続き、不服申し立てなどで、書類に記名・押印できるのは通関士だけ。仕事場は運送業や倉庫業、輸出入を行っている食品会社やアパレルなどの企業が多い。試験は通関業法・関税法・関税定率法・その他関税に関する法律と外国為替および外国貿易法といった法律関連の知識、そして各種書類作成の実務試験で構成される。学歴や単位履修、年齢、性別、国籍、実務経験などの受験資格はない。だが試験は非常にむずかしく、ここ数年は、約1万人が受験し、合格者は多いときで約2500人、少ない年だと1000人に満たない。試験の所轄官庁は財務省だが、全国の税関が実施運営する。通関士として働くためには、勤務先の通関業者の申請によって税関長の確認を受ける必要がある。ふつう、通関士の資格を取得し、数年間の実務経験を積んで、税関長の確認を受ける。近年、個人輸入もさかんになっており、通関士は不足していて、資格として人気が高い。

国連職員

　国連事務局には約2800人が、ユニセフのような国連の下部機関やユネスコのような専門機関をすべて含めた広い意味での国連システム全体では6万5000人が働いている。こういった国際機関の職員を国際公務員という。仕事の内容は機関によって異なるが、基本は経済、医療、開発途上国支援などの専門家を中心にした官僚組織。勤務地は世界中に広がっている。各機関の職員の採用は、空席が出たときに随時行われるが、これは国際的な業務について相当なキャリアがある人を対象としたもの。若手職員の採用については、国連事務局が国連職員採用競争試験を行っている。受験資格として「大学卒」「英語かフランス語で仕事をすることが可能」などがあげられているが、実質的には修士以上の学歴と経済、法律などの専門知識、2カ国語以上の外

国語の能力が必要といわれている。またこのほかに、外務省が一定期間、各機関の職員として派遣するアソシエート・エキスパートなど派遣制度のようなものもある。

外交官

　国家を代表してほかの国々とさまざまな交渉をする。具体的には条約の締結など外交交渉を行うほか、その国の情報の収集や分析、日本の情報の発信などを行う。基本的には外務省の職員で、採用試験として国家公務員Ⅰ種試験か、外務省が独自に行う外務専門職員試験に合格する必要がある。外務専門職員は特定の地域や分野についての専門職的な傾向が強い。採用後は研修をへて、外国の日本大使館での勤務と本省勤務を数年ごとに繰り返すことが多い。外務省改革の一環として民間人の大使起用を大幅に増やすことなどがうたわれているが、実現するかどうかはわからない。

こんな職業もある

ジャーナリスト▶P.63　客室乗務員▶P.69　グランドホステス▶P.70　ツアープランナー▶P.75　声楽家▶P.189　クラシック演奏家▶P.199　オーケストラ団員▶P.199　美術修復家▶P.227　キュレーター▶P.228　宝石鑑定士▶P.233　ファッションデザイナー▶P.283　ファッションモデル▶P.283　プロスポーツ選手▶P.301　バレリーナ▶P.311　ミュージカルダンサー▶P.312　サーカス団員▶P.318　冒険家・探検家▶P.325　登山家▶P.325　パイロット▶P.423　航空管制官▶P.432　カジノディーラー▶P.447

10 道徳の時間、眠くならない

その❶ 意見を言う・議論する

クラス会や道徳の時間、ある意見や考えを持ったとき、どうすればそれが他の人に伝わるか、どういう表現をすればわかりやすくなり、みんなに興味を持って聞いてもらえるか、つまり相手の立場に立って、発言し、相手の意見や考えを聞くのがどれだけむずかしいか、そういったことをよく考える。

精神科医

「こころの病気」を医学的に診断・治療する。現代の「こころの病気」は多岐にわたり、狭い意味では、精神病の統合失調症や躁うつ病、ノイローゼなどの神経症を指すが、近年はストレスが原因の心身症も増えている。こうした「こころの病気」に対して、患者個人のこころの状態を的確に把握して、薬物療法、精神療法、社会療法などで治療をする。いずれの場合も診断は、患者との長時間にわたる対話からはじめる。最近は、身近での衝撃的な体験によって、トラウマ（心的外傷）を受け、こころの障害をおこす場合も増え、カウンセラー（臨床心理士）と共同作業で回復にあたることもある。こころの正常と異常の境ははっきりしないので、人間を見る柔軟な姿勢が求められる。また、「こころの病気」は社会の偏見を呼びやすいので、差別や人権に対する敏感な感覚も必要だ。2002年に日本精神神経学会が、精神分裂病の名称を統合失調症と改めることにしたのも、社会の偏見を前にしての対応だった。精神科医になるには、大学医学部か医科大学で医学を6年間学び、医師国家試験に合格して医師免許を持たなくてはならない。病院、障害者福祉施設などで働くことが多い。個人で開業する人も増えている。

臨床心理士

「こころの問題」が原因で、身体の異常や生活上の問題などを引き起こした人たちを、精神科のように投薬を行わず、心理学的な方法を用いてサポートする専門職。カウンセラーやセラピストとも呼ばれる。ストレスが多く、複雑化する現代社会で、もっとも必要とされている職業のひとつだ。1対1のカウンセリングで解決をはかっていくため、ひとりの患者とじっくりと向き合い、信頼をかちとることができる人間性や人生経験、相手を枠にはめ込まない寛容さなどが必要とされる。仕事場は、病院の心療内科や精神科、家庭裁判所や児童相談所、少年院、少年鑑別所、刑務所などの司法施設、障害児福祉施設、老人福祉施設といった福祉分野、一般企業などのほか、学校で児童・生徒へのカウンセリングを行う「スクールカウンセラー」の仕事がある。臨床心理士になるためには、大学卒業後、日本臨床心理士資格認定協会が指定する大学院（現在157校）に進学し、資格審査に合格する。臨床心理士は非常に人気が高い職業・資格なので、指定大学院の競争率はとても高く、狭き門だ。また、資格取得後も5年ごとに更新審査があり、常にプロとしてのレベルアップが求められている。

心療内科医

心身症やパニック障害、軽症の抑うつ症、摂食障害、PTSD（心的外傷後ストレス障害）などの「こころの病気」を診療し、治療にあたる医師。精神科とちがい、主にからだに症状が出る心身症を対象にしている。こうした病気の原因として、患者が受

ける社会的なストレスなどが考えられるため、患者のからだだけでなく、心理や社会面などもあわせて考慮しながら診断・治療にあたる。心療内科医は医師免許を持っているため、カウンセリングだけでなく薬物を使った治療も行える。心療内科医になるためには、内科や外科などほかの科の医師同様、大学の医学部または医科大学で6年間医学を学び、医師国家試験に合格し、医師免許を持たなければならない。その後、研修期間を通じて、心療内科医としての専門性を高めていく。社会が複雑化していくなかで、救いを求めて心療内科を訪れる人はますます増えている。

占い師

タロットや星座、手相など、多種多様な道具と知識を用いて、人の運勢やことの吉凶を予想したり予言したりする。プロとアマチュアの境目が曖昧な職業であるが、いくつかの占術協会が存在し、そこに属することが占い師であるひとつの証明となる。収入には幅があり、生計として成り立っているのは、講演会やマスメディアへの露出などを行ったり、企業や個人の固定客を持つ一部の人だけである。特殊な能力を持っていなければならないと考えられることが多いが、勉強を重ねた上での知識が根底にあることが必要で、客の心を開くことのできるカウンセリングの能力も要求される。

シャーマン

神に仕え祈祷や神意を伺い神託を告げる。具体的には、運勢を見たり、死者の口寄せ、先祖事などの霊的な相談に応じる。礼金を受け取り生計を立てる。ただ修業すれば誰しもがなれるわけではない。たとえば沖縄のユタの場合、運命めいたものがなければなれないといわれており、「好きでなったわけではない」と口にする人もいる。ユタには男性も女性もいる。沖縄の人たちのなかには年に数回ユタのところへ通い、自分たちの先祖からのメッセージを受け取ったり、何かよくないことがあると、相談したりする人もいる。ありとあらゆる地域にシャーマンは存在する。また、かつてシャーマンは、神官であり、政治・経済の助言者であり、医師であり、薬剤師であり、研究者であり、芸術家でもあった。

弁護士

　社会に起こるさまざまな問題の解決に取り組み、依頼人の基本的人権を擁護する法律の専門家。法曹資格を取得後、弁護士としての仕事を行う地域の弁護士会に入会し、日本弁護士連合会に登録すれば業務を行うことができるが、はじめはベテラン弁護士の法律事務所に所属し、勉強を重ね、資金を貯めた後に独立するのが一般的。日頃ニュースやテレビドラマなどで脚光を浴びるのは刑事事件に携わる弁護士が多いが、大多数の弁護士は、貸し借りのトラブルや離婚などの私的な紛争を、一定のルールに基づいて解決する、民事事件を中心に活躍をしている。だが、社会が複雑化してきた昨今では、ビジネス社会での企業法務に携わる弁護士や、国際的な取引などの２国間以上にわたる法律問題に携わる弁護士など、弁護士の活躍の場が法廷外へも広がりを見せている。現在、日本の弁護士の数は約３万人（2010年２月）。絶対数が足りないばかりでなく、弁護士のほとんどは都心部に集中しているため、地方の弁護士不足が顕著になっている。この状況を変えるため、従来の大学における法学教育よりも法曹養成に特化した教育を行い、将来の法曹需要の増大に対し量・質ともに十分な法曹を確保しようと、2004年に法科大学院が創設された。この５年間で、法科大学院修了者からは従来よりも多くの法曹を排出してはいるが、当初の予定人数には及んでいない。さらに、2010年で旧司法試験は終了し、11年から予備試験がはじまる。この予備試験に合格した者は、法科大学院修了者と同等の資格で新司法試験を受験することができる。社会人であることや経済的理由から法曹への志を断念した人びとを取り込み、法科大学院を補完する制度として機能していくはずだ。また、09年から導入された裁判員制度によって、法廷も様変わりする。新司法制度のもとで、新しい局面を迎える弁護士の仕事に、柔軟に対応していかなければならない。

裁判官

　全国各地の裁判所で、民事、刑事、行政、家庭、少年などの訴訟事件を審査し、法律に基づいて判決を下し、国民の権利を守り法秩序を維持する。「すべて裁判官は、その良心に従い独立してその職権を行い、この憲法及び法律にのみ拘束される」と憲法で定められており、ほかのどんな国家機関からも干渉を受けない。法曹資格を取得後、判事補として10年間実務を積んだ後に、裁判官（判事）に任命される。現在約3600人の裁判官が全国の裁判所に勤務しており、うち800人強（2009年4月現在）。裁判官には厳正中立な法の番人であることが求められており、重い使命が課せられている。2009年4月から裁判員制度が導入され、地方裁判所で行われる刑事事件における裁判が大きく変わった。裁判員制度は、市民が裁判員として刑事裁判に参加し、被告人が有罪かどうか、有罪の場合どのような刑にするかを裁判官と一緒に決める。これにより、裁判官は、事実認定については、裁判員の自主的な意見を最大限引き出すことが求められ、量刑についても、まずは、裁判員の自由な量刑感覚を発言してもらうことになる。裁判員の求めがあれば、再犯率、警察の捜査能力などの資料を裁判員に提供することも必要になる。メリハリの効いた評議運営の必要性も求められる。

検察官

　法律に違反した犯罪や事件を、警察と協力して捜査し、もしくは自ら被疑者を取り調べ、被疑者の起訴、不起訴の判断を下す。起訴をした場合には公判の場で証拠を立証して被告側の弁護士と論争を行い、実刑判決が決定した場合の刑の執行を指揮する。司法試験に合格して法曹資格を取得するか、3年以上特定の大学で法律学の教授もしくは助教授の職にあったものが検察官になることができ、現在約2300人の検察官がいる（2002年7月）。日本で被疑者を起訴できるのは検察官だけであり、公益の代表者としての立場から幅広い権限を持ち、日本の刑事司法の中核的な役割をはたしている。しかしその仕事の厳しさなどから、司法試験合格者のうち検察官になるのは1割程度と少ない。今後更なる増加が見込まれるハイテク技術を用いた犯罪や、外

国人による犯罪に対する厳格な対処要請の高まりも重なり、検察官の増強は重要な課題である。

政治家

　政治家とはいったいどういう人を指すのだろう。公職選挙法や政治資金規正法などによると、政治家とは国会議員、地方公共団体の長、地方議会の議員、及びその候補者、となっている。地方公共団体の長は、都道府県の知事、市町村長のこと。地方議会は県や市町村の議会である。基本的には住民の選挙によって選ばれるが、町村長選挙や地方議会選挙などでは、現職に対抗する者がいなかったり、候補者の数が定数を下回ったりするようなこともある。任期は原則4年（参議院議員は6年）、また衆議院議員は25歳以上、参議院議員は30歳以上、のように被選挙権が定められている。

　政治というのは日頃もっともよく目にする言葉だが、それが正確に何を意味するのか、わかりにくい。政治家とは人びとの暮らしを守り、より良くするために活動する人、なのだろうか。しかし、NPOやNGOや宗教家や公務員など、人びとの暮らしを守り、より良くするために活動する人はほかにも大勢いる。そもそも政治とは何か、と考えるとこれもきわめてわかりにくい。ひょっとしたら政治家ほどわかりにくい職業はこの世にないかもしれない。この本は職業を定義するためのものではないので結論を先にいうが、世の13歳はこんなにわかりにくい職業を目指すべきではない。

　政治家は、さまざまな集団・グループの利害の調整のための方法を考え、実行する。それは実はものすごく面倒くさくて、割の合わない仕事である。集団内のすべてのグループやすべての人が満足する政策などあるわけがないので、政治家は誰かに恨まれる。だから、シーザーの時代から現代まで、暗殺される人の大半は政治家だ。第二次大戦後、お隣の韓国では、政権交代があると必ず前政権の中枢にいた人たちが暗殺されたり逮捕されたりしてきた。それは彼らが権力の中枢にいたときに誰かの恨みを買ったからだ。日本でも、幕末や戦前には多くの政治家が暗殺された。だが今の日本では、政治家が割の合わない仕事だという意識が少ない。それは、戦後の日本が経済成長を続けてきて、利益の分け前をほとんどすべての国民に分配することができたからだ。生活がどんどんよくなっているときは、どんどん大きくなるパイをみんなで分ければいいわけだから、ほとんどの人は不満を持たない。

　不満を持つどころか、逆に、分配される利益を少しでも多くしてもらおうと政治家にごまをすりながら群がっていくので、戦後の日本では政治家というのは基本的にずっとおいしい職業であり続けた。政治家には不可欠のものなので、権力欲はあって

もかまわないし、声が大きいとか、面の皮が厚い（神経が太い）とか、面倒見がいいとか、異常に体力があるとか、権謀術数に長けているとか、そういう面があってもいい。だが、将来的には、NPOやNGOなどで国際的に活動してきて、利害調整の困難さと重要性を理解した人がやむにやまれず政治に参加するようになればいいと思う。あるいは企業活動と環境保護の調整に長く深く関わった人とか、企業や銀行を見事に再生させた人とか、地域社会や教育の活性化にたずさわった人とか、そういった分野から政治家が現れるようになるべきだ。

　権力欲があって、声が大きく、面の皮が厚く（神経が太く）、面倒見がよく、異常に体力があって、権謀術数にも長けている13歳は、最初から政治家を目指すのではなく、NPOやNGOなどで、知識とスキルを磨き、体験を積むことを勧めたい。

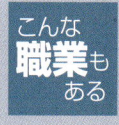

こんな職業もある	評論家▶P.35　司法書士▶P.63　行政書士▶P.63　弁理士▶P.64　海事代理士▶P.64　新聞記者▶P.64　公務員▶P.65　通関士▶P.347　国連職員▶P.347

Essay | 司法に関する仕事と司法制度改革

text by Ikuo Nabeta

　アメリカの法曹関係者（弁護士、裁判官、検事）はおよそ100万人、一方日本は3万人弱。アメリカの裁判の多さは有名だが、それにしてもこの差は、日本人にとって司法がいかに縁遠いものだったかを物語っている。日本が「あ、うん」の呼吸で成り立つ社会から、明確なルールに基づいた社会へ転換するためには、従来の司法制度を抜本的に見直さなければならない――これが司法制度改革の基本的な考え方だ。2001年に司法制度改革審議会が政府に最終意見を提出、法案化作業が始まった。その内容としては、裁判の迅速化や、裁判の利用拡大に必要な制度の整備、裁判員制度などいろいろな項目があるが、なかでも最重要課題としてクローズアップされたのが、法曹人口の大幅な増加、つまり弁護士や裁判官を大幅に増やす、という部分である。

　弁護士や裁判官になるためには司法試験に合格する必要があったが、合格者は毎年500人前後という時代が長かった。数が少ないというだけではない。日本の司法試験は「世界一むずかしい」と言われ、六法全書の丸暗記に象徴されるような、超詰め込み教育の成功者だけが合格できるようなものだった。ところが現実的に司法の現場で求められているのは、法律的な知識はもちろんだが、たとえば金融に詳しい弁護士、最新医学に詳しい弁護士、というふうに変化している。

　司法制度改革の一環として開校したのが法科大学院（ロースクール）だ。法律の実務に特化した専門大学院で、卒業すれば旧来の司法試験よりかなり易しい新司法試験の受験資格を取得できる。これに合格すれば旧司法試験同様、法曹への道が開ける。法科大学院は全国約70の大学に併設されており、修業年限は一般は3年、大学の法学部出身者は2年。修業後、5年以内に3回、新司法試験を受けることができる。新旧の司法試験が併存する期間が続いたが、旧司法試験は2011年をもって廃止となる。

その❷ | 何が正しいのか考える・社会の役に立ちたいと思う

ある何かが、正しいか、正しくないかを自分で判断するのはとてもむずかしい。判断するために何が必要かを考え、他人の意見にも耳をかたむける。公平な社会ができて、他の多くの人が幸福になれるように、自分が手助けするための知識と実力をどうすれば身につけられるかを考える。

福祉

福祉の公的施設で働く

　日常生活を送るうえで困っている人のさまざまな相談に対応し、援助を行う公的施設はその問題に対応して数多くある。たとえば福祉に関する総合的な行政機関である福祉事務所、身体や精神の保健から食事の指導のほか、幅広い分野で地域に密着したサービスを行う保健所・保健センター、身体や精神に障害を抱える人をケアする専門施設や家庭内暴力や経済的な理由で悩む女性を補助する施設などがある。公的な施設で働く職員は公務員なので、ここで働くには公務員試験に合格することが必要となってくる。

福祉に関わる企業で働く

　たとえば車椅子やポータブルトイレ、介護ベッドといった介護用品の販売やレンタルを行っている会社がある。こうしたビジネスは福祉・介護サービスが在宅中心になることをうけ、今後の需要が見込まれている。このほかに在宅介護や家事代行のサービスをしている民間企業もある。また寝具メーカーや宅配業界などでも、老人介護に関わるサービスなどが扱われるようになってきている。福祉に関わる企業に就職するには、福祉系の学校で勉強したり、福祉に関わる資格を持っていると有利である。

ソーシャルワーカー・ケースワーカー

　福祉の分野全般にわたってコーディネーター的な役割をする。身体・精神上の障害の他、さまざまな事情で日常生活をおくるのに困難がある人やその家族の相談にのり、助言や指導、援助などをする。勤務先は福祉事務所等の行政機関や施設、病院などさまざまであるが、福祉事務所の場合は「ケースワーカー」、施設の場合は「生活指導員」「相談員」、病院の場合は「メディカル・ソーシャルワーカー（MSW）」「精神医学ソーシャルワーカー（PSW）」と、それぞれ異なる名称で呼ばれることが多い。行政機関や公立施設で働く場合は、公務員試験に合格することが必要。この仕事に就くためには、国家資格である社会福祉士や精神保健福祉士を持っていることが基本となる。この資格を取得するにはさまざまなルートがあるが、福祉系の大学（4年制）で指定科目を勉強し、国家試験を受けるのが一般的である。

ケアワーカー

　日常生活をおくるのに不都合がある人に補助や介護を行う。特に介護施設で働く人を指すことが多い。ソーシャルワーカーと同様に公立・私立を問わずに、さまざまな働き場所がある。公立施設で働く場合は、やはり一般行政職の公務員試験に受かることが必要。国家資格の介護福祉士を持っていることが就職の条件になりつつある。2000年4月に介護保険が施行されたため、有資格者の需要はますます増える一方である。しかし卒業すると同時に資格を取得できる福祉専門学校が、乱立している状況なので、有資格者であることだけではなく、その人自身の資質も問われはじめている。

ホームヘルパー［訪問介護員］

　高齢者や身体・精神に障害を持っている人の自宅を訪問し、身体介護や生活の支援をする。具体的には入浴・排泄・移動・食事等の介助、移動の介助、炊事・掃除・洗濯等の支援など。本人ができる限り自立的な生活を送るために必要な支援を行うだけでなく、その家族の負担を減らす役割も果たす。働き場所は、独立した訪問介護事業所（ヘルパーステーション）、あるいは介護施設や病院などに併設された訪問介護事業所である。この職業に関わる基礎的な資格に訪問介護員がある。1～3級まであり、養成研修を受けることによって取得できるが、3級については廃止の方向が打ち出されている。また、さらに上位の資格として国家資格である介護福祉士がある。介護福祉士の資格を持っている方が就職や待遇の面で有利だと言われており、訪問介護員として3年以上の実務経験を経たのち、国家試験にチャレンジする人も多い。

ガイドヘルパー［外出介護員］

　重度の障害者や要介護者の外出に付き添う。客は高齢者が中心で人手不足の感がある専門職だ。都道府県などの研修を受け、ガイドヘルパーの資格をとるとよい。他の職業に比べ認知度が低い面があるが、だからこそ今後の需要が見込まれる仕事でもある。

医療ソーシャルワーカー

　患者やその家族が安心して治療をすすめられるように相談にのり、ほかの職員や患者に必要な機関との連絡や調整を行う。具体的には、治療費の負担、療養中の育児、家族との人間関係、転院先の紹介などである。また患者の社会復帰の援助もする。一般的には福祉系の大学や短大で学び、社会福祉主事任用資格を取得して、病院や診療所、保健所や介護施設などに就職する。現在は専用の資格はないが、高齢化問題に対処するためにも国家資格を設ける必要性が論議されている。つまり福祉のほかの職業に比べ、専門領分が確立されていない。そのため仕事内容は自分で切り開いていかなくてはならないが、今後の社会において必要とされる職業である。

精神医学ソーシャルワーカー

　現在は1997年に精神保健福祉士法で創設された国家資格、精神保健福祉士の名で呼ばれている。仕事内容は、精神障害者を対象に、患者の自己決定権を侵害せずに、地域の関係機関と連携してさまざまな問題を解決する。具体的には、治療上の問題解決や社会復帰のための助言や指導、日常生活のための訓練を行う。精神科や心療内科の病院などが主な働き場所だ。精神保健福祉士の資格は、保健福祉系の大学で勉強して国家試験を受けて取得するのが一般的。精神科医学の発達にともない、患者の社会復帰に関わるこの職業は、今後の需要が見込まれる。

家庭裁判所調査官・保護観察官・法務教官

　福祉の分野で犯罪に関わる代表的な職業はこの3つ。家庭裁判所調査官は、家庭裁判所で働き、家事事件・少年事件を行動科学的見地から調査・診断し、その家族や罪を犯した少年などに対し、カウンセリングやケースワークを行う。保護観察官は、国家公務員の一種で、犯罪者や非行行為のあった成人・少年の背景を把握した上で、本人の更生や改善を助け、補導や援護をする。法務教官は少年院や少年鑑別所で働き、施設にいる少年の社会的不適応性を取り除き、社会復帰できるように援助・指導をする。これらの職業はすべて公務員であるため、急激な需要の増大は望めない。しかし、少年犯罪の若年化にともない、優秀な人材を必要とする職業である。

手話通訳士

　手話は、聴覚障害があって音声によるコミュニケーションが不自由な人に、手や指の動作によって言葉や意味を伝える技術。手や指の形、動き、位置で音や単語がつくられていて、手話での日本語の単語は約4000語あるといわれている。一般に、同じ言葉を唇の形であらわす口話と同時に使われることが多い。手話通訳ができるようになるには、福祉学科のある専門学校で学ぶか、手話サークルや関連団体、自治体が実

施する手話講座などに参加し独学に近い形で学ぶこともできる。手話通訳は資格がなくてもできるが、1970年に始まった国の手話奉仕員養成事業と、2006年の障害者自立支援法によって国や都道府県での通訳士が制度化されてきている。手話通訳士には厚生労働省の認定資格と都道府県ごとの資格があり、それぞれ養成講座の受講や全国統一の試験に合格しなければならない。通訳士になると、派遣事業会社に登録し、個人や団体から頼まれて仕事をすることになる。手話の技術に加え、幅広い一般教養や聴覚障害者に関する情報と知識が不可欠。やりがいと充実感のある仕事だが、現状ではまだ職業として成立させるのはむずかしい。ほとんどの手話通訳士は他に職業を持ちボランティアとして活動している。

いのちの電話相談員

　自殺を考えている人やその家族からの電話、FAXに24時間匿名で対応し、自殺を防ぐための相談相手となる。地域により年齢などの資格・条件は異なるが、相談員になるには、25歳以上58歳以下で、所定の審査を経て2年間の研修を修了することが必要。研修に必要な費用は自己負担となる。全国に51カ所近くあるセンターで、7500名ほどが相談員として活動を行っている。しかし日本における自殺者は年間約3万3000人と、交通事故死の3倍以上。未遂者はその20倍にも及ぶといわれており、いのちの電話相談員の数はとても足りているとはいえない。毎年1回の募集には多数の応募があるが、すべての相談員はボランティアであり、報酬はいっさい発生しない。人の悩みに真摯に耳を傾けることができることが大切である。

スクールカウンセラー

　生徒がよりよい学校生活をおくることができるよう、友だちとの関係、恋愛相談など、学校で子どもの相談にのりカウンセリングを行う。また教師や保護者に助言をしたり、協力をして、不登校といった問題にも取り組む。幅広い相談に対し丁寧に応対する根気と打たれ強さを持った人に向いている。スクールカウンセラーになる確実な方法というのは、現在のところないが、臨床心理士や学校心理士を就職条件とすることもあるので、心理学を学びこうした資格をとっておいたほうがよいだろう。2001年度から、すべての公立中学校に、スクールカウンセラーを導入しようという動きが具体的になったというが、基本的に非常勤や年契約であったり、勤務条件や収入に不安定な面があり、募集もさほど多くはない。また職業としての歴史が日本では浅いため、自分自身で道を切り開き、ノウハウを作り上げる努力が必要である。

介護施設スタッフ

　高齢者や障がい者などに対してすまいと介護サービスとを併せて提供する介護施設において、入浴・排泄・移動等の介助、食事の提供と介助、室内の整頓や清掃、衣類の洗濯やシーツ交換、レクリエーションの提供、リハビリテーションの支援などを行う。清掃・洗濯等の担当や調理担当、レクリエーション担当など、介護関係の資格が特に求められない部門もあるが、入居者の身体に直接触れる身体介護に従事するスタッフについては、少なくとも訪問介護員の資格が求められることが多い。また、国家資格である介護福祉士を持っている人も多く、施設によっては介護部門への就職の条件にしているところもある。介護福祉士の資格は、福祉系養成施設を卒業（原則として２年コース）するか、３年以上の介護の実務経験を経て国家試験に合格することで取ることができる。かつては、公立や社会福祉法人（NPO）立の介護施設が大部分であったが、最近では民間企業立の介護施設も多くなってきている。

教育

小学校教師

　小学校教員養成課程のある大学などで、小学校で教える９科目すべてにわたる教科専門科目と、教育学と心理学に基づいた教職専門科目から構成される単位を修め、小学校教員免許を取得する。その後、公立の場合は、各都道府県や政令指定都市による教員採用試験を受験し、合格後採用候補者名簿に名前が載り欠員状況によって採用が決まる。私立の場合は教員免許を取得後、各校の教育方針や校風にふさわしい人材を求めて、独自の採用が行われる。試験には、一般教養などの筆記試験はもちろん、水泳やピアノの伴奏などの実技も含まれる。現在、少子化の影響で学級数が減っていることもあり、かなりの狭き門となっている。教師は、小学生にとって親に次ぐ身近な大人であり、知識以外の面においてもさまざまな影響を子どもたちに与えることになるため、ただ単に子どもが好きというだけでなく、子どもと共に成長しようという心構えが必要である。

中学校・高校教師

　中学・高校の教師は教科担任制で、教員資格も教科別になっている。そのため、教育学部でなくても、専門科目と教職の単位を修得すれば資格を取ることができる。教師になるには、公立の場合、各都道府県の教員採用試験に合格して採用を待つ。次年度の生徒数や退職教師の数が確定するまで待機が続き、欠員が生じて採用が決まる。少子化が強まるなか、教員採用数は激減しており、競争率は中学で40、50倍、高校で100倍を超すといわれている。30人学級が行われるなど大きな教育改革がないかぎり、厳しい状態が続くと見込まれる。私立の場合は小学校教師と同じく、各校独自の採用が行われる。一部の都県で私学協会の教員適性検査が実施されており、参考にされている。面接では、担当科目への愛着の強さが好感を呼ぶようだ。大学教授や卒業生に推薦や紹介をしてもらう場合も多い。近年は、公立、私立ともに、社会人の対象枠を拡大したり、スポーツや芸術分野で優れた人を採用するなど、個性豊かな資質を持った人を採用する傾向が強まっている。教育現場が荒廃するなかで、生徒との信頼関係を築く豊かな人間性が求められる。

保育士

　保育所で、乳児から小学校就学までの幼児を保育する。保母、保父の総称。厚生労働大臣の指定する、保育士を養成する学校、施設で一定の科目を修得し卒業するか、都道府県知事の行う保育士試験に合格することが必要。その後、都道府県の保育士登録簿に登録し、はじめて保育士として働くことができる。保育士の基本的な役割は家庭養育の不足を支援、補完することであり、保護者である親と子の関係が円滑で愛情のあるものになるよう手助けすることである。それには保育士自身も親子との信頼関係を築けることが重要で、明るく、人間性豊かな保育士であることが求められる。一方、働きながら子育てをする女性が増えており、待機児童数は全国で約2万5000人（2009年9月、厚生労働省）に上る。ここ数年、毎年2万人前後の待機児童が発生しており、国は、待機児童問題の解消のために、認可保育園の経営に民間企業が参入できるようにしたり、パート保育士の割合を定めていた制限を撤廃するなど規制の緩和に乗り出している。このように、保育を取りまく環境は変わりつつあり、子育ての専門職としての保育士の重要性が高まっている。

家庭教師

　小、中、高校生を中心とした生徒の個人宅で、マンツーマンの学習指導を行う。講師はアルバイトの大学生が中心だが、家庭教師として生計を立てている社会人もおり、知人の紹介や、家庭教師派遣会社に登録するなど、働き口を見つける方法もさまざまである。高学歴のほうが生徒からの人気も高く、収入も高いと考えられることが多い

が、重要なのは生徒に対する熱意と本人の人柄である。生徒一人一人に合わせた学習方法のカウンセリングなどを行うことも必要で、学歴と教師のレベルは必ずしも一致しない。少子化の影響により子どもの数は減少しているものの、その分一人の子どもに対する教育熱は上がっているので、依然として多くの需要がある仕事である。

塾講師

　国公立の学校が「ゆとり教育」を導入し、人間形成に重点をおくようになったため、その分、親たちの受験勉強への期待は進学塾に向く傾向にある。塾講師は今までの受験の出題傾向を分析し、能率よく生徒に受験対策を伝授していく。また生徒の学力に応じて進学のアドバイスをする。子どもたちとの触れ合いに喜びを見いだすこともあるが、本分は進学のエキスパート。入学の難しい学校に、その塾から何人進学させられたかが評価になる。少子化で子どもの数が減っているので、生徒の獲得も大切な仕事。講師自ら電話で勧誘したり、夏休みの授業にさまざまなコースをつくるなど、生徒勧誘の工夫をしている。ふつう学校が終わってから塾の授業がはじまるため、21時過ぎまで教壇に立ち、それから翌日の授業の準備をする。日中を営業にあてている人が多いようだ。就職には大学を卒業していることが基本条件で、教員免許を持っているとプラスになる。進学の指導をする塾講師のほかに、学校教育についていけない子どもたちに補習をする塾講師もいる。

予備校講師

　予備校で高校生、予備校生を相手に大学受験のための講義を行う。各予備校で独自の採用試験を行っており、それぞれの専門科目の筆記試験と授業の実技検定に合格後、講師としての採用が決まる。年間で契約する場合がほとんどで、ほかにも仕事を持ちながら副業として予備校講師を行う人もいる。収入は人気や経験年数によって変わるが、タレントのような人気を持ち、参考書や問題集を多数執筆するなどして高収入を得ている人もいる。受験に関する知識を持っているだけでなく、それを生徒が理解できるようにわかりやすく伝えられることが大切。また、予備校講師は人気商売でもあり、生徒を引き付けることのできる人間性も重要な要素である。

大学教授

　それぞれが専門分野を持ち、大学や付属の研究機関で研究するかたわら、学生に講義を行う。ふつうは大学や大学院を卒業後、助手や講師として大学に所属し、准教授を経て教授になる。ほとんどがその過程で博士号を取得している。研究論文を執筆して大学や学会に評価される必要があるが、教授職の欠員を待たなければならず、道のりは長くなかなか難しい。真にその学問が好きでなくてはできない仕事だ。一方、スポーツ界や芸能界、金融、行政などさまざまなジャンルで突出した才能と実績を認められれば、教授として大学に招かれることも多い。国際化、多様化の時代にあって新しい分野の学問も生まれており、学科の新設も増えている。終身雇用が基本だったが、大学間での活発な移動が少ない、研究や教師としての質が低下するなどの問題が指摘されたため、任期制や学生による評価制度などを導入する大学が増えている。学生が興味を持てる授業をするなど、ただ学問を教えるだけではない対応が求められている。

幼稚園教諭

　幼稚園で、3歳から小学校就学までの幼児の教育を行う。文部科学大臣の認定を受けた大学、短大などで幼稚園教員養成課程を修得し、幼稚園教諭免許を取得する。その後、私立幼稚園の募集に応募するか、市町村単位で行われている教員採用試験を受験する。幼児教育は、人格形成の基礎となる時期に一人ひとりの個性を伸ばし、遊びを通じて協調性や自立心を養い社会性を育てていく、やりがいある仕事だ。ただし、ひとり一人の心や体の動きを敏感にとらえて対応するので、精神的にも肉体的にもけっこうハード。少子化が進んで、採用は減少気味だが、出産や子育てで離職する女性幼稚園教諭も少なくなく、人手は足りていない。幼児教育の必要性が社会的に認知されてきており、男性的要素を入れてバランスをとるべきとの考えから、男性教諭の増加が見込まれる。

　ところで、同じ幼児教育を担う現場の幼稚園と保育所では、幼稚園＝対象者は3歳～就学前・教育施設・文部科学省所管、保育所＝0歳～就学前・福祉施設・厚生労働省所管などの違いがあり、長く、問題を抱えてきた。国は規制緩和によって問題の解決を図るべく、施策を講じており、2010年度には、厚生労働省と文部科学省は幼稚園と保育所の機能をもつ「認定こども園」の制度改正に着手、会計書類の作成をどちらか一方で済むようにする。また、幼稚園教諭免許と保育士資格を相互に取りやすくするため、資格取得の条件を緩める。今後も、取りまく環境は変化すると思われる。

フリースクールで働く

　フリースクールとは、本来「自由な学校」という意味であるが、一般的には「不登校や引きこもりなどの、学校に行っていない子どもたちのための学校」としてとらえられている。また、近年ではその性質から、軽度の発達障害の子どもたちのための学校としてもその役割を果たしている。フリースクールの教師になるには、特別な資格は必要ないが、総合的な学習を指導する必要と、子どもや親のカウンセリングも兼ねることが多いことから、教員免許や心理療法士などの資格を持っていることが望まれる。志望者に対して受け皿が極端に少ないのが現状であり、また、現在働いている人もボランティアの場合が多く、生計を立てている人はまだ一部にすぎない。

障がい児の学校教諭

　特殊教育学校でハンディキャップを持つ子どもたちを教える。職場には目の不自由な子どもたちのための盲学校、耳の不自由な子どもたちのためのろう学校、それ以外の障がい児のための養護学校、比較的障害の軽い子どものための特別支援学級などがある。精神的にも肉体的にもとてもたいへんな仕事だが、これまでできなかったことがある日できるようになるなど、子どもたちの変化や成長は大きく、その分やりがいは十分だ。ただし、ちょっとのことでは負けないねばり強さと、おおらかで明るい性格が必要。また、普通の教職よりも給与が高めに設定されていることもメリットである。養護学校の先生になるには、まず普通免許状を取得し、さらに養護学校教諭普通免許状を取る。そのためには、特殊教育教員養成課程のある大学を卒業するのがもっとも早道だ。

ベビーシッター

　仕事をもっている母親が留守のときに、その子どもの世話をするのが仕事。在宅保育ともいい、保育士や幼稚園教諭の資格をもっていると有利。遊び、学習、食事、入浴など子どもの年齢に見合った保育が求められる。子ども好きであることはもちろん、急病や事故など不慮の事態が起こることもあるので、機転がきき、責任感の強い人が望まれる。子どもに好かれることだけでなく、母親から信頼されることも大切で、よい関係がつくれれば、仕事が長つづきするが、そうでないとすぐにクビになってしまう。働く女性がふえていること、休日の夫婦での外出時など、仕事の機会はふえている。また、イベントなどに子連れで参加する母親のためにベビーシッターを用意する公共施設もふえている。民間の協会の認定資格もあるが、資格は特に必要はない。一般には派遣会社に登録し、時間給で働いている。大学生から子育てがすんだ中高年者など年齢は多様だ。

キャリアカウンセラー　キャリア・デベロップメント・アドバイザー

　仕事、人生の転機を迎えている人に対する相談を行う。どんな仕事につくか迷っている人、探している人に、就職先・企業側との架け橋となる役目を持つ。相談する人は、自分では気づかない不安や希望を抱えているもので、それを導き出す手助けをする。社会・雇用環境の変化の速い現代では、相談者の数は増え続けている。単に経歴や学歴だけでマッチングするのではなく、ていねいに話を聞きながら、相談者自身も気づいていない興味の対象や、隠れてしまっていた能力などを引き出す。また、雇用の形が多様化し、さらに新しい職種も多く生まれているために、それらを把握するなどのリサーチ能力も必須である。キャリアカウンセラーになるのに特に資格は必要ないが、話を聞くだけではなく、聞き出し、正確でていねいなアドバイスを行うことが求められているため、企業の人事担当や人材紹介スタッフ、派遣会社のコンサルタントやハローワーク職員などの経験を積むことが望ましい。CDA（キャリア・デベロップメント・アドバイザー）というキャリアカウンセラーの実務家向けの資格を取る人もいる。CDAの資格取得には、アメリカのキャリア開発協会のカリキュラムを改良した6カ月程度の講座を受講する。資格取得後も継続学習が必要。試験費用は1次試験が1万5750円、2次試験が2万1000円。民間資格で、特定非営利活動法人・日本キャリア開発協会が発行する。

養護教諭

　学校の保健室などに常駐し、在校生のけがや病気の応急処置を行ったり、健康診断・健康観察などを通して、在校生の心身の健康を把握する。また、保健主事として、健康診断、水質検査・照度検査・空気検査などの環境衛生検査、保健衛生知識の教育などの計画や実施を行う。ときに健康教育や性教育などの授業を行うことがある。養護教諭の教員免許が必要で、4年制の教員養成系大学の養護教諭養成課程、指定の看護大学などで所定の養護と教職の単位を取得すると、1種免許が得られ、短期大学の養護教諭養成課程で所定の単位を取得すると、2種免許が得られる。なお、保健師の国家資格をもっている場合は、都道府県の教育委員会への申請のみで養護教諭2種免許を受けることができる。近年は児童の心のケアも大切な仕事で、頻発している身体的、心理的な児童虐待についても、養護教諭は発見しやすい立場にあり、早期発見・早期対応にその役割が期待されている。

安全

警察官

　まず警察の組織について簡単に説明すると、警察には警察庁と、都道府県単位の警察がある。警察庁は中央官庁で、各地の警察を指揮する行政組織。職員は国家公務員で、警察官ではあるが官僚と考えたほうがいい。これに対して警察の現場にあたるのが、都道府県ごとに置かれた警察本部。職員は地方公務員で、こちらのほうが人数は圧倒的に多い。なお東京都の警察本部だけは特別に警視庁と呼ばれている。それぞれの警察本部の機構も、自治体の規模などによって若干異なるが、仕事内容によって以下のようなセクションに分かれている。

地域	交番勤務など地域に密着した活動
刑事	犯罪捜査、取り調べなど
交通	交通事故防止やその処理
生活安全	防犯、少年非行、麻薬や銃器の取り締まりなど
警備	要人警護、災害救助活動など
管理	人事、総務などの事務

　こうした警察官の採用は、都道府県単位で独自に行っているが、一般的に募集は大学卒業程度を対象とするⅠ類、短大卒業程度のⅡ類、高校卒業程度のⅢ類に分けて行われる。住んでいるところ以外の県警を受験することもできる。試験に合格して採用が決まると、まずは各都道府県にある全寮制の警察学校に入学することになる。男子は高卒・短大卒が10カ月、大卒は6カ月、女子はすべて6カ月。有給で、この間に法律をはじめ警察官に必要な基本事項を学ぶ。初めて拳銃の扱い方を知るのもここ。後半には研修として実際に交番に立つ。卒業をすると、最初の職場はほとんどの場合、交番勤務となる。階級は巡査。警察官の階級は、巡査を皮切りに、巡査長、巡査部長、警部補、警部、警視、警視正、警視長、警視監、警視総

監（東京の場合）となっている。昇進には一定の勤務年数とともに、試験を受け、研修を受けることが必要になる。

またこれとは別に、警察には刑事、白バイ・パトカーの運転、鑑識といった専門職がある。こういった仕事を希望する人は、勤務の実績などを考慮されたうえ、やはり研修を受けることになる。条件をクリアして、たとえば白バイに関する特別なトレーニングを受けると、その後は各警察署に配置されたり、交通機動隊員になったりする、という具合だ。さらに専門的な知識を得るためには、外部の教育機関に派遣されることもある。外国語、コンピュータから船舶操縦、航空機操縦、警察犬担当者の養成まで、その分野は多岐にわたる。こうした教育システムの充実ぶりを見ても、警察官の仕事にもますます専門性が求められていることがわかる。

救急救命士

救急車に同乗して、搬送中の急患の症状が急変したときに、気道の確保、心拍の回復、輸液処置などの応急手当てを行う。1991年にできた新しい資格だが、この資格を持っていても、消防隊員でなければ仕事はできない。全国に11ある救急救命士養成所で2、3年学び、国家試験を受験して資格を取得する。または、大学で公衆衛生学、解剖学、病理学などの科目を履修したうえで、救急隊員として1年以上経験を積めば、資格試験を受けることができる。生死に関わる手当を、走行中の救急車のなかで行うので、冷静な判断力、臨機応変の技術力や強い責任感が求められる。また、救急病院に着いたときに、担当医に経過処置を的確に報告できなければならない。今後、ニーズが増えていく仕事だ。

海上保安官

海の安全維持から、事故対応・救助作業といった日本の海の安全を守る。国家公務員として海上保安庁などで働く。不審船の監視や取り締まり、海上交通の整理をはじめ、海難事故が起こった際の救助作業、事故によって海上に流出した船の油や有害物質の防除措置に至るまで、さまざまな状況に対応していく。安全な航海を支援していくために、水路の測量や海洋・天体観測などを実施して海図を制作する部署や、船が自分の位置を確認するための航路標識（灯台やブイなど）の設置・管理をする部署もある。海上保安庁に入るには、海上保安大学校か海上保安学校を卒業する必要がある。

海上保安大学校では、海上保安業務に必要な高度な技術や技能を修得するとともに、心身の鍛練を図ることにより海上保安庁の幹部職員を養成している。本科卒業後は専攻科に進み、練習船で遠洋航海乗船実習を行い海上での実践力を身につける。学生採用試験での倍率は7～12倍ほど。海上保安学校は、海上保安職員として採用された学生に対して海上保安業務に必要な学術や技能を教授する。航海コースや機関コースなど、卒業後の業務に応じた5つのコースでその分野のエキスパートを育てる。試験での倍率は、5～20倍ほどとコースにより異なる。そのほか、海洋情報部などで、国家公務員Ⅰ種試験により理工系の人材を募集したり、海技免許取得者に向けて巡視船艇職員の募集も行っている。

警備員

銀行などの金品輸送、工事現場や駐車場での交通整理、ビルの出入口で不審者をチェックするなど、警備を必要とするあらゆる場面で活躍する。テレビモニターを使って監視することもある。警備会社では「管制」の仕事も大切で、警備員を教育し、クライアントが必要とする安全を確保するため、警備計画や配置図をつくり、警備の増員などを的確に指示する。現場では、犯罪者に遭遇したり、交通事故に巻き込まれたりと、トラブルに見舞われることも多い。警棒の携帯が許可される場合もあるが、基本的には丸腰。果敢に危険に立ち向かう勇気も尊いが、安全に最善の策をとる判断力が何より大切だ。またクライアントだけでなく、道行く一般人などにも細かい気遣いが必要とされ、女性警備員の需要が増えている。18歳以上で警備員国家資格が取れるので、持っていると就職に有利。元警察官からの転職者も多く、柔道などの有段者も採用されやすい。各社とも採用にあたって、犯罪や交通違反などの前歴者に神経を使うようで、タトゥーを入れていることも厳禁。信頼と安全確保が何より大切な仕事である。

刑務官

刑務所や拘置所、少年刑務所などに配置される国家公務員。全国に約1万7000人の刑務官がいる。矯正監（所長）のもとに、看守、看守部長、副看守長、看守長など、いくつかの階級で組織されている。刑務所では、罪を犯して入所している受刑者の日常を監督し、社会復帰させるために指導する。社会の要請として、受刑者は入所中に良い方向へと変化しなければならず、刑務官はその手助けをする。受刑者の短所を一つでも長所に変えられたら、この上ない達成感があるという。受験資格は、義務教育終了以上で年齢制限があり、試験年度の4月1日現在で、17歳以上、29歳未満。採用試験は、刑務Aの男性、刑務Bの女性に分かれて行われ、教養試験、作文試験、人物試験、体力検査がある。体力検査では、筋持久力・瞬発力・敏捷性が審査され、基準に達しない項目が一つでもあれば不合格となる。

レスキュー隊員［消防の救助隊］

　レスキュー隊員には消防の救助隊のほか、民間のレスキュー部隊、県警の山岳救助隊、警察の機動隊などがある。消防の救助隊は、火災や震災、台風、水難事故といったさまざまな災害の現場で人命を救助する。各自治体の消防本部にあって、その地域の人命救助が主なため、海がある地域では水難事故救助に強いとか、山の多い地域では山岳救助に強い、といった特徴がある。救助隊員になるには、各都道府県の消防本部（東京都の場合は東京消防庁）に公務員試験を受けて入る。自治体によっては体力試験を行うところもある。新人がいきなり救助隊員になることはまずない。まず、消防学校（全寮制）で半年から1年くらい消防の基本的な研修を受け、卒業後に各消防署に配属、体力や気力をみて選抜され、研修を受けて救助隊員になる。だから、希望して消防職員になったとしても必ずしも救助隊員にはなれない。救助隊は世代交代が激しく、長くても40代くらいまでといわれている。救助隊員のなかからさらに選ばれて、海外で起きた災害での人命救助に派遣されることもある。

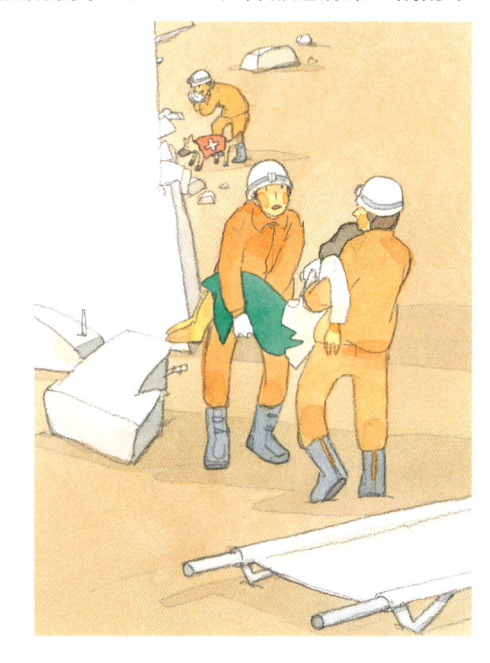

SAT［警察の特殊部隊］

　Special Assault Team、通称 SATは、おもに対テロ任務につく警察の特殊部隊である。直訳すれば「特別急襲部隊」ということになるが、正式な名称は「特殊部隊」であり、所属する各都道府県警察名を前につける。たとえば警視庁SATの正式名称は「警視庁特殊部隊」となる。1970年代、国際的にテロが多発するようになり、警察庁は、ドイツ警察の特殊部隊である「GSG-9」（国境警備隊第9グループ）やイギリス陸軍の「SAS」（Special Air Service 特殊空挺部隊）などを参考にして、また実際に現地で研修・訓練を積むことにより、対テロ特殊部隊を創設した。SATは、現在、警視庁、大阪府警察、北海道警察、千葉県警察、神奈川県警察、愛知県警察、福岡県警察、沖縄県警察に配属されている。人員は全体で約300名。2000年の西鉄バスジャック事件で、窓を割って閃光弾を撃ち込み、突入して犯人を制圧・逮捕して一躍存在が知られるようになった。おもに機動隊員から希望者を募集し、選抜試験をクリアした者が入隊する。高い身体能力と強い精神力、判断力と決断力が求められる。SATの隊員には厳重な秘密保持が課せられ、自分がSAT隊員であることをむやみに

明かしてはならない。SATは、日本の法律で「特殊銃」と規定されているサブマシンガンや狙撃用を含むライフルで武装している。日本国内の5カ所で行われている訓練は苛烈で危険なもので、隊員が重症を負う事故も報告されている。テロリストや犯人を光と音で圧倒し制圧するための特殊閃光弾・スタングレネードも使用する。海上保安庁にもSST（Special Security Team 特殊警備隊）と呼ばれる対海上テロの特殊部隊があり、訓練の厳しさや、使用火器はSATとほぼ同じである。

ボディガード

　民間の要人や、危険にさらされている民間人の身辺を警護する。最近はストーカー被害に遭っている人の警護も増えている。交渉の現場に同行したり、海外危険地域に出張する人を警護して海外に同行することもある。危機に遭遇しないための危機管理が役目となる。警備業なので、法人、個人とも、各都道府県の公安委員会の認定が必要。ボディガードになるにはまず、専門のスクールや養成所で護身術や歩行訓練、車輛の運転技術・乗降訓練のほか、爆発物に関する知識や法律講座などを学ぶのが一般的。その後、専門の会社やボディガード部門を持つ警備会社に就職する。独立してフリーで仕事をしたり、会社に登録して必要なときに呼んでもらって仕事をする登録社員になる手もある。欧米に比べて、日本のボディガードのレベルは遅れており、養成が急がれているのが現状。まだ人材が不足しており、求人募集には、大学卒業、自動車・バイクの運転免許、品行方正、日常の英会話ができる、武道・格闘技経験者、30～35歳くらいまで、170センチ・75キロ以上などを条件にあげているところが多い。

宗教

僧侶

　仏教で出家して僧門に入った人。いわゆる「お坊さん」。仏教には、密教系（天台宗、真言宗）、浄土系（浄土宗、浄土真宗）、禅系（臨済宗、曹洞宗）、法華系（日蓮系）などの大宗派があり、宗派のなかも細かく分かれている。修行を積めば誰でも僧侶になれる。修行の道は2つある。1つは、剃髪して得度（浄土真宗は有髪も認められている）という儀式を行い、本山の研修機関などで宗派の教えや歴史を学びつつ修行をする道。もう1つは、各宗派の大学に入学して勉強しつつ、夏季休暇などに寺院で修行する道。修行後に、僧の位を得ると、多くは寺院に派遣されて、そこの住職のもとで修行と実務を体験していく。僧侶になる人の多くは、親が僧職にあり、その寺を継ぐことが多い。寺は檀家によって経済的に支えられているが、檀家が少ない寺では、幼稚園を経営したり、学校の先生などを兼業して生計をたてている。寺院は日本全国

で約七万数千寺あるといわれるが、過疎化の進行などで檀家が減少し、そのうち約1万寺は無住職といわれている。

神主

　神社に奉仕する。神主の普段の一日は、本殿に赴き境内を掃除し、社殿で朝拝、祝詞をあげることからはじまる。初宮詣、厄除などのほか、ときには地鎮祭や、冠婚葬祭、礼大祭などの神事を行う。神社本庁が包括する神社は全国で約8万社あるが、兼務社も多く、神主数は2万1000人ほど。神主になるには、国学院大学か皇学館大学の神職課程で学び、神職の資格を得て、全国の神社に就職するのが一般的。ほかには、神社付属の神職養成所や研修所で学び、神職の資格を得る方法もある。就職は、大学の場合は神道研修事務課を経由し、各神社に採用される。親が神職についている場合は、その後5～10年で親の神社に戻るのが一般的だ。女性の神職も増えているが、採用されるのは家が神社である人がほとんどで、ふつうの家庭出身の女性が神職につくことは難しいのが現状だ。

神父・牧師

　キリスト教の聖職者で、神父はカトリックの、牧師はプロテスタントの聖職者を指す。神父は司祭とも呼ばれ、ローマ・カトリック教会に配属され毎日ミサを執り行う。教会での管理・運営などすべての責任を持ち、信者の悩みを聞くこと（懺悔聴聞）も大切な仕事。さらに、聖書の研究や布教活動、冠婚葬祭の儀式もする。また、神父にはイエズス会の修道会や宣教会に所属する人もいる。修道会は修道院での修行が中心で、宣教会は海外での布教活動にあたる団体だ。神父になるには、教区や修道会、宣教会の指導者の推薦を受けて神学校で学ぶ。当然、カトリック信者でなければならない。プロテスタントの牧師の仕事も、教会に配属されれば、カトリックの神父とそう変わらない。ミサの代わりに、礼拝を執り行い、信者に説教をする。牧師の推薦を受け、プロテスタントの神学校で学んで牧師になるのが一般的。カトリックであろうが、プロテスタントであろうが、教会は信者によって支えられているので、信者の信用を失えば教会からはずされ、ほかへ配属させられる。また世界各地での貧困や不正に対して、教会の枠を超えて、その救済や是正に努力する神父や牧師は多い。

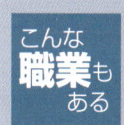

こんな職業もある　司法書士▶P.63　行政書士▶P.63　弁理士▶P.64　海事代理士▶P.64　公務員▶P.65　国連職員▶P.347　外交官▶P.348　弁護士▶P.353　裁判官▶P.354　検察官▶P.354　便利屋▶P.394

ESSAY｜フェアトレード

ピープル・ツリー／グローバル・ヴィレッジ代表　サフィア・ミニー

ファッションの裏側にあるもの

　最近、日本でも「ファスト・ファッション」という言葉が聞かれるようになってきました。ファスト（早い）・ファッションとは、ファストフードのように、そのシーズンのトレンドをすばやく取り入れ、大量生産し、安く売られるファッションのこと。まるで使い捨てるかのように、店頭でめまぐるしく回転していく商品。誰が作っていて、なぜこんなに安いのでしょう？

　日本のファッションの90％以上が、海外で作られ、輸入されたものです。そのほとんどが、中国をはじめとする途上国で作られています。そこに住む人たちが、きちんとお給料を支払われているか、無理な労働条件で働かされていないか……考えてみたことはありますか？

　バングラデシュの首都ダッカで、縫製工場で働く人たちが住むスラムを訪れたとき、私は、あまりの光景に愕然としました。とても人の住むところとは思えなかったのです。水たまりの中に立つ、数メートルの竹の骨組みの上に立てられた家。下水やごみ処理のしくみが整っていないので、生活排水やごみは、すべてこの水の中へ。廊下にはむき出しの水道管やガス管が走り、足元に敷かれた板にはすき間や穴がいっぱい、小さな子どもならするりと落ちてしまいそうです。ここに何千人もの人たちが暮らしていました。その多くが、農村から出稼ぎに来た人たちです。この地域には学校がないので、学校に通う年齢になった子どもたちは、親とはなれて故郷に帰ることも多々あります。大人たちは4畳半に満たないほどの大きさの部屋に2、3人で寝泊まりしています。キッチンも3、4台のガスコンロを200人あまりが共同で使い、トイレもシャワーもひとつしかありません。

　さらに住人に話を聞いてみると、1日12〜16時間、工場でミシンを踏み続けても、もらえる賃金は生活するに足りません。ダッカの最低賃金は1660タカですが、実際の生活にはその約3倍、月4500タカ程度必要だと言われています。それでも仕事を続けるのは、ほかに選択肢がないからなのです。海外への輸出の70％以上が衣料品のバングラデシュ。先進国でのファスト・ファッションの流行で、衣料品工場はもっともっと安い金額でものを作ることを求められ、人件費が削られ、状況はますます悪化しています。

フェアトレードとは

　そんな状況を変えたいと思い、私がフェアトレードの仕事に関わるようになって15年以上になります。フェアトレードとは、簡単に言うと、「人と地球にやさしい貿易」。アジアやアフリカ、中南米などの女性や小規模農家をはじめとする、社会的・経済的に立場の弱い人びとに仕事の機会を作りだし、公正な対価を支払うことで彼らが自らの力で暮らしを向上させ、自立できるよう支援します。

私が立ち上げたフェアトレードのブランド「ピープル・ツリー」では、貧困と環境問題の解決を目指して、洋服やアクセサリー、食品、雑貨などのフェアトレード製品を途上国の生産者と一緒に作り、日本やイギリスで販売しています。利益を多くするために人や自然環境を犠牲にするのではなく、仕事の機会を作りだし、生産者が安定した収入を得、自らの手で暮らしをよくするお手伝いをするのです。その国や地域に伝えられてきた、手織りや手刺繍、手編みなどの手仕事の技術を積極的に使い、また、生産地で豊富に採れる自然素材や、オーガニック・コットンなど農薬や化学肥料を使わない自然農法によって作られた素材を使って、持続的なもの作りをします。大量生産の服や雑貨とはひとあじ違う、ぬくもり。そして、その商品を通じて、誰かの暮らしが少しよくなるということに共感し、ファンになってくれるお客様が増えています。

フェアトレードの村

　貿易がフェアになると、作り手の生活はどう変わるのでしょうか？　私はスラムを訪ねたその足で、ダッカから北西にある農村、タナパラ村を訪ねました。村のそばには川が流れ、川の土手にはツバメが巣を作っています。川では子どもたちが元気に遊び、村の中では、女性たちが屋外で料理をしています。

　この昔ながらの暮らしが残る村に、ピープル・ツリーが10年以上にわたっていっしょに製品作りをしている、フェアトレード団体「タナパラ・スワローズ」があります。200人以上の女性たちが、手織りや手刺繍の伝統技術を活かし、洋服作りに携わっています。女性たちの賃金は、都市のスラムに住み衣料品産業で働く人の2倍ほど。タナパラ村のような農村では、都市に比べて物価が3分の1程度と安く、さらに女性たちは自分で鶏や野菜を育てているので、毎月貯金をすることもできます。スワローズで働く女性たちの家には、電気が通い、雨がもらない屋根、井戸、ラジオなどがありますが、近隣の地域では25％程度の人びとしか同様の設備を手にすることができません。また、近隣の子どもたちが12歳で学校を離れ働き始めるのに対し、お母さんがスワローズで働く子どもたちは17歳まで学校に通うことができています。フェアトレードによって、人びとは収入を得られるだけでなく、安全な家や教育の機会を手にすることができ、村の発展にもつながっていくのです。

フェアトレードはソーシャルビジネス（社会企業）

　このような活動をしていると、よくチャリティーだと勘違いされることがありますが、私たちの活動は、決して慈善活動やボランティアではありません。私たちのように、ビジネスを通じて社会や環境の問題を解決しようと活動する企業は「ソーシャルビジネス（社会企業）」と呼ばれます。一般的な企業と違うところは、ビジネスを成長させることで、社会的・環境的な貢献ができるということです。

　フェアトレードでは、生産者への支払いを、製品ができるより前に半額支払っているので、たくさんのお金が必要になります。商品が売れなければ、次のプロジェクトへの資金ができません。また、ビジネスとして機能し、利益をあげることができなければ、銀行からお金を借りることも難しくなります。ビジネスとして成功させることは容易ではありませんが、ソーシャルビジネスを行う会社

が増えることで、世界はよい方向へ向かっていくと信じています。

13歳のあなたへ

　現在、私は13歳と15歳の子どもがいますが、学校にはフェアトレードクラブがあり、二人ともメンバーとして活発に活動しています。ピープル・ツリーでは、貿易やファッションが抱える問題、フェアトレードの必要性を伝えるために、俳優やオピニオンリーダーの方々から、応援のメッセージをいただいたり、一緒にコラボレーションをすることもあります。2010年の春からは、映画「ハリー・ポッター」シリーズのハーマイオニー役で知られるイギリスの女優エマ・ワトソンとコラボレーションしたコレクションが発売になります。10代～20代前半向けのコレクションを発表するのは初めてなので、どんな反響があるかすごく楽しみにしています。私は、ファッションは見た目がかっこいいだけでなく、中身も本当の意味でかっこいいものにしたいのです。そこから、世界を変えられると信じています。直接フェアトレードの仕事に就くのではなくても、参加する方法はいろいろあります。毎日の買い物を少しずつフェアトレードに変えたり、お友達や家族に話したり。自分の職場でフェアトレードについて発信したり、社内を変えることだってできます。世界を変えるのは、まず身近な一歩から。あなたも、一緒に世界を変えることに参加してください。

プロフィール
サフィア・ミニー

イギリス出身。1990年に来日。91年に環境保護と国際協力のNGO「グローバル・ヴィレッジ」を設立。93年からフェアトレード事業を開始、95年「フェアトレードカンパニー」（ブランド名：ピープル・ツリー）を設立。2001年にはロンドンに姉妹会社を設立。09年フェアトレードとファッション業界への功績を認められ、大英帝国勲章第5位を受勲。

Essay｜NPOという選択肢

text by Ryu Murakami

大相撲協会や骨髄バンクもNPO

　NGOは「非政府組織（Nongovernment organization）」、NPOは「非営利組織（Nonprofit organization）」の頭文字をとった略称だ。ただし両者はほとんど同じもので、非営利というニュアンスが強い場合にNPOと呼ばれ、国際的な活動で非政府組織というニュアンスが強い場合にNGOと呼ばれる。ここでは統一して「NPO」という呼び方を使うことにする。NPOは、政府・自治体の組織でもなく、企業でもない新しい組織として注目されているが、おもにマスメディアなどによって、阪神大震災などで活躍した草の根的な小さなボランティア組織、というイメージが先行してしまった。

　しかし、非営利組織は、公益法人や宗教法人、医療法人、教育法人など、すでにたくさん存在してきた。たとえば多くの私立学校、医療法人、それに大相撲協会や骨髄バンクもNPOである。また、NPOはボランティア団体ではない。もちろんボランティア活動を行うこともあるが、ほとんどのNPOは収入を得ている。非営利という意味は報酬なしで活動するということではなく、収益を目標にしていない、利益を外部に配分しない、ということである。活動で得た利益は、通信費、宣伝活動費やスタッフの給料などの必要経費となり、余った分は組織の使命・目的のために再投資される。

日本のNPOの現状

　1998年、自民党から共産党まで全政党の議員が法案作りに協力して、議員立法として新しいNPO法が施行された。日本のほとんどの法律は官僚が作っているので、国会議員が法案を作るのはきわめてめずらしい。それだけNPOに国民的な関心があったということだ。NPOとして認められるのは、保健・医療・福祉、社会教育、まちづくり、文化芸術、環境の保全、地域の安全、人権の擁護・平和の推進、国際協力、男女共同参画社会促進、子どもの教育、など17分野で、地域の場合は都道府県、広域団体は内閣府が認証にあたる。

あるNPOが特定非営利活動法人として認定されると、組織が法的に公のものとなり、法人名で銀行口座を開設したり、契約を交わしたり、土地の登記ができるようになる。団体としての社会的な信用が得られるわけで、国や自治体からの補助金や民間からの寄付が得られやすくなる。しかし、これからの新しい組織として期待されているいわゆる「草の根的」NPOだが、経営状態は非常に苦しい。1980年代から、日本には多くのNPOが生まれたが、その多くは市民の自発的な参加による小さな団体である。専従スタッフを除くと、参加スタッフはほとんどボランティアかアルバイトで、会員からの会費や有志からのカンパをおもな財源としていて、企業からの寄付はほとんどなく、専従スタッフはぎりぎりの生活をしている、というのが、今のほとんどの「草の根的・市民NPO」の現状である。

官から民という大きな流れ
「グリーンピース」や「国境なき医師団」「アムネスティ」など、国際的に大きな力を持つNPOは、国や企業にとっては不利益になりがちな環境問題や、国境を越えた人命救助、人道支援、人権擁護などの活動で実績を積んできた。今、日本で期待されているNPOのおもな仕事は、もともと政府や自治体などが行ってきた公共サービスの代行だ。現在、政府・自治体の財政は最悪で、これまでのようなサービスを続けることがむずかしくなっている。全国の自治体では、業務を民間やNPOに委託するところが増えつつある。ゴミの収集、警備、スポーツ・文化施設の管理運営、学校給食、病院・診療所の運営、特別養護老人ホームの運営などが、民間へ委託されるようになった。民間企業とNPOが委託業務の受注を巡って競争するわけだが、公共的なサービスの場合、利益を上げなければならない企業に対して、非営利のNPOは充分な競争力を持っている。

　また、教育、医療、福祉・介護などで、求められるサービスが多様化するようになった。国民が一丸となって近代化や高度成長を進めているときは、青少年の非行、家族機能の不全、老人の介護、失業などの問題は、ほとんどの場合「貧困」と結びついていた。したがって行政の公共サービスの基本は、「貧困対策」として1つにまとめることができた。当然のことだが、社会が豊かになると、貧困以外の原因で問題が多発する。そこで、実に多様な公共サービスが求められるようになる。増える神経症患者へのケア、不登校児への教育サービス、ドメスティックバイオレンス（近親者による暴力）被害者のシェルター（避難所）設置やカウンセリングや社会復帰支援、リストラされた中高年やホームレスや低所得者への職業訓練・就職支援、高齢者への文化・娯楽・スポーツなどのサービスの提供、要介護認定者のためのいろいろな細かいケアなど、現代の社会では、必要とされる公共的なサービスは非常に多様化している。行

政が、そういったサービスすべてに対応するのは不可能で、民間への委託が進みつつある。だが、今のところ教育や医療には株式会社の参入が認められていないので、ここでもNPOが仕事を得るチャンスがある。

これから予想されるNPOの仕事

　将来的に医療や教育の分野で株式会社の参入が認められるようになっても、同じコストがかかり、生産性や能力が同程度だったら、営利企業と非営利法人と、どちらに需要があるだろうか。教育や医療、介護などのサービス機関への寄付や協力を考えている人は、営利企業と非営利団体とどちらを選ぶだろうか。わたしは、NPOのほうに可能性があると思う。出資に対する配当が不要な分、NPOのほうが有利で、しかもクリーンなイメージがあるからだ。今後NPOが期待されているのは、教育や医療や介護の分野だけではない。後継者不足に悩む農業、漁業、林業などの一次産業にもNPOは進出するかも知れない。

　NPOの強みは、インターネットなどを駆使した情報収集・分析能力と、他のNPOとの国際的な連携だ。農業・漁業・林業技術者のネットワークを作って、各地に派遣したり、環境NPOや国際交流NPOと連携して、地域の一次産業の再生と活性化を請け負うNPOが誕生するかも知れない。伝統工芸や伝統芸能や文化事業・イベントなどでもNPOの力が必要になるかも知れない。たとえばある自治体が地域を活性化しようとするとき、現状では、経営コンサルタントやシンクタンクなどに高い報酬を払ってアイデアを出してもらったりする。だが、いろいろなネットワークを持つ複数のNPOが協力すると、どういうことができるだろうか。まずその地域の地場産業を調査し、有力なものを選んでIT化を進め、仕入れ先を海外に求めたり、投資ファンドを探したり、新しいビジネスモデルを示したり、大学と協力して必要な特許などを紹介したり、さまざまなことが可能になるかも知れない。そしてたとえば手造りの家具だったら、内外のデザイナーを紹介したり、販売経路を変えたり、環境への配慮についてアドバイスしたり、異なる分野の情報とネットワークを活かした対応が可能だ。

営利企業のNPO化も

　くり返すが、NPOはボランティア団体ではない。収益を上げるために努力し、スタッフには報酬がある。将来的に、NPOの成功例が多くなると、逆にNPOに参入してくる営利企業が現れる可能性がある。投資家への配当が最優先され、利益が上がらなければ、現場の責任者はもちろん、最高経営者もクビになるのが、現代のグローバルな企業競争だ。もともと日本では、地域や従業員のためにという基本姿勢で事業を行ってきた企業が多かった。グローバリズムに従い合理化をくり返して株主のために

利益を上げるより、地域の再生や従業員の健康や幸福を優先させ、利益よりも社会的な価値を上げ、人びとから感謝されることを選んで、NPO化を検討する企業が増えるかも知れない。すでにアメリカや欧州の多国籍企業の中には、おもに環境保全の分野だが、NPOのスタッフをスカウトしたり、実際にNPOと業務提携する企業が増えている。

NPOの課題

これまで示してきたようにNPOには多くの期待が集まっている。だが、日本のNPOの現状は決して楽観できるものではない。昔から存在する「公益法人」と呼ばれるNPOは、その許認可権を官庁が握っていて、これから期待されるNPO活動とはほとんど無縁の存在と化しているところが多い。新しいNPOの進化には、そういった旧態依然の公益法人の改革が必要だし、またNPOへの課税のあり方も再検討される必要がある。さらにNPOへの寄付金への税控除の問題も早急に検討されなければならない。それは政治的な重要課題だが、もっと本質的な問題がある。まず、財政的に自立できている「草の根NPO」「市民NPO」が非常に少ないということだ。また、どのようなことができるかという広報・宣伝能力を持たないNPOが多いということ、そして、これが決定的なのだが、NPOに人材が集まらず、人材を育てるノウハウも組織もほとんどないということだ。もちろんそういったNPOが抱える課題はそれぞれに関連し合っている。

日本のNPOは、まだまだ発展途上にあり、場合によってはこのまま役割を果たすことなく、消滅してしまう恐れもある。もちろん一部には国際的に活躍し、メディアに取り上げられるようなNPOもあるが、そういった特別なNPOにしても、常に人材は不足している。ただ、くり返しになるが、政府や自治体、それに町内会や地域社会などの、従来の公共団体では対応できない問題が増えているときに、相互扶助・セイフティネットとして、今のところNPO以外に機能できる組織はない。つまり、現実が悲観的で、今後人材が育つ保証がないにしても、このままNPOを消滅させるわけにはいかないということだ。結局NPOは日本では役割を果

たせずに消滅した、という事態は、結局日本が内外の変化に対応できずに、危険で不安定な状態に陥ることを意味する。

結論：NPOという選択肢

　NPOを巡る状況を考えると、奇妙な思いにとらわれる。政府や自治体よりも、あるいは営利企業よりも、NPOのほうがはるかに効果的に対応できるだろうという問題は、社会全体にあふれているし、これからも確実に増える。たとえば自分の子どもが引きこもりになったとき、親はどこに相談すればいいのだろう。現状では、地域の保健所か民間の精神科医、そして暴力がひどい場合には警察、あるいは全国に点在する数少ないボランティアグループに相談するしかない。だが、カウンセラーを常駐させ、他の引きこもりの親たちや精神科医やフリースクールなどのネットワークを持ち、職業訓練や職業紹介の機能も併せ持ったNPOがあればどうだろう。出会い系サイトで出会った人から脅迫を受けているが親には言えないとか、援助交際で妊娠してしまったとか、地方から都市の盛り場に遊びに来て風俗店で働かされるようになったとか、そういう未成年はいったい誰に相談すればいいのだろうか。行政では、たとえば教育と医療と警察とカウンセリングと職業訓練などがそれぞれ別系統の組織としてあって、ほとんど横の連絡がないし、全国的なネットワークもない。

　ありとあらゆる分野で、行政と営利企業だけでは対応できない事態が生まれているのに、それに代わるべきNPOにはお金も人材も集まらない。大学を出てもなかなか働き口が見つからず、不本意ながらフリーターになりアルバイトを続ける若者が200万人とも300万人とも言われているのに、NPOを作ったり、NPOに参加してみようという人材は非常に少ない。将来的に日本の経済状態が多少良くなっても、雇用が一気に増えるわけではないし、新卒者の採用を減らし正社員を減らす傾向は変わらないのに、いまだに多くの若者が「就職」といえば「会社に入ること」だと思っている。たとえ社員として会社に入ることができても競争が待っていて、能力がないと判断されれば、クビになるか、給料が優秀な同僚の半分とか3分の1になる、そんな状況が続くのはわかりきっているのに、ほとんどの若者は、いまだに「会社員」以外の働き方をイメージできない。

　しかし、いずれ状況は変わるだろう。重要なのは多くの人がNPOを作って成功させることだ。成功して、収益を上げ、尊敬されるNPOが無数に誕生することが何よりも必要だと思う。そうなれば、「成功」というイメージそのものがしだいに変わっていくだろう。成功というのは、大きな会社に入って出世し、金持ちになって大きな家に住むことではない。そのことに多くの人が気づくようになるだろう。仕事に充実感

を持つことができて、社会的に価値を認められ、豊かな人的ネットワークを持つこと、それがこれからの成功の基準だ。日本のNPOは、人間で言えばまだ赤ん坊のような、未熟な状態にある。だから、チャンスなのだ。NPOで必要とされる知識や技術はほとんど無限で、金融から宣伝、医療や環境から芸術まで、どんな分野であれ、専門家は常に求められている。会社の知名度や実績にこだわって就職活動を続けるのか、知識と技術を磨いて起業を考えるのか、または信頼し合える対等な関係の仲間たちとNPOを立ち上げるのか、働き方の選択肢は1つだけではない。

written in 2003

参考『NPO入門』山内直人　日経文庫

Essay｜求められる教師像とは？

text by Ryu Murakami

時代にフィットしない教育システム

　わたしの両親はともに教師だった。二人とも1970年代に退職したが、ときどき「今教師じゃなくてよかった、今の教師は大変だ」みたいなことを口にする。昔と今の教育はどこか違うのかとわたしが聞くと、二人はいろいろな点を指摘する。子どもが変わった、親が変わった、教師も管理職も組合も文部科学省（両親が教師だったころは文部省）も変わった、というようなことだ。さらに、どう変わったのかと質問すると、とても一口には言えない、とにかく変わった、と言って、今教師じゃなくてよかったと、またくり返すのである。

　確かに日本の教育には、この20年ほどの間、いじめ、学級崩壊、校内暴力、不登校など、いろいろな問題が吹き出すようになった。その根本的な原因は、高度成長のころの教育のシステムと考え方が、今でもそのまま使われていて、時代に合わなくなっているからだ。教育はダメになったわけではなく、産業構造の変化、雇用の形の変化、社会の変化などに対応できていないだけだと思う。産業構造の変化とは、大規模な工業から、ハイテクを中心とした付加価値の高い生産業やサービス業への移行であり、雇用の形の変化とは終身雇用制の崩壊であり、社会的な変化とは「格差を伴った多様化」が進んだということである。

教育に必要なのは愛ではなく資金

　これから、教育における格差は、より大きく、深刻になっていくだろう。実際問題として、教育は、その多くの部分が「お金」によって支えられている。教育は愛だ、という考え方が間違っているわけではないが、ミもフタもなく、教育にはお金がかかる。子どもの教育レベルは親の経済力に左右されることが多いし、地方と国の財政の規模や状態によって教育の充実度は変わる。たとえば1クラス30人以下の少人数学級がいつも話題になるが、必ず校舎の増改築費や教師の人件費がネックになる。教育は国の柱なのでもっとお金をかけるべきだという意見は正しいが、地方の財政も、国の財政も、借金だらけで、余っている予算はどこにもない。確かにムダな支出も多く、たとえば非効率な土木公共事業費を教育に回すべきだという意見も正しいが、そのためには気の遠くなるような、辛抱強い政治的作業が必要だ。しかも、現政権が実現しようとしている「構造改革」の基本は、あらゆる分野に資本主義・市場のルールを適用し、効率よく資源を配分するというものであった。

市場化の流れは止まらないが

「民間にできることは民間へ」「小さな政府」「国から地方へ」というスローガンは、要するに、国にはもうお金がなくて、それどころか借金だらけだし、垂れ流し的に国家予算を貧しい部分に回すのはもう無理なので、あとは国民のみなさんで自由に競争をしてください、ということだ。規制の撤廃や、官の関与によるムダな支出をなくすなど、構造改革には確かに良い側面もあるが、国民間の経済格差は確実に大きくなるだろう。そして、高度成長時のような奇跡的な経済の回復はあり得ないし、社会主義的な資源配分の再開を市場は許さない。したがって他に政策の選択肢はなく、格差を生む構造改革の流れはもう止めようがない。セイフティネット（競争からの脱落者を救う最低の国民保障）を築くことを忘れた場合、個人の経済格差は、そのまま教育や医療のサービスの格差につながる。格差のある教育システムには多大なリスクがある。競争に敗れた者はプライドを失い、彼らの怒りは社会に向けられる。犯罪やカルト宗教や極端な政治思想がそういった人びとを吸収する。そして深刻な社会不安が生まれる。

教育は市場原理にはなじまない

教育は、モノを作ったり、売ったりするものではなく、人間を対象としたものなので、効率性や合理性だけを追求すればよくなるわけではない。だから、教師・教育者を目指す人に対して、利益を上げている塾・予備校や、合理的な経営の私立校で働けるように自らのスキルと知識を磨くように、というようなアドバイスはできない。合理的で経営がしっかりしていて、高い報酬が保証される塾や予備校、それに校内暴力のない私立校に、優れた人材が集中してしまったら、日本の教育は荒廃し、社会は不安に充ちたものになるだろう。しかし、あえて底辺校へ行って落ちこぼれの生徒と向かい合うことを勧めるわけにもいかない。一部の底辺校の状況は、「愛情を持って生徒と話し、接すれば必ず分かり合える」というようなロマンチシズムで対応できるレベルを超えているからだ。さらに少子化の影響もあり、教師として採用されるのが全国的にむずかしくなっている。

権威によるコントロールは不可能

教師・教育者になりたいという子どもや若者に対しては、どういうアドバイスをすべきだろうか。教師は非常に重要な仕事なので、アドバイスというより、教師になりたいという意志と希望を大事にして欲しいとまずそう言うべきだろう。昔、国民一丸となって近代化や高度成長に突き進んでいたころは、権威による児童生徒のコントロールが可能だった。安価で高品質の工業製品が産業の主力だった時代には、大きくて良い会社に入ることが教育の目的とされていたので、児童生徒にとって、教師の権

威にしたがうことは合理的だった。教師は、より高い価値があるとされる集団に所属するという、利益を約束する生き方を子どもに示すことができた。そういった生き方によってほとんどすべての日本人が実際に経済的に豊かになっていった。もちろん、「良い官庁・銀行・企業・学校に入りさえすれば、利益が保証される」ような状況はとっくに終わっている。だから、教師は与えられていた権威を失い、権威によるコントロールは不可能になった。

結論：まず人生を楽しむ、教えるのはそれから

これから求められるのは、教師の権威の復活ではなく、児童生徒とのコミュニケーション能力を持った教師である。これから、教師を目指そうとする子どもや若者には、いろいろな知識やスキルを身につけることはもちろんのことだが、どのような学校に勤めるにせよ、まず「自分の人生を充実させ、楽しむこと」を優先させて欲しい。自分で人生を充実させ、楽しんで、その上で、子どもたちと接してもらいたい。子どもたちは、実に正確に教師を観察するものだ。その教師が、人生を楽しんでいるか、あるいはつまらない人生を送っているか、見抜く力を持っている。つまらない人生を送っている教師からの指示は、子どもたちにとって単なる強制でしかない。

わたしの両親は、休日に子どもが家を訪ねてくると、「いないって言ってくれ」とわたしに頼んで、居留守を使って追い返していた。休日くらい子どもの顔を見ないで自分の好きなことがしたいと言って、画家だった父は絵を描いていたし、母親は好きな本を読んでいた。それでも、息子のわたしが言うのもおかしいが、子どもが休日に家に遊びに来るくらい、二人とも児童や生徒から慕われ、とても人気があった。教師に限らず、親も同じだが、子どもは、幼児のころは別にして、いつもいつも一緒にいて遊んでくれるというより、「魅力のある」教師や親を望むものである。魅力があるということは、人生を充実させ、楽しんでいるということに尽きる。

written in 2003

11 休み時間、放課後、学校行事が好き・ほっとする

休み時間

放課後　休日

その❶ 教室や校庭で友だちと おしゃべりする・携帯電話で話す

じっとただ黙っているのが好きではない。寂しそうにしている子がいたら放っておけない。つい話しかけてしまう。携帯電話でのおしゃべりも好きだが、他の子の相談を聞くのも嫌いではなくて、よく相談を受ける。

ねえ、たんだよ。して、したの。たら、てる？きて、べたの。たら、その

ヘッドハンター

　ヘッドハントは、もともと「首狩り」という意味だが、現代では、おもに幹部クラスの人材を探す企業から請け負う形で、エグゼクティブを他社から引き抜く業務を指すようになった。日本では個人のヘッドハンターはほとんどいない。コンサルタント業務を兼ねている場合も多い。だが、スカウトする側は、スカウトされる側と「一対一」で向かい合うことが多く、さまざまな高い個人能力を求められることになる。まず、求人を行う企業のニーズを正確に把握しなければならない。たとえばCFO、最高財務責任者が求められている場合でも、決算・会計のエキスパートがいいのか、グローバルな資金調達能力があるほうがいいのか、資産の運用が得意な人がいいのかなど、高度で専門的な理解力と判断力が必要。次に、欲しい人材をリストアップするわけだが、優秀な人材であればあるほど転職へのモチベーションは低い。「この会社に転職しませんか」と打診されて「はい、是非お願いします、すぐに転職したいです」と簡単に乗ってくるような人は、使えないことが多い。優秀な人は、その会社で必要とされ、充実感のある仕事をしていて、大切に扱われていて、基本的に金銭には不自由していない。だから、重要な案件の場合、意中の人をスカウトするのに何年もかかることがある。ヘッドハンターは、簡単になれる職業ではないが、終身雇用が一般的ではなくなった時代を象徴するやりがいの大きい仕事である。ヘッドハントが成功すれば、人材を求めた企業と転職者の双方から感謝されるために、他では得られない達成感があるという。「有料職業紹介事業者」である人材紹介会社や人材バンク、転職エージェント会社などに入って経験を積み、猛烈な努力をしてあらゆるビジネスを学び、信頼と、人を魅了する個性を磨く必要がある。

テレビショッピング司会・進行役

　不況でモノが売れないといわれる時代、客と販売員がリアルに対面することのない、テレビショッピングなどの通信販売が売り上げを伸ばしている。ここで取り上げるテレビショッピングの司会者とは、商品を持ち上げてほめあげる「元俳優」のタレントたちではない。おもにテレビショッピングの専門チャンネルで、長時間にわたって商品を紹介し続ける「プロ」のことである。たとえば、大手の「ジュピターショップチャンネル」では、俳優やナレーター、アナウンサー、声優、DJ、宝塚OGなど、さまざまな経歴を持つ「喋りのプロ」が、CAST、つまり"Creative Advisor of Shopping Tour"として活躍している。募集は随時行われていて、お買い物・通販に興味があり、セールスマインドがあり、エンターテイナーとして優秀で、商品情報、プレゼンテーションの手法などを理解する意欲を持ち、正確な日本語で表現ができて、客に対する心遣い・気配りができる、というのが必要なスキルとされている。アナウンサー、MCなどの経験があり、マスコミ業界で働いた経験を持ち、小売業での接客経験があれば有利。

テレビ業界で働く

　テレビ局にはNHK及び民放のキー局と地方局、それに衛星放送やCATVといった新興のテレビ局がある。このなかでもっとも社員の採用数が多いのはキー局で、局によっても異なるが、制作、技術、アナウンサーなど、大まかな職種別に採用を行うところが増えている。実際に入社してからの仕事は、さらに細かく、制作、報道、編成、営業などに分かれている。衛星放送や各種のイベントなどの仕事も増える傾向にある。このうち編成や営業、報道といった分野は主としてテレビ局の社員の仕事となる。実は日本には400以上のテレビ局がある。デジタル化や多チャンネル化の掛け声とともに、BS、CS、CATV、さらにはブロードバンド系（現在のところ放送免許がとれないので「通信」扱い）まで、いわゆる地上波以外の放送局が増えたからだ。これらのなかにはキー局など従来のテレビ局の傘下にあるものと、独立したものがあり、他業種から進出を図る例も多い。ただし今後デジタル化でどう変化していくかなど、将来性は未知数。だが番組の数が増えたことだけは確かで、テレビに関わる仕事は一気に増えた。逆にこれまでは地域の電波を独占していた地上波地方局の多くは経営状態が悪化しており、採用数も減っている。

　こうした多チャンネル化を支えているのは、すでに実績のある制作会社だ。こと番組の制作だけに関すると、民放キー局にしても、大半は制作会社の力を借りて行われている。一口に制作会社といっても、企画を局に持ち込むなど、ひとつの番組の制作全般の中心になる会社、部分的に協力する会社、ディレクターやアシスタントディレクターなどの人材を派遣する会社、技術や美術専門の会社などがある。大手のなかには社員数百人を超え、定期的に新卒社員の採用を行っている会社も珍しくない。また契約社員を多くしたり、番組ごとにスタッフを集めるなど、採用そのものを柔軟にとらえているところも多い。ただし一般的にテレビ局の社員より労働条件は厳しい。テレビ局の社員が制作会社をおこしたり、制作会社の社員がテレビ局に引っ張られたり、実力のあるディレクターがフリーランスになったりすることもある。ほかのマスコミに比べて人の動きが活発な業界だ。

テレビプロデューサー

　テレビ番組の企画を立て、出演者とお金を集める。プロデューサーになるには、テレビ局か番組制作会社に就職し、アシスタントプロデューサー（AP）として、先輩について仕事を覚えることから始まる。プロデューサーには中間管理職的な側面があり、アシスタントからディレクターを経て、現場仕事をしないプロデューサーになる場合もある。またテレビ局には派閥争いがあり、自分を可愛がってくれていた上司が失脚すると、自分もそのあおりをくらうということもあるそうだ。好きなタレントや

俳優と仕事ができること、自分の考えた企画を番組として形にできるのが、プロデューサーの喜びだという。

テレビディレクター

テレビ番組制作の現場の責任者。番組や勤め先によって仕事内容は異なるが、俳優への演技指導、スタッフの仕事のチェック、収録したVTRの構成や編集などさまざまなスタッフや出演者を率いて番組をつくり上げる。ディレクターになるには、テレビ局か番組制作会社に就職し、アシスタントディレクター（AD）として現場の仕事を覚える。アルバイトとして働くうちに就職が決まることもあるが、基本的に一般的な会社への就職なので、4年制の大学を卒業したほうが有利である。また映像の勉強をしたからといって、テレビディレクターになれるとは限らない。テレビや映像に詳しい人よりも、はば広い知識や好奇心と体力があり、面白い人が好まれる。自分の思うような映像を作ることができたり、多くの視聴者が番組を楽しんでくれるのがディレクターの喜びだが、予算に限りがありチーム作業であることからそうそう思い通りの番組を作ることができないという。映像ソフト需要は拡大しているが、そのため競争が激化していく面もある。だからこそ面白い番組を作ろうという意欲があって、努力のできるディレクターが必要とされている。

ビデオジャーナリスト

80年代からのビデオテクノロジーの急激な発展により生まれた職業で、小型のビデオカメラを持って街に飛び出し、ニュースの企画、取材から撮影、編集までを一人で行う。組織で取材を行うテレビクルーとは違って個人の自由で大胆な主張を打ち出すことができるのが大きな特徴。独自の取材テープをテレビ局に持ち込んで売り込みをするのが一般的だが、最近ではビデオジャーナリストを育成するための講座も数多く開かれている。日本ではフリーという立場の信用があまり高くはなく、それほど認知された職業とはいえなかった。しかし映像メディアの世界では急速な多チャンネル化により多様で個性的な報道が求められており、一人で企画から編集までをこなすことのできるビデオジャーナリストは大きな注目を集めている。

リサーチャー

　テレビ番組の制作・企画のために情報を集める。情報を収集する手段はさまざまだが、まず雑誌を読んだり、新聞記事などの文字情報をあたる。もちろんインターネットを使用することも多い。番組によっては専門家に取材をしたり、人探しをすることもある。今まで知らなかったことや興味のなかったことを知ることができるので、好奇心の強い人に向いている仕事。また的確な情報を探し出すためには、一般的な常識や忍耐力、発想力がなければむずかしい。情報はレポート形式で提出することが多いため、ある程度の文章力があることが望ましい。構成作家に比べ、テレビ業界におけるリサーチャーは地位も収入も低い。しかし、地上波だけではなく、ケーブルTVやCS放送など、チャンネル数が増えたことや、テレビ局や番組制作会社に熱意のある新入社員が少なくなっていることもあり、需要がある。そのせいかリサーチ専門の会社も増えており、まったくのフリーの人よりも、そうしたところに所属している人のほうが多い。

ラジオ業界で働く

　AM、FM、短波放送があるが、数百のラジオ局が乱立しているアメリカなどに比べて、日本のラジオ局の多くは新聞社やテレビ局と系列関係にあり、免許事業であることもあって、少数の局による独占状態が続いている。テレビと一体となっているNHKを除くと、在京の大手ラジオ局でも採用する社員は年間数人。就職後は制作、編成、営業、報道、アナウンサー（別途採用することが多い）、イベントなどそのほかの事業、などに配属される。

　だがラジオでも制作の現場では、制作会社など外部スタッフの存在が欠かせなくなっている。ラジオ番組での基本となるスタッフ構成は、プロデューサー、ディレクター、録音などの技術スタッフ、構成作家といったところ。ただし番組の規模によってはこれ以外のスタッフが加わることもあるし、逆に1人で2役を兼ねる、ということもある。放送局や番組によっては、1本の番組ができ上がるまでラジオ局の社員はほとんど関与しないということも珍しくない。一方ではここ数年で、第3セクター方式のラジオ局やミニFM局などが各地に続々と誕生した。経営的には楽ではないし、ボランティアで成り立っている側面もあるが、身軽さを武器に、地域のコミュニティーメディアとして定着しつつあるところもある。それだけで生活していけるかどうかは別にして、こうしたラジオ局の仕事も増えている。

ラジオプロデューサー

　番組を企画し、出演者やスタッフの決定、営業などほかのセクションとのやりとり、予算管理などを行う、その番組の責任者。ラジオ局の社員であることが多いが、放送局によっては制作会社が番組をまるまる企画・制作し、録音の形で局に納めるシステムを採用していることがあり、この場合は制作会社の側がプロデューサーを立てることになる。実際の仕事内容は交渉ごとが多いので、ある程度現場で経験を積んでからなることが多い。

ラジオディレクター

　ほかのスタッフや出演者と番組の中身を決め、それに沿って番組の録音や放送の一切を取り仕切る。選曲や、録音番組の場合は録音後のテープの編集なども行う。番組によってラジオ局の社員が担当したり、制作会社のスタッフ、フリーランスのディレクターがつとめたりする。いずれにせよアシスタントディレクターとして、ディレクターの下で雑用係などを経験してから一本立ちするのが一般的。ラジオ局に入社する以外でいうと、専門学校などを経て、アルバイト的な形でアシスタントディレクターとして働き始めるケースが多い。

ゲームプランナー

　コンピュータゲームの制作会社で、ゲームの企画立案から完成まで、あらゆる作業に関わる「司令塔」ともいえる重要なポジション。何をおいても必要なのは、面白いゲームを考え出す企画力。そして、それがなぜ面白いのかを会社に伝え、企画を実現させるための表現力もいる。当然、流行をとらえる力、マーケットにおける情報収集力も問われる。ゲームのシナリオづくりに深く関わるため、文章力も少なからず必要である。また、デザイナーやサウンドクリエーターなど、多くのエキスパートとの共同作業を円滑に進めるためのコーディネーターであり、彼らが気持ちよく仕事をするための雑用係でもあるのでコミュニケーション能力も必要とされる。なんといっても最大の魅力は、ゲームが産声をあげてから世に出るまでの一連の流れを目の当たりにできることだ。専門学校も数多くあるが、特に資格はいらない。コンピュータのプログラミング

などができる必要もない。ひとえにセンスが大切な職業である。

探偵

依頼に基づき、事実を調査し報告する。事件の捜査など、小説や映画、テレビドラマで描かれるような世界ではなく、地道な仕事だ。依頼される内容は、素行調査（浮気・横領・ストーカー・いじめなどの証拠収集）、所在調査（家出・失踪・初恋の人などの捜索）、企業・個人の信用調査（結婚・雇用調査）、盗聴器の発見など。近年、治安の悪化や犯罪の多様化が見られるなかで、日本の警察は民事不介入の原則があり、探偵の出番が求められている。資格は必要ない。ただ、自動車運転免許、できれば自動二輪免許も持ち、法律を熟知しているとプラスになる。電気工事に詳しいと盗聴器発見のときに役立つ。探偵になるには、多くの場合、その探偵社が関連する探偵学校や養成所で学んでから入社する。ただし、なかにはレベルの低い養成機関もあり、休業や倒産する会社も少なくないので、よく見きわめること。新聞やインターネットに求人がでる場合も多い。プライバシーを守る調査が多いので倫理観の強い人、また、尾行や張り込みなど辛抱強さがいる仕事なので、忍耐力のある人が求められる。体力もいる。給料は歩合制のところが多い。

便利屋

法律、人道に反していない範囲で、客のありとあらゆる依頼に対応する。簡単な水道工事や家事業務、運転代行などが主な仕事だが、なかには愛の告白代行や、恋人になりきるなど、その仕事内容はさまざまである。給料は歩合制のところが多く、仕事によっては高給を得ている人もいる。やる気さえあれば電話とFAXだけで仕事を始めることができるが、多くの得意分野と人脈を持っていると有利になる。高齢化に伴い、介護に関するニーズが増えているほか、パソコンの設定などを依頼されることも多い。仕事の性質上、秘密厳守は絶対である。

イベントプランナー

ライブ・コンサートや展示会、見本市、新商品の発売記念会から講演会、会社の就職説明会と、いろいろなイベントを企画し、主催者・クライアントに提案して、実行に移す。クライアントの意向や目的に沿った企画を立てなければならない。企画書から始まって、会場探しやスタッフ集め、出演者への交渉、宣伝広告の手配など仕事は行い、予算管理など事務的な作業も重要だ。イベント制作会社や広告代理店に就職してイベント業務に関わっていくのが一般的だが、実力が認められれば個人で仕事をしていくことも可能だ。専門学校もあり、高校、大学で学園祭などの運営に積極的に関わることも役に立つ。

芸能スカウト／ホステス・風俗スカウト

「ねえ彼女、女優になりたくない？」

都心の道路、信号待ちのときなどに、そう声をかけられた女性もいるはずだ。スカウトを行っているのはおもに、芸能プロダクションで働く新人開発マネージャーで、タレントの発掘を行っている。ラフォーレ原宿前や渋谷駅など、いわゆるスカウトのメッカで声をかけることが多いが、口コミで可愛い子がいると聞けば、地方に出向いてスカウトをすることもある。街でのスカウト以外にも、芸能プロダクションがオーディションで人を集め、その中からめぼしい人材をマークしてスカウトすることもある。ただし、スカウトには、悪質な業者や詐欺まがいのものも少なくない。また最近では、ホステスやヌードモデル、AV女優などのスカウト活動も盛んで、その道のプロも多い。ホステスやヌードモデル、AV女優をゲットすれば成功報酬があるらしいが、どんなスカウトでも、口がうまいというよりも、ある種の誠実さがなければ道は開けない。ちなみに、軽い誘いですぐに乗ってくるような女性は、商品としても価値が低いと言われる。

芸能マネージャー

タレントや役者、ミュージシャンなどのスケジュールを管理し、世話役、あるときは秘書の役割もこなす。テレビ局などで出演交渉をしたり、さまざまなオーディションへの参加のセッティングなど仕事は多い。スカウティングも大切な仕事の一つで、新たな才能を発掘する力も必要だ。基本的には芸能プロダクションの社員で、抱える芸能人の出演料の何％かがマネジメント料になるので、売れっ子の芸能人であればマネジメント料も高くなる。大物を除いて、多くの場合、ひとりのマネージャーが10人前後の芸能人を担当する。当然、多忙を極めるので、タフな精神と身体が求められる。仕事のクライアントにはつねに「使っていただく」という姿勢で望むから、心労の絶えない役回りだ。自分の育てたタレントが、芸能界に羽ばたいていく姿を見るのは何よりも嬉しいともいう。マネージャー養成学校もあるが、プロダクションへの入社には芸能界への強い興味と情熱が不可欠。

こんな職業もある

アナウンサー▶P.49　キャスター▶P.49　ラジオパーソナリティー・DJ▶P.50　テレビ俳優▶P.51　レポーター▶P.51　漫才師▶P.51　落語家▶P.52　漫談家▶P.52　お笑いタレント▶P.53　声優▶P.54　バスガイド▶P.69　イベントコンパニオン▶P.70　ホスト▶P.70　ホステス▶P.70　結婚コンサルタント▶P.73　経営コンサルタント▶P.73　広告業界で働く▶P.73　ツアープランナー▶P.75　コールセンター・オペレーター▶P.76　音楽タレント▶P.188　写真スタジオで働く▶P.216　バーテンダー▶P.268　カフェオーナー▶P.272　通訳ガイド▶P.345　映画プロデューサー▶P.401　俳優担当▶P.404　キャスティングディレクター▶P.405

Essay｜違和感と警戒心

text by Ryu Murakami

　この本のほとんどの読者にとって、テレビは、そこにあるのが当たり前のものとして、生まれたときから家のなかにあったと思う。だが、わたしの世代は違う。わたしの世代にとって、テレビは、「出現した」ものだった。家にテレビがやってきた日のことは、今でもよく覚えている。わたしが8歳のときだった。それは、まるでおみこしのように電器屋さんに担がれて、わたしの家の玄関にやってきた。段ボールの箱から、ブラウン管が姿を現すと、集まっていた近所の人が歓声を上げた。わたしの父親は、新しもの好きだったので、まだ町内にほとんどテレビがないときに、テレビを買ったのだった。コードを電源につなぎ、アンテナをセットして、スイッチを入れて、画面に映像が映ったとき、わたしは奇妙な感覚を味わった。周囲の大人たちは、画面に映ったプロレス中継に、叫び声を上げて興奮していたが、わたしは妙に冷静で、この映像が、現実なのか、それとも幻想なのか、を必死で考えていた。

　少なくとも、これは映画とは違う、と思った。映画は真っ暗ななかで上映され、ほとんど現実と同じようにスクリーンの人物に感情移入する。主人公になったような感じがして、喜んだり、不安になったり、悲しんだりする。だがこれは違う、と8歳のわたしは思ったのだ。明るい室内で、小さな箱に映像が映っているだけなのだが、その情報伝達力はすさまじかった。大人たちは、小さな箱の表面に映る映像を、すぐに新しいメディアとして受け入れたようだった。大人たちには分別があったので、これは映像付きのラジオみたいなものだ、と自分の情報のなかで理解したのだ。それから半年もすると、町内すべての家にテレビが入った。あっという間に「家のなかにテレビがある」という状況が当たり前のものになった。しかしテレビは、わたしにとって「異物」であり続けた。怖かったわけでもないし、見なかったわけでもない。ただ、テレビが特別なメディアだということが、無自覚のうちに、強烈に刷り込まれたのだ。

　小説家としてデビューしてから、テレビに出るとき、必ず違和感と警戒心を持った。芥川賞を取ったとき、受賞者はNHKの朝のニュースショーに出るのが恒例になっていて、わたしはスタジオに行った。今でも覚えているが、アナウンサーが、まず、「ドラッグとセックスを描いた衝撃的な小説でデビューした村上龍さんです。おはようございます」と、わたしに挨拶した。わたしは、「NHKで、朝から、セックスとドラッグなんて言っていいんですか？」と聞こうとして、すぐに止めた。わたしのなかの違和感と警戒心が、そんなことを言うんじゃない、と警告したのだった。倫理的に、そんなことを言うべきではないと思ったわけではなかった。また、そんなことを言うと、

テレビを見ている人から嫌われると思ったわけでもなかった。わたしは、わたし自身の性格や、生の自分が、テレビを通じて全国のお茶の間に伝わってしまうのがイヤだったのだ。

　80年代の終わりごろから、3年半ほどテレビのトーク番組の司会をしたが、今でもどうしてそんな仕事を引き受けたのかよくわからない。30代の半ばになって、もうどうにでもなれと開き直ったわけでもなかった。わたしは俳優ではないので、テレビカメラの前で演技をするわけではない。テレビというメディアは、どんなにあがいても、どんなにつくろっても、たとえ演技をしたとしても、出演者の生の部分を映し出してしまう。つまり、その人は精神的に裸をさらすことになるのだ。そのトーク番組でわたしが選んだやり方は、喋ることがないときは喋らない、というものだった。それは、テレビの原則に反していた。テレビでは、沈黙が、つまり、視聴者の想像力を起こしてしまうことがもっとも嫌われる。視聴者をどこまでもどこまでも受動的にするもの、それがテレビだからだ。

　わたしの妹は、6歳年下だが、ものごころがついたときにはもうすでにテレビがあった世代だ。わたしの上の世代は、理性でテレビを迎えることができた。8歳だったわたしは、テレビの異常な力を無自覚に実感することができたために、違和感と警戒心を持つことができた。わたしと同世代の歌手で、ほとんどテレビには出ないという人は多い。おそらく彼らもテレビへの違和感と警戒心があるのだと思う。テレビは強力なメディアで、それを無視するわけにもいかないし、無視しても意味がない。その情報伝達力のすごさを意識しつつ、違和感と警戒心を失わないこと、それがわたしの、テレビとの付き合い方の基本である。

written in 2003

その❷ 図書館で本を読む

人と話すより、一人で静かなところで本を読むほうが落ちつく。人と話すのが苦手という場合もあるし、苦手ではなくちゃんと話せるが、面倒くさいので一人がいいという場合もある。

司書

　図書館で働く専門職。図書や雑誌の収集、整理、保存、貸し出しから情報サービスなど一切を担当する。司書資格は、大学、短大で図書館学を履修するか、文部科学大臣認可の大学の養成講座修了でとれる。しかし、図書館で働くには必ずしも司書資格が必要ではなく、個々の図書館の職員採用試験を受けて合格すればいい。そのため、一般には図書館で勤務している人を総称して司書と呼ぶことも多い。本が好きな人にとっては魅力的な職業だが、近年はいろいろな年齢層の図書館利用者が増えているので、その人たちの閲覧相談に親切に対応できる人柄も必要とされる。また、パソコンによる検索システムが普及しているので、パソコン使用は必須。

こんな職業もある　評論家▶P.35　出版業界で働く▶P.35　書店員▶P.35　編集者▶P.36　校正者▶P.37　古本屋▶P.37　作家▶P.39　詩人▶P.39　俳人▶P.40　ライター▶P.40　放送作家▶P.42　童話作家▶P.43　携帯小説家▶P.45　歌人▶P.44　ジャーナリスト▶P.63　絵本作家▶P.209　キュレーター▶P.228　学芸員▶P.230　美術鑑定士▶P.231　スポーツライター▶P.302　翻訳家▶P.343　外国語の言語学者▶P.343　英字新聞記者▶P.344

その❸ 映画を見に行く

レンタルビデオやDVDで映画を見るのもいいが、やっぱり大きなスクリーンで見たいと思う。ヒットしている映画、他の子がみんな見ている映画ではなく、自分が好きな映画があって、それをじっくりと見る。

映画脚本家

　映画専門の脚本家は少ないが、映画界には必ず「旬の書き手」が数人いて、彼らが日本映画のドラマ作りの土台を支える。また脚本家から映画監督に進出する人も多い。映画関係の専門学校でシナリオの基礎を学ぶことはできる。だが専門学校を卒業しただけですぐに映画の脚本家にはなれない。ほかには、好きな監督やプロデューサーや俳優に、脚本を送りつけ、読んでもらうという方法もあるが、たいていは読んでもらえない。テレビの脚本に比べると報酬もそれほど多くはないが、映画の脚本は魅力ある仕事なので、新しい才能が絶えずチャンスを狙っている。さらに演劇やテレビドラマの脚本家が、映画に進出したり、映画の脚本を依頼されるケースもある。映画の脚本家になろうと思う13歳は、まずよく本を読み、音楽を聴き、映画を見て、できれば旅をして、世界を知ることが望ましい。

映画プロデューサー

　映画におけるクリエイティブな実権は監督にあるが、制作費を集めたり、監督やスタッフを決めたり、実際上の制作の責任と実権をすべて負うのはプロデューサーである。さらに宣伝や上映する映画館の手配も行い、映画の成否のリスクも負うことが多い。映画がコケたら莫大な借金を背負うプロデューサーもいる。かつて撮影所システムが機能していたころは大手映画会社に属するサラリーマンプロデューサーしかいなかったが、今では個人でリスクを負って企画を立てる独立系の人のほうが多い。映画プロデュースのカリキュラムを持つ専門学校はたくさんあるが、実際のところ、学校で学ぶだけではプロデューサーにはなれない。ただし、これはプロデューサーに限らないが、意欲さえあれば専門学校で相当のことを学ぶことは可能だ。映画関係の専門学校に行く人は大勢いるわけで、ただ卒業しただけで職を得られるわけがない。必死に学び、講師や先輩にどん欲に質問し、いろいろな人と話して情報と知識を得て、誰よりも多くの映画を見て、誰よりも多くの本を読み、たとえば脚本家志望だったら誰よりも多く習作を書くことができるかどうか、つまりどのくらい意欲的に学べるかどうかが勝負となる。

　プロデューサーの場合は、さまざまな現場を知ることが基本である。映画が企画される現場、撮影される現場、編集され音が入れられる現場、完成した映画が宣伝配給される現場での経験を、プロデューサーの助手として積むことが何よりも重要。制作助手としてプロダクションに入ったり、プロデューサーに雇われたりして、現場の経験を積みながら、プロデューサーへの道を進むのが一般的である。映画界には、いろいろなタイプのプロデューサーがいるが、共通しているのは、実力と人気のある俳優か監督に強いコネクションを持っていることと、映画が好きで好きでたまらないとい

うこと。別の業種でお金を儲けて、制作費を準備すれば、とりあえずプロデューサーになれる。だが、そういう人は長続きしない。またお金儲けが目当てだというプロデューサーも、1度や2度の成功はあっても、どういうわけかいつか必ず失敗して、映画界から撤退する。

映画監督

　題材、ストーリー、台詞、俳優の選択、演技、小道具、セットデザイン、衣装、ロケーションなど、準備から仕上げまで、映画の内容のすべての決定権を持つ。資金集めや予算の分配など映画の制作面は映画プロデューサーが行うことが多いが、なかには自分でそれらすべてをやる監督もいる。学生の自主映画からハリウッドの超大作まで、映画には絶対的に資金が必要なので、優秀なプロデューサーが付いているかどうかが、監督にとって重要なポイントとなることがある。また、これからの映画監督はプロデューサーの資質がないとむずかしいといわれている。

　映画監督になるためには、映画の専門学校があるが、卒業しても、その多くはテレビや映画のアシスタントとして働くことがほとんどであり、いきなり映画監督にはなれないし、永遠になれない場合のほうが多い。映画監督の道を歩むには、巨匠黒澤明のように「絵が好き」という入り方もあり、脚本家から監督になるという「文章が好き」のアプローチもある。CFの演出から映画監督に向かう人もいるし、舞台やテレビドラマの演出から映画監督に転身する人もいる。雑誌「ぴあ」が主催する、30年以上の伝統を誇るフィルムフェスティバルのグランプリ受賞者が、商業映画を監督するというケースも生まれている。映画監督になるためには、絶対に映画を撮る、という強い意志が何よりも大切だが、それでも映画監督になれるかどうかはわからない。最近では、海外の映画学校に行く人や、直接ハリウッドを目指す人も増えている。海外に目を向けるのはすばらしいことではあるが、それでも本当に映画を撮れるかどうかは、本人の努力と意志と才能と運と魅力にかかっている。

　これは監督だけではなく、映画関係の仕事すべてにいえることだが、日本映画の撮影所システムが崩壊して、日本映画

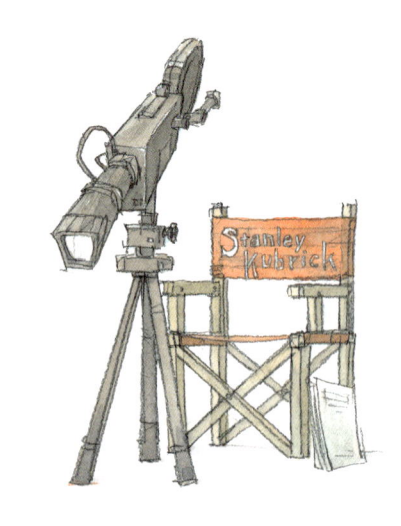

界にあった「年功制」とでも呼べるシステムがほぼ消滅した。その結果、撮影、照明、美術、録音、特機（撮影用クレーンの操作や雨を作る仕事）などの技術パートが撮影所を離れ、独立した会社が多く生まれた。さらに、8mmや16mmの短編映画でも、アマチュアのビデオ映画でも、すばらしい作品があれば、その才能を認め、発掘して、商業映画で使おうという傾向が生まれるようになった。もちろん、アマチュアのなかで、実際に監督や脚本家やカメラマンとして商業映画でデビューする人は全体のごく一部だが、それでも撮影所全盛時代に比べると、若い映画人のチャンスは広がっている。

制作担当

　プロデューサーの助手的な仕事をする。プリプロダクション（撮影前の準備期間）では、おもにロケーション場所を探し、監督や技術パートと相談して、撮影する場所を決めるという仕事をする。撮影に入ると、撮影現場にいて、ロケーション場所の安全を確保したり、食事の手配をしたり、各スタッフの調整にあたる。プロデューサーは、撮影が実際に始まると、撮影現場から離れ、予算や撮影スケジュールの管理、ポストプロダクション（編集や音入れなどの仕上げ）の準備、宣伝配給の打ち合わせなどのデスクワークをする。したがって、現場で制作の責任者となるのは、制作担当である。制作担当は、まずプロデューサーの助手となって、体験を積み、プロデューサーから信頼を得なければならない。制作担当のカリキュラムのある専門学校もあるが、学校を出て、すぐに制作担当になれるわけではない。

制作助手

　制作担当の下で、助手として働く。現場で飲み物を用意したり、弁当を調達したり、雨のシーンではゴム長やカッパを配ったり、ありとあらゆる下働きをする。疲れて苛立ったスタッフから罵声を浴びせられたり、眠るヒマもないほどこき使われることが多いが、そういった現場での下働きの経験が、将来的に制作担当やプロデューサーになったときに、役立つことになる。映画関係の専門学校を出た人もいるが、フリーターがアルバイトで制作助手をつとめることもある。

映画俳優

　かつて日本映画全盛のころは映画俳優という確固たる職業があったが、今は死語に等しい。つまり映画への出演だけで生活の糧を得ている日本の俳優はほとんどいない。テレビドラマに出たり、テレビCFに出たり、舞台に出たりしながら映画出演の機会をうかがうのが一般的だ。しかしなかには映画のスクリーンだけにモチベーションを持つ数少ない俳優たちもいる。映画全盛期のように撮影所システムが機能していれば、撮影所が抱える「新人」としてデビューすることができたが、今はそれも不可能。映

画俳優を志す人は、新作のオーディションに応募するか、芸能プロダクションの門を叩くか、学生映画に出て注目されるか、そのくらいしか方法がない。女優の場合、映画に出してやるよ、といって近づいてくる悪い人が大勢いるので注意が必要。本当に映画に出演させるだけの実力のあるプロデューサーや監督は、自分でリスクを負わなければならないので、映画に出してやるよ、などとは決していわない。

スタントマン

崖や海や濁流などの危険な場所での撮影、衝突する車や暴走する列車内でのアクション、飛行中のヘリにぶら下がったり、毒蛇や猛獣などとの共演、落下したり炎に包まれたり、非常にリスクの高い危険なパフォーマンスを演じる。俳優の身代わりで演じることも多い。着弾や、炎に包まれる撮影の技術や装置を開発することもある。映画でしょっちゅう使われるカースタントは専門の会社がある。アクションタレント養成所を出て、スタントマンに弟子入りするなどして訓練を積むのが一般的。運動神経のない人はできない。炎に包まれるなど、特に危険なシーンの報酬は、「秒給」である。つまり、1秒間いくらでギャラが計算される。危険なアクションやカーチェイスや爆発炎上のシーンが多いハリウッド映画では、スタントマンのレベルが非常に高く、スタントマンを抱える会社も多く、ビッグビジネスになっている。

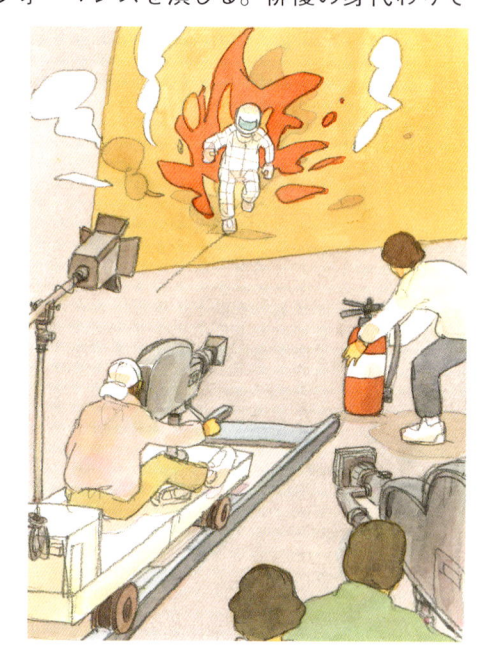

俳優担当

監督と協議しながら、自分の人脈をいかしてキャスティングを行う。プロデューサーが俳優との交渉やスケジューリングを担当することが多いが、インディペンデント制作の映画が増えるにしたがって、専門職としての俳優担当が生まれつつある。俳優やプロダクションに信頼されていて、顔が利き、芸能界の表裏、序列、仁義、タブーなどに通じていなければならない。俳優とのつながりが強いので、俳優担当からプロデューサーに進出する人もいる。メジャーな俳優との親密なつながりがあって、そのスケジュールを押さえることができれば、それだけで予算を獲得できることが多々あるからだ。子役などで、小さいころから芸能界に出入りして、コネクションと知識を身につけた後で俳優担当になった人もいる。

キャスティングディレクター

　今のところ、日本にこの職種はない。アメリカ映画でキャスティングを担当する。日本の俳優担当とは比べものにならない強大な力を持っている。自ら事務所を持ち、俳優のエージェントと交渉したり、オーディションを実施したりする。将来的に、日本の映画界がさらに活性化し、制作本数が増えれば、この仕事が日本でも必要とされるかもしれない。

ムービーカメラマン［撮影技師］

　映画撮影の花形。ムービーカメラで、すべてのシーンをフィルムに記録する。ビデオ全盛時にあって、フィルムだけが持つ光と影の濃淡を表現できる映画のカメラマンは減ったといわれているが、CF出身者、あるいはVシネマやミュージックビデオの需要が多かった時期に若くしてムービーカメラを回した人など、若くて優秀なカメラマンはむしろ増えているのが現状。映画のカメラマンになる方法は、映像関係の専門学校を出て、映画・映像・CF制作会社に入って、撮影助手として修業を積むか、フリーのカメラマンの門を叩いて、助手になるなどがある。最近の傾向としては、たとえ8mm映画や個人ビデオの作品でも、フィルムフェスティバルに応募したりして、監督やプロデューサーの目にとまったり、注目される作品を撮れば、若いカメラマンにチャンスが与えられることもある。しかし、そういった例はあくまでごくわずかである。海外の映画学校に行ったり、海外で経験を積む人も増えつつある。アメリカなどでは、撮影監督（Director of Photography：DOP、D.P）と呼ばれ、ライティングを含めた絵作りのすべてを担当する。

サウンドマン［録音技師］

　映画撮影の際にダイアローグ・台詞を同時録音し、また周囲の音も録音する。そして、撮影後にアフレコ（アフターレコーディング）と呼ばれる台詞の再録音・整音を行う。最初は、ブームと呼ばれる長いポールの先についたマイクロフォンを、カメラのフレームに入らないギリギリの近さで、俳優に近づけて台詞を拾うという作業から始める。今は、衣装などに留める小さな無線のピンマイクがあるが、衣装がこすれて雑音が出るので、録音の基本はどうしてもブームマイクになる。したがって、優れた聴覚と音の感覚に加えて、長いポールを支え続ける体力も必要である。映画関係の専門学校を出て、映画・映像・CF制作プロダクションで助手から始めるのが一般的だが、最近では、フリーのサウンドマンに弟子入りするという人も多い。

ライトマン［照明技師］

　脚本と、映画監督の意図をつかんで、撮影用の光を作り出す。日本ではカメラマンと対等に組み、ライトマンが、どこに光を当て、どこに暗部を作るかを決める。しかし、アメリカでは撮影監督の指示で動く。最近では、日本でも撮影監督という立場のカメラマンがいて、その場合、ライトマンは撮影監督の指示にしたがって撮影用の光を作ることになる。映像関係の専門学校で学び、映画・映像・CF制作会社などに就職し、助手から始めて技術を覚えていくのが一般的だが、最近ではフリーのライトマンに弟子入りする人も多い。ナイトシーンで暗闇に光をアレンジしていく仕事は、何度やっても飽きることがないらしい。すばらしい照明を当ててもらった大女優から、専属のように声がかかることもある。

美術・美術監督・デザイナー

　美術、美術監督、デザイナーなど、いろいろな呼び方があるが、同じ仕事である。美術監督の下には、美術助手、装飾（たとえばバーのロケセットに必要な酒のボトルを集めたりする仕事）、装飾助手、セットで撮影用の建物などを建てる大道具、小道具（映画の規模によっては助監督が兼ねることが多い）などの係がいる。美術監督は、監督と相談しながら、セットをデザインし、ロケ場所やロケセット（室内でのロケ）を、脚本や演出に即して装飾するためのアイデアを出す。美術監督になるためには、美術大学や映画の専門学校で学び、美術製作会社や映画・映像・CF制作プロダクションなどで助手から始めるのが一般的だが、フリーの美術監督に弟子入りする方法もある。美術監督のアイデアや用意したものは、ダイレクトに映画に映し出される。アメリカでは、美術監督や美術とはいわず、プロダクションデザイナーと呼び、時代考証から始まり、装飾、大道具、小道具、ファッションに至るまで、映画全体の美術プランを作る。

ヘア＆メイクアップアーティスト

　俳優のヘアメイクを担当する。専門学校を出て、メイクの会社に入って技術を磨くのが一般的だが、フリーで活動する人もいる。ごくまれに有名女優に気に入られて、専属のような形で働くこともある。肌の傷や、血痕や傷痕、アザやホクロ、シワなどを作ることもある。『猿の惑星』のような特殊メイクはまた別の仕事。以前の映画はフィルムの感度が低く、常に強烈なライトが必要だったこともあって、映画のヘア＆メイクはファッション界とは別の技術が求められていたが、高感度フィルムや解像度の高いレンズ、さまざまな特殊効果など、映画技術の進歩もあって、最近では双方を兼ねる人が増えつつある。

衣装・ワードローブ・コスチュームデザイナー

　いろいろな呼び名があるが、主役からエキストラまで、俳優が劇中で着る衣服を用意する。なかでもワードローブは、主役級の出演者の衣装を管理する人を指す。有名俳優のなかには、専属のワードローブを使う人も多い。有名なファッションデザイナーが映画の衣装を担当することがあるが、それは衣装デザインといって別ものである。衣装、コスチュームデザイナーはファッションに詳しいだけではダメで、脚本を読み解き、劇中の人物を造形する想像力がなければならない。また、時代劇には衣装会社やプロダクションに所属する専門の衣装係がいる。現代劇では、ほとんどスタイリストが衣装を担当するようになった。映画の衣装会社に入るか、専門学校などを出て、フリーのスタイリストの助手としてスタートし、経験を積むのが一般的。

エディター ［編集］

　撮影済みフィルムを脚本にしたがって編集する。映画関係の専門学校を出て、助手から始める。これまではフィルムを実際に切ったりつないだりしていたが、現在はコンピュータの映像編集ソフトを使い、ビデオで行うのが一般的になった。日本ではフィルムのムダづかいを防ぐため、1つのシーンをカットごとに分けて撮影していくのが普通だ。つまり日本では、あらかじめ編集しながら撮影しているということになる。そのためか、編集は地味な仕事という印象もある。しかし、アメリカ映画では、1つのシーンを「マスターショット」として最初から最後まで通して撮影し、その後で、クローズアップなど、「ピックアップ」というショットを撮る。さらにショットによっては複数のカメラを使うこともある。マスターショットと膨大なピックアップショットを編集しなければならないので、エディターと呼ばれる編集マンのセンスと才能が映画全体の出来を左右する。アメリカ映画では、編集の仕事から映画監督に進出する人もいるし、監督が自ら編集を担当することもある。

音響効果

　撮影の後、撮影・編集済みのフィルムの、音を整えたり、あるいは音を付け加えたりして、映画を完成させる作業を行う。その作業に必要な効果音を、新しく作る。映画にとって音は非常に重要で、映画全体の質が効果音のリアリティと質に左右されることがある。現実にはない音、たとえば『ジュラシック・パーク』のティラノザウルスの鳴き声などを、いろいろな現実音を組み合わせたり、シンセサイザーで新しく作り出したりする。映画関係の専門学校を出て、助手から始めるのが一般的だが、録音部から音響効果の仕事に移る人もいる。撮影所全盛時代には、職人肌の効果音専門家がいたが、今では、音響学科のある大学や、音響学のカリキュラムのある専門学校を出ていて、コンピュータによる音作りの得意な人が求められるケースが増えている。

ネガ編集

　編集・エディターの作業にしたがって、フィルムのネガを編集する。テレビドラマの撮影がビデオカメラになり、コンピュータを使ったエディティングシステムが一般的になったため、ネガ編集者は仕事を失って廃業することが多くなった。だが、フィルム映画がある限り、ネガ編集という職業が姿を消すことはない。

記録［スクリプター］

　映画の撮影の記録をとる。映画の撮影では、脚本順に撮っていくわけではなく、また監督の意図や俳優のアドリブで台詞が変わったりする。また同じカットを何度も繰り返して撮ったりするので、どのテイクが、つまり何番目に撮ったものがOKカットなのか、台詞がそのつどどう変わったか、などを記録しておかないと編集の際に混乱する。さらに映画のつながりのために、俳優の立ち位置や衣装・ヘア＆メイクなども記録する。映画関係の専門学校を出て、助手から始めるが、どういうわけかスクリプ

ターのほとんどは女性である。アメリカでは、スクリプトスーパーバイザーと呼ばれるが、仕事の内容は日本とほとんど同じ。

殺陣師・アクションスーパーバイザー

　日本には伝統的な殺陣師と呼ばれる人たちがいる。殺陣師は、おもに時代劇で、刀やヤリ、その他の武器を使ったアクションシーンを担当する。現代の殺陣師は時代劇だけではなく、現代劇のケンカや殺人や乱闘シーンなどの指導・アドバイスも行うことが多い。アクションの形やリアリティだけを指導するのではなく、撮影が安全に行われるようなアドバイスを行う。最近は専門学校もある。ハリウッドでは、アクションスーパーバイザーと呼ばれ、アクションシーン全体のプランを、監督とともに考える。

特機 (とっき)

　タンク車からホースをつないで雨を降らせたり、大きな扇風機を回して風を作ったり、フォッグマシンやスモークマシンで霧や煙を出したり、カメラの乗ったクレーンを操作したり、カメラ移動車を押したり、カメラ移動車のレールを敷いたり、配線のない撮影機材の操作をすべて担当する。カメラのハレーションをさえぎる役目は、日本だと撮影部が担当するが、アメリカはグリップと呼ばれる特機部が担当する。映画関係の専門学校を出て、特機部門を持つ会社に入って助手から始めるのが一般的。

シナリオデベロッパー

　シナリオを吟味して、実際に映画に使うシナリオに「開発」していく。日本では監督やプロデューサーが行うことが多いが、ハリウッドには専門家がいる。いずれにしても、物語、台詞、登場人物の人間性などに対する深い洞察力と批判力が不可欠。将来的に、日本の映画界がさらに活性化し、制作本数が増えれば、この仕事が日本でも充実することが予想される。

助監督

　監督助手・助監督は、おもに映画監督の補佐をする。1つの作品に、3人から4人、大作になるともっと多い場合もある。チーフ（第1助監督）は、おもに撮影スケジュールを作り、エキストラの演出をしたり、各スタッフ間の調整役などを受け持つ。セカンド（第2助監督）は、小道具係をやったり、エキストラを動かしたりする。サード（第3助監督）は、カチンコと呼ばれる黒い板のついた拍子木のようなものをカメラ前で打ち、フィルムの頭にシーンナンバーやカットナンバー、それにテイクナンバーと、音を入れ、それは編集時の重要なサインになる。優秀な助監督はつねに不足しているが、最近では助監督の力量不足もよく指摘される。テレビドラマなど、ビデオカメラ

を使った短期間での制作が増えて、映画の現場を知らない助監督が多いというようなことだ。これからは、演出を学びながら助監督をつとめるという日本の伝統はしだいになくなっていって、アメリカのように独立した職種になるのかもしれない。助監督は、その性格がアメリカと日本では違う。アメリカの助監督はクリエイティブな仕事ではなく、撮影が円滑に行くように各スタッフ間に情報を伝え、現場を仕切ることに徹している。したがって日本と違い、助監督から監督になる人は皆無である。現状では、専門学校で映画の基礎を学んだ後に、映画・映像・CF制作プロダクションに入るのが一般的だが、個人的なコネを使ってフリーでアルバイトとして助監督を始める人も多い。もちろん最初はサードやフォースなど、もっとも下の助監督からスタートする。

操演（そうえん）

　本来、美術部に属しているが、特殊な技術なので、操演技師は独立した仕事と考えられている。おもに、クレーンと滑車とワイヤーで役者を吊り上げたり、吊り上げたまま動かしたりする。ほかにも、機械仕掛けの怪獣を動かしたり、ミニチュアの町に電飾を仕込んだり、あるいは火薬を使った仕事（銃の発火やミニチュアの爆発など）をすることもある。プロの操演技師に弟子入りするか、操演部門を持つプロダクションに入るのが一般的。映画だけではなく、CFや舞台やショーなどでも必要とされる。クレーンなどにつないだ滑車とワイヤーで、人を吊り上げて動かすことが基本だが、ワイヤーやクレーンの操作をコンピュータで制御する技術が開発されて、操演の仕事が大きく変化したといわれる。

現像技師

　カメラマン・撮影監督の指示にしたがって、おもにタイミングと呼ばれる撮影されたフィルムの、現像作業を行う。かつてのモノクロ時代には、現像時間を変えることで画調を整えていた。そのなごりでタイミングという用語がまだ残っているわけだが、カラーフィルムの場合は、ネガからポジプリントを焼くときに、焼きつけの光量を変えて画調や色調を変化させる。フィルムはカメラの絞りやレンズの明るさで微妙に画

調が変わるので、撮影監督の意図を読みとり、それを数値に置き換え、現像するという独特の職人技が求められる。撮影監督のなかには、専属の現像技師を指定する人もいる。カメラの専門学校を出たり、大学で化学を専攻するなど、現像技師の出身はさまざまだが、ビデオとデジタル全盛時代にあって、後継者が不足しているという。映像会社に入って、経験を積む。

オプチカル技師

　暗い画面からしだいに映像が現れてくるフェード・イン、逆に映像がしだいに暗くなるフェード・アウト、画面が静止するストップモーション、複数の映像を重ね合わせるオーバーラップ（ディゾルブ）、メインタイトルやスタッフクレジット、そういった特殊な光学処理を行う専門職。オーバーラップなどはコンピュータによるデジタル処理でも可能だが、それと区別して、オプチカル（光学）処理と呼ばれている。複雑なオプチカルプリンターを使って、画像を合成・処理するが、微妙な調整が必要なので、知識とともに経験が何より重要となる。専門学校や、光学のカリキュラムのある大学を出た後、映像会社に入って経験を積む。

特撮監督 ［特殊撮影監督・SFXスーパーバイザー］

　監督の指示と映画のコンセプトにしたがい、作品中の特殊効果に関する部分のコンテ、撮影、編集、合成など、最終的な映像に責任を持つ。『ゴジラ』など、昔の特殊撮影では、もっとも優れた技術を持ち、もっとも多く経験を積んだ人物が、特殊撮影部分すべてを総合的に管理し、特撮監督と呼ばれた。しかし最近では、特殊効果が細分化・専門化して、それぞれの分野に責任者が生まれている。そのために、かつての特撮監督の役割を、SFXスーパーバイザー、ビジュアル・エフェクト・スーパーバイザーなどと呼ぶことが多くなった。日本にも特殊効果のカリキュラムのある専門学校があるが、SFXスーパーバイザーと呼べるような人材は、まだ日本にはいない。ハリウッドの特殊効果を学んだ日本人が、日本に戻ってきて、SFX界をリードしているというのが現状である。

特殊撮影

　特殊撮影にはさまざまな種類がある。スローモーションの映像を作るハイスピード撮影も、広い意味では、特殊撮影だし、ストップモーションで1コマずつ撮影していくのも、特殊撮影と呼ばれる。だが、SFX全盛の現代では、特殊撮影といえば、青いスクリーンの前に俳優を配置して撮影し、合成を行うブルースクリーン・プロセスや、ミニチュアを大きく見せるための特殊なカメラであるシュノーケルカメラや、さらにカメラワークがコンピュータで制御されたモーション・コントロール・カメラなどの

撮影に限られている。かつて『ゴジラ』などの怪獣映画が作られていたころは、特殊撮影専門のカメラマンがいたが、今は、モーション・コントロール・カメラがあり、カメラの位置、向き、移動の速度、シャッター、フォーカス、ズーム、絞りなど、ほとんどすべての操作がコンピュータでコントロールされるので、カメラマンはライティングだけを担当することが多くなった。特殊撮影の主役は、カメラマンからコンピュータオペレーターに移ったのである。特にモーション・コントロール・カメラについては、本場はあくまでもハリウッドで、日本では、映像会社の㈱IMAGICAなど日本で最新鋭のモーション・コントロール・カメラを保有している数社のいずれかに入社して、操作を覚える以外、経験を積むことができない。

技術系の助手

撮影助手、照明助手、録音助手、編集助手など映画制作には多くの技術系の助手がいる。あらゆる映画人は助手からスタートするといってもいい。専門学校を出るなどして、プロダクションに入ったり、アルバイトで働いたりして、助手で経験を積み、技師（カメラマンやライトマンや編集など）を目指す。

ドローイング・SFXイラストレーター

コンピュータが使えなかったころのSFXクリエーターたちは、まず絵を描くことから始めた。今でも、想像力を駆使して未知の世界を描く画家たちは、SFXの製作に欠かすことができない。まず画家が、監督と相談しながら、エイリアンや怪物や恐竜や猛獣や宇宙や竜巻や大洪水や戦場や大爆発の絵を描く。その絵をもとにして、SFXの全体プランが考えられることが多い。最近の特殊効果は、いろいろな種類の作業が複雑に組み合わされるので、スタッフ全員がイメージを共有することが非常に重要になる。映画の撮影前の、イメージ共有のためのプレゼンテーションは、プリビジュアライゼーションと呼ばれる。通常は、脚本や、ストーリーボードと呼ばれる絵コンテが使われるが、今では3Dの専用ソフトもある。いずれにしろ、映画の中核となるアイデアを表現する絵は、事前の宣伝や、資金集めにも役立つ。そのほかに、マット画と呼ばれる絵がある。美術セットを作るとコストがかかりすぎるということで、2次元の絵で描かれた背景部分を作ることがあるが、それがマット画である。マット画は、合成で人物などをはめ込むために使われることが多い。マット画にしても、プレゼンテーション用のイラストにしても、当然精密な技術が求められる。SFXイラストレーターになるためには、専門学校や大学の美術科で絵を学ぶことも大事だが、未知のものに対する想像力と、映画のコンセプトを把握する理解力が必要とされる。

特殊造形：ミニチュア

　特殊な視覚効果を得るための、小型の模型を作る。宇宙基地や街並みなどを模型化したものはミニチュアセット、車や宇宙船や家などを縮小したものをミニチュアモデルという。原寸大の街並みや宇宙基地を作るのは大変なコストがかかるので、縮小したミニチュアを作るわけだが、実感を出すためには非常に高度な技術が求められる。細部まで忠実に作るというより、本物に見せるための、距離の縮小や材料の選び方、遠近感の作り方、合成のための正確な縮尺などがより重要になる。たとえば、小さなプールに軍艦のミニチュアを浮かべた場合など、波まで小さくなってしまうので、液剤を混ぜて水の表面張力を強めたり、撮影に工夫が必要になる。また、シュノーケルカメラを使ったり、高速度撮影やコマ落とし撮影など、ミニチュアでは、特殊撮影を組み合わせる。ミニチュアは橋やビルの爆破、大地震、ダムの決壊、大津波などのシーンで、破壊されることが多いので、ほかの技術との綿密な打ち合わせが不可欠。日本では、怪獣、怪物、妖怪などのキャラクターモデル製作や、特殊メイクなどと合わせて、特殊造形という呼び方をすることもあるが、ミニチュア製作はハリウッドでは独立した仕事である。CG（コンピュータグラフィックス）全盛時代にあっても、ミニチュアセットやモデルがなくなることはない。ミニチュア造形家になるには、美術系の専門学校や、美術大学で絵や彫刻を学んだ後、特殊造形部門を持つプロダクションに入って修業し、経験を積むのが一般的。映画のほかに、住宅など建築物の展示場や、さまざまなイベント、博物館などいろいろな施設のジオラマなど、需要の幅は広い。

特殊造形：アニマトロニクス［animatronics］

　日本映画では、怪物や怪獣などは、着ぐるみ（人が中に入って動かす）が多いが、ハリウッドでは、コンピュータ制御のロボットを、造形物の内部・皮膚の下などに組み入れる方法が主流である。飼いならすのがむずかしい生物（大蛇やワニやゴリラなど）や、恐竜、エイリアンなどを造形し、骨格や筋肉や顔の表情などを、コンピュータ制御の機械で動かすわけだが、その技術をアニマトロニクスという。『ジュラシック・パーク』など、最近では、フルCGで生物を作り出すことが多いが、たとえば恐竜や猛獣のクローズアップや、俳優とのからみの部分などでは、アニマトロニクスを併用する。小型恐竜などの全身をアニマトロニクスで動かす場合には、顔、頭部と首、両手、両足、胴体、尾など、複数のコントロールボックスを数人で操作することになる。アニマトロニクスの技術を学ぶには、工学的な知識と、さまざまな材質での造形技術の両方があれば有利だが、映画の場合には脚本を理解し、監督の意図を把握する想像力が求められる。新しい技術なので、本格的に経験を積むためにはハリウッドに行くべきだ。だが本当に数は少ないが、日本にもアニマトロニクスの技術を持つ会社がある。アニマトロニクスには、映画だけではなく、CF、各種のイベント、博物館など各

種ミュージアム、自治体などの祭りといった、さまざまな需要がある。

特殊造形：特殊メイク

　血糊や傷、傷痕、アザ、ホクロなどは、ヘア＆メイクアップアーティストが作る。たとえば俳優の顔の形を変えたり、若い俳優を80歳の老人に変えたり、人間と猿、人間とオオカミの顔の合成などを、特殊メイクと呼ぶ。特殊メイクは、サイレントの時代からいろいろと試されてきた。大昔は、鉛筆のようなものでシワを描くだけだったが、その後、さまざまな素材が開発されて、今では気孔のある人工皮膚なども生まれている。最近の大きな傾向としては、フォーム・ラテックスと、スモールスケール・メカニカルの2つがある。フォーム・ラテックスは、ゴムの乳液のようなもので、加工性と弾力性に優れているため、人間の顔にぴったりと貼りついて、さまざまな変装が可能である。1968年制作のオリジナル版『猿の惑星』から本格的に使われるようになった。現在、特殊メイクといえば、フォーム・ラテックスを意味するほど、あらゆるジャンルの映画でひんぱんに使われる。スモールスケール・メカニカルとは、コンピュータ制御の小さなメカを内部に埋め込んだ人工皮膚や、からだの一部のことだ。顔の肉が盛り上がって動いたり、顔の筋肉の異常な動きなどを見せることができる。脚本や監督の意図を理解する能力に加えて、現場での経験が何よりも大切だ。専門学校を出て、特殊造形の会社に入り、経験を積むのが一般的。日本にも若くて優秀な特殊メイクが増えているが、ハリウッドを目指すのも選択肢の1つである。

CG［Computer Graphics］・CGI［Computer Generated Image］

　たとえば爆発シーンなどで、撮影の後に、炎を大きく見せるように画面をコンピュータ処理する場合など、それをCGショットと呼ぶ。90年代半ばになって、CGとは、コンピュータでシミュレートしたヴァーチャルな映像を指すようになり、CGIと呼ばれるようになった。

たとえば『ジュラシック・パーク』では、最初は模型を使ったストップモーション撮影（模型の恐竜を1コマずつ動かして撮影する）が考えられていたが、結局大半のシーンでCGIが使われることになり、複数の恐竜がいっせいに疾走すると

いう、これまでにはあり得なかったシーンができた。CGI技術がさらに進歩して、コストがさらに下がると俳優をヴァーチャルに作り出すことができるという危機感から、ハリウッドの俳優組合の一部にはCGIのひんぱんな使用に反対する動きもある。ただ、たとえば生身の人間では危険すぎてできない演技をするCGスタントなどは、これからさらに増えていくと予想される。CGIの技術の基本は、日本の専門学校でも学ぶことができる。工学的なコンピュータ技術と、絵や彫刻の才能と、映画への深い理解が必要で、CG制作会社に入り、経験を積むのが一般的だが、ハリウッドを目指すのも有効な選択肢である。

デジタル［コンピュータ］アニメーション

　もともとアニメーションとは「命を吹き込む」という意味。これまでは、おもにセル画を使ったアニメを指していたが、最近では、コンピュータ技術の進歩で、その定義が変わってきている。下描きされた絵をスキャンしてコンピュータで色づけしたり、実際の人の動きをデジタルに測定し、自動的にそれを描画していったり、さらに企画から制作、編集まですべてデジタルで処理するアニメーションシステムも生まれている。デジタルアニメーションにはさまざまな技術があるが、代表的なのは、実際の人間や動物の動きのデータを、直接コンピュータに入力するというもの。データは、モーションファイルとして、コンピュータに直接入力される。その技術はモーションキャプチャーと呼ばれる。人体や動物の微妙な動きを、正確にデータ化できるために、リアルな動きのキャラクターのアニメーションを作成するときなどに使用される。コンピュータを使ったアニメーションは、実写フィルムと組み合わせたり、アニマトロニクスの制作データになったり、CGIを作るときに利用されたりする。デジタルアニメーションの基礎は、日本の専門学校でも学ぶことができる。工学的なコンピュータ技術と、美術の才能と、映画への深い理解が必要で、CG制作会社やデジタルアニメ制作会社に入り、経験を積むのが一般的だが、ハリウッドを目指すのも有効な選択肢である。

予告編制作

　映画の予告編を作る。撮影所全盛時代は、セカンド助監督（第2助監督）が予告編を作っていた。だが、宣伝素材としての予告編の重要度が増すにつれて、予告編は専門の会社で作られるようになった。現在、ほとんどすべての予告編は、専門会社で作られている。配給会社から依頼を受けて、洋画の予告編を作ることも多い。映画の制作会社や洋画配給会社とミーティングを重ねて、その映画の魅力の核を考え、印象的な台詞を拾ったり、キャッチコピーを作ったり、本編にはない映像をデジタル処理で作ったり、文字タイトルをデザインしたり、効果音や音入れなどを行う。予告編制作

チームには、演出、制作、ネガ編集、CGデザイナーなどがいる。予告編の仕事につくには、映画関係の専門学校を出て、予告編制作会社に入るのが一般的だが、会社から独立してフリーで活躍する人もいるし、予告編という独特の世界に魅せられて、たとえばCF業界から移ってくる人もいる。予告編にはマニアックなファンが多く、カリスマ的な予告編制作者も何人かいる。

映画字幕翻訳

　海外の映画作品の台詞やナレーションに日本語の字幕をつける。人間が文字を読む速度は1秒間に4文字程度といわれている。そのためどんなに長い台詞でも限られた字数内で、正確かつわかりやすく翻訳しなくてはならない。そのため外国語だけではなく、日本語の文章力があることが重要である。またどんなに台詞が多い映画でも、基本的に1本1週間で仕上げるという。映画字幕翻訳家になるには、字幕翻訳の技術を専門の学校や講座などで学んだ後、映画字幕の制作会社に仕事を斡旋してもらう。すでにプロとして活動している人に弟子入りして、というのは現在ではほとんどない。ただしそうした人の紹介で仕事を得ることはある。さまざまな題材の作品があるため、幅広い知識が必要で、スラングにも通じていなければならない。劇場公開映画のほかにも、ビデオやテレビ番組、資料映像に字幕をつける仕事もある。またDVDやBS放送など、字幕翻訳の技術が必要とされる分野が増加したため、以前より多くの人に門戸が開かれた。しかしなりたい人は大勢いるものの、プロとして活躍する能力を持った人は非常に少ないのが現状である。

映画配給

　外国の映画の日本国内での上映権利を買いつける。買いつけた後は、上映する映画館を決め、宣伝する。外国の映画会社との交渉になるので、外国語の能力が問われる場合もある。一人前になると、カンヌやベニスなど、華やかな映画祭に参加することもある。必ずしも映画関係の学校を出る必要はなく、映画制作の知識も必要ではない。それよりも、ビジネスマンとしての能力や、どの映画がヒットするかというような、商品としての「映画を見る目」を持っていることが重要な条件。しかも、その前提として、「映画への愛」がなければ成功しない。一般大学で経済学や経営学を学んだり、文学や外国語を学んだ人など、出身はさまざまだ。配給会社に入ってキャリアをスタートするのが一般的だが、経験を積んだ後に自分で会社をおこしたり、フリーで活躍する人もいる。現在のインディペンデント系の配給会社は、個人単位で始められたものが多いが、独立には相当な知識と経験が必要である。

映画宣伝

　かつては制作・配給会社の中に宣伝部があった。だが最近では、映画だけを扱う宣伝会社が増えている。場合によっては企画の段階から映画制作に参加し、メイキングを制作したり、原作本の出版を出版社に依頼したり、映画の封切りに合わせ宣伝戦略を立てる。そういった仕事を個人で請け負うフリーの映画宣伝プロデューサーもいる。ポイントは、宣伝する映画の魅力をしっかりと把握すること。メディア・マスコミに人脈を持っていると有利になる。最初は映画宣伝会社や配給会社の宣伝部でスタートし、経験を積むのが一般的。ただし新卒採用を行っている企業は少なく、ほとんどが人づてであったりアルバイトからのスタートである。宣伝プロデューサーから映画プロデューサーに進出する人もいる。また、社員数人というインディペンデントの映画宣伝会社も増えつつある。そういった会社は、邦画洋画を問わず年間20本ほどの映画の宣伝を担当し、新聞や雑誌などの活字媒体、テレビ・ラジオ、インターネットなど複数のメディアにわたる宣伝戦略を練って、メディアとの交渉も行う。幅広い人脈と斬新なアイデアが必要。宣伝の場合、配給会社や宣伝会社を移り歩く人は多いが、独立する人は配給に比べ少ない。また体力がないとつとまらない仕事であり、英語ができると働く上で有利である。どの映画を宣伝するか選べないからこそ、映画が大ヒットしたり、公開初日の動員数がよかったりすると非常にうれしいという。また海外の映画俳優などが来日するときに、お世話をするのも映画宣伝の仕事で、俳優に会いたくてこの仕事につく人もいる。

こんな職業もある　編集者▶P.36　作家▶P.39　シナリオライター▶P.43　テレビ俳優▶P.51　声優▶P.54　水中ビデオカメラマン▶P.166　特効屋▶P.174　画家▶P.209　イラストレーター▶P.209　絵本作家▶P.209　CGクリエーター▶P.213　漫画家▶P.221　アニメーター▶P.222

Essay | 鳥をどけろ、カメラを回せ

text by Ryu Murakami

　フランシス・コッポラの日本での行きつけの店が六本木にあり、わたしはその店のママと友だちだった関係で知り合いになって、もう25年ほど前になるが『地獄の黙示録』撮影中のコッポラをフィリピンに訪ねたことがあった。マニラから車で2時間ほどのパクサンハンという町にある有名な滝の近辺に、壮大なロケセットが組んであった。わたしは5日間滞在したが、撮影を見学したのはたったの6カットだけだった。『地獄の黙示録』は間違いなく20世紀を代表する映画の一つだが、撮影中のコッポラはヘルニアに悩まされていて、体調が悪そうだった。ジャングルの中で虎に襲われて、主人公たちが機関砲を乱射しながらボートで逃げ去るというシーンのマスターショットの撮影中のことだ。恐怖にかられた主人公たちが、「Fuckin' tiger!」と叫びながら、急いでボートを出すという約40秒ほどのシーンだった。

　上空にはヘリコプターが舞って風を作り出し、カメラの前のマングローブの樹にはオウムに似た熱帯の鳥が2羽止まっていた。その鳥を前景としてカメラは主人公たちをとらえるわけだ。鳥がじっとおとなしく樹に止まっているわけがないので、鳥の足は針金で樹に固定されていた。コッポラは短パンだけで上半身は裸という格好で、そのシーンの演出意図について出演者たちに静かに説明し、数回の軽いリハーサルのあとでいよいよカメラが回ることになった。叫び声を上げながらジャングルから主人公たちが逃げてきてボートに乗り込む、ボートのエンジンがかかる、機関砲手が虎ではなく敵の襲撃だと勘違いして機関砲を乱射する、ボートが航跡を残して遠ざかっていく、という段取りだった。上空ではヘリが猛烈な風を作り出していて、水面に波紋が広がり、それは映像に緊迫感を与えるはずだった。ところが、コッポラが、アクション、と叫んだ瞬間に、ヘリがさらに降下してきて、それにびっくりした鳥が激しく羽を動かし、針金がずれて、くるりと逆さまに樹からぶら下がってしまったのだ。

　鳥が樹から飛び立ってしまうのはリアルで撮影する価値があるが、樹から逆さまにぶら下がっているというのは現実にはあり得なくて、映像として使いものにならない。あの鳥を何とかしろ、とコッポラは撮影クルーに向かって叫んだ。カメラは回り続けていた。何とかしろ。コッポラは叫び続けるが、鳥がぶら下がっている樹は、岸から水面に平行に伸びていてボートの上の誰かが手を伸ばせば何とかなるというものではなかった。鳥を何とかしようと思ったら、茶色に濁った湖の水の中を樹が伸びているところまで泳いで行かなければならない。湖は単に濁っているだけではなくて、表面に何か気持ちの悪い虫がいっぱい浮かんで泳いでいた。どんな寄生虫がいるかもわか

らない。針金で樹に鳥を結びつけるときは、現地の男二人が岸から樹の上を腹這いになって進んで何とか作業を終えたのだった。コッポラが叫んでも、その二人は知らん顔をしていた。おれの仕事じゃない、ということだ。助監督や撮影助手も下を向いて、何もしなかった。誰も濁った水の中に入りたくなかったのだ。

　10秒ほど叫び続けたコッポラは、誰も水に入ろうとしないと判断すると、自分で湖に飛び込んだ。そして樹まで泳ぎつき、逆さまにぶら下がった2羽の鳥をつかんで針金ごと引きちぎり、水草と虫がべったりと貼りついた顔で、カメラを回せ、と叫んだ。カメラが回っている間、映らないようにコッポラは水の中に隠れていた。助監督が、わたしのそばで、クレイジーだ、とつぶやいた。撮影がクレイジーなのか、コッポラのことなのかわからなかった。おそらく両方だったのだろう。その夜、コッポラが夕食に招待してくれた。今日の撮影はすごかった、とわたしが言うと、どの撮影？　と聞き返した。鳥を引きちぎったやつ、と言うと、ああ、あれのことか、とうなずいた。撮影がずいぶん長く延びていてクルーが疲れているのでああいうことは監督がやるべきなんだよ。わたしは、ああいうことをやってヘルニアはだいじょうぶなのかと聞こうとして止めた。そのころ、わたしは26歳で作家としてデビューしたばかりで、映画を撮りたいと思っていた。でも映画の現場など知らなかったし、作り方も知らなかったし、助監督の経験もなかった。

　パスタを食べ終わって、ワインを飲みながら、実はぼくも映画を作りたいと思っているんだけど、とわたしは恐る恐る聞いた。するとコッポラは顔を上げて、だったら作れば？　と簡単に言った。そして続けて、映画監督っていうのは誰にでもできる仕事だ、世界一簡単な仕事だ、と言った。
「俳優は訓練がいるし、脚本家は哲学と文才が不可欠だし、カメラマンは経験があってカメラを扱えなくてはならないし、美術も才能が必要だし、プロデューサーには資金と人望と信頼が要るけど、監督は、何もできない人でもやれるんだよ」
　映画監督が本当に世界一簡単な仕事かどうか、わたしは半信半疑だった。今でもそれについてはよくわからない。だがコッポラは、次のようなことを言いたかったのではないかと思う。映画を作るという強い意志を持つ人間にとって、映画監督というのは、この世の中でもっとも簡単な職業だ、ということだ。
　そのあとわたしは映画を5本撮ったが、撮影中に何か困難なことが起こると、水草と虫がべったりと貼りついたコッポラの顔と、映画監督というのは世界一簡単な仕事だというコッポラの言葉を、必ず思い浮かべるようにした。

written in 2003

Essay｜SFXとハリウッド

text by Ryu Murakami

　SFXにおいては、主要な技術のほとんどはハリウッドが開発している。初期のSF映画では、たとえばパノラマのように広がった背景画を使い、暗い空に針で穴を開け、向こう側にライティングをして、またたく星を作り出したりした。スタンリー・キューブリックが『2001年宇宙の旅』を作るとき、ダグラス・トランブルという若者が参加した。トランブルは視覚効果や特殊撮影を勉強していたが、キューブリックの要求はそれらをはるかに超えるものだった。どうやればいいのかわからない、というような撮影の連続で、極限の工夫を重ねて、『2001年宇宙の旅』は完成した。

　トランブルは、次に自分の映画『サイレント・ランニング』を作るが、その撮影に参加したのが、当時大学で工業デザインを学んでいたジョン・ダイクストラだった。ダイクストラは、映画はほとんど素人だったが、『サイレント・ランニング』を製作する過程で、膨大な知識を得た。そして、ジョージ・ルーカスが『スター・ウォーズ』を作るとき、ダイクストラはロサンジェルスのSF映画好きの若者の集団を指揮することになる。ハリウッドのSFX技術はそうやって進歩してきた。つまり最初から莫大な資金があり、最初から知識や技術があったわけではないということだ。

　CG（コンピュータで映像処理をすること）全盛の現代にあっても、そういう伝統は生きている。ロサンジェルスにある数多くのSFX専門会社は今でも工夫に工夫を重ねて作業を続けながら、つねに新しい技術を開発している。CGやモーション・コントロール・カメラ（カメラの動きをコンピュータで制御する）というような技術があったから、ハリウッドのSFX映画の質が高くなったわけではなく、ハリウッドのSFX映画製作者の情熱が新技術を要求し、作り出していったのだ。

　現在ハリウッドには、無数のSFX技術がある。まずコンセプチュアル・アーティスト、あるいはスペース・アーティストと呼ばれる「デザインの原型」を描く画家がいて、宇宙船のミニチュア模型を作るデザイナーや製作者、宇宙人の原型を作る彫刻家もいる。宇宙船から出る光線や炎を描くアニメーターもいるし、それらをコンピュータで作り出すCGの専門家もいる。モーション・コントロール・カメラのオペレーターもいるし、作り物のエイリアンの内部メカを設計製造する人もいる。もちろん特殊メイクアップや、爆発の専門家もいる。

ロサンジェルスにはそういった専門家を養成する学校もあるが、その学校を出たからといって、ハリウッドでSFXの仕事が約束されるわけではない。『アポロ13』の監督であるロン・ハワードは次のようなことを言っている。
　「自分が思いついたことが実現されていく。その過程が最高なんだ」
　工夫に工夫を重ね、思いついたことを実現する過程を楽しむという資質があって、SF映画が好きで好きでたまらないという人は、ハリウッドを目指すという選択肢を持つべきだろう。おそらくロサンジェルスに行って、学校でSFXを学べば、自分がどのくらいSFXが好きか、映画が好きか、試されるだろう。今では多くの日本人がハリウッドのSFXの世界で活躍している。選ばれた人、特別に優秀な人がハリウッドで成功するわけではない。絶対にあきらめなかった人、チャレンジを楽しんだ人、SFXと映画が好きで好きでたまらなかった人が成功したのだ。

written in 2003

参考　DVD『映画 SFX 大全集ムービー・マジック スペシャル・全 4 巻』TOSHIBA

その❹ 旅行などで、飛行機や列車や車に乗る

車のステアリングや計器類を見るとワクワクしてくる。早く大きくなって運転したい。飛行機に乗るのが好きだし、空を飛んでいるのを眺めるだけでもいい気分になる。新幹線がホームに入ってくるのを見ると、その美しい流線型の形にうっとりとする。自分たちを、遠くに運んでくれるものは、みなすばらしいと思う。

パイロット

　航空会社のパイロットになるにはふたつの経路がある。ひとつは大学を卒業後、航空会社が行うパイロットの採用試験に合格し、社内で養成されるというもの。もうひとつは航空大学校に入学し、2年間の訓練を受けた後に航空会社に入社する方法だ。航空大学校を卒業したからといって必ずパイロットとして就職できるという保証はないが、定期採用をしていない会社に入るなど、可能性は広がる。訓練や実務の中でさまざまな資格を取得しなければならないが、旅客機の副操縦士なら事業用操縦士の、機長ならさらに1段階上の定期運送用操縦士の資格が必要になるほか、定期的な身体検査や無線に関する免許、さらに機種ごとに異なる技能証明を受けることなどが必要になってくる。それ以外の事業用としては、小型機、チャーター機や、写真撮影を行う会社などのパイロットがいるが、規模が小さく採用は限られている。また若干だが警察など官公庁でもパイロットの採用がある。やはり事業用操縦士の免許が必要になる。

ヘリパイロット

　就職先は官公庁と民間航空会社に分かれる。官公庁では警察庁や海上保安庁、消防庁の航空関係の部署に所属して、パトロールや運搬、人命救助などにあたる。民間航空会社での仕事は多岐にわたる。まずは人や物資の運搬で、たとえば富士山頂のレーダードーム建設は、ヘリの物資運搬事業の功績として名高い。また、田畑への農薬散布や送電線の巡視作業などもある。遊覧飛行や航空写真撮影も大切な仕事だ。テレビ局や新聞社が持つヘリを委託されて操縦することもある。現在、パイロットは世代交代の時期にあり、需要は増えつつあるという。国土交通省の事業用操縦士技能証明書や総務省の航空無線通信士免許などが必要で、公的な教育機関はないので、民間の航空学校で学んで免許を取得するのが一般的。また、自家用操縦士免許（車では普通自動車免許にあたる）は17歳から取得でき、夏休みなどを利用して取っておくという高校生もいる。

レーサー

　レーサーほど「プロ」の定義が難しい職業もない。たとえば最高峰F1のドライバーといえばもちろんプロということになる。年俸30億円を超えたシューマッハを始め、高額の報酬を得るドライバーも多い。ところが一方には自ら数億円をかき集めてそれをチームに払い、F1のシートを確保するケースも珍しくない。ほかのスポーツに比べて複雑なのは、巨額のスポンサーマネーがすべて、というようなところがあるからだ。スポンサーはチームにつくこともあれば、レーサー個人につくこともある。事情は国内のレースでもそう変わらない。アマチュアで下位のカテゴリーのレースに出ていても、活躍して脚光を浴びれば、大きなチームから声がかかったり、スポンサーがつく可能性が出てくる。国内でもっとも上位のカテゴリー（現在はフォーミュラ・ニッポン）になると、出場するレーサーの大半は、レース中心の生活をしているという意味ではプロ、ということになる。もっとも最近では10代のカートのレースで才能を認められ、ある種のエリート教育を受けて海外でデビューするなどのケースも出始めた。単なるスピード狂がレーサーを目指せる時代ではなくなりつつある。プロとそうでない者を隔てる資格制度は特にないが、出場するレースのカテゴリーによって、JAFが発行するライセンスが必要になる。

タクシー運転手

　タクシー会社の乗務員と個人タクシー運転手のふた通りある。タクシー運転手は普通自動車第2種免許が必要で、ほとんどのタクシー会社はこの免許の取得を採用条件にしている。年齢制限はないが、必要な普通自動車第2種免許は普通免許取得後、3年の運転経験がないと取れないから、21歳以上でなければタクシー運転手にはなれない。さまざまな職種からの転職者が多い。タクシー会社では、ふつう1台の車を2、3人の乗務員が交代で使い、16時間勤務で1日休みの勤務体制。給料は基本給と歩合給の組み合わせが多く、収入は人によってかなり違う。個人タクシー事業者になるには厳しい資格が必要とされる。資格は年齢別に運転経歴が決められていて、たとえば35歳未満の場合は、継続して10年以上同一のタクシーかハイヤー会社で乗務経験があり、10年間無事故無違反であること。年齢が上がると、ほかの自動車運転経験が50％換算されたり、運転経歴が3年になるなど条件が変わってくる。現在、タクシー乗務員は約46万3000人、個人タクシー運転手は4万5000人、うち女性のタクシードライバーは約300人。規制緩和でタクシー台数が増え、他業種からの転職も多く過剰ぎみの状態だが、比較的就職しやすいこと、個人の裁量で仕事ができることなどから希望者は多い。確かな運転技術と地理・交通事情に明るいこと、接客態度のよさが求められる。

ハイヤー運転手

　タクシーのように街なかを流して客を探すことはなく、営業所に待機して、会社や個人からの注文を受けて車を出す。多くは企業に得意先を持っていて、会社役員や来賓客の送迎を行う。給与形態もタクシーが歩合制を主軸にしているのに対して、固定給プラス歩合制と安定している。乗客へのサービスは徹底していて、たとえば言葉使いや身だしなみ、ドアの開け閉め、雨のときは傘をさして送り迎えをするなど、マナーをつねに心がける必要がある。ふつう、ハイヤー専門会社やハイヤー部門を持つタクシー会社に就職する。

バス運転手

　大きく路線バスと観光バスに分けられる。路線バスは地域に密着した公共性の高い交通手段で、安全性の重視が最優先されるが、接客も大きな仕事で、車内の小さなトラブルにも配慮が必要になる。都会ではバリアフリーの車輌が増え、終電車が終わった後に運行される深夜バスや、限定されたエリアを走る小型のコミュニティーバスもある。鉄道が廃線になりバス路線しか公共交通の手段がない地方では、地域住民のよりどころにもなっている。観光バスは団体客を乗せて目的地まで運ぶが、走行中もバスガイドと協力して乗客が楽しく過ごせるような配慮が必要。都会と遠隔地を結ぶ高速バスもあり、鉄道より所要時間はかかるが、料金が安価なこと、乗り換えがないこともあって需要がある。バス運転手になるには、鉄道会社やバス会社などに運転手として就職する。採用は大型自動車第2種免許の取得を条件にあげている会社が多く、ふつう21〜45歳くらいの年齢制限がある。女性の応募を認めているところも少なくない。利用客の減少で赤字路線の廃線もあるが、公共性が高いので基本的には安定した職業だ。

トラック運転手

　運送会社に勤め、荷物を集荷して運送する、またはトラックターミナル間の長距離幹線輸送をするドライバー。4トン車までは普通自動車免許で運転できるが、それ以上は大型自動車免許が必要。多くの運送会社の場合、未経験者は、まず、運転助手としてドライバーに同乗して仕事を覚えながら、免許の取得を目指す。荷物の積み下ろしにかかせないフォークリフトの操縦や、荷物の積み方、ロープのかけ方など、覚えることは多い。長距離運転手は労働時間が長くなる傾向があり、家族と過ごす時間が少なくなることを覚悟しなければならない。安全に無事に、決められた時間内に運送を終了することが求められるので、規則正しい生活が要求される。独立して、トラックを所有して、荷主と契約する場合もある。女性も進出している。

宅配便ドライバー

　セールスドライバーとも呼ばれる。ふつう、担当するエリアが決まっており、コンビニや酒屋などの取扱店や会社、事務所、または個人宅から荷物を集荷し、センターに運ぶ。また、センターから目的地に配達する。新規の顧客を開拓する営業も大切な仕事だ。大手宅配便会社は全国にネットワークを持っており、深夜、長距離輸送をするドライバーもいる。時間指定の配達や留守時の再配達も含め、朝から夜遅くまで身を粉にして働く体力勝負の世界だが、荷物の到着を待つ客の喜ぶ姿に接する喜びは大きいという。接客業なので、たとえば配達先の近所に迷惑をかけるような大声は避けるなどの気配りも必要。今後、さまざまな商品が無店舗ネット販売になることが見込まれ、ますます需要が高まってくる。就職に大した条件はないが、普通自動車免許を取得後1年の運転経験が必要とされる場合が多い。

バイク便ライダー

　バイクを使って客から委託された荷物を目的地まで運ぶ。バイク便会社と契約して仕事をする。普通自動二輪免許を持ち、バイクは自前がほとんど。配達するものはさまざまだが、マスコミ関係では原稿、写真やビデオフィルムの受け渡し、一般会社では書類の受け渡し、製造会社では小さな機械部品の配達などが多い。大都会内の短時間での運搬が売り物だから、スピード・安全・確実を実行する運転技術と信頼性が求められる。給与体系は完全出来高歩合制が多く、その日の売り上げの40％ほどが収入になる。ひと月まるまる働けばある程度の高収入になることもある。週3日以上の勤務ができればいい会社が多いので、気ままに働きたいバイク好きにも向いている。2003年の郵政の民営化により、手紙などの信書の配達を始めた会社もでてきたので、仕事の領域は広がっている。また、自転車によるバイシクル便もある。

ケーブルカー・ロープウェイ運転係

　ケーブルカー、ロープウェイには運転手はいない。いずれも急な斜面を登るための交通機関だが、ケーブルカーは特殊構造のレールのほかに車輛にケーブルをつけて頂上にある巻き上げ機で引っ張り上げる仕組みで、ロープウェイは空中に通したロープで車輛を運ぶ。ケーブルカーは車掌のみが乗務し、地上にある巻き上げ所などで制御・管理を行う場合が多い。ロープウェイは駅に乗客案内係兼監視係がいるだけで、ゴンドラ内は無人の場合が多く、やはり地上の運転指令所などで操作する。いずれも運転係はスイッチの操作が中心で、自動化されているところも多い。ただし、安全確認はもちろんのこと、気象に影響を受けやすい乗り物なので、気象状況を的確に判断して運行に当たる必要がある。双方とも、このようにシステムで動くので、運転係の資格は必要とされていない。一般的には、運営している登山鉄道などに就職し、駅務員や車掌を経験したのち選抜され、教育訓練を受ける。

機関車運転士

　石炭などを熱し水蒸気の力で走る蒸気機関車（SL＝Steam-Locomotive）は1970年代半ばに姿を消したが、1976年に大井川鉄道で復活、現在も、C11型が通年運行している。ほかに、C57型「SLやまぐち号」がJR山口線で、同「ばんえつ物語号」がJR磐越西線で、さらに、JR豊肥線、私鉄の真岡鉄道や秩父鉄道などで季節運転や週末運転を行っている。また、蒸気機関車の基地であった京都・梅小路機関区跡につくられた梅小路蒸気機関車館でも展示運転線として走っている。SLは鉄道ファンや子どもたちに熱烈に愛されており、乗車はもちろん走行中の写真撮影も人気だ。蒸気機関車の運転士になるには、動力車操縦者（蒸気機関車）の運転免許が必要。各地方運輸局が実施する試験には、技能試験もあるので経験がないと無理。JRや私鉄に

入社し、資格を取るのが一般的。たとえば大井川鉄道の場合、09年現在14人の運転士がおり、駅務員を経て乗務部へ配属され、車掌からはじめて運転士の資格を取り、教導運転士のもとで学びながら2、3年間投炭の仕事を経験し、国家試験を受ける。早くても7年ほどかかるという。JRには50人ほどのSL運転士がいる。

電車運転士

　電車を運転するだけでなく、整備点検などによる安全確保も重要な仕事。とくに時間通りで安全な運転に関しては、海外からの評価も高く、日本の電車運転士の誇りとするところだ。運転士になるためには、まず、会社に採用されてから、駅務員、車掌を経験して、各社の持つ教習所で運転訓練を受けたのち、国家資格の甲種電気車運転免許を取得する。運転士はときに、数千人の乗客の命を預かる。集中力や注意力、トラブル発生時の判断力が必要だが、心身ともにバランスのとれた人間であることが大切だと、ある運転士は話す。以前、鉄道会社の多くでは、大学卒業者を会社運営職に、高校卒業者を運転士などの現場業務にという明確な区分けがあったが、現在ではそうした区分けは少なくなってきている。ただ、会社ごとに規定が違うので、早い段階で確認しておくことだ。

カーデザイナー

　自動車という工業製品のデザインをする仕事だが、外観はもちろん、素材や機能性、インテリアなど、関与する分野は広い。自動車メーカーのデザイン部門や一部の専門デザイン事務所に所属するのが一般的。競争力がある日本の自動車産業だが、デザインは弱点のひとつともいわれてきた。このため自動車メーカーは、外部から人材を入れるなどしてこの部門の強化を図っている。その結果、メーカーの社員であっても、しだいに独立した専門職として認められつつある。カーデザイナーになるにはやはり自動車メーカーに就職するのが早道だが、カロッツェリアと呼ばれるイタリアの一流デザイン工房で修業をしたり、アメリカのデザイン専門の大学に留学したりする人もいる。

自動車整備士

　整備工場やガソリンスタンド、ディーラーなどで、自動車の整備、点検、修理にあたる。整備士になるには、実務経験の後、国の検定試験に合格して資格を取得する方法と、養成施設（国土交通省指定の専門学校や工業高校や各都道府県の講習所）を修了し、民間の認定試験に合格して資格を取得する方法がある。資格は3級、2級、1級があり、2級整備士になると整備工場を営業できる。近年は技術が進み、自動車の構造・装置が複雑化しており、とりわけハイテク化された装置への高度な技術が必要とされている。このような専門知識を持った整備士が不足しているのが現状で、ニーズは高い。また、ハイブリッドカーをはじめ環境重視の社会に適応できる知識も求められ、自動車整備士の役割は変わりつつある。なかでも、これらの最新技術や知識を持つ1級整備士は、技術コンサルタントとして活躍することが期待されている。

スーパーカー専門整備士

　フェラーリ、ランボールギーニなど、おもにイタリアン・スーパーカーの修理・メンテナンス・車検などを行う。外車整備会社に勤めた後で独立するのが一般的。単に移動するための手段ではなく、「工芸品」のようなものなので、メンテナンスにもそれなりの気をつかう。自動車ということで基本的に構造は同じだが、フェラーリやランボールギーニと国産車・大量生産車の整備は少し違う。とにかくスピードが出るように設計・製造されているためエンジンやブレーキの仕様が違うから、それに詳しくなければならない。イタリアに行って勉強したり、経験を積むことが重要。就職難の影響もあり、またかっこいいということもあって、フェラーリ専門の整備会社には見習の応募が絶えない。しかしその大半はすぐに辞めてしまうそうだ。20年以上の歴史を持つフェラーリ専門整備会社では、年間数人の見習の応募があっても、技術を習得して独立した人は20年間に10人をわずかに超える程度だという。大学の工学部を出てもフェラーリの整備はできない。むしろ、中卒とか、高校中退のほうが、受験勉強で脳が疲れていない分、可能性があるとのこと。車とメカの両方に対し尽きない敬意と興味を持っていることが必須条件で、フェラーリに触りたい、乗りたい、というような安易なモチベーションではすぐに挫折する。イタリア語は不要だが、整備マニュアルは英語が多いので英語力があると少し有利らしい。ところで、フェ

ラーリのオーナーの絶対数は、バブル景気後もほとんど変化がないそうだ。「前はITで儲けた人が買っていたけど、今はたいてい手放したみたいです」と笑いながらそう教えてくれたのは、あるフェラーリ専門の整備工場経営者。フェラーリへのあこがれは世界共通で、しかも時代や経済環境を超えたものであるらしい。

レーシングチームのメカニック

メカニックとは整備士のこと。つまりレーシングカー専門の整備士である。ベースとなる知識や技術は一般車の整備士と変わらないが、スピードはもちろん、耐久性や機能性など、レースのカテゴリーによって独特のノウハウが求められる。プロジェクトごとに経験者を集めるというケースが多いが、チームによっては一般の整備士から募集することもある。

二輪自動車整備士

オートバイの修理や点検、整備を行う。多くは自動車修理工場や自動車用品店、ガソリンスタンドで働いている。持ち込まれた車体の破損箇所を見つけ、修理して完成させるまでの一連の作業を、自分ひとりの力で工夫し、成し遂げる喜びは大きい。メカのデジタル化がいちじるしい昨今、多くの整備士が頭を抱えているのが現状だが、専門外でも技術の進歩についていく努力は怠ることはできない。自動車整備士と同じように、国家資格に1～3級の二輪自動車整備士があり、整備士としての能力の目安になる。資格を取得しておけば就職にも有利だが、3級は現場での実務経験1年以上で取得できるし、2級は3級取得後に実務経験3年以上の人に受験資格があるので、就職して仕事をしながら、徐々に資格を取っていくのがふつうだ。ただ、近年では、専門学校で一定の教育を受ければ、実務経験がなくても資格が取れるようになったので、高校や大学卒業後に、まず専門学校に入るという人も増えている。

自転車整備士

自転車の整備や修理、安全点検を行う。基本的には、販売店が自転車の修理も請け負っており、販売店員であることが多い。基礎として、自転車の構造を理解し、解体から組み立てまですべて1人でこなせる力が必要。子どもたちが安全に通学できるよう自転車を点検してアドバイスを送るのも仕事なら、アスリートたちが持ち込むバイクをオーバーホールする、いわばピットの役割もはたす。近年、マウンテンバイクやロードレースなどスポーツとしても人気で、整備士の需要は増えている。代表的な整備士資格は民間の自転車安全整備士と自転車組立整備士で、前者であれば保険付きの普通自転車を保証するTSマークを貼れ、後者は製品安全協会のSGマークを付けられる。両方とも、取得しておけば店の信頼を高めるが、受験には実務経験2年以

上という条件がある。まず、量販店やメーカー、小売店に就職して、働きながら知識と技術を向上させるのが手だ。

気球操縦士

　日本では気球のほとんどが熱気球で、プロパンガスをバーナーで燃焼させ球皮内の空気を暖めて浮力を得て飛行する。水平飛行は風まかせの乗り物だが、高度によって違う風の向きや速さを利用して飛行する。離陸地点に戻ることは難しく、地上を車が追跡していく。熱気球を操縦するには、日本気球連盟の熱気球操縦士技能証が必要。技能証を取得するには、インストラクターとの20時間ほどの飛行訓練ののち、実技と筆記の試験に合格すること。50時間以上の飛行、1時間以上の無着陸飛行2回などの経験を積んで安全協会に認定されたインストラクターになると、指導飛行や講習会などの活動ができ、収入を得られる。熱気球は4、5人を乗せて飛行できるので、イベントで体験飛行をしたり、コマーシャルバルーンを飛ばす人もいる。海外の気球メーカーの販売代理店を経営する人もいる。日本で世界選手権大会も開催されており、競技としても人気があり、愛好者が増えている。

航空管制官

　レーダーや無線電話など最先端の通信機器を使って、パイロットが安全に飛行できるように、地上から指示や情報を伝える。大きく2つの仕事に分けられ、ひとつは航空路管制で、飛行計画をチェックし、管制承認をし、太平洋全域の航空域の航空交通の整理をする。もうひとつは空港管制で、まず、空港内の監視、航空機へ適切な指示を出して空港管制を行う。また、進入の順序・経路・上昇・下降・進入時待機などを指示する進入管制、さらに、着陸機に対して、精密進入レーダーを使った航空機の高度とコースを指示する着陸誘導管制などの仕事を行う。国土交通省の国家公務員で、航空保安大学校の採用試験か航空管制官の試験に合格し、研修を受けて配属される。試験はかなりの難関で、航空知識はもちろん、通信はすべて英語で行われるためかなりの英語力も必要である。ほかに、気象の知識や通信の技術もいる。各地の空港や管制施設で、24時間体制の交代勤務で任に当たる。ミスが許されない仕事で的確な判断力や集中力が求められる。今後ますます航空機需要が増えるので、人材も求められる。

航空整備士

　航空機を安全に運航させるために、高度に精密化した機体を構成する何万という部品の精度・性能が正しく機能しているかを点検保守する。工具による手作業もあれば、防塵装置を施した清浄室で行うコンピュータ装置の保守整備まで、多種多様に分かれている。放射線透視や通電処理で目に見えないヒビなどの検査も行う。燃料やオイルの補給、機体のクリーニングも仕事。航空機が着陸した後の作業になるので夜間作業も多い。国家資格が必要で、航空機の重量などによって1等から3等まであり、実務経験、年齢で受験資格が決められている。工業高校や航空高等専門学校、理工系大学などの卒業者が多く、航空会社の整備部門に就職して、社内研修を受けて受験するのが一般的。ほとんどが、入社後5～7年で資格を取得する。メーカーとともに新型機の開発に携わる場合もあり、その役割の重要度が増している。

マーシャラー

　空港の滑走路に着陸した旅客機をスポット（駐機場）へ導くなど、空港内で航空機を適切な位置まで誘導する。コックピット内のパイロットは停止位置が見えないため、リフトの上からパドルで、旋回・直進・徐行・停止の合図を送り誘導する。航空機は基本的にバックできないため、停止位置が大きくずれたときにはトーイングカーで牽引もする。離陸する航空機の誘導も行う。資格は必要ない。各航空会社の関連会社が担当しているので、空港サービス科のある専門学校を卒業して、就職するのが一般的。航空の知識を学び、専門の訓練を受けて社内試験に合格すること。成田空港、羽田空港の滑走路の拡張、新設により、海外航空会社の増便、新規乗り入れなど、発着枠が1.5倍になる見込みで、地上スタッフの拡充が図られる。最近は、女性の進出も多い。

テストドライバー

　開発中、または発売前の車に試乗する仕事。レースチームのテストドライバーとは別。テストドライバーに必要とされるのは、派手なドライビングテクニックではなく、何度も繰り返し同じ運転ができる正確さと、危険や違和感を察知し、瞬時に対応できる冷静さである。テストドライバーが試験走行で得た感覚によって、製品が改良されていくので、自分の受けた印象を、的確に制作サイドに伝える能力がいる。自動車メーカー、もしくはタイヤメーカーに就職し、開発の部門に配属されるのが一般的なキャリアのスタートとなる。ただし、日本有数のメーカーであるホンダの技術研究所にはテストドライバーはいない。研究開発を行っている部署のエンジニアがテスト走行も担当する。テストを担当するエンジニアは、テスト走行を行って問題点を抽出できる運転技量と解析力に加え、研究開発を行う上での最新技術の動向を知っておく必要があるという。テストドライバーには何が必要かを示唆していて興味深い。

> **こんな職業もある**　客室乗務員▶P.69　宇宙飛行士▶P.179　管楽器リペアマン▶P.201　楽器職人▶P.202　プラモデル製造▶P.218　模型店経営▶P.218　独立時計師▶P.245　エンジニア▶P.246　アンティーク時計修理・時計修理士▶P.249　ツアーコンダクター▶P.336　外航客船パーサー▶P.337　トラベルライター▶P.337　救急救命士▶P.370　レスキュー隊員▶P.372　SAT▶P.372

12

何も好きじゃない、何にも興味がないと、がっかりした子の為の特別編

何も好きじゃない、何にも興味がないと、がっかりした子のための特別編

この特別編では、普通はいけないこととされる戦争やエッチやケンカなどが好き、ということについて考える。また「テレビゲーム」「漫画」「カラオケ」など、ほとんどの子どもが好きなものを、職業紹介として示さなかった理由を示す。

好きという言葉はとても曖昧だ。「好き」は、「嫌いじゃない」に始まって、「それがないと死んでしまうかも」にいたるまで、幅広く対応している。好きなことを見つけなさい、と親や教師がアドバイスするかも知れない。だが、将来的に人生を支えてくれるような「好きなこと」を見つけるのは簡単ではない。「好きなこと」というのは、レストランのメニューのようにどこかにズラッと並んでいてその中から選ぶ、というようなものではないからだ。

　「好きなこと」は、見つけるというより、「出会う」ものなのかも知れない。「好きなこと」は、テレビの映像の中や、本の中の言葉や、誰かの言ったことの中に潜んでいて、突然その人を魅了するものかも知れない。この本を読んできて、「自分には好きなことが何もない」と、がっかりする必要はない。好きなことがこの世の中に何もない、ということではなく、まだ出会っていないだけなのだ。好きなことを探すのをあきらめてはいけない。探していないと、出会ったときにそれが自分の好きなものだと気づかないからだ。ただし、飢えた人が食べ物を探すように、常に目をギラギラさせて、これでもない、あれでもないと、焦って探す必要はない。自分は何が好きなのだろうという気持ちを、心のどこかに忘れずに持っていればそれで充分だ。そして好奇心を失わずにいれば、いつか必ず「好きなこと」に出会うだろう。この世の中には、数え切れないほどの、学問や仕事や表現の種類があって、それらは、あなたと出会うのを待っている。

　さて、勉強やスポーツの中には「好きなこと」がないけど、別の分野なら好きなことがあるという子は多いのではないだろうか。たとえば、エッチなことが好き、戦争やナイフや武器が好き、あるいはケンカが好き、という子もいるかも知れない。いや、案外多いかも知れない。実は、わたしも13歳のころ、それらが好きだった。それらは、「いけないこと」とされている。そして「戦争が好き」とか「エッチなことが好き」とか「ケンカが好き」と13歳が正直に親や教師に言うと、心配されたり、怒られたりする。だが、エッチなことや戦争やケンカが好きな子は確実に存在する。そのことをどう考えればいいのだろうか。

その❶ 戦争が好き

　戦争映画や、戦争のニュースや、戦争物の劇画を見るとわくわくするという子は意外に多い。特に男の子に多い。そういう子は、特に攻撃的だというわけではない。そういう子は、スペクタクルとしての戦争に、つまり壮大な仕掛けや目を奪う銃弾の炸裂や爆発などに魅力を感じていることが多い。そういう子は、「**炎や爆発を見る・実験する**」（▶P.172）という項目を読むこと。戦争映画を見てスカッとするという子は、戦争におけるチームワークと勝利に魅力を感じていることも多い。そういう子は、「**サッカーなど、試合・練習をする・競技を見る**」（▶P.300）という項目を読むこと。戦争とスポーツは確かに違うものだが、チームワークが重要なのと、勝てばスカッとするときがあるという意味では似ている。

　ほとんどの男の子は、少年期を過ぎるころになると、戦争に興味を失う。正確に言うと、他に興味のあることを見つけるようになる。それは、将来の仕事につながる学問だったり、女の子との恋愛だったり、気に入ったスポーツだったりする。そして、戦争は人を傷つけ、殺すのが目的で、ものすごくコストがかかり、まったく合理的ではないことを知る。青年期になっても戦争にしか興味が持てないような人は、人生の選択肢が非常に限られたものになり、多大なリスクを負う。そのリスクは生命におよぶことがある。

　以下、戦争が好きな子のための、参考としての職業を紹介する。

軍事評論家
　戦争や内乱が起きたときに、軍事知識に基づいて、戦況の適切な解説や評論を行う。1991年の湾岸戦争、2003年のイラク戦争時のテレビ解説で、その存在が広くに知られるようになった。しかし、日常の活動は、主として、欧米の専門雑誌や軍事関係の年鑑、レポートなどで最新の軍事情報の収集など地味なものだ。最低でも、英語の読解能力は必須。近年は、戦争が、国家間の衝突だけでなく、内戦やゲリラ戦、国際テロなどに変化しているので、各国・各地域の民族、宗教、文化、政治などの歴史的理解も必要。現在、日本で軍事評論家として活動している人は10人ほどしかいない。航空評論、アメリカ軍事研究、防衛担当の新聞記者などから関心を広げていった人がほとんど。今後、日本の安全保障政策の見直しや自衛隊の海外活動の増加が予想されるので、仕事の範囲は広がることが予想される。

戦場ビデオジャーナリスト

　戦争・紛争地域で取材し、マスメディアへ映像レポートを送る。多くはフリーランスだが、ユニオンもある。新聞・雑誌社やテレビ局と契約して活動する。以前はスチール写真による報道が多く、戦場カメラマンと呼ばれた。ベトナム戦争では、多くの日本人戦場カメラマンが活躍し、ピューリッツァー賞を受けた著名なカメラマンもいる。だが、才能豊かな若いカメラマンが何人も命を落とした。最近は、ビデオカメラの小型軽量化と高画質化、それにインターネットによる画像送信技術と衛星電話の進歩により、テレビ放送の仕事が増えている。テレビ局に映像レポートを売る場合は、1秒いくらで契約することが多い。仕事は、常に死と隣り合わせにある。劣悪で過酷な環境と少ない睡眠、空腹と渇き、それに神経を削るようなストレスに耐え、リスクを減らす努力をいつも怠らず、24時間危機感を持ち続け、その地域の人びとの言語や文化や歴史や民族性などに敬意を払い、それらを学ぶ意欲があり、不公正を憎みながらも、そこで起こったことを客観的に伝える能力を持ち、無謀と勇気の違いを知っていて、極限状況にあっても冷静さを失わず、そして「死を恐れる人」だけがサバイバルできるという、特別な仕事である。

　くり返しになるが、戦争が好きな子は、何かの代わりとして、戦争が好きだと思いこんでいる場合が多いことを忘れないように。どうしても戦争以外には興味が持てなくて、ずっと戦争のことを考えていないと爆発して罪を犯してしまいそうだ、という人のために、以下を紹介する。

傭兵（ようへい）

　外国の軍隊に雇われて働く兵士。フランスの外人部隊が世界的によく知られている。フランス外人部隊の場合、20歳から40歳の男子で、国籍は問われない。偽名での申し込みも可能だが、指紋でインターポール・国際警察に手配されていないかチェックされる。もちろん犯罪者が紛れ込むのを防ぐためだ。訓練は過酷をきわめ、フランス語のトレーニングもある。武器の扱いを覚えるために日本の暴力団員が応募することがあるらしいが、たいていはフランス語のトレーニングに付いていけずに挫折するという。拷問を受けたり、重傷を負ったり、

死んだりしてもいっさい文句は言わない、というようなことが記してある契約書にサインしたのちに入隊する。フランス軍の海外出兵時に、先兵として投入される。近年は、アフリカの紛争・内乱への参加が多く、多くの傭兵が、部族間抗争に巻き込まれ、目をくりぬかれたり、耳をそぎ落とされたり、性器を切り落とされたり、内臓をライオンやはげたかに食べさせられたり、残忍な方法で拷問されたあと、殺されている。

アメリカ軍兵士

　アメリカ軍は、外国籍の若者の入隊を認めている。ある日本人は、高校のときに、留学先のテキサスの小さな町で、英語がほとんどわからなかったために、お祭りの中で行われていたアメリカ海軍の兵士募集において、入隊手続きと知らずに書類にサインしてしまい、大学を卒業したあとで、海軍に入隊して、結局12年間アメリカ海軍兵士として過ごし、湾岸戦争にも参加したそうだ。戦争は地獄だ、とその人は言った。その人は、海軍情報部員として、イラクのサダム・フセインが化学兵器でクルド人を虐殺した現場に行き、イペリット（神経性びらんガス）で皮膚がただれて裂け、眼球や内臓が飛び出し、腹部に溜まったガスが破裂して死んでいく人を大勢目撃した。そのあと、その人は日本に戻り、家業を継ぎながら、生物化学兵器の恐怖と、テロの予防を訴える活動を続けている。

その❷ ナイフが好き

　ナイフを使った事件があるたびに、ナイフの危険性が指摘されるが、もちろん悪いのはナイフではなく、ナイフを使う人のほうだ。ナイフを手に取ると、わくわくして胸が高鳴るという子は意外に多い。特に男の子に多い。実際、サバイバルシーンやアウトドアライフではナイフは貴重なツール・道具となる。ナイフは人類が最初に手にした道具の一つである。しかし、ナイフを持つと自分が強くなったような気がするという子は、「絶対に」ナイフを持ってはいけない。

　ナイフが好きな子のための、参考としての職業。

ナイフ職人
　ポケットナイフ、ハンティングナイフ、アーミーナイフなど全般にわたり、いまも昔ながらの技を駆使して職人たちの手作りが行われている。もともと欧米のものだったものを日本独自の形に発展させてきた。繊細でありながらも男っぽさを持ち、バランスのよさとスムーズに動く機能に魅せられる人は少なくない。工房には平ベルトで動くグラインダーとハンドソーがあるくらいで、最新鋭の機械はない。ナイフ造りに欠かせない焼き入れも、昔ながらにコークスの火床で行っているところもある。現在、日本には50人から60人ほどのプロの職人がいる。名人が作ったナイフは数万円から数十万円もする高価なものだが、愛好家たちのあこがれの的になっている。ふつう、職人に弟子入りするしか道はなく、一人前になるには少なくても5年はかかる。ほかに、ナイフ製造・販売会社の専属でナイフを作っている職人もいる。ほかに、アウトドア用の和式鍛造ナイフなど手作りする和式ナイフ専門の職人もいて、桜の枝の柄を持つ「山刀」や革紐を巻きつけた和式ナイフなど人気が高い。観賞用としてだけでなく、道具として役に立つことが重要と、ある職人はいう。

日本刀・刃物
　Special Chapter 3「日本の伝統工芸」を参照（▶P.499）

その❸ 武器・兵器が好き

　武器や兵器が好きという子は意外に多い。特に男の子に多い。カラシニコフやM16などの小銃、さまざまな機関銃やロケットランチャー、かつてのパットン戦車やティーゲル戦車、現代のエイブラハムス戦車や高機動車ハマー、それにアパッチ、コブラ、ハインドなどの攻撃用ヘリコプター、ステルスやハリヤーなどの戦闘機、航空母艦や原子力潜水艦は、ばくだいな資金を使って開発され、作られているので、その姿形は機能的で魅力的に見える。それらを好きになる子がいても、不思議ではない。

　そういった子は、武器や兵器を好きだなんてとんでもないと叱ったりすると、ますます武器や兵器にのめり込んでしまうという傾向がある。ただし、武器や兵器が本当に好きな子はごく少数だ。他の大多数の子は、学校の授業や家庭が退屈だったり、苦痛だったりして、その気晴らしとして、武器や兵器を好むようになるだけである。

武器・兵器が好きな子のための、参考としての職業。

武器・兵器評論家

　旧日本軍の零戦などを偏愛する戦闘機マニア、戦艦大和やUボートを偏愛する軍艦マニアたちは、まず写真を集め、性能を調べることに熱中する。戦史雑誌をあさって、操縦士や技術者たちの回顧録を読み、愛好家同士で博識ぶりを披露しあう。こうした第二次世界大戦時の兵器へのロマンチックな愛好で終始する人もいれば、現在の米軍や自衛隊の武器・兵器へと関心を広げる人もいる。ただ、昔のローテクな兵器と現在のハイテク兵器とでは心をときめかすものが違うようで、ハイテク兵器は軍事評論家の専門領域になっている。ただし専門家といっても、収入はマニア雑誌や兵器図鑑などへの執筆による原稿料が主で、ほかで収入を得ている人の趣味の副業である場合が多い。ほかに、小火器やナイフなどが好きな人は、迷彩服をまとってエアーガンを手にしてのコンバットゲームやサバイバルゲームの解説者になることも。いずれの場合も、子どものころからの趣味が高じて専門家になったという人が多い。

モデルガン製造

　火薬をつめ爆発音を楽しみ、本物そっくりの構造を味わうためのモデルガンの製造は、いかに本物らしく再現できるかにかかっており、オリジナリティが必要とされることはない。以前は写真から本物の構造を推測して造っていたが、発射機能を除去した「無可動実銃」が入手可能になったため、よりリアリティーがあるガンが作られている。鉄製のモデルガンの場合は、金色に塗装しなければならない、銃身の穴をふさがなければならないなど、銃刀法に触れる事項は知っておく必要がある。モデルガンの製造に関わるには、現在十数社あるトイガン（おもちゃの銃）製造会社のいずれかに就職し、製造部門に配属されること。資格はとくにないが、工業や機械関係の大学、専門学校を卒業していると有利だ。

プラモデル製造

　6　その❶「絵を描く・ポスターをデザインする・粘土で遊ぶ」を参照（▶P.208）

模型店経営

　6　その❶「絵を描く・ポスターをデザインする・粘土で遊ぶ」を参照（▶P.208）

その❹ 何もしない&寝ているのが好き

　何をやるにも面倒で、とにかく寝ているのが好きという子は意外に多い。いつも脱力感があり、勉強もスポーツも恋愛もばかばかしくてやる気になれないというような子だ。そういった子は大きく2つのタイプに分けることができる。1つは、大物で、学校の勉強やスポーツという常識的な枠からはみ出した才能を持っている場合だ。もう1つは、本来何かを見つけたり、何かに打ち込むための好奇心やエネルギーを、学校の先生や親、あるいはいじめっ子からうばわれてしまった子だ。

　大物のほうは、放っておいても、いずれ自分が打ち込むべき何かを見つける。問題は、好奇心やエネルギーをうばわれてしまった子だが、そういった子は社会の助けが必要だ。そういった子は、マグマのように、本当は心にもからだにもエネルギーがたまっていることが多い。社会的な助けがあれば、そのエネルギーを解放するのはむずかしいことではないし、そういった子が大物に変身して、偉大なことを成し遂げる可能性もある。

　社会の助けが期待できない子は、ひょっとしたら自分はエネルギーをうばわれているのかも知れないと思って、まずもう眠れないというくらい充分寝たあとで、エネルギーをたくわえ、この本を最初から読んでみて欲しい。必ず何か興味のあることが見つかる。すべての子どもには、好奇心というエネルギーが生まれつきに充ちあふれている。うばわれた好奇心を取り戻すこと。そこから始める。

その❺ エッチなことが好き

　エッチなことが好きというのは、セックスのことやエッチなことを考えると興奮してしまって、他のことが何もできなくなるということ。こういう子は、意外に多い。男の子にも、女の子にも多い。そして、恥ずかしいことだという感覚があり、自分はなんてよくない子なんだろうと自分を責めてしまって、エッチなことが好きということを誰にも言えない場合が多い。だが、別に心配することはない。程度の差はあるが、誰だって、13歳のころはエッチなことが好きなのだ。

　エッチなことが単に好きというだけではなく、非常にものすごくエッチなことが好きな子は、家でのコミュニケーションがうまくいかなくて、心が傷ついているという場合が多い。心が傷ついている子の特徴は、寂しがりやのくせに友だちができにくいというものだ。こういう子の中には、社会の助けを必要とするような重い傷を負った子もいる。

心が傷ついている子は、人間関係に臆病な子が多い。自分を表現できない子が多い。しかし、そういった子には、他の子にはない可能性がある。そういった子の中にはそれまで使われてこなかったエネルギーがたまっている。そういった子が何かを見つければ、エネルギーが爆発して大きな成果を生むことがある。

何を見つけるのか？　それは、本当の自分自身、ではない。そんなわけのわからないものではない。生きていくための武器、つまり将来の仕事だ。誰にも頼らずに、一人で生きていけるための仕事。それを見つけることができれば、自分に自信を持つことができて、少しずつ、他人との距離感がわかってきて、人間関係を築けるようになる。

エッチなことが好きだからと、風俗で働く、つまりからだを売るという選択肢も確かにある。この社会には、多くの風俗の仕事がある。だが、風俗の仕事はリスクが大きい。実際に危険なこともあるし、病気の危険もあるし、年を取るとできなくなるという欠点もある。だが、もっとも大きいリスクは、充実感や達成感を持つことがむずかしいということだ。自分もなかなかやるなと思ったり、自分も捨てたものではないと思える、それが仕事の重要なところなのだが、からだを売るというビジネスでそういった充実感、自信、誇り、達成感を持つことは非常にむずかしい。

エッチなことが好きな子は、ある意味で、人間関係やコミュニケーションといったことに敏感な子が多い。まず、この本の「道徳の時間、眠くならない」（▶P.349）という項目を読んでみて欲しい。実は、エッチなことが好きという子に向いている仕事は無限にある。

エッチなことが好きな子のための、参考としての職業。

精神科医・臨床心理士・心療内科医
　10　その❶「意見を言う・議論する」を参照（▶P.350）

作家
　1　その❷「詩や作文など文章を書く」を参照（▶P.38）

その❻ 賭け事や勝負事が好き

ビリヤードプレイヤー

　今、日本にはトーナメント・プロが400人ほど存在する。大別すると「ポケット」と「キャロム」の2種類のゲームがあり、それぞれ専門のプロがいる。前者はポケットのある台で玉を落とすことを競い、後者はポケットのない台を使い得点を競う。プロになるには資格試験があり、ポケットなら日本プロポケットビリヤード連盟、キャロムなら日本プロビリヤード連盟が、筆記と実技の試験を行っている。最大の競技会でも優勝賞金が200万円程度、小さな競技会なら20万〜30万円程度であるため、競技大会への参加だけで生きていくのはほとんどムリだ。プロの多くは、ビリヤード場の経営者や従業員、契約のレッスンプロだったり、ビリヤード用品メーカーの専属プロだったりする。もちろん、まったく違った職についていて、競技会に参加するプロもいる。ビリヤードで稼ぐというよりも、むしろ競技を純粋に楽しめる人でなければ続けられない職業だ。

カジノディーラー

　カジノで行われるルーレットやバカラ、ブラックジャックなどで客の相手をする。現在のところ国内でお金を賭けるカジノは違法。したがって合法的に存在するのは遠洋航海を行う豪華客船のなかか、イベント会場などで行われているお遊びとしてのカジノしかない。いずれにしても日本では専門のディーラーというより、サービスの一貫としてその業務を行っている人が多い。最近はカジノ合法化の議論も起こっているが、それがどうなるかはともかくとして、もしディーラーとしてのスキルを身につけたいのであれば、本場ラスベガスなどにある養成学校へ行くという手がある。こういった学校は近隣のホテルなどへの就職を斡旋もしている。ただし、一見派手に見える仕事だが本場でもディーラーの収入は低く、客からのチップに頼るところが大きいのが現状のようだ。

為替ディーラー

　異なる通貨の交換、外国為替を扱う。だがそのレートは時々刻々と動いている。たとえば1ドル120円のときに円をドルに換えたとする。その後円安ドル高が進みレートが1ドル130円になった。このとき先ほどのドルを円に換えると10円分得をしたことになる。ただし円高ドル安が進み1ドル110円になると今度は10円分損をしたことになる。こうした通貨の交換（売買）を繰り返して利益を得ようとすることを為替のディーリングという。もともと為替相場が問題になるのは外国に送金をするときや、貿易をするときだった。ところが金融の自由化、国際化とともに、大量の資金が為替の市場にも流れ込み、そこで巨額の利益や損失が生まれることになる。ひとりのディーラーは数十億円、ときには数百億円を自分の持ち分として、外国為替市場に参加する。

　相場が激しく動く場合など、ほんの数秒のうちに億単位の損得が発生する世界だ。為替レートはそのときの政治情勢や経済情勢に敏感に反応する。ディーラーにとってこうした情報が不可欠なのはいうまでもない。ところがディーラーがこうした情報だけを元に売買をしているのかというと、どうもそうでもない。為替相場を予想する方法にはさまざまなものがあり、なかには水晶占いを用いている人までいるという。このあたりが「株式市場などより投機性が高い」などといわれるゆえんだろう。なお東京外国為替市場は、銀行を中心に金融機関だけが参加しているインターバンク市場。したがって為替ディーラーは金融機関の社員でもある。商社や輸出入の多い企業にも為替を扱うセクションはあるが、巨額のマネーを扱うスリルを味わいたいなら金融機関に入り、ディーラー志望をアピールし続けること。

パチンコ業界で働く

　パチンコ業界は、パチンコホール市場を中心に、パチンコ機器やパチスロ機器、玉・メダル補給機、コンピュータ関連、AVセキュリティ市場などで構成されている。規模は20～30兆円ともいわれ、上場企業も少なくない。パチンコ業界は、1980年代にフィーバー機が登場してから急速に成長しているが、一方で淘汰も進んでおり、小さな個人経営のパチンコ店はつぶれ、かわって大規模なグループ企業が勢力を伸ばしている。パチンコホールでの仕事はいろいろある。興味がある人は店舗でお客へのサービスにあたるアルバイトスタッフとして働いてみるといいだろう。こうしたスタッフからスタートして、出玉と景品を交換するカウンタースタッフ（女性が多い）、中間管理職的な役割を担うチーフ、ホールマネージャー（副店長）、店舗の金銭管理や労務管理、人事、指導育成、新台の機種決定やイベント企画などをこなし、店舗全体を総括管理するマネージャー（店長）、複数の店舗を統括するエリアマネージャーとステップアップしていくことが多い。特徴としてはとてもスピーディに出世でき、

低年齢でも高収入を得られることだ。20代で、年商何十億円という店舗を一手に担う店長になることも夢ではない。しかし、その分フロアでの仕事はきつく、離職率も高い。

パチプロ

パチンコやスロットで生計を立てる。フリーもいれば、パチプロの会に所属する人もいる。会に入るには、会費を支払わなければならない。金額はまちまちだが、月に1万円程度。会に入ると、「今どこの店の玉の出がいい」といった情報が入る。なかには、ヤクザとつるんで機械に細工をし、玉が出るようにする「ゴト師」と呼ばれる人もいるが、これは犯罪。年収1000万円を超える人もいるが、その数はもちろん非常に少ない。昔は、釘を「読める」ことが求められたが、今はデジタル化し、そのような読みが不要になりつつある。そのせいもあって、パチプロと呼ばれる人びとは次第に少なくなっている。

競馬予想師

競馬で、馬の着順を予想することを職業にする。当日の馬の毛艶や足の運び方、今までの実績、調教師やトラックマンからの情報収集など膨大なデータのなかから、レースの行方を占っていく。自分でお金を賭けてその配当で生活する人がいるが、当然、ギャンブルに生きるわけだから運に左右される。また、競馬場にスペースを設け、自分の立てた予想を「売る」予想屋がいる。基本的には、各競馬場の許可を得て開業することになるが、これも生き残れるかどうかは実績次第で、まったく保証はない。いちばん現実的なのは、競馬専門の新聞社や雑誌社に就職し、スタッフになることだろう。テレビ番組などで競馬予想をしている専門家は、こうした会社に勤めている記者やライターの場合が多い。出版社にしても、刊行物の売れ行きは、予想が当たるか外れるかにかかってくる。本当に馬が好き、競馬が好きという気持ちがなければ続けていくのは難しい。

プロ麻雀士

　中国で生まれたゲーム、麻雀(マージャン)のプロだが、競技団体が多く、それぞれがプロを認定しているので、社会での認知度は囲碁や将棋のようには高くない。戦後、麻雀が流行し、その遊技場、雀荘(じゃんそう)は最盛期の1970年代半ばには全国に3万6000軒もあったといわれている。大学生や社会人が4人集まれば雀荘に行く、という風潮がつづき、初期のプロはそうした雀荘に所属し、指導することで収入を得ていた。しかし、いまでは雀荘は激減している。麻雀人口の減少は、社会の交友関係の変化、新たなゲームの登場などが影響しているが、麻雀遊技に伴う不健康さも見逃せない。お金を賭け、酒を飲み、タバコを吸いながら遊ぶ、というのが、麻雀遊びにはつきものだった。最近では、「賭けない、飲まない、吸わない」をモットーにする健康麻雀を推進する団体ができ、女性や高齢者のなかに広まっている。プロに認定されるには、各種競技団体が開催するトーナメントでの成績によっている。収入はトーナメントでの賞金、指導料や指導書の原稿料、ゲーム機のソフト開発など。

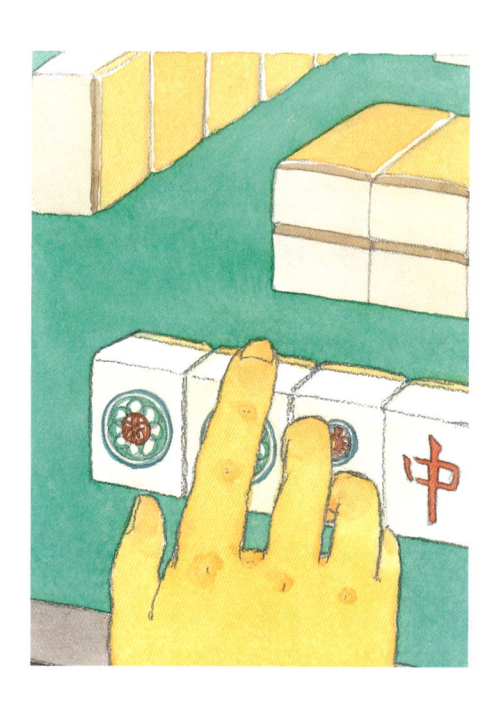

Special Chapter

01
これからの一次産業

農 業

Ⅰ. 日本の農業

・作物の種類

　日本の農業は米作を中心に営まれてきたが、その他にもさまざまなジャンルがある。

　まず、野菜栽培。野菜の種類は数えきれないほどあるが、キャベツやキュウリ、トマト、大根など消費量の多い野菜は、安定的に供給するために指定産地が決められている。これらの野菜は、穫れすぎて価格が暴落した場合には価格が補償される。その他の野菜も、特定の地域ごとに強い生産力もった産地が形成されている。そのため、新しく農業をはじめる場合は、定番の野菜よりも洋野菜や、ハーブ類などの栽培がよいかもしれない。

　切り花や鉢物の花卉栽培は、女性に人気が高くなっている。多くが温室で栽培されている。花卉は海外からの輸入も少なくなく、価格競争があるので、流行を読むセンスも必要となる。

　果樹栽培は、何を作りたいかによって産地を選ぶ必要がある。近年は海外からの輸入品が多くなっているが、ワックスがけをしない無添加の「国産」に高価値がつくなど、輸入ものにも対抗できている。競争が激しく価格の差も大きいイチゴや、多品種にわたる柑橘類など、産地ごとに特色がある。消費者の嗜好に沿った品目・品種を栽培することが求められる。

　酪農では、牛乳は100％国産となっているが、近年は牛乳だけではなく、手作りバターやチーズ、ハム、ソーセージなどをブランド化したり、牧場や農場にレストランを併設するなど、新しい形の経営を行うところも多い。

※4「理科」が好き・興味がある　その①「花や植物を観察する・育てる」の"農業"
　（▶P.106）も参照のこと

Ⅱ. 農業の現状

・減少する農業従事者数

　2008年の総農家数は252万戸。1965年は566万戸→75年は495万戸→85年は423万戸→95年は344万戸で、年々減少の一途をたどり、この40年間で半数になった。2008年の総農家数の内訳は、販売農家175万戸、自給的農家77万戸で、土地持ち非

農家が122万戸となっている。

・**高齢化・後継者不足**

販売農家のうち、農業労働力の主力となる基幹的農業従事者は197万人（2008年）で、65歳以上が60％を占めている。そのため農業労働力のさらなる減少が見込まれる。2005年度農林業センサスによると、45.4％の農家が後継者不在という、厳しい状況になっている。

・**増える耕作放棄地**

高齢化や後継者不足を受けて、2005年の耕作放棄地は38万6000haで、全農地（469万ha）の8.2％に達している。農家形態では土地持ち非農家（16万2000ha）や自給的農家（7万9000ha）の耕作地放棄が多い。

・**収入**

北海道を除く都府県の主業農家の年間所得は平均386万円（総収入は514万円）で、耕作規模別に254万～906万円（同420万～1057万円）と収入には開きがある。2005年農業白書によると、米作農家で、わずか10％ほどが主業農家（468万円）で、準主業農家（478万円）、副業的農家（490万円）の所得を下回っている。農家収入は低額とはいえないが、機械や設備投資、資材などの購入のための借入金などの負担も大きい。

・**農地法の改正**

耕地利用の利用率が年々低下しており、ここ数年は田で92％、畑で93％となっている。純農業地域の農地価格は、10ha当たり田で150万円、畑で100万円の水準にあって、こうした農地を購入した場合、作物の収益で農地の投資額を回収するには、約80年が必要と試算されている。

そのため、2009年の農地法改正では、農地をフルに使うため、所有ではなく使用の責務規定を置いた。改正のポイントは、(1) 農業の担い手に農地を集積するため、農用地利用規程の拡充と農地保有合理化事業の強化 (2) 農業生産法人以外の法人に対する農地の貸付制度の創設 (3) 耕作放棄地に関して、市町村長が主導し遊休農地の所有者等と農地の借り受けを求めることができる、などがあげられる。これにより、農地利用率の拡大と、新規農業就業者の増加を促進する。

Ⅲ．農家になるには

　就農者の減少を食い止めるためなどの規制緩和により、以前に比べると新しく農業をやりたいという人にも道が開かれるようになってきた。近年は中高年で新しく農業をはじめる人の増加、また個人ではなく法人の農業経営の増加など、就農の形態も多様になっている。ただし、農業の道はハイリスク・ローリターンと言われるように甘くない。個人で農業をはじめる場合は、軌道に乗るまでにはすくなくとも3年間は必要で、その間の生活費を確保しておく必要がある。

(1) 実家の跡を継ぐ

　農地や設備を引き継ぐことができる。また、農業は地域ならではの土壌、気候条件などで技術もちがうので、その地域で育ち、親の仕事ぶりを見ながら育った子どもたちは、農業を継ぐのにとてもよい条件がそろっている。

(2) 農業高校・農業大学校などで学ぶ

　2006年の新規就農者数は7万5000人で、半数ほどは60歳以上のリタイア組で、新規学卒者は2480人。新規学卒者のうち30％が農業高校の、40％が都道府県農業学校の卒業生となっている。

≪農業高校≫

　農業高校は、減少傾向にあるが、現在は全国に389校ある。多くの学校で、農業科・畜産科（酪農科）・園芸科・果樹科・林業科・食品化学科・生物生産科・生産技術科・農業経済科・食品ビジネス科（農業経営科）・生活科学科・農業土木科・造園科・造園土木科・バイオサイエンス科などの学科を設置している。

　卒業後の進路は、大学・専門学校への進学が50％、就職が40％。就職者は、農家や酪農家の後継者になるほか、地元の温泉や食品加工工場、建設会社、肥料会社、農協に就職する。

≪農業大学校≫

　農業大学校では、農業・農家生活に対応できる実践的な技術や専門化した高度な農業経営管理能力などを学び、次世代の農業を担う人材を育成するために設置された。現在は、各道府県立42校、民間4校、そして（独）農業者大学校の計47校となっている。高卒レベルの者を対象とした養成部門（2年）と、養成部門卒業者とそれと同等以上の学力を有する者を対象として高度な教育を行う研究部門（1～2年）がある。また、社会人を対象とした短期の研修部門を置くところもある。そのほとんどは全寮制となっており、寮費・食費を含めて学費は40万～70万円程度。卒業者には、

専門士の称号が付与され、同時に4年生大学への編入が可能となっている。卒業後の進路は、約50％が実家を継ぐなどして就農し、その他には農業法人、農業関連企業、公務員などへ就職する。

(3) 農業法人に就職する、家族経営の農家で働く、農業参入企業で働く

　農業法人での雇用者数（常雇）は、10年前より8000人増えて5万6000人（17％増）になり、家族経営の農家での雇用者数（常雇）も、1万8000人増えて6万1000人（43％増）になるなど、積極的な雇用が見られる。

　2007年に農業法人に新規に就職した人は7290人（前年比12％増）で、そのうち39歳以下が60％。以下のような、初期投資を必要とせず働きながら技術が習得できる農業法人は、農業を目指す若者にとって魅力的な就職先となっている。採用は、知人の紹介のほか、新規就農相談センターやハローワーク、民間の職業紹介事業所、インターネット、農業法人合同説明会など多方面で行われている。

・株式会社「大地を守る会」

　1975年にNGO大地を守る会を創立し、2年後の1977年に株式会社を設立。有機農産物を中心に無添加食品などを開発・仕入れ・宅配販売を行っている。設立当初はなかなか軌道に乗らなかったものの、食の安全に対する消費者意識の高まりや、オーガニック、エコブームなどで、現在は生産者が約2500人、消費者が約9万人、売上高159億1515万円（2009年3月期）にまで成長している。

・農業生産法人　有限会社「トップリバー」

　2000年の創業。新規就農、独立を目指す人のための農業研修、野菜の生産・販売を中心に、農家育成支援事業を行う。農業研修制度で入社した社員は、3～5年以内に独立、もしくは法人に就職して生産者になることが課される。この間は月給を支給される。1年目の基本給は月15万円だが、成果をあげた人にはボーナスが支給され、年収は500万円を超える者もいる。野菜の生産については、遊休農地23haの広大な農地をもち、6つの農場にグループごとに分かれてレタスやキャベツなどの高原野菜を栽培している。コンピュータで、出荷日から逆算して生育スケジュールを組むという販売を意識した生産システムで、安定的に大量の野菜を出荷契約栽培を可能にした。生産した野菜は農協を通さず、スーパーやレストランに直接販売する産直。年商は10億円となっている。

・農業組合法人「さんぶ野菜ネットワーク」

　2005年に設立。千葉県山武市にあるJA山武郡市睦岡支所の有機部会が母体の直

販組織。また、さんぶ野菜ネットワークは、山武市、JA山武郡市、ワタミファーム、大地を守る会と共同して、山武地域で有機農業経営を行う若い人材を育成するための組織として、「山武市有機農業推進協議会」をもつ。山武地域は有機農業の先進地でありニンジンの指定産地としても知られるが、高齢化が進み、遊休農地が年々増え、若い人材を必要としたことが背景にある。技術は、長年にわたって有機農業をやってきた45人の生産者が指導、また農業経営はワタミファームがサポートする。最大課題という販売ルートは、さんぶ野菜ネットワークを中心とした販売ネットや大地を守る会、ワタミファームがサポートする。

・イトーヨーカ堂の農業生産法人「セブンファーム富里」

2008年夏に設立。店舗で販売期限が切れた食品を回収して、堆肥化し、それを使って直営農場で野菜を育てて、その野菜を店舗で販売する「完全循環型農業」。

千葉・富里の生産者の協力を得て、JA富里市組合員が80％、JA富里市が10％、イトーヨーカ堂が10％の出資で法人をスタート。4haの畑で生産した野菜は千葉県内のイトーヨーカドーで販売。半年間の収支はそこそこで、規模も小さいが、今後、全国10カ所に農業生産法人をもつ予定となっている。

※企業の農業への参入は増えており、カゴメ、キユーピー、カルビー、キリンホールディングス、東急ストア、パルシステム、オイシックス、モスフードシステム、サイゼリヤ、モンテローザなどが、形態はさまざまだが、すでに農業をはじめている。

（4）国、地方自治体の支援を受ける

農業を仕事にしたいと思っている人は、国が都道府県に設置した新規就農相談センターで個別の相談を受けるとよい。実際の農業がどのようなものかを知るための、学生や社会人を対象としたインターンシップや合宿研修で、農業研修を受けることができる。また、具体的な準備段階に入ると、農地の斡旋、就農支援資金の融資、住宅の確保などもサポートしてくれる。雇用者とのマッチングを図るために、日本農業技術検定で農業知識や技術レベルの検定も行っている。実際に就農した人には、普及指導員による技術援助も行う。各都道府県では、研修制度を設けたり、借入資金利子助成などで、新規就農者を支援している。

Ⅳ 多様化する販路

・地産地消、道の駅

地域で生産された農産物を、その地域で消費する地産地消が広がりをみせている。地域の農産物販売の拠点となっている農産物直販所は全国に約1万4000カ所、全国

の868の道の駅、地元のスーパーなどでも販売されている。生産者名が記されていることで安心を得られ、新鮮で価格が安いことから、消費者に支持されている。地域の特産品であることも人気。生産者にも、規格外の野菜も販売できるなど利点が多い。

・産直販売

　市場を通さないで、生産者から直接、スーパーなどの流通現場や外食産業、レストランなどに出荷すること。年間契約を結んでいる場合が多い。スーパーでは、すでに30年以上前から取り入れており、現在も多く利用されている。イトーヨーカドーなどは、全国の7000軒の生産者と契約栽培を行っている。

　また、近年では生産者から消費者の手元に直接届けられる産直も増加している。その場合の多くは、有機野菜、省農薬野菜など付加価値のついた野菜となっている。

・ネット販売

　ネットや電話、FAXなどの注文で、生産者から個人の消費者に直接宅配便で届けられる。有機野菜、省農薬野菜で、食の安全性を意識する消費者に支持されている。個人の生産者がグループを組み、消費者のニーズに対応するケースが多い。必ずしも同じ地域の生産者ではなく、収穫時期がずれる別の地域の生産者とグループを組む場合もある。

　一方で、オイシックスのように、ネット販売を大規模に展開している場合もある。2000年にネット販売会社オイシックスを創業、現在では定期購入者3万人を含め、利用者は34万人となっている。千葉県成田市の生産者80人を中心に、契約栽培で収穫した野菜を販売し、年商は70億円。そのうちの40％を野菜の売上げが占めている。

Essay｜日本農業を産業として自立させるために

農業法人みずほ　代表取締役　長谷川久夫

1. 日本農業の歴史と位置付け

　これまでの人類の歴史は、飢餓の歴史であり、現在も地球上の68億の民の約2割が飢えに苦しんでいます。今も、食料とエネルギーの確保のために、国同士が争いを続けています。

　日本の農業は、水田稲作の伝来以来約2600年の歴史があり、自給自足の縄文・弥生の時代から、国が年貢として農作物を提供させた長い時代を経て、現在は農作物を販売する時代になっています。戦後の農地改革を機に、農村の形や生産の仕組み、流通・販売のシステムなどが大きく変わり、都市並みの収入を目指した農業基本法の中で農業の生産構造改革として取り組まれてきました。これが、農業を産業として捉えた第一歩でした。

　しかし、戦後の食糧不足の時代に考えられた仕組みは、食料を生産し供給する産業としての方向性が強かったので、農業本来の豊かな創造性が発揮できずに他の産業に引きずられ、自立した産業としての主張が出来ないまま今日に至っています。私達農業生産者は、未だに自らの農作物に値段を付けることができず、自立した産業としての理解と信頼を得ていないのが現状です。また、農産物が商品として販売されるようになった現在も、生産現場から出荷される農産物は、価格の定まらない供出という位置付けのままになっており、激しい販売競争と輸入品の増加の中で価格が下がり続け、持続的生産そのものが危ぶまれる事態になっています。

2. 弱体化する日本農業と農産物販売の実態

　現在、日本の農村と農業は、激しい構造的な変化を起こしています。日本の農村は、世界の先進国にも例を見ないほどの高齢化した農村になり、急速に生産体制が崩壊しており、これに伴う農業構造の変化により地域の農業共同組合員が大きく減少し、地域社会そのものが崩壊の危機に瀕しています。

　一方で、輸入農産物が大幅に増え、巷には食べ物が溢れ、食品残渣が年間2000万トン以上にも及んでおり、食べられる食品の実に約4分の1が捨てられていることから、安い食材を輸入しどんどん捨てるという無駄をなくせば、食料自給率も一挙に改善されるはずです。また、安い輸入農産物に押され、食品の低価格化にも歯止めがなくなっており、農産物の生産現場はすでに再生産が不可能な状態になっています。

　農畜産業の総生産額をみてみると、平成2年は11兆5000億円であったものが、平成19年には8兆2000億円と30％も減少しています。その内訳を見ると、主食である米は3兆2000億円から1兆8000億円と実に44％も減少し、野菜類は2兆5000億円から2兆円へ21％減り、果実は1兆500億円

から7500億円と28％減り、畜産物は3兆1000億円から2兆5000億円と21％の減少となっています。いずれの農産物も大幅に減少しており、大変深刻な事態になっています。しかし、この間の国民の飲食費は、平成2年の約68兆円から平成17年の73.5兆円へとわずかな増加になっており、食料品の消費金額には減少は見られていません。

農産物の生産が大きく減少したのは、販売戦略が希薄であったことが挙げられます。その1つは、これまでの農業が、農産物の生産の量だけをみて、安全・安心の高品質を求める消費者の声に充分応えず、「本物の農産物」の生産を怠り、効率とそれによる安さだけを追い求めたからであるといえます。また、私達生産者も、自らの労働を犠牲にした供出に甘んじ、農業を維持できる経営体にするという意識改革とそれに基づく生産・販売システムの変革が進まなかったことが挙げられます。

生産の規模を拡大して効率化し、供給を安定化するためには、当然、進んだ農業技術を利用し、機械や肥料、農薬などを大幅に活用してきました。生産が大規模化されるにつれて輸送技術も輸送システムも発達し、遠方から農産物を新鮮な状態で運ぶことができるようになり、これがまた農業生産の現場に大きな変化をもたらしました。輸送システムの発達と国際化により農産物貿易が拡大化し、海外から大量の農作物が輸入されるようになり、国産農産物の価格競争力が大きな課題になってきています。

農産物の安定供給を担う大規模で効率的な経営体は、農業の規模拡大やコスト削減において効率的な経営を実現してきましたが、社会構造の変化等により、規模拡大だけでは経済的に成長の限度が出始めています。

また、収益性の低い農業への新規参入者が減り、農業生産への労働力確保が緊急の課題になっています。これからは、加工原料などの実需者向けの農産物を安全供給する産業、国産競争力をつけて企業としての社会的使命と責任をもつ産業にと成長する必要があります。そのためには、生産現場の労働力や販路拡大に伴う経営人材の確保、設備投資のための資金調達など、急がれる課題があります。それには農と商工との良い関係を前提にした連携が必要であり、これには政策的な指導が強く望まれます。

さらに大きな問題として、流通・販売の問題があります。昭和48年に施行された大店法により八百屋がスーパーへと変わり、平成12年に改正された大店法により農協と市場の姿が変わりました。現在では、大規模なショッピングモールが乱立し、スーパーが既にオーバースペースになり、スーパー間の競争の激化により、販売価格の決定権を市場ではなくスーパー自身が持つようになり、プライベートブランドの増加により小売価格が下がっています。そのため、農業生産者の受取り額は、小売価格の30％以下になっています。現在では、このことが、農業が産業として自立できない最大の問題になっています。

3. 農業の特性を活かした産業化の方向

　人は、誰も健康で幸せな生活を求めています。そのため、毎日の健康の源である農産物の生産と流通・販売に新たな方向性が求められています。今後は、農業を産業として自立させるための日本型の農業経営体の確立が大きな目標になります。日本国民の誇れる産業として農業を位置づけるためには、適地・適作と適材・適所が重要と考えています。

　日本の国土は南北に長く、日本海側と太平洋側があり、地域によって気象条件や土地条件が大きく異なっています。この日本独特の地勢を利用した高品質農産物の適地・適作による生産と、そこで働く生産者の適材・適所を考え、それらを充分に生かせる特長ある農業を実践することです。日本の国土は、四季の変化に富み、平地が少なく山岳地帯が多く、梅雨や台風などにより雨量が多く、農業の基本である適地・適作、適材・適所を充分に生かせる土地柄です。

　このとき考えなければならない重要な視点は、農業が動植物のもつ自然の摂理を理解し、動植物が健全に成長・生長する環境を整える営みであることを充分認識することです。農業により生産された動植物は、我々人間の生命の存続と健康の維持に寄与し、同時に、生産のための豊かな農業環境を生み出しています。消費者・生活者と農業生産者は、お互いに文化的な生活を求める永続性のある共生社会の実現を目指すべきであると考えます。

　私達の主食である米は、農業生産者が製造したわけではありません。米は稲と言う植物の実であり、稲と言う植物が子孫繁栄のために実をつけたものです。また、鶏の卵も、養鶏農家が作ったものではなく、鶏が産んだ子供です。私達が食べている食べ物は、加工食品の原料も含めて、全て動植物達が子孫繁栄のために生み出した大切な命なのです。農業とは、このような動植物が健全に育つための環境を整える環境づくりが仕事なのです。

　消費者の高齢化の中で健康志向への高まりがみられ、食の安全や品質の向上が強く求められるようになっています。それを支える生産現場では、労働力の高齢化や若者の参入不足などが大問題になっています。このようなことから、農業をよく理解し自然との共生を志す若者の新規参入が歓迎されています。

4. 自立した日本農家の姿と担い手

　日本の農家を、持続性のある経営体にするには、私達農業生産者自身が自立する意識を持ち、おかれた地域の特性や人・物の資源の特性を重視して生産に携わり、農業者自らが再生産可能な適切な販売価格を付ける決定権を持つことが重要です。そして、消費者・生活者と共通の場を作り、「地産地消」の視点に立って生産から販売までのプロセスを共有し、お互いに正しい情報を伝え合い、長期的で持続的な信頼関係を構築する必要があります。そのことによって、消費者・生活者は、農業の持つ強みと弱みを深く理解し、農業とそれに伴う活動を支持するようになると考えます。

　農業者は、単なる農業生産者に留まることなく、消費者・生活者の多様な価値観や要望を受け入

れ、農業経営者としてこれに応え、農業の責任を自覚して改善に努め、お互いに文化的視点に立った共生する地域を創造する自立した産業を目指す必要があると考えます。

　農産物は、生産者が農業経営者として生産原価に基づいた再生産可能な適切な価格を決める権限を持つ必要があります。適切な収益を得て再生産できるようになれば、生産者は生産を続けられます。このことは、消費者の利益でもあり、生産と消費の信頼関係が醸成され、社会システムの形成に良い影響を与えます。

　私達の健康と幸せを求めるのであれば、農業を生産として捉えるだけでなく、農業者が農業経営者としての自覚をもち、農業を国民の誇れる産業へと脱皮させることが非常に重要です。これからの日本の活力ある農業と信頼社会の一翼を担う若者として、農業を誇れる産業にすべく、共に可能性を求めていきませんか。

プロフィール
長谷川久夫

1948年茨城県生まれ。鯉渕学園特選科修了。90年有限会社みずほを設立、代表取締役に就任。94年つくば市議会議長、98年茨城県農業法人協会会長に就任、現在に至る。その他にいばらき農業改革研究会委員、茨城県農業担い手育成推進協議会委員を務め、農林水産省「地産地消の仕事人」に選ばれている。

Essay｜日本のこれからの農業

有限会社トップリバー　代表取締役社長　嶋崎秀樹

農業は儲からないと言われてきた

　日本の長い歴史をさかのぼってみると、日本は農耕民族として農業を中心とした経済基盤を築き上げてきたと思います。農村が豊かな地方は国が栄え、素晴らしい文化も築かれてきました。しかし現在の農業は3K（きつい、汚い、危険⇒きつい、帰れない、給料が安い）となってしまいました。その原因は日本の農政の失敗だといえるのではないでしょうか。米作中心の農政のなかでは減反政策拡大実行のための補助金ばかりの農業であったために真の意味での農家の自立ができなかったと思われます。また、過大な農民の保護政策による、他産業からの進出の阻止により、閉鎖的な社会構造が今でも続いており、新陳代謝ができなくなってしまったのです。そして農業は儲からないといわれてきたのです。

　たとえば、サラリーマン家庭であれば、1年間の所得がどれぐらいあれば生活できるということがわかっています。そのために、収支のバランスを考え生活していくのです。しかし、農家にとって1年間の収入はその年の相場により変化し、自分たちの労働の対価が分からないのです。だから、家族の労働力は計算に入れることができないのです。あるデータによれば、東北地方の米作農家の時給は100円～200円との数字もあります。農家の社長である父親がそんな生活をしていれば、儲からないという言葉が出てくるのは当たり前であって、そのような家庭の子どもたちが農業をしようと思うでしょうか。高齢化の元凶です。現在の産業の中で農業だけが家族的産業となっていることも、大きな問題点です。家族経営がすべて悪いわけではありません。きちんとした経営戦略を持った家族経営的農家もあり、そのような場合にはきちんとした後継者が育っているのです。しかし大多数の家族経営的農家は違います。他の産業であれば、形は様々ですがメーカーとしての会社が存在し、会社の経営者は経営戦略を持って経営をしています。そして出来上がった製品には様々な販売経路があるかもしれませんが、販売価格を自分たちで決定し利益を出しているのです。しかし農業では自分で栽培した農産物がいくらで売れるか、価格決定権がありません。ましてスーパーの販売においては、価格競争に巻き込まれることにより農家の手取りは年々減少しています。もちろんこれは農業経営者にも大きな責任があると思います。補助金頼りの経営基盤で、人任せの農業をしてきた付けなのです。

「どうやって売るか」を考える

　さて、問題点だらけの農業に対して国は様々な対策をしています。たとえば農業法人化の推進です。農家を法人化することにより競争力をつけ安定させようという考え方です。

　しかし、今まで家族経営でやってきた人がそのまま法人化しても根本的な解決にはならないことはよくわかるはずです。逆を言えば経営理念をしっかり持っている農業者であれば法人化しなくても自然に規模拡大し安定した経営ができるのです。ここで私が提唱している300点満点の話をしましょう。農業の栽培技術を100点満点とし、販売や経営といったことを200点満点とし合計300点満点取る農業の理論です。今までの農家がやってきたことは農産物の評価いわゆる、味とか形とか、

有機だとか農業技術に関することだけでした。そして出来上がった農産物をできたから売るというスタンスです。消費者が求めるものを作っていたわけではなかったのです。同じレタスであっても、スーパー向けのレタスとレストランやファーストフードで必要としているレタスは違うのです。いくら有機でおいしいレタスであっても、有機レタス求めている人に販売しなければ安くなってしまいます。反対に加工業務には重量があり歩留まりのよいレタスを工場へ納品すれば、適正価格で買ってもらえるのです。その販売方法を身につけた農業者がこれからの農業には必要なのです。この調整部分が200点であり、いくら100点の部分でいい点数をとっても200点の部分で頑張らないと意味がありません。いい物を作れば売れるという考え方だけでなく、どうやって売るかをいつも考えた農業をすることがこれからの農業には必要なのです

世界に通じる産業へ

　リーマンショック以降の雇用不安から農業をやろうとする人たちが増加しています。弊社にもこの1年で約200人以上の問い合わせや面接希望者がやってきました。なかには素晴らしい学歴の方もいました。しかし、そのなかで本当に農業で生活していける人たちはほんの一握りであると思います。そのような人をいかに多く見つけ出し、育成するかが今私たちがやるべきことなのです。弊社にやってきた人たちには目標設定をきちんとしてもらっています。彼らは自分が目標としていることに対してきちんと5W1Hを考え行動することにより、経営能力のある農業者になっていくはずです。特に教えるのではなく自分で考えることが大事なのです。農業も1人でできる産業ではありません。組織をつくり戦略を持つことが農業経営者として、成功すると思います。

　このようなすばらしい農家が全国各地で育っていくことにより農業が活性化し食料の自給率を上げ日本の農業が世界に通じる産業になることを願っています。

プロフィール
嶋崎　秀樹

1959年長野県生まれ。82年日本大学卒業後、北日本食品工業（現ブルボン）に入社。
88年にブルボンを退社後、佐久青果出荷組合に入社（後に社長就任）。2000年に農業生産法人有限会社トップリバーを設立、9年で年商10億円の企業に育て上げる。「農業をマネジメントする」という発想で、儲からないといわれた農業を「儲かるビジネス」として実証し、後進を育てながら、日本の新しい農業のあり方を提言し続けている。

Essay ｜ 明るい農村

text by Ryu Murakami

農業へのあこがれ

　会社での競争や、時間に追われる都市の生活に疑問を感じたビジネスマンが、田舎に行って、有機栽培のおいしいトマト作りを始めました、みたいな記事を新聞や雑誌でよく目にするようになった。今、いろいろな面で農業は注目されている。食糧の自給というテーマもある。日本の食糧自給率は下がるばかりだが、このあと、中国の食糧輸出が減り、日本の経済状態がさらに悪くなると一気に食糧危機が起こると指摘する専門家もいる。また、有機農業など環境に関わる農業技術の問題があり、遺伝子組み換え作物などバイオ技術についても農業は話題となることが多い。そして、農家の高齢化と後継者不足によって日本の農業が衰退してしまうというようなことが心配されている。

　間違いないのは、日本の農業が重大な過渡期を迎えているということだろう。日本の農業に未来と希望はあるのか。職業の選択肢として、農業を選ぶのは果たして合理的なことなのだろうか。

　農業人口は、1950年には全就業者の45％を占めていたが、1957年には34％となり、1970年には20％を切り、そのあとも低下し続けて、2001年には4％となった。しかし農業人口の減少は、工業化を進めた先進国では一般的なことで、日本に特有のことではない。

農業の近代化・機械化と、その弊害

　農業人口の減少に伴い、高度成長に合わせるようにして、1960年以降、農業の近代化・工業化が進められた。急速に工業化・近代化が進み、豊かで便利になっていく都市部に比べ、農村の生活は昔ながらのもので、多くの若者が農業を嫌って都会に出て行った。そこで、農村にも豊かさをというテーマで、農業の「近代化」が始まった。大量生産、大量消費という大原則と工業の生産システムが、農業にも適用された。たとえば長野のキャベツなど、産地と品種を指定して大量に野菜を作り、大量に輸送し、価格を安くして、機械を使うことで生産効率を上げ、農業経営の規模を拡大した。それが「農業の近代化」だった。

　だが、近代化はさまざまなゆがみを生むことになる。化学肥料を使って同じ畑に同じ品種を作り続けると、特定の養分が欠乏したり、過剰になったりして、土壌が、酸性またはアルカリ性障害を起こす。しだいに土壌が劣化し、病原微生物が発生する。

近代化の過程において、そういう状況で生産性を上げるために、土壌消毒剤や殺虫・殺菌剤、除草剤などの農薬がさらに多用されるようになった。環境は、急速に破壊されていった。だが、有機農業や、環境への負荷を減らし持続可能な農法を探り実践する一部の農家を除いて、そういった「近代化」による農作物の大量生産は、今でも日本の農業の中枢を占めている。

自由化という大きな波

だが、1990年代に入り、いくつかの要因が重なり、日本の農業は変化を迫られるようになった。まず最初に、WTO（世界貿易機関）などによる国際的な「農産物貿易の自由化」の波があげられる。日本にとって自由化がいいことか悪いことかは別にして、WTO体制によって、日本の農産物が国際競争にさらされるという基本的な流れが生まれたのは事実だ。だが耕作地の狭い日本の農業が、輸入農産物に価格面で競争するのは非常にむずかしい。このまま何の手も打たずに、価格競争に敗れれば、日本の農業は壊滅的な打撃を受けるだろう。日本政府は、自由化の波を押しとどめることなく、国内の農業を再生させるという非常にむずかしい立場に追いつめられてしまった。その結果、これまでの、大量生産・大量消費・大量輸送という農業の基本方針を根本的に見直さざるを得なくなったのである。

安全な食への関心

日本の農業が変化を迫られるようになった2番目の要因は、世界的な環境運動の高まりだ。現在、地球規模で、環境への負荷を少なくした持続可能な生産への強制力が高まっていて、農業も例外ではない。そして、環境への負荷の少ない農産物という方向性は、消費者の意識と好みの変化に支えられてきた。消費者の意識と好みが変わったこと、それが日本の農業が変化を迫られている3番目の要因である。消費者は化学肥料や農薬を嫌うようになり、安全な食への関心は高まる一方だ。そのことが圧力となって、日本の農業に変化をうながしている。口に入れ、体内にとりこむ食物が「安全」なのは本来当たり前のはずだが、「こんなにたくさん農薬を使った野菜は自分の子どもに食べさせられない」と生産者自身が告白するような状況がずっと続いてきた。

現在のオーガニック（有機農産物や無添加加工食品）ブームは、かつての自然食ブームや健康食品ブームとは質が違う。ブームの中心にいるのが女性という点では同じだが、かつて特別なものだったオーガニックは、今やごく普通にデパートやスーパーの店頭、それにファミリーレストランのメニューに並ぶようになった。その背景には女性の社会進出と自立があり、そして流通と通信の飛躍的な進歩があった。まず最初に食の安全に目覚めたのは先進的な主婦たちだった。

流通の変化と進歩

　そういった動きを支えたのは80年代後半から流通の主役となった「宅配」システムと、90年代末から一般的になったインターネットという情報通信網だった。60年代に国家が整備した「大量生産・大量輸送・大量消費」というシステムとは別の流通・情報網が確保されたのだ。今では、インターネットと宅配というシステムを駆使したオーガニック食品販売会社がいくつも誕生し、生産者と消費者を直接結びつけるようになり、その結果生産者の考え方にも変化が見られるようになった。新しい流通・情報通信システムが整備されたこと、それが、日本の農業に変化を迫る4番目の要因である。

農業の重大な岐路

　これまで書いてきたような要因で、日本の農業は変化を迫られ、そのために重大な過渡期を迎えることになった。しかし、変化の方向性ははっきりしている。日本政府の基本方針も、国際的な流れも、消費者の意識や好みも、そして流通や通信などのインフラの進歩も、すべてある1つの方向を示している。それは、環境や安全を無視した大量生産・大量消費・大量輸送という考え方の農業から抜け出すことであり、環境と安全に配慮したさまざまな新しい技術とシステムとネットワークに基づいた農業に向かうということだ。そのための試みはすでにいろいろなところで始まっている。

　だが、問題なのは、日本の農業全体が、そういった新しい方向性を目指しているわけではないということだ。農業以外のあらゆる分野でも同じことが言えるのだが、これまで長く続いたシステムと考え方を、新しい変化に対応させることが簡単なわけがない。新しい方向性のための法律の整備も順調とはいえないし、特に、農家の高齢化と後継者不足は非常に深刻な問題となっている。あとを継ぐ子どもがいない農家が廃業し、その所有する農地が荒れ地となり、ちょうど閉店する店が多くて虫食い状態になった地方の商店街のように、荒れ地が点々と広がるというゾッとする光景が日本のあちこちの農村で現実のものとなっているのだ。

農業はすばらしい仕事だが、資金が必要

　しかし、農業がすばらしい仕事であることは疑いがない。「こしひかり」や「夕張メロン」の誕生を例にとっても、この世の中でもっともクリエイティブな仕事の1つだとわかる。農業は、間違いなく、自然や生命と向き合う創造的な産業である。しかし、残念ながら、今のところ若い人や都会からのUターン組が効率的に農業に従事できるような仕組みがあるとは言えない。まず、新規に農業経営を始めようとすると、畜産でも、稲作でも、野菜栽培でも、果樹・花卉・園芸でも、農地の取得、家畜の購入、農機具の購入、畜舎などの施設の建設、さらに稲苗代、飼料代、肥料代など、かなりの資金が必要になる。

たとえば畜産では、もっとも安い養鶏でも数百万、酪農や肉牛飼育では数千万の資金が必要だと言われている。また、たとえば稲作経営だと、田植えから米販売代金が入るまでの半年間は収入がないので、それまでの運転資金も用意しなければならない。もちろんさまざまな融資制度や就農支援金制度があるが、数百万から数千万の借金をして農業を始めるのは、相当のリスクがあると言えるだろう。

ハードルは低くなっているが

農地保有合理化事業によって、農地の取得は以前よりも効率的になっているし、リース型農場も増えている。また、農業の専門学校も増えつつあって、農家へのインターンシップ制度も始まっている。さらに、農業生産法人と呼ばれる企業化された農業組織も確実に増えていて、資金などの都合で新規農業経営が無理な人には、そういった農業法人への「就職」という方法もある。しかし、人材を募集している農業法人の数はまだまだ少ない。しかも、たとえば脱サラして農業を目指すというような人には、農業法人への「入社」に異和感があるかも知れない。自分でリスクとコストを引き受け、努力が報われる形で自分だけの利益と充実感がある、という働き方へのあこがれが、農業を目指す動機になっているかも知れないからだ。

結論：個人的な知識と戦略が不可欠

さて、このエッセイの最初の設問に戻ろう。農業は果たして職業の選択肢として合理的かという設問だが、しかし、実は、日本の農業に未来と希望はあるか、という設問そのものが違っているのではないかとわたしは思う。果たして職業の選択肢として農業は合理的か、という設問も正確性を欠いている。農業を目指そうとする人は、自らの手と頭脳で、未来と希望を個人的に引き寄せなくてはならない。日本の農業「全体」に、希望や未来を求めるのは合理的ではないし、農業という「分野」を職業の選択肢とすべきではない。農業を目指そうとする人は、どこで、どういう形で農業を始めるのかについて、知識を持たなければならないし、ある程度戦略的でなければいけない。しかも、何よりも環境と安全に対する配慮が必要だと理解しなければならない。それは、農業に限らず、今の日本の過渡期の業態へ就業する際の基本となるだろう。

そして、このことは林業や漁業・水産業などそのほかの第一次産業に共通したことだが、そういった知識と戦略を持った人びとが、どのくらい多く参入するかで、過渡期を迎えた日本の農業が、再生するのか、あるいは衰退・崩壊するのかが決定されるのだと思う。

written in 2003

漁　業

Ⅰ. 日本の漁業

　海に囲まれた島国の日本は、古来より豊富な水産資源に恵まれ、そこから生まれた漁業文化を培ってきた。日本の漁師の大多数が、近場で漁をして魚を獲る沿岸漁業に従事しており、各地域の地形や特色を生かしたさまざまな漁業が発展した。

※漁業の種類については、4「理科」が好き・興味がある　その④「雲や空や川や海を眺める」の"漁師"（▶P.162）の項目も参照のこと

Ⅱ. 漁業の現状

・漁業従事者数

　2006年の漁業従事者は21万2000人あまり。2007年になると20万4000人あまりに減少している。漁業者数は、つねに減少傾向にあるが、なかでも2004年からは、毎年、約1万人ずつという減り方を示している。二十数万人というそもそもの従業者数を考えれば、急激な減少であるといえるだろう。漁業者数が減少するなかで、高齢者数は横ばいであり、全体的に高齢者の占める割合が増えつづけている。

　農林水産省水産庁漁政部によると、新規就業者数は毎年1000～1500人の間で推移している。そのうち9割方は漁師の子弟が家業を継いでいる。

・漁獲量

　漁業・養殖業の生産量は、2008年は559万t（ピーク時は1984年1282万t）で、年ごとの増減はあるが、相対的に減少しつづけている（農林水産省「漁業・養殖業生産統計年報」）。内訳は漁業437万t（遠洋47万、沖合260万、沿岸128万）、養殖業115万t。

　漁獲量上位5種は、サバ類51万t、サンマ36万t、カタクチイワシ35万t、ホタテ貝31万t、カツオ30万tである。

　養殖での主要品目は、魚類でブリ類16万t、マダイ7万t。貝類でホタテ貝23万t、カキ類19万t。海藻類でノリ類34万t、ワカメ類5万tである。

　漁獲量はピーク時に比べ、沿岸漁業、海面養殖業はほぼ横ばいであるが、遠洋漁業、沖合漁業が大幅に減少している。

・輸入

　日本は、世界の水産物貿易における輸入量の11％、輸入額の18％を占める輸入大国。輸入額の多い順に上位5種を挙げると、1位マグロ・カジキ類、2位エビ、3位サケ・マス類、4位カニ・タラの卵となる。

　自給率は、1964年ピーク時の113％に比べ、2007年には62％と減少している。しかし、輸入量も年々減少しており、原因のひとつとしては、中国を中心とした世界的な魚介類需要の高まりのなかで、「買い負け」の現象が起きていることがあげられる。

・輸出

　水産業界の明るいトピックスとしては、水産物の輸出量が年々、増加していることがある。2002年の輸出額1365億円に比して、2008年は2086億円。輸出額の多い順に5品目を挙げると、1位真珠、2位ホタテ貝、3位サバ、4位干しナマコ、5位サケ・マス類となる。

　輸出の増加の要因は、まずは1996年のBSE問題により欧米の牛肉離れがおきたこと。2003年の鳥インフルエンザの流行により世界的に魚介食が注目されはじめたこと。そしてなんといっても、近年の中国の爆発的な魚需要の増大があげられる。

・収入

　水産庁の「水産白書」によると、2007年の沿岸漁家の平均収入は326万円で、海面養殖漁家では538万円。

　海面養殖業の収入が高く見えるが、家族経営が多い沿岸漁船漁家に比べ、養殖会社の共同経営等の場合が多いため、この数字が一概に高収入であるとはいえない。また、養殖の場合、養殖場の漁業権がかなり固定化されて、利権が確立されているため、新規参入はなかなか難しい状況だ。

Ⅲ．漁師になるには

・漁師になるための入口

　漁業就業支援フェアを、東京・名古屋・大阪・福岡で開いている。ここは人手不足で新人漁師を募集したい漁協や船主と、漁師の仕事に関心がある人の面談の場。漁協や漁師が地元の漁業を紹介してくれ、相談にも乗ってくれる。その後興味があれば、現地での研修も受けられる。約1週間のオリエンテーションと、最長6カ月の実践研修。ここで漁業や漁村生活を経験し、基本的な漁ろう技術の取得をする。

・求人情報：全国漁業組合連合会に寄せられている求人数は全112件

例1）イカ一本釣り／長崎県勝本町漁協／募集人数3人／自動イカ釣機で釣り上げたイカを箱に入れて、市場に出荷する／勤務時間は、午後五時頃～午前八時頃／休日は月夜間と時化／月給15万円＋歩合給／荒れた日も仕事があり、決して楽ではありませんが他県からの就労もあり乗組員相互の会話も弾みます。漁業が好きで、やる気のある人を待っています。

例2）近海カツオ漁／宮崎県日南市／15歳以上で義務教育修了者なら誰でもOK。（20歳未満は父母の承諾が必要）／通常は、5～7日海に出て戻り、1日休んでまた出航というペース／1日の仕事時間は6～8時間。朝4時頃起床。カツオの群れにたどりつくまでに数分～数時間。釣っている時間は、数十分から、長いと1時間前後。／最低保障額は月額15万円。一般船員の平均的な給与額は月額20万円～25万円（平均的な歩合を含む）／船員保険（健康、厚生、雇用を含む）完備、災害補償などあり。作業着や漁具は貸与。

・水産庁の就業支援

水産庁の就業支援による新規就業者は毎年、約70～100人。ただ、就業希望者は500人近く集まる。その約8割が就業を諦める理由は、事業者側に落第の烙印を押されたというわけではなく、むしろ、就職希望者側のイメージと現実のギャップによる辞退が主なものである。

辞退理由でまっ先に挙がるのは「船酔い」だという。漁業体験の過程で、まず「自分は船はダメだ」とはじめて気づかされるひとが意外に多い。これは初歩的ではあるが、根元的な適性の問題といえる。船に乗れない漁師はいない。

つぎに、「生活のリズム」。就寝、起床の時間がいままでの生活とあまりにかけ離れているという理由もある。また、「コミュニティ」の問題。漁師社会という独特の共同体、たとえば収入やその他の生活状況をつねに情報交換しあっているような環境のなかで生活していく自信が持てないというもの。普段はジャージに雪駄履きというスタイルが合わないなどという感想も多いという。さらには実力至上主義的な世界で生きていく自信がないといった理由もある。いずれも要は覚悟の問題だともいえるが、それが大きな壁となってたちはだかっているのは事実のようだ。

「大間のマグロ漁師をテレビで見て、一攫千金の華やかな世界をイメージして来るひとも多いのですが、あれはほんの一握りの才能のあるひとの話ですからねえ……」とは、漁政部企画課漁業労働班の言葉。

また、自然を相手に仕事をするという意味では、海上ではつねに危険と隣り合わせの状況に置かれているということを忘れてはならない。海難に遭遇した船舶数は2007年で795隻（死者・行方不明者50人）、2008年で732隻（死者・行方不明者96人）。

・沿岸漁業の漁師になる

1、全国漁業就業者確保育成センターで求人情報をチェックしたり、説明会やフェアに参加する。国や民間で開催する「就職フェア」の漁業コーナーで説明を聞く。全国各地の漁業に直接問い合わせるのもいい。
2、体験漁業に参加する。その土地で暮らすことを前提によく話を聞く。
3、漁業会社の従業員、漁船乗組員になり定置網、まき網、底びき網漁などの新人に。あるいは、個人経営漁師の見習い、養殖業者の新人としてスタート。
4、船舶免許や漁業無線などの資格を取ってキャリアアップ。
5、独立を目指すなら、漁協の組合員になる（年間90〜120日以上漁業を行った実績が必要）。小さな船でも数百万円〜の資金がいるので、計画的な資金作りが必要。

※漁場は陸地に近い沿岸部。主に10t未満の船で、日帰りの漁をする。船を出さず、コンブやワカメ、貝類を獲るなどの漁もある。沿岸漁業には、浜により、季節により、魚種により、それぞれちがう技と知恵がある。日本の漁師、約23万人の87％を占める20万人が全国で漁をしている。

・沖合・遠洋漁業の漁師になる

1、希望する漁業を絞り込む。
2、全国漁業就業者確保育成センターや、各都道府県のセンター、全国各地の船員職業安定所に問い合わせる。フェアに参加し、じかに漁業会社や船主の話を聞く。航海日数は、沖合漁業で1〜2日から40日間、遠洋漁業では10日〜1年半と長いので、よく話を聞くこと。
3、漁業会社の乗組員になり、甲板部、機関部の新人としてスタート。甲板部員は船の運航の保全、見張り。甲板長目指してキャリアを積む。機関部員はエンジンの操作、保守点検や修理を行う。操機長目指してキャリアを積む。
4、国家資格取得。甲板員なら航海士の資格（海技士・航海：沖合、遠洋漁業の船長になるために必要）を、機関員なら機関士の資格（海技士・機関：大型船舶推進機関や操舵機関の管理資格）を目ざして勉強する。船長や機関長になるには三級海技士の資格が必要。水産高校などを経ていない人も、3年以上の乗船履歴があれば受験できる。
5、漁労長（船長である場合が多い）になる。大船頭ともよばれ、運航のすべてを取り仕切る。
6、経営のトップである船主になる。漁労長は船主から漁業活動の全てをまかされる現場のリーダー。自ら資金を貯めて独立し、船主になる人もいる。

※沖合・遠洋漁業は漁船漁業とも呼ばれ、日本の漁師、約20万4000人の12%である2万6000人が就業している。沖合漁業の漁場は主に日本の200海里水域だが、グァム近海、ロシア水域近くにもおよぶ。10t以上の中〜大型船による漁業。遠洋漁業の漁場は世界の海。日本の200海里水域の内外、公海、外国の200海里水域にもおよぶ。船は139〜5000tの大型船。近年では外国人の乗組員も多く、航海は長い。沖合・遠洋漁業はともに、企業体での経営が主で、仕事の役割や資格にそった就業条件などは明確だ。

・沖合・遠洋漁業の構成例

・アジ、サバ、イワシの沖合まき網漁
船団構成……本船（80〜135t）1隻、探索船2隻、運搬船2隻の計5隻。
主要漁場……日本の沖合全域
乗組員数……50〜60人（新人は本船に乗船し、投網、囲い込み、水揚げを補助）
航海時間……8〜12時間（年間約200日出港）
給料…………月額約26〜36万円（最低補償額月額17万7000円）

・遠洋カツオ漁（1本釣り）
船舶規模……450〜500t規模の大型船
主要漁場……赤道付近から南太平洋、日本東沖水域
乗組員数……26〜33人（漁労長、船長、機関長、通信長、甲板長、冷凍長、操機長、機関員、甲板員。なお経験を積んだ機関員が操機手、甲板員が操舵手を務める）
航海期間……平均45日（ドック入港時は丸1日休日）
勤務時間……1日5〜6時間
給料…………年収400〜600万円。福利厚生は船員保険

Ⅳ．漁業をめぐる問題

・原油などがダイレクトに影響

2008年の世界的な原油価格高騰が、世界中の漁業関係者を追いつめたというニュースは、記憶に新しい。事実、日本国内でも、漁労支出に占める油費の割合は、2002年度の15%強から、2004年度中には20%を超え、2005年度以降には25%弱を占めるにいたっている（農林水産省「漁業経営調査報告」）。

流通業者等とのかね合いで、原油の高騰分を漁獲物価格に反映させることも現状では難しい。とくに、遠洋漁業、もしくは近海のマグロはえ縄、カツオ一本釣り、イカ

釣りなどは、その影響をもろに受けているようである。

・漁量調整などで、厳しい生活を強いられることも

　日本近海は、世界的に見ても類をみない豊富な魚種の生息する海域である。それでも現在、国の調査によると、90種別（系群）の魚種中43が低位水準（過去20年間の魚量推移と比較）にある（水産庁「わが国周辺水域の漁業資源評価」）。とくに、マサバ、マイワシ、スケトウダラなどが挙げられる。

　乱獲、温暖化、水質汚染等、さまざまな要因が考えられるが、漁師にできる手だてとしては、基本的には、獲らないことで魚の量を増やすことしかない。

　例を挙げれば、秋田県が1992年から3年間、ハタハタの禁漁を実施したことにより、壊滅的だった漁獲量が回復。その後も、漁協が中心となって、漁獲量の調整を継続している。また、日本海のズワイガニ、太平洋系のマサバなどにも同じような取り組みがなされている。

　これらはもちろん、長期的に見れば、収入の安定につながる大切な対策なのであるが、ひっ迫する経営状態のなかで、目の前に魚がいるのに獲ってはいけないという状況を強いられる場合もあるとうことだ。

　海洋国家である日本は、各地域が独特の漁法、伝統をはぐくんできた経緯もあり、「この魚が獲れなくなった」といって、いままでの投資を反故にしてまで、簡単に他魚種に目先を変えるわけにはいかないとう現状もある。

　就職する側にしてみれば、どの地域でどの魚を獲るのかという選択は、漁業人生を左右する大きな問題になってくる。ちなみに、先に述べた調査によると、サンマ（太平洋北西部系群）、ゴマサバ（太平洋系群、東シナ海系群）など15系群が高位水準（過去20年間の魚量推移と比較）にある。

Essay｜漁業の現状

築地魚市場株式会社　代表取締役社長　鈴木敬一

かつての活気が失われた漁業

　日本は長い間、漁業が盛んで大量の魚介類（魚や貝など水産生物）を漁獲し、漁業の先進国として世界的に認められてきました。

　しかし、1970年代に入ると、従来の12海里の漁業水域を200海里にまで拡大しようとする動きが盛んになり、1976年に米国が、この200海里漁業水域を設定したのをきっかけとして各国に波及し、世界の海は沿岸諸国により分割され、そこでは他の国の漁船が自由に操業できなくなってしまいました。

　日本の遠洋漁船も行き場を失い、漁獲量はいちじるしく減少し、漁業はかつての活気を失ってきました。

　2008年の我が国の漁獲量は559万トンで、過去最高の漁獲量があった1984年の1,282万トンと比較すると53％も減少しました。漁獲量の減少分は輸入が埋め合わせています。

　現在、日本の漁業がかかえている最大の問題点は、このように漁獲量が年々減少し、生産規模が縮小し、活気が段々と失われてきていることです。

　その原因は、200海里漁業水域により、魚場がいちじるしく制限されたことですが、もう一つの大きな理由は、日本の魚介類の消費が1964年来、徐々に減少してきていることです。いわゆる「魚離れ」現象です。

　魚の消費が低迷しますと、その価格もおのずと安くなり、その分、漁師さんの収入も減り、仕事としての漁業の魅力は少しずつ低下してきています。魚をとることを職業にしたいという若い人達は、大変少なくなっています。漁業で生計を立てている人達も、最盛期の79万人から2008年は23万人にまで減ってしまいました。

　このように産業規模は縮小し、消費は減ってきていますが、それでも、魚介類は依然として日本人の食生活の中で大変重要な役割を果たしています。国民一人が1年当たり食べる肉類の量は29kgでありますが、魚介類は32kgです（骨や皮や内臓を除いた部分の消費量）。魚介類は、今でも最大の動物タンパク資源です。

　日本とは逆に外国では魚の消費は年々増加しています。何より魚介類が健康によく、おいしいことが評価されているのです。世界の主要都市では、寿司などの和食レストランが急速に増加してきています。

　しかし、資源的に見れば、世界の天然の魚介類はもはや限界に達していて、これ以上漁獲を増やすことは無理でしょう。養殖もこれからは環境への影響や餌や採算性の問題もあり、簡単に今までのように増えていくことはできないでしょう。

　私達はこの貴重な魚介類資源を大切にして、上手に利用していかなければなりません。

漁業の未来と13歳の君たちへの期待

　苦戦気味の日本漁業ではありますが、未来は決して暗くはありません。これからさき魚介類が人間の食生活の中で占める役割は、非常に重要になってくるからです。世界的にもそうですが、特に日本においては、そう言えます。

第一の理由は、魚介類が他の食べ物に比較して、いろいろな点でいちじるしく優れていることです。
　栄養に富み健康に有益であり、大変おいしい。また、種類が豊富で季節性（旬）があり、調理方法も多様で、まさしく食品の中での優等生です。
　第二の理由は、将来、やがて訪れるであろう食料不足の時代に果たすべき大変大切な役割を漁業は背負っていることです。
　世界には食べ物が不足し、日々、ひもじい思いをしている人達が大勢います。現在の栄養不足人口は約10億人といわれ、7人に1人が飢えに苦しんでいます。しかし、日本では幸いにも日常的にひもじさを感ずることは、ほとんどありません。
　しかし、私たちは将来、大変に厳しい食料不足の時代が到来することを覚悟しなければなりません。なぜならば、世界的にみて穀物や肉類、野菜、魚介類など食料全体の供給量は、今後、現状以上に大幅に増えるとは考えられないからです。
　他方、消費量は年々増えていきます。世界の人口が急激に増加しているからです。20世紀初頭は17億人でしたが、現在は68億人、そして2050年には国連は90億人強と予測しています。その上、発展途上国、新興国は経済発展にともない、今までより、より多くの食料を消費するでしょう。
　日本は、2008年の食料自給率が41％で先進国中、最低です。食料の半分以上を輸入に依存しています。将来、世界的規模で食料が不足したときは、各国とも自国への供給を優先し、輸出規制を行うでしょうから他の国からの買い付けに期待することはできません。
　しかし、そんな深刻な時代が到来した場合でも、日本は餓死者が出るような悲惨な事態は何とか避けることができると思います。なぜならば、輸入がたとえ途絶えても、主食である米と魚介類は日本国内で生命維持に必要な量は確保できるからです。
　日本は一般に資源の乏しい国だといわれていますが、魚介類についていえば、大資源国です。日本の200海里の漁業専管水域は450万k㎡もあり、世界第6位の広さです。しかも、世界の三大漁場の一つであり、私たちは大変豊かな海の幸に恵まれているのです。
　農業や牧畜は、森林を切り開き、灌漑を行い、肥料を与えるなど、自然と競合せざるをえません。しかし、漁業は、特に天然魚の場合は、豊かな海や河川、湖沼が自分の力で生み出してくれる魚介類をそのまま捕獲するのですから、大変環境にやさしい食料確保の方法といえます。

　13歳の皆さん、自動車がなくても、テレビがなくても、携帯電話がなくても、不便ですが何とか生きていけるでしょう。しかし、食べ物がなければ、非常に悲惨なことになります。場合によっては生命の維持も困難でしょう。日本にとって、そして人類にとって食料を確保する道が大きく魚介類と漁業にかかっていることをよく認識し、漁業と漁業資源を一生懸命守り、育てていかなければなりません。これは私たちに課せられた重大な義務であり、責任であります。今、成人に向かっている若い君たちの力に大いに期待したいと思います。

プロフィール

鈴木 敬一

1936年、静岡県浜松市に生まれる。ロシア文学にあこがれ大学でロシア語を専攻。卒業後、水産会社に就職し、カニ工船などに乗船。以来一貫して魚関係の仕事に従事。趣味は囲碁と銭湯。

Essay｜漁業の現状

近畿大学水産研究所　熊井英水

日本漁業の歴史

　日本漁業は古来より進取の気性に富み「沿岸から沖合へ」、「沖合から遠洋へ」と拡大していき、世界を制覇したとまでいわれてきました。ところが大陸棚の漁業資源の管轄権を主張する動きは、一片の空論に過ぎないと思われた1945年の「トルーマン宣言」に端を発し1947年チリ大統領の200カイリ宣言が次第に国際世論として定着するようになり、やがて第三次国連海洋法会議において200カイリ体制が世界の海洋秩序として確定されるに至りました。1977年わが日本も200カイリを宣言し、この年がわが国の200カイリ元年となりました。こうなるとこれまで世界の海を自由に活動していた日本の漁船団は窮地に陥る結果となり、日本周辺海域の漁業資源を見直し、再編成をしなければならなくなり、これを取りまく漁業環境は極めて厳しい現状となりました。その結果、日本の漁業生産は1984年には1,282万トンと最高であったものが、'89年頃から200カイリの影響、遠洋漁業の低迷や沖合漁業におけるマイワシの激減などにスライドして減少を続け、近年は往時の半減以下の600万トンを割る状況下にあります。

　漁業は元来大自然の恵みによって生まれた自然に優しい産業である筈で、日本人はこの天与の水圏に動物たんぱくを求めてきました。魚食民族と云われる所以であります。しかし自然の生態系の中で必要なものを最小限求め自然と共存してきた時代は遠い過去のものとなりました。

　人々の生活水準は人類の英知を結集した技術革新によって高揚してきましたが、漁業の発展も例外ではなく、より高度な漁獲を求めて競って性能の優れた技法を駆使してきた結果、乱獲や自然破壊といった憂慮すべき大きな「つけ」を負わされる羽目になったのです。

漁業の未来

　半世紀前頃までの日本漁業は、残念ながら漁る（すなどる）ことに終始した略奪型とまで云われてきました。しかし近年は次第に資源管理型と云われる、自然の恵みを享受しながら弱点を人々の知恵と技量でカバーして「育て」たのち「獲る」という、資源を守り、持続的漁業を推進する栽培漁業の形態へと意識転換が図られるようになりました。

　先ず種（稚魚）をつくることに始まり、育てる畑（海域）を確保し、魚介類が棲み易いアパート（魚礁）づくりや海を汚さない環境づくりを必要とします。増殖された魚介類は適度な漁獲によって資源を損なうことなく回復可能な生産量を持続・維持できるように計画するのが理想的です。漁業資源は無尽蔵であるという概念を捨て、あくまで有限であり種を播き栽培したのち収穫するという農作物と同様の意識の改革が是非必要であります。

　一方、生産量が軒並み低迷しているわが国の漁業形態の中で唯一横這いを続け、いまやその地位を不動のものにしているのが海面養殖業であります。海面養殖業は昭和30年代後半から徐々に発展を続け、わが国の漁業経済その他で大きな役割を演じ、地域によっては漁業者の就労や安定的な所得確保など基幹産業として重要な地位を占めてきた部分も少なくありません。またその生産物は安心・安全な配慮をもって安定供給されるほか、技術的には消費者のニーズに沿って必要なときに必要な量・サイズが整えられ、食文化の向上に寄与するところ大であります。

これからのわが国の水産業は沖合・沿岸漁業が主流となることが想定されますが、安定的に魚種や漁獲量を確保することが強く望めないことから、それに代わり天然資源に手をつけずに人工種苗使用による養殖産業が持続的安定生産を担っていく事になりましょう。

漁業に興味を持ち憧れる13歳に伝えたいこと

殆どの子どもたちは魚を追いかけたり捕まえたり水族館などで見たり聞いたりすることを好み、興味を持っています。ところが成長に伴って「魚が好きでたまらない」という人の数が次第に減ってきます。13歳まで続いて魚を飼ってみたい、研究してみたいと強く思っている人達は本物です。キーワードは「好き」と「継続」だからです。

農業や漁業は人類が生存していく上で不可欠で、最も重要で基本的産業です。一次産業が故に安定性を欠く部分もあることも否定できませんが、漁業の中でもより計画性があり安定性を見出せるのは養殖漁業であります。

養殖漁業の揺籃期には天然から稚魚（種苗）を採捕してこれを飼い付け成長させて商品として出荷するという単純なものでした。これでは資源の増殖にならないばかりか、かえって資源を減少させる事につながります。しかしいまや重要魚類の人工ふ化、種苗量産技術が進んでいます。天然資源に頼らず、彼等の生活史の全過程を人工による生産が可能になってきており、健全な稚魚（種苗）を安定的に生産確保することにより養殖を計画的に推進することができるのです。

ともあれこれからの養殖漁業はまだまだ切り開かねばならない事柄が山積しており、魅力ある産業と云えましょう。一例をあげましょう。太平洋クロマグロは台湾東部海域を主産卵場としており、成長に伴ってその一部は太平洋を横断する渡洋回遊を行い、アメリカ西海岸で少年期を過し、また産卵場へ戻って来ます。あたかもサケの母川回帰に似た回遊をすることが最近の研究で解明されつつあります。これが明確になった暁には「comeback salmon」ならぬ「comeback tuna」という、ロマンに満ち栽培漁業の精神に則った遠大な仕事が待っているのです。

13歳の皆さん、どんな職業にも険しい山々があります。その厳しい道程を征服して頂上に立った時の何ものにも代え難い達成感を味わいましょう。

プロフィール
熊 井 英 水

1935年生まれ。広島大学水畜産学部水産学科卒、農学博士。近畿大学理事・大学院農学研究所教授、専門は海水増殖学。文部科学省グローバルCOE拠点リーダー、日本水産学会名誉会員。日本水産学会技術賞・功績賞、日本農学賞など受賞。

Essay | 林業の現状

速水林業代表、株式会社森林再生システム代表取締役　速水亨

林業の仕事

　日本の国土は67％が森林におおわれています。森の国として有名なフィンランドと同じくらいです。世界では陸地の30％が森林ですから日本の森林率は高いことが判ります。また近世では日本の歴史の中で今の森林資源は最も充実した状態です。林業は森林を管理して木材を生産する事を目的とした大事な仕事です。

　昔から木材は様々な物に加工できるとても便利な材料として使われていました。日本が高度成長を迎える1955年頃から1975年頃までは、木材は日本の成長のためには大事な資源でした。

　木材は1964年にそれまでの価格高騰を受けて、丸太の輸入関税が完全に無くなりました。関税0になった最も早い物の一つです。1971年のニクソンショックから為替相場での円は次第に強くなりましたが、需要の拡大でその後も価格は上昇していきました。そして、1980年以降から下がり始めました。特に米国からの輸入材は為替換算すれば米国での輸出価格は上がり続けたのですが、日本では輸入材と共に国産材も下がっていくという円高の影響を受けたものでした。特にプラザ合意以降は円高が激しく、大きく価格が下がりました。

　また阪神淡路大震災でも、中小の工務店が建てる在来木造の家が耐震PRに優れる大手住宅メーカーの家にとって代わられ、それも国産材離れを後押ししました。円高だけが原因ではなく、流通、加工の生産性も諸外国に比べて低い点も問題です。いまやっと製材工場の大型化等が始まって大手住宅メーカーの中には国産材を積極的に使うところも増えてきました。山側も様々な努力を続けていますが、現在は本当に木材の値段が安くなって、50年育てた木から製材された杉の柱が一本1500円で、丸太に換算すると500円程度、本当に大根1本よりも安くなってしまって、伐った森林に再度苗木を植えて森に戻していく費用が足りない時代になっています。私が林業に携わったころの、仕事が終わって山から帰るときに丸太を一本肩に担いでくると、その価格で半日分の賃金が出るような状態から比べると、本当に安くなったと感じます。

　しかし森には木材生産だけでなく、我々の社会を維持していくために必要な機能が様々にあります。たとえば良く言われる温暖化の原因であるCO_2を森の樹木は吸収して、幹や枝や根っこにため込みます。また雨として降った水を木々が受け止めて半分くらいは空に蒸発させて返しています。残りの半分を地下水に、最後が雨の後の増水として川に流れ出ます。この様に洪水を防ぐ機能を持っているのです。これらの機能をより高く発揮させるために森林の手入れをする必要があり、国が森林管理のためにお金を出しています。

　林業は木材生産だけが仕事ではなく、森林の多様な機能を社会のために発揮させる仕事でもあります。

　2005年は山で働く人々は4万7000人で1960年の10％になっています。木材価格の下落やそれに伴っての森林管理作業を行わない森林所有者が増えたこともあり、就業者数は大きく減ってきました。新規に林業に就業する人たちも次第に減っていましたが、2003年から林業新規就業者はかなり増加し、2003年は4334人、2007年は3053人で特に森林組合という行政との関係の深い協同組合より、

純粋な民間の林業を仕事にしている会社に入る人が増えています。

林業の未来

　林業の今の経営は非常に厳しい状態で、森林を持っている人々は大変困っています。しかし世界に目を向けると、今発展が始まっている中国やインド等が様々な資源を先進国と争って購入しています。木材も石油や鉄鉱石ほどで無いにしても、その影響が出ています。

　大量の木を伐っていたロシアは厳しい丸太輸出制限を実行するようになりました。ちょうど時を合わせて、中国やインド等が木材を必要とし始めたのです。

　木材は単に家を建てるためにだけあるのではなく、紙の原料としても大量に使用されます。また世界で生産される木材の全体量は33億5300万立方メートルですが、その53％が薪炭材つまり燃料に使われ、47％が用材と言われ、建築や紙の原料として使われます。薪炭材はほとんどが自国内で消費され、主に用材を中心に17％が貿易に回され、それを争奪しているのです。

　その過程で、地球上の森林は違法伐採や持続性のない伐採で1990年代の10年間で9400万ヘクタール失われ、これは、日本の国土面積の2.5倍にあたります。これらの森林減少を防ぐためにも消費者がこの様な不適切な森林管理から伐り出された木材を使わないで、適切に管理された森林を審査認証し、そこからの木材を選択的に使用できるようにラベリングして消費者まで流通させるFSC（森林管理協議会）という組織があります。2000年に日本に導入されて次第に広がっています。木材には色々な認証やラベルがありますが国際的に環境団体にも求められている森林認証制度としてはFSC認証が最も信頼されています。

　木材は今後ますます簡単に輸入し難くなっていくでしょう。その時には日本の森林の持っている木材生産の機能は再度注目されると思います。

　日本の林業は産業として生産性の向上や新しい様々な技術導入が必要な時期に来ています。今までの資源を充実させる政策は日本では成功したのですが、それを経済という仕組みの中に組み入れることが、うまくいかないままに旧態依然とした仕組みで今を迎えています。

　そのような国内林業の中で、FSCのように経済性と社会性と生物生態的な環境保全の継続に関して森林管理者から消費者までのすべての関係者をつなぐ仕組みは、一つの将来への指針としては、注目すべきことだと思います。

林業に興味を持ち、憧れる13歳に伝えたいこと

　林業の現場はしだいに機械化が進んでも、まだまだ厳しい屋外労働です。自然の中で働く素晴らしさはありますが、初心者は30度の急斜面に立って作業すること自体が困難です。慣れてきても夏には3リッターの水を持って仕事に行き、飲みつくしてしまいます。

　ベテランでも夏が終わると3kg～5kgも痩せてしまう人もいるくらいです。お金をもらってダイエットできる数少ない仕事でしょう。つまりそう甘い職場では無いということです。

　また、今の森林の価格はかつてないほど安価になっています。都市に近い森林でなければ、購入する事も夢ではなくなりました。だからといって、山を購入すればすぐに林業で食べていけるような仕事ではありませんが、森林所有者になって自分の山を休日に手入れするということも可能な時代です。

私は働くということには、「稼ぎ」と「仕事」があると思っています。単にお金だけを目的に働くのは「稼ぎ」、社会に意味のある働きが「仕事」です。林業はたぶんその働きの成果が地域社会を守ったり、地球環境を良くしたりする仕事だと思っています。

　1960年代までは林業で働くことは、田舎では名誉なことでした。健康で体力もあり、毎日の仕事はいつも様々な工夫を求められ、時には命の危険も感じるような仕事で、素晴らしい森林を育てていく誇りも持てる仕事でした。手に入れる「稼ぎ」も充分な額でした。

　今でも、働く側として、間伐するときは暗い森林が作業した所から、明るくなっていく、その達成感は独特のものです。

　100年生の木を伐るときは、なんとなくきちんと正確に伐ってやらなくてはならないという気持ちがわき起こり、倒れていく木に「長い間頑張ったな」と声を掛けたくなります。

　自分自身に対しても、社会に対しても充実感のある「仕事」だと考えます。今の林業の経営状態では、多くの「稼ぎ」は期待できませんが、日本の森林で育った国産材利用も様々なところで広がってきています。将来を見越して、しっかりとした雇用体制を取っているところで働けば、一軒家に住み地元の美味しい食材に恵まれた暮らしをすることは出来るでしょう。常に物質的な贅沢を追い求める事さえしなければ、「心ゆたか」な生活がそこにあります。

プロフィール
速水 亨

慶應義塾大学法学部卒業、美しくゆたかな姿を見せる人工林を育成し続け、"地域との共生、自然との共生"をめざす。2000年2月に日本初のFSC認証を取得。(社)日本林業経営者協会会長、NPO日本森林管理協議会副理事長。

Special Chapter

02
環境

Essay | 21世紀のビッグビジネス

text by Ryu Murakami

●地球は優しくされなくても平気だ

　生態系に優しい、地球に優しい、というような言い方にはずっと違和感があったし、今もある。現在起こっているさまざまな環境問題は、「地球」の問題などではなく、「人類」の問題だと思うからだ。二酸化炭素の排出量が無限に増えて地上から酸素がなくなっても、嫌気性（酸素に触れると死んでしまう生物）のバクテリアなどは生き残ることができる。大気圏のオゾン層が完全に破壊されても、対流圏の大気汚染がさらにひどくなっても、あらゆる国・地域の土壌や地下水がダイオキシンなどで汚染されても、すべての河川が干上がって全地球が砂漠化しても、温暖化で気温が10度上がっても、生き残る生物はいるし、そのほうが都合がいいという生物もいる。

　わたしたちは、地球上の生物を代表して、ほかの全生物のために環境問題に取り組んでいるというような傲慢な思い違いをしやすい。わたしたちは、実際のところ、地球のために環境について考えているわけではないし、地球上のほかの生物のためでもない。わたしたちは、わたしたち自身に「都合がいい」地球環境を守ろうとしているのだ。しかも、そもそも地球環境を今のような深刻な状態にしたのはわたしたち人類である。地球は、別にわたしたち人類から優しくしてもらわなくても存続していくし、どんな形であれ生態系も存続していく。たとえば環境に配慮した製品というのは、「地球に優しい」のではなく、「人類の存続に都合がいい」ものなのである。

●地球環境を守るのは合理的なこと

　しかしそれでも、地球環境を守るのは合理的なことだし、わたしたち日本人は、高度成長時に汚染され破壊された自然を修復しなければならない。しかし、いったい誰が、なぜ、そして何のために自然環境を破壊し汚染したのかということは、前提として捉えておかなければいけないと思う。地球を汚染し破壊したのは人類であり、それもおもに先進工業国の人びとだ。そして皮肉なことに、現在地球環境の保全に熱心なのも、先進国の人びとである。多くの途上国の人びとは環境に関心を払う余裕がない。明日の食物に困っている人びとが環境を気にするだろうか。貧困に苦しむ南米の先住民や入植者が、飢えているわが子のためにジャングルを焼き払うのを、先進国は非難できるだろうか。環境問題は、途上国と先進国の利害が絡み、対立する重要な「南北問題」でもある。

●環境問題のビジネス化という大きな流れ

しかし一方で、これまで啓蒙的なボランティア中心だった環境を守る活動は、「ビジネス」として定着しつつある。そういった環境問題のビジネス化にしても、もちろん先進国の主導によるものだ。そして経済合理性や企業利益という資本主義の原則を環境問題に利用するという考え方は、今後さらに主流になっていくだろう。「地球環境を守ろう」という啓蒙的な呼びかけではなく、「地球環境を守る自治体や企業や個人にははっきりとした利益がある」という呼びかけのほうがより力があるからだ。かつては、日本も含め、ほとんどの国や地域で、環境問題は公害問題だった。環境問題は、海や河川や土壌や大気の汚染が広がるのを制御するにはどうしたらいいかということからスタートした。もちろん現在もその課題を抱えているわけだが、経済合理性を導入して、地球的な視野から、さらに積極的で戦略的な方法が考えられている。

●国際環境条約

環境問題のビジネス化を促す仕組みとしては、まず国際環境条約があげられる。1972年にストックホルムで開かれた国連人間環境会議で、人間環境宣言が採択されたが、80年代に入って、地球規模で環境問題に取り組むという基本姿勢が明確になり、90年代には、リオ・デ・ジャネイロで地球サミットが開催され、「地球環境を積極的に守る」というグローバルなうねりが本格化した。国際的な法規制も強くなりつつある。また、地域的な2つの国や、複数の国の条約への取り組みも始まっている。たとえば急速に工業化が進む中国の酸性雨は、日本にも大きな影響を及ぼす。中国の環境問題は日本の環境問題でもあり、将来的に2国間で環境条約が結ばれ、共同で解決に当たるという事態も考えられる。そして、地球規模での環境問題への取り組みは、世界市場の基本的な約束事となりつつあって、今後貿易や取引において、環境への配慮が足りない企業はしだいに不利になることが予想される。

●増額される政府予算と進む法整備

国内では、環境関連の政府予算が増え、法律も整備されつつある。環境省は「持続可能な社会」の実現を進め、環境ビジネスを支援するための予算を増やしている。持続可能な社会とは、温暖化で地球環境が破壊されたり、資源が枯渇することのない社会という意味で、環境を考えるときの1つのキーワードである。経済産業省は省エネルギーや新エネルギー行政を進めるための予算を増やしている。新エネルギーとは、太陽光発電や、風力発電、それに微生物の発酵を利用したバイオマスエネルギー、燃料電池、水素エネルギーなどだ。しかし今のところ、これまで通り原子力発電や石油・天然ガスへの予算も確保されているから、はっきりと新エネルギーへの転換を打

ち出したとは言えないという指摘もある。

　国土交通省は、これまで続けてきた自然を破壊する土木建設公共事業を止めて、自然再生型の事業を進めるとしている。その他にバイオマス事業を進めるとする農林水産省、それに環境教育を重視する文部科学省などが予算の配分を環境に移しつつある。それら省庁の予算配分については、欧米先進国の真似をしただけの中途半端なものという批判もある。しかし、国家予算がつくということは、現実的にお金が動くということで、とりあえず環境ビジネスのチャンスは増える。法律では、「循環型社会基本法」が施行され、さらに、容器包装リサイクル法、食品リサイクル法や自動車リサイクル法、建設リサイクル法などが全面施行された。企業や個人に対し、廃棄物のリサイクル・適正な処理を義務づけるものである。さまざまな生産物のリサイクルが義務づけられると、そこに新しいビジネスが生まれる。たとえば古くなって捨てられるパチンコ台などで再利用部分が増え、多くの企業が新しい再生技術に設備投資を始めることになる。

●環境税の導入

　また、いろいろな形の環境税も考えられている。京都議定書で、温暖化ガス排出量を減らす目標が示されたが、その実現のための炭素税が日本でも検討されている。炭素税は、石油や石炭など、燃料のなかの炭素の含有量に応じて税を課すというものだが、フィンランド、スウェーデンなど欧州の一部ではすでに導入されている。日本で検討されているのは、たとえば燃費が悪い車の自動車取得・保有税などを高くする燃費比例型の炭素税などである。しかし炭素税が有効だとわかっていても、企業や個人にとっては高いコストになるわけで、当面の経済活動は圧迫されることになる。本格的な炭素税の導入はまだ先のことになるかもしれないが、国際的な大きな流れとして、今後環境税の導入は本格化していくだろう。そのための新しい開発戦略や資金を持たない企業は淘汰されることになり、またそこで新しいビジネスの可能性が生まれる。つまり炭素などの排出をできる限り押さえる技術を開発しないと国際競争に勝てない時代になるので、企業はそのための設備投資を行い、そこに新しいビジネスが生まれるということだ。

●国際規格ISO14001

　さらに、企業などが環境へ配慮する動機づけとして、ISO14001に代表される国際規格の取得がある。ISO14001は、ISO・国際標準規格が認証する環境マネージメントシステムの国際規格だが、品質保証規格のISO9600シリーズの取得で各国に後れを取り苦い思いをした日本企業は先を争ってISO14001認証取得を目指すことになっ

た。03年6月現在ISO14001を取得している日本の企業・事業所は1万3000を超える。ISO14001は、たとえば工場廃棄物の数値を規制しているわけではなく、社員にどのような環境教育を行っているかとか、事業所の電力コスト削減にどう努力しているかとか、環境への取り組みを問うものだ。

　日本では、製造メーカーだけではなく、自治体や大学、各地の商工会議所、ゴルフ場から地域のカントリークラブまで、ISO14001認証取得ブームが起こり、飲食店やスーパーや歯科医にまで「ISO14001を取得しませんか」という勧誘の電話がかかってくるようになった。コンサルティングビジネスが盛んになっただけだという批判もあるが、環境マネージメントシステムという国際規格によって、企業が環境に配慮するようになったのは事実である。だが、ある程度コストがかかるので、途上国の企業にとってISO14001認証取得は簡単ではない。だからISO14001による環境マネージメントシステムは、ISO14001を取得していない企業との取引を規制することで、途上国からの輸入増加を抑えようとする先進国に有利なシステムだという批判もある。

　しかし、確かに環境マネージメントシステムは、これからの企業経営にとって不可欠になりつつある。環境への配慮がない経営姿勢は、国内でも、国際的にも忌み嫌われるようになった。公害を出したり、エネルギーを大量に消費したり、廃棄物や化学物質をまき散らしたり、自然環境を破壊したりする企業は、環境NGOから名指しで攻撃・批判を受けたり、住民から訴訟されたり、多大なコストを払わなければならない。さらに最近では、ISO14001の取得が、ビジネスのパートナーを選ぶときの条件になることもある。環境への配慮がない、あるいは配慮が足りないと見なされた企業は生き残れないような仕組みができつつある。

●森林認証制度FSC

　経済合理性を利用しながら環境を積極的に守る仕組みは、国際規格だけではない。たとえばFSC（Forest Stewardship Council A.C：森林管理協議会）という国際NGOが運営する森林認証制度がある。国内の大手製紙業界でいち早くFSC認証に取り組んだ三菱製紙の場合、所有する南米チリの森林で、林道からの土砂の流出を押さえ、野生動物の生息地を保護し、水辺の保護林は一切伐採しないというような厳しいFSCの基準をクリアし、認証を得た。これまで環境に配慮した印刷紙といえば、再生紙だけだった。だが再生紙は、印刷でカラーグラビアなどの発色が悪いとか、古紙パルプからの生産時に大量の石油を使うなどの欠点があった。FSCの認証を得て、その証であるロゴマークをつけるためには、認証森林からの木材チップ使用というだけでは不十分である。その他の加工、流通、印刷部門すべての過程で、CoC（Chain of Custody）という認証を得る必要がある。

　CoCには認証番号があり、その番号をたどることで、その紙の来歴を知ることができる。つまりどの森林で伐採され、どのルートで輸入され、どの工場で加工され、どこで印刷され、どのような流通経路をたどったかという、ほぼ完全なトレイサビリティ（traceability：起因・経路確定性）が確保されている。FSCの認証制度は、「再生紙」の考え方を超えている。つまり、資源のムダ使いを止めるという考え方から、原生林を守るという積極的な環境保全への転換を見ることができる。三菱製紙の場合、現段階でのFSCの認証紙は、紙パルプ年間総生産量の1％程度だそうだが、今後チリ以外のエクアドルやオーストラリアの所有林でのFSC認証を取得していくことがすでに決まっているらしい。

● **環境NGOと企業の連携**
　いうまでもなく、森林は、木材、紙パルプの原材料だけではなく、地下水や、豊かな微生物と土壌、薬となる植物や食材、そして何よりも「酸素」を提供する地球の貴重な資源だ。森林を積極的に保護する仕組みであるFSC認証を中心的に担っているのは、これまで企業側と対立しがちだった先鋭的な環境NGOである。企業の中には、環境NGOの人材を環境マネージメントの責任者として迎えるところも増えている。企業、自治体、それにNGOや市民グループなどが共同で環境保全活動に当たるという大きな流れが現実のものとなっている。今後、「環境に配慮した企業がより有利になる」という傾向が弱まることはない。

● **結論1：地球環境を守るという欲望**
　もちろん、環境を守る活動は企業の努力だけに頼っていればいいというものではない。環境問題とは、道路や橋や鉄道や空港、上下水道やエネルギーなどの社会的インフラ、食料と医薬品、衣服、住まい、それに空気や水など、まさにわたしたちの生活のすべてに関わる問題である。環境を積極的に守る活動の基本的な担い手は、わたしたち個人であることを忘れてはならないだろう。しかも、わたしたちやわたしたちの子どもたちが生きていく上で「都合がいい」地球環境を守るという、ある種の「欲望」が環境運動には必要ではないかと思う。また、環境を積極的に守るという活動は、必然的に地球規模のものになり、さらに地域的なものにならざるを得ないだろう。森林や河川や海、それに発電所やゴミ・廃棄物処理場や農地や牧場などはわたしたちが暮らす「地域」に存在し、それらは空気や水の流れとして、あるいは物流や交通や貿易を介して「地球」に結びついている。

●**結論2：地域の再生**

　この本を作っていく過程では、実に多くの分野で、「地域」について考えることになった。雇用そのものがまさに地域の問題だし、伝統工芸品など、具体的に地域と結びついたものもあった。農業や漁業や食品ビジネスの新しい流れは地域の自立と自覚が不可欠だし、金融、教育、医療、介護、福祉などこれまで国家・中央政府の関与がなければ成立しなかった分野においても、地域の自覚と自立が求められている。

●**環境ビジネスの概観**

　以下、具体的に環境ビジネスの概観を紹介するが、興味のある13歳は、今後環境や環境ビジネスだけを考えるのではなく、広い視野と興味を持ち続けて欲しい。環境は、わたしたちの生活のすべてに関わるもので、環境問題だけを勉強していればいいというものではない。環境を守る活動においては、たとえば法律家も、金融マンも医師も教師も科学者もアーティストも、ほとんどあらゆる職業の人材が必要となるからだ。

太陽・風力・水素エネルギー

　石油・石炭など化石燃料に代わる新しいエネルギーを開発し、それを管理したり、売ったりするビジネス。新しいエネルギーの代表として、太陽エネルギー、風力エネルギー、波力エネルギーなどがある。太陽エネルギーは、すでにソーラーシステムとして実用化されている。風力発電は、山の稜線などに立つ風車・ウインドファームが、クリーンなエネルギーの象徴になっている。また、21世紀は「水素文明の時代」といわれていて、水素と酸素を連続的に化学反応させながら電気エネルギーを取り出す燃料電池も注目されている。燃料電池の用途は多いが、無公害車としての自動車への応用はすでに実用段階に入っている。これらの新エネルギーは、基本的に大企業によって開発されていて、仕事として関わるためには、化学、工学、地質学、農学、生態学などの専門知識を身につけた上で、関連企業へ入社することが一般的だが、環境NPOに参加して知識と経験を積むというアプローチもある。

バイオマスエネルギー

　バイオマスエネルギーとは、廃材や食品廃棄物などの微生物が出す発酵熱をエネルギー源として利用すること。その中で木質バイオマスは、日本で大量に余り捨てられている廃材や、建築解体現場から出る建設廃材、それに間伐されて森林に放っておかれている廃木などを利用する。なかでも、木質ペレットと呼ばれる粒状の燃料は、おがくずや木の皮など、これまで捨てられていたものを利用するもので、家庭用の暖房エネルギーとして注目されている。木質ペレットは、林業や木工業と結びついていて、林業関連の、いくつかの企業が製造している。バイオマスには、木を原料とする

もの以外に、下水の汚泥や食品廃棄物などをメタンと発酵させてエネルギーとする有機物バイオマスエネルギーなどがある。太陽光や風力に比べると、新しく参入する余地がある分野なので、意欲のあるベンチャー企業や自治体が開発に乗り出すと見られている。バイオマスの仕事に関わるには、化学や工学、それに農学などを学んで、そういった会社や自治体に就職するか、または環境NPOの一員となって事業に参加するか、あるいは思い切って起業するか、いくつかの選択がある。いずれにしろ、専門の知識と、人的なネットワークが重要なのはいうまでもない。

リサイクル

　リサイクルというのは、「これまでは捨てていたもの」を再び利用したり、再び資源として使うということで、再利用・再資源化の総称だ。使い捨てを止めて、資源のムダ使いをなくすという意味の、「循環型社会」という考え方がその基本にある。廃棄物の、再利用・再資源化には、以下のように、いくつかの種類の、"RE"（再という意味）があり、それぞれにビジネスが生まれている。

- REFINE　使用済み製品の分別・分解
- REDUCE　ゴミを減らすこと
- REUSE　再使用
- RECYCLE　（狭い意味で）廃棄物の再資源化
- RECONVERT TO ENERGY　廃棄物を燃焼させてエネルギー回収
- REPAIR・REFORM　修理・修繕（建築物の補修・改修も含む）

　上記の"RE"ビジネスには、大手から中小まで多くの企業がすでに参入しているが、「これまでは捨てていたもの」というのは要するにゴミのことなので、ゴミの種類だけ"RE"ビジネスの種類もある、ということになる。医療系ゴミ、プラスチック、家具、家電、パソコン、パチンコ台、建設廃棄物、食品廃棄物（生ゴミ）、衣料品、靴、文房具、新聞や雑誌などの紙、電池、ガラス、そして家畜のウンコまで、とにかく古くなると、ありとあらゆるものがゴミになるわけで、その種類は、ほとんど無限だ。そういったゴミを、分別したり、分解したり、焼却したりする技術を開発したり、装置や機械を発明しただけで、それはビジネスとなる。たとえばプラスチックの廃材から何か抽出したり、廃棄されたパチンコ台のある部品を利用して再利用するというようなアイデアがあるだけで、それはビジネスになる。これからリサイクルは、「ビジネス」ではなく「産業」になっていくと予想される。リサイクルに関わる仕事は、ゴミや製品の種類だけ存在し、まさに限りがない。知識と技術とアイデアを持った人は、まさにゴミの山を宝の山に変えることができるかもしれない。

エコマテリアル

　エコマテリアルとは、ものを生産するとき、ものを使用するとき、ものを廃棄するときに、地球環境を汚さない素材のことである。さらにリサイクル可能である素材、省エネルギーに適している素材も含まれる。地球環境への関心が高まるにつれて、企業がある製品を開発・製造する場合、コストやニーズと合わせて、「環境設計（エコデザイン）」という新しい考え方が必要になった。つまり製造において、どうやって使用する材料を減らすか、どうやって地球環境を汚さず、長く使えるものをつくるか、といったようなことだ。さらに、地球環境を汚さない素材・材料を選ぶことも、エコデザインの重要な要素となっている。具体的には、自然界の微生物が分解できるプラスチック素材（生分解性プラスチック）などがその代表だが、ほかに、有害物質を出さない塗料、大豆などの植物性油を使った印刷用のインク、鉛を使わないハンダやメッキ、クロムを使わない亜鉛メッキ鋼板、ハロゲンを使わない接着剤などがある。

　生分解性プラスチックは、実用化に向けてさまざまな技術や製品が開発されているが、どうしても普通のプラスチックより割高になるために、現在のところプラスチック市場全体の0.1％以下という低い需要しかない。しかし、大手から中小の多くのメーカーがエコマテリアルの開発競争に参加している。今後、地球環境を守るための、法律や条例が整備されていくのは間違いないことで、そのための準備を怠った企業はやがて衰退してしまうと予想されるからだ。エコマテリアルの仕事に関わるには、化学的な知識や技術を学ぶことが不可欠だが、創造性や独創性も求められるだろう。

ビオトープ

　ビオトープとは、ドイツ語で生物を意味する「ビオ」と、場所を表す「トープ」が組み合わされてできた言葉で、ある地域・場所を、本来の自然環境に戻すということだ。つまり、工業化や工場・宅地開発などによって壊されたり、汚されたりした自然を元に戻し、野鳥や動物や昆虫や魚などの生物を呼び戻すということになる。環境教育の1つとして、学校の校内や、学校の近くに自然環境を復元する「学校ビオトープ」なども注目されている。小川や森、湖岸や海岸など、自然環境を復元するわけだから、どうしても事業規模は大きくなり、おもにゼネコンなどがその基本的なノウハウを蓄積している。だが実際には、土木工事の技術だけではなく、動植物などの生態系に関する情報や知識、土壌や水質などに関する化学的・地質学的な知識、ビオトープという考え方を地域に理解してもらうための説明能力なども必要になる。つまり、ビオトープの仕事に関わるには、土木・建設技術を学ぶとか、化学・地質学を専攻するとか、生物学や生態学を学ぶとか、さまざまなアプローチがあるということになる。

環境コンサルティング

　環境に関するコンサルティング・ビジネスで、グリーンコンサルティングと呼ばれることもある。企業が地球環境に配慮した経営や開発・製造を行うためのノウハウやマニュアルづくり、あるいは自治体や教育機関などの環境教育や研修などのコンサルティングも行う。ISO14001認証取得ブームが、専門的なノウハウやアドバイスを提供する環境コンサルタントの必要性をアピールすることになった。おもに、地球環境のことを考えた経営システムを考えたり、そのためのマニュアルをつくったり、従業員の意識や知識を高めるための研修などを行う。これまでこの章で示してきたように、環境ビジネスは、本当に多くの、いろいろな分野に分かれていて、しかもいくつかの分野にまたがっているものもある。したがってコンサルティングも、ある企業が使用するエネルギーの効率を高め、省エネで経費を減らすというものや、そのために必要な設備を考えたり実際に作ったりするもの、産業廃棄物処理やリサイクルのためにアイデアを出すというものまで、実にいろいろな種類がある。さらには環境に配慮したエコホテル、エコツーリズムなどのコンサルティング会社も生まれようとしている。そういったコンサルタント業務で求められるのは、環境問題にくわしいだけという人ではなく、広い視野と知識、ビジネス感覚を身につけた人だと言われている。

グリーンツーリズム

　環境を汚したり壊したりすることなく、自然について学ぶという要素を持つ旅行をエコツアーと呼び、都会の人が休みを利用して、農村で農作業などを体験したり、川などで生態系に触れたり、漁村で地曳き網などを体験することをグリーンツアーと呼ぶ。ヨーロッパで始まったこういった新しい「観光旅行」が日本にも広まってきて、グリーンツーリズムと呼ばれるようになった。旅行会社が企画するものから、自治体が主催するものまでさまざまだが、環境にくわしいコーディネーターやガイドが必要で、地元の住民やNPO・NGOが協力するケースも多い。環境に配慮した宿泊施設（エコホテル、エコリゾート）も増えている。地域や自治体によっては、過疎で廃校になった小学校の校舎を改造して旅行者が泊まれるようにしたり、田植えや山菜採り、炭焼き、わら草履づくり、そば打ち、陶芸・民芸品作りなど季節に合わせたイベントを催しているところもある。グリーンツーリズムの仕事に関わるには、いろいろなアプローチがあるが、基本的に地域に根ざしたビジネスなので、その土地・地方の自然に敬意を持ち、風習、生態系などにくわしいことが条件となる。

調査・計画エンジニア

　都市計画や建設計画が新しく立てられたときに、その地域・場所の生態系や環境について調査を行う。建設コンサルティングの会社で働くのが一般的で、水質調査、大

気調査、騒音調査、生態系調査など、専門分野に分かれている。技術士や生物分類技能検定の2級以上を持っていると就職に有利である。

written in 2003

参考 『新・地球環境ビジネス 2003-2004　自律的発展段階にある環境ビジネス』エコビジネスネットワーク編　産学社
協力 ㈱伊藤忠商事地球環境室
　　　　㈱三菱製紙経営企画部・技術環境部

対談　with 坂本龍一

1. カーボンフットプリント

村上：坂本はずいぶん前から環境のことを熱心に、啓蒙してるって言うと変だけど、その、最初の頃に比べると、人々の関心とか、地球環境を守るっていうか良くしていくって、ごく当たり前のことだっていうふうに、なってきていないですかね。

坂本：なっちゃいましたね。

村上：なってるよね。

坂本：だから、別に僕が出る幕はもうないっていうか。今ね、急に認知され始めてるのが、カーボンフットプリントっていう、直訳すると炭素の足跡っていう言葉なんだけど、個人なり会社が地球にどれだけ負荷をかけているか。例えば最近僕はさ、英語だとタップウォーターって言うんだけど、蛇口から水を飲もうとしてるわけよ。というのは、普通は、ボトルウォーターっていうのは、地球の反対側からね、何十トンとCO_2をはきながら運んでくるわけよ。単なる値段のことじゃなくて例えばフランスから来た水だったら、東京都の水道水とかかってるCO_2の量が全然違うんだよ。

村上：例えば、運んでくる船の燃料とか。

坂本：もちろんそうだよね。それは、でも、プライスには反映されてないの、今。そこは、ちょっと嘘っていうかさ、いろんなカラクリで反映されてないの。だからなるべく本当は蛇口のものを飲んだほうがいいの。健康のこととかもちろんあって、いい水が飲みたいっていう思考もわかるんだけど。結局、例えばレストランに行って、チキンが出てきた、じゃあこのチキンがブラジルから来てるのか、山梨から来てるのかって大きく違うわけ。

　ところが、それは値段には反映されてなくて、むしろ、ブラジル産のほうが安かったりする。でもそれは本当はおかしい。地球への負荷ってことを考えると値段に反映されてないのはおかしい。そういう全然反映されてないプライスの体系になってるわけ。そこをちゃんと見ていくっていうことが今、生活のリズムまで考えられるじゃない。着てるものとか、暮らしぶりとか。そういうことになってきつつある。

村上：それが、次へのステップって感じなのかな。そう言えば、NYのおしゃれなレストランでは水道水を出すところが増えたみたいね。たとえば海老もなるべく日本のものを食べればフィリピンでもマングローブの伐採がとまるよね。

坂本：そうだよね。とまるよね。食べてもいいから、なるべく日本のものを食べなさいと。木もね、こうやって紙とかを使うなら、なるべく日本のもの使えって。一番大きいのはエネルギーね。エネルギーは中東で掘って、しかも、CO_2出しながらタンカーで持ってきてるっていう、すごく不経済なことやってるわけね。

2. 年間20トンのCO_2

坂本：人間ていうのは誰でも、CO_2を出すよね。1日にどのくらい出すかっていうのは大体分かるわけ、平均がね。ただもう横になってるだけでも、大体1日1キロって言われてるので、1年間

に365キログラムぐらいのCO₂を出すわけ、ただ寝てるだけでも。あとはプラス、そのライフスタイルでどのくらいの経済効果があるかっていうことで、たとえば日本人だとただ寝てるだけだと365キログラムなのに、今の生活してると、一人の日本人が年間に10トンのCO₂を出してるわけ。そういう生活をしてるの。たとえばインドだと一人の人間が1トンなんです。だからそのライフスタイル的には10分の1の経済でやっていると。

村上：呼吸だけじゃなくて、全部カウントされるの？　車とか。

坂本：もちろんそうです。どういう服着てるとか、何を食べてるとか、全部くっついてくるじゃないですか。日本人はずいぶん贅沢な暮らしをしてると僕は思ってたんだけど、アメリカ人の平均は20トンなんですよ。日本人の2倍なんです。いかにその撒き散らしてるかっていう。車もあるし、冷蔵庫だ、テレビだ、ってこうあとはもちろん産業部分とかもあるけど、そういうの全部平均して割るとそうなるわけ。

村上：江戸時代とか原始時代に戻るわけにはいかないけど、疑うのは大事だよね、こういうものは必要かって。

坂本：自分たちの生活が、その色んな細々したことがどのくらい地球に負荷をかけてるかっていうことを人類は今まで考えてこなかったわけですよ。初めてじゃないかな、人類の歴史の中で。これは面白いなって思うんですよ。例えば縄文人とかそれからアメリカの先住民とか、わりと美化して理想化して考える人もいるけど、僕も興味はあるけども、別に彼らも負荷なんて、まったく考えないで生活してたはずなんですよ。そんなことしなくて良かったんだから。だって人口がものすごく少ないから、かなり勝手なことやっても自然の方の吸収力は全然大きいから平気だったわけですよ。それでもね、アメリカ先住民はね、北アメリカの大型哺乳類を7つくらいは絶滅させてるらしいんですよ。食べちゃってるんだよ。結構負荷をかけてるんだけど、何も考えてないってことだよね。

村上：確かによく美化されるよね。昔はよかったっていう風に。

坂本：自然との共生がどうって。そんなことないと思うんだよ。

村上：狩猟社会は森の中の生き物をあまりとらなかったとかよく言うけど。結構とってたんだよね。

坂本：少なくとも北アメリカでは絶滅させてるんだよね、ずいぶんね。だからこれがいなくなっちゃったから他のものにしようとかってね。やっぱり全然なくなっちゃったら自分たちが困るんで、そこで初めて考えるっていうのはあったかもしれないけど。でも人類総体でやばくなってきたんで、ちょっと考えようってなってきたのは、今回初めてなんじゃないかと思う。

3. 環境を国家目標に

坂本：小説家とか音楽家とかって社会のはみ出し者じゃないですか、本来。不良でしょ？

村上：大切ってことで言えば、お百姓さんが一番だよ、とにかく。

坂本：不良の役割っていうのは、真実を言うことなんですよ。トリックスターですから。社会の中に理想をいつも言ってる奴がいなきゃいけない。馬鹿と言われても。

村上：偽善と言われてもね。

坂本：偽善と言われても。そんなの僕らぐらいしかいないんだから。言ったほうがいいんですよ。僕らまでニヒリズムじゃだめ。だって社会がニヒリズムなんだからさ。

村上：今、子どもも若い人も、俺たちが若いときよりもっともっと閉塞感と不安感があると思う。そういう時にね、なんていうのかな、日本っていう国をあげてね、国家目標にすればいいんだよ。環境をちゃんとしていく、守っていくっていうことを。
坂本：俺もそう思ってる。実際雇用も生まれるしね。
村上：雇用も生まれるし。早くそうやればいいと思う。
坂本：僕もそう思う。
村上：子どもたちも希望が出ると思うんだよね。
坂本：実際に成果が出てくるからね。
村上：どっかに植林したり、コンクリートをはがしたりして、海の水が流れるようにしたりするのを通じて、規律みたいなものも身に付くかもしれないし。

4. 環境で国の魅力をアピール

坂本：今、オイル高とかで、世界のフライト数が激減してるでしょ。で、それが気候にどのくらい影響を及ぼすかっていうのはよく注意しておくといいなと思ってさ。
村上：いろんな人が言ってるけど、この原油高は、いいことだって……。
坂本：もちろんもちろん。環境税と同じだから。
村上：で、この間に、代替エネルギーとかをきちんと考えておくのが経済的にも価値がある。
坂本：そうそう。サウジアラビアなんかは、もうやってるの。サウジは、石油で儲けたお金でどこに投資しているかっていうと、代替エネルギーなのよね。例えば、液体水素を大量につくり出すような工場をつくってるわけ。で、液体水素エンジン車っていうのが、これからのびるらしいんですよ。石油とは限らずに、とにかくエネルギーの産出国としての位置づけを保ちたいんだよね。そこに、ビジネスを見いだしてるわけじゃない。だからすごい頭いいと思うんだよね。石油もなくなるのわかってるから、で、もうあるのは太陽だから、液体水素をつくるにも、そのエネルギーがいるから、それは太陽光でつくるっていうわけ。
村上：でも、ヨーロッパとか行くと、あの、デンマークの風車とかって、あれもう国策だもんね。
坂本：国策っていうか、自分の国をアピールしてるみたいなもんじゃない？　首都の空港につくときにさ、延々と海の上を風車がこう、それの上を飛んで行くわけだから。これだけやってますって。
村上：かっこいいよね。
坂本：かっこいいよ。
村上：だから環境をね、こう、もっともっと、なんていうの……お金儲けの手段にしてもいいし、自己実現でもいいしさ。国民的な目的にしてもいいから、そういう発想になんないかなって。今は、ボランティアリズムっていうか、すごくいいことしましょう、みたいな感じでしょ？
坂本：ねえ。ぜんぜんそうじゃないのにね。
村上：先進国がやってるからやんないと恥ずかしいって感じで、極端なこと言うと、鹿鳴館みたいな感じで。
坂本：あのね、環境問題で走っている船団があったとしたら、とりあえずそのいちばん後ろにくっついて走ってるけれど、向いてるのはまだ後ろ向いてるよ。経済界とか。だから、けっきょ

くキャップは嫌だって言ってるわけでしょ。削減の数値を決められると困るって、ぜんぜん後ろ向きですよ、それは。

村上：温暖化に関してCO_2が原因じゃないって人もいっぱいいるけれど正直言ってよくわかんない、俺は。よくわかんない。

坂本：科学者じゃないからね。

村上：ただ、その、CO_2はさ、削減したほうがいいんだよ。

坂本：いいよね。

村上：原因がなんであろうと。CO_2が温暖化の原因じゃないかもしれないけど、削減したほうがいいんだよ。石油燃料も枯渇するしさ、空気が汚れないほうがいいから。だから何が原因かに関係なく、温暖化も防いだほうがいいし。

坂本：そうそう、低炭素社会にしたほうがいいに決まってますよね。

村上：だから、ヨーロッパの先進国がやってるからやらないとまずいんですよ、じゃなくてね。

坂本：好機だよね。好機と見てちゃんと出て行かないとね。

村上：ビジネスにするとか。けっきょく、高度成長が終わってから、国民的な一体感とか、目標がないでしょ。そうすると僕、環境がいちばんいいと思うんだよね。

坂本：よく言われるのは江戸時代。江戸っていうのは当時のすごいエコ社会で、ほとんど100パーセントリサイクル、リユースが成り立ってたっていうのは、よく言われるんだけど、それ、いいじゃんね？ 日本全体鎖国してたんだから、今のキューバみたいで、完全な循環型社会だったわけだよ、言ってみれば、

村上：ただ、いま人口増えてるから。

坂本：うん。

村上：いちおう経済はまわしていかないといけないので。

坂本：まあ鎖国しろとは言わないけど。

5. 高度成長と環境

村上：鎖国は難しいかもしれないけど。高度成長ってね、基本的によかったと思うの。豊かになったから。豊かになるってことは基本的にいいことで、あともうひとつ、あの、教育が戦前よりよくなったから、無知が減ってきたでしょ？ で、その無知と貧困というのはいちばんよくないことでさ、高度成長でいちばんいいと言われてるのが、幼児の死亡率とかが減って、インフラが……。

坂本：そうだね。インフラがよくなったよね。

村上：平均寿命があがったのは、じいさんばあさんが長生きするようになったからじゃなくて、子どもが死ななくなったからだよ。

坂本：そうそう。

村上：で、そうすると、50年代って、平均寿命四十何歳だったの。そこからいま80になったということは、誇っていいと思うんですよね。高度成長で経済的に豊かになったから、教育もできたし。

坂本：そのさ、高度経済成長で豊かになったといってもさ、もう、60年代の終わり頃には、それさ、

完成してたじゃない。僕らの感じ、感覚としては。あのへんでいいと思わない？
村上：思う。
坂本：あのあと、いらないと思わない？
村上：思うね。
坂本：70年以降ぜんぶおまけでさ、69年くらいで完成してんだから。
村上：文化的にもね。
坂本：文化的にも、なんかさ、68年、69年なんかがさ、もう、ピークに行っていて、そのあとはおまけだもんね。でも経済的にもそうでしょ。もちろん成長はしてるけど、モノはそれ以降も溢れて豊かにはなってるけれども、あの辺の豊かさでいいと思わない？
村上：うーん。いいっていうか、
坂本：充分……。
村上：充分っていうか、高度成長は基本的によかったんだけど。
坂本：うん。
村上：むかしより今のほうが僕はいいと思うけれど、唯一劣化したのが、環境だと思うのね。
坂本：そうだね。
村上：僕らは覚えてるけど、イタイイタイ病とか、水俣病とか、四日市ぜんそくとか公害が起きたでしょ。けっきょく、みんなバブルがはじけて不況になってから、環境をこわしたことを反省するんだよね、こんな日本……、どうしてこんなになっちゃったんだみたいなね。

6. 高度成長と環境

村上：俺たちは高度成長のなかで、子どもから少年になったでしょ？　だからよくわかるんだよね。
坂本：僕の記憶のなかじゃあ、新宿駅は木だもん、ぜんぶ。
村上：そうなの？
坂本：木の階段で木のホームだもん。
村上：小さい頃って、家の中にある電気製品て、電球しかなかったんだよ。
坂本：電球とラジオかな。
村上：あ、ラジオね。ラジオはあった。
坂本：貧しいね。
村上：いまのほうがまだ……いいと思うでしょ？
坂本：いまのほうがいいね。
村上：そのときにね、いま中国人が一生懸命豊かになろうとしてるのは、笑えないじゃん、俺たちは。
坂本：ぜんぜん笑えない……。
村上：日本だって、そんな頃あったわけだから。で、それで、なんていうのかな。もちろんいまは中国の環境破壊ってすごいと思うんだ。
坂本：でも僕らも同じことやってきたよね。
村上：やってきたからね。
坂本：つい最近までね。
村上：気持ちはわかるんですけど、そうやってやっちゃうとまずいっすよ……みたいな言い方しな

　　　　いと。
坂本：しかもサイズがさ、10倍のサイズでさ、公害で水俣病みたいなのが、10倍くらいで起きるわけだから、もうわかってるわけだから。それは、忠告してあげないと、それはよくないですよ、って……。で、それを我々はこういうふうに解決しましたよってことをさ、輸出すればいいんだよね。

7. "more Trees"

村上：坂本がやっている"more Trees"っていうのは、とにかく木を増やそうって理解でいいわけ?
坂本：木を増やそうでいいんだよ。
村上：彼らが木を植えたんだよね。イスラエルの入植者が…。
坂本：オリーブの木でしょ?
村上：中東戦争のあとに、入植地にオリーブの木を植えたんだよね。
坂本：うん。まず植えるよね? やっぱりね。
村上：木を植えたりすると、ぜったい離れないんだよ。誰が何を言っても、ぜったい出て行かないんだよ。
坂本：木があるからね。
村上：うん。安藤忠雄さんも、産廃を受け入れた四国の島に行って木を植えてるでしょ?
坂本：知ってる知ってる。
村上：木を植えるとね、あのなんていうの、本当の意味での愛国心がでるんだよね。愛国じゃないか、郷土愛っていうかさ。だから、木を植えるとかいうのは音楽家がやるんじゃなくて、政府が本当はやればいいのにね、がんがんと。
坂本：音楽家がやるもんじゃないよね (笑)。
村上：忙しいのにね。
坂本：忙しい (笑)。最近つくづくそう思うよ。音楽だけやってたいなと思うんだけれど。ま、僕もよく知らなかったんだけど、行きがかり上そんなことを言い出したもんで、あとに引けなくてやってるんだけど、調べると日本というのは、森の多い国なんですよね。国土の65パーセント以上が森なんですよ。もちろん、森って言ったって、人工林が多いんだけど、でもまあ、まだ原生林も数パーセントはあるのかな。けっこう多い国で。こんなに森の多い国が、自分のところの森は使わないで、ほかの国の森を伐採して、CO_2吐きながら、輸入してくると。それがオフィスペーパーになったりいろいろしているわけですけれど。非常に理不尽だよね。
　でも、それは経済のシステムでそうなってるわけだよね。高いからってことで。それで日本の林業はどんどん衰退していって、日本の森はどんどん壊れていくと。で、それをなんとかしなきゃいけない。"more Trees"っていうのは、植えることは美しいんだけど、植えるだけじゃなくて、すでにある森を活かそうと。つまりね、こんなちっちゃい苗から森にするには、最低50年くらいかかるわけですよ。
　するともう、2050年とか2060年ぐらいでしょ。もう間に合わない……んだよね、その時点で森になっても。いまもうすでに日本に森はたくさんあるんだから、この森をもっと活用しよう、もっとCO_2の吸収量を上げてもらおう、それは人間の手をいれて伐採してあげて、もっ

とあの、日光をたくさんあげればですね、あの森全体のCO_2の吸収量も上がるし、森も健康になって保水力も上がる。そうすると、生物の多様性も確保される。いいことずくめなの。

written in 2007 & 2008

Special Chapter
03
日本の伝統工芸

日本の伝統工芸品は、わたしたち日本人にとって貴重な資源だ。産業としての付加価値は、ITやバイオ、ナノテクなど、先端技術だけにあるわけではない。日本人の努力と創造性によって育てられてきた、伝統技術を知ることは重要である。

●伝統工芸とハイテク

　携帯電話用のリチウム電池には、過剰電流が流れたときにイオンの通過をふせぐ耐アルカリ性繊維を利用した紙が使われている。また自動車のブレーキの摩擦材には、合成繊維や無機繊維を混抄（紙をすくときに複数の素材を混合させる）した紙が用いられている。あるいは、紙の表と裏の組成を連続的に変化させた特殊な紙が、スペースシャトルの外壁の断熱材として考えられている。それらの紙は機能紙と呼ばれていて、純粋な和紙ではないが、和紙の技法を使って作られている。中国から伝わった抄紙（植物繊維から紙を作る）技術は、日本において高度に改良された。大陸の技術は細かくほぐした繊維を網の上に付着させるというものだったが、100年後の日本において、水を使って長い繊維だけを薄く漉くことに成功したのだ。この和紙の抄紙技術が、合成繊維やセラミック繊維による高品質の機能紙の原点になっている。つまり、伝統工芸の技術が新素材としてハイテクに応用されているということになる。

●日本の伝統工芸の歴史

　日本の伝統工芸の基礎となる技術は、ほとんどが中国や朝鮮など大陸からもたらされたものだ。しかし前述の和紙の例に見られるように、それらは高度に改良され、洗練されて、日本文化を支え、人びとの仕事や暮らしを豊かなものにしたり、華やかな彩りを添えるものとして発展した。有田や伊万里の陶磁器はヨーロッパの陶芸家・陶芸メーカーに決定的な影響を与え、江戸時代の浮世絵と木版技術はゴッホやゴーギャンなど印象派の巨匠たちを魅了してやまなかった。現在でも、たとえば漆器は、フランスのヌーベル・キュイジーヌ（新フランス料理）の有名シェフたちのあこがれの的だ。

　明治になって、日本は産業の近代化・重工業化を進めたが、製糸、織物、陶磁器などは主要な輸出産業であり続けた。近代化の時代でも、伝統工芸は日本の重要な資源だった。政府や地方庁は織物や染色などの工芸技術を伝え教える教育機関を創設した。だが、紡績、造船、機械工業など近代工業が発展し、日本人の生活様式がしだいに西洋化するにつれて、伝統工芸に少しずつ変化が訪れるようになる。たとえば染料である藍の生産は安く輸入される化学製品の影響で減少した。昭和初期には、

産業の大規模化、機械化に危機感を持った人びとによって、手工業技術・伝統工芸を守る国民運動が起こったが、グローバルな近代化と競争のなかで、日本の伝統工芸はしだいに衰退へと傾いていき、戦後の高度経済成長期に決定的な危機を迎えることになった。

●危機を迎えた伝統工芸

1年間の経済成長率が10％を超えて、しかもそれが20年あまり続いた高度経済成長は、日本人の所得水準と生活レベルを大きく向上させるとともに、いくつかの犠牲を生むことになった。最大の犠牲は環境の汚染と破壊だが、同時に伝統工芸品も、近代工業製品との競争に敗れ、シェアを失っていった。また高度成長期には、地方から都市部への労働力の大移動が起こり、その結果、農村は衰退し、原材料を農林業に頼っていた伝統工芸の基盤がおびやかされることになった。さらに高度成長期には、鉄道、道路、橋、トンネル、ダム、空港などの社会的インフラの整備が進み、また大規模な宅地造成事業が進められて、日本固有の木材や石材、陶土などの採取がむずかしくなっていった。

しかし、伝統工芸にもっとも大きな打撃を与えたのは高度成長期に起こった雇用状況の変化である。昔から伝統工芸は、農村の安い労働力と、徒弟制度という就業システムに支えられていた。だが高度成長によって国民の所得水準が飛躍的に増え、同時に教育への関心が増して、ほとんどの子どもが高校に進むようになった。戦前までは小学校を出るとすぐに伝統工芸に弟子入りするという子どもがいたが、そんな子どもはどこにもいなくなってしまった。伝統工芸で一人前になるためには少なくとも10年の修業が必要だといわれる。だが旧来の徒弟制度では、弟子に満足な給与は支払われない。工業化を果たした日本には、もっとてっとり早く一人前になって、見習いのころから給与がもらえる職業がたくさん誕生し、伝統工芸を目指す若者がほとんど姿を消してしまった。

●日本人の生活様式の変化

　高度成長期にほぼ完成された工業化と西洋化によって、伝統的な生活様式や習慣が失われ、素材の主流はプラスチックや合板や合成繊維となって、食器や容器や家具や衣服や装飾品などの「使い捨て」が当たり前のことになった。ファッションや生活用品にはつねに流行があり、親の代の着物や帯を大事に取っておくとか、タンスや机などの家具を子どもに残すとか、そういったこともなくなった。都市化と核家族化が進んだことで、伝統的な行事、祝い事、祭り、子どもの遊びなどもしだいに姿を消していった。さらにテレビに代表されるマスメディアは、結果的に日本の各地方や地域の独自性を失わせ、都会から農村のすみずみにいたるまで、プラスチックの容器や食器、大量生産された合成繊維の衣服、化粧合板やスチール製の家具、家電製品、自動車、建て売り住宅など、どれも同じような製品が氾らんすることになった。

●伝統の再発見

　しかし、70年代に高度成長が終わり、90年代にバブル経済がはじけたこともあって、日本人の意識は微妙な変化を見せ始めた。環境に配慮した企業や製品が支持を集めるようになったのと時を同じくして、スローフード、つまり伝統的な食品や食材の価値が新しく見直されるようになった。大勢の若者が京都や奈良を訪れるようになり、和紙の脂取り紙がブームになった。熊野筆という伝統的な筆は世界のファッション、メイク界で注目されている。女性誌が、海外のブランド製品とともに、たとえば江戸の指物（さしもの）や小物、文様紙などを取り上げることは別にめずらしいことではなくなった。古い農家を改造し、木の香りを楽しみ、伝統的な家具に囲まれて暮らす人も増えている。宮大工や宮板金へ弟子入りする人が急増し、伝統的な織物を使うファッションデザイナーも増えつつある。

　そういった現象は単なる「伝統回帰」ではないと思う。わたしたちは豊かになって、また海外を知って、自分たちの伝統が持つ価値に気づき始めたのだ。海外を旅行したり、海外に出張したり、海外で働いたり、海外の学校に行っていた人は、日本の伝統工芸品が海外の有名工芸品と比較しても決してひけをとらないことに気づく。それは海外の工芸品と比べて日本のものが勝っているということではない。それぞれのよさがあるが、やはり日本人なので日本の伝統工芸品になじみがあり、持ったり、使ったりするときに心が安まるということだ。伝統工芸の価値の見直しには、長く続く経済の停滞も影響している。この本でもくり返し指摘しているように、大きな工場や会社に就職することが単純に有利とはいえなくなった。たとえば宮大工への弟子入りが急増しているのは、確かな技術というものの価値がこれまでになく高まっていることを示しているのだ。

●資源としての伝統工芸

　経済の停滞が長く続き、産業の構造や雇用の形が変化しつつある時代に、資源としての伝統工芸の価値を見直すのは合理的なことだと思う。フランス料理の修業にはまずフランス語を学ぶ必要があるだろうし、ベネチアングラスの技法やスイスの時計技術を学ぶときも、語学や、その国・地域の文化や伝統を身につけなければならない。明治の開国以来、わたしたちは欧米を目指し、欧米の真似をして、欧米に追いつくことを目標にしてきた。産業革命からIT革命まで、つねに欧米から学ばなければならなかった。しかし日本の伝統工芸は、わたしたち日本人のもので、わたしたちの社会はすでにそれを持っている。日本の多様な伝統工芸の中から、前述した機能紙や熊野筆のように、世界市場に出て行く商品が新しく生まれる可能性もある。だが、単に趣味的に伝統工芸品に回帰しても、日本の伝統工芸を再生するのはむずかしい。その価値を理解し、新しい可能性を探る現代的なアイデアや営業力が求められる。また、どこにも就職できないからと、安易に伝統工芸の世界に入っても、厳しい修業に耐えられるわけがない。

　しかしそれでも伝統工芸は資源としてよみがえるべきだと思う。すばらしい伝統工芸品の価値を積極的に見いだして、その再生を促す社会的なコンセンサス（共通認識）と仕組みを作っていくこと、わたしたちに求められているのは、そういうことだ。そういった姿勢こそが、本当の意味の「愛国心」を生む。愛国心というのは、伝統的

な何かに盲目的に従うことでもないし、政府や権力に対し無批判になることでもなく、まして外国に対して根拠のない優越感を持つことでもない。自分たちの伝統に価値を見いだし、その価値をわかりやすく子どもたちや外国に伝えて、そのことに静かな誇りを持つ、そういうことではないかと思う。伝統工芸の再生は、環境の再生に似ている。それはある意味で地域の再生であり、また失われた価値を取りもどす試みであり、新しい価値を生み出すための試みでもあるからだ。こつこつと美しいものを作っていくのが好きな人にとって、伝統工芸品の世界は大いなる充実感を与えてくれるだろう。

村上龍

以下、代表的な日本の伝統工芸品を紹介する。

染織

イラクサ、苧麻（ちょま）といった草皮や、楮（こうぞ）、藤、葛（かずら）などの樹皮を原材料とした織物が縄文時代から行われてきた。絹織物の技術は、古墳時代の中国大陸・朝鮮半島との交流により、2万人近い職人が日本を訪れたことにより日本に入ってきた。ただし絹が衣服に用いられるようになったのは、飛鳥時代以降。しかし当時は貴族のハレの場の衣装としての生産だった。地方で絹織物が生産されるようになったのは、鎌倉時代に入ってから。これは中央政府の染織生産が衰退したことを受けている。応仁の乱が起きると、京都の職人がこれを避けて全国に流出し、京都の技術が全国に伝播されるようになった。また明朝との貿易によって、ふたたび中国の技術

が日本に入ってきた。そのため、輸入に頼っていた木綿や一部の染料が国内生産できるようになった。

　染織には古来よりさまざまな技法がある。おおまかにいうと、その技法は「染める」、「織る」、「装飾する」に分けることができる。特に代表的な技法について紹介すると、まず「染める」技法のなかで有名なのは、なんといっても「友禅染」である。友禅染は、江戸時代の絵師宮崎友禅斎があみ出した技法である。友禅斎は本来は扇の絵師であったが、ある呉服屋の依頼を受けたことから、着物の図案を考えるようになったという。その背景には、1683年に出された江戸幕府の奢侈禁止令がある。これは華美で高価な衣服を控えさせるためのもので、金銀箔の刺繍や手のかかる染色法であった総鹿（か）の子という技法を禁じた。そのため友禅染は、当時の美しい着物を欲する女性と呉服屋を救うものであったという。「織る」技法で代表的なものに、「紬（つむぎ）」、「縮み」、「絣（かすり）」、「上布」がある。「紬」は絹織物で、繭（まゆ）から紡ぎ出した糸を使い、農民が自家用品として作っていた。文様が細かいものほど高級品として扱われる。「上布」は薄手で上等な麻糸を使う織物のことを指す。「縮み」は木綿・絹・麻などの素材で使われる技術で、布に細かいシワを作る。「絣」も「縮み」同様さまざまな素材に用いられ、文様部分を染め分けた糸を使って織ることによって、柄がかすれて表れる技法である。「装飾する」技法としては、刺繍と、摺箔（すりはく）と呼ばれる金銀箔を糊で生地に貼る技法がある。こうした技術を使った織物は、だいたい高級品として扱われることが多いようだ。

産地：結城紬（茨城県、栃木県）・東京染小紋（東京都）・小千谷縮（新潟県）・牛首紬（石川県）・京友禅（京都府）・博多織（福岡県）・首里織（沖縄県）など

陶芸

　縄文時代から焼き物は制作されてきた。このころ作られていたのは、焼き物の一番原始的な形態である土器。吸水性が高いが強度があり安価で作ることができるため、中世以降は使い捨ての皿として使われていた。弥生式土器の制作を経て、5世紀ごろ、朝鮮半島から、窯とろくろを使って制作する技術が伝わってきて、須恵器の制作がはじまった。釉薬（ゆうやく）を使った陶器らしい陶器は、奈良時代から作られていたというが、今に伝わる本格的な陶器が作られるようになったのは、鎌倉時代からだという。なおそれらは「土もの」と呼ばれるが、これに対し「石もの」と呼ばれる

のが、磁器。日本での制作は遅く、17世紀に入ってからである。陶磁器の産地は全国に多く存在する。瀬戸・常滑（とこなめ）・備前・丹波・信楽（しがらき）・越前は、「六古窯」と呼ばれ、鎌倉時代に操業していた多くの地方窯の代表格といわれている。茶道のための器は茶陶といい、桃山時代に、織部、伊賀、志野といった窯が台頭した。しかしこれらの窯は、今まで輸入に頼っていた磁器が、伊万里で国内生産されるようになって、茶人の関心がこちらにうつったため衰退していった。

産地：九谷焼（石川県）・瀬戸染付焼（愛知県）・信楽焼（滋賀県）・伊万里、有田焼（佐賀県）・天草陶磁器（熊本県）・萩焼（山口県）・備前焼（岡山県）など

漆器

　漆工芸は東アジア独特のもので、日本では縄文後期にはすでに漆器が存在していたといわれている。奈良時代には蒔絵（まきえ）のもととなる技術が誕生し、さらに平安時代には遣唐使の廃止後、日本独自の技法が発達していった。安土桃山時代に入ると南蛮文化の到来により、欧風のモチーフを扱う作品も作られるようになった。漆器が海外に輸出されるようになったのも、このころのこと。江戸時代には、幕府・藩で塗師や蒔絵師を召し抱えるようになったため、全国で漆器が広く生産されるようになった。陶器が「china」と呼ばれるのに対し、漆器は「japan」と呼ばれており、世界的に日本の漆器は有名である。ただし現在、原材料である漆はほぼ中国からの輸入に頼っている。漆器の制作は分業制で、多くの職人がいる。直接的に漆器に関わる職人は、搔子、木地師、下地師、塗師、呂色師、蒔絵師、沈金師といった人びとだが、ほかの製品にもいえることだが、さらにこれらの職人の使用する道具を制作する職人もいる。

産地：津軽塗（青森県）・秀衡塗（岩手県）・会津塗（福島県）・鎌倉彫（神奈川県）・輪島塗（石川県）・若狭塗（福井県）・琉球漆器（沖縄県）など

木工芸

　原始時代から制作されてきたが、木材の特色を表現する、日本独自の木工芸の感覚が形成されたのは、平安時代以後。茶の湯の流行により、日常生活用品の木工芸品の美しさが注目され、江戸時代には各地で特色ある製品が作られるようになった。そ

の素材は、クワ・ケヤキ・カキなどの硬木、スギ・ヒノキ・キリなどの軟木、シタンほか南方の輸入材などを指す唐木に分類することができる。一方技法は、指物、刳物（くりもの）、彫物、挽物（ひきもの）、曲物（まげもの）に大別でき、その分野ごとに異なった素材と技術が用いられる。たとえば指物は、釘を使わずに凹凸を組み合わせていく技法である。室町時代に大工職人から派生して専門の職人が誕生し、茶道の発展とともに、調度類と茶道用品に分かれた。また木工技術は、仏壇や建築などでも使われている。

産地：樺細工（秋田県）・江戸指物（東京都）・箱根寄木細工（神奈川県）・加茂桐箪笥（新潟県）・南木曾ろくろ細工（長野県）・大阪欄間（大阪府）・紀州箪笥（和歌山県）など

竹工芸

600種類以上の竹や笹が存在している日本では、古事記や日本書紀に竹に関する記述があったり、正倉院に竹を用いた楽器や箱などの竹工芸品が残されていたりと、古くから竹工芸は行われてきた。鎌倉時代から室町時代に茶の湯が隆盛したことから、竹工芸は大きく発展していく。道具だけではなく、数寄屋（すきや）づくりや校倉（あぜくら）づくりといった、茶道文化の建築様式に竹が使われたということもある。江戸時代に入ると、将軍家御用達の竹職人も誕生したり、また煎茶の流行で、より自由に製品がつくられるようになった。竹工芸の技法は、編組品、丸竹切、丸竹組物、茶杓に大きく分かれている。中心的に制作されているのは、竹を編み込む編組品である。

産地：江戸和竿（東京都）・駿河竹千筋細工（静岡県）・大阪金剛簾（大阪府）・高山茶筌（奈良県）・勝山竹細工（岡山県）・別府竹細工（大分県）・都城大弓（宮崎県）など

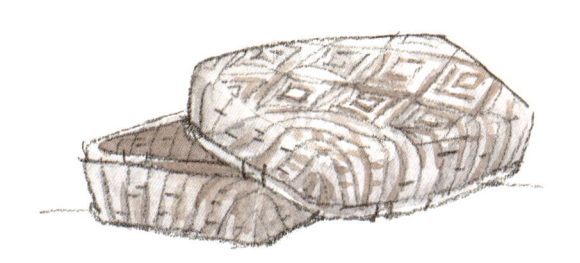

和紙

　紙を作る技術は、610年に高麗の僧・曇徴（どんちょう）が、絵の具や墨の技法とともに日本に持ち込んだといわれている。はじめは麻で作られていた紙だが、これは作業の困難さからか、すたれてしまった。その後の和紙は、楮（こうぞ）・雁皮（がんぴ）・三椏（みつまた）を主な原料とする。また大陸伝来の製紙法に改良を加え、日本独自の和紙を作り出したのは、聖徳太子であるという説もある。平安時代には貴族が和歌を書きしるし、鎌倉時代からは公文書用紙として使われた紙を、庶民も使うようになったのは江戸時代以降。規格・紙質を全国的に統一した半紙が作られるようになり、また書写材料としてのみならず、衣食住のすみずみまで紙が用いられるようになった。

産地：越中和紙（富山県）・美濃和紙（岐阜県）・越前和紙（福井県）・因州和紙（鳥取県）・石州和紙（島根県）・阿波和紙（徳島県）・土佐和紙（高知県）など

石工

　石工品とは、基本的に和風庭園の石橋、石灯籠や手水（ちょうず）鉢、石仏などの彫刻のこと。石造は古代の古墳文化にはじまり、仏教の伝来とともに発展したといわれている。桃山時代に入ると、茶道文化のワビ・サビを具現するものの一つとして、石灯籠が庭園用に改良され、各地で今日も生産されている。石工は、文化的な需要の高い土地、あるいは原材料となる良質の石の産地でその技術を受けついできている。たとえば、京都は平安遷都からはじまり、仏教や茶道の文化の中心地として、需要に応えるべくさまざまな技術が磨かれていったという。

産地：真壁石灯籠（茨城県）・岡崎石工品（愛知県）・京石工芸品（京都府）・出雲石灯籠（島根県、鳥取県）など

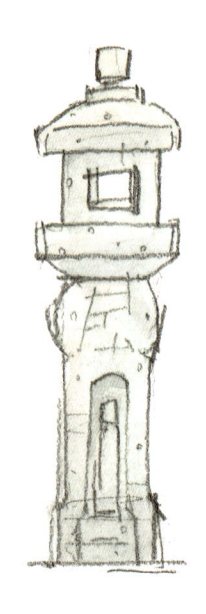

ガラス製品

　ガラスの製造を含む技術は江戸時代末から明治時代にかけて、ヨーロッパから入ってきた。産業として確立されたのはこのころのことである。ガラス工芸のなかでもっとも古い製品は、蜻蛉玉（とんぼだま）である。これは世界各地で作られていたガラス工芸の基礎ともいえるもので、今に残る最古の蜻蛉玉は、紀元前18世紀ごろのメソポタミアで作られている。日本で本格的なガラスの製造が始まったのは、江戸時代末から明治にかけて、ヨーロッパからさまざまな技法が伝わってきてから。このころから作られているもののなかでは、金剛砂でガラスの表面に彫刻を施す「切子（きりこ）」が有名である。

産地：江戸切子（東京都）・大阪蜻蛉玉（大阪府）・肥前びーどろ（佐賀県）・薩摩切子（鹿児島県）など

金工

　日本の金工は弥生時代にはじまった。それから中国大陸・朝鮮半島との交流でもたらされた文化を反映する、国産品が作られてきた。たとえば、仏教が伝来した奈良時代には仏像などが作られ、茶の湯が文化の中心となった室町時代には茶の湯釜が誕生したといった具合だ。ほかにも、刀剣や装身具、梵鐘（ぼんしょう）や銅鑼（どら）といった寺の調度類が制作されている。刀剣については、「日本刀・刃物」の箇所を参照してほしい。さまざまな製品がある金属工芸だが、「鋳金（ちゅうきん）」、「鍛金（たんきん）」、「彫金」がその主要な技法である。「鋳金」は、加熱し溶かした金属を土や砂などで作った型に流し込むという技法だ。仏像や茶釜、花瓶などさまざまな製品がこの技法で作られている。次に「鍛金」だが、これは金属板を打ち出す技法である。そして「彫金」は、金属の表面に文様を彫ったり、ほかの金属をはめたりする、装飾のための技法で、陶芸などの他分野でも使われる。

産地：南部鉄器（岩手県）・山形鋳物（山形県）・東京銀器（東京都）・燕鎚起（つばめついき）銅器（新潟県）・高岡銅器（富山県）・大阪浪華錫器（大阪府）・肥後象がん（熊本県）など

日本刀・刃物

　日本の工芸でもっとも早くブランドが生じたのは、刀剣といわれている。中国大陸・朝鮮半島から伝わった刀剣技術が日本独自の形になり、現在のような日本刀が作られるようになったのは、平安初期からだという。桃山時代までは、主に五箇伝鍛法地（備前、相州、山城、大和、美濃）と呼ばれる5地方で制作されていた。明治以降、廃刀令により一時期は軍刀のみの製造であったが、戦後に文化財保護法が制定されたため、現在は主に愛好家が注文購入する美術工芸品として作られている。

　日本刀に関わる職人に、刀匠と研師（とぎし）がいる。刀匠には、五箇伝で作られた名刀などを手本に、芸術的価値の高い刀剣を制作することを目指す人、刀だけではなくほかの種類の刃物も制作する人がいる。研師は、刀剣を制作した刀匠の作風、制作された時代や刃物の持ち味をより表すように刀剣を研ぐ職人。なお刀匠と鍛冶職人の違いは、刀匠は玉鋼を鍛えて刀を作るのに対し、鍛冶職人は鋼を購入して使うというところだ。明治時代の廃刀令により、刀匠から鍛冶になったものもいる。また打刃物と呼ばれる包丁や農具などの製品は、刀匠が自ら制作したり、その技術を農民などに教えることによってはじまったものもある。

産地：【日本刀】現在は産地を形成しての生産というより、個人が制作している状況。
　　　【刃物】越後与板打刃物（新潟県）・越前打刃物（福井県）・堺打刃物（大阪府）・播州三木打刃物（兵庫県）・土佐打刃物（高知県）など

仏壇・仏具

　仏像を入れる目的で作られたお堂に見立てた形の厨子（ずし）が、江戸時代に変化して仏壇として各家庭に置かれるようになった。これには徳川時代にキリスト教が禁止されていたため、キリシタンでない証拠として仏壇を所持することが一般化したという背景もあるようだ。また、宮大工や仏師、そのほかの職人が冬の内職として行っているうちに産業として発展したという地域や、武具を作っている職人が仏壇作りに転向したという地域もある。なお仏壇の形は寺を見立てており、同じ生産地のものでも、寺や宗派によって異なった仕様をとる。

　仏壇作りは専門の職人によって分業して行われる。たとえば三河仏壇の場合、おおまかにいってその工程は、木材で本体を組む「木地造り」、本尊を安置する屋根をつくる「宮殿造り」、花鳥や龍、唐草や天人の図柄を彫る「彫刻」、「漆塗り」、金具を作成する「錺（かざり）金具造り」、漆で絵を描き金粉・銀粉や貝などを使い装飾をほどこす「蒔絵」、部品や板部分に金箔をつける「金箔押」の7つに分かれている。これに加え、仏壇の天井部分を作る職人や装飾しやすいように表面を平らにする職人などもおり、これらの分業作業の後、仕組師や問屋が組み立てて完成品となる。ほかの地域の仏壇の場合も同様に、多くの工程があり、その専門の職人がいて、仏壇を製造している。

　仏具とは、仏壇に納める火立てや香炉といった調度、法事などに用いる数珠（じゅず）などのこと。平安時代の8世紀、最澄・空海の時代に京都での制作がはじまったと考えられている。11世紀に、仏師・定朝（じょうちょう）が仏像・仏具作成のための工房を建て、本格的な仏具作りがはじまった。仏具も仏壇と同様に寺院の様式に沿って作成されており、分業制である。

産地：【仏壇】山形仏壇（山形県）・三条仏壇（新潟県）・飯山仏壇（長野県）・名古屋仏壇、三河仏壇（愛知県）・彦根仏壇（滋賀県）・京仏壇（京都府）・八女福島仏壇（福岡県）・川辺仏壇（鹿児島県）
　　　【仏具】京仏具（京都府）

文房具（書道用品）

　筆・墨・硯（すずり）・紙は古来より文房四宝と呼ばれ、その制作技術は現代まで受け継がれてきた。いずれも中国大陸・朝鮮半島から日本に伝来した。紙・墨の伝来時期については「和紙」の項目ですでに述べた。硯は、中国伝来だが、中国でもいつから作られるようになったかは、はっきりとわかっていない。ちなみに、日本の硯は一般的に中国のものよりも硬いそうだ。筆は確かな時期は不明だが、後漢の光武帝のころには文書の往復があったことから、そのころにはすでに渡来していたものと考えられている。また当時の筆は、今よりも穂先が短く、ウサギやタヌキの毛を使ったものがほとんどであった。現在のような筆になったのは、遣唐使として中国を訪れた空海が帰国してからだという。

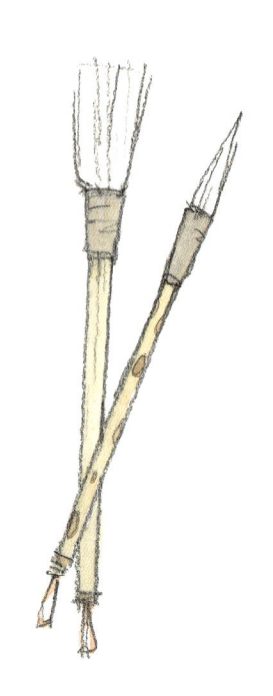

産地：【筆】熊野筆（広島県）・豊橋筆（愛知県）・奈良筆（奈良県）など
　　　【硯】赤間硯（山口県）・雄勝硯（宮城県）など
　　　【墨】鈴鹿墨（三重県）など

和傘・提灯（ちょうちん）・うちわ・扇子（紙と竹を主材料とする製品）

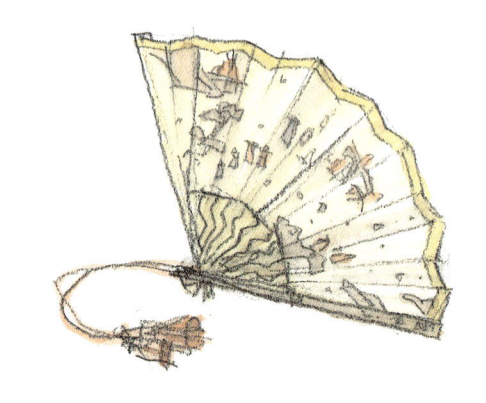

　現在では、茶道や日本舞踊、歌舞伎の道具として使われている和傘が、中国から日本に伝わってきたのは6世紀。当時の傘は開閉することができなかったという。傘が一般的に広く使われるようになったのは、江戸時代からといわれている。身分によって異なる傘を使用していたので、傘を見れば身分がわかったそうだ。また時代劇で浪人が傘張りの内職をする姿を見かけることがあるが、これは史実。江戸時代中期に下級藩士が、藩の財政を助けるために、内職として傘を作っていたという話が残っている。昭和初頭の最盛期には1000万本も制作されていた和傘だが、戦後、生活様式が大きく変化し、実用品としての座を洋傘に奪われてしまってからは、急激に産業として衰えてしまった。

　提灯は室町時代に中国から伝わってきたといわれている。江戸時代には持ち運びできる灯りとして、行灯（あんどん）に代わって重宝された。江戸時代に盆供養に提

灯を使う習慣が生まれたため、生産量が増加したという。

　あおいで風をおこす道具である、うちわと扇子。うちわのほうが起源が古く、飛鳥・高松塚古墳にもその姿を見ることができる。うちわは「打破」と書き、当初はその名のとおり、魔除けの意味を持つ道具だった。扇子は、平安時代初期に生産がはじまり、貴族の日常品として発展した。このころはうちわも扇子も「おうぎ」と呼ばれていた。その後、うちわは戦国時代に、武将の指揮用の小物として用いられるようになった。このうちわは鉄と皮で作られており、防具としての役目もあったという。江戸時代に入り、うちわは江戸で庶民の道具として発展した。形が丸からだ円に変化し、模様や絵柄が描かれるようになった。盆や中元にうちわを贈答する習慣もこのころに生まれたものだという。一方扇子は、室町時代には茶道や能楽の道具としても使われるようになった。なお中国大陸・朝鮮半島を起源とする工芸品が多いなか、扇子は珍しく純日本産の製品である。明治から大正時代には、生産された扇子の約半数が輸出されていたそうだ。

産地：【和傘】阿島傘（長野県）など
　　　【提灯】名古屋提灯（愛知県）・讃岐提灯（香川県）・八女提灯（福岡県）・知覧傘提灯（鹿児島県）・岐阜提灯（岐阜県）など
　　　【うちわ】京うちわ（京都府）・丸亀うちわ（香川県）・房州うちわ（千葉県）など
　　　【扇子】京扇子（京都府）・名古屋扇子（愛知県）など

玩具（カルタ、凧、双六）

　カルタは平安時代から存在する。もっともこのころのカルタは紙製ではなく、貝でできていた。貴族の遊びであった趣向をこらした貝に歌を詠み添える「貝合わせ」、主に武士に人気があったハマグリの貝を使ってトランプゲームの神経衰弱のように遊ぶ「貝覆い」などである。紙製のカルタが誕生したのは、16世紀に木版印刷の紙製南蛮カルタが広まってから。なおカルタはポルトガル語のcartaが語源である。

　凧は平安時代に中国から渡来した。鎌倉時代までは、敵陣偵察など軍事目的を果たすための道具で、庶民の遊び道具になったのは、16世紀に入ってからだという。和紙の製造が各藩で奨励されたこと、浮世絵の制作で木版技術が向上したことを受けて、江戸時代には多種多様な凧が生産されていた。その後、明治時代の文明開化で電信柱が増えたことにより、次第に凧の人気が下がり、正月の子どもの遊びとして残るのみになってしまった。

双六の前身は、15、16世紀の漢字だけの「仏教双六」。これは仏教僧が仏教用語を学ぶための道具である。現在のような絵が入る遊び道具としての双六ができ上がったのは、江戸時代に入ってから。江戸の町人文化が台頭してきた18世紀末に隆盛を極める。なおこのころの双六は、単なる遊び道具ではなく、優れた浮世絵師や絵師が制作した芸術品であり、小ばなしやゴシップを盛り込んだ出版物でもあったそうだ。

産地：現在は産地を形成しての生産というより、個人・会社が制作している状況。

人形

　人形は古くは「ひとがた」と呼ばれ、穢（けが）れや呪いを祓（はら）う信仰に関係する道具として用いられてきた。江戸時代に入り、人形は信仰・観賞・玩具の3つの分野に分かれた。また、日本の人形はさまざまな素材や技術で制作されているが、このような発展の理由に、「節句人形」の普及がある。節句人形とは、雛人形などの節句の際に飾る人形のこと。これは宮廷行事であった五節句を、庶民が模倣して広まったそうだ。また、調度品としての観賞用の人形が、仏教芸術の延長線上にあったということがあげられる。というのは、観賞用の人形は、江戸幕府5代将軍・徳川綱吉の代に作られた、「嵯峨（さが）人形」が発端と考えられているが、これは仏像制作者の余技で作られたものといわれているからである。この「嵯峨人形」は発展していき、さまざまな人形が作られるようになった。また民間信仰の人形が「郷土玩具」として、今日につながっている。なお人形は、分業で作る商業ベースの制作と人形作家が一貫して仕上げる創作人形に分かれている。

産地：宮城伝統こけし（宮城県）・江戸木目込人形（東京都、埼玉県岩槻）・駿河雛人形（静岡県）・御所人形（京都府）・博多人形（福岡県）など

楽器

　和楽器、雅楽器と呼ばれる、日本古来からの芸能や祭事に用いられてきた楽器は、中国から伝来したものが多い。たとえば、三味線。これは中国の「三弦」という楽器をルーツとする。この三弦が16世紀半ばに沖縄経由で堺に伝わった。琵琶法師が奏でたため、琵琶の奏法の影響を受け、また本来の材料であるニシキヘビの皮の入手困難などから、長年にわたって改良を重ねた結果、今の三味線にたどりついたという。また能の楽器である小鼓は、作ってから50〜100年たってはじめて、その評価が定まるという。しかし車社会の到来により、生後3カ月の国産馬の皮という素材入手が困難になったり、以前は分業制であったが、需要と職人の減少により、1人の職人がひとつの楽器を全て作るようになったり、社会の変化により製作の現場もさまざまな変化をよぎなくされているようだ。

産地：現在は産地を形成しての生産というより、個人・会社が制作している状況。

能面・神楽（かぐら）面

　能面は能楽の芸術性を盛り込んだ様式が、桃山時代にほぼ完成された。その数はざっと200種類はあるという。ちなみにこれは、神、男、女、狂（きょう）、鬼に大きく分けることができる。以後「本面写し」という、既成の能面を模写する方法で制作されるようになった。これは独創が許されなくなったということである。そのため、民俗芸能の神楽のために独創性のある面が作られるようになったという。

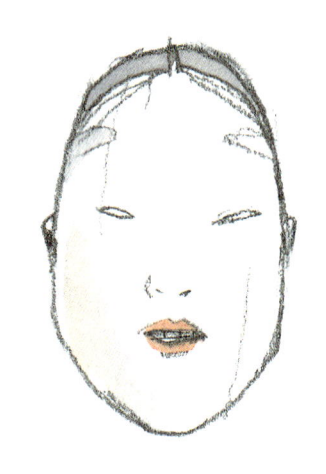

産地：現在は産地を形成しての生産というより、個人・会社が制作している状況。

神祇(じんぎ)調度装束・慶弔用品

　神祇調度装束とは、神社の道具・家具や衣装のこと。神主が身につける狩衣や衣冠束帯、神社にある狛犬(こまいぬ)や神道の結婚式に使われる道具、お神輿(みこし)などが含まれる。職人は衣装と建築を含む調度工芸に分かれている。慶弔用品には、たとえば水引き細工がある。これは平安時代には髪を結ぶためのものであった。室町時代に贈物用のヒモが生まれ、今もその様式が受け継がれているという。

産地：京都など

そのほか

　全国各地には、このほかにもたとえば、鹿で作る革鞄・甲州印伝(山梨県)や江戸つまみ簪(東京都)などのたくさんの伝統工芸品がある。また、郷土民芸や上記の製品を作るために使われる道具にも伝統工芸品がある。たとえば、染織には型染めと呼ばれる染めの手法があるが、この手法には型紙という柄や文様を描いたものが使われている。有名なのは伊勢型紙で、たとえばこのなかの錐彫という技法で作られる型紙は、小紋や浴衣などの染め物に不可欠である。このほかに、神社仏閣やそうした建築物用の畳や瓦、造園にも伝統的な技法が伝わっており、専門の職人がいる。

　職人になる以外にも伝統工芸に関わることはできる。博物館や美術館、研究所などで伝統工芸品修復をする人もいる。また、復元や修復の現場では、最新技術や新しい機具が取り入れられているが、もちろん職人によって伝統的な技術が受け継がれている。日本にたった1人しかいないが、奈良県には文化財保安官と呼ばれる、文化財に関わる盗難専門の警察官がいる。

参考
『伝統工芸の本』(財)伝統的工芸品産業振興委員会編　同友館
『日本伝統工芸鑑賞の手引き』(社)日本工芸会編　芸艸堂
『人間国宝事典　工芸技術編』南邦男・柳橋眞・大滝幹夫監修　芸艸堂
『お仕事は文化財』釘田寿一著　週刊朝日百科「日本の国宝」編集部編　朝日新聞社

Special Chapter

04
医療・介護

Essay｜崖っぷちにある日本の医療

東京大学医科学研究所　先端医療社会連携研究部門　特任准教授　上 昌広(かみまさひろ)

崖っぷちにある日本の医療

　日本の医療レベルは高く、国民皆保険は世界に誇るべき制度だ。つい最近まで、多くの日本人はこのように信じていた。その一方で日本の医療制度はいつの間にか崩壊していた。現に毎週のごとく「病院倒産」「お産難民」「救急車たらい回し」などの悲惨な事件が報道されている。今や誰もが安心して医療を受けられる状況ではない。

　日本の医療制度はいつの間に崩壊したのだろう。戦後、日本は経済活動を重視して世界第二位の経済大国に成長した。この間、医療は経済成長の足を引っ張る「必要悪」と見なされた。1980年代には「医療費亡国論」が真剣に議論され、医療費はできるだけ切り詰めるべきと考えられてきた。気がつけば医師も病床も足りなくなっており、医療現場の努力だけではどうにもならなくなっていた。

　このまま何もしなければ、医療崩壊は止まらないだろう。なぜなら日本は急速に高齢化しているからだ。例えば2025年には団塊世代が75歳、団塊ジュニア世代が55歳となり、高齢者人口はピークの3500万人に達する。また少子化の影響で、65歳以上の高齢者と現役世代の比率は2025年以降も直線的に増加し、2055年に両者の比率が4:5になる。このように皆さんが活躍する21世紀前半の日本は、過去に類をみない超高齢化社会を迎える。

　ただ、高齢化は医療現場にとって悪いことばかりではない。多くの知恵を持った高齢者が医療制度の崩壊を打開する手助けとなるかもしれない。また医療は多くの雇用を産み出す要素を持っており、その社会的価値の高さに見合った経済的価値をまだまだ創出する可能性をはらんでいる。国民と医療現場の双方が満足するような医療サービスを提供するためには経済的な側面でも社会の実情に合った医療制度を構築していく必要がある。

医療崩壊の原因

　医療崩壊の原因は、医師不足・医療費削減・医療訴訟の3点に集約できる。

　明治維新以降、日本は医師の養成数を増やすことに重点を置いてきた。医師養成は富国強兵の一環だった。この方針が転換されたのは1982年だ。医師が増えると医療費も増えるという学説（医師誘発需要仮説）に後押しされ、医学部定員の削減が閣議決定された。当時、他の先進国も同様の政策を採用したが、90年代には医師数を増やす方針に修正している。一方、日本は医師数抑制政策を続けた結果、2008年において人口10万人当たりの医師数は206人とOECD諸国平均310人に対して100人も少なくなってしまった。

　医療費についても同様だ。1980年代以降、医療費抑制政策が維持され、小泉構造改革の一環でなされた診療報酬の大幅削減がとどめとなった。2008年の医療費に関する対GDP比は、先進国の中で最低水準である。こうして日本の病院の73%が赤字経営になり、そのしわ寄せが病院スタッフに及んでいる。例えば、勤務医の週平均労働時間は63.3時間にのぼり、労働基準法が定める法定労働時間40時間を大幅に超えている。徹夜明けに手術をする外科医や、月100時間以上もの残業をこなし、過労死寸前の医師も珍しくない。これでは安全な医療など提供できるはずがない。また彼らの

給与を時給に換算すると1,000円にも満たないケースが多く、勤務医たちは給与と睡眠時間を削って日本の医療体制を支えている。

さらに昨今の医療訴訟が医師の意欲を低下させ、萎縮医療を引き起こしている。その典型例が2006年の福島県立大野病院での産科医師逮捕事件だ。帝王切開手術中に妊婦が死亡したことに対し、担当医が業務上過失致死罪で逮捕された。マスメディアは事件を広く報道し、裁判の行方に国民の関心が集まった。判決で医師は無罪となったものの、前置胎盤と癒着胎盤が合併した難しい手術の結果を警察・検察が問題視したことは、多くの医師に衝撃を与えた。この事件以降、全国で産婦人科病院や産科医の数が激減した。また外科・救急・小児科などの訴訟リスクが高い診療科からも医師が去り、「医療難民」が生まれたのである。

試行錯誤する日本社会

崩壊した医療を再生すべく、様々な試みが各地で執り行われている。このような試みを通して、21世紀に持続可能な新しい医療体制が生まれようとしている。

2008年、医療崩壊を防ぐために政府が動き始めた。福田康夫総理大臣（当時）は医師不足を認め、舛添要一厚労大臣（当時）が医学部定員50%増を提言した。この政策が維持されると、2025年には人口当たりの医師数が2008年時よりも20%程度増加する。ただし医師養成には時間がかかるため、即効性を期待することはできない。

産科・小児科など特定の診療科や、僻地での医師不足は待ったなしで進行中だ。一時期、政府は医師を地域へ強制的に派遣し、専攻する診療科目に制限を加えたが、効果はなかった。この問題を解決することは容易でなく、地域の実情を正確に把握すると同時に、医師のやりがいや待遇も配慮しなければならない。

実現への道のりは遠いが、薬剤師や看護師などのコメディカルの活動範囲を拡大させることも有望だ。医師、薬剤師、看護師などの職業集団は、異なる歴史と固有の価値観をもっており、法律を改正するだけでは医療現場は動かない。時間をかけて経験を蓄積していく必要がある。そして新たな職業観を醸成するには、幼い頃から医師やコメディカルの役割を教育することも大切になるだろう。

2009年は選挙の年だった。特に東京都議選と衆院選では各政党がマニフェストを掲げ、その中で医療政策が重要課題に位置づけられた。与野党とも国民医療費の増額を約束し、特に民主党は医療費の対GDP比をOECD平均の8.8%まで引き上げると明言した。これは医療費を約5兆円増やすことを意味し、1980年代から続いた医療費抑制政策は転換された。総選挙を通じた医療政策の転換は、医療崩壊が深刻化し、国民の医療に対する関心が高まったためだ。

医療再生の試みは、地域コミュニティや患者団体からも起こっている。例えば兵庫県立柏原病院を支えた「県立柏原病院の小児科を守る会」の子育てママさんたちだ。当初、自治体に小児科医の招聘を求めたが十分な回答を得られず、自ら立ち上がったのだ。その活動はポスター作成や地道な街頭署名運動から始まり、医師へ感謝の気持ちを込めた手紙や年賀状を送った。小児救急冊子の作成や講演会活動は、地元記者の足立智和さんを通じて地域に紹介された。彼女たちの運動は地域を巻き込む大きなうねりへと成長し、軽い風邪などでの夜間の小児科受診（コンビニ受診）は約半減した。柏原病院では非常勤医師の招聘や小児専攻医の赴任が内定し、医師にも患者にも優しい環境

が整いつつある。

次は白血病患者たちが骨髄移植の危機を救った話だ。2008年末、世界的金融恐慌が製薬企業にも波及し、骨髄移植に必須の医療器具の生産が停止した。国内在庫を使い切れば骨髄移植ができなくなるため、待機患者の命が危ぶまれた。事態を回避するには別会社の製品を新たに輸入する必要があったが、政府の承認を得るまで通常数年はかかる。こうした苦境を受けて立ち上がったのが、元白血病患者の大谷貴子さんたちだ。彼女たちは様々な人々に窮状を訴え、多くのマスメディアが問題を報道した。救われるはずの命を失う不条理を多くの国民が知り、彼女たちの訴えは政府を動かした。代替器具は特例として緊急承認され、多くの患者の命が救われることになったのだ。このようなコミュニティを中心とした活動は、21世紀の日本が医療を考える上で重要な役割を果たすと考えられる。

医師を目指す13歳の皆さんへ

皆さんが大学を受験する頃には、医学部受験はどうなっているだろうか。2009年以降、医学部の定員は毎年400人程度ずつ増えることになっている。5年後には今よりも2000人程度、医学部の定員は増えているだろう。偏差値が高いことで有名だった医学部の門戸も多少は開放されるかもしれない。

かつて医学部は医師に向かない人間が入学していると批判されたこともある。このような批判を受けて、医学部は入試方法を変えつつあるところだ。例えば地域医療枠や学士編入学制度の拡充などが試みられている。

さらにメディカルスクールという医学部以外の医師養成システムも検討されている。これはアメリカで導入されており、医学部以外の大学卒業者を対象とした専門職大学院だ。この制度が創設されれば、経済学から家政学まで多様な背景を持った医師が輩出されることになる。

では医学部教育はどうなっているだろうか。おそらく医学部の講義内容は、従来の基礎医学・臨床医学中心から大きく変わる。国民の要望に合わせて患者とのコミュニケーション力や地域医療への理解度などが重視され、教室での講義よりも医療現場での実習が増えることになるだろう。

医療に関する国民意識の変化は、医学部以外の大学教育にも大きな影響を与えている。例えば薬学部では薬害対策、法学部では医事法、経済学部では医療経済、工学部では医療機器開発などの研究が進みつつある。

特に事情が変わるのは福祉・介護分野だ。高齢化社会において医療と介護の垣根は低くなりつつある。既存の医学部と福祉学部から独立して、介護学部が新設されるかもしれない。そこでは高齢者に特化した心理学や医学、介護論が研究され、「高齢者学」のような新たな学問が確立されることになるだろう。この領域の主役はコメディカルだ。その卵たちも、大学教育を通して個性を磨き、医療現場に参画していくこととなる。

医学部を卒業後の進路も変わる。2004年に施行された新医師臨床研修制度に基づき、新人医師には2年間の研修が義務化された。プライマリ・ケアを中心とした幅広い診療能力の習得が目指される。従来は卒業と同時に医局へ入り、指定された病院で研修したが、新人医師は研修先を自由に選ぶことができるようになった。一方、医学生や各県からは「研修可能な病院が限られている」、「都道府県ごとに研修医の受け入れ人数が決定されている」といった反発の声が噴出している。この制

度は試行錯誤を繰り返しながら、地域と新人医師双方の要望に対応できるよう形を変えていくだろう。

　医療にもグローバル化の波が押し寄せている。2009年、新型インフルエンザがパンデミックになったことは象徴的だ。このような問題は、国内の医療制度を整備するだけでは解決できず、世界が協調して適切な対策をとる必要がある。先のインフルエンザ騒動では世界保健機構（WHO）の医師の活躍が目覚ましかった。ところが日本ではこのような世界レベルの動きに対応できる公衆衛生の専門医が不足しており、世界的視野をもつ医師の養成は今後の課題だ。

まとめ

　日本の医療現場が崩壊しているという事実は、医師を志す皆さんにとって酷な話だっただろう。皆さんが医師として活躍するころにも、医療再生の努力は脈々と続いているはずだ。ただ、医師不足が解消されるといった明確な形で成果はみられないだろう。長い年月をかけて医療が崩壊したように、その再生にも時間がかかるからだ。

　しかし希望が全くない訳ではない。医療再生を志す人たちの精神が引き継がれ続ける限り、その道は閉ざされない。医療現場が崩壊していても、人の命を救う医療の尊さは永遠である。皆さんの子孫が胸を張って日本の医療を世界に誇れる時代がくることを目指し、新たな医療の世界を切り開く開拓者として医学の道を邁進して欲しい。

プロフィール

上 昌広

医師。1993年東京大学医学部卒。97年同大学院修了。医学博士。虎の門病院、国立がんセンターにて造血器悪性腫瘍の治療に従事。2005年より東大医科研に異動し、医療ガバナンスを研究。帝京大学医療情報システム研究センター客員教授、現場からの医療改革推進協議会事務局長を務める。

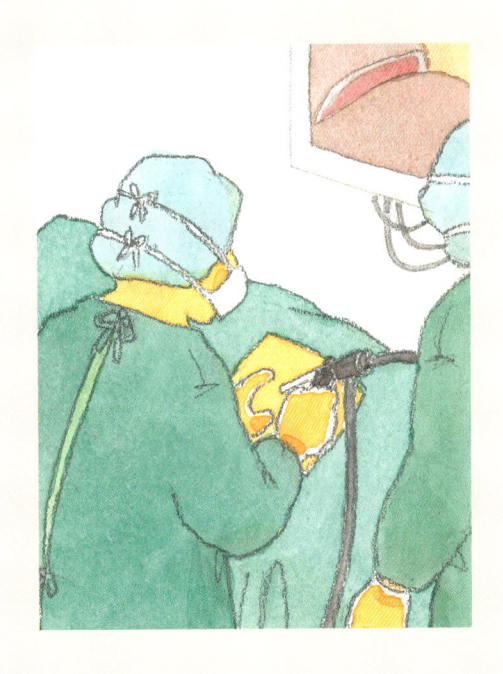

Essay｜看護師をめざす皆さんへ

看護師　畑中暢代（はたなかのぶよ）

東京大学医科学研究所　看護師　保健師　児玉有子

メディカルスタッフの一員としての看護職

　看護職は治療や健康増進の場において、メディカルスタッフの一員として活躍します。医師以外の医療者はコメディカルと呼ばれてきましたが、昨今では「メディカルスタッフ」と呼び方が変わりつつあります。これは、スタッフのイコールパートナーシップを重視する考えから変化したものです。もちろん看護職がイコールパートナーとしてメディカルチームで果たす役割と責任は膨大です。

　看護師の仕事は、"白衣の天使"と表現されるように、白衣に身を包み病院内で働く姿を多くの人が想像します。しかし、看護師の活躍の場は病院内だけではありません。ヘリコプターに乗り救急患者の看護に当たる人、自宅で療養生活を続ける患者さんの看護にあたる訪問看護師や住民の健康を守る保健師も看護職です。また、看護学の知識を活かして、製薬会社で新薬の開発のサポートや医療機器の開発、IT関連企業で病院のコンピュータシステムの開発に携わる人もいます。旅行に同行し、旅行中の健康トラブルに対応する看護師やスポーツ競技の場で活躍する看護師など、看護師の活躍の場は多岐に渡ります。

　どのような場で看護を担当するかにより内容に違いはありますが、いずれの場所でも看護を必要とするすべての人（患者）に対して、体の異常や心の異常が健康な状態へ回復するための環境を整えることや、時には安らかな死を迎えることのできる環境を作り出すこと、更には健康な人がより健康に過ごせるための環境作りが看護職に求められる仕事です。

　看護の仕事は、いずれの職場においても看護職一人で成せる仕事ではなく、対象者そしてともに治療等に関わる医師や技師、療法士等の他のメディカルスタッフとの多職種連携・協働／共同作業の連続です。特に看護職は患者により近い存在として、意見を求められる存在でもあり、これは医療チームの調整に力を発揮します。さらに、職種間の狭間で取りこぼしがちな役割分担に注目し、取りこぼすことなく実施するための調整が求められます。このような役割を果たすためには、コミュニケーション力に長けていることが、看護職者を目指す人には求められています。

看護職が抱える問題

　日本の看護職が抱える問題は、人員の不足とキャリアパスの選択肢が少ないことの2つに大きく分類されます。

　現在、日本のベッドサイドで働く看護師数は諸外国と比較し不足しています。ベッドサイドで働く看護師が増えることにより、患者さんだけではなく看護師自身にとっても良い環境が提供できることはすでに分かっていますが、未だその環境は十分には整っていません。さらに、人数が不足していながらも免許保持者の離職が多いことは、看護界の抱える問題の一つです。離職の原因には、結婚や出産というライフイベントを乗り越えるにふさわしい勤務スタイルがないことや、このようなライフイベントを支えるだけの看護職の数が確保されていないことが挙げられます。多くの看護

職者の持続可能な就業環境作りは、共に働く看護職の数の確保と同様に対応すべき重要な課題です。

さらに、日本の看護師のキャリアパスの拡大、多様性の課題もあります。日本の看護職には、より高度で専門的な看護を極めるために、専門看護師や認定看護師と呼ばれる日本看護協会が創設している制度があります。この制度はまだ限られた分野にしかありませんが、今後増えると予想されます。スキルアップや知識のアップデートは看護の仕事を続けていくために必須ですが、ベッドサイドで働く看護師の数が不十分なために、その機会を得られない現状もあります。看護師の個人の能力の向上と看護師全体のベースアップが、今後の看護職には一層求められています。

アメリカでは、専門看護師とならびナースプラクティショナー（NP）と呼ばれる看護師の上位資格があります。NPは大学院修士課程での一定の教育課程を経て履修した特定の極めて狭い診療分野において、医師の外来診療の一部の役割を担い、患者さんに薬を処方することが可能な看護職です。また、戦後アメリカ国内に引き上げた衛生兵に働く場所を提供するために、設立された制度を背景とするフィジシャンズアソシエイト（PA）という資格があります。PAは、病院内で特定の診療科の医師の処置を補佐する（診療科をまたぐことはできない）職種です。日本でも医師不足問題を背景に、NPやPA制度の導入について議論が開始されました。しかし、NP導入により解決されると考えられている課題の多くは、すでに日本の優秀な看護師は実践しているという考えもあります。また、多くの看護師がスキルアップや知識のアップデートできる環境が整い、看護職の人員配置が改善されるならば、資格制度の設立を待たずに解決できる課題ばかりです。アメリカでは、州毎に資格制度（求められる単位や役割等）が異なります。日本の看護職は、日本の医療現場において何の役割が求められているのか検討する大切な時期に入りました。NPという言葉に惑わされず、対象者が、看護師にどのような役割を期待しているのか、何を望み求めているのか、それに対して日本の看護職はどう対応できるのか、またどのような対応をしたいのかという本質的な議論を始めることが重要と考えます。この議論が深まり、皆さんが働き始める頃には、新たな看護上位資格が創設され、新しいキャリアパスが用意されるかも知れません。

医療現場では、医師数が満たされるのを待てないほどに医療崩壊が進んでいます。その対策として、NP、PA導入が挙げられますが、どちらも一夜にしてできる仕事でありません。医療崩壊が進み再建に向かう今だからこそ、専門家であるメディカルチームメンバー一人一人が、医師不足対応策のパーツとして利用されるのではなく、凛としてその専門性と役割を主張し、補完し合い、新しいメディカルチームを創設するときといえるでしょう。

看護職は、学び続けなければならない仕事です

看護師になるためには、対象者に対して最も治療効果の高い環境を提供するために、対象者の状態を適確に捉えるトレーニングや対象者に提供する治療法や薬効・手術法について学びます。更にこれらの効果を最大限に発揮するために必要な看護技術を取得します。

看護師を目指す学生の生活は、他分野に通う学生よりも過密なスケジュールです。その主な理由は、医師などが6年間で学ぶ医療を、看護師は4年間で学ぶためです。また、看護職の仕事は、人の生死に向き合い、また複雑な人間関係の中での役割が多く、その厳しさに対応する自身の精神的負担も軽視できません。

学生時代に苦労して習得した知識や技術は、看護を必要とする場所で働く限り、必ず対象者を支

える「技」となります。その「技」は、日本中どの場所でも活用でき、医師ではサポートが難しい部分において力を発揮することがたくさんあります。特に、病院という非日常的な環境で、看護師の関わりが闘病する人の支えになることは少なくありません。更に、初めての出産を経験する人にとっても、在宅で介護を行うご家族にとっても、看護職の関わりは「技」を提供するだけではなく、心の支えとなる役割を果たすことができます。このような『やりがい』を感じる仕事であることは、日本中の看護師が胸を張って伝えたいことのひとつだと言えるでしょう。

看護学生のときに一連のことを学びますが、治療法や薬・看護技術等は年々進歩します。看護職は、医療行為の最終実行者になることが多く、医療の安全の最前線に立つ職種でもあります。対象者に安全で、最新かつ最良の看護を提供するために、他の医療職に後れることなく最新の情報をキャッチし、実践することがメディカルチームの一員として求められます。そのために、国家試験合格後も看護師として働く限り学び続ける必要があります。

看護師のお給料

看護師の給与基準は多くの場合、教育年限（大卒、短大卒、専門学校卒等）と勤務年数で評価されます。専門看護師や認定看護師への認定の機会が均等に得られない現状では、上位資格取得が、直接昇進や給与に反映されないことが多いです。ちなみにアメリカでは、NPは一般の看護師に比べ1.5倍の給与を得ています。

病院で働く場合、4年生大学卒業の新卒者の基本給は平均20万円程度、これに夜勤手当等の手当が付き、年収は新卒時に平均340万円程度です。もちろん社会全体の経済状況により変動しています。また、給与には他の職業と同じく勤務する地域や病院（施設）の規模により開きがあります。看護職では100万円弱の開きがあるようです。また、夜間勤務の有無によって総額はかなり変わります。

医療現場では、保険診療の際に医療行為などに対し報酬が支払われます。その報酬の計算に診療報酬点数が活用されます。現在、病院内で看護師が看護行為を実施し、直接診療報酬点数として収入を得られる項目は後期高齢者退院調整、リンパ浮腫に対する看護、糖尿病患者の看護の3つしかありません。この3つも、ある特定の内容についてのみ支払われ、複数回実施する行為であっても入院中に1回、また月に1回だけという規定に基づいて支払われています。看護が実施する処置には、代金が生じ支払われていますが、その費用は材料費がほとんどで、処置時に有効な看護を実施しても看護に対する直接の収入はありません。看護行為にその対価が認められることは、看護の専門性を確立する上で重要なポイントです。

また、現状では多くの看護師を雇用しても病院側にはメリットはありません。国は、定まった配置基準分の対価しか病院に支払わないからです。看護師数が、医療安全の向上に影響することは多くの分野で認められています。しかし、配置基準分以上の支払いはありません。偏在の問題には慎重に対応するべきですが、将来、看護職の存在、看護職の仕事のすべてが直接評価されれば、看護師の給与体系も変わってくるでしょう。

皆さんと一緒に看護できる日を楽しみにしています

看護学には、職業人として持続可能なライフスタイルを築くための制度設計、プロフェッショナルとしての役割を果たすためのキャリアパスの開拓など、これからどんどんと切り開かなくてはな

らない分野がたくさんあります。これからの看護学の発展は今後看護職を目指す皆さんにかかっています。このように未開発な部分が多い看護の分野は、これから新たなものを作り出す柔軟な心、柔軟な考えを持つ方には非常にやりがいのあるお仕事です。

　13歳の皆さんが看護師資格を得る頃、私たちもまだ現役で看護職を続けているでしょう。いつかどこかで、一緒に看護を展開できる日を楽しみにしています。

≪看護師資格取得の方法≫

　看護職と言われる職業には看護師、保健師、助産師があります。それぞれの資格取得のためのコースにはいろいろな方法が有ります。

○高校卒業後

　－大学（4年間）で看護学を学び看護師と保健師の国家試験受験資格（場合によっては助産師資格も同時に取得可能）を取得する。

　－看護師専門学校または短大（3年間）へ進み看護師の国家試験受験資格を取得する。

○中学卒業後

　－高校で准看護師資格が取れるコースへ進学する。卒業後、引き続き専攻課程（2年）に進学し、看護師国家試験受験資格を得る（このコースではもっとも若い20歳で看護師資格を得ることが可能。

　これらのいずれかの方法で、国家試験受験資格を得て、国家試験を受け、合格すると看護師免許を手に入れることができます。コースにはそれぞれ長所短所があります。よく比較をして、自分にあった道筋をみつけることが重要です。

　現在、保健師や助産師になるためには大学院で学ぶことが必要ではないかという議論が進み、これらの資格を取るための方法は今後変わる可能性もあります。

プロフィール
畑中 暢代
神戸大学医学部附属短期大学部卒業。神戸大学医学部附属病院にて看護師として外科、整形外科病棟等で勤務。2006年より膵島移植チームメンバーに加わり、レシピエントコーディネーターを担当。

児玉 有子
久留米大学医学部看護学科卒業、佐賀医科大学大学院医学系研究科看護学専攻修了。その後、虎の門病院にて看護師として勤務。2001年より佐賀医科大学（現、佐賀大学）医学部看護学科にて教員として勤務。

Essay | 「慈善事業」と「ビジネス」との間で

株式会社ベネッセスタイルケア　取締役　武田雅弘

措置から契約へ

　2000年から介護保険制度が始まりました。新しい制度の導入は、もちろん何かの理由や必要性があるからこそ行われます。介護保険制度の場合には、一番大きなテーマ、つまりそれまでの仕組みをどうしても変えなければならない点として掲げられたのは、「措置から契約へ」ということでした。分かりやすく言えば、「介護事業を、慈善事業から、普通のビジネスに変えていきましょう」ということです。ちょっとドキッとした人もいると思いますが、これは決して、「困った人たちを助けたいという崇高な慈善の心を捨てて、お金儲けに走りましょう」などという意味ではありません。そこには、慈善の心だけを柱にした介護サービスが徐々に行き詰まってしまったことへの反省、そして、「介護をしてあげる側」と「介護をしてもらう側」という、片方がもう片方に一方的に恩恵を与えるという関係そのものを変えていかなければ、介護サービスの質は向上しないのだ、という強い思いが込められているのです。

措置制度とはどのようなものだったか

　日本で高齢者福祉に関する最初の仕組みが作られたのは、第二次世界大戦で日本が負けてまだ間もない頃、今から60年近くも前のことです。当時の日本には、まだ、住んでいる地域の人たちがお互いに助け合う習慣や、遠い親戚も含めた一族が助け合う習慣が十分に根付いていて、介護の多くの部分は、こうした「ご近所付き合い」や「親戚付き合い」の中で行われていました。

　ですから、この当時、公的な仕組みを作って支援しなければならなかった高齢者は、平たく言えば、「体が不自由で働くこともできず、お金もなく、頼れる身内もなく、住むところもない」人たちでした。こうした「とても困っている人たちを発見して、住むところや食べるもの、着るものを提供して、身の回りのお世話をして差し上げる」ことが、当時一番必要なことだったわけです。こうして出来た仕組みのことを「措置制度」といいます。

　この措置制度は、主として市町村が責任をもって行うことになっていましたが、市町村に勤務する公務員の人たちだけでこうしたお世話を全部やることは不可能です。そこで、それぞれの地域の中で、困っている人を助けたいという強い思いを持った比較的裕福な人（篤志家）を募り、今でいうNPOを設立してもらって、こうしたお世話をお願いすることにしました。こうして設立されたNPOを「社会福祉法人」といい、今でも介護事業者の中の大きな割合を占めています。

　措置制度は、あくまで、「市町村が、困っている高齢者を見つけて、社会福祉法人などに預けてお世話をしてもらう」仕組みでしたので、「してもらう側」の高齢者には、「してあげる側」の事業者を選択する権利はありませんでした。また、お世話をしてもらうための費用は、市町村から社会福祉法人などの事業者に支払われることになっており、高齢者自身が事業者に直接費用を支払う必

要はありませんでした（ただし、裕福な高齢者に限っては、市町村があとから所得に応じた負担額を徴収していました）。

「してあげる」こと、そして「してもらう」ことの危うさ

　人が人に何かを「してあげる」という関係は、とても美しいものですが、同時にとても危険なことでもあります。一歩間違えると、「善意でしてあげているのだから、してもらったことには文句を言うな！」とばかりに、「してあげる側」は簡単に「してもらう側」の上の立場、強者の立場に立つことができます。強者の立場に立った事業者の介護サービスは、利用者よりも自分たち事業者の都合の方を優先しがちです。施設型の介護サービスの例で言えば、家族でホテルや旅館に泊まった時のように、ある程度決まった時間帯の中でご飯を食べたり、お風呂に入ったりする時間を自由に選べるようなスタイルではなく、学校のキャンプや修学旅行のように、全員決まった時間に一斉にご飯を食べ、決められた順番で時間きっちりにお風呂に入らなければならないようなイメージでしょうか。たまに行われる学校の行事であればよいのですが、毎日がそれだとちょっと息が詰まってしまいますよね。

　高齢化が進んで介護を必要とする高齢者の数が多くなり、事業者である社会福祉法人もどんどん増加していく中で、一部の事業者の「してやっている」という意識、強者としての意識は、次第に目に余るものになっていました。でも、そういう事業者が特別に悪徳で、弱い立場の人をいじめてやろうなどと考えていたわけでは決してありません。とても残念なことですが、介護を「してあげる側」と「してもらう側」の関係が対等でなかったために、人の心の働きによって自然にそうなっ

てしまったと思われます。

　こうした「してあげる側」と「してもらう側」という関係の中では、双方に甘えのような感情が芽生えてしまいがちです。13歳のあなたが、新聞配達のアルバイトをする場合と、頼まれて親戚が経営するお菓子屋に手伝いに行く場合を、想像してみてください。親戚の家ではお金はもらえません。お礼にと、お菓子をもらいます。最初は、親戚から感謝され、お菓子をもらって、うれしいはずです。しかし、手伝いを続けるうちに、飽きてきたり、面倒くさいと思いはじめたりするかも知れません。そのとき親戚は「お菓子を上げているのに、最近あまり働かなくなった」と思うでしょう。あなたのほうは、「こんなに一所懸命手伝ってやっているのにむかつく、お菓子ももう飽きた」と思うはずです。アルバイトの新聞配達の場合は、バイト代をもらっているので、あなたはサボるとクビになります。とてもシンプルです。つまり、お金のやりとりがあるということは、「甘え」をなくす仕組みでもあるのです。

　13歳のあなたは、親からお小遣いをもらう時、「してもらう側」の立場で、こうした「甘え」の気持ちを持ってしまうことはないでしょうか。お小遣いは、普通、何かの仕事をしたことの対価としてもらうわけではありませんから、本当はただもらえるだけで親に感謝してよいはずなのに、つい「あれも買いたい、これも買いたい、お小遣いが全然足りない！」と不満がどんどんエスカレートしてしまったりしませんか。そういうとき、親が子どもを際限なく甘やかすとどうなるでしょう。

　介護だって同じです。例えば、少し助けてさえあげれば自分で掃除や洗濯、炊事ができる高齢者でも、「私は休んでるから、どうせだったら全部やってちょうだいよ」と、次第に要求がエスカレートしていくことがあります。もしそういうリクエストに全部こたえるとどうなってしまうでしょう。その高齢者は身体を動かす機会が減って、どんどん身体が弱くなり、ついには本当に自分で身の回りのことができなくなってしまうかもしれません。これでは元も子もありません。こうしたことも、介護を「してあげる側」と「してもらう側」の関係が対等でないために発生する問題のひとつです。

「してもらう側」から「お客様」に

　こうしたことから、介護保険制度の導入にあたっては、どうすれば「してあげる側」と「してもらう側」の関係を対等に近づけられるかが、一生懸命に検討されました。その結果、介護保険制度に取り入れられたのが、「してもらう側」の利用者に、介護サービスを提供する事業者を自由に選択して、そのサービスを買う権利を与える、という仕組みです。「買う権利」といっても現金が与えられるわけではなく、介護サービスの購入にしか使えない割引クーポンのようなものが、高齢者一人ひとりの介護の必要度に応じた数だけ与えられるというイメージです（専門的な言葉では、このクーポン1枚1枚の額面を「介護報酬単価」、与えられるクーポンの額面の合計額を「区分支給限度額」といいます。ちなみに、クーポンを使えばサービスが無料で受けられるわけではなく、代金の1割だけは自分で支払わなければなりません。つまり、このクーポンは「9割引クーポン」ということになります）。そして、利用者はそのクーポンを使い果たしてしまったら最後、もしもっとたくさん介護サービスを受けたいと思っても、そこから先の代金は全額自腹で支払わなければなりません。

こうした仕組みにより、「してもらう側」は「お客様」へと変身しました。介護事業者は、提供するサービスの品質を高くし、お客様に気にいって買っていただけないことには、事業を続けていくことができません。また、お客様（利用者）の側も、クーポンの範囲を超えたら全て自腹になりますから、なんでもかんでもしてほしいという際限のない甘えはもう通用しません。これが介護保険制度の中で一番大切なところです。

ビジネスとしての介護事業のはじまり

　介護保険制度の導入により、サービスの内容がよければ繁盛し、悪ければつぶれるという、普通のビジネスと同じような事業者と利用者との緊張関係ができました。介護事業が、慈善事業から、普通のビジネスに変わったことにより、事業者の種類も、慈善事業を行うためのNPOである社会福祉法人だけに限定する必要はなくなり、株式会社（民間企業）などのさまざまな事業者が、新たに介護事業を行うことができるようになりました。これまで、介護事業者のサービスを利用せずに、家族中心で介護を行ってきた人たちも、介護保険時代の到来によって、介護事業者のサービスを使うことに対する抵抗感が薄れ、利用者のニーズは爆発的に増加しました。

　これをビジネスチャンスと見た多くの民間企業が介護事業に参入することにより、提供されるサービスの量は大きく増え、ほとんどの地域では、利用者が複数の事業者のサービスを比較検討して、自分にあったサービスを選択することができるようになりました。企業にとって、介護事業は希望に満ちた新しい事業領域だったのです。しかし、彼らはすぐに厳しい現実に突き当たりました。

介護事業者が置かれた厳しい現実

　最大の課題は、ホームヘルパーや施設の介護職員など介護サービスを提供するスタッフの人件費の高騰と求人難でした。介護保険制度が創設された2000年当時、日本は非常に景気の悪い時期だったこともあって、比較的安い給料であっても介護の仕事に就きたい人は数多くいました。事業者の立場からすると、スタッフの給料は事業を行う上で必要な支出（コスト）に当たるわけですが、それをまかなうのに十分なだけの収入を確保しなければ、事業が継続できません。収入の多くの部分は、先ほど述べた利用者から事業者に支払われるクーポン使用分でまかなわれるわけですが、その額面は2000年当時の比較的安い給料の水準をもとに決められたものでした。

　利用者のニーズはどんどん高まり、介護事業者はサービスを提供するスタッフをどんどん増やす必要がありました。しかしその一方で、景気が回復するにしたがって給料の世間相場は高くなり、クーポン使用分による収入から支払いが可能な給料では、勤めてくれるスタッフを新たに確保することがとても難しくなっていきました。また、現に介護の仕事についているスタッフにも、頑張って経験を積んでいけば、何年後にどれぐらい給料を上げてもらえるのかといった見込みが立ちにくく、結婚したり子どもを持ったりといった様々な人生設計のめどが立たないといった不安、不満が広がりました。こうして、多くの人が介護の世界から離れて行ってしまったことが、いっそう介護業界の人手不足を深刻なものにしました。2006年から2007年にかけて、いくつかの事業者が、行政に対して、実際には働いていない架空のスタッフを、さも働いているかのように届け出るという違

法行為を働いていることが発覚し、大手事業者の一つが廃業に追い込まれるという、介護事業の信頼を損なう大きな事件が発生しましたが、その原因の一つはこうした人手不足にあったと考えられています。

　こうした状況の中では、事業者はクーポン使用分による収入以外の収入の道を探さざるを得ません。しかし、事業者はここでも大きな制度の壁に突き当たることになります。介護保険制度では、たとえば、とても優秀で思いやりがあり、利用者に大人気のホームヘルパーが1時間のサービスを行っても、あまり技術が高くなく、利用者に人気のないホームヘルパーが1時間のサービスを行っても、同じ時間、同じ内容のサービスであれば、どちらも同じようにクーポンに定められた額面分しかサービスの対価を受け取ることができません。大人気のヘルパーであっても、クーポン使用分＋1000円、といったような追加料金を取ることが許されていないのです。サービスの質を高めてその分だけ高い価格設定をする（付加価値を付ける）ことで売上を大きくするというのは、民間企業の得意技なのですが、せっかくの得意技を制度上封印されてしまっているため、クーポン使用分による収入以外の収入を得ることは、なかなか容易ではありません。

　余談になりますが、実は、医療に関しても全く同じ問題が指摘されています。例えば、どれほどの名医が手術しても、医師免許を取りたての未熟な医師が手術しても、同じ手術であれば必ず同じ料金で、追加料金を取ることは許されていません。むやみに自由化すれば、お金持ちだけが名医の手術を受けられて、貧乏な人は未熟な医師の手術しか受けられない、といった格差の発生が心配されるわけですが、その一方、今のように完全に同一料金だと、どんな名医であっても自分の技術をその対価で評価されない、という状態が続きます。国民みんなでよく考えなければならない問題ですが、13歳のみなさんはどのように思われますか？

介護事業の未来と13歳のあなたへ

　ニーズがあるのに制度上の制約のためにビジネスが成立しない、というのは健全な状況とはいえません。行政も、クーポンの額面を引き上げたり、介護スタッフの給料の水準を引き上げるための補助金を出したりするなど、事業者がクーポン使用分による収入が中心であってもきちんと事業が継続できるよう、少しずつ制度の修正を始めています。先ほど、給料の水準が低かったために、多くの人が介護の仕事から離れてしまい、また新たに介護の仕事に就こうとする人が見つからず、介護業界は深刻な人手不足に陥ったことをお話ししましたが、こうした状況も少しずつ改善されてきています。介護事業は存亡の危機をどうにか乗り越え、再びビジネスとして成長する兆しを見せ始めました。

　もちろん事業者の側も手をこまねいているわけではありません。先ほど、クーポン使用分による収入以外の収入を得ることがなかなか難しいという状況はお話ししました。もちろん、クーポン使用分に加えて追加料金を取ることが許されていないだけで、介護保険制度の枠外のサービス、例えば、高齢者向けの身の回り品の販売、旅行の企画、出張美容サービスなどを利用者に勧めて、自腹で購入してもらうことは自由です。残念ながら、今のところうまくいったケースはそれほど多くないのですが、そうした中でただ一つ、介護保険のサービスと介護保険外のサービスをうまく組み合

わせることで著しい成長を遂げているのが、「居住型介護サービス」と言われる、すまいと介護サービスとをセットで提供するものです。

「特別養護老人ホーム」を筆頭に、社会福祉法人などが運営する昔ながらの「施設」は、もともと何人かの高齢者が大部屋で集団生活するのが基本となっていて、「すまい」と呼べるような住環境を提供できていない場合が多かったのですが、介護保険後に急速に増加している「居住型介護サービス」は、全個室で三食付きの寮に介護サービスがセットされているようなものとイメージしてもらえればよいのではないでしょうか。利用者からすると、従来の「施設」のように、やむを得ず入るという暗いイメージではなく、「転居する」「入居する」という明るいイメージで入れますし、事業者からすると、クーポン使用分、つまり介護保険による介護サービスに加えて、介護保険外の室料や食費、共益費などを利用者から別途いただくことができます。こうした新しい介護ビジネスの形は、これからももっと増えていくことでしょう。

そして、民間企業による「居住型介護サービス」を選択する利用者がどんどん増えてきたことに刺激を受け、危機感を持った特別養護老人ホームなど従来型の施設もいま大きく変わりつつあります。新築の場合はもちろん、改修工事をして個室を増やし、食事の質やサービスなども「居住型介護サービス」に引けを取らないようなところも増えています。お互いの切磋琢磨がサービスの水準を引き上げていくよい例だと言えるでしょう。

こうして、もともと慈善事業から始まった社会福祉法人は、民間企業と同じ土俵でサービスを競い合うようになりました。そして、それとともに、「民間企業と同じことをやっていたら、自分たちが存在する意味がない。自分たちの原点である慈善の心、困っている人を助けたいという強い思いを、もう一度しっかりと持ちなおそう」という運動が社会福祉法人の中に起こりつつあります。これはとても重要なことだと思われます。

慈善の心を柱にした介護は一度行き詰まり、「介護事業を、慈善事業から、普通のビジネスに変えていきましょう」という介護保険制度の導入の大きなきっかけになりました。しかし、介護保険制度の導入で民間企業の介護サービスというよきライバルを得て、慈善の心はふたたび力を取り戻し、今度は、社会福祉法人のサービスを、民間企業のサービスとはひと味違った特徴のあるものにしていくためのカギとなっていくことでしょう。

13歳のあなたたちが介護の世界に羽ばたくとき、世の中が、「慈善」が大切だという流れの中にあるのか、「事業」として成立することが大切だという流れの中にあるのか、そのどちらに振れているかはわかりません。でもこの二つの考え方は、決してどちらかが正しいというものではないはずです。その両方の間を行ったり来たりしてバランスをとりながら、介護サービスの世界を正しく発展させていくものではないでしょうか。どうか、そのことを心の片隅にでも覚えていてください。

世の中の仕事は全て、お客様のニーズがあるから成り立っています。しかし、その仕事がなかったら、その仕事をしているあなたがいなければ、自分は健やかな毎日を送ることすらできないとい

うぐらいのお客様の切実なニーズをうけて働ける仕事は、世の中にそれほど多くないだろうと思います。お客様の生活全般にこれほどまで深く、そして長く関わる仕事はほかにはほとんどないと言ってよいでしょう。

　決して楽しいことばかりではありません。お客様と深くかかわって、お互いの心の底をぶつけ合えば合うほど、本気で腹の立つこともある仕事です。でもその分だけ、「ああ、この方は本当はこういうことが言いたかったんだ」とか、「自分をこういうふうに見てくれていたんだ」とか、気持ちが通ったときの喜びはひとしおで、きっと一生の宝物になります。そして、どうか信じてください。何年か経つと、腹の立ったことや苦しかったことはどんどん薄れていって、心の中にはそうした宝物がたくさん残るのです。

　人と深くかかわり合って傷つくことを恐れない勇敢な13歳、そしてその勇気のご褒美の宝物で心の中をいっぱいにしたい13歳は、将来ぜひこの介護という素晴らしい世界を引っ張っていってほしいと思います。そして、どうか忘れないでください。13歳のあなたたちも、必ず高齢者になり、今度はサービスを受ける側になります。介護を自分の仕事にすることに興味のない13歳も、その多くはいつかはこの世界との関わりを持つことになります。自分には関係のないことだと思わずに、まずは多くの13歳に興味を持ってもらえれば、これほどうれしいことはありません。

プロフィール
武田 雅弘

旧厚生省での医療・福祉政策立案の経験を経て、1999年よりベネッセコーポレーションにて介護事業の立ち上げに従事。現在、製薬企業にて医療・薬事政策対応を担当しつつ、ベネッセスタイルケアの非常勤取締役を兼務。

Essay｜訪問介護の現状

社会福祉士　小田知宏

訪問介護とは？

　訪問介護とは、高齢者や障がい者の自宅を訪問して、高齢者や障がい者が自分ではできない身の回りのお手伝いをする仕事です。一般的にホームヘルパーと呼ばれます。

　主な働き場所は、公立や民間の訪問介護事業所です。

　ホームヘルパーになるためには資格が必要です。代表的な資格であるホームヘルパー2級は、講習と実習を受けることで取得ができます。また、国家資格である介護福祉士は、専門の学校を卒業したり、ホームヘルパーとして3年以上の経験を重ねて国家試験に合格することで取得できます。これからは介護福祉士などの資格を持った、豊富な知識と経験のあるホームヘルパーが訪問介護の主流となると思われます。

施設介護との違い

　高齢になったり、心身に障害を持つと、自分や家族の力だけでは、自宅で生活することが難しくなってきます。そのような場合に高齢者や障がい者は、訪問介護などのサービスを活用して自宅で生活を続けるか、介護施設に移り住んで生活をするのかの選択をすることになります。

　自宅で生活を続ける高齢者や障がい者は、住み慣れた自宅や地域で、家族や友人に囲まれた今までと変わりない生活を望んでいる人が多いようです。そのため、訪問介護などのサービスを活用して、自分の力や家族の支えだけでは足りない部分を補っています。しかし、本人の状態が悪化したり、家族の介護する力が弱かったりすると、自宅での生活を断念して、介護施設に移り住まなければいけないケースもあります。

　介護施設に移り住んで生活をする高齢者や障がい者は、常に介護・看護職員に見守られた生活や、同じ施設で暮らす仲間達と会話の絶えない生活を望んでいる人が多いようです。人によっては、自宅で家族に介護してもらうことに心理的な負担を感じて、介護施設での生活を選ぶ人もいます。

　介護する私達は、自宅であろうが施設であろうが、高齢者や障がい者の気持ちを尊重して、気持ちに寄り添って介護をすること、そして少しでも自立した生活ができるようにお手伝いしていくことが大切です。

訪問介護の内容

　自宅で生活する高齢者や障がい者を支えるために、訪問介護では食事、排泄、入浴、着替えなどの身体介護や、調理、掃除、洗濯、買い物などの家事援助を行います。またそうした日中の支援のほかに、毎晩決まった時間に訪問して排泄介助などをするサービスや緊急の通報があったときに駆けつけるサービスもあります。

　サービス内容は、本人や家族との十分な話し合いをして、どんな支援を希望しているのかを聞き取り、支援する側ではどこまでできるのかを検討して決められます。本人の生活のリズムを大切にし、家族やほかの介護サービスとの連携を図って、計画に沿って必要な支援を行うようになります。

訪問介護はチームで行う

　一人の高齢者や障がい者を、一人のホームヘルパーだけで支えることはできません。決められた時間にホームヘルパーが来てくれないと、高齢者や障がい者は生活していくことができないため、例えば訪問する予定であったホームヘルパーが風邪を引いたからといって、誰も訪問しないというわけにはいかないのです。そのため、訪問介護は訪問介護事業所というチームを組んで、何名ものホームヘルパーが交代して訪問することになります。

訪問介護の料金の仕組み

　訪問介護は、高齢者や障がい者が人として人間らしい生活を送るために必要なサービスです。しかし現状において、訪問介護のサービスを提供するには、かなり高額な料金が必要となるために、その費用の一部は、国・市区町村あるいは公的保険でまかなわれています。利用者は基本として利用料金の1割を負担することになります。

訪問介護事業者の経営

　訪問介護を行う法人を訪問介護事業者と呼びます。定められた条件を満たした企業、NPO、社会福祉法人、医療法人などが、役所に届出をして指定を受けることで、訪問介護事業者となれます。訪問介護事業者は、赤字の事業者も多く、採算を取るのが難しいといわれています。その一因として、訪問介護事業は労働集約的であり、費用の大部分が人件費であることが挙げられます。ホームヘルパーが高齢者や障がい者の自宅から別の自宅へ移動する時間に無駄があったり、ホームヘルパー同士の情報共有が非効率的であることが、収益悪化に直結します。その一方、都市部を中心にホームヘルパーの人材不足は深刻といわれています。

訪問介護の給与の仕組み

　通常の仕事では、仕事を始めたばかりの新人よりも、何年も経験を重ねたベテランのほうが高い給与をもらいます。それは、新人よりも、ベテランのほうがより価値の高い仕事をするからです。新人が1時間かかる仕事を、ベテランが30分で仕上げることができたら、ベテランは倍の価値の仕事をすることができるといえます。ベテランの仕事の価値のほうが高いので、当然給与もベテランの方が高くなります。

　しかし、訪問介護はそのようにはなっていません。法律により、提供する時間やもらえる利用料金の上限が決まっています。そのために新人もベテランも、1時間のサービスには1時間かかります。またその結果、高齢者や障がい者がどんなに満足をしてくれても、もらえる利用料金はそれほど変わりません。訪問介護事業所がもらえる利用料金が変わらないということは、ホームヘルパーがもらえる給与も変わらないことになります。

ホームヘルパーの気持ち

　多くのホームヘルパーは、自分の仕事に誇りを持っています。ホームヘルパーの存在が高齢者や障がい者にとって大切だと信じて、毎日毎日頑張って仕事をしています。しかし、目の前の高齢者や障がい者のことに一生懸命なため、もっと訪問介護の業界を良くしようと思っていても、何をど

う変えていけばいいのかわからない状態です。
　また、仕事の重要性や大変さに給与が伴っていないと考えている人が多いようです。そのことがホームヘルパーの離職率を押し上げて、訪問介護事業の労働力不足の原因となっているといわれています。

市場の拡大
　これからの高齢者や障がい者は、「もっと自分らしい生活を送りたい」といままで以上に強く希望するようになるでしょう。例えば「毎日お風呂に入りたい」「スーパーに買い物に行きたい」「昔からの趣味を続けたい」など、自分ではやりたくてもできないことを、あきらめることなくやりたいと思うでしょう。さらに社会の高齢化がいっそう進み、訪問介護が必要な高齢者の人数はどんどん増えてきます。その結果、訪問介護の市場は大きく膨らむことになり、また求められるサービスの質も格段に高くなっていくと思います。

国の考え方
　国は国家予算という限られた財源の中で、社会がもっと豊かになるように、財源の使い道を決めます。介護にお金を使うか、医療や育児にお金を使うか、または道路や太陽光発電、国防にお金を使うかなど、国全体を見渡してもっとも効果の高い分野に財源を振り分けます。

道路建設の例
　道路建設には今までとても多くの財源がつぎ込まれてきましたが、それは道路建設に財源を回すことが、国全体を豊かにするために効果が高かったからです。道路を作る作業に直接携わる人たちの給与をまかなうだけではなく、建設機械やアスファルトなどを作る周辺産業への波及効果が期待できます。また道路が整備されることで物流の時間が短縮され、その地域の産業全体の効率化が図られます。さらには移動が便利になり、その地域で暮らす人々の生活が豊かで快適になります。このように、道路建設につぎ込まれた財源は、その何倍もの効果をもたらします。
　もっとも近年では、それらの効果が薄れてきており、また環境破壊などのマイナスの影響が注目され、以前のようには道路建設に財源が回されなくなっています。

訪問介護の場合
　訪問介護に大切な国の財源を投入するからには、他の産業よりも高い効果が期待されます。もし効果が低ければ、国の大切な財源が無駄遣いされることになり、国の豊かさや成長性が損なわれることになるからです。
　訪問介護に投入された財源が高い効果を生むことで、継続して十分な財源が振り分けられるでしょう。今後拡大する高齢者や障がい者のニーズに応えるためには、以下の通りAからEの5つの取り組みが大切だと考えています。

A．ホームヘルパーの労働生産性の向上
　どんな産業でも、より良い商品を少しでも安く提供できるようにも、会社は弛みない経営努力を

しています。回転寿司は、どんどんおいしく、どんどん安くなっています。薄型テレビは、どんどん薄く、どんどん安くなっています。訪問介護は、もっと高齢者や障がい者のニーズに応えられるようなサービスの提供を考えていかなければなりません。企業努力により無駄を省いたり、事務の効率化を図って、利用しやすい低料金でサービスを提供できるようにならなければなりません。

B.周辺産業の活用

　介護ベッドの機能が向上することで、ホームヘルパーがオムツ交換を短い時間で行うことができるようになりました。電動車イスが普及することで、ホームヘルパーの力を借りずに自分だけで外出できるようになった高齢者や障がい者がいます。このように、自宅で生活する高齢者や障がい者がより豊かな生活をするために、福祉用具の進歩が期待されます。介護ベッド、車イス、排泄補助器、見守りセンサーだけでなく、これからは介護ロボットや介護ペットなどが登場してくるでしょう。それによりホームヘルパーは人間にしかできないサービスに集中し、訪問介護はより価値の高いサービスに特化することが出来ます。また、事務作業を効率化するためにIT技術を活用したり、移動効率を高めるために輸送機器を活用することも大切になるでしょう。

C.訪問介護事業のグローバル競争力の確保

　訪問介護事業の経営には、高度なノウハウが必要です。高齢者や障がい者のニーズにきめ細やかに応えるためにはかなりの人手を掛けることになりますが、それでも利益を出す経営ノウハウは、経営努力の積み重ねによりはじめて実現されます。そうした訪問介護事業の高度の経営ノウハウは、今後訪問介護事業を拡大しようとする海外の国でも必要とされることでしょう。海外で日本のアニメが売れたり、海外で日本の企業が日本食のお店を出店するように、将来海外で日本の企業が訪問介護事業を展開できるよう、経営ノウハウを積み上げていかなければなりません。

D.家族の協力や地域との連携

　高齢者や障がい者が自宅で生活を続ける場合、以前は家族や地域が介護をしていました。しかし核家族化が進んだり、地域コミュニティが機能不全に陥ることによって、家族や地域の役割を訪問介護が担うようになりました。今後は、訪問介護が中心となって、家族や地域コミュニティの絆を再び取り戻すことができるのではなないでしょうか。ホームヘルパーが仲介となって、家族と家族を結びつけ、地域の人々を結びつけるのです。家族や地域コミュニティが本来の機能を取り戻せば、その協力を得た訪問介護は、より効率的になるでしょう。高齢者や障がい者も、家族や地域に囲まれて、いままで以上に幸せな自宅での生活を送ることができるようになるでしょう。

E.高齢者や障がい者が元気になる

　訪問介護は、高齢者や障がい者を元気にしなければいけません。高齢者が自立できるようになれば、訪問介護のサービスを受ける必要がなくなります。高齢者が元気になれば、病院で治療をうけることもなくなります。また、障がい者が仕事をすることができるようになれば、お金を稼ぎ、税金を払えるようになります。さらにはいままで介護をしていた家族が新たに働くことができるようになります。つまり、余計なお金を使う必要がなくなり、仕事をする人の数が増えることで社会は

豊かになります。

訪問介護業界がしなければいけないこと

　訪問介護は、まだ歴史が浅い業界です。介護保険が始まった年を訪問介護業界のスタートとすると、2000年が訪問介護の生まれた年です。これから私達がみんなで努力して、訪問介護業界を作っていくのです。

　ホームヘルパーは、家族の代わりではありません。プロとして、家族にはできない質の高いサービスを提供しなければいけません。高齢者や障がい者を元気にするという強い意識をもって、自立に導くための介護をしなければなりません。そのためには、もっと勉強が必要です。専門職として理論に基づいた介護が出来なければいけませんし、学問を追究して、介護学という自然科学にまで高めていくことも必要でしょう。さらに様々な実践を通して多くの経験を積み重ね、訪問介護の歴史を重ねていきます。その過程で、ホームヘルパーの誇りと職業倫理が醸成されていくでしょう。

　訪問介護事業者は経営努力を図ることで、高齢者や障がい者のより高い満足を実現するとともに、適正な利益を確保してホームヘルパーが安心して働ける雇用環境を作っていく必要があります。もっと質の高いサービスを、もっと安い利用料金で提供できるはずです。

高齢者や障がい者に素敵な笑顔を

　訪問介護の原点は、「高齢者や障がい者に幸せになって欲しい」という強い思いです。ホームヘルパーにとって、高齢者や障がい者の笑顔や感謝の言葉が一番うれしいものです。そして高齢者や障がい者が元気になったり、自立できるようになったときに、もっともやりがいを感じます。訪問介護に関わる全ての人は、社会が豊かになり幸せになることを心から望み、日々実践しています。

介護の仕事は面白い

　訪問介護は、一人ひとりにしっかりと時間をかけて、生活全般のサポートができる仕事です。高齢者や障がい者と心が通い合ったときには、とても大きな喜びを感じます。「ありがとう」と、言葉だけでなく、表情やしぐさや体の動きから、感謝の気持ちが伝わってくるのです。また、「昨日よりご飯が少し多く食べられた」など、元気になったり、自立に向かっていくことが実感できたときには、高齢者や障がい者とともに「やった〜！」という思いでいっぱいになります。毎日毎日、ささやかな事柄かもしれませんが、新たな喜びや感動を実感しながら仕事をすることができます。

優秀で情熱を持った人に、介護業界を目指してほしい

　高齢者や障がい者が安心して活き活きと生活できる豊かな社会を作るためには、もっと多くの人に介護業界を目指してもらうことが必要だと思います。どの業界でも同じことが言えますが、優秀で情熱を持った人材が今後の介護業界を支えていきます。高齢者や障がい者に幸せになってほしいと心から望む人や、努力を継続できる優秀な人には、ぜひ介護業界を目指してほしいと思います。新しい産業を作っていくんだ、日本の社会を豊かにしていくんだという気持ちが、今後の介護業界を引っ張っていくでしょう。

職業としての介護職

　介護の仕事は、ボランティアではありません。家族の介護とも違います。仕事であり、給与をもらうプロの職業です。そのためには、お客様である高齢者や障がい者に心から満足してもらえなければいけませんし、元気にしたり自立に導かなければなりません。それが質の高いサービスといえます。プロのスポーツ選手がお客様に感動を与えたり、お医者さんが患者を元気にすることと同じです。また、質の高いサービスをできるだけ安い利用料金でお客様に提供しなければなりません。そのためには、ホームヘルパーの一人ひとりが経営者の視点を持って、無駄を排除して、効率的な仕事をすることが必要です。

今、できること

　高齢や障害は特別なことではありません。自分の周りを見てください。すぐ隣には高齢者がいるでしょう、障がい者がいるでしょう。家族の中に祖父母がいたり、いつかは両親も高齢者になります。もしかしたらあなたが病気や事故で明日から障がい者になるかもしれません。

　介護の仕事も特別なことではありません。人の心の痛みに気づき、その人のために自分に何ができるかを必死に考え、そしてそれを実行することだと思います。

　ですから今の皆さんでもできることはたくさんあります。電車で座っていて、おなかに赤ちゃんのいる女性がいたら「どうぞ」と席を譲って下さい。重い荷物を持って階段を上っている人がいたら、「お持ちしましょうか」と手を差し伸べて下さい。目の不自由な人が立ち止まって困っている様子でいたら、「お手伝いできることはありませんか」と声を掛けて下さい。歩道の自転車が邪魔で通れない車イスの人がいたら、「自転車をどかしましょうか」といって道をあけてあげて下さい。ごみが落ちていたら拾ったり、社会のマナーを守ったりと、社会で暮らすみんなが気持ちよく暮らせるように考えて、実行して下さい。

　たとえ高齢や障害により日常生活に支障が生まれたとしても、今までどおり「普通に」生活したいという思いは変わらないはずです。世の中のみんなが安心して暮らせる社会を実現できるように、一緒に考え、一緒に行動していきましょう。

プロフィール
小田知宏

1973年愛知県生まれ。
高齢者の在宅介護・施設介護や、障がい者の在宅介護・児童デイサービス・就労支援・地域生活支援などに携わる。
odatomo@wit.ocn.ne.jp

```
dex 1 = tmp.indexOf(keyname,0);
(index != -1){
tmp = tmp.substring(index1,tmp.len
index 2 = tmp.indexOf("=", 0)+1;
index 3 = tmp.indexOf(";", index 2);
return(unescape(tmp.substring(in
```

```
turn("");
```

Special Chapter

05
IT

Essay | IT[Information Technology]
text by Ryu Murakami

　ITビジネスは、まるでかつての重工業と同じように雇用を創出すると期待されている。しかし、いまだ変化の途上にあるITビジネスの未来を、旧来の文脈から予測するのはむずかしい。

コンピュータの誕生
　現在のコンピュータの基本となるものは、1945年、ハンガリー出身のアメリカの数学者、ジョン・フォン・ノイマンによって提唱された。日本語では「電子計算機」と翻訳されていたが、その基本は「計算のための機械」だった。創生期の「電子計算機」は、オッペンハイマーらが行ったアメリカの国家プロジェクト「マンハッタン計画（原子爆弾開発）」において、核分裂反応の計算にも使われた。ENIACと呼ばれた世界最初の電子式コンピュータは、長さ約24メートル、高さ約2メートル、幅約1.5メートルという巨大なもので、2万本近い真空管が使われ、6000個のスイッチがあり、パーツと電源と冷却装置を合わせると30トン以上の重さがあった。しかも、プログラミングを変えるたびに、スイッチをセットし直し、ケーブルを差し替えなければならなかった。

ハードウェアとソフトウェア
　計算装置であるコンピュータは、「命令」のための「言語」を必要として、その言語のことをプログラムと呼ぶ。ENIACは、実際にスイッチを入れたり切ったりして、また回路の配線を差し替えることで、プログラムの変更をしていたが、フォン・ノイマンのグループは、プログラムをコンピュータの内部に組み込み、独立させることに成功した。複数のプログラムをデータとしてコンピュータ内部に「収納」しておいて、瞬時にそれらの切り替えができるようにした。コンピュータは、大きくハードウェアとソフトウェアに分かれるわけだが、フォン・ノイマンのグループによって、ソフトウェアという概念が生まれたことになる。ハードウェアとは、CPUという中央演算装置や、メモリなどのコンピュータ本体、それとディスプレーモニターやプリンタなどの出力装置・周辺機器を指す。ソフトウェアとは、もともとコンピュータを有効に動かすためのプログラムを意味していたが、現在では映像、画像や音楽ソフトなど多くの応用技術全体を指すようになった。シリコンの上に集積回路を焼きつける技術や、さまざまな「命令言語」の開発など、ハードウェア、ソフトウェアの両方が進化する中で、コンピュータは急速に小型軽量化し、最初の家庭用コンピュータは1975年に開発されている。

インターネットの登場

　だが、コンピュータが広く一般に普及するのは、90年代にインターネットが登場してからだ。もともとインターネットは、アメリカ国防総省が中心になって開発した軍事用通信技術だった。戦争でも破壊されにくい通信手段として、指令・管理中枢のないコンピュータネットワークが考案され、インターネットの原型が生まれた。やがて旧ソ連が崩壊し、東西冷戦が終結すると、軍事目的で開発された技術が民間に転用されるようになる。すでに大学や研究機関などで利用され始めていたインターネットは民間に開放された。格段に使いやすくなったパーソナルコンピュータが、インターネットによって、国境を越えて世界的に結ばれ、電子メールを送ったり、個人や企業や政府機関などのデータを閲覧できる環境が生まれた。パソコンさえあれば、個人が世界に向けて情報を発信できて、世界中から情報を入手できるようになったのである。この画期的なメディアは、爆発的に普及した。そういった状況で、IT（インフォメーション・テクノロジーの略）という言葉が登場する。情報通信に関する技術全般を指すものだが、コンピュータとインターネットを中心に、新しい技術が新しい産業と社会を生むのではないかという期待が込められた言葉だった。

ITの将来

　ITによって、電子メールやネットショッピングやインターネット金融取引など、さまざまな新しいサービスが生まれた。パソコンだけではなく、携帯電話はもちろん、カーナビやテレビなどの家電を情報端末としてとらえたビジネスも始まっている。これまでIT関係の仕事といえば、システムエンジニアなどの技術者を指すことが多かった。しかし、ITの世界では、その進歩が急激なために、今後どのようなビジネスが生まれ、どのように社会を変え、そこからまたどのような職業が生まれるのか、予測するのは非常にむずかしい。新しい技術があっという間に陳腐化し、ビジネスモデルが常に変化する。現在IT界を支配している巨大企業でも、10年後に生き残っているかどうかわからない。

written in 2003

Q&A｜ITの現状と可能性

伊藤穰一

●ITの仕事の未来像

Q： ITに関連する仕事について、13歳の子どもたちに、どう説明すればいいでしょうか？

伊藤：電気にたとえるとわかりやすいかもしれません。電気に関連する仕事には、電力会社とか家電メーカーがあります。電気エネルギーや電気製品を使って仕事をする人もたくさんいます。たとえばデザイナーやミュージシャンも、照明器具や電気楽器を使います。そうやってできた作品を売るのが仕事という人もいる。そうやって、電気を供給したり、電気製品を作ったり、その製品を使って仕事をしたり作品を作ったり、できた作品を売ったり、いろいろな職種の人がいるわけですが、それらをひっくるめて、電気に関連する仕事、とはいわないですよね。それなのに、ITの場合、それらを全部ひっくるめて、IT関連の仕事、になっている気がします。しかし、そういった状況は、今の13歳が大人になるまでには相当変わっていると思います。世の中のほとんどの職業で、ITが使われるようになるだろうから、ある種の勉強はしなければならない。ただいわゆるIT屋さんの仕事は、マニアックで地味な仕事になっていくと思います。

Q： IT屋さんっていうと、SE[※1]や、プログラマー[※2]のことですか。

伊藤：SEとかプログラマーはその代表かもしれないですね。たとえば、折り込み広告会社がオリコムという広告代理店になったり、鉱山会社が日立製作所になっていったように、IT企業といわれているものが、違う方向に向かう可能性があります。たとえば、今、インターネット用電話回線をほとんど独占している電話会社は、ただの土管屋さんになるかもしれない。今、

※1：SE（システム・エンジニア）
　　ユーザーの要望に応じてコンピュータシステムを設計し、仕様書にまとめるのが仕事だが、その関わる分野や仕事内容は顧客の業務や要求によっても変わってくる。企業などの組織が新たにシステムを導入しようとする場合、通常は営業職がその仕事を受注し、SEが設計し、それに基づいてプログラマーが作成していくのが基本となる。だがたとえば営業職が技術的な問題に対応できなければ、直接顧客とやりとりをすることになるし、逆に客に提案をするような場合もある。また開発チームのリーダーとして、プログラマーなどほかのスタッフをマネジメントしなければならないこともある。コンピュータやその周辺機器について詳しいのはもちろんだが、事務や経営を含めて、客の求めに応じることができるだけの一定の知識が必要になる。SEには、ユーザー側の企業などにいてコンピュータ技術を学んでなる場合と、プログラマーなどコンピュータの専門技術者が実績を積んでなる場合がある。特に必要な資格はないが、経済産業省の実施する情報処理技術者試験1級取得などは、SEとしての能力を見る目安のひとつにはなる。

※2：プログラマー
　　コンピュータが情報を処理する手順は、C言語やJAVA、Basicといったプログラム言語と呼ばれる専門の言語によって書き込まれる。プログラマーはSEがつくった設計仕様書に応じて、プログラム言語を使ってプログラムを作成していく。ひとつのシステムを構築するためには膨大な数のプログラマーが関わることもある。プログラマーになるために特に必要な資格や条件はない。専門学校などでコンピュータについて勉強をしてから進む人も多いが、必須知識であるプログラム言語の習得を含めて、企業内である程度の訓練を受けることでも十分対応できるようになる。ある程度経験を積むとともに、たとえば客の業務などにも詳しくなることで、SEにステップアップすることが可能になる。

NTT（※3）が持っているもので重要なのは、実は、電信柱と土管だけなんです。だから10年後には、NTTは電信柱と土管の会社になっている、とかね。SEは、たとえば道路に立っている標識とか看板を描く人、みたいになっていくかもしれません。標識でも、看板でも、今はどんどん自動化されて、実際に標識を作ったり看板を書いたりする仕事はあまり必要なくなっているでしょう？

　いまだに油絵や彫刻は作られていますが、芸術家のような仕事は、1000年単位で変わらない。でも、ITは毎年変わっていく。たとえば、ホームページをつくる巨大なシステムに、コンテンツ・マネジメント・システム（※4）というのがある。それは何千万、何億とかけて、何十人のSEでやっていたものなんだけど、同じことが、ウェブログ（※5）のソフトで、簡単にできるようになる。そうすると、SEという業種、それを抱える業界が、丸ごと吹っ飛んで、消えてなくなるかもしれない。新しい技術が出てくると、何万人という単位で雇用が消える、ITというのは、そんなことが実際に起こる業界なんです。

※3：**NTT**
　　日本電信電話株式会社。1985年、それまで日本の電話網を独占していた旧日本電信電話公社が民営化されて設立。その後再編され、持ち株会社のもと、東西のNTT、NTTドコモ、NTTコミュニケーションズなどに分割された。現在も日本で唯一全国の電話網を保有している。

※4：**コンテンツ・マネジメント・システム**
　　テキストや画像、音声などで表現された情報のことをコンテンツという。たとえばホームページを作成するためにはこうしたコンテンツが不可欠だが、コンテンツ・マネジメント・システムは、コンテンツの収集、作成、管理、配信などを一貫してサポートするためのシステムで、主として大手IT企業が提供している。

※5：**ウェブログ**
　　ウェブページの形式のひとつで、個人の意見などを発表しあうのに適している。見た目はいわゆるテキスト系サイトに近いが、ウェブログのシステムを使うことにより、編集などの作業の多くが自動化され、操作が容易になる。アメリカでは個人が発信するジャーナリスティックなサイトが急増、コミュニティー形成の手段としても注目されている。

●テレビを見る人、作る人、分解する人

Q： コンピュータやITを説明するときに、ハードウェア[※6]と、ソフトウェア[※7]に分けることが多いんですが、そういったことにも変化は起こるでしょうか？

伊藤：ハードウェアとソフトウェアも混ざってきています。僕は、後数年で、家電がインターネットのメインのインターフェイス[※8]になっていくと思います。ゲーム機や携帯電話、テレビ、デジカメがネットのツールになって、パソコンを使うのは、本当に必要とする人、本当にやりたい人だけになるでしょう。たとえば電気でいうと、家電を作っているメーカーは、ITに置き換えると、ハードやソフトを作っている会社や人ということになる。その家電製品を使って音楽を作っている人が、コンピュータを使いこなして仕事をしている人。その音楽を聴くのが消費者ということになるんだけど、僕は、さらに、音楽を作る人と、消費者というのも、しだいに境界が曖昧になっていくと思う。

　ただ、コアなIT業界は、そういった一般的なメーカーやユーザーから離れたところに、マニアックな形で残る。テレビにたとえると、テレビをバラバラに分解して、部品をいじったり、もう一度組み立てたりするのが好きな人って、数は相当少ないだろうけど、今だっているでしょう？　それで、テレビの番組を企画したり制作したりする人は、テレビを分解する人より多い。テレビを見る人は、分解する人より、番組を作る人よりもっと多い。それと同じで、コンピュータをいじるのが好きな人は、ハードやソフトを勉強して、コアなIT業界へ進めばいいけど、テレビを見るのが好きだというような人、つまりインターネットを楽しみたいという人は、コンピュータのハードやソフトを作る必要はない。そして、テレビにたとえると、テレビの番組を企画・制作したいというような人、つまりITを使ってクリエイティブな仕事をしたい人や、それとメディア関係の人は、ITのユーザーとしてプロにならなければいけない。いろいろと新しく次々に出てくるコンピュータやインターネットのツールを使いこなせるようになるための勉強をする必要がある。

※6：**ハードウェア**
キーボードやディスプレイ画面、プリンターなど、コンピュータ本体や周辺機器、関連機器のこと。これらを開発しているのはコンピュータメーカーをはじめ、半導体、家電、光学機械、精密機械などのメーカーが中心。携帯電話やデジカメなど、新しい製品が開発されるのとともに、ハードウェアの意味する範囲も広がる。今後の主戦場は、コンピュータと家電が融合した情報家電の分野ともいわれている。

※7：**ソフトウェア**
コンピュータを有効に動かすための手法、技術などの総称。プログラムはソフトウェアのひとつだが、プログラムそのものを指してソフトウェアということもある。産業としてソフトウェアを見ると、ハードウェアに比べて設備投資を必要とせず、その代わり人的資源に頼る部分が大きい。またソフトウェア産業は、主として一般ユーザーに向けた開発製造型のソフトウェアと、主として個々の企業を対象にした受注型のソフトウェアに大別される。アメリカでは前者が、日本では後者が主流だといわれ、受注型ソフトウェア開発の場合はサービス業的側面が強くなる。

※8：**インターフェイス**
異なる性質のものを結びつけることやその境界線という意味。ITの世界で使われるときには、異なる装置どうしを接続するための仲介の装置、特にコンピュータと人間との接点となる装置のことを指す。

●ウェブデザイナー不要の時代

Q： 今、インターネットビジネス^(※9)と呼ばれているのは、おもに、**酒屋がインターネットでワインを売る、みたいなことです**。そして、そのためのホームページのデザインや、決済システムのプログラミングを行うSEやウェブデザイナー^(※10)が代表的な職種になっています。インターネットビジネスも、これから変わっていきますか？

伊藤：酒屋がワインをインターネットで売るような場合ですが、今でも、楽天^(※11)などを利用すれば、登録するだけでいいので、エンジニアは要らないんですよ。村上さんは、自分が作った本を1冊ずつ本屋さんに届けるということはしないでしょう。それと同じで、インターネットビジネスというのは、まだ宅配便がないころの物流のようなものだと考えればいいんです。列車やトラックや車を持っている会社や人が、荷物を預かって、1個いくらで、届けていたわけですが、宅配便ができると、そんな業種は不要になるでしょう。

Q： 一般的な紙媒体のデザイナーはインターネットのHTML^(※12)が書けないという状況では、ウェブデザイナーが特別の職業として成り立つ。でも、誰にでもウェブデザインができるようになると、専門的な知識や技術が不要になり、単にデザインの才能があるかないかという問題になると、そういうことですか？

伊藤：ウェブログというソフトを使えば、HTMLなんて使わずにホームページのデザインができるようになります。今後、インターネットに関わる職業は、テンプレート^(※13)を作って客を囲い

※9：**インターネットビジネス**
きちんとした定義は確立されていないが、インターネットを用いることにより、時間や場所、コストを効率化して商品やサービスを提供するビジネス全般を指す。インターネットを通じてさまざまなモノを販売する事業をはじめ、金融、レジャー、各種のコンテンツ産業からオークションやメールマガジンの発行まで、さまざまな分野に及ぶ。かつてはインターネットビジネス自体がひとつの産業としてくくられることもあったが、ビジネスの1つの形態として定着しつつある。多くの分野では参入が容易になったぶん、競争は激しくなっている。

※10：**ウェブデザイナー**
顧客の求めに応じて、そのイメージ通りにホームページをデザインする。文字や写真、イラストなど、基本となる素材は紙媒体の場合と同じだが、各種のソフトを使いこなせることとともに、利用者がアクセスしやすい工夫や、データ容量があまり重くならないようにする技術などが求められる。ただしソフトの普及で一般の人も簡単にデザインができるようになるにつれ、より高度なデザイン力と技術力が求められるようになってきた。

※11：**楽天**
楽天市場。97年にスタートしたインターネットモール（インターネット上に設置された仮想の商店街）。次々と専門店街を立ち上げるなどして人気を集め、日本では最大の出店数、来客数を誇る。

※12：**HTML**
ネットワーク上にあるさまざまな情報を、誰もがアクセスできるように公開したシステムにワールド・ワイド・ウェブ（WWW）がある。HTMLは、このWWWで扱われる情報を表現するための一種の言語のようなもの。文字だけでなく、音声や画像を組み込むことができるとともに、ほかの情報へのリンクが容易なため、インターネットの普及とともに広まった。

※13：**テンプレート**
アプリケーションソフトに付属するサンプル文書のこと。文書の種類に応じた形式でつくられており、文書作成に適用できる。

込む方向に行くとか、ブラウザ(※14)のデザインだけを考えるとか、いくつかのパターンに分かれていく。ただし、ブラウザのデザインだけを考える仕事といっても、ブラウザの色合いをどうするか、文字フォント(※15)をどうするか、みたいなことは、HTMLを知らない一般の紙媒体のグラフィックデザイナーでも簡単にできるようになります。

Q： ホームページ制作会社(※16)も要らなくなるのでしょうか？

伊藤：アマゾン(※17)のシステムを立ち上げるときのように、巨大なシステムを作る、ホームページを何万ページも作るというときには、必要といえば必要だけど、ただし、その仕事というのは、テンプレートをデザインする人と、ホームページの文章を書く人、1日に何百万件もあるアクセスを管理する人と、おおまかに、3つぐらいに分けられる。それらの仕事を分散させて、別個にアウトソーシング（外注）するか、自分のところでやってしまえば、制作会社に頼む必要はなくなるでしょう。

●植え過ぎた杉の木とSE

Q： 今、SEになろうかなと考えている13歳に、何かアドバイスがありますか？

伊藤：プログラム技術に興味があるんだったら、勉強すべきだけど、SEというのは、電卓が普及する以前の、そろばんのプロ、みたいなものです。ソフトが一変すると、それ以前のプログラム技術はゴミと化す、みたいなことがよく起こります。

　　　プログラムが書けるというのは、体力とか、腕力に似ています。ほかには何もできなくても、プログラムさえ書ければ、とりあえず今は仕事はあります。しかし、今でもすでに、ほとんどのSEの仕事というのは、一日中同じ形に積み木を積み重ねているような単純労働です。もちろんそれとは別に、天才的なSEもいるわけですが、それは体力、腕力でいえばオリンピック選手になるのと同じぐらいの才能と力が必要なんです。

※14：ブラウザ
「インターネット・エクスプローラー」のような、WWWなどのサイトを閲覧、利用するためのソフトウェア。

※15：文字フォント
ディスプレイ画面上における明朝体、ゴシック体といったような文字の書体。

※16：ホームページ制作会社
ホームページのデザインからはじまり、制作全般、運営、管理などを行う。発注先の多くは企業であり、ビジネスのためにホームページを公開する。制作会社はこうした顧客のニーズに合ったホームページを制作する必要がある。制作会社には、デザインや広告、印刷、コンピュータシステムなど、もともとほかの事業をしていてこの分野に進出したところと、ウェブだけを専門に生まれたところがある。前者の場合はコンテンツ制作や広告、社内システムの構築など、本来の事業と関連する分野で強みを見せることも多い。後者の場合も、ほんの数人で地域に根ざした活動をしているところから、企業のプロモーションやシステム構築などにもトータルに関わっていくところまで、さまざまな制作会社がある。

※17：アマゾン
アマゾンドットコム。95年、アメリカ・シアトルでスタートしたオンライン書店。その後は書籍以外の商品も取り扱うようになり成長した。世界最大のデータベースを持つ。2000年アマゾンジャパンもオープン。

Q: 日本政府は、かつてITで数十万人の雇用を創出するなんて言っていましたが、そんなことが可能なんですか？

伊藤：たとえばSEという職業ですが、新しい技術が次々と生まれて、ソフトも変化していくなかで、わずかな例外を除いて、最終的に不要になるかもしれません。それがわかっていながら、SEをどんどん育てている、というようなところがあります。昔、林業の国家プロジェクトとして、杉の木をたくさん植えたのと似ているんじゃないかな。あのころ植えられた杉の木は、間伐や雑草取りなど、手入れが大変で、結局、切って売ってもコストに合わないから、今も大量に残っていて、密集しすぎて山林がダメになるのではないかと危惧されています。ITも、労働コストの面で、中国やインドに、もうかなわないわけです。だから、SEのような単純労働ではなく、本当はもっとクリエイティブな部分に、子どもや若者の興味を向けるようにしないといけないと思います。

●ITはバリアを乗り越える

Q: 結局、ITが普及すればするほど、ITに詳しい人より、もっと一般的に、創造性や独創性のある人や、コミュニケーションスキルのある人のほうが、有利になっていくということですか？

伊藤：最初にいったように、これからの社会では、どんな職業や仕事にも、より深くITが関わるようになります。だから、勉強はしなければならない。ただ、その勉強というのは、まずコンピュータに接触することから始まるとしても、たとえば外国人とインターネットで友だちになれるとか、チャット[※18]やネットコミュニティーに入ることで、何が自分に向いているか、どうすれば自信が生まれるのか考えるとか、そういうことだと思う。

　このエピソードは、いろいろなところで報道されたけど、サラム・パックスという20代の建築家がバグダッドにいて、彼は戦争の前からウェブログをやっていて、インターネットでレポートを発信していました。戦争が近づくと、しだいにレポートの内容がシリアスになってきて、世界中の人がそれを読むようになった。戦争中に電源や回線が落ちて、ネットで友だちになったイスラエルの女の子に、ディスクを送って、アップしてもらうようなこともあったけど、結局イギリスの新聞社が彼をコラムニストとして雇い、今では連載を持っている。彼が成功したのは、ひとつは英語ができたこと。インターネットを使って自分の声を伝えようとしたこと、その内容が面白かったこと、などいくつかの理由が考えられます。それで彼は数カ月で世界的なコラムニストになっていった。僕は、結局ITというのは、言葉のバリア（障壁）、国境のバリア、階級のバリア、文化のバリア、民族や宗教のバリアなど、さまざま

※18：チャット
コンピュータネットワークを通じて、リアルタイムに文字ベースの会話を行うシステム。1対1で行うものや、同時に多人数が参加して行うものがある。パソコン通信サービスの機能の一つとして提供されてきたが、現在ではIRC（Internet Relay Chat）などのようにインターネットを通じて利用できるものもある。また、なかにはビデオや音声でチャットができるサービスもある。

なバリアを乗り越えていく手段だと思っています。

written in 2003

プロフィール
伊藤 穰一（いとう じょういち）

1966年生まれ。クリエイティブコモンズCEO、株式会社デジタルガレージ共同創業者兼取締役。他幾つかの企業の経営に携わる。日本におけるインターネット分野の指導的なビジョナリストで起業家。頻繁に政府顧問をつとめており、長期にわたるインターネット分野への貢献により、郵政大臣賞を受賞。米タイム誌において「サイバー・エリート」、米ビジネス・ウィーク誌において「日本のネット・ビルダー」。また技術分野において世界でもっとも影響力のある50人のうちの1人として紹介される。著書に『「個」を見つめるダイアローグ』（村上龍と共著・ダイヤモンド社）他。

座談会 | Google×村上龍

佐藤陽一　ストラテジックパートナーディベロップメントマネージャー
及川卓也　シニアプロダクトマネージャー
原田昌紀　ソフトウェア　エンジニア

全員がミニCEO

村上：『13歳のハローワーク』の改訂版を作っているんですよ。既刊の発売が2003年の11月なのでインターネットのところとか古くなっていてですね、その時は伊藤穰一と、オイシックスの高島さんに話を聞いているんです。伊藤穰一が当時こういう風になっていくんじゃないのかなって言ってた事がほとんどその通りになっていて、そのインタビューは面白いのでそのまま残そうと思っているんですが、今回はインターネットっていうことに関してはGoogleにしぼろうかと思っていて、そもそもインターネットビジネスっていう言葉が死語ですもんね。だからインターネットを使ってものを売る、Amazonとか楽天とか、それはもうそれで普通の小売や流通がインターネットを利用しているということで、もうそういうのってインターネットビジネスの範疇じゃない気がするんですよ。インターネットっていうことで事業を起こしているという意味では、とにかくGoogleが、個人的にはGoogleの壮大といえば壮大で、ばかばかしいといえばばかばかしいというような、理念が好きなんですよね。物を書く人にはGoogleってあんまりいい印象がないみたいですけど、僕は好きなんですよ。あんまりでかい声で言えないんですけどね。他のビジネスでもそうだけど、最初からインターネット技術を利用してお金儲けをしようと思っているところは、逆に残ってないんですよね。壮大な夢に向かって、インターネットという強力なツールを使ってやっていくんだっていう時に、大きなビジネスが発生するという流れなので、僕はインターネット＝Googleのような捉え方をしているんです。それで、ただその、Googleっていう名前は中学生もみんな知っていると思うんですけど、いったい何のビジネスをしているのか、何をしようとしているのか、そのためにどういう社員というか、スタッフがいるのかということをまず整理しておこうかなと思います。

今Googleの社員の方達はどういった区分けなんですか？

及川：日本だけでなく、全社で見た場合、半分がソフトエンジニアです。

村上：もっともGoogleらしいスタッフってエンジニアですよね？

及川：そう言われていますね。

村上：及川さんもそうですか？

及川：いえ、原田がエンジニアで、エンジニア以外に、彼のようなエンジニアと一緒に働く、私みたいなプロダクトマネージャーがいます。プロダクトマネージャーって、普通の会社だったらエンジニアの区分に入れてしまうかもしれないんですが、コードは書かないかわりに、製品を世の中に出すために、エンジニアなどを支える役割を担っています。ですから全体のプロジェクトのコーディネートをしたりですとか、あとはどういった製品を出したらユーザーさんに喜んで頂けるだとか、あとはもう少し先にこんなものを作りたいと考えて、エンジニアに相談してコードにしてもらったりだとか。最終的に世の中に出る時には社内でいくつかのプ

ロセスが必要になりますから、それに乗せるのもプロダクトマネージャーの役割になります。

村上：ブランドデザイン、プロデューサー、管理職ですよね。

及川：偉そうな言い方をすると、ミニCEOという言い方をさせて頂いていて、一個一個の製品部隊は非常に小さいんですね、そこのところが一つの有機体として独立して動けるようになっていますので、そこでCEOって必ずしも偉いわけではないんですが、まあCEOのようにして、全員がそこの責任者のつもりで動けというようには言われています。

村上：及川さんみたいな立場の方は、結局、エンジニアとあるいはシステムのこと分かってないとできないですもんね？

及川：そうですね。どういう人がこのポジションで採用されますというのがあるんですが、そこにはコンピュータサイエンスの学位をもっているか、もしくはそれと同等の経験があることと書かれています。ソフトウェア開発経験がないと、なれないポジションです。

村上：アメリカのGoogle本社でも入りたい人はいっぱいいるわけですが、エンジニアで。ほとんど、東大法学部みたいな感じで、がさーって一番優秀な学校の人たちをもっていくんでしょ？

及川：学校でどこというのは無いですし、色々なバックグラウンドのかたを採用したいと思っています。結果としてこれまで優秀な人がいるのは本当に嬉しいことですね。

村上：アメリカでも結局Googleが一番給料がいいとか、将来性があるとかではなくて、なんかGoogleがやっていることにある程度シンパシーを感じてやってくる人が多いんじゃないですか？

原田：そうですね。エンジニアの自由度はわりと大きい会社かなと思います。エンジニアが自分でこういうもの作りたいって言って勝手に作りはじめて、そのまま外に出るというケースも割とあります。他の会社とかだと、企画の人が考えて、別の誰かが設計をして、コーディングするのはまた別の人というのが多いんですけど、Googleの場合はアイデアを思いついてから開発までエンジニアがやるのもよくあるパターンですね。

スキルの高い人が面白がるもの

村上：僕はエンジニアにあんまり詳しくないからよく分からないんですけど、新しい企画っていうのは、プログラミングと、それで何をするかっていうのが一緒になって提出するんですか？

原田：Googleがやっているようなものの場合、取りあえず試しにデモを作ってみて、それで使い物になるかどうか判別するっていうのが多いですね。

及川：色々なパターンがありますね。例えばエンジニア主導でいった場合には、今おっしゃったように2ついっぺんに出来るんですね。彼らは、こんなのがいいと思ったら、すぐに手が動いてコードを書いてしまうので、こんなのっていった時には、優秀なエンジニアの場合には、ほとんど製品に近いものができちゃっているケースもあります。一方、我々のようなプロダクトマネージャーの場合には、できてもモックアップっていう、いわゆるハリボテだけをまず作るケースが多いです。どのように動くかの雰囲気はつかめるけれど、まだ機能的には穴だらけのデモだったり、もしくは画面デザインだけだったりするものができて、エンジニアにこんなの作れない？　って言って、意気投合したらそれを作ってもらったりする。

原田：ハードウェア系の会社とかだと最初の設計とかすごい時間をかけてこれで行くって決めて作り始めないといけないと思うんですけど、ソフトウェアの世界は1日2日で取りあえず動くも

のができたりすることもあるので。
村上：それは製品と呼ばれているんですか？
及川：製品の前の段階。
原田：前の段階、デモレベルなんですけど、取りあえず何かを作ってみて、使えるかどうか判別する方が、企画段階で議論するより早いことが多いです。
及川：普通のソフトウェア、まあ、ハードウェアもそうなんですけど、正統的なプロジェクトでは、まず企画があり、企画会議で企画が通ったら、次の段階でそれをどういう風に作るかって細かいデザインが決まり、実際に開発を始めて、最後には品質管理を行ってというのが、一般的な流れなんですが、Googleの場合は最初の方がすごく凝縮されてるんですね。最初の工程も3つくらいが1個になって、下手すると1週間とかで動いてしまう。実際に動くものがない段階で考えてばかりいても仕方ないから、すぐに次の段階にうつる。
村上：車とかと違いますからね。環境用の例えば燃料電池車の開発だと助走期間がすっごい長くて、電池が小さくなったからデザインも変えたとかいって、やるわけですけど、それとは大きく違いますよね。
及川：それができるのは、Googleが持つ開発のインフラストラクチャ、基盤にあります。インフラと言った場合、Googleに集まっている優秀な人材というのもあるのですが、世界各地のデータセンターに分散されている膨大な数のマシン、これもGoogleが誇るインフラストラクチャになります。このインフラは、全世界的に見ても、同じようなものを持っているところはほとんどありません。どこの学術機関に行ってもまずこんなものはないですから、ほかだとやりたいと思っても、リソースがなくてできないことが、Googleのエンジニアはこの膨大なマシンリソースを駆使していろいろなことができますから、簡単なアイデアを一気に計算させて、普通の会社や組織では下手すると数年かかってしまうようなことがわずか数日でできたりするわけです。

壮大な大目標を共有する

村上：昨今問題になった、色々な作家のアーカイブを作る、一部を紹介するっていうことになったとき、アメリカで裁判になったりしましたよね。ああいうことは著作権を持ってる作家からみると、文句言いますけど、あれを他がやろうと思うと無理なんじゃないですか？
及川：無理じゃないと思いますけど、現実問題、どこができるんだろう？　とは思います。
村上：そうですよね
佐藤：ご存じの通りGoogleブックサーチのプロジェクト自体はそこでお金を稼ぐという評価軸が社内に全くない。こういうプロジェクトは、収益を上げなくてもいいというようなダイナミズムで動ける会社じゃないと、継続ができないですね。ある程度継続してスケールメリットが出て来ないと、ユーザーの役に立たないという世界なので、そこまで我慢、我慢というか面白がってできちゃうっていう文化が一番大きな差かもしれないです。
村上：そうでしょうね。こうするとこれだけお金儲けできそうだからやりましょうっていうスタートラインじゃないですもんね。もう全ての情報をアーカイブ化するんだっていう壮大な大目標の、要するにそこに理念が収斂しているから、まずそういったことをみんなが共有するのが早いですよね。
及川：そうですね。だから我々のミッションというのは非常にシンプルなんですけれど、結構魅力

で、社員はなんらかの形でこのミッションに寄与する形で動けるんですね。ですからGoogleにエンジニアとかプロダクトマネージャーとか他の社員が集まってくるのは、やはりあのミッションのもとに良い方向に世界を変えられるんじゃないかと、みんなが思っているからだと思うんです。自分のやっていることが世界中の人々に見てもらえる、そしてポジティブなインパクトを与えることができるというのは本当に大きいと思います。

村上：僕は壮大な大目標、理念というかGoogle的にはミッションという言い方されますけど、いつも思い出すのはタイムカプセルなんです。ある街で、よくアメリカ人が好きでタイムカプセルに色々なものをいれて埋めますよね。あれは物理的にああいうボックスがなくてもいいわけですからね。全世界的なタイムカプセルなんか無理なわけだから、それをバーチャル、デジタルな信号でどこかにガッと溜め込むっていうのは、それがベースに1個あって、しかもそれも長年やってきたんで、ノウハウだろうが理念だろうができているわけですよね。そこで例えばエンジニアが提案すると、その歴史と膨大なデータと理念に照らし合わせて、もう認可が下りるのも早いだろうし、それがどういう風に作用するか判断するのも早いだろうし、有利ですよね。ずっとやってきたから。

及川：まあ、そうですね。さっき言ったインフラに含まれる話だと思うんですけど、確かにその通りだと思います。

村上：そういった中で、エンジニアとしてやっていくときに、一番大切にされる、というか問われるものってどういうことなんですかね？

原田：問われること……なんでしょう……。

及川：スピードじゃない？

原田：スピードは、割と大事ですね。インターネット業界はGoogleに限らずどこでもそうだと思うんですけど、アイデアを思いつく人はいっぱいいても、早い者勝ちというか、最初に実装したところが勝つことが多いので。

Googleで働くために必要なこと

村上：原田さん、頭をですねGoogleの社内ではなくて、もっと広くとってもらって、例えばGoogleの中で何が問われるかというよりも、例えば Googleに入れるとか、新しくGoogleに入るとかいう時に、あるいはGoogleで働くために、大学生の時にどういうことが必要かなと思うんですが。

原田：一番身も蓋もない答えがプログラミングの能力、ですね。 日本でプロとしてやっている職業プログラマでもあまり大学でも勉強していない、コンピュータサイエンスを取っていない人が多いですね。たぶん半分くらい文系卒。実際募集している企業も未経験者歓迎とかそういうところが多いですね。敷居が低いのはいい面もあるとは思うんですけど、アメリカとかインドとかだったらコンピュータサイエンスは絶対に勉強している人か、既に成果を出している人じゃないと取らない。というのが普通ですね。

村上：Googleで未経験者歓迎ってありえないですもんね。

原田：エンジニアではちょっと難しいですね。エンジニアに関して新卒は採っているんですが、ただそれはコンピュータ関係に関して言えばプロじゃなくてもアマチュアでも日曜日にプログラミングする人はたくさんいるので、そういう人だったら全然問題ないし、そういった場合

はコンピュータサイエンス専攻でない人もいます。

及川：即戦力、準即戦力であればということですね。

原田：実際、実力は新卒でも中途でもほとんど変わらないですね。プログラミングの能力に関しては。

村上：Googleが採るようなエンジニアと、規模としては決して大きくない会社に入って、ある企業のネット販売のシステム組むようなエンジニアと、どこが一番違うんですか？

及川：熱意を持って仕事ができるのであれば、どちらも変わらないと思います。ただ、自分のやっていることがどのように成果物に反映されるのか、また、開発の過程の重要な意思決定に自分も参加できるかというのはエンジニアのモチベーションに大きく影響するかと思います。Googleの場合、プロダクトマネージャーとエンジニアで意気投合してアイデアを出し合って、すごい勢いで製品レベルのものまで作ってしまうということができますが、同じようなことができるのであれば、どのような環境でも変わらないと思います。

佐藤：及川が必ず「プロダクトマネージャーとエンジニアで意気投合して」って言うのがGoogleの面白いところで、プロダクトマネージャーの立場からエンジニアにこれをやってねっていう命令はできないわけなんですよ。エンジニアにアイデアを面白いと思ってもらうことが彼の仕事のかなりの部分を占めていて、エンジニアは誰かにこれをやりなさいと言われてやるっていうベクトルはほとんどGoogleの中にはないんです。

及川：さっきCEOみたいだってお話ししたのですが、全然偉くないCEOなんです。どっちかっていうと、どっか行ったらお土産買ってきて、渡して、次も頑張ろうねっていう感じなんです（笑）。

村上：じゃあエンジニアがモチベーションを刺激されるようなアイデアを出さなければいけないってことですか。

及川：それは正しい事も多いんですが、やはり技術的にスキルの高い人がどこか面白いと思わない限りそのアイデアって大体失敗する可能性が高いんですね。

村上：作る人がこれ面白いと思わない限り。

及川：逆に言うと、Googleの中のエンジニアっていうのは無機質なコード書いているだけではなく、そういったアイデアみたいなものがみんなあるので、エンジニアが面白いと思わない限り失敗する製品なんですよ。

原田：Googleはユーザーを大事にすると言われてますが、一方で取りあえず思いついて、技術的に面白いから、技術的に可能だからやるっていうのもいっぱいあると思うんですね。そういう方がいい面もあって、他社が簡単にコピーできるようなものは結局出してもうまくいかないので、技術的にチャレンジングでGoogleじゃなきゃできないものが大事かなと思います。

村上：みんなそう思っているんでしょうね、きっとね。

原田：そうですね、やっぱり自分からすごいもの作って、同僚からすごいって言われたくてやっているようなところがありますね。そういうタイプの人が一番向いているかなと思います。

積み重なるコミュニケーション

及川：グーグリー（Googly）っていう言葉があるんですね。「Googleらしい」っていう社内の俗語なんですが。なんか作っている時に、グーグリーかどうかっていうのをみんな一番みるんですよ。例えば他社さんが先にあるものをつくりましたというのがあったとしても、Googleのエ

ンジニアだったら後から参入したとしてもすぐに同じものが作れるわけですよ。でもそれ、Googleのコアユーザーが見た時にどう思うだろうと。ユーザーがのぞむようなサムシングディファレントがないとダメだよねって、大体社内で没になるんですよね。グーグリーかどうか、必ず気にするんですね。

村上：それはもう、短いかもしれないけど歴史ですよね。

及川：DNAみたいなもんですよね。

村上：企業文化ですよね。それってどうやって培われてきたんですか？

及川：口で伝わって行くのかなと。私が会社に入ったばかりの時に、ホームページのデザインチェンジをしていたんですが、それを検討するミーティングの途中で誰かがグーグリーじゃないよねと言ったりして、もしくはグーグリーっていう言葉出さなくても、ちょっとこれGoogleらしくない、もう一回考え直した方がいいよって誰かが必ず言ってくる、と。若い会社なので、10年前の先輩なんかそんなにいないんですよ。2、3年、半年前かもしれないけど、どんどんどんどんみんな同じ価値観を共有して動くようになっているんですよね。

村上：こうすればそういう会社ができるっていうものはないですからね。やっぱり人間と人間のコミュニケーションがずーっと積み重なったり、横にも縦にも広がったりして、その文化ができるわけですもんね。

佐藤：古いエンジニアと話したりすると、Googleがやっていることって、昔の伝統的なエンジニアがリソースもなかったしパワーもなかったし、いろんなことがなかったけど、こんなことできたら面白いよね、と思ってた事を次々に実現する会社だよねっていうんですね。コンピュータサイエンスが行くべき方向みたいなところっていうか、共通の座標軸みたいなところにすごく収斂しているから、みんながそういうものに対してあまり強制されなくてもそこをやりたいんだってまとまる感じがすごくするんですよ。やれるんだったらやってみようよと思う事が、わりかしみんな同じベクトルに収斂するっていう感じですね。

ユーザーに喜んでもらう

村上：これは「13歳のハローワーク」とはちょっと関係ないかもしれないですけど、みんなのモチベーションがすごく大事で、グーグリーかどうか問われるようなことだと、なかなか経営的に、マネージメントがついてこないんじゃないかと。その研究姿勢とか研究対象はすばらしいんだけど、全然お金がない研究所みたいな感じがあります。でもなぜかあのみんながギョッとするようなビジネスが次々に、基本的に広告かもしれませんが、次々に思い浮かんでしまうというのはどういうことなんですかね。

及川：広告は広告で完全に別の部隊なんですけど、エンジニアとかプロダクトマネージャーがいますね、ユーザーがハッピーになる形で売上を上げる必要があるので、そこに独創的なアイデアが入っている。原田とか私とかがやっているところは、直接お金がからまないところなんですけど、ユーザーに喜んでもらって、インターネットをどんどん活用してもらえればこう、風が吹けば桶屋が儲かるという感じで、何もお金儲けを最初から考えなくても、自然に別部隊が考えた広告ビジネスの方に影響を与えるようになってくる。

村上：うまくまわっているんですね、連携がね。

及川：だからGoogleって好きなことやっているように思われるかもしれないですけど、やっぱりユーザーが喜ぶためという指標をちゃんと持つんですね。これだけあれば広告がうまくいくよとかが分かってくる。

村上：もちろんユーザーが喜べばみんながハッピーになるっていうことなんでしょうけど、Googleの場合には媚びてないというか、甘やかすっていうのも変だけど、例えば激安のスーパーみたいな感じじゃなくて、うまく言えないですけど、ユーザーとのコミュニケーションとか、ユーザーとメーカーの作っているほうはよく情報の非対称があるっていいますけど、そのユーザーもこれはGoogleらしいなと思って喜んで使ったりっていうような、全員が全員じゃ

ないと思うんですけど、いい関係ができているんじゃないですかね。

数字が物語るもの

及川：そうですね。それとあと分からないんですね、ユーザーっていうのがどういうふうに感動して、どのように行動するかというのが。だから、全部数字で見るんですよ。さっき言ったようにすごいスピードっていう言葉に集約されるかと思うんですが、この会社入って勉強してすごい面白いなと思ったのが、実験なんですね、すべて。企画を一所懸命社内で作って、何回も議論してってやってるくらいだったら、外に出しちゃえって言われるんですね。で、その結果で、これはうまくいったか失敗したか、ここにつけたボタンの位置が良くなかったみたいだとかっていうのが分かるので、それでもう一度練り直します。我々自身出すときはプロダクトアウトっていう感じでさっき原田が言ったように、エンジニアとかプロダクトマネージャーとか、会社側の思い入れで出すところがあるんですけど、それが本当に我々の仮説が合っているかどうかっていうのをユーザーの方々に判断してもらって、ここでマーケットインの考え方ができて、ちゃんとユーザーの声を聞いたもの、声ってしゃべる声じゃないんですね、どういう風に使ったかっていうのを数字がもう物語りますから、それを反映させてどんどん練り直して改良して出していくと。いうやり方です。

村上：製品が、車とかヨーグルトじゃないですからいいですよね。

原田：ともかく実験がすごい多い会社だなというのは思いますね。例えば 社内のDog Foodプロジェクト、要は人間も食べられるけど美味しくないかもしれないというのがあって、プロダクトをリリース前にみんなで試食のように使ってもらって、そのフィードバックをもとに直していくというのもあります。既に出ているプロダクトも常にユーザーに色々使っていただいてそのフィードバックをいただくというのは実験に近いかもしれません。

村上：実験てコストかからないですもんね。

及川：そうですね。かからなくはないんですけど、インターネットだとコストが最初から下げられる部分はあります。先程言われた車とかは最初にプロトを作ってテストドライブしてっていうのですごい時間とお金がかかるところが、それには比べ物にならないくらい小さいですね。

村上：ヨーグルトとかだと作品作って、それを女子大生とか女子高生のグループに食べてもらってとかパッケージも考えてもらってとかすごいコストも時間もかかっちゃうんですけど、そんな商品ないですもんね。

及川：同じような事をやんないことはないんですね。例えば画面のデザインを一般ユーザーに見てもらって好きですか嫌いですかとかって聞くんですけど、それだけではやっぱりいろいろわからないことがあって、実際に使ってもらったほうがいろいろ如実に分かるんですね。

中学生からプログラミングを始める

村上：そういった、Googleの中心がエンジニアだとして、Googleのエンジニアに憧れている中学校の2年3年の子達がGoogleに入ってやりたいなって思ったら、アドバイスというか、どういう時間の過ごし方や、どういった興味の示し方を持っていれば、別にそうすればGoogleに入れるっていうワケじゃないですけど、自分はこうしてきたし、あるいはGoogleっていうのはこういう会社だからこういう風に過ごしたらいい。こういったことをやっとけばいいんじゃ

ないかなってことがあると一番いいんですけど。

原田：中学生だったら、本当に身も蓋もない答えはプログラミングを始めることですね。プログラミングをして実際に動くものを作ってみて、その楽しさをまず感じる。私も小学校3年生くらいでもうベーシックをコピーしたりしていました。意味分からず書き写していたんですけど、雑誌買ってきて雑誌の一番後ろの方に載っているプログラミングを写して実行するというのが当時は普通だったんです。今はどの家にもパソコンはありますし、学校にもありますし、HPにアクセスしてビューソースとかいったら必ずなんか出てくるので、いくらでも勉強するものがあるんですよね。だからもうたぶん今の中学生だったらプログラミングしている人はいっぱいいるでしょうから、その延長でどんどん興味を深めていけばいいかなっていうのが一つ。あとは～、何ですかね。もちろん理系的なセンスはあった方がいいと思うんですけど、そんなにプログラミングでばりばり数学を使うかっていうとそんなことはないので。

村上：理系的なセンスって具体的にどういうことですか？　自然科学をもとにして考えるってことですかね。

原田：自然科学、とはまたちょっと違いそうな気がするんですけど、数学を使う、方程式を直接解くということはあまりないんですよ。プログラミングは、データを入力して、ここをこう変えてここをこう変えてっていうのをひたすら繰り返すだけなので、そんなには一つ一つ頭使わないんですけど、根気よく、間違いなく、ずっと続ける必要はあるので。

及川：僕が思ったのは、物事の不思議を不思議と思った方がいいんじゃないかなと思うんですね。どんどんデジタル機器とかが高度化してくると、どう動いているか分からないけれど便利さだけに溺れてしまうことがあると思うんです。例えば今度アナログテレビが一掃されてデジタルになるっていうときに、その仕組みを少し分かるようになってみるとか、あと、電気工作とか好きだと、家中にある電気製品をドライバーで開けて中みたりするじゃないですか。そういう子っていうのは、中学生くらいになるとラジオを実際に自分で組み立てたりするんですよね。同じものが今でも必要だと思っていて、何かを見た時に、これはどうやって動いているんだろう？　って。どんどん高度化はしてますけど、一方でそういう情報は溢れているので、やろうと思えばいくらでも知る手段はあるので、分からないものを分からないままにしない。興味、好奇心ですね。本当はこれ今のエンジニアもたくさん、Googleは大丈夫なんですけど、外に行くと、あるレイヤーしか分からない人がいるんですね。私は例えば、Webデベロッパーですっていうと、実はネットワークって下に色々な階層、つまりレイヤーがあって、最終的に相手に届くんですが、そういうのが全く分からない人がいるんですね。

原田：Webだったら、アプリケーションの世界があり、その下にはこういうコマンドを送ったらこういうレスポンスが返ってくるというHTTPのレイヤーもありますし、その下にはIP（インターネットプロトコル）のパケットがルーティングされてというレイヤーがあり、もっと下を見ていくとイーサネットがあって、ケーブルは電気的にはどうなっているんだろうと。逆に上にいくとビジネスのレイヤーの話になります。例えばAmazonでボタンをクリックした時に何が起こっているか。クリックしたら商品がカートに入って、決済ボタンを押したらカード決済が行われてという場合に、どこからどこにどういう情報が流れて、何が起きているのか。全部説明できる人っていうのがたぶん一番優秀なエンジニアです。

及川：あとは、ちゃんと分からないっていうことを分からないと理解していることですね。分からないことをよしとしたりだとか、自分の担当外だとか思ったりしないようにすること。不思議だなと思ったら、機会があったら調べてみる、人に聞いてみる、とかっていう好奇心や興味は常に持っていることが大事だなと思います。

アート的な感覚を養う

村上：中学校の教科で国語、数学、理科、社会ってありますけど、道徳とか体育とか。どの科目が好きな子が向いてますかね？ Googleのエンジニアは。

原田：工作ですね。アート的な感覚も養った方がいいかなと思います。デザインみたいな。レゴブロックを組立てていくようなところがあるので。

村上：体育は関係ないですかね、あんまり。

原田：体力はあったほうがいいです。

村上：昔、ゲーム作っている会社に見学に行ったんです。家の息子がまだ中学生くらいの時なんですけど、息子の友達がゲームデザイナーになりたいと言ってたので行ったんです。広報の人に、息子の友達が、僕もゲームデザイナーになりたいんですけどどうしたらいいですか？　って聞いて、ずっとゲームしてればいいんですかねとか言ったら、いや、ゲームデザインっていうのは物語を作っていくのが大事なので、漫画じゃなくてできたら本がいいなとか、本を読みなさいとか言って。その友達なんかがっかりしてたんですけど。ゲームデザイナーになるためにはゲームをずっとやっていてもだめで、一番ゲームの根本を考える人は、物語を理解している人だから、本を読みなさいって言われたんですけど、Googleのプログラマはプログラムをやったほうがいいですよね？

原田：コンピュータは日進月歩の世界ってよく言われますが、C言語って1970年代から存在していますし、意外とそんなには基本は変わらないので、一つちゃんと理解したらその後も使えるかなと思います。

村上：佐藤さんとか及川さんみたいな仕事は少しは本とか読むんですか？

及川：良く読みます。本を読むのは結構大事。だけどなんで大事なんだろう？

佐藤：うちの連中はブックサーチみんな大好きで、直接の担当者でなくてもいろいろとみんな気にかけてくれてます。やっぱり本をたくさん読んでいる社員の割合はすごく高いと思いますね。

村上：本を読むのが基本的に好きな人たちが集まっている組織じゃなかったら、あんなのやらないですよ。

佐藤：そうですね（笑）

及川：今思い出しました。何で国語が大事かなと思うと、読むのと同じくらい書くことも大事なんですね。もしかしたら全員が全員じゃないんですけど、僕が知っているエンジニアはブログとか記事とか書くのうまいですね。構成ってエンジニアに大事なんです、モジュールに分けて、可読性があったり、文字をコンピュータ自身が処理したりするんですけど、それと文章構成能力って似ているところがあると思います。ですからどういう風にしたいって考えがあって、起承転結じゃないですけど、それとプログラミングの流れを考えるのって似てる気がします。物を書くっていうのは大事だと思います。私の場合、昔エンジニアで今プロダク

トマネージャーですけど、そうすると物を書いたり話したり、人とのコミュニケーション能力が大事なので、国語的能力は大事ですね。

英語も必要です

村上：純粋なエンジニアの原田さんみたいな人は、世の中の常識とかあまり分からないで、とにかくずっとプログラミングを組んでるイメージがあるんですけど、Googleの場合そうじゃないんですよね？

及川：比較的話はする方ですね。

原田：あまり話が通じない人もいますけど、それはそれでありかなと思います個人的には。優等生的発言をすると、コミュニケーション能力はすごく大事で、特にGoogleみたいにある程度大きくなった組織ではプログラムを一人で作るわけではなくて、共同で作るので、コミュニケーションは発生しますね。

及川：コミュニケーションは話し言葉に留まらないですね。私の場合は英語と日本語が必須ですけど、エンジニアの場合はメールとかチャットとか、ソースコードの中のコメントだったり、色々あるんですね。だから常にディスプレイを見て背中を向けている人でもきちんと他の人と連携していかないと作れないので、ちゃんとチャットとかで交渉しているんですね。そういう意味でチームワークが欠如している人はいないです。

原田：無口な人もいるんですけど、そういう人はメールだと案外たくさん書いたりとか。

及川：あと英語も必要です。

村上：英語？

及川：外資はもちろん、日本も今のままですと人口減少が始まって、グローバルに出ないとだめだと思うんですね。でも日本でグローバルな会社って80年代後半からどんどん少なくなってきているんです。こうなったとき、普通に英語をしゃべれるというだけじゃなくて、グローバルの中で同じプロトコルで物を進めなきゃダメなんです。中学高校の英語の時間でしっかり勉強するだけで、英語しゃべれるようになりますから。今の英語教育って、学校によって工夫してすごくよくなってますから、それやるのは大事だと思います。

村上：プリウスの開発責任者にもエンジニアとは何かについて書いてもらったんですよ。エンジニアって変化しているので、ものすごい広いですから、それをあえて、エンジニアには何が必要で、13歳は何をしたらいいかっていうのを書いてもらったら、英語って言ってました。色々あったんですけど、最後に英語って言ってました。

及川：前の会社の同僚にインド人がいて、卓也、お前、大学で100人クラスメートがいたら何人外国に行くか、って聞かれて意味が分からなかったんですね。インドの場合には5割から8割、インドには残らずに米国とか他の国に行くと。そこでちゃんと働いてスキルを身につけてみんなインドに帰ってくる。中国も台湾も韓国もそうです。日本人はほとんどいないですね。日本人は閉じこもってしまっていて、そこそこ経済が成り立っているじゃないですか、絶対グローバルに行かなきゃいけないので、大学を出て、2分の1でも3分の1でもいったん外に出て修業して戻ってくるのが必要だと思います。

村上：こういう感じで日本が推移していくと、戻って来ない可能性もありますね。むかし、シェフ

とかソムリエ、パティシエ、ワイナリーに修業に行ったひとは帰って来てるんですけど、ここ5、6年で修業に行くひとは帰って来ないらしいですよ。だんだん、社会全体の活力がゆっくり失われているんだと思います。

佐藤：僕は文系理系ってあまり早くから考えない方がいいと思います。英語が苦手だから理系とか、数学が苦手だから文系とか、すぐ分けちゃいますけど、そうやって可能性を狭める必要は全くなくて、何でもありのほうが絶対いいですよね。

村上：言葉が良くないですよね。

及川：将来文系の職業につくときでも、中学の時に学んだ理系的な知識が役に立ったり、逆もなりたったりしますからね。興味あるところを一所懸命やったほうがいいと思います。

written in 2009

プロフィール

Google
佐藤 陽一

早稲田大学第一文学部卒。出版社勤務を経て、1998年から2006年までマイクロソフトでマイクロソフトプレス（マイクロソフト公式解説書）の出版事業を担当。2006年にGoogle入社。主にGoogle ブックス（Googleブックサーチ）に関する出版社・図書館とのパートナーシップ構築を担当。

Google
及川 卓也

Googleシニアエンジニアリングマネージャー（対談時はシニアプロダクトマネージャー）。早稲田大学理工学部を卒業後、外資系コンピュータメーカを経て、マイクロソフトにてWindowsの開発を担当。2006年秋にGoogleに転職。ウェブ検索やGoogleニュースをプロダクトマネージャーとして担当した後、2009年10月より現職。Google Chromeなどのクライアント製品の開発を担当。

Google
原田 昌紀

1996年東京大学教養学部在学中に最初期の日本語検索エンジンODINを開発して以来、情報検索システムの研究開発に取り組む。1998年東京大学大学院総合文化研究科修了。日本電信電話株式会社にて分散情報検索技術の研究に従事した後、2004年Google入社。スイスおよび米国本社での勤務を経て2005年10月より現職。主に検索サービスのユーザインタフェースの開発に従事している。

おわりに

　新しい『13歳のハローワーク』が、「本誌」と「進路編」の2冊に分かれることがわかったとき、パッケージを作ろうと考えました。そしてそのデザインコンペを、「学校法人・専門学校 HAL東京・HAL大阪・HAL名古屋」「学校法人・専門学校 東京モード学園・大阪モード学園・名古屋モード学園」へ依頼しました。わたしは西新宿にある「HAL東京」「東京モード学園」に出向き、数百人の学生に集まってもらい、企画意図について説明し、最後に次のようなことを言いました。

　「ここで普通なら、みなさんのすばらしいアイデアを待っています、とそう言うところですが、言いません。パッケージのアイデアは、優れたものが1つあればいいからです。つまりみなさん全員にがんばってもらう必要はないのです。だから意欲がある人は、その1つを、デザインすることを目指して下さい」

　今考えると、象徴的だったと思います。7年前『13歳のハローワーク』旧版を作ったときより、仕事において、ミもフタもなく個人の能力が求められる傾向がさらに強くなっているからです。そのことを含め、若者だけではなく、多くの人にとって生きづらい社会になっていると思います。最大の問題は、どう生きるかというシンプルで困難な問いに対し、解答を得るのがむずかしいということではありません。その解答が1つではなく、100人いれば100の違う解答がある、それがもっとも大きな問題です。「個人的な解答」を選びとるための、さまざまな選択肢を示すガイドブックとして、わたしはこの『新 13歳のハローワーク』を作りました。

　おもに流通・販売の事情で、「本誌」と「別冊」をいっしょに包装・収納するパッケージは結果的に使用しないことになりました。でも、HALとモード学園の学生たちの熱意とアイデアはすばらしいものでした。とくに、下記2人の「最優秀賞」のデザインは、実際に製品化される予定となっていました。

　★学校法人・専門学校　HAL　須藤久恵さん
　★学校法人・専門学校　HAL　澤村勇太さん

　お二人の才能に敬意を表し、今後のプロとしての活躍にわたしは期待したいと思います。それに協力をいただいた「学校法人・専門学校 HAL東京・HAL大阪・HAL名古屋」「学校法人・専門学校 東京モード学園・大阪モード学園・名古屋モード学園」に対しても深く感謝します。

　また、この『新 13歳のハローワーク』では、エンジニアや医療関係、金融、フェアトレード、一次産業など、多くの専門家の方々からエッセイをいただきました。旧版以上にていねいな情報を提供できたと自負しています。ありがとうございました。また、いつものように、すばらしいイラストを多数描いていただいたはまのゆかさんにも、心から感謝します。はまのさんとはじめていっしょに仕事をして10年が経ちましたが、その記念となるような本を作ることができたと思っています。

2010年3月　村上龍

新 13歳のハローワーク | 索引

あ

- アウトドアスポーツ・インストラクター | 326
- アクアリウム・ビバリウム・テラリウム | 130
- アクチュアリー | 89
- アスレティックトレーナー | 329
- アナウンサー | 49
- アナリスト | 87
- アニマルセラピスト | 131
- アニメーター | 222
- アパレルメーカーで働く | 287
- アフィリエイター | 259
- 海女・海士 | 169
- アメリカ軍兵士 | 440
- アロマテラピスト | 331
- 暗号作成者 | 93
- アンティークショップ | 234
- アンティーク時計修理・時計修理士 | 249
- あん摩マッサージ指圧師 | 143

い

- 囲碁棋士 | 103
- 医師 | 137
- 石工 | 240
- 衣装・ワードローブ・コスチュームデザイナー | 407
- 移植コーディネーター | 145
- 遺跡発掘調査員 | 61
- 犬の訓練士 | 118
- いのちの電話相談員 | 362
- イベントコンパニオン | 70
- イベントプランナー | 394
- イラストレーター | 209
- 医療情報管理者 | 147
- 医療ソーシャルワーカー | 361
- 医療秘書 | 144
- 医療メディエーター | 151
- 刺青師 | 211
- インダストリアルデザイナー | 217
- インテリアコーディネーター | 242
- インテリアデザイナー | 241
- インテリアプランナー | 242
- インペグ屋 | 195
- インベストメント・バンカー | 87

う

- 植木職人 | 110
- ウェブデザイナー | 217
- 鵜匠 | 125
- 宇宙飛行士 | 179
- 占い師 | 352

え

- エアロビック・インストラクター | 315
- 映画監督 | 402
- 映画脚本家 | 401
- 映画字幕翻訳 | 416
- 映画宣伝 | 417
- 映画配給 | 416
- 映画俳優 | 403
- 映画プロデューサー | 401
- 英字新聞記者 | 344
- 栄養士 | 271
- エクステリアデザイナー | 242
- エステティシャン | 332
- 絵付師 | 212
- エディター | 407
- エディトリアルデザイナー | 213
- 絵本作家 | 209
- MR | 145
- エンジニア | 246

お

- オークション会社で働く | 234
- オーケストラ団員 | 199
- オプチカル技師 | 411
- お笑いタレント | 53
- 音楽タレント | 188
- 音楽の権利関係に関わる仕事 | 191
- 音楽療法士 | 148
- 音響エンジニア | 193
- 音響効果 | 408

か

- カーデザイナー | 428
- カイロプラクター | 144
- 外交官 | 348
- 外航客船パーサー | 337
- 外国語の言語学者 | 343
- 海事代理士 | 64
- 海上保安官 | 370
- 害虫駆除 | 130
- ガイドヘルパー | 360
- 画家 | 209
- 花卉栽培農家 | 115
- 鍵師 | 246
- 学芸員 | 230
- 家具職人 | 241
- 格闘家・武道家 | 307
- 楽譜出版社で働く | 191
- 火山学者 | 173
- カジノディーラー | 447
- 歌手 | 187
- 歌人 | 44
- 家政婦 | 71
- 家畜人工授精師 | 123
- 楽器職人 | 202
- 楽器製作メーカーで働く | 201
- 楽器の先生 | 203
- 家庭教師 | 364
- 家庭裁判所調査官・保護観察官・法務教官 | 361
- 華道家 | 109
- 鞄職人 | 295
- カフェオーナー | 272
- 歌舞伎俳優 | 316

ガラス屋職人 | 171
為替ディーラー | 448
川漁師 | 169
管楽器リペアマン | 201
観光庁職員 | 338
看護師 | 137
看護助手 | 147
監督・コーチ | 302
神主 | 374
看板職人 | 218
管理栄養士 | 271

き

機械設計 | 99
機関車運転士 | 427
気球操縦士 | 431
義肢装具士 | 146
騎手 | 122
技術系の助手 | 412
気象予報士 | 163
着物コンサルタント・着付師 | 290
客室乗務員 | 69
キャスター | 49
キャスティングディレクター | 405
キャラクターデザイナー | 214
ギャラリスト | 229
キャリアカウンセラー
キャリア・デベロップメント・アドバイザー | 368
救急救命士 | 370
厩務員 | 122
キュレーター | 228
狂言師 | 317
行政書士 | 63
記録 | 408
金券ショップ | 78
金融業界で働く | 85
金融システム担当者 | 89
金融商品開発者 | 88

く

クッキングアドバイザー | 271
靴職人 | 293
靴デザイナー | 284
クラシック演奏家 | 199
グラフィックデザイナー | 213
クラブDJ | 191
グランドホステス | 70
クリーニング師 | 293
グリーンキーパー | 110
グリーンコーディネーター | 107
クワガタ養殖 | 128
軍事評論家 | 438

け

ケアワーカー | 360
経営コンサルタント | 73
警察官 | 369
携帯小説家 | 45
芸能スカウト | 395
芸能マネージャー | 395
競馬調教師 | 122
競馬予想師 | 449
警備員 | 371
刑務官 | 371
ケータリング料理人 | 269
ケーブルカー・ロープウェイ運転係 | 427
ゲームグラフィックデザイナー | 214
ゲームサウンドクリエーター | 205
ゲームプランナー | 393
劇団員 | 319
劇団四季 | 187
結婚コンサルタント | 73
言語聴覚士 | 140
検察官 | 354
現像技師 | 410
建築家 | 100

こ

コイン・切手屋 | 234
航空管制官 | 432
航空整備士 | 433
広告業界で働く | 73
校正者 | 37
公認会計士 | 91
公務員[一般行政職] | 65
コーヒー焙煎の職人 | 267
コールセンターオペレーター | 76
国際会議コーディネーター | 344
国土地理院で働く | 57
国連職員 | 347
古地図研究家 | 59
骨董屋 | 61
コピーライター | 42
コレペティトゥア | 199
コンサートプロデューサー | 203
CMr（コンストラクション・マネージャー） | 243
昆虫採集・飼育用品の製作販売 | 129
コンビニオーナー | 78
コンプライアンス担当者 | 89

さ

サーカス団員 | 318
裁判官 | 354
サウンドマン | 405
左官 | 240
作業療法士 | 140
作詞家 | 43
作家 | 39
作曲家 | 204
SAT | 372
茶道家 | 267
猿の調教師 | 125
山岳救助隊員 | 325

し

CG・CGI | 414
CGクリエーター | 213
シェフ | 261
塩作り職人 | 265
歯科医師 | 141
歯科衛生士・歯科助手 | 141
歯科技工士 | 142
指揮者 | 200
司書 | 399
詩人 | 39
質屋 | 78
自動車整備士 | 429
シナリオデベロッパー | 409
シナリオライター | 43
視能訓練士 | 140
司法書士 | 63
ジャーナリスト | 63
シャーマン | 352
写真館経営 | 216
写真スタジオで働く | 216
写譜屋 | 192
獣医師 | 120
臭気判定士 | 176
ジュエリーデザイナー | 283
塾講師 | 365
取材コーディネーター | 337
出版業界で働く | 35
樹木医 | 110
手話通訳士 | 361
障がい児の学校教諭 | 367
小学校教師 | 363
将棋棋士 | 104
証券アナリスト | 92
消防官 | 173
照明 | 196
醤油職人 | 264
助監督 | 409
植物園職員 | 111
助産師 | 138
書店員 | 35
書道家 | 212
鍼灸師 | 143
審判員 | 305
神父・牧師 | 374
新聞記者 | 64
心療内科医 | 351
診療放射線技師 | 142
森林官 | 112

す

水族館の飼育係 | 117
水中カメラマン | 166
水中ビデオカメラマン | 166
スーパーカー専門整備士 | 429
スキーインストラクター | 327
スキューバダイビング・インストラクター | 167
スキューバダイビングショップ | 166
スクールカウンセラー | 362
寿司職人 | 262
スタイリスト | 289
スタントマン | 404
ステージ美術デザイナー | 196
ストリッパー | 315
スポーツエージェントで働く | 302
スポーツカメラマン | 306
スポーツクラブのインストラクター | 303
スポーツのチームや組織で働く | 304
スポーツ用品メーカーで働く | 305
スポーツライター | 302

せ

声楽家 | 189
制作助手 | 403
制作担当 | 403
政治家 | 355
精神医学ソーシャルワーカー | 361
精神科医 | 351
声優 | 54
税理士 | 90
接骨医・柔道整復師 | 144
船員 | 164
潜水士 | 165
占星術師 | 181
戦場ビデオジャーナリスト | 439

そ

操演 | 410
葬儀社 | 72
装丁家 | 214
装蹄師 | 123
僧侶 | 373
ソーイングスタッフ | 285
ソーシャルワーカー・ケースワーカー | 359
測量士 | 58
速記者 | 42
そば職人 | 262
ソムリエ | 267

た

- 大学教授 | 366
- 大工 | 239
- 大使館スタッフ | 347
- 大道芸人 | 319
- タウン誌発行 | 59
- 宝塚歌劇団 | 187
- タクシー運転手 | 424
- 宅配便ドライバー | 426
- 畳職人 | 241
- 殺陣師・アクションスーパーバイザー | 409
- 多能技能工 | 243
- 旅芸人 | 318
- タラソテラピスト | 330
- 探偵 | 394

ち

- チアリーダー | 313
- チェスプレイヤー | 103
- 畜産農業 | 124
- 地図制作者 | 57
- 地図編集者 | 58
- 中学校・高校教師 | 364
- 彫金師 | 246
- 調香師 | 295
- 彫刻家 | 220
- 著作権エージェントで働く | 345

つ

- ツアーコンダクター | 336
- ツアープランナー | 75
- 通関士 | 347
- 通訳 | 335
- 通訳ガイド | 345
- 釣りエサ養殖 | 128
- 釣り船屋 | 130

て

- DTMクリエーター | 196
- DTPオペレーター | 259
- 庭園設計士 | 99
- テープリライター | 41
- テーラー | 286
- テキスタイルデザイナー | 285
- デジタルアニメーション | 415
- テストドライバー | 434
- 鉄道パーサー | 75
- テレビ業界で働く | 390
- テレビショッピングの司会者・進行役 | 389
- テレビディレクター | 391
- テレビ俳優 | 51
- テレビプロデューサー | 390
- 電気工事士 | 248
- 電車運転士 | 428
- 天文雑誌編集者 | 182
- 天文台で働く | 181

と

- 杜氏 | 266
- 豆腐職人 | 264
- 動物園の飼育係 | 117
- 動物カメラマン | 215
- 動物プロダクション | 125
- 登録販売者 | 150
- 童話作家 | 43
- 特撮監督 | 411
- 特殊撮影 | 411
- 特殊造形：アニマトロニクス | 413
- 特殊造形：特殊メイク | 414
- 特殊造形：ミニチュア | 413
- 独立時計師 | 245
- 登山家 | 325
- 塗装業 | 240
- 土地家屋調査士 | 101
- 特機 | 409
- 特効屋 | 174
- 鳶 | 239
- トラック運転手 | 426
- トラベルライター | 337
- トリマー | 119
- トレーダー | 88
- ドローイング・SFXイラストレーター | 412

な

- ナース・プラクティショナー（NP） | 148
- ナイフ職人 | 441
- 仲居 | 69
- NASAで働く | 180
- 南極観測隊員 | 170

に

- 日本語教師 | 338
- 日本舞踊家 | 314
- 日本料理人 | 261
- 二輪自動車整備士 | 430
- 庭師 | 109
- 人形作家 | 211
- 人形使い | 321

ね

- ネイチャーガイド | 326
- ネイルアーティスト | 292
- ネガ編集 | 408
- ネット株式トレーダー | 92

の

- 能楽三役 | 204
- 納棺師 | 76
- 農業 | 113

は

- パークレンジャー｜326
- バーテンダー｜268
- バイオ技術者｜115
- バイク便ライダー｜427
- 俳人｜40
- ハイヤー運転手｜425
- 俳優担当｜404
- パイロット｜423
- バス運転手｜425
- バスガイド｜69
- バスプロ｜127
- バタンナー｜294
- パチプロ｜449
- パチンコ業界で働く｜448
- バックダンサー｜311
- バッグデザイナー｜284
- 発破技士｜174
- パティシエ｜263
- 花火師｜174
- ハブ捕り職人｜126
- バレリーナ｜311
- 版画家｜210
- 板金工｜248
- パン職人｜262
- ハンドラー｜120

ひ

- ピアノ調律師｜201
- PA｜197
- 美術・美術監督・デザイナー｜406
- 美術鑑定士｜231
- 美術コーディネーター｜228
- 美術修復家｜227
- 美術造形｜229
- 秘書｜71
- 筆耕｜210
- ビデオジャーナリスト｜391
- ひな鑑別師｜123
- 表具師｜240
- 美容師｜289
- 評論家｜35
- ピラティスインストラクター｜331
- ビリヤードプレイヤー｜447

ふ

- ファイナンシャル・プランナー｜90
- ファッション・コーディネーター｜292
- ファッションデザイナー｜283
- ファッションモデル｜283
- ファンドマネージャー｜88
- 風景カメラマン｜215
- フードコーディネーター｜268
- フードスタイリスト｜269
- フォーマルスペシャリスト｜290
- 武器・兵器評論家｜443
- 福祉に関わる企業で働く｜359
- 福祉の公的施設で働く｜359
- 腹話術師｜52
- 舞台衣装｜294
- 舞台演出家｜317
- 舞台音響｜196
- 舞台監督｜203
- 舞台照明｜220
- 舞台俳優｜321
- 舞台美術｜219
- 不動産鑑定士｜99
- ブライダルコーディネーター｜72
- プラネタリウムで働く｜181
- フラメンコダンサー｜312
- プラモデル製造｜218
- フラワーアレンジメントの先生｜108
- フラワーショップ｜113
- フラワーデザイナー｜108
- プラントハンター｜107
- フリースクールで働く｜367
- ブリーダー｜118
- 振付師｜313
- プリンター｜229
- 古着屋｜235
- 古本屋｜37
- フレーマー｜231
- プレス工｜247
- プロスポーツ選手｜301
- プロダクトデザイナー｜216
- プロ麻雀士｜450
- プロレスラー｜306
- 文楽の技芸員｜204

へ

- ヘア＆メイクアップアーティスト｜407
- ペットシッター｜119
- ヘッドハンター｜389
- ベビーシッター｜367
- ヘリパイロット｜423
- 編曲家｜202
- 弁護士｜353
- 編集者｜36
- ペンション経営｜74
- 弁当屋｜79
- 弁理士｜64
- 便利屋｜394

ほ

- 保育士｜364
- 邦楽家｜205
- 冒険家・探検家｜325
- 帽子デザイナー｜285
- 宝石鑑定士｜233
- 放送作家｜42
- ホームヘルパー｜360
- ホールセール・バンカー｜87
- 保健師｜138

保険セールス | 89
ホステス | 70
ホスト | 70
歩荷 | 326
ホットストーン・セラピスト | 332
ボディガード | 373
ホテルで働く | 67
盆栽職人 | 109
翻訳家 | 343

ま
マーシャラー | 433
舞妓・芸者 | 315
マジシャン | 320
マスタリングエンジニア | 195
マタギ | 126
マニピュレーター | 195
漫画家 | 221
漫才師 | 51
漫談家 | 52

み
味噌職人 | 265
ミミズによる廃棄物処理 | 129
宮大工 | 239
ミュージカルダンサー | 312
ミュージシャン | 199

む
ムービーカメラマン | 405

め
メイクアップアーティスト | 291
珍しい虫の養殖 | 129
メディアアーティスト | 220
メディカルスタッフ | 329

も
盲導犬訓練士 | 120
模型店経営 | 218
モデルガン製造 | 443

や
薬剤師 | 139
野生動物調査 | 124
屋台料理人 | 270
山小屋経営 | 170

よ
養護教諭 | 368
養蚕家 | 128
養殖業 | 168
幼児リトミック指導員 | 315
溶接工 | 175
幼稚園教諭 | 366
傭兵 | 439
養蜂家 | 127
ヨガインストラクター | 331
予告編制作 | 415
予備校講師 | 365

ら
ライター | 40
ライトマン | 406
落語家 | 52
ラジオ業界で働く | 392
ラジオディレクター | 393
ラジオパーソナリティー・DJ | 50
ラジオプロデューサー | 393
ランジェリーデザイナー | 294
ランドスケープアーキテクト | 111

り
理学療法士 | 139
リサーチャー | 392
リサイクルショップ | 236
リテール・バンカー | 87
リフォーマー | 286
リフレクソロジスト | 329
留学コーディネーター | 344
漁師 | 168
理容師 | 290
料理研究家 | 269
林業 | 112
臨床検査技師 | 142
臨床工学技士 | 147
臨床心理士 | 351

れ
レアメタル採掘・トレーダー | 176
レーサー | 424
レーシングチームのメカニック | 430
レコーディングエンジニア | 193
レコーディングディレクター | 193
レコーディングプロデューサー | 194
レスキュー隊員 | 372
レッスンプロ | 313
レポーター | 51

ろ
ロウソク職人 | 174
ローディー | 192

わ
ワイナリーで働く | 266
和菓子職人 | 263
和裁士 | 286

村上　龍
Ryu Murakami

1952年長崎県生まれ。『限りなく透明に近いブルー』で第75回芥川賞を受賞。絵本『あの金で何が買えたか』、社会的ひきこもりをテーマにした『共生虫』や集団不登校を始めた中学生たちが半独立国を築くまでを描いた『希望の国のエクソダス』、北朝鮮反乱コマンドの九州侵攻を描く『半島を出よ』など、話題作を発表し続けている。金融経済を中心に扱ったメールマガジン「Japan Mail Media」の編集長を務める。

はまのゆか
Yuka Hamano

1979年大阪府生まれ。大学在学中の99年に『あの金で何が買えたか』でイラストレーターとしてデビュー。自作絵本に、『いもほり』『mamechan』などがある。2007年に『2007 mamechan calendar』で第36回日本漫画家協会賞・特別賞を受賞。
http://www.hamanoyuka.net/

『新13歳のハローワーク』スタッフ
鍋田郁夫（村上龍事務所／JMMスタッフ）
石原正康／篠原一朗／壺井円／大野里枝子／森井明（幻冬舎）
カバーデザイン：平川彰（幻冬舎）
寒灯舎『新13歳のハローワーク』取材チーム
本文デザイン：鈴木麻子
DTP：手塚英紀

新13歳のハローワーク

2010年3月29日　第1刷発行
2025年7月31日　第58刷発行

[著者]
村上　龍
はまのゆか

[発行者]
見城　徹

[発行所]
株式会社　幻冬舎
〒151-0051　東京都渋谷区千駄ヶ谷4-9-7
電話　03-5411-6211（編集）
　　　03-5411-6222（営業）
公式HP：https://www.gentosha.co.jp/

[印刷・製本所]
中央精版印刷株式会社

検印廃止

万一、落丁乱丁のある場合は送料小社負担でお取替致します。
小社宛にお送り下さい。本書の一部あるいは全部を無断で複写複製することは、
法律で認められた場合を除き、著作権の侵害となります。定価はカバーに表示してあります。

©RYU MURAKAMI,YUKA HAMANO,GENTOSHA 2010
Printed in Japan
ISBN978-4-344-01802-0　C0095

この本に関するご意見・ご感想は、
下記アンケートフォームからお寄せください。
https://www.gentosha.co.jp/e/